Business Adventures

"내가 읽은 최고의 경영서."

빌 게이츠

"내가 가장 좋아하는 책."

워렌 버핏

《경영의 모험》의 진정한 가치는 역사의 패턴을 이해하는 데 있다. 존 브룩스는 제록스, 제너럴일렉트릭, 포드와 같은 여러 기업들의 영광과 고난을 연대기적으로 역사에 기록했다. 비즈니스에 관한 그의 글들은 사회사, 문학, 예술적으로 참조할 만한 내용, 그리고 위트로 가득하다.

〈뉴욕타임스New York Times〉

빌 게이츠와 워렌 버핏이 이 책을 가장 좋아한다고 말한 이유는 간단하다. 브룩스는 남다른 방식으로 비즈니스에 접근했다. 그의 시각은 기업 내부의 문제와 관련된 기술적 엄밀함뿐만 아니라 마음이 넓은 문화 비평가의 감수성까지 겸비한 저널리스트의 훌륭한 표본을 보여준다.

〈뉴요커New Yorker〉

존 브룩스는 비즈니스라는 광대한 영역을 살아 숨 쉬는 생생한 이야기로 재창조해냈다. 빌 게이츠와 워렌 버핏이 자신들이 가장 좋아하는 책이자 최고의 경영서로 이 책을 꼽았다면, 《경영의 모험》은 당신에게도 마찬가지로 그런 책이 될 것이다.

〈포브스Forbes〉

놀랍다. 브룩스의 글을 읽는 것은 최고의 기쁨이다. 그는 눈을 반짝거리게 만드는 주제를 유쾌한 이야기로 풀어놓는다. 《경영의 모험》은 비즈니스 세계에서 한껏 고양된 순간에 인상을 잔뜩 찌푸리고 있는 인물들로 가득 차 있는 흥미로운 이야기를 들려준다.

〈슬레이트Slate〉

누군가 내게 이 책을 재미있게 읽었냐고 묻는다면, 그렇다고 대답할 것이다. 그것도 아주 많이. 좀 오래된 이야기에다 등장하는 이름들이 낯설긴 해도 너무 걱정할 필요는 없다. 브룩스의 글은 최고의 수준을 보여준다. 그 이야기들의 깊이와 넓이의 완벽한 균형이란!

《밸류워크ValueWalk》

어떤 책은 유행을 타지 않고, 시대를 뛰어넘어 존재한다. 《경영의 모험》은 이러한 범주에 들어가는 책이다. 존 브룩스는 기업의 세계, 은행가들, 세금, 금융 등, 이 모든 것들의 이면에 새겨진 인간적인 측면을 능숙하게 배열한다. 경영에 대한 문외한부터 숙련된 전문 경영인까지 모두에게 추천할 만한 책이다.

《트리뷴The Tribune》

43년 전에 쓰인, 그러나 마치 오늘을 기록한 듯한 경영 미시사微細史. 인간의 본성은 쉽게 변하지 않는다. 그들의 실패는 되풀이되며, 그럼에도 도전은 계속된다. 결국 경영이란 다름 아닌 인간의 광기와 모험 사이의 아슬아슬한 줄타기다. 예측 가능하다고 간주되는, 그러나 전혀 예측되지 않는 소비자 심리 보고서이기도 하다.

이지훈 (조선일보) '위클리비즈' 편집장, 《혼창통》의 저자

투자자가 투자대상을 고를 때나, CEO가 경영과 조직에 대한 의사결정을 할 때 가장 중시해야 할 것은 사람이다. 그러므로 경영자는 사람과 사회가 주어진 환경이나 자극에 대해 어떻게 반응하고 행동하는지에 대한 깊은 통찰을 키워야 한다. 이 책은 이에 대한 좋은 케이스 스터디 모음이라 할 수 있다. 워렌 버핏과 빌 게이츠가 이 책을 추천한 이유를 알 것 같다.

김신배 SK그룹 고문, 전 SK텔레콤 CEO

역사는 오래된 미래가 숨 쉬는 지혜의 보고寶庫이다. 인류의 미래를 알기 위해서 동서양의 인문고전을 읽어야 하듯, 경영의 미래를 알기 위해서는 경영의 본질을 사회·문화·역사적 관점에서 파헤치는 경영고전을 읽어야 한다. 경영의 본질에 관한 깊고 넓은 통찰과 혜안이 가득한 《경영의 모험》은 시대가 바뀌어도 경영의 근본을 생각하는 모든 사람들이 필독해야 될 경영의 고전이다.

유영만 지식생태학자, 한양대학교 교수, 《브리꼴레르》의 저자

낯선 용어들과 호흡이 긴 문체만 보자면 독자들에게 썩 친절한 책은 아니지만, 그런 이유로 책을 덮었더라도 곧 다시 펼치게 만드는 끌림이 있다. 적어도 이 책에서 다루는 주제들에 관심이 있다면, 다른 책에서는 접하기 어려운 사실과 스토리들이 가득하기 때문이다. 한마디로 '나쁜 남자' 같은 책이라는 뜻이다.

이진우 MBC 라디오 '손에 잡히는 경제' 진행자

답이 아닌 길을 알려주는 책. 에너지 가격, 환율, D공포 등 여느 때보다 불확실성이 큰 이 시대에 길을 찾고자 하는 사람들에게 길잡이가 될 책이다. 경영자가 아니어도 기업에 몸 담은 사람이라면, 자본주의 시장에 몸담고 있는 사람이라면, 《경영의 모험》은 큰 도움이 될 것이다. 돈과 인간에 대한 소중한 통찰도 덤으로 얻을 수 있다.

최명주 포스코기술투자 대표이사 사장

인간의 본성을 가장 드라마틱하게 보여주는 놀라운 책. 구체적인 교훈이나 지침을 주기보다 역사적인 사건을 추적함으로써 더욱 깊이 있는 깨달음을 준다. 저널리스트 특유의 생생한 현장감과 위트 있는 통찰이 한 편 한 편의 글 속에서 빛난다. 위기와 도전 앞에 서 있는 모든 사람에게 꼭 필요한 책이다.

임대기 제일기획 대표이사 사장

조직과 그 구성원들의 흥미롭고 생생한 이야기 속에 담긴 인간과 인간관계에 대한 통찰로 가득하다. 책장을 덮은 뒤에도 오래도록 여운을 남기는 책이다.

윤종규 KB금융지주 회장

주가 폭락, 제품의 실패, 세금을 둘러싼 소동 등 현대 비즈니스의 살아 있는 역사들이 매우 흥미진진하다. 위기를 극복하고, 실패를 인정하고, 불가능에 도전한 사람들의 이야기들은 감동적이기까지 하다. 말 그대로 경영의 고전으로서 명불허전이다.

김신 삼성물산 대표이사 사장

경영은 사람의 문제이다. 아무리 좋은 전략과 조직, 프로세스를 가지고 있다 하더라도, 적합한 사람들이 적기에 투입되지 않으면 생명력을 잃고 만다. 꿈과 비전을 가진 사람들의 창의력과 열정이 발휘되어 기업은 자기 혁신을 이끌어낼 수 있다. 이 책은 그러한 기업가의 도전 정신과 험난한 길을 담고 있다.

김홍선 한국스탠다드차타드은행 부행장, 《누가 미래를 가질 것인가?》의 저자

빌 게이츠가 왜 40년도 더 지난 책을 "최고의 경영서"라고 추천했는지 궁금했다. 그리고 이 궁금증은 책을 다 읽기도 전에 의심 한 점 없이 풀렸다. 장담컨대 지금 기업가이거나 장차 기업가가 될 꿈을 가진 사람이라면, 이 책의 많은 부분들이 당신을 밤새도록 웃거나 울게 만들 것이다. 무엇이 기업의 가치를 만들어내는지, 어떤 사람들이 성공의 사다리에 오르는지 알게 될 것이다.

홍성태 한양대학교 경영학과 교수, 《모든 비즈니스는 브랜딩이다》의 저자

지루하게만 느껴지는 비즈니스와 금융에 대해 이렇게 재미있는 글을 쓸 수 있다니 놀랍다. 결코 적지 않은 분량임에도 끝까지 재미있었다. 사람과 돈, 기업에 대한 거시적 조망과 통시적 흐름을 동시에 배울 수 있는 값진 시간이었다. 누가 성공하고, 누가 실패하는가? 왜 그러한가? 이 모든 궁금증을 풀어주는 훌륭한 책이다.

권점주 신한생명 부회장

경영은 살아 있는 인문학이다. 그 이유는 사람들의 가장 깊은 마음속에 있는 아픔과 결핍 그리고 욕망을 읽어내고 해결해주는 업이기 때문이다. 《경영의 모험》이 오랜 수명을 갖는 이유는 이렇게 인문적 관점에서 기업과 경영을 보았기 때문이 아닐까? 그래서 그 어떤 인문, 철학, 역사서보다 흥미로운 방식으로 인간의 본성을 적나라하게 알려준다.

강신장 모네상스 대표이사

워렌 버핏이 망설이지 않고 빌 게이츠에게 추천한 책! 읽어보니 그 이유를 알겠다. 성공만이 아니라 다양한 실패 사례에서 더욱 귀중한 교훈을 배울 수 있다. 시간이 흘러도 경영의 기본은 변하지 않는다. 인간의 본성이 변하지 않듯이. 과거를 돌아보며 미래를 읽고 싶다면, 바로 이 책을 추천한다.

정상기 미래에셋자산운용 대표이사 부회장

너무 많은 책들이 성공을 말한다. 《경영의 모험》은 성공을 말하는 책이 아니다. 하지만 리더들에게 추천할 만한 책이 절실한 요즘, 딱 한 권의 경영서를 추천하라면 망설임 없이 이 책을 추천할 것이다. 왜냐하면 이 책은 비즈니스의 바다를 여행하고 기업 경영의 산맥을 오르는 사람들의 모험을 보여주는 책이기 때문이다.

이상현 삼성전자 전 사장

경영의 모험

존 브룩스 지음 | 이충호 옮김 | 이동기 감수

시대가 바뀌어도
반드시 읽어야 할 경영의 고전

《경영의 모험》이 지금 우리에게 유효한 이유

이동기
서울대학교 경영대학 교수

"대부분의 경영 전략은 실패한다." 마이클 포터 하버드 경영대학원 교수의 말이다. 오늘날 수많은 회사들이 혼신의 힘을 기울여 세운 경영 전략은 실패에 직면한다. 포터 교수는 그 이유에 관해 몇 가지 설명을 덧붙인다. 경쟁을 위한 경쟁이라던가 기존 고객에 대한 집착, 일관성 없는 사업 추진 등이 그것이다. 지금 이 글을 쓰고 있는 순간에도 어디선가 실패를 직감하고 새로운 계획을 수립하거나 다른 기회를 찾아 눈길을 돌리는 사람들이 있을 것이다. 그들이 스스로 파산을 선고하거나 재기 불가능한 포기의 길을 선택하지만 않는다면, 그 통렬한 실패가 또 다른 새로운 무언가의 탄생을 의미한다는 것을 오래지 않아 깨닫게 될 것이다. 단언컨대 세상의 그 어떤 비즈니스도 훌륭한 경영 전략만으로 완성되지 않는다. 불변의 진리는 전략을 수립하고 그것이 올바르게 나아가도록 만드는 사람들에 의해 결정된다는 깨달음 안에 있다.

그 깨달음 때문이었는지 우리나라에서는 언젠가부터 비즈니스의 새로운 화두로 '인문경영'이라는 말이 등장하기 시작했다. 미국의 경우에는 이미 오래 전부터 MBA 과정에 소설, 시, 역사, 철학, 과학 분야의 책들이 교재로 사용되어왔다. 그런 면에서 "오늘의 나를 있게 한 것은 공립학교 도서관이었다."라는 빌 게이츠의 말은 의미심장하다.

이 책에 대한 빌 게이츠의 《월스트리트저널》 기고문을 접했을 때, 어쩌면 공립학교 도서관에서 (워렌 버핏이 빌려준) 《경영의 모험》의 낡은 책장을 넘기고 있는 빌 게이츠의 모습을 잠깐 상상했을지도 모르겠다. 어쨌거나 40년도 더 전에 쓰인 이 책을 왜 빌 게이츠가 '최고의 경영서'라고 추천했는지, 그 질문에 대한 나름의 답을 찾아보고 싶었다. 40여 년 전과는 비교조차 할 수 없을 만큼 변화된 세상에서 살아가고 있는 우리에게 이 책이 어떤 메시지를 전해주고 있는지, 또 그것이 유효한 것인지에 대한 큰 호기심이 생겼기 때문이다.

이 책에 수록된 다양한 에피소드와 사례 분석은 거의 반세기 전에 발생했던 사건들을 다룬 것이라고 하기엔 믿어지지 않을 정도로 우리에게 매우 익숙하게 다가온다. 왜 그럴까? 우선 저자가 다루고 있는 소재가 단순히 철 지난 역사 속 사건들이 아니라 지금도 끊임없이 우리가 직면하고 있는 문제들이기 때문이다. 특히 기업 경영과 조직 관련 장들에 나오는 소재들(성장, 혁신, 기업가 정신, 소통, 지적 재산권 보호)은 지금도 언론 지면에 자주 등장하는 핵심적 경영 이슈이다. 환율과 소득세 같은 거시경제 관련 사안도 지금 우리나라 경제 현실에서 빼놓을 수 없는 매우 중요한 이슈들이다.

여기서 독자들은 전문 저널리스트로서 존 브룩스란 작가의 진가를 확인할 수 있는데, 저자는 수많은 자료와 인터뷰를 능수능란하게 사용함으로써 사건과 인물들에 대한 각각의 객관성과 개성을 재창조해낸다. 방대한 인터뷰와 세밀한 정황 묘사, 그리고 이를 통해 전체 맥락을 꿰뚫는 그의 통찰력을 보노라면 정말이지 혀를 내두를 수밖에 없다.

존 브룩스는 1960년대에 발생했던 중요한 기업, 금융, 경제 관련 사건이나 이슈를 저널리스트의 관점에서 심층적으로 정리, 분석한다. 책에 수록된 총 12편의 에피소드는 크게 세 가지 주제로 나뉜다. 5편은 포드자동차회사의 신차 개발 프로젝트, 제록스라는 혁신 기업의 탄생 과정, 기업가 정신의 본질, 기업 조직에서의 소통 문제, 기업 비밀 보호법과 인사 관리 등에 관한 상세한 사례들로 오늘날까지도 기업과 그를 둘러싼 중요한 문제적 쟁점을 상징적으로 보여준다. 다른 5편은 급격한 주가 변동, 내부 정보를 이용한 내부자 주식 거래, 투자자 보호 문제, 주가 조작, 주주 총회 현장의 생생한 목소리 등, 증권 시장 관련 주제들이다. 소득세를 둘러싸고 첨예하게 맞서는 주장들, 파운드화의 평가 절하를 둘러싸고 벌어진 국제적 공조 등을 다룬 2편의 이야기는 거시경제 정책 관련 이슈와 긴밀히 맞닿아 있다.

특히 인상 깊었던 에피소드를 몇 개만 소개하면, 우수한 인재와 역량을 보유한 포드자동차회사가 막대한 예산을 투입하고도 쓰라린 실패를 맞이한 에드셀Edsel 프로젝트의 전개 과정에 눈길이 간다. 다양한 경영 사례들이 언론이나 학술지에 종종 등장하지만 에드셀의 참담한 실패 과정처럼 상세히 서술한 사례는 찾아보기 힘들다. 성공한 사례보다는 실패한 사례가 요즘 같은 비즈니스 현실에 더 많은 시사점을 줄 것이다. 이런 측면에서 포드자동차회사의 실패 사례는 기업 경영에 관심을 가진 모든 사람들, 기업체 임직원은 물론이고, 기업을 연구하거나 공부하는 사람들에게 매우 귀중하고 실감 나는 레슨을 제공해준다.

빌 게이츠가《월스트리트저널》에서 '저널리즘 명예의 전당'에 올릴 만하다고 극찬한 바 있는 5장 '제록스 제록스 제록스 제록스' 또한 탁월한 글이다. 제록스Xerox의 탄생 과정뿐만 아니라 최고경영자를 비롯해 조직의 구성원들이 가지고 있던 기업의 책임과 사회의식은 긴 여운을 남긴다. 단순히 피상적인 사례가 아니라 좀 더 심층적인 사례 분석과 거기서 얻을 수 있는 교훈을 잘 정리해볼 수 있을 것이다.

7장 '같은 말을 다르게 해석하는 회사'는 기업 내에서 흔히 제기되는 소통 문제, 그리고 소통 실패의 문제에 대한 저자의 뛰어난 통찰력을 보여주는 대표적 사례이다. 제너럴일렉트릭General Electric과 같은 세계적 대기업에서, 특히 반독점 금지법 준수 의무가 매우 강조되고 있는 사회 분위기에서 어떻게 담합 행위가 지속적으로 일어날 수 있었는지를 흥미롭게 설명해주고 있다. 우리의 기업 현장에서도 반드시 새겨들어야 할 이야기이다.

　그 밖에 다른 에피소드들도 우리의 비즈니스 현장에 역동성 가득한 영감을 불어넣어줄 훌륭한 글들이다. 이에 대한 평가는 책을 읽는 독자의 몫으로 남겨둘까 한다.

　책을 덮고 빌 게이츠가 왜 이 책을 최고의 경영서라 추천했는지 나름의 답을 얻을 수 있었다. 저자는 12편의 이야기들에 담긴 교훈을 일방적으로 주입시키려 하지 않는다. 각자의 관점에서 필요한 시사점을 정리할 수 있도록 최대한 도움을 주고자 노력한 흔적이 역력할 뿐이다. 이 책이 우리에게 주는 핵심 메시지를 한 마디로 요약하면 기업 경영이나 경제에서도 결국 사람과 인간의 본성에 대한 깊이 있는 통찰이 중요하다는 것 아닐까 싶다. 지금 기업 경영에 몸담고 있는 기업 임직원들, 경영, 경제에 관심 있는 전문가나 학생, 일반인들, 기업 또는 경제 관련 언론인들, 정부 정책 담당자들 모두 각자의 입장에서 역사의 지혜를 얻을 수 있기를 바란다.

차례

일러두기

1. 이 책은 John Brooks, *Business Adventures*(2014)를 옮긴 것이다.
   원서의 초판은 1969년에 미국에서 발간되었다가 1970년대에 절판되었고,
   2014년에 미국과 영국에서 43년 만에 재출간되었다.
2. 각주는 모두 옮긴이가 붙인 것이다. 단, 저자가 붙인 주석은 *로 표시했다.
3. 원서에서 이탤릭체로 강조한 단어는 고딕 글씨체로 표시했다.
   원서에서 대문자만 사용해 강조한 단어는 글자 크기를 키워서 표시했다.

1

에드셀의 운명

완벽한 시스템, 준비된 실패

─탄생과 전성기─

미국인의 경제 생활 달력에서 1955년은 자동차의 해였다. 그해에만 미국의 자동차 회사들은 승용차를 700만 대 이상 팔았는데, 이것은 그전의 어떤 해보다 100만 대 이상 많은 수치였다. 그해에 제너럴모터스는 3억 2500만 달러어치에 이르는 보통주를 신주로 발행해 쉽게 팔았고, 자동차 회사들이 이끈 주식 시장이 지나치게 상승하는 바람에 의회가 조사에 나서기까지 했다. 포드는 중간 가격대(대략 2400~4000달러)의 신형 자동차를 생산하기로 하고 곧장 제작에 들어가 당시의 유행에 어울리게 설계했다. 그 유행이란 길고 넓고 낮은 차체에 호화로운 크롬 장식, 아낌없이 제공된 옵션, 지구 궤도에 쏘아 올려놓기엔 살짝 모자랄 정도로 강력한 엔진 등이었다. 2년 뒤인 1957년 9월, 포드는 30년 전에 모델 A를 출시한 이래 어떤 신형 자동차 출시 때에도 보지 못한 대대적인 광고와 함께 에드셀Edsel을 출시했다. 첫 번째 견본이 시장에 나오기 전에 에드셀 개발에 쏟아부은 비용만 무려 2억 5000만 달러라고 발표되었다. 《비즈니스위크》가 에드셀의 출시에 든 비용은 역사상 그 어떤 소비재에 투입된 비용보다 비쌌다고 쓴 기사에 대해 아무도 토를 달지 않았다. 투자금을 회수하기 위한 노력의 첫 단계로 포드는 첫해에 에드셀이 최소한 20만 대가 팔리길 기대했다.

열대우림 오지에 사는 원주민이 아니라면 그 참담한 실패 이야기를 들어보지 못한 사람은 거의 없을 것이다. 정확하게 말하면, 2년 2개월 15일이 지날 때까지 포드가 판매한 에드셀은 고작 10만 9466대에 그쳤다. 그중 수천 대는 아니더라도 수백 대는 포드의 중역과 딜러, 영업사원, 광고와 홍보회사 직원, 조립라인 노동자, 그 밖에 에드셀의 성공에 개인적 이해가 달린 사람들이 샀을 것이다. 10만 9466대는 같은 기간에 미국에서 판매된 전체 승용차 대수의 1%에도 못 미치는 숫자였다. 결국 1959년 11월 19일, 외부 평가에 따르면 포드는 약 3억 5000만 달러의 손실을 안은 채 에드셀 생산을 영구 중단했다.

어떻게 이런 일이 일어날 수 있었을까? 돈과 경험 그리고 고급 두뇌까지 무엇 하나 부족한 게 없는 회사가 어떻게 그런 엄청난 실수를 저지를 수 있단 말인가? 에드셀을 포기하는 결정이 나오기 전에 이미 자동차에 관심이 많은 일반인 중 입바른 말을 좋아하는 일부 사람들이 그 답을 내놓았다. 그 답은 너무나도 단순하고 아주 그럴듯해 보여서 다른 설명들을 제치고 거의 진실처럼 널리 받아들여졌다. 이들은 포드가 에드셀을 여론 조사 결과와 그 어린 사촌 격인 동기 조사에 맹목적으로 의존해 설계하고 명명하고 선전하고 홍보했다고 주장했다. 하지만 대중은 지나치게 계산된 방식으로 구애하는 상대에게 퇴짜를 놓는 반면, 좀 더 거칠더라도 자연스러운 방식으로 관심을 끄는 구애 상대를 선호하는 경향이 있다고 결론 내렸다. 여느 사람들과 마찬가지로 자신의 실수를 상세한 기록으로 남기는 것을 좋아하지 않는 포드 측이 침묵을 지키고 있는 와중에 나는 에드셀의 실패에 대해 내가 할 수 있는 일이 무엇인지 조사하기 시작했다. 그 결과 나는 우리가 알고 있는 것은 전체 진실 중 일부에 불과하다고 믿게 되었다.

에드셀은 원래 여론 조사에서 얻은 선호도에 엄격하게 입각하여 광고와 홍보를 **하도록** 돼 있었지만, 가짜 약을 팔던 낡은 방식, 즉 과학적 방법보다는 직감에 의존하는 방식이 슬그머니 끼어들었다. 에드셀의 이름도 과학적 방법을 통해 **짓도록** 돼 있었지만, 마지막 순간에 과학적 방법은 간단히 쓰레기통으로 내팽개쳐지고, 19세기의 기침약이나 가죽 닦는 비누 상표처럼 사장의 아버지 이름을 따서 지었다. 심지어 디자인은 여론 조사를 참고하는 시늉조차 하지 않고, 자동차 디자인업계에서 다년간 표준으로 사용된 방법을 통해 정해졌다. 즉, 단순히 회사 내에 있는 잡다한 위원회의 직감을 종합, 정리하여 결론을 내리는 방법으로 정해졌다. 그러므로 에드셀의 몰락에 관해 보편적으로 통용되는 설명은 자세히 들여다보면 대체로 부정적 의미의 전설에 불과하다는 걸 알 수 있다. 하지만 이 사건에 관한 사실들은 오래 살아남아 현대 미국의 대표적인 실패담을 들려주는, 상징적인 전설이 될지도 모른다.

신차 출시 프로젝트 가동

에드셀의 기원은 생산 결정을 내리기 7년 전인 1948년 가을로 거슬러 올라간다. 포드자동차회사를 세운 헨리 포드가 1년 전에 사망하고 나서 당시 사장이자 이론의 여지가 없는 회사 보스로 활동하던 헨리 포드 2세[1]는 회사 최고경영위원회에 기존의 차와는 완전히 다른 중간 가격대의 신차를 출시하는 안에 대해 조사하라고 지시했다. 이에 따라 어니스트 브리치 부사장을 포함한 최고경영위원회가 조사를 시작했다. 당시에는 그런 조사를 할 만한 이유가 충분히 있어 보였다. 포드, 플리머스, 쉐보레를 모는 저소득층 운전자들은 연소득 5000달러를 넘어서면 낮은 신분의 상징을 버리고 중간 가격대의 자동차로 '바꾸려고' 한다는 사실이 이미 잘 알려져 있었기 때문이다. 포드의 관점에서 보면 이는 아주 바람직한 현상이었다. 다만 무슨 이유에서인지 포드자동차 소유자들은 대개 포드의 유일한 중간 가격대 자동차인 머큐리로 바꾸는 대신에 경쟁 회사들에서 나온 다른 중간 가격대 자동차로 바꾸었다. 그런 자동차로는 제너럴모터스의 올즈모빌과 뷰익, 폰티악이 있었고, 그보다 조금 덜 팔리긴 했지만 크라이슬러의 닷지와 데소

---

1) Henry Ford II. 헨리 포드 2세는 창업자 헨리 포드의 손자이자 에드셀 포드Edsel Ford의 아들이었다.

토도 있었다. 당시 포드사의 루이스 크루소 부사장이 "우리는 제너럴 모터스를 배불리기 위해 고객을 키워왔다."라고 표현한 것은 결코 과장이 아니었다.

1950년에 한국 전쟁이 발발하자, 포드는 계속해서 경쟁 회사들을 위해 고객을 키우는 수밖에 선택의 여지가 없었다. 그런 시점에 신차를 출시한다는 것은 논외였기 때문이다. 최고경영위원회는 사장이 제안한 조사를 한쪽으로 제쳐놓았고, 그 문제는 그 상태로 2년 동안 보류되었다. 하지만 1952년 후반에 한국 전쟁이 곧 끝날 기미가 보이자 포드는 보류했던 그 안을 다시 꺼내 검토했고, 미래제품기획위원회Forward Product Planning Committee라고 이름 붙인 그룹이 열정적으로 조사를 재개했다. 그렇게 조사한 결과 중 많은 것을 링컨-머큐리 사업본부에 넘겨주었는데, 부본부장이던 리처드 크래피가 그것을 맡게 되었다. 단호하고 다소 음침한 데다가 습관적으로 얼떨떨한 표정을 짓는 버릇이 있던 크래피는 40대 중반이었다. 미네소타 주에서 소규모 농장 잡지를 인쇄하는 일을 하던 아버지 밑에서 태어난 그는 세일즈 엔지니어와 경영 컨설턴트로 일하다가 1947년에 포드에 입사했고, 1952년 당시에는 그 이유를 알 수 없었겠지만, 곧 자신이 얼떨떨한 표정을 지을 수밖에 없는 이유가 생기게 된다. 에드셀과 그 운명을 직접 책임지는 순간, 그는 피할 수 없는 운명과 맞닥뜨렸다. 그것은 잠깐 동안 그 영광을 함께 나누다가 곧 죽어가는 에드셀의 비참한 고통을 함께 느껴야 하는 운명이었다.

설계 작업

1954년 12월, 미래제품기획위원회는 2년간의 조사 끝에 그 결과를 요약한 6권 분량의 블록버스터급 보고서를 최고경영위원회에 제출했다. 보고서는 방대한 통계 자료를 근거로 1965년이 되면 미국의 천년왕국 또는 그와 비슷한 상황이 도래할 것이라고 예측했다. 미래제품기획위원회는 그때가 되면 미국의 국민총생산GNP은 5350억 달러(10년 만에 1350억 달러 이상이 증가한 액수)가 될 것이며, 사람들이 모는 자동차 수는 2000만 대가 더 늘어난 7000만 대가 될 것이라고 예상했다. 또한 전체 가구 중 절반 이상은 가계 소득이 연 5000달러를 넘을 것이며, 판매되는 전체 자동차 중 40% 이상이 중간 가격대나 그 이상이 되리라고 예상했다. 이 보고서가 놀랍도록 자세하게 제시한 1965년의 미국 모습은 디트로이트[2]의 마음에 꼭 드는 나라였다. 그것은 은행에서는 돈이 철철 흘러나오고, 거리와 고속도로는 거대하고 눈부신 중간 가격대의 자동차들로 넘치고, 새로 부자가 되어 '사회경제적으로 지위가 향상된' 시민들이 이 모든 것을 더 많이 원하는 꿈에 젖어 있는 나라의 모습이었다. 보고서가 전하고자 하는 메시지는 분명했다. 만약 그때까지 포드가 두 번째 중간 가격대 자동차(단순히 새로운 모델이 아니라 완전히 새로운 자동차)를 출시해 그 분야에서 가장 잘 팔리는 제품으로 만들지 못한다면, 국내 시장 점유율이 크게 떨어질 것이다.

---

2) 디트로이트는 한때 세계 자동차 공업의 중심 도시였다. 포드, 제너럴모터스, 크라이슬러 등 3대 자동차회사의 본사와 주력 공장이 이 도시에 집결해 있었다.

한편, 포드의 경영진은 신차를 시장에 출시하는 데 막대한 위험이 따른다는 사실을 잘 알고 있었다. 예를 들면, 그들은 자동차 시대가 시작된 이래 출시된 미국 자동차 2900여 종—블랙크로(1905), 애버리지 맨즈카(1906), 버그모빌(1907), 댄패치(1911), 론스타(1920) 등—중에서 그때까지 살아남은 것은 겨우 20여 종에 불과하다는 사실을 잘 알고 있었다. 제2차 세계 대전과 함께 사라져간 자동차 회사들에 대해서도 잘 알고 있었다. 그중에서 크로슬리는 완전히 문을 닫았고, 카이저 모터스는 1954년 당시엔 아직 살아 있긴 했지만 마지막 숨을 몰아쉬고 있었다. (그로부터 1년 뒤 미래제품기획위원회 위원들은 헨리 카이저가 자신의 자동차 산업에 대한 고별사에서 "우리가 자동차 연못에 5000만 달러를 던져넣으리란 건 예상했지만, 그것이 파문조차 없이 사라지리라곤 전혀 예상하지 못했습니다."라고 했을 때, 불안한 눈초리로 서로를 쳐다보았을 것이다.) 또한 포드 사람들은 자동차 업계에서 가장 강하고 부유한 3대 회사 중 제너럴모터스는 1927년에 라살을 내놓은 이후로, 크라이슬러는 1928년에 플리머스를 내놓은 이후로 표준 사이즈의 신차를 출시하려는 시도를 전혀 하지 않았으며, 포드도 마찬가지로 1938년에 머큐리를 출시한 뒤 그와 같은 시도를 하지 않았다는 사실을 잘 알고 있었다.

그런데 포드 사람들은 낙관했다. 얼마나 낙관적이었던지 그들은 카이저가 던져넣은 것보다 5배나 많은 돈을 자동차 연못에 던져넣기로 결정했다. 1955년 4월, 헨리 포드 2세와 브리치, 그 밖의 최고경영위원회 위원들은 미래제품기획위원회의 조사 결과를 공식적으로 승인하고, 그것을 실행에 옮기기 위해 특수제품 사업본부라는 부서를 새로 만들어 불운한 크래피를 책임자로 앉혔다. 이렇게 포드는 이미 몇 달 전부터 대세를 간파하고서 신차 개발 계획을 이리저리 궁리해온 설계자들의 노력을 공식 승인했다. 그런데 임원들뿐만 아니라 새로 조직된 크래피의 팀도 업무를 인계받았을 때 설계도에 그려진 것을 뭐라고 불러야 할지 이렇다 할 아이디어가 없었던 탓에 그 차는 포드의 모든 사람뿐 아니라 심지어 보도 자료에서도 'E 카'로 불리게 되었다. 'E'는 '실험Experimental' 의 바로 그 E를 가리킨다는 설명도 덧붙였다.

E 카의 설계, 즉 디자인 혹은 자동차 업계의 전문 용어를 사용한다면 '스타일링'*을 직접 책임진 사람은 마흔이 채 되지 않은 로이 브라운이라는 캐나다인이었다. 브라운은 디트로이트 미술 아카데미에서 산업디자인을 공부한 뒤 라디오, 모터 크루저, 색유리 제품, 캐딜락, 올즈모빌, 링컨을 설계하는 일에 관여한 경력이 있었다. 브라운은 이 새로운 프로젝트에 배정되었을 때 느꼈던 포부를 다음과 같이 회상했다. "우리의 목표는 그 당시 도로를 달리던 19종의 다른 자동차 제품과 스타일링 테마를 쉽게 구별할 수 있을 만큼 독특한 차를 만드는 것이었다." 이 글을 쓸 당시 그는 트럭과 트랙터, 소형 승용차를 생산하던

---

* '스타일링styling'이란 단어는 자동차 관련 수집품 정원에 깊이 뿌리박고 있는 잡초 같은 단어이다. 동사 'to style'은 이름을 부르거나 짓는다는 뜻으로 많이 쓰인다. 따라서 특수제품 사업본부가 E 카의 이름을 지으려고 기울인 거창한 노력(본문에 자세히 서술되지만)은 이 뜻에 딱 들어맞는 스타일링 프로그램이었다. 하지만 브라운과 그의 동료들이 한 일은 이것과는 다른 일이었다. 《웹스터 영어사전》에서 'to style'의 두 번째 뜻은 "일반적으로 받아들여지는 스타일을 … 만들다."이다. 말하자면 독창성을 추구했던 브라운의 의도와 배치되는 것이었으므로, 브라운이 한 일은 '안티스타일링' 프로그램이었던 셈이다.

영국포드자동차회사 수석 스타일리스트로 일하고 있었다. "우리는 이들 19종의 자동차 모두를 일정 거리에서 촬영해 사진 연구까지 했는데, 수십 미터 이상 떨어진 거리에서 보면 모두 너무 비슷해서 사실상 서로 구별하기가 불가능하다는 결론을 얻었다. … 모두 '한 꼬투리 속에 든 완두콩들'처럼 똑같아 보였다. 우리는 독특하다는 점에서 '새로운' 동시에 친숙한 [스타일을] 선택했다."

자동차 산업에서 그런 계획을 추진할 때마다 늘 볼 수 있는 광경이지만, 포드의 스타일링 스튜디오(관리 부서 사무실들과 마찬가지로 포드 본사의 거점인 디트로이트 외곽의 디어본에 있던)에서 E 카를 설계하는 작업은 멜로드라마처럼 철통같은 보안 속에서 진행되었다. 만약 열쇠가 적의 수중에 들어갈 경우 스튜디오 출입구 자물쇠는 15분 만에 교체할 수 있었고, 24시간 내내 보안 요원이 시설 전체를 에워싸고 경비를 서면서 혹시 스파이가 숨어서 엿볼지 모르는 근처의 높은 지점들을 간간이 망원경으로 살폈다. (이러한 예방 조처들이 아무리 탁월한 것이라 하더라도 결국은 실패할 수밖에 없었는데, 바로 디트로이트판 트로이 목마 앞에서는 무용지물이었기 때문이다. 디트로이트판 트로이 목마란 이직하는 스타일리스트를 말하는데, 배신한 스타일리스트를 통해 경쟁 회사는 그 회사가 무슨 일을 하고 있는지 비교적 쉽게 정보를 입수할 수 있었다. 물론 이 점은 어느 누구보다도 경쟁 회사들이 잘 알고 있었지만, 이렇게 은밀하게 경쟁 회사 직원을 빼내오는 행위는 회사 이미지에 큰 타격을 줄 위험도 있었다.) 크래피는 일주일에 두어 번 (고개를 숙이고 낮은 곳을 골라 걸으면서) 스타일링 스튜디오를 방문하여 브라운과 의견을 나누고, 일의 진행 상황을 체크하고, 조언과

격려를 했다. 크래피는 목표 대상을 반짝이는 하나의 계시적 영감으로
떠올려 생각하는 부류의 사람이 아니었다. 대신에 그는 E 카의 스타일
링을 펜더의 모양을 어떻게 하고, 크롬으로 어떤 패턴을 만들지, 문손
잡이는 어떤 걸 달아야 할지 등등 아주 세세한 일련의 결정들로 잘게
쪼갰다. 미켈란젤로가 '다비드'를 만들면서 내려야 했던 결정의 수를
모두 더해보았는진 모르겠지만, 그는 그것을 자기 마음속에만 담아두
었다. 하지만 모든 것이 질서정연하게 돌아가는 컴퓨터 시대에 살면서
질서 있는 사고방식을 가진 크래피는 E 카를 설계하면서 자신과 동료
들이 내려야 했던 결정의 수가 적어도 4000가지 이상이었다고 추정했
다. 그는 그 당시에 만약 그 모든 경우에 대해 예-아니요 선택을 올바
로 내렸다면, 결국에는 설계상으로 완벽한 자동차, 혹은 최소한 독특
하면서도 친숙한 자동차를 만들 수 있을 것이라고 생각했다. 하지만
지금은 창조적 과정을 구부러뜨려 시스템의 멍에에 들어맞게 하기가
어렵다는 사실을 알게 되었다고 인정한다. 주된 이유는 4000가지의
결정 중 변하지 않고 계속 그대로 남아 있는 것이 많지 않았기 때문이
다. 그는 "전반적인 주제를 정하고 나면, 그 범위를 좁혀가는 과정을
시작하지요. 그러면서 계속 수정을 하게 되는데, 수정한 것을 다시 수
정하는 일도 일어납니다. 그러다가 마침내 더 이상 시간이 없기 때문에
어떤 것에 만족하고 결정을 **내려야** 해요. 만약 마감 시한이 없다면, 영원
히 수정을 계속 해나가게 될 겁니다."라고 말했다.

최종 수정안을 나중에 사소하게 수정한 일을 빼고는 1955년 여름에
E 카의 설계가 완성되었다. 2년 뒤에 세상 사람들이 알게 되었지만, E 카

의 가장 두드러진 특징은 말의 목사리처럼 생긴 희한한 라디에이터 그릴이었는데, 이것은 전통적 방식의 낮고 넓은 전면부 한가운데에 수직으로 설치되었다. 이 라디에이터 그릴은 분명 이목을 집중시키는 독특한 것과 친숙한 것의 결합이었지만, 모든 사람의 마음에 들었던 것은 아니었다. 하지만 브라운 또는 크래피, 아니면 두 사람 모두 친숙함이라는 요소를 완전히 간과한 주요 측면이 두 가지 있었다. 하나는 독특한 후미를 장식하는 요소로, 그 당시 시장에서 큰 인기를 끌던 거대한 수직 테일 핀과는 매우 대조적인 넓은 수평 날개였고, 또 하나는 핸들 중앙에 달린 독특한 자동 변속 버튼들이었다. 크래피는 E 카가 일반 대중에게 공개되기 직전에 한 연설에서 이와 같은 스타일링에 대해 한두 가지 힌트를 주었다. 즉, 이 자동차는 너무나도 '독특하게' 만들었기 때문에 외부적으로는 "전면과 측면, 후면 모두에서 즉각 알아볼" 수 있고, 내부적으로는 "창공의 벽 로저스[3] 개념에서 벗어난 푸시버튼 시대의 진수"를 보여준다고 설명했다. 마침내 포드의 최고 경영진이 그 자동차의 대략적인 모습을 처음 보는 날이 왔다. 이 사건은 세상의 종말이 다가온 것과 같은 효과를 자아냈다. 1955년 8월 15일, 스타일링 센터의 의식에 가까운 비밀 분위기 속에서 크래피와 브라운과 그 측근들이 불안한 표정으로 손을 비비며 미소를 짓고 서 있는 가운데 헨리 포드 2세와 브리치를 포함한 미래제품기획위원회 위원들은 커튼이 올

---

3) Buck Rogers. 1928년, 미국의 SF 전문 잡지 《어메이징 스토리Amazing Stories》에 처음 등장한 캐릭터. 이후 라디오 드라마, 영화, TV 시리즈 등으로 인기를 누렸다. 벅 로저스는 자동차, 비행기, 로켓 등 다양한 탈것을 복잡한 기계 장치를 작동시켜 조종했다.

라간 뒤 눈앞에 나타난 E 카 모델을 비판적인 시선으로 바라보았다. 실제 크기로 처음 만든 그 모델은 점토로 만든 뒤에 은박지를 입혀 알루미늄과 크롬 재질 느낌을 살린 것이었다. 목격자들의 증언에 따르면, 거의 1분이 다 지나갈 때까지 청중은 완전한 침묵 속에 빠져 있다가 갑자기 일제히 박수갈채가 터져나왔다고 한다. 회사를 창립한 헨리 포드가 말이 끌지 않는 최초의 차량을 조립했던 1896년 이래 견본을 처음 공개하는 사내 행사에서 이런 일이 벌어진 것은 처음이었다.

E 카의 개성

에드셀의 실패 원인으로 가장 설득력 있고 가장 많이 인용되는 설명 중 하나는 생산을 결정한 뒤부터 시장에 출시되기까지 지체된 시간 때문에 피해를 입었다는 것이다. 몇 년쯤 지나 '콤팩트 카'라고 완곡하게 불린 소형-저출력 자동차들이 큰 인기를 끌면서 자동차 업계의 계급 사다리를 뒤엎은 시점에 가서는 에드셀이 방향을 크게 잘못 잡았다는 사실을 쉽게 알 수 있었지만, 두꺼운 테일핀이 유행하던 1955년 당시에 그런 상황을 예견하기란 결코 쉽지 않았다. 미국인의 독창성(전기 조명, 하늘을 나는 기계, T형 포드,[4] 원자폭탄, 심지어 특별한 상황에서 기부를 함으로써 이익을 챙길 수 있게 해주는 조세 제도*까지 만들어낸)조차도 설계도

---

4) 1908년부터 생산된 세계 최초의 대중차 '포드 모델 T.' 전성기에는 전 세계 자동차 생산량의 절반 이상을 차지할 정도였다.

가 완성된 뒤부터 적절한 시간 내에 시장에 자동차를 내놓을 수 있는 방법까지는 발명하지 못했다. 강철 금형을 만들고, 딜러들에게 만반의 준비를 갖추게 하고, 광고와 홍보 캠페인을 준비하고, 계속 이어지는 각각의 안건에 대해 경영진의 승인을 얻고, 디트로이트와 그 주변 지역에서 호흡만큼 중요한 것으로 간주되는 다양한 일상적인 일들을 모두 처리한 뒤 신형 자동차가 나오기까지는 대개 2년이 걸린다. 기존 모델에 매년 통상적인 변화를 추가하는 계획을 책임진 사람들에게도 미래의 취향을 추측하는 것은 아주 어려운데, E 카처럼 완전히 새로운 자동차를 내놓는다는 것은 훨씬 더 어려운 일이다. 이를 위해서는 신제품에 개성을 부여하고 적절한 이름을 짓는 것과 같은 여러 가지 새로운 스텝을 춤의 패턴에 집어넣어야 한다. 그뿐만 아니라 차를 공개할 무렵에는 국가 경제 상태가 **어떤** 신형 자동차를 출시하기에 유리한지 아닌지 알기 위해 다양한 자문을 구해야 한다.

특수제품 사업본부는 계획된 단계들을 충실히 실행에 옮기면서 시장 조사 계획 담당 부서를 이끌던 데이비드 월리스에게 E 카에 개성을 부여하고 이름을 지어달라고 도움을 청했다. 호리호리한 체격과 우락부락한 턱에 파이프 담배를 즐기면서 부드럽고 느리고 신중하게 말을 하는 월리스는 대학 교수의 원형(같은 유형의 제품을 찍어내는 강철 금형 자체)과도 같은 인상을 풍겼지만, 사실 그의 배경은 학구적인 것과는 거리가 멀었다. 그는 1955년에 포드에 입사하기 전에 펜실베이니아

---

* 미국인의 독창성이 만들어낸 이 산물에 대해 자세한 설명은 2장을 참고하라.

주의 웨스트민스터 대학을 고학으로 졸업했고, 뉴욕에서 건설 노동자로 대공황 시절을 근근이 버텨낸 뒤 《타임》에서 10년 동안 시장 조사일을 했다. 하지만 (사람의 인상은 중요하기 때문에) 윌리스는 허세를 부리고 실리를 추구하는 디어본 사람들을 상대할 때 유리하다는 이유로 교수처럼 보이는 자신의 인상을 의도적으로 강조했다고 털어놓았다. 그는 "우리 부서는 준*브레인트러스트5)로 취급받았지요."라고 흐뭇하게 말했다. 특히 그는 디어본이나 디트로이트에서는 업무 시간이 지난후 도저히 참고 지낼 수 없다는 이유로 미시간 대학의 학구적 분위기를 느낄 수 있는 앤아버에서 살길 고집했다. E 카의 이미지를 투영하는 데얼마만큼의 성공을 거두었건 간에, 윌리스는 작은 기행을 통해서 자신의 이미지를 투영하는 데에는 놀랍도록 성공한 것처럼 보인다. 그의 이전 상사였던 크래피도 "나는 윌리스가 포드에 다니는 기본 동기가 경제적인 데 있다고 생각하지 않는다. 윌리스는 학자 타입인데, 나는 그가그 일을 흥미로운 도전으로 여겼다고 생각한다."라고 말했다. 이미지투영에 대해 이보다 더 나은 증거는 찾기 어려울 것이다.

윌리스는 E 카의 적절한 개성을 찾으려고 할 때 자신과 팀원들을 이끌었던 논리를 분명하게 기억한다. "우리는 스스로에게 '현실을 직시하자. 2000달러짜리 쉐보레나 6000달러짜리 캐딜락이나 기본 메커니즘은 큰 차이가 없어.'라고 말했지요. 또, 우리는 '떠들썩한 광고와 홍

---

5) Brain Trust. 브레인트러스트는 정부 등에서 자문 역할을 하는 비공식 두뇌 집단으로, 특히 프랭클린 루스벨트 대통령이 뉴딜 정책을 시행할 때 정치 · 경제 관계에 관한 고문으로 위촉한 전문가 집단이 유명하다.

보를 다 잊어버리면, 그것들이 정말로 거의 똑같다는 게 보일 거야. 하지만 가격이 비싸더라도, 아니 어쩌면 바로 그 때문에 일정 수의 사람들에게 캐딜락을 열망하게 만드는 어떤 요소가 있어. 그런 요소는 반드시 있는 게 분명해.'라고 말했지요. 우리는 자동차는 일종의 꿈을 이루는 수단이라고 결론 내렸습니다. 사람들이 어떤 종류의 차를 다른 종류의 차보다 더 원하는 데에는 비합리적 요소가 일부 있어요. 그것은 메커니즘과는 아무런 관계가 없고, 고객이 상상하는 차의 개성과 관계가 있어요. 자연히 우리가 하고자 한 것은 최대한 많은 사람이 그 차를 원하게 만들 수 있는 개성을 E 카에 부여하는 것이었지요. 우리는 다른 중간 가격대 제조업체보다 큰 이점이 있다고 생각했는데, 다소 거부감을 줄 수도 있는 기존의 개성을 바꾸는 것에 대해서는 생각할 필요가 없었기 때문이었어요. 우리는 그저 우리가 원하는 것을 그대로 만들기만 하면 됐죠. 아무것도 없는 상태에서요."

E 카의 개성을 어떤 것으로 해야 할지 결정하는 첫 단계로 월리스는 이미 시장에 나와 있는 중간 가격대 자동차들의 개성과 함께 소위 저가 자동차들의 개성도 평가하기로 결정했는데, 1955년 당시의 저가 자동차 모델 중 일부는 그 가격이 중간 가격대 범위로 치솟았기 때문이었다. 이를 위해 컬럼비아 대학 응용사회연구소에 조사를 의뢰해 최근에 일리노이 주 피오리아에서 자동차를 구매한 800명과 캘리포니아 주 샌버너디노에서 구매한 800명을 면담하여 다양한 관련 자동차 모델들에 대해 그들이 가진 심상心像을 파악해보기로 했다. (이 상업적 연구에 대해 컬럼비아 대학은 결과를 발표할 수 있는 권리를 확보함으로써 학문적

인 독립성을 유지했다.) 월리스는 이렇게 설명한다. "우리의 목표는 도시들, 즉 군중 속에서 반응을 알아보는 것이었어요. 우리는 하나의 단면을 원하지 않았어요. 우리가 원한 것은 사람들 사이에 작용하는 요소를 보여주는 어떤 단서였지요. 피오리아를 선택한 이유는 외재적 요소(예컨대 제너럴모터스의 자동차 유리 공장 같은)의 영향이 많지 않은 중서부의 전형적인 도시였기 때문입니다. 그리고 샌버너디노를 선택한 이유는 태평양 연안 지역이 자동차 산업에 아주 중요하고, 이곳 시장이 질적으로 아주 다르기 때문이었지요. 이곳 사람들은 더 화려한 차를 사는 경향이 있습니다."

컬럼비아 대학 연구자들이 피오리아와 샌버너디노로 달려가서 던진 질문들은, 가격이나 안전성, 직접 운전 여부 등과 같은 문제를 제외하고 자동차와 관련된 거의 모든 것을 다뤘다. 특히 월리스는 응답자들이 기존 제품들에 대해 어떤 인상을 갖고 있는지 알고자 했다. 응답자가 생각하기에 쉐보레나 뷰익 혹은 다른 자동차를 자연스럽게 소유할 것 같은 사람은 누구인가? 그 사람들의 연령대는? 성별은? 사회적 지위는? 이 조사에서 얻은 응답을 바탕으로 월리스는 각 자동차의 성격 초상화를 쉽게 만들 수 있었다. 포드의 이미지는 아주 빠르고 강한 남성적 자동차이자, 특별한 사회적 선호 계층이 없이 목장 주인이나 자동차 정비공이 주로 모는 자동차로 나타났다. 이와는 대조적으로 쉐보레는 나이가 더 많고 더 현명하고 더 느리며 남성성이 아주 많이 넘치진 않고 약간 더 고상하여 성직자에게 어울리는 자동차로 나타났다. 뷰익은 악녀 분위기를 약간 풍기는 중년 여성으로 이미지가 굳어져 있었는데(적어도 포드보다는 여성성이 더 강했다. 자동차의 성별은 어디까지나 상대적이다.), 가장 어울리는 짝은 변호사나 의사, 댄스 그룹 리더였다. 머큐리는 사실상 개조 자동차라는 이미지가 강했고, 질주를 즐기는 젊은 남성 운전자에게 가장 잘 어울렸다. 따라서 머큐리는 높은 가격에도 불구하고 평균적인 포드 소유자보다 소득이 높지 않은 사람들이 타는 차라는 이미지가 있었으므로, 포드 소유자가 머큐리로 갈아타지 않는 것은 전혀 놀라운 일이 아니었다. 이미지와 사실 사이의 이 기묘한 괴리는 실제로는 네 종의 차가 겉모습이 서로 아주 비슷하고, 엔진 출력도 거의 비슷하다는 상황과 결합하여, 자동차 애호가는 사랑에 빠진 젊은 남자처럼 합리적인 것과는 거리가 먼 방식으로 애정의 대상을 평가한다는 월리스의 전제를 더욱 뒷받침해주었다.

연구자들은 피오리아와 샌버너디노 시민을 대상으로 한 조사를 마칠 무렵에 이 질문들뿐만 아니라 다른 질문들에도 응답을 받았는데, 그중에는 가장 난해한 사회학적 지식을 가진 사람만이 중간 가격대 자동차와 연관지을 수 있는 질문들도 있었다. 월리스는 "솔직히 말해서 우리는 장난삼아 그런 질문들을 해보았습니다. 일종의 저인망식 조사였지요."라고 말한다. 저인망에 끌려 올라온 온갖 잡동사니 중에는 연구자들에게 이를 종합해 다음과 같은 보고를 하게 만든 것도 있었다.

연소득 4000~1만 1000달러의 응답자들을 살펴본 결과, 다음과 같은 사실을 알아냈다. [칵테일을 만드는 능력에 대한 질문에서] 응답자 중 상당 비율은 '어느 정도는' 만들 수 있다고 답했다. … 분명히 이들은 칵테일을 만드는 능력에 큰 자신감이 없었다. 우리는 이 응답자들이 자신이 배우는 과정에 있다는 사실을 잘 알고 있다고 추론할 수 있다. 이들은 마티니나 맨해튼을 만들 수 있을지 모르지만, 이런 일반적인 칵테일 외에는 별로 할 수 있는 게 없다.

아주 사랑스러운 E 카를 꿈꾸고 있던 월리스는 이와 같은 보고서들이 디어본 사무실로 쏟아져 들어오자 크게 기뻐했다. 하지만 최종 결정 시간이 다가오자, 칵테일 제조 능력 같은 지엽적인 문제들을 제쳐놓고 처음의 이미지 문제에 또다시 집중해야 한다는 사실이 명백해졌다. 그리고 여기서 가장 큰 함정은 그가 시대의 트렌드라고 간주한 극단의 남성성, 젊음, 스피드를 목표로 삼고 싶은 유혹인 것처럼 보였다. 실제로 컬럼비아 대학의 한 보고서에 실린 글은 특별히 그러한 어리석음을 겨냥한 경고를 포함하고 있었다.

우리는 자세히 확인해보지도 않고서 차를 모는 여성은 필시 일을 하고, 차가 없는 사람보다 기동성이 더 뛰어나며, 전통적으로 남성의 전유물로 간주돼온 역할을 능숙하게 수행하는 데에서 만족을 얻는다고 추측한다. 하지만 …여성이 자신의 차에서 어떤 만족을 얻건, 그리고 자신의 자동차에 어떤 사회적 이미지를 부여하건, 그들은 여성으로 보이길 원한다. 어쩌면 세상 경험이 많은 여성으로 보이길 원할지 모르지만, 어쨌든 여성으로 보이길 원한다.

1956년 초에 월리스는 자기 팀이 발견한 모든 것을 특수제품 사업본부 보고서에 요약했다. 〈시장과 E 카의 개성 목표〉라는 제목에 엄청난 분량의 사실과 통계 자료로 가득 찬(시간에 쫓기는 중역들이 금방 요지를 파악할 수 있도록 친절하게도 간간이 이탤릭체와 대문자로 간결하게 표현한 부분이 포함돼 있긴 했지만) 이 보고서는 별로 중요하지도 않고 건너뛰어도 되는 내용을 한참 다루고 나서야 결론으로 넘어갔다.

만약 어떤 소유주가 자신의 자동차를 **여성**이 선호하는 자동차로 생각하지만 자신은 **남성**이라면, 어떤 일이 일어날까? 자동차 이미지와 구매자 자신의 특징이 서로 일치하지 않는 것처럼 보이는 이 사실은 그의 구매 계획에 영향을 미칠까? 답은 분명히 **그렇다**이다. 소유주의 특징과 제품 이미지 사이에 갈등이 생길 때에는 다른 제품으로 바꾸려는 생각이 더 강해진다. 다시 말해서, 구매자가 그 제품을 소유할 것으로 생각되는 사람과 다른 종류의 사람일 때, 그는 내적으로 더 편안함을 느끼는 제품으로 바꾸려고 한다.

여기서 사용한 '갈등'이라는 단어에 두 가지 뜻이 있다는 점을 지적할 필요가 있다. 어떤 제품이 강하고 잘 정의된 이미지를 가지고 있다면, 그것과 반대되는 특징을 강하게 지닌 소유주가 갈등을 겪으리란 건 명백하다. 하지만 제품의 이미지가 약하고 잘 정의돼 있지 않더라도, 갈등이 생길 수 있다. 이 경우에 소유주는 자신의 제품에서 만족스러운 동일시를 얻지 못해 마찬가지로 좌절을 겪는 처지에 놓인다.

그렇다면 관건은 너무 확실한 개성이라는 스킬라와 너무 약한 개성이라는 카리브디스 사이를 어떻게 잘 통과하느냐 하는 것이다.[6] 이에 대해 보고서는 "경쟁사가 지닌 이미지의 약점을 활용할 것."이라는 답을 내놓은 뒤, E 카의 연령대 이미지를 너무 젊거나 너무 늙게 잡지 말고 그 중간쯤 되는 올즈모빌에 맞춰 잡아야 한다고 권고했다. 또한 사회적 계급 문제에 대해서는 "뷰익과 올즈모빌 바로 아래로 잡는 게 좋다."라고 그 범위를 분명하게 밝혔으며, 미묘한 성 문제에서는 이번에도 변화무쌍한 올즈모빌을 따라 확실한 태도를 취하지 않도록 하는 게 좋다고 했다. 요약하면(월리스가 직접 타자한 글씨체로):

E 카에 가장 유리한 개성은 아마도 **승승장구하는 더 젊은 중역이나 전문가 가족을 위한 스마트 카**일 것이다.

스마트 카: 소유주의 훌륭한 스타일과 취향을 다른 사람들로부터 인정받음.

더 젊은: 기백이 넘치면서도 책임감이 있는 모험가에게 호소력이 있음.

중역이나 전문가: 실제로 이 지위에 도달할 수 있는지 없는지와 상관없이, 자신이 이 지위에 있다고 생각하는 사람이 수백만 명이나 됨.

가족: 완전히 남성적이지는 않으며, 건전하고 '좋은' 역할.

승승장구하는: "아들아, E 카는 너를 믿는다. 우리는 네가 성공할 수 있도록 도울 것이다!"

하지만 기백이 넘치면서도 책임감 있는 모험가가 E 카에 믿음을 갖기 전에 먼저 이름부터 지어야 했다. 아주 일찍부터 크래피는 포드 가족에

---

6) 스킬라Scylla와 카리브디스Charybdis는 그리스 신화에 나오는 바다 괴물의 이름이다. '스킬라와 카리브디스 사이between Scylla and Charybdis'는 이러지도 저러지도 못하는 상황, 딜레마, 진퇴양난에 빠져 있는 상황을 가리킨다.

게 새로운 차에 헨리 포드의 유일한 아들이자 1918년부터 1943년에 죽을 때까지 포드자동차회사의 사장을 지냈고, 새로운 포드 세대—헨리 2세, 벤슨, 윌리엄 클레이—의 아버지인 에드셀 포드의 이름을 붙이겠다고 제안했다. 세 형제는 크래피에게 자신들의 아버지는 100만 개의 허브캡[7]에 자기 이름이 새겨져 돌아가는 것을 좋아하지 않을 것이라는 의견을 전한 뒤, 특수제품 사업본부에 대안을 찾아보라고 제안했다. 특수제품 사업본부는 지시에 따라 개성을 찾기 위해 기울였던 노력에 뒤지지 않는 열정을 발휘했다. 1955년 늦여름과 초가을에 월리스는 여러 조사 기관을 고용했다. 조사 기관들은 2000개의 이름 후보가 적힌 명단을 든 조사원들을 뉴욕, 시카고, 윌로런, 앤아버로 보내 사람들과 직접 면담하게 했다. 조사원들은 단순히 마스Mars나 주피터Jupiter, 로버Rover, 에어리얼Ariel, 애로Arrow, 다트Dart, 오베이션Ovation 같은 이름을 어떻게 생각하느냐고 묻지 않았다. 대신에 그 이름들을 들었을 때 머릿속에 자유 연상을 통해 떠오르는 이미지가 무엇이냐고 물었다. 그리고 그 답을 얻은 다음에는 그 이름과 정반대되는 단어나 구를 말해보라고 했는데, 동전의 뒷면도 동전의 일부인 것처럼 잠재의식 차원에서는 정반대 이미지도 이름의 일부라는 생각에서였다. 특수제품 사업본부는 마침내 이 모든 조사의 결과로는 확실한 결론을 내릴 수 없다고 결론 내렸다. 한편, 크래피는 자기 팀원들과 함께 어두운 방에서 이름이 하나씩 적힌 판지들이 스포트라이트 조명 속에서 카드가 뒤집히듯 차례로 바

---

7) 휠 중앙에 박아 넣은 뚜껑. 휠캡이라고도 한다.

뛰는 모습을 응시하면서 각각의 이름에 대해 생각했다. 그중 한 사람은 위로 상승하는 의미를 담고 있다는 이유에서 피닉스Phoenix라는 이름을 강력하게 옹호했고, 또 한 사람은 알타이어Altair를 선호했는데, 알파벳순으로 배열할 때 동물 이름 중 땅돼지aardvark가 맨 먼저 나오는 것처럼 자동차 명단에서 제일 앞에 나올 수 있다는 이유에서였다. 한번은 같은 회의에서 모두가 슬슬 졸릴 무렵, 누군가가 갑자기 카드를 바꾸는 동작을 멈추라고 소리치더니 믿을 수 없다는 어조로 "두세 카드 전에 지나간 것이 '뷰익' 아닙니까?"라고 물었다. 모두가 그 회의를 주관하던 월리스를 쳐다보았다. 그는 파이프를 한 모금 빨아들이더니, 학자 같은 미소를 씩 짓고는 고개를 끄덕였다.

6000개의 이름 후보

카드를 뒤집어 살펴보는 회의도 길거리 면담만큼 별다른 성과가 없었다. 이 단계에 이르자 월리스는 평범한 사람들에게서 실패한 것을 천재에게서 이끌어내 보기로 마음먹고 시인 메리앤 무어와 그 유명한 자동차 작명 서신 교환을 시작했다. 이 서신들은 나중에 《뉴요커》에 실렸고, 더 나중에는 모건 도서관에서 책자 형태로 출간되었다. 월리스는 무어에게 보낸 편지에서 "우리는 이 이름이 … 연상이나 어떤 요술을 통해 우아함과 빠름, 첨단적 특징과 디자인이라는 느낌을 전달하길 원합니다."라고 써서 자기 자신의 우아함을 풍기는 데에는 성공했다. 만약 디어본의 신[#]들 중에서 메리앤 무어에게 도움을 청하자는 영감 넘치고 고무적인 아이디어를 떠올린 사람이 누구였는지 묻는다면, 그 답은 신이 아니라 자기 밑에서 일하던 직원의 아내였다고 월리스는 말했다. 그 여성은 마운트홀리요크 대학을 졸업한 지 얼마 안 되었는데, 그곳에서 무어의 강의를 들은 적이 있었다. 만약 남편의 상사들이 거기서 한 걸음 더 나아가 실제로 무어가 추천한 많은 이름, 예컨대 인텔리전트 불릿[Intelligent Bullet]이나 파스텔로그램[Pastelogram], 몽구스 시비크[Mongoose Civique]나 안단테 콘 모토[Andante con Moto](무어는 마지막 이름에 대해 "훌륭한 모터에 대한 설명?"이라며 의구심을 나타냈다.)[8] 중 하나를 채택했더라면, E 카의 판매가 어디까지 올라갔을지는 알 수 없지만, 어쨌든 그들은 무어가 추천한 이름들을 채택하지 않았다. 시인의 아이디어와 자신들의 아이디어 모두에 실망한 특수제품 사업본부 중역들은 이번에는 얼마 전에 E 카를 맡기로 계약을 체결한 광고 대행사인 푸트 콘 앤드 벨딩[Foote, Cone & Belding](이하 FCB)에 도움을 요청했다. FCB는 매디슨가 특유의 활기 넘치는 추진력을 발휘해 뉴욕과 런던, 시카고의 자사 사무실 직원들에게 E 카의 이름에 대한 아이디어를 공모했는데, 채택되는 사람에게는 바로 그 신형 차를 상품으로 내걸었다. FCB에는 순식간에 1만 8000개나 되는 이름이 쇄도했다. 그중에는 줌[Zoom], 지프[Zip], 벤슨[Benson], 헨리[Henry], 드로프[Drof](뭔지 잘 모르겠다면 철자를 거꾸로 읽어보라.)도 포함돼 있었다. 특수제품 사업본부의 중역들이 이 긴 명단을 너무 거추장스럽게 여기지나 않

---

8) 음악에서 '안단테 콘 모토'는 안단테(느리게)보다 조금 빠르면서 활기 있게 연주하라는 뜻이다.

을까 염려하여 FCB는 명단을 간추려 6000개로 줄인 뒤에 중역 회의 때 제출했다. "자, 여기 있습니다." FCB에서 온 사람이 테이블 위에 문서 더미를 털썩 내려놓으면서 의기양양하게 말했다. "모두 6000개의 이름이 알파벳순으로 그리고 상호 참조할 수 있게 정리돼 있습니다."

크래피는 헉 하고 숨을 내쉬면서 "하지만 우리에겐 6000개나 되는 이름은 필요 없어요. 딱 하나만 필요하단 말이오."라고 말했다.

상황이 긴박했다. 신형 자동차의 금형을 곧 제작할 예정이고, 그중 일부에 이름을 새겨야 했기 때문이다. 화요일에 FCB는 모든 휴가를 취소하고 비상 상황에 돌입했다. 뉴욕과 시카고 사무실들에 각자 독자적으로 6000개의 이름을 10개로 압축하는 작업에 착수하여 주말까지 결과를 내놓으라고 지시했다. 주말이 끝나기 전에 FCB의 두 사무실은 각각 10개씩 선별한 명단을 특수제품 사업본부에 제출했는데, 믿기 힘든 우연의 일치로 두 명단에 똑같은 이름이 4개 들어 있었다. 이중의 검증을 거치고 기적적으로 살아남은 4개의 이름은 코르세어 Corsair, 사이테이션 Citation, 페이서 Pacer, 레인저 Ranger였다. 월리스는 이렇게 말한다. "그중에서 코르세어가 단연 나아 보였어요. 그 이름을 지지하는 다른 요소들 외에 길거리 면담에서도 월등한 지지를 받았지요. 코르세어라는 이름이 자유 연상을 통해 떠올리는 이미지는 '해적'이나 '칼을 휘두르는 악당'처럼 다소 낭만적인 것이었습니다. 그 반대 이미지는 '공주'나 그와 비슷한 수준의 매력적인 대상이라는 답변을 얻었어요. 바로 우리가 원하던 것이었지요."

1956년 초봄에 E 카의 이름은 코르세어도 그 밖의 다른 이름도 아닌 에드셀로 정해졌는데, 이 이름은 가을까지 일반 대중에게 알려지지 않았다. 이 획기적인 결정은 하필 포드 삼형제가 모두 자리를 비웠을 때 열린 최고경영집행위원회 회의에서 나왔다. 포드 사장이 없는 상태에서 그 회의는 1955년에 이사회 의장이 된 브리치가 주재했다. 그날 그는 무뚝뚝한 편이었고, 칼을 휘두르는 악당이나 공주 따위를 깊이 생각하느라 시간을 낭비하고 싶지 않았다. 최종 후보에 오른 이름들을 들은 뒤에 그는 "하나도 내 마음에 드는 게 없소. 다른 것들을 다시 살펴봅시다."라고 말했다. 그래서 그는 전에 탈락한 것들 중에서 그래도 괜찮은 이름들을 다시 살펴보았는데, 포드 삼형제가 아버지의 소원을 나름대로 해석해 제시했음에도 불구하고, 에드셀이 마지막 희망처럼 남아 있었다. 브리치는 동료들을 이끌고 참을성 있게 명단을 훑어 내려가다가 마침내 '에드셀'에 이르렀다. "이걸로 정합시다." 브리치가 침착한 목소리로 단호하게 말했다. E 카의 주요 모델은 각각 조금씩 차이를 주어 4가지를 만들기로 했는데, 브리치는 원한다면 마법 같은 4가지 이름(코르세어, 사이테이션, 페이서, 레인저)을 그 모델들의 보조 이름으로 사용해도 된다고 덧붙임으로써 일부 동료를 달랬다. 휴가차 나소에 가 있던 헨리 2세에게 전화가 연결되었다. 그는 최고경영위원회에서 에드셀로 정하기로 했다면, 나머지 가족들이 동의한다는 조건하에 그 결정을 따르겠다고 말했다. 그리고 며칠 뒤 그는 가족들의 동의를 얻어냈다.

얼마 후 월리스는 무어에게 보낸 편지에 이렇게 썼다. "마침내 이름을 결정했습니다. … 우리가 추구하던 공명과 흥겨움, 열정의 이미지와는 좀 동떨어진 이름입니다. 하지만 개인적 기품이 있고, 이곳의 많은 사람들에게 의미가 있지요. 친애하는 무어 양, 우리가 정한 이름은 에드셀입니다. 잘 이해해주리라 믿습니다."

광고와 영업 조직 구축

더 은유적인 이름을 밀었던 FCB 사람들은 E 카의 이름이 정해졌다는 소식을 전해 듣고 이 신형 자동차를 공짜로 받을 사람이 아무도 없다는 사실에 상당히 실망했을 것이다. 또 '에드셀'이란 이름이 처음부터 경쟁 후보에서 배제되었다는 사실 때문에 실망감은 더 컸을 것이다. 하지만 이들의 실망감은 특수제품 사업본부의 많은 사람들을 감싼 침울한 분위기에 비하면 아무것도 아니었다. 어떤 사람들은 현 사장의 아버지인 전 사장의 이름이 미국인 정서에 맞지 않는 세습 왕조 이미지를 떠오르게 한다고 생각했다. 월리스와 마찬가지로 대중 무의식의 특이한 성격을 중시하던 사람들은 '에드셀'이란 이름의 음절 조합이 아주 나쁘다고 생각했다. 이 이름이 자유 연상으로 떠올리는 이미지는 무엇인가? 프레첼, 디젤, 하드 셀 hard sell(강매) 등이었다. 그 반대 이미지는? 그런 건 하나도 없는 것처럼 보였다. 하지만 이미 결정은 났고, 이제 할 수 있는 일이라곤 그 이름 앞에서 최대한 좋은 표정을 짓는 것밖에 없었다. 게다가 특수제품 사업본부 안에서도 이런 우려에 모두가 동조한 것은 아니었다. 크래피도 이 이름에 반대하지 않은 사람들 중 하나였다. 그는 이 이름에 아무런 이의가 없었으며, 에드셀의 추락은 바로 이름을 짓는 그 순간부터 시작되었을지 모른다는 사람들의 주장에도 동조하지 않았다.

포드자동차회사가 긴 여름 동안 사색에 잠긴 침묵을 지키다가 1956년 11월 19일 오전 11시에 E 카의 이름을 에드셀로 정했다는 반가운 소식을 세상에 발표하자, 크래피는 이 결말에 크게 기뻐한 나머지 나름대로 극적인 축하 행사를 준비했다. 발표가 있던 그날 그 시각, 크래피의 사업본부에서 일하던 전화 교환원들은 전화를 걸어온 사람들에게 "특수 제품 사업본부입니다."라는 말 대신 "에드셀 사업본부입니다.^{Edsel Division.}"라고 응대하기 시작했다. 이전 사업본부 이름이 새겨진 문서 양식들은 모두 폐기되고, 'Edsel Division'이란 문구가 새겨진 문서 양식들로 대체되었다. 건물 밖에는 'EDSEL DIVISION'이라고 적힌 거대한 스테인리스스틸 간판이 지붕 꼭대기에 위풍당당하게 내걸렸다. 크래피는 개인적으로 한껏 들뜰 이유가 충분히 있었는데도 흥분을 가라앉히고 냉정을 잃지 않았다. E 카 프로젝트를 그 시점까지 이끈 공로를 인정받아 그는 포드의 부사장 겸 에드셀 사업본부 총괄 본부장이라는 거창한 직함을 받았다.

조직 관리라는 관점에서 보면, 낡은 것과 결별하고 새로운 것을 띄우기 위한 노력이 가져온 효과는 그저 무해한 쇼윈도 장식 정도에 지나지 않았다. 디어본의 테스트 트랙에서는 철저히 비밀리에 거의 다 완성된 에드셀이 상부 구조에 이름을 새긴 채 이미 주행 시험을 하고 있었다. 브라운과 동료 스타일리스트들은 이미 **다음** 해에 출시할 에드셀의 설계 작업을 진행하고 있었고, 일반 대중에게 에드셀을 판매할 딜러 조직을 완전히 새로 구축하기 위해 이미 신입 사원들을 모집하고 있었으며, FCB는 이름들을 공모하고 다시 그 이름들을 솎아내는 비상 계획의 부담에서 해방되어 회사의 실질적인 기둥이자 우두머리인 페어팩스 콘의 진두지휘하에 에드셀 광고 계획에 몰두했다. 광고 캠페인 계획을 짜면서 콘은 '윌리스 처방'이라고 부르는 것에 과도하게 의존했다. 즉, 이름을 짓기 위해 대대적인 노력을 기울이기 이전에 윌리스가 에드셀의 개성을 위해 내놓은 "승승장구하는 더 젊은 중역이나 전문가 가족을 위한 스마트 카"라는 공식 말이다. 콘은 이 처방이 너무나도 마음에 들어 딱 한 가지만 수정해서 받아들였다. '더 젊은 중역'을 '중간 소득' 가족으로 대체한 것이다. 젊은 중역이나 심지어 스스로 젊은 중역이라고 생각하는 사람보다는 중간 소득 가족이 훨씬 많을 것이라는 직감 때문이었다. 연 매출액이 1000만 달러를 훌쩍 넘을 것으로 기대되는 계약을 따냈다는 사실에 우쭐해진 콘은 기자들에게 자신이 에드셀을 위해 계획하고 있는 광고 캠페인에 대해 여러 차례 설명했다. 광고 캠페인은 조용하고, 자신감 넘치고, '새로운'이라는 형용사를 가급적 자제하는 방식으로 전개할 것이라고 했다. '새로운'이란 형용사는 신제품에 딱 들어맞는 표현이지만, 콘은 매력적인 특성이 부족하다고 여겼다. 무엇보다도 이 캠페인에서는 차분함 면에서 유례없는 모범을 보여주려고 마음먹었다. 콘은 기자들에게 이렇게 말했다. "우리는 광고가 자동차와 경쟁하는 것은 아주 나쁘다고 생각합니다. 우리는 신문이나 잡지나 텔레비전에서 '그 에드셀 광고 봤어?'라고 묻는 사람이 아무도 없길 바랍니다. 대신에 수십만 명의 사람들이 '이봐, 에드셀에 관한 그 기사 읽어봤어?'라거나 '그 차 봤어?'라고 계속해서 말하길 바랍니다. 이것은 바로 광고와 판매의 차이점입니다." 콘은 광고 캠페인과 에드셀에 대해 자신만만했던 게 분명하다. 자신이 이기리란 걸 추호도 의심하지 않는 체스 마스터처럼 그는 자신이 각각의 수를 두어 가는 와중에도 그 수들의 훌륭함을 설명할 여유가 있었다.

지금도 자동차 업계 사람들은 에드셀 사업본부가 딜러들을 모집하기 위해 기울인 노력에 대해 가끔 이야기한다. 그들은 사업본부가 발휘한 묘책에는 존경심을 금치 못하는 동시에 그 최종 결과에는 전율을 금치 못한다. 업계에서 확고하게 자리를 잡은 자동차 회사라면 보통은 그 회사의 다른 차종을 이미 취급하고 있던 딜러를 통해 신차를 출시하고, 딜러들은 우선 신차를 일종의 부업처럼 여기며 판매한다. 하지만 에드셀의 경우에는 전혀 달랐다. 크래피는 고위층으로부터 모든 수단을 다 동원해도 좋다는 승인을 받고 다른 자동차 회사와 이미 계약을 맺고 있던 딜러들, 심지어 포드의 다른 사업본부(포드와 링컨-머큐리)와 계약을 맺은 딜러들을 공격함으로써 딜러 조직 구축에 나섰다. (이렇게 해서 들어오게 된 포드의 딜러들에게는 이전 계약을 취소하라고 강요하진 않았지만, 다른 차종보다 에드셀 판매에 전적으로 몰두하는 자동차 영업소로 계약했다는 사실을 강조했다.) 출시일(많은 심사숙고 끝에 결국 1957년 9월 4일로 잡힌)에 맞춰 세운 목표는 전국에 걸쳐 1200명의 딜러를 확보하는 것이었다. 그렇다고 아무 딜러나 다 모집하는 것도 아니었다. 크래피는 자동차 업계의 평판에 먹칠을 하던 강압적 판매 방법을 사용하지 않고도 출중한 자동차 판매 실적을 입증한 딜러하고만 계약을 원한다는 점을 분명히 했다. 크래피는 "우리는 오로지 훌륭한 서비스 시설을 갖춘 훌륭한 딜러를 확보하도록 노력해야 한다. 시장에서 확고하게 자리를 잡은 제품에 대해 나쁜 서비스를 받는 고객은 그 딜러를 비난한다. 에드셀의 경우에는 자동차를 비난할 것이다."라고 말했다. 그래도 딜러 1200명은 목표를 너무 높게 잡은 것이었다. 훌륭하건 훌륭하지 않건 간에 어떤 딜러도 판매하던 제품을 쉽게 바꿀 수 없었기 때문이다. 평균적인 딜러는 자신의 영업 대리점에 최소한 10만 달러가 묶여 있으며, 대도시에서는 투자액이 이보다 훨씬 높다. 그는 영업 사원과 정비공, 사무실 직원을 고용해야 하고, 자신에게 필요한 도구와 전문 서적, 간판도 사야 하는데, 간판 같은 경우는 구색을 맞추는 데 5000달러까지 지출되기도 했다. 또, 자동차를 인수받으면 공장에 현금을 지불해야 했다.

이 까다로운 기준에 맞춰 에드셀 영업 조직을 동원하는 책임을 맡은 사람은 에드셀 사업본부에서 크래피 다음으로 높은 영업마케팅 총괄 본부장 J. C. 도일이었다. 캔자스시티에서 사환으로 일을 시작해 중간 시기에는 주로 영업을 하면서 포드에서 40년을 보낸 베테랑 도일은 자기 분야에서는 독불장군이었다. 한편으로는 전국의 수많은 자동차 영업 대리점에서 만날 수 있는 구변 좋고 뻔뻔한 사람들과는 매우 대조적으로 친절하고 남을 배려하는 면이 있었지만, 다른 한편으로는 자동차의 성별이나 지위를 분석하는 것에 대해서 구식 영업 사원 같은 의심을 굳이 숨기려 하지 않았다. 그런 태도는 "포켓볼을 칠 때, 나는 한쪽 발을 바닥에 붙이고 있길 좋아한다."[9]라는 그의 말이 잘 대변한다. 하지만 그는 자동차를 파는 방법을 알고 있었고, 에드셀 사업본부에 필요한 것은 바로 그것이었다. 도일은 자신과 영업 사원들이 가장 어려운 사업 중 하나인 이 부문에서 이미 성공을 거두어 실력과 명성을 증명한 사람들에게 수익성이 높은 기존의 가맹점 영업권을 포기하고 위험성이 높은 새 가맹점 영업권을 선택하도록 설득하는, 불가능에 가까운 일을 어떻게 해냈는지 회상하면서 이렇게 말했다. "1957년 초에 최초의 신형 에드셀 자동차가 몇 대 나오자마자, 우리는 지역 영업소 다섯 군데에 각각 두 대씩 배정했어요. 당연히 우리는 그 영업소들의 문을 잠그고 블라인드를 내렸지요. 순전히 호기심 때문에라도 그 부근 지역의 모든 자동차 딜러들이 그 차를 보고 싶어 했는데, 그런 상황이 바로 우리에게 필요한 지렛대를 쥐여주었지요. 우리와 사업을 함께 하는 데 정말로 관심이 있는 딜러에게만 차를 보여줄 수 있다는 사실을 알린 다음, 그 지역의 현장 책임자들을 주변 도시로 보내 각 도시에서 가장 뛰어난 딜러에게 차를 보라고 설득했지요. 만약 가장 뛰어난 딜러를 설득하는 데 실패하면, 두 번째로 뛰어난 딜러에게 접근했어요. 어쨌든 우리의 영업 사원을 통해 전체 상황을 설명하는 1시간짜리 홍보를 들

---

9) 여기서 한쪽 발을 바닥에 붙인다는 말은 헤이스 코드Hays Code를 가리킨다. 헤이스 코드는 장로교 장로이자 체신부 장관을 지낸 뒤 미국 영화 제작자 및 배급업자를 대표하는 회장이 된 윌 헤이스Will H. Hays의 이름에서 딴 영화 제작 윤리 강령으로, 1934년에 시행되었다. 헤이스 코드에는 한 침대 위에 있는 남녀의 성적 장면이 필요할 경우 두 배우가 수평 방향으로, 즉 나란히 누워 있다는 위험을 피하기 위해 적어도 한 명은 항상 바닥에 발을 대고 있어야 한다는 규정 등이 포함되어 있다. 헤이스 코드는 1960년대 후반에야 공식적으로 폐기되었다.

지 않고는 에드셀을 보지 못하도록 일을 꾸몄죠. 효과가 아주 좋았습니다." 그 방법은 정말로 효과가 좋아 1957년 한여름이 되자, 에드셀은 출시일에 맞춰 최고의 딜러들을 많이 확보할 게 확실해졌다. (사실, 1200명 목표는 수십 명이 모자라 달성하는 데 실패했다.) 다른 제품들을 취급하던 딜러들 중 어떤 사람들은 에드셀의 성공을 크게 확신했거나 아니면 도일 밑에서 일하는 직원들의 홍보에 홀딱 넘어가 에드셀을 보자마자 당장 계약서에 서명을 하려고 했다. 도일의 직원들은 차를 더 자세히 살펴보라고 권하면서 그 장점을 계속 이야기했지만, 에드셀 딜러가 되기로 이미 마음먹은 사람들은 그런 이야기를 일축하면서 당장 계약을 하자고 했다. 이제 와서 생각하면, 도일은 피리 부는 사나이에게조차 한 수 가르쳐줄 능력이 있었던 것처럼 보인다.

이제 에드셀은 더 이상 디어본만의 문제가 아니었기 때문에, 포드는 돌아올 수 없는 다리를 건너기로 최종 결정했다. 크래피는 "도일이 행동에 들어가기 전까지만 해도 최고 경영진에서 한마디만 있으면 언제라도 전체 계획을 중단할 수 있었지만, 딜러들이 계약서에 서명을 한 뒤로는 자동차를 생산하기로 한 계약을 지켜야 하는 문제가 생겼어요."라고 설명했다. 이 문제는 신속하게 처리되었다. 1957년 6월 초, 포드는 에드셀의 선행 비용으로 쓰기 위해 준비해둔 2억 5000만 달러 중에서 1억 5000만 달러는 포드와 머큐리 생산 라인을 신차 생산 라인으로 전환하는 공정을 포함한 기초 설비에, 5000만 달러는 에드셀을 위한 특수 생산 설비에, 5000만 달러는 초기 광고와 홍보에 투입한다고 발표했다. 같은 6월에 방송될 텔레비전 광고에서 곧 스타가 될 에

48

드셀 한 대가 밴에 실려 할리우드로 비밀리에 수송되었다. 할리우드에 도착하고 나서는, 경비원들이 경비를 서고 자물쇠로 굳게 잠긴 사운드 스테이지에서 신중하게 캐스팅된 소수의 배우들이 감탄과 함께 차를 바라보면서 카메라 앞에 섰다. 배우들은 출시일까지 이 일에 대해 일절 발설하지 않겠노라고 서약했다. 이 정교한 촬영 작업을 위해 에드셀 사업본부는 원자력위원회를 위해 일하며 비밀을 발설한 전례가 없는 캐스케이드 영화사Cascade Pictures를 섭외했다. 캐스케이드 영화사의 한 엄숙한 고위 임원은 그 후 "우리는 원자력위원회를 위해 찍은 영화에 기울인 것과 똑같은 예방 조처를 다 취했다."라고 말했다.

몇 달 지나지 않아 에드셀 사업본부 산하에는 정식 급료를 받는 직원이 1800명이나 되었고, 신차 생산을 위해 개조한 공장들에 필요한 생산직 1만 5000여 개의 자리도 빠르게 채워졌다. 7월 15일, 매사추세츠 주 서머빌, 뉴저지 주 마와, 켄터키 주 루이빌, 캘리포니아 주 새너제이의 조립 라인들에서 에드셀이 생산되어 나오기 시작했다. 같은 날, 도일은 그 분야에서 미국 내 최고 중 한 명으로 꼽히는 맨해튼의 딜러 찰스 크라이슬러와 계약을 함으로써 큰 점수를 올렸다. 크라이슬러는 그전까지 올즈모빌(에드셀이 꼽은 주요 경쟁자 중 하나)을 판매했지만, 디어본에서 울려퍼진 유혹의 노래에 넘어가고 말았다. 7월 22일, 최초의 에드셀 광고가 《라이프》에 실렸다. 시골 고속도로를 질주해오는 자동차를 수수한 흑백으로 표현한 두 쪽짜리 광고는 나무랄 데 없이 고전적이고 차분했는데, 자동차 속도가 너무 빨라 구분하기 어려울 정도로 흐릿하게 보였다. "최근에 신비한 자동차들이 도로에서 목격되

1957년 7월 22일, 《라이프》에 실린 최초의 에드셀 광고. 자동차의 모양을 알아볼 수 없을 정도로 빠르게 질주하는 사진과 함께 "최근에 신비한 자동차들이 도로에서 목격되고 있습니다."라는 광고 카피가 실렸다.

고 있습니다." 그에 딸린 광고 카피는 이렇게 시작했다. 그런 다음 저 흐릿한 모습이 주행 시험 중인 에드셀이라고 알려주고 나서, "곧 에드셀이 탄생합니다."라는 확약으로 결론 맺었다. 2주일 뒤에 두 번째 광고가 《라이프》에 실렸는데, 포드의 스타일링 센터 입구 앞에서 하얀 천으로 가려진 채 유령처럼 서 있는 자동차 이미지였다. 이번 헤드라인은 "여러분이 사는 도시에서 최근에 한 남자는 자신의 인생을 바꿀 결정을 내렸습니다."였다. 그리고 그 결정은 바로 에드셀의 딜러가 되는 것이었다고 설명했다. 이 광고 카피를 누가 썼건, 그 사람은 자신이 얼마나 진실에 가까운 이야기를 했는지 몰랐을 것이다.

전국 순회 홍보

긴박했던 1957년 여름 동안 에드셀 사업본부에서 한 몸에 관심을 받은 인물은 홍보 이사 게일 워낙이었다. 그가 맡은 임무는 곧 출시될 제품에 대중의 관심을 불러일으키는 것보다는, 그런 관심은 이미 충분히 생겼으므로, 그 관심을 가열된 상태로 유지하여 출시일(포드는 '에드셀 데이'라고 불렀다.)이나 출시일 이후에 새 차를 사고자 하는 욕구로 쉽게 전환되도록 하는 것이었다. 워낙은 인디애나 주 컨버스 출신으로, 콧수염을 약간 기르고 말쑥한 옷차림에 상냥한 남자였다. 크래피가 데려오기 전에 그는 포드 시카고 지점에서 카운티 축제를 위한 홍보 활동을 약간 한 적이 있었는데, 이 경험은 현대적인 홍보 담당자의 유창한 언변에 옛날식 축제 노점상의 거리낌 없는 정신을 접목하는 데 도움이 되었다. 디어본으로 부름 받은 일을 떠올리면서 워낙은 이렇게 말했다. "딕 크래피는 1955년 가을에 날 고용하면서 '나는 자네가 지금부터 출시일까지 E 카의 홍보 프로그램을 짜주길 바란다네.'라고 말하더군요. 그래서 나는 이렇게 말했죠. '딕, 솔직하게 말해서, **프로그램**이 무슨 뜻인가요?' 그러자 그는 맨 끝에서부터 시작해 역순으로 홍보 계획을 짜는 것이라고 설명하더군요. 내게는 다소 낯설었지만(나는 홍보 기회가 있을 때 그것을 놓치지 않고 활용하는 데 익숙해 있었거든요.) 딕의 말이 얼마나 옳은지 금방 알게 되었어요. 에드셀을 홍보하는 것은 아주 쉬웠죠. 여전히 그 차를 E 카라고 부르던 1956년 초에 크래피는 오리건 주 포틀랜드에서 E 카에 대해 짧은 연설을 했어요. 우리는 현지 언론에 약간의 언론 플레이를 하는 것 외에는 아무것도 하지 않았지만, 통신사들이 소식을 전하자 곧 전국에 소개되었어요. 신문에서 오려낸 기사들이 수북하게 쌓였지요. 바로 그때 나는 우리가 맞닥뜨릴 문제를 깨달았어요. 대중은 우리 차를 지금까지 한 번도 본 적이 없는 일종의 드림카로 상상해 무척 보고 싶어 안달했지요. 그래서 나는 크래피에게 '만약 사람들이 옆에 있는 차와 똑같이 바퀴가 네 개, 엔진이 한 개 달렸다는 사실을 안다면 몹시 실망할 텐데요.'라고 말했습니다."

에드셀을 지나치게 띄우는 것과 되도록 꼭꼭 숨기는 것 사이에서 줄타기를 할 때 가장 안전한 방법은 전체적인 차에 대해서는 아무 말도 하지 않는 대신 개별적인 매력을 한 번에 조금씩 노출시키는 것이라는 데 의견이 일치했다. 일종의 자동차 스트립쇼처럼 말이다. (워낙은 품위를 유지하느라 이 표현을 사용할 수 없었지만, 다행히도 《뉴욕타임스》가 그를 대신해 사용했다.) 나중에 이 정책은 의도적으로 또는 무심결에 이따금씩 지켜지지 않았다. 예를 하나 들면, 에드셀 데이 이전 여름에 기자들은 크래피를 졸라 워낙에게 에드셀을 한 번에 한 부분씩 보여줄 수 있는 권한을 주라고 설득했다. 그 결과로 그들은 워낙이 '까꿍놀이^{peekaboo}' 10) 또는 '보고 나서 싹 잊어버리기'라고 부른 조건으로 에드셀을 보았다. 또, 딜러들에게 보내는 에드셀을 실은 화물차들이 고속도로에 점점 더 많이 나타났는데, 마치 자동차 운전자들의 호기심을 부추기려는 듯이 앞에서 뒤까지 전체가 캔버스 천으로 덮여 있었지만, 갈수록 그 덮개가 헐거워지면서 그 안에 있는 에드셀의 모습이 드러났다. 그해 여름은 또한 크래피와 도일, 에드셀의 제품기획부 부장 에밋 저지, 광고 · 판매 촉진 · 교육부를 책임진 영업 부본부장 로버트 코플랜드로 이루어진 에드셀 사업본부 4인방이 순회강연에 나선 시기이기도 했다. 네 사람은 각자 따로 아주 빠르게 지칠 줄 모르고 전국을 동서남북으로 누비며 돌아다녔기 때문에, 워낙은 이들과 연락이 닿지 않는 사태를 방지하기 위해 사무실 지도 위에 컬러 핀으로 각자가 있는 위치를 표시했다. "어디 보자, 크래피는 애틀랜타에서 뉴올리언스로 가고, 도일은 카운슬블러프스에서 솔트레이크시티로 가는군." 워낙은 아침이면 디어본의 사무실에서 두 잔째 커피를 마시면서 이렇게 혼잣말을 하고는 핀을 뽑아 새로운 위치에 꽂았다.

---

10) 어린아이 앞에서 얼굴을 가렸다가 "까꿍!Peekaboo!" 하면서 얼굴을 보여주며 어르는 것.

크래피의 청중은 대부분 에드셀의 딜러들에게 돈을 빌려줄 것으로 기대되는 은행가와 금융 회사 대표들이었지만, 그해 여름에 그가 한 강연은 화려한 홍보와는 거리가 멀었다. 신차의 전망을 조심스럽게, 심지어 심각하게 언급하는 태도는 거의 정치인을 연상시켰다. 크래피보다 낙관적인 사람조차 당황할 만큼 전반적인 국내 경기 전망이 나쁘게 흘러가고 있었다는 점을 감안하면 그런 태도는 충분히 이해할 수 있다. 1957년 7월에 주식 시장은 큰 폭으로 폭락하면서 1958년 경기 후퇴의 시작을 알렸다. 그러다가 8월 초에는 1957년에 출시된 모든 중간 가격대 차종의 판매가 감소하기 시작하면서 전반적인 상황이 급속하게 악화되었다. 8월이 채 가기 전에 《오토모티브 뉴스》는 모든 자동차 딜러들이 판매되지 않고 남은 신차 재고가 역사상 두 번째로 많은 수를 기록하면서 시즌을 끝내고 있다고 보고했다. 고독하게 순회강연을 돌아다니던 크래피는 잠시 위안을 얻기 위해 디어본으로 돌아갈까 하는 생각이 떠올랐을지도 모른다. 하지만 같은 8월에 에드셀의 자매품인 머큐리가 '가격에 민감한 구매자'를 특별히 겨냥해 30일 동안 100만 달러를 쏟아붓는 광고 공세를 펼침으로써 신차의 앞날을 험난하게 만들 것이라는 경고를 듣고서 억지로라도 그 생각을 떨쳐냈을 것이다. 이것은 대부분의 딜러가 할인 가격으로 팔고 있던 1957년형 머큐리의 가격이 신차인 에드셀의 가격보다 낮아진다는 것을 뜻했다. 또, 불길하게도 그 당시 생산되던 유일한 미국제 소형 승용차 램블러의 판매가 늘어나기 시작했다. 이 모든 불길한 조짐을 감안해 크래피는 실패한 개 사료 회사의 이사회 의장에 관한 다소 침울한 일화를 소개하면서 강연을 끝내는 버릇이 생겼다. 그 의장은 동료 이사들에게 "여러분, 현실을 직시합시다. 개들은 우리 제품을 좋아하지 않아요."라고 말했다고 한다. 최소한 한 강연에서 크래피는 이렇게 덧붙임으로써 그 교훈을 아주 명확하게 전달했다. "우리에게 적용하자면, 사람들이 우리 차를 좋아하느냐 좋아하지 않느냐에 많은 것이 달려 있습니다."

하지만 에드셀 사업본부의 나머지 사람들은 대부분 크래피의 불안감에 동조하지 않았다. 아마도 크래피의 불안감에 가장 동조하지 않았던 사람은 순회강연에서 공동체와 시민 단체를 중점적으로 공략한 저지였을 것이다. 저지는 스트립쇼 정책의 제약에 전혀 아랑곳하지 않고 동영상으로 제작한 그래프와 만화, 차트, 에드셀의 부분 사진 등을 다양하게 보여주면서(모두 시네마스코프 화면에 비춰) 강연에 활기를 불어넣었다. 청중은 보고 싶었던 차의 모습을 반쯤 보았다고 생각할 무렵에야 저지가 에드셀의 완전한 모습은 보여주지 않았다는 사실을 깨달았다. 저지는 가만히 서 있지 않고 강당 안을 이리저리 돌아다니면서 강연을 했는데, 그때마다 자동 슬라이더 교체 장치를 이용해 화면에 비치는 영상을 바꾸었다. 사실, 이 마술은 한 전기 기술자가 강연장에 미로처럼 전선을 미리 깔아 곳곳에 흩어진 바닥 스위치 수십 개에 슬라이드 장비를 연결해놓은 뒤 저지가 발로 스위치를 찰 때마다 슬라이드가 바뀌도록 했기 때문에 가능했다. 이 '저지 호화 쇼'를 한 번 보여줄 때마다 에드셀 사업본부는 5000달러를 지출했다. 여기에는 하루 먼저 현장에 도착해 전기 설비를 설치하는 기술진의 급료와 경비도 포함돼 있었다. 저지는 멜로드라마처럼 마지막 순간에 비행기를 타고 해당 도시에 착륙해 서둘러 강당으로 가 자신의 쇼를 보여주었다. 그는 "이 모든 에드셀 프로그램의 위대한 측면 중 하나는 그 배경을 이루는 제품과 판매에 대한 철학입니다."라고 서두를 연 다음, 두서없이 여기저기 다니면서 스위치를 한 번씩 차댔다. "이 프로그램에 참여한 우리 모두는 이 배경을 정말로 자랑스럽게 여기며, 이번 가을에 차가 출시되어 성공하기를 간절히 기다리고 있습니다. …이 특별한 프로그램만큼 거대하고 의미심장한 계획에 다시 참여하기는 어려울 것입니다. … 1957년 9월 4일에 미국 국민 앞에 나타날 차의 모습을 여기서 어렴풋이 보여드리겠습니다. (여기서 저지는 허브캡이나 펜더 일부의 모습이 담긴 자극적인 슬라이드를 보여주었다.) …이 차는 모든 점에서 색다르지만, 최고의 매력을 발산하는 보수적 요소가 하나 있습니다. …전면부 스타일링의 독특함이 조각 같은 측면 처리 패턴과 잘 어우러져 있습니다." 그리고 계속해서 저지는 '조각 같은 판금', '하이라이트 특성', '우아하게 흘러내리는 선' 등과 같은 멋진 표현을 쏟아내면서 열광적으로 강연을 이어갔다. 그러다가 마침내 격정적인 발언으로 마무리를 지었다. 그는 "우리는 에드셀이 자랑스럽습니다!"라고 외치면서 좌우의 스위치를 마구 찼다. "올 가을에 출시되어 미국의 거리와 고속도로를 씽씽 달리게 되면, 포드자동차회사에 새로운 영광을 가져다줄 것입니다. 지금까지 에드셀 이야기였습니다."

에드셀 발표회

스트립쇼의 클라이맥스는 사흘 동안 기자들 앞에서 벌인 에드셀 발표회였다. 우뚝 선 라디에이터 그릴이 눈길을 끄는 전면부부터 번쩍이는 후면까지 옷을 완전히 다 벗겨 보여준 이 발표회는 전국에서 250명의 기자가 참석한 가운데 8월 26일부터 28일까지 디트로이트와 디어본에서 열렸다. 이 발표회는 신문 기자들뿐만 아니라 그 아내들까지 함께 초청했다는 점에서(그리고 실제로 많은 기자들이 아내를 데려왔다.) 다른 자동차 발표회와는 격이 달랐다. 포드자동차회사는 이 발표회에 9만 달러를 썼다. 비록 성대하게 치르긴 했지만, 워낙은 너무 의례적인 장소에서 벌어졌다는 점이 마음에 들지 않았다. 그는 색다른 **분위기**를 연출할 수 있는 세 장소를 제안했다가 퇴짜를 맞았다. 그가 제안한 세 군데는 디트로이트 강에 띄운 증기선("잘못된 상징이라 안 됨")과 켄터키 주의 에드셀("도로로 접근 못 함"), 아이티("그냥 안 됨")였다. 8월 25일 일요일 저녁에 디트로이트의 발표회 장소에 기자들과 그 아내들이 모였다. 이미 의욕이 꺾인 워낙은 그들을 실망스러운 이름의 쉐라톤-캐딜락 호텔에 투숙시키고, 월요일 오후에는 오랫동안 기다려온 에드셀의 전체 모델—4가지 주요 계통(코르세어, 사이테이션, 페이서, 레인저)에 모두 18가지 모델이 있었는데, 주로 크기와 출력, 트림에 차이가 있었다.—에 대해 자세히 설명하는 계획을 짜는 것 말고는 별다른 도리가 없었다. 다음 날 오전, 스타일링 센터의 원형 건물에서 모델들의 견본이 기자들에게 공개되었고, 헨리 2세는 아버지를 기리는 헌사를 몇 마디

했다. 이 행사 계획을 짜는 일을 도운 FCB의 한 담당자는 "부인들은 제막식에 초청하지 않았습니다. 그러기에는 너무 엄숙하고 사무적인 행사였지요. 행사는 무난히 진행되었습니다. 심지어 냉담한 기자들 사이에서도 흥분한 기색이 보였어요."라고 말했다. (흥분한 기자들이 기사를 발송했다는 이 발언의 숨은 뜻은 에드셀이 비록 광고나 홍보에서 주장하는 것처럼 기막히게 좋은 차는 아니더라도 좋은 차처럼 보였다는 것이다.)

오후에 기자들은 테스트 트랙으로 안내되어 스턴트 드라이버들이 에드셀을 몰고 운전 실력을 보여주는 모습을 지켜보았다. 짜릿한 흥분을 맛볼 경험을 주려고 기획된 이 행사는 사람들의 머리카락을 쭈뼛서게 했고, 심지어 일부 사람들은 극도의 불안감에 휩싸였다. 불과 몇 달 전에 자동차 업계가 시한폭탄이 아닌 제대로 된 자동차를 만드는데 집중하자는 숭고한 결의를 하여 속도와 마력을 너무 강조하지 말라는 지시가 있었기 때문에, 워낙은 에드셀의 활기를 말이 아닌 행동으로 강조해 보여주기로 했고, 이를 위해 스턴트 드라이버들을 고용했다. 에드셀은 두 바퀴로 높이 60cm의 경사로를 넘고, 더 높은 경사에서는 네 바퀴로 튀어올랐으며, 직각 방향에서 시속 100~110km로 달려오던 두 차가 스쳐 지나가는가 하면, 시속 80km로 달리다가 미끄러지면서 방향을 180도 틀기도 했다. 웃음을 주기 위해 광대 드라이버도 등장해 무모한 운전자 흉내를 냈다. 곡예 운전이 벌어지는 내내 에드셀의 엔지니어링 총 책임자인 닐 블룸의 목소리가 확성기를 통해 흘러나왔다. 그는 도요새가 파도를 능숙하게 피하는 것처럼 '속도'와 '마력'이란 단어를 교묘하게 피하면서 기분 좋은 목소리로 "이 신차들의

역량, 안전성, 거 , 기동성, 성능"을 읊조렸다. 그러다가 한 자동차가
높은 경사로를 넘던 도중 하마터면 전복될 뻔한 사고가 일어나자 크래
피의 낯빛이 송장처럼 창백해졌다. 나중에 그는 무모한 묘기 운전이 그
토록 위험한 단계까지 나아갈 줄 사전에 몰랐으며, 에드셀의 명성과 운
전자의 생명 모두를 걱정했다고 보고했다. 상사의 불안을 눈치 챈 워낙
은 그에게 다가가 쇼가 재미있느냐고 물었다. 크래피는 쇼가 끝나고 모
든 사람이 무사하다면 그때 가서 대답하겠다고 짧게 대답했다. 하지만
나머지 사람들은 모두 쇼를 아주 재미있게 즐긴 것 같았다. FCB에서
온 남자는 "우리는 미시간 주의 이 녹색 언덕을 바라보면서 이 놀라운
에드셀 자동차들이 조화를 이루어 훌륭한 묘기를 보여주는 것을 구경
했습니다. 그것은 아름다운 구경거리였어요. 마치 로케츠[11]의 공연을
보는 것 같았어요. 아주 흥미진진했고, 모두들 즐거워했어요."

자신감이 넘치던 워낙은 그보다 훨씬 심한 생각까지 했다. 곡예 운
전은 제막식과 마찬가지로 부인들이 보기에는 너무 거친 것으로 간주
되었지만, 재능이 넘친 워낙은 부인들을 위해 곡예 운전 못지않은 재
미를 줄 것이라고 기대한 패션쇼를 준비했다. 이 쇼에 대해서는 걱정
할 이유가 없었다. 에드셀의 스타일리스트인 브라운이 사람들에게 아
름답고 재능 넘치는 파리의 의상 디자이너라고 소개한 그 스타가 쇼
막바지에 여장 남자인 것으로 드러났다.(워낙은 쇼의 박진감을 높이기 위
해 브라운에게도 사전에 이 사실을 알리지 않았다.) 그 후 브라운과 워낙의

---

11) Rockettes. 1925년에 미주리 주 세인트루이스에서 설립된 라인 댄스 무용단.

관계는 다시는 이전과 같은 상태로 돌아가지 않았지만, 부인들은 남편들에게 들려줄 이야깃거리가 더 생겼다.

그날 저녁, 스타일링 센터에서는 모두를 위해 성대한 축하 행사가 열렸다. 행사를 위해 스타일링 센터 자체가 나이트클럽으로 개조되었고, 레이 매킨리의 밴드 음악에 맞춰 춤추는 분수까지 설치되었다. 그런데 언제나처럼 이 밴드의 상징인 'GM'이란 문자(이 밴드를 창설한 글렌 밀러 시절부터 전해져 내려온 유산이었다.)가 각 연주자의 보면대에 새겨져 있었는데, 하마터면 워낙이 애써 준비한 축하 행사 분위기를 망칠 뻔했다. 다음 날 아침, 포드 중역들이 연 최종 기자 회견에서 브리치는 에드셀에 대해 이렇게 선포했다. "에드셀은 건강하고 튼튼한 아이이며, 대부분의 부모와 마찬가지로 우리는 이 아이가 무척 자랑스럽습니다." 그러고 나서 기자들 중 71명이 저마다 에드셀을 몰고 집으로 향했다. 물론 자기 집 차고로 향한 게 아니라, 자기 고장에 있는 에드셀 딜러의 쇼룸까지 몰고 가 인도하기 위해서였다. 이 마무리 행사의 하이라이트에 대해서는 워낙의 표현을 인용하기로 하자.

"불운한 사건이 여러 건 있었다. 한 사람은 단순히 상황을 오판하여 다른 물체와 충돌하는 바람에 차를 파손시켰다. 여기에 에드셀의 잘못은 전혀 없었다. 어떤 차는 오일 팬이 사라지는 바람에 모터가 얼어붙었다. 이런 일은 가장 훌륭한 차에서도 일어날 수 있다. 다행히도 고장이 발생했을 때 운전자는 이름이 아름다운 도시(캔자스 주의 파라다이스였던 것 같다.)를 지나고 있었는데, 덕분에 이 사건을 다룬 뉴스도 꽤 긍정적인 느낌을 주었다. 가장 가까운 곳에 있던 딜러가 그 기자에게 새 에드셀을 제공해 그는 그 차를 몰고 파이크스 피크[12]를 지나 집으로 갔다. 그리고 또 다른 차는 브레이크가 고장 나는 바람에 톨게이트를 들이받으면서 지나갔다. 이것은 좋지 않은 일이었다. 우스꽝스러운 일이었지만, 우리가 가장 우려했던 일, 말하자면 다른 운전자들이 에드셀을 보고 싶어 우리 차를 도로 밖으로 밀어내는 사고는 딱 한 번밖에 일어나지 않았다. 그 일은 펜실베이니아 유료 고속도로에서 일어났다. 한 기자가 에드셀을 타고 유료 고속도로를 달리고 있었는데(이건 아무 문제가 없었다.) 플리머스를 몰던 운전자가 고개를 돌려 에드셀을 보려고 옆으로 바짝 접근하다가 그만 에드셀을 옆에서 들이받고 말았다. 손상은 경미했다."

에드셀 데이

에드셀이 사망한 직후인 1959년 후반에《비즈니스위크》는 바로 그 대규모 기자 발표회 때 포드의 한 중역이 어느 기자에게 이렇게 말했다고 보도했다. "만약 회사가 그렇게 깊숙이 발을 들여놓지 않았더라면, 우리는 절대로 지금 에드셀을 내놓지 않았을 것입니다." 하지만《비즈니스위크》는 명백히 센세이션을 일으킬 이 발언을 2년이 넘도록 보도하지 않았다. 그로부터 거의 10년 가까이 지난 시점에도 에드셀의 전직 임원들은 (불운한 개 사료 회사 이야기에 집착했던 크래피까지 포함해) '에

---

12) Pikes Peak. 미국 콜로라도 주 로키산맥에 있는 봉우리.

드셀 데이'까지, 그리고 심지어 그 후 얼마 동안은 에드셀이 성공할 것으로 예상했다고 강하게 주장했다. 그렇기 때문에 위의 인용 발언은 매우 의심스러운 고고학적 발견으로 간주해야 마땅한 것처럼 보일 수 있다. 사실, 기자 발표회가 있던 날부터 에드셀 데이까지 그 모험에 관여한 사람들은 모두 무모한 낙관주의에 빠져 있었던 것으로 보인다. "올즈모빌이여, 이젠 안녕!" 올즈모빌에서 에드셀로 갈아탄 한 대리점을 위해 디트로이트의 《프리 프레스》에 실린 한 광고는 헤드라인을 이렇게 뽑았다. 오리건 주 포틀랜드의 한 딜러는 실물을 보지도 않은 상태에서 이미 에드셀을 두 대 판매했다고 보고했다. 워낙은 개당 9달러의 가격으로 로켓 5000개를 만들어줄 폭죽 회사를 일본에 알아보았다. 이 폭죽은 폭발과 동시에 라이스페이퍼 rice paper로 만든 길이 2.7m의 에드셀 모형이 나와 풍선처럼 부풀어 오른 뒤 낙하산처럼 지상으로 내려올 예정이었다. 그의 머릿속에는 에드셀 데이에 미국의 고속도로뿐만 아니라 하늘까지 에드셀로 가득 채울 아이디어들이 부글거리고 있었다. 하지만 주문을 막 발주하려는 찰나에 크래피가 얼떨떨한 표정보다 조금 더 심각한 표정을 지으며 고개를 가로저었다.

에드셀 데이를 하루 앞둔 9월 3일, 다양한 에드셀 모델들의 가격이 발표됐다. 뉴욕에 인도된 차들은 2800달러에 조금 못 미치는 것에서부터 4100달러를 살짝 웃도는 것까지 있었다. 에드셀 데이에 마침내 에드셀이 도착했다. 케임브리지에서는 매사추세츠 대로를 따라 밴드를 앞세우고 번쩍이는 신차들의 퍼레이드가 벌어졌다. 비록 워낙의 로켓 계획이 수포로 돌아가긴 했지만, 캘리포니아 주 리치먼드에서는 기뽐에 넘친 한 딜러(도일이 끌어들인 사람이었다.)가 빌린 헬리콥터가 날아올라 거대한 에드셀 홍보 현수막을 휘날리며 샌프란시스코 만 지역 상공을 날아다녔다. 루이지애나 주의 미시시피 강 지류에서부터 레이니어 산 정상과 메인 주 삼림에 이르기까지 전국 각지에서, 라디오나 텔레비전이 있는 사람이라면 누구나 에드셀의 존재 때문에 공기가 떨린다는 사실을 알아챌 수 있었다. 에드셀 데이의 홍보 공세 분위기는 전국의 신문들에 실린 한 광고가 주도했는데, 여기서 에드셀은 포드자동차회사의 포드 2세 사장과 브리치 이사회 의장과 함께 스포트라이트를 받았다. 광고에서 포드 2세는 품위 있는 젊은 아버지처럼 보였고, 브리치는 스트레이트를 쥐고 있을지도 모르는 상대방 앞에서 풀하우스를 쥔 품위 있는 신사처럼 보였으며, 에드셀은 그냥 에드셀처럼 보였다. 이에 딸린 광고 카피에서 에드셀을 생산하기로 한 결정은 "우리가 바로 여러분에 대해 알고 추측하고 느끼고 믿고 의심한 것을 바탕으로" 내렸다고 선언했다. 그리고 "**여러분**이 바로 에드셀을 탄생시킨 이유입니다."라고 덧붙였다. 어조는 차분하고 자신감이 넘쳤다. 풀하우스의 실체에 대해 의심의 여지는 별로 많아 보이지 않았다.

해가 지기 전까지 딜러의 쇼룸에 전시된 새 차를 본 사람의 수는 약 285만 명으로 추정되었다. 사흘 뒤, 필라델피아 북부에서 에드셀 한 대가 도난을 당했다. 이 범죄가 대중이 에드셀을 받아들였음을 보여준 가장 큰 상징적 사건이었다고 주장해도 무방하다. 불과 몇 달 뒤면 이 물건 저 물건 가리지 않는 도둑 말고는 아무도 에드셀을 훔치려 들지 않았을 테니까.

에드셀의 전면과 후면. 전면에서 가장 시선을 끄는 부분은 수직으로 나 있는 라디에이터 그릴이었다. 트렁크 뚜껑과 펜더에 걸쳐 있는 후면의 미등은 갈매기의 날개 모양이라기보다는 눈꼬리가 치켜 올라가 웃고 있는 모습을 연상시켰다.

—내리막과 몰락—

애매한 스타일과 성능

에드셀의 물리적 특징 중 가장 눈길을 끈 것은 라디에이터 그릴이었다.
그 당시 미국에서 만든 나머지 19종의 자동차가 모두 넓은 수평 방향
의 라디에이터 그릴을 사용한 반면, 에드셀의 라디에이터 그릴은 수직
방향으로 좁게 설치되었다. 크롬 도금 강철로 만들고 달걀처럼 생긴 라
디에이터 그릴은 전면부 한가운데에 수직으로 설치되었고, 'EDSEL'이
란 단어가 세로로 늘어선 알루미늄 문자로 장식돼 있었다. 그 의도는
전면부를 사실상 20~30년 전의 모든 차는 물론이고 대부분의 유럽
차와 똑같게 만듦으로써 친숙하면서도 세련돼 보이게 하려는 것이었
다. 문제는 앤티크 차들과 유럽 차들의 전면부(사실상 라디에이터 그릴로
이루어진)는 좁고 높은 반면, 에드셀의 전면부는 미국의 모든 경쟁사에
서 출시하는 자동차들과 마찬가지로 넓고 낮았다는 점이다. 그 결과
안전망 양 옆의 넓은 공간을 뭔가로 채워야만 했고, 결국 완전히 전통
적 방식으로 살들이 수평 방향으로 늘어선 크롬판으로 채웠다. 이것은
올즈모빌의 전면부에 피어스 애로우[13]의 전면부 장식을 접목시킨 것
과 같은 효과를 냈다. 좀 더 은유적으로 표현하면, 파출부가 공작 부인

---

13) Pierce-Arrow. 1901년부터 1938년까지 생산된 초호화 자동차.

의 목걸이를 건 것과 비슷했다. 세련미를 추구하려는 이 노력은 너무 노골적이어서 오히려 귀엽게 보였다.

하지만 에드셀 전면의 그릴이 정직함으로 매력을 주었던 반면에 후면은 문제가 달랐다. 후면에도 당시의 전통적 디자인에서 크게 벗어난 점이 있었다. 에드셀은 악명 높은 테일 핀 대신 호의적인 사람에게는 날개처럼 보이고 좀 더 현실적인 사람에게는 눈썹처럼 보이는 것이 달려 있었다. 트렁크 뚜껑과 뒤쪽 펜더의 선은 위쪽과 바깥쪽으로 급하게 휘어져 하늘을 나는 갈매기의 날개와 비슷해 보였지만, 일부는 트렁크 뚜껑에 그리고 나머지 일부는 펜더에 박힌 길고 좁은 미등이 그 이미지를 훼손시켰다. 두개의 미등은 그 선과 함께 눈꼬리가 치켜 올라가면서 활짝 웃는 것 같은 착시 현상을(특히 야간에) 일으켰다. 앞에서 본 에드셀의 모습은 우스꽝스럽게 보이는 위험을 감수하고서라도 즐거움을 주길 간절히 바라는 것처럼 보였다. 하지만 뒤에서 본 모습은 교활하고 동양적이고 우쭐해하고 우월감을 느끼는 것처럼 보였다. (게다가 약간은 냉소적이고 경멸적이기까지 했다.) 마치 라디에이터 그릴과 뒤쪽 펜더 사이의 어딘가에서 사악한 성격 변화가 일어난 것처럼 보였다.

다른 점들에서는 에드셀의 외관 스타일링은 정상에서 그렇게 많이 벗어나지 않았다. 측면은 평균보다 약간 적은 크롬으로 장식되었고, 움푹 파인 총탄 모양의 홈이 뒤쪽 펜더에서 앞으로 차 길이의 절반가량 죽 뻗어 있는 것이 눈길을 끌었다. 이 홈 중간쯤에 'EDSEL'이란 단어가 크롬으로 만든 문자로 새겨져 있었고, 뒷유리창 바로 아래에 작은 그림 같은 장식이 있었는데, 그 위에도 'EDSEL'이란 글자가 새겨져 있었다. (스타일리스트인 브라운이 "쉽게 구별할 수 있는" 차를 만들겠다고 공언하지 않았던가?) 에드셀의 인테리어는 "푸시버튼 시대의 진수"를 보여줄 것이라고 한 총괄 본부장 크래피의 예언을 실현하려고 많이 노력했다. 중간 가격대 자동차로 푸시버튼 시대를 실현하기에는 한계가 있을 수밖에 없었으므로 크래피의 예언은 현실적으로 성급한 것이었다. 하지만 에드셀은 이전에 거의 본 적이 없는 놀라운 장치들을 사용해 크래피가 원하던 모습에 가까이 다가갔다. 에드셀의 계기판과 그 주변에는 트렁크 뚜껑을 여는 버튼, 후드를 여는 레버, 주차 브레이크를 푸는 레버, 운전자가 정한 최대 속도를 넘어서면 빨간색으로 빛나는 속도계, 난방과 냉방을 모두 조절하는 다이얼, 최고의 경주용 자동차 스타일의 회전 속도계, 불빛, 난방 장치, 와이퍼, 라이터를 작동하거나 조절하는 버튼들, 그리고 엔진이 너무 뜨겁거나, 충분히 뜨겁지 않거나, 발전기가 제대로 작동하지 않거나, 주차 브레이크가 잠겨 있거나, 문이 열렸거나, 오일 압력이 낮거나, 오일이 적거나, 가솔린이 적거나 할 때 깜박이면서 경고하는, 일렬로 늘어선 8개의 빨간색 표시등이 있었다. 가솔린 부족을 경고하는 표시등이 의심스럽다면, 몇 센티미터 떨어진 곳에 있는 연료계를 보고 확인할 수 있었다. 진수 중의 진수라고 할 수 있는 자동 변속기(핸들 중앙 바로 윗부분에 시선을 끌며 붙어 있는)에서는 5개의 버튼이 뻗어 나와 있었고, 버튼들은 감촉에 아주 예민하여 이쑤시개로 눌러도 쑥 들어갔는데, 에드셀을 소개하는 사람들은 이것을 보여주고 싶어 좀이 쑤셨다.

4가지 계통의 에드셀 중에서 더 크고 더 비싼 두 계통(코르세어와 사이테이션)은 길이가 219인치(약 555cm)로, 가장 큰 올즈모빌보다 2인치 더 길었다. 너비는 둘 다 80인치(약 200cm)로, 승용차 중에서는 최대 너비였다. 높이는 둘 다 57인치(약 145cm)에 불과해 다른 중간 가격대 승용차만큼 낮았다. 에드셀 계통 중 작은 편인 레인저와 페이서는 코르세어와 사이테이션보다 6인치 더 짧고, 1인치 더 좁고, 1인치 더 낮았다. 코르세어와 사이테이션은 345마력짜리 엔진을 달아 데뷔 당시의 미국에서는 그 어떤 승용차보다 높은 출력을 자랑했고, 레인저와 페이서도 303마력짜리 엔진을 달아 동급 최고 수준이었다. 이쑤시개로 '운전' 버튼을 누르면, 공회전 중이던 코르세어나 사이테이션 세단(각각 무게가 2톤이 넘는)은 아주 빠르게 발진하여 운전을 잘하는 사람의 경우 10.3초 만에 시속 60마일의 속도로 달리고, 17.5초 만에 400m를 주행할 수 있었다. 하지만 이쑤시개로 버튼을 누를 때 차 앞에 어떤 물체나 사람이 있다면, 오히려 더 나쁜 결과를 초래할 수 있었다.

엇갈리는 평가

에드셀을 덮고 있던 가리개를 벗기자, 에드셀은 공연 업계에서 '호불호가 엇갈리는 평'이라 부르는 반응을 얻었다. 일간 신문의 자동차 전문 편집자들은 대부분 차를 정확하게 기술하는 데 치중했으며, 평가하는 표현을 간간이 한두 마디 덧붙였는데, 일부 평가는 애매모호했고(《뉴욕타임스》의 조지프 잉그러햄은 "스타일의 차이는 괄목할 만하다."라고 평했

다.), 일부 평가는 공공연히 호의적이었다(디트로이트《프리 프레스》의 프
레드 옴스테드는 "멋있고 힘센 신차"라고 말했다.). 잡지들의 비평은 일반적
으로 더 철저하고 때로는 더 혹독했다. 개조 자동차가 아닌 일반 승용
차를 다루는 월간지 중에서 최대 발행 부수를 자랑하는《모터 트렌드》
는 1957년 10월호에서 디트로이트 지역의 편집자 조 훼리가 에드셀을
분석하고 비평한 기사를 8페이지에 걸쳐 실었다. 훼리는 에드셀의 외
관과 내부의 안락함과 그 장치들을 마음에 들어 했지만, 그 이유를 명확
히 밝히진 않았다. 그는 핸들 위에 붙어 있는 자동 변속기 버튼에 호감
을 표시하면서 "잠시도 도로에서 눈을 뗄 필요가 없다."라고 썼다. 그는
"더 많은 … 독특한 접근 방법에 대해 이야기하지 않은 것들이" 있다고
인정했지만, 존경을 나타내는 수식어를 많이 포함한 한 문장으로 자신
의 의견을 요약했다. "에드셀은 성능이 매우 좋고, 아주 잘 달리며, 운
전하기에도 아주 편리하다."《메카닉스 일러스트레이티드》의 톰 매커
힐은 자신이 애정을 담아 부르는 에드셀의 별명인 '볼트 백bolt bag'을 전
반적으로 칭찬했지만, 몇몇 문제에 대해서는 의구심을 보였다. 이러한
태도는 흥미롭게도 자동차 비평가가 유사시에 빠져나갈 구멍을 어떻
게 만드는지 엿볼 수 있는 기회를 제공한다. 그는 "골이 팬 콘크리트
도로에서 액셀러레이터를 최대한 밟을 때마다 바퀴들은 미쳐 날뛰는
웨어링 블렌더[14]처럼 돌았다. … 빠른 속도에서는, 특히 거친 모퉁이

---

14) Waring Blendor. 가수이자 뮤지션, 투자자였던 프레드 웨어링Fred Waring의 이름
    을 딴 최초의 현대식 전기 블렌더(믹서). 1938년부터 이 이름으로 팔리기 시작해
    1954년까지 100만 대가 팔렸다.

를 돌 때에는 서스펜션이 약간 심하게 출렁거렸다. … 만약 접지력만 충분히 좋다면, 이 살라미가 얼마나 훌륭한 성공을 거둘까 하는 생각 이 계속 맴돌았다."라고 보고했다.

에드셀이 출시되고 나서 처음 몇 달 사이에 나온 혹평 중 단연코 가장 심한(그리고 필시 가장 큰 손상을 입힌) 글은 소비자연맹이 발간하는 《컨슈머 리포트》 1958년 1월호에 실렸다. 80만 명의 구독자 중에서 에드셀 을 구입할 잠재 고객은 《모터 트렌드》나 《메카닉스 일러스트레이티드》 를 본 적이 있는 사람들보다 더 많았을 것이다. 코르세어로 일련의 도 로 주행 테스트를 마친 뒤에 《컨슈머 리포트》는 이렇게 선언했다.

에드셀은 다른 브랜드에 비해 중요한 기본 장점이 전혀 없다. 이 차는 구조 적 측면에서 거의 완전히 전통적이다. … 거친 도로에서 코르세어 차체에 일 어나는 진동의 양(얼마 지나지 않아 삐걱거리고 덜컹거리는 소음도)은 참을 수 있 는 한계를 훨씬 넘어선다. … 코르세어의 운전 성능(느릿느릿 움직이는 핸들, 방 향을 바꿀 때 일어나는 흔들림과 쏠림, 전반적으로 도로와 분리된 듯한 느낌)은 아무 리 좋게 말하더라도 특별한 게 전혀 없다. 사실은 젤리처럼 마구 흔들리는 경 향까지 감안해 이 차를 평가한다면, 에드셀을 운전하는 것은 진보보다는 퇴 보를 상징한다. … 운행 중에 속도를 높이거나 추월을 하려고 혹은 단지 차의 동력이 기분 좋게 치솟는 걸 느껴보려고 액셀러레이터를 밟으면, 큰 실린더 들이 연료를 쭉쭉 빨아들인다. … 소비자연맹의 의견으로는 핸들 중앙은 푸시 버튼을 설치하기에 결코 좋은 위치가 아니다. … 에드셀의 버튼들을 쳐다보려 면 운전자는 분명히 도로에서 시선을 떼야 한다. [훼리 씨에게는 죄송하지만] 어느 잡지 표지에 실린 표현처럼 '사치스러운 것들로 가득 찬' 에드셀은 잡다한 기계 장치를 진정한 사치품과 혼동하는 사람의 마음에만 들 것이다.

석 달 뒤,《컨슈머 리포트》는 1958년형 자동차 모델들을 모두 모아 평가하면서 에드셀을 또 한 번 공격했다. 에드셀에 대해 "같은 가격대의 모든 차보다 쓸데없이 출력만 더 높고 …기계 장치들이 더 많이 장식돼 있으며, 값비싼 액세서리가 더 많이 설치돼 있다."라고 평가하면서 코르세어와 사이테이션을 순위 맨 아래에 놓았다.《컨슈머 리포트》는 크래피와 마찬가지로 에드셀이 일종의 진수를 보여준다고 보았다. 다만, 크래피와 달리《컨슈머 리포트》는 에드셀이 "지나친 과잉의 진수"를 보여주며. 바로 이 점 때문에 디트로이트의 자동차 회사는 "점점 더 많은 잠재적 자동차 구매자를 밀어내고" 있다고 결론지었다.

벼랑 끝에 서다

하지만 어떤 면에서 에드셀은 그렇게 나쁜 차는 아니었다. 에드셀은 그 당시의 시대정신(적어도 처음 설계했던 1955년 초의 시대정신)을 많이 구현했다. 어설프지만 힘이 넘치고, 촌스럽고 서툴지만 선의를 품은 차였다. 빌럼 데 쿠닝[15]이 그린 여인들처럼 말이다. 그런 일을 하라고 월급을 받은 FCB 직원들을 제외하고는 에드셀의 성능을 최대한 적절하게 칭송하면서 당혹감에 빠진 소유주를 어르고 달래 행복감을 느끼

게 한 사람은 거의 없었다. 게다가 쉐보레와 뷰익, 그리고 에드셀과 같
은 회사 제품인 포드를 포함해 여러 경쟁제품의 설계자들은 혹평을 받
은 에드셀의 윤곽선 중 최소한 한 가지 특징(뒷부분의 날개 테마)을 나중
에 모방함으로써 브라운의 스타일링을 인정했다. 에드셀은 불운했던
게 분명하다. 하지만 순전히 그 디자인이 불운을 초래했다고 말하는
것은 동기 조사에 과도하게 의존한 결과가 불운을 초래했다고 말하는
것처럼 문제를 지나치게 단순화시켜 바라보는 것이다. 사실, 짧고 불
운한 에드셀의 생애 동안 상업적 몰락을 초래한 요인은 그 밖에도 많
다. 그중 하나는 맨 처음 생산된 에드셀(당연히 세상의 이목이 집중되기
마련인) 중 많은 차에 중대한 결함이 있었다는, 믿기 어려운 상황이었
다. 사전 홍보 및 광고 프로그램을 통해 포드자동차회사는 대중의 압
도적인 관심을 에드셀에 집중시키는 데 성공했다. 사람들은 에드셀의
출시를 손꼽아 기다렸으며, 에드셀은 이전에 나온 어떤 자동차보다도
더 큰 주목을 받았다. 그럼에도 불구하고, 에드셀은 기대에 미치지 못
한 것처럼 보였다. 에드셀이 출시되고 나서 몇 주일 동안 차량 결함에
대한 이야기가 온 나라에서 화제가 되었다. 오일이 샌다든가, 보닛이
끼여서 꼼짝도 하지 않는다든가, 트렁크가 열리지 않는다든가, 버튼이
이쑤시개는커녕 망치로 두들겨도 꼼짝도 않는다든가 하는 상태로 차
가 인도되는 일이 종종 일어났다. 차 때문에 화가 난 게 분명한 한 남

---

15) Willem de Kooning. 네덜란드 출신의 미국 화가. 추상표현주의의 창시자 중 한 명
으로 평가받는다. '여자' 연작으로 유명한데, 이 그림들 역시 감정의 흐름대로 그
려져 구체적인 형태를 알아볼 수 없는 추상 회화이다.

자는 허드슨 강변의 술집으로 비틀거리며 들어와 당장 더블 샷을 달라고 주문한 뒤, 새로 산 에드셀의 계기판에 방금 불이 붙었다고 소리쳤다. 《오토모티브 뉴스》는 맨 처음 생산된 에드셀은 일반적으로 페인트 칠이 불량하고, 판금의 질도 떨어지며, 액세서리에 결함이 많다고 보고했다. 그러면서 한 딜러가 자신이 받은 최초의 에드셀 컨버터블 중 한 대에 대해 불평한 말을 인용했다. "윗부분은 조립이 잘못되었고, 문은 비뚤어졌으며, 헤더 바는 잘못된 각도로 잘렸고, 프런트 스프링은 축 늘어져 있었다." 특히 운 나쁘게도 하필이면 소비자연맹이 구입한 (소비자연맹은 특별히 손질한 견본에 속아 넘어가는 것을 피하기 위해 시험용 차를 공개 시장에서 구입했다.) 에드셀은 차축비가 잘못돼 있었고, 냉각 장치의 확장 플러그가 파열되었고, 파워 스티어링 펌프가 샜고, 뒤 차축 기어는 소음이 심했고, 히터는 껐을 때조차 뜨거운 공기를 뿜어냈다. 에드셀 사업본부에서 일했던 한 임원은 처음 출시된 에드셀 중 기능을 제대로 발휘한 것은 겨우 절반 정도에 불과했다고 평가했다.

보통 사람들은 그 모든 힘과 영광을 자랑하는 포드가 어떻게 맥 세넷[16]의 영화에서나 볼 수 있는 전개와 반전을 겪는 실수를 저질렀는지 의아한 생각을 금할 수 없다. 파리한 모습으로 늘 근면하게 일한 크래피는 어떤 제품이든, 심지어 검증을 거친 기존 제품이라도 새로운 모델을 내놓을 때 결함이 발생하는 일이 자주 있다고 의연하게 설명했다. 더 놀라운 가설(비록 가설일 뿐이지만)이 있는데, 에드셀을 조립한

---

16) Mack Sennett. 캐나다 출신의 미국 영화 감독 겸 배우. 영화에서 슬랩스틱 코미디에 혁신을 일으켰으며, 한때 '코미디의 왕'으로 불렸다.

공장 네 곳 중 일부에서 태업이 일어났다는 것이다. 공장 네 곳 중 하나만 제외하고 나머지 세 곳은 이전에는 포드나 머큐리를 조립했는데, 에드셀이 출시된 이후에도 그 작업을 계속했다. 에드셀을 출시하면서 포드자동차회사는 오래전부터 올즈모빌과 뷰익, 폰티악, 값비싼 쉐보레 모델들의 제작자들과 판매자들에게 정해진 구역이 없이 고객을 놓고 경쟁을 벌이도록 허용하거나 심지어 조장하는 데 성공을 거둔 제너럴모터스의 사례를 본떴다. 포드자동차회사에서 같은 종류의 치열한 사내 경쟁에 직면한 포드와 링컨-머큐리 사업본부의 일부 구성원들은 처음부터 공공연히 에드셀의 몰락을 바랐다. (불미스러운 사태가 일어날지 모른다고 눈치 챈 크래피는 에드셀을 독자적인 공장에서 조립해야 한다고 요구했지만, 상사들은 그의 의견을 묵살했다.) 하지만 자동차 업계에서 내로라하는 베테랑의 권위뿐만 아니라 크래피 다음으로 2인자의 권위를 가진 도일은 에드셀이 공장 태업의 희생양이라는 가설에 콧방귀를 뀌었다. "물론 포드 사업본부와 링컨-머큐리 사업본부는 포드자동차회사에서 다른 자동차가 시장에 나오는 것을 원치 않았지만, 내가 알기로는, 경영진이나 공장 부문에서 그들이 한 일은 모두 건강한 경쟁 분위기 속에서 일어났습니다. 반면에 유통과 딜러 부문에서는 소문과 선전 측면에서 약간 험악한 내분이 있었지요. 만약 내가 다른 사업본부에 속해 있었더라면, 나 역시 같은 행동을 했을 겁니다." 자부심 강한 이전의 패장 중에서 이보다 더 당당하게 말한 사람은 없었다.

비록 덜거덕거리고 갑자기 멈추고 망가져 고철 더미가 되는 차들이 조립 라인에서 계속 나오고 있었지만, 최초의 실적이 그다지 나쁘지 않았다는 사실은 에드셀을 개발해 내놓은 사람들의 노력이 완전히 헛된 것만은 아니었음을 보여준다. 도일은 에드셀 데이에 주문을 받거나 실제로 고객에게 인도된 에드셀이 6500대 이상이었다고 말한다. 그것은 양호한 실적이었지만, 이와 별개로 불길한 징후도 나타났다. 예를 들면, 뉴잉글랜드의 한 딜러는 한 쇼룸에서는 에드셀을, 다른 쇼룸에서는 뷰익을 팔았는데, 두 잠재 고객이 에드셀 쇼룸으로 들어와 차를 한번 살펴보고는 바로 그 자리에서 뷰익을 주문했다고 보고했다.

그다음 며칠 동안 판매량이 뚝 떨어졌지만, 그것은 처음의 신선미가 떨어지고 나면 나타나리라고 예상했던 결과였다. 딜러에게 인도되는 자동차 수(자동차 업계에서 중요한 지표 중 하나)는 통상 10일 단위로 측정하는데, 9월의 첫 10일 동안(에드셀이 실제로 판매된 일수는 6일에 불과했지만)에는 4095대를 기록했다. 이 수치는 도일이 밝힌 첫날 판매량보다 적은데, 처음 주문한 차 중 상당수가 재고가 없는 모델과 색상인 탓에 주문 사양에 맞춰 제작해 인도하는 데 시간이 걸렸기 때문이다. 9월의 두 번째 10일 동안 인도된 대수는 약간 떨어졌고, 세 번째 10일 동안 인도된 대수는 3600대 조금 아래로 떨어졌다. 10월의 첫 10일 동안(그중 영업일은 9일) 인도된 대수는 2751대에 불과했다. 이는 하루 평균 300대를 조금 넘는 수치였다. 에드셀 생산에서 수익이 나려면 연간 20만 대를 팔아야 했는데, 그러려면 각 영업일마다 300대보다 훨씬 많은 600~700대를 팔아야 했다. 10월 13일 일요일 밤, 포드는 에드셀을 위해 대형 텔레비전 쇼 프로그램을 제작해 평소에 '에드 설리번 쇼'를 방영하던 시간에 내보냈다. 하지만 빙 크로스비와 프랭크 시나

트라를 출연시키며 40만 달러를 쏟아부은 이 프로그램도 판매를 확 끌어올리지는 못했다. 이제 일이 제대로 굴러가지 않고 있다는 사실이 명백해졌다.

실패의 조짐이 분명히 드러난 시점에 대해서는 에드셀 사업본부에서 중역으로 일했던 사람들 사이에서도 의견이 엇갈린다. 크래피는 10월 후반까지는 그런 순간이 닥치지 않았다고 생각한다. 월리스는 파이프 담배를 즐기는 준 브레인트러스트 위원의 자격으로 거기서 한 걸음 더 나아가 재앙이 시작된 날짜를 구체적으로 지목했다. 그날은 바로 소련이 인공위성 스푸트니크호를 궤도에 올려보낸 10월 4일이었다. 이 사건은 미국인이 믿고 있던 기술적 우위에 대한 환상을 산산조각내고, 디트로이트가 내놓은 필요 이상으로 복잡하고 번지르르한 자동차에 대한 대중의 반감을 부채질했다. 홍보 이사인 워낙은 자신의 정확한 감수성으로 대중의 기분을 감지한 바에 따르면, 이미 9월 중순에 분위기 반전이 일어나기 시작했다고 주장한다. 이와는 대조적으로 도일은 11월 중순까지 낙관론을 버리지 않았다고 한다. 11월 중순에 이르렀을 때, 에드셀 사업본부 내에서 에드셀을 살리려면 기적이 필요하다는 결론에 동의하지 않은 사람은 오직 그뿐이었다. 월리스는 사회학적으로 "11월에는 공황 상태와 그에 따른 군중 행동이 일어났다."라고 말한다. 군중 행동은 전체적인 대실패의 원인을 차의 디자인으로 돌리는 경향으로 나타났다. 라디에이터 그릴과 후면에 대해 칭찬을 아끼지 않던 에드셀 사업본부 사람들도 이제는 그것이 얼마나 어리석은 것인지는 멍청이 눈에도 보일 것이라고 투덜거리며 돌아다녔다. 명백한 희생양은 1955년

8월에 자신의 디자인을 선보였을 때 제왕처럼 칭찬을 받으며 주가가 크게 치솟았던 브라운이었다. 그런데 이제 와서 그동안 좋은 쪽으로건 나쁜 쪽으로건 아무 짓도 한 일이 없는데도 불쌍한 브라운은 회사의 희생양이 되었다. 월리스는 "11월부터 로이에게 아무도 말을 건네지 않았습니다."라고 말했다. 11월 27일, 나쁜 소식이 아직 더 남았다는 듯이 맨해튼의 유일한 에드셀 딜러로 자신의 훌륭한 전시실을 제공했던 찰스 크라이슬러가 판매 부진 때문에 자신의 가맹점 영업권을 반납하겠다고 선언했다. 그러면서 그가 "포드자동차회사는 실패했다."라고 덧붙였다는 소문이 나돌았다. 그런 다음, 그는 아메리칸모터스와 램블러를 판매하기로 계약했다. 램블러는 그 당시 시장에 나와 있던 유일한 미국산 소형 승용차로, 이미 판매고가 가파르게 상승하고 있었다. 도일은 에드셀 사업본부가 크라이슬러의 변절에 "괘념치 않았다."라고 단호하게 말했다.

12월이 되자, 에드셀 사업본부의 공황 상태는 좀 진정되어 관련 당사자들은 정신을 가다듬고 판매를 촉진할 방법을 모색하기 시작했다. 헨리 포드 2세는 폐쇄 회로 텔레비전에 모습을 드러내 에드셀 딜러들에게 냉정을 잃지 말라고 당부했다. 포드자동차회사가 그들을 최대한 지원할 것이라고 약속하면서 "에드셀은 물러나지 않고 계속 남을 것"이라고 단호하게 말했다. 크래피가 서명한 편지 150만 통은 중간 가격대 승용차 소유주에게 발송되었는데, 이 편지에서 크래피는 부근의 딜러 사무실에 들러 에드셀을 시승해보라고 권했다. 그리고 시승한 사람에게는 차를 사건 사지 않건 20cm짜리 에드셀 모형 자동차를 선물로 주겠다고 약속했다. 모형 자동차 비용은 에드셀 사업본부가 부담했는데, 이것은 그들의 사정이 얼마나 절박했는지 보여주는 증거였다. 정상적인 상황에서 자동차 제조업체는 그런 비용은 딜러에게 부담시키려고 애쓰기 때문이다. (그때까지 딜러들은 판촉에 필요한 비용을 모두 자신이 부담하는 게 관례였다.) 에드셀 사업본부는 또한 딜러들에게 소위 '판매 보너스'를 제공하기 시작했는데, 이것은 딜러의 수익이 줄어드는 일 없이 차 값을 100~300달러 할인해줄 수 있다는 걸 의미했다. 크래피는 한 기자에게 그때까지 에드셀의 판매량이 비록 그렇게 되었으면 좋겠다고 바랐던 수준에는 미치지 못했지만, 대략 자신이 예상한 것과 비슷했다고 말했다. 그는 당황하고 놀란 것처럼 보이지 않으려고 애쓴 나머지 처음부터 에드셀의 실패를 예상했다고 말하는 것처럼 보였다. 에드셀의 광고 캠페인은 세심하게 계획된 품위를 보이며 시작했지만, 슬슬 귀에 거슬리는 표현들이 들리기 시작했다. 한 잡지에 실린 광고는 "에드셀을 본 사람은 누구나 에드셀이 성공작이라는 사실을 압니다." 라고 선언했고, 나중에 실린 광고는 이 표현을 마치 주문인 것처럼 두 번이나 반복했다. "에드셀은 성공작입니다. 에드셀은 미국 도로에 도입한 새로운 개념—바로 **여러분**이라는 개념—의 자동차입니다. … 에드셀은 성공작입니다." 얼마 지나지 않아 품위는 좀 떨어지더라도 더 믿음이 가는 가격과 사회적 지위를 테마로 삼은 광고가 등장하기 시작했는데, 이런 광고에는 "에드셀을 타고 가면, 사람들은 당신이 도착했음을 즉각 알아볼 것입니다."라거나 "최신형 차가 가격도 가장 쌉니다!" 와 같은 문장이 사용되었다. 매디슨가 광고계에서는 각운을 맞춘 슬로건에 매달리는 것은 대체로 절박한 상업적 필요 때문에 일어난 예술적 타락의 증거로 간주했다.

12월에 에드셀 사업본부가 비싼 비용을 치르면서 필사적으로 시도한 조처들의 결과로 작은 성과가 있긴 했다. 1958년 첫 10일 동안의 판매량은 1957년 마지막 10일 동안에 비해 18.6% 증가했다. 하지만 여기에는 함정이 하나 숨어 있다. 《월스트리트저널》이 예리하게 지적했듯이, 1958년 첫 10일은 1957년 마지막 10일보다 판매일이 하루 더 많았기 때문에, 실질적으로 증가한 판매량은 극히 미미했다. 어쨌든 1월 초의 겉만 번지르르한 환호성은 에드셀 사업본부의 마지막 제스처였다. 1958년 1월 14일, 포드자동차회사는 에드셀 사업본부를 링컨-머큐리 사업본부와 통합하여 머큐리-에드셀-링컨 사업본부로 개편한 뒤, 링컨-머큐리 사업본부를 이끌었던 제임스 낸스가 본부장을 맡는다고 발표했다. 대공황 시절에 제너럴모터스가 뷰익과 올즈모빌, 폰티악 사업본부를 통합한 이래 주요 자동차 회사가 3개 사업본부를 하나로 통합한 일은 이번이 처음이었다. 그리고 그 이름이 사라진 에드셀 사업본부 사람들에게 이러한 조직 개편이 무엇을 의미하는지는 명약관화했다. 도일은 "같은 사업본부 내의 치열한 경쟁 속에서 에드셀은 살아남을 길이 아득해졌습니다. 일종의 의붓자식 같은 처지가 된 것이지요."라고 말했다.

《플레이보이》와의 경쟁

에드셀이 이 세상에 존재한 마지막 1년 10개월 동안은 정말로 의붓자식 같은 신세였다. 전반적으로 소홀히 취급되었고, 광고도 거의 나가지 않았으며, 단지 실수를 필요 이상으로 대내외에 널리 알리는 불상사를 피하기 위해서, 그리고 언젠가 성공을 거둘지도 모른다는 헛된 희망에서 그 명맥이 유지되었을 뿐이다. 어찌어찌하여 나온 광고는 돈키호테처럼 자동차 업계에 모든 것이 잘 굴러가고 있다는 메시지를 전하려고 애썼다. 2월 중순에 《오토모티브 뉴스》에 실린 광고에서 낸스는 다음과 같이 말했다.

포드자동차회사에 머큐리-에드셀-링컨 사업본부가 새로 생기고 나서 우리는 에드셀의 판매 추이를 예의 주시하며 분석했습니다. 출시되고 나서 첫 5개월 동안 에드셀의 판매 대수가 일찍이 미국 도로에 출시된 그 어떤 자동차보다 많다는 사실은 상당한 의미가 있다고 생각합니다. … 에드셀의 꾸준한 판매 증가는 우리 모두에게 만족과 큰 동기의 원천이 될 수 있습니다.

하지만 낸스가 제시한 비교는 별 의미가 없다. 일찍이 어떤 자동차도 에드셀만큼 대대적인 홍보와 함께 그토록 요란하게 출시된 적이 없었기 때문이다. 낸스가 표출한 자신감도 그저 공허하게만 들렸다.

낸스는 의미론학자인 하야카와가 계간지 《ETC: 일반 의미론 리뷰》 1958년 봄호에 '에드셀은 왜 실패했는가'라는 제목으로 발표한 글을 보지 못했을 가능성이 높다. 《ETC》의 창립자이자 편집인인 하야카와는 서문 격인 짧막한 글에서 자동차도 단어처럼 "미국 문화에서 중요한 … 상징"이기 때문에 이 주제를 일반 의미론의 영역에서 검토했다고 설명했다. 더 나아가 에드셀의 실패 원인은 포드의 중역들에게서 찾을 수 있다면서 그들은 "동기 조사에 종사하는 사람들의 말에 너무 오래 귀를 기울여왔고", 고객의 성적 환상이나 그 비슷한 것을 만족시키려는 자동차를 내놓으려고 노력하다가 합리적이고 실용적인 교통수단을 제공하는 데 실패했으며, 따라서 '현실 원칙 reality principle'을 등한시했다고 주장했다. 하야카와는 "동기 조사 담당자들이 자신의 고객에게 알려주지 못한 것이 있는데 …그것은 오직 정신병적이고 심각하게 신경증적인 사람들만이 자신의 비합리성과 그 보상 환상을 실행에 옮길 수 있다는 사실이다."라면서 포드자동차회사를 강하게 질책하고는, "에드셀 자웅동체 … 같은 값비싼 물건을 통해 상징적 만족을 팔려는 데 따르는 문제는 …《플레이보이》(한 부당 50센트)나 《어스타운딩 사이언스 픽션》[17](한 부당 35센트)이나 텔레비전(공짜) 같은 훨씬 값싼 형태의 상징적 만족이 제공하는 경쟁이다."라고 덧붙였다.

　《플레이보이》와의 경쟁에도 불구하고, 혹은 아마도 상징에 끌리는 대중 가운데에는 두 가지를 다 가질 여유가 있는 사람들도 있기 때문에 에드셀은 계속 굴러갔다(하지만 간신히). 비록 이쑤시개로는 움직이기가 어려웠지만, 그래도 판매 직원의 말처럼 에드셀은 움직였다. 사

---

17) *Astounding Science Fiction*. SF소설의 황금기를 이끈 공상과학 잡지.

실, 에드셀은 의붓자식이 되고 나서도 판매 실적은 총애받던 자식 시절
과 비슷했다. 이것은 상징적 만족에 관한 것이건 단순한 마력에 관한
것이건 그 모든 홍보와 광고가 별 효과가 없었음을 시사한다. 1958년
에 여러 주의 차량 사무국에 새로 등록된 에드셀은 3만 4481대였는데,
이것은 어떤 신형 경쟁 차보다 훨씬 적은 수였다. 수익을 얻기 위해 팔
아야 하는 연간 판매량 20만 대 중 5분의 1에도 못 미치는 수였지만,
어쨌거나 운전자들이 에드셀에 1억 달러 이상을 투자했음을 말해주었
다. 1958년 11월에 출시 2년차를 맞이해 에드셀의 새 모델들이 나오
면서 상황은 호전되었다. 길이는 최대 8인치가 짧아지고, 무게는 최대
500파운드(약 225kg)가 가벼워졌으며, 엔진 출력은 최대 158마력 줄
어든 이 모델들은 이전 모델들보다 가격이 500~800달러나 낮았다.
수직 방향의 안전망과 눈꼬리가 치켜 올라간 후면은 여전히 그대로였지
만, 줄어든 출력과 크기 덕분에 《컨슈머 리포트》는 비판의 수위를 누그
러뜨려 "포드자동차회사가 지난해에 내놓은 초기 에드셀 모델은 평판이
아주 좋지 않았지만, 올해에는 손질을 가해 꽤 괜찮고 심지어 좋아할 만
한 자동차를 만들었다."라고 평했다. 상당히 많은 운전자들도 이에 동의
하는 것 같았다. 1959년 상반기에 판매된 에드셀은 1958년 상반기보
다 약 2000대 더 늘어났고, 1959년 초여름에는 한 달에 약 4000대씩
팔려나갔다. 마침내 진전이 있었다. 판매량은 손익분기점의 5분의 1에
서 4분의 1로 증가했다.

　1959년 7월 1일, 미국의 도로들을 달리는 에드셀은 모두 8만 3849대
였다. 에드셀이 가장 많이 달린 주는 1년 내내 교통량이 가장 많은 캘

리포니아 주(8344대)였고, 가장 적게 달린 주는 알래스카 주, 버몬트 주, 하와이 주였다(각각 122대, 119대, 110대). 대체로 에드셀은 별난 호기심의 대상으로서 자신만의 생태적 지위를 발견한 것 같았다. 에드셀 때문에 주주들의 돈이 여전히 한 주 한 주 공중으로 사라지고, 이제 확실히 소형차가 새로운 유행으로 자리잡았는데도 포드는 이 문제에 대해 감성적 접근 방법을 사용할 수 없었다. 이런 상황에서 포드는 1959년 10월 중순에 희박한 가능성에 승부를 걸었는데, 바로 세 번째 연식 모델들이었다. 1960년형 에드셀은 포드가 소형차 분야에 처음 도전해 생산한 (그리고 즉각 성공을 거둔) 팰콘보다 한 달이 조금 더 지난 뒤에 나왔는데, 전혀 에드셀처럼 보이지 않았다. 수직 방향의 안전망과 수평 방향의 후면이 모두 사라졌고, 그 밖의 부분들은 포드 페어레인과 폰티악의 잡종처럼 보였다. 초기 판매량은 최악이었다. 10월 중순에 이르자 에드셀을 아직 생산하는 공장은 켄터키 주의 루이빌에 있는 한 곳뿐이었고, 그것도 하루에 겨우 20대만 생산했다. 11월 19일, 막대한 포드자동차회사 주식 중 일부를 팔려고 계획하고 있던 포드 재단은 법으로 정해진 절차에 따라 사업 설명서를 발표했는데, 회사 제품을 소개하는 부분의 주석에서 에드셀은 "1957년 9월에 출시되었고, 1959년 11월에 생산이 중단되었다."라고 기술했다. 같은 날, 사업 설명서에서 웅얼거리면서 인정한 이 사실을 포드자동차회사 대변인이 다시 확인하고 더 자세히 이야기하면서 거기에 나름의 웅얼거림을 추가했다. 그는 "만약 사람들이 에드셀을 왜 사지 않는지 그 이유를 알았더라면, 뭔가 조처를 취했을 것입니다."라고 말했다.

최종 집계에 따르면, 처음부터 11월 19일까지 에드셀은 11만 810대가 생산되어 10만 9466대가 팔린 것으로 나타났다. (나머지 1344대는 대부분 1960년형 모델이었는데, 파격적인 할인 행사를 통해 즉각 다 팔려나갔다.) 1960년형 에드셀은 겨우 2846대만 생산되어 이 모델은 자동차 수집가의 수집 품목이 되었다. 물론 1960년형 에드셀이 1920년대 후반에 딱 11대만 만들어져 진짜 왕들에게만 팔려나간 부가티 타입 41만큼 희귀한 자동차가 되려면 수 세대가 지나야 할 테고, 그렇다 하더라도 부가티 타입 41처럼 희귀한 자동차로 인정해야 한다는 주장은 사회적으로나 상업적으로나 받아들이기 어려울 것이다. 그렇다 하더라도, 1960년형 에드셀 오너스 클럽이 생길지도 모른다.

에드셀의 실패에 관한 최종 회계 결산은 아마도 영원히 알려지지 않을지 모른다. 포드의 공개 보고서에는 각 사업본부의 손익 명세가 포함되지 않기 때문이다. 하지만 재무회계 전문가들은 에드셀이 출시된 후에 포드가 입은 손실은 약 2억 달러에 이를 것으로 추정한다. 여기에다 출시 이전 비용으로 지출했다고 공식적으로 발표한 2억 5000만 달러를 더하고, 다른 용도로 전용이 가능한 공장과 설비에 투자한 약 1억 달러를 빼면, 순손실은 3억 5000만 달러가 된다. 만약 이 추정이 옳다면, 에드셀을 한 대 생산할 때마다 약 3200달러씩 손해를 본 셈인데, 이것은 대략 에드셀 한 대 값에 해당한다. 좀 심하게 말한다면, 만약 1955년에 에드셀을 아예 생산하지 않는 대신에 비슷한 가격대인 머큐리 11만 810대를 사람들에게 공짜로 주었더라면, 오히려 손실을 더 줄일 수 있었을 것이다.

악몽에 대한 원인 분석

에드셀이 이렇게 퇴장하자, 언론에는 진작부터 그럴 줄 알았다는 식의 분석 기사가 흘러넘쳤다. 《타임》은 "에드셀은 부적절한 시기에 부적절한 자동차를 부적절한 시장에 내놓은 고전적 사례였다. 에드셀은 '심층 인터뷰'와 '동기' 나부랭이에 의존하는 시장 조사의 한계를 보여준 대표적 사례이기도 하다."라고 선언했다. 에드셀이 데뷔하기 직전에 명백한 진지함과 긍정적 필체로 에드셀을 소개했던 《비즈니스위크》는 이제 와서 에드셀을 '악몽'이라고 선언한 뒤, 브라운의 설계에 맞먹는 희생양의 나락으로 아주 빠르게 전락하고 있던 월리스의 조사 연구에 대해 신랄한 비판을 몇 마디 덧붙였다. (동기 조사를 비난하는 것은 재미있는 놀이이지만, 동기 조사가 에드셀의 설계에 큰 영향을 미쳤다는 주장은 완전히 잘못된 것이다. 왜냐하면, 광고와 홍보 테마를 제공하기 위한 목적으로만 기획된 이 조사는 브라운이 설계를 끝마친 이후에 착수했기 때문이다.) 《월스트리트 저널》에 실린 에드셀의 사망 기사는 좀 더 건전하면서 훨씬 독창적인 주장을 펼쳤다.

큰 회사들은 흔히 시장을 조작하고, 가격을 마음대로 주무르고, 그 밖의 다른 방식으로 소비자를 강요한다는 비난을 받는다. 어제 포드자동차회사는 2년에 걸친 중간 가격대 자동차 에드셀의 실험이 … 판매 부진 때문에 끝났다고 발표했다. 이 모든 것은 시장을 조작하거나 소비자에게 자신이 원하는 것을 사도록 강요할 수 있는 자동차 회사하고는 상당히 거리가 먼 이야기이다. … 그리고 그 이유는 단순히 취향을 설명할 길이 없다는 데 있다. … 강요에 관한 한, 소비자는 필적할 자가 없는 독재자이다.

이 기사의 논조는 우호적이고 동정적이었다. 포드자동차회사는 위대한 미국 시추에이션 코미디에 나오는 실수투성이 아빠 역할을 함으로써 《월스트리트저널》의 호감을 산 것처럼 보인다.

전직 에드셀 사업본부 중역들도 나중에 실패 원인을 나름대로 분석해 내놓았는데, 이들의 설명에는 반성적인 어조가 강했다. 흡사 케이오당한 권투 선수가 눈을 떴더니 아나운서가 눈앞에 들이민 마이크를 발견한 상황과 비슷했다고나 할까. 사실, 크래피는 케이오당한 권투 선수들과 마찬가지로 자신이 타이밍을 잘못 잡았다고 탓했다. 만약 변경 불가능한 것처럼 보이던 디트로이트의 역학과 경제학을 누르고 어떻게 해서든 에드셀을 주식 시장과 중간 가격대 승용차 시장 상황이 좋았던 1955년이나 심지어 1956년에 내놓았더라면, 에드셀은 아주 잘 팔렸을 테고, 지금도 잘 나가고 있을 것이라고 주장했다. 다시 말해서, 만약 펀치가 날아오는 것을 보았더라면 더킹을 해서 피했을 거라는 이야기였다. 크래피는 많은 비전문가들이 차 이름을 '에드'나 '에디'가 아닌 다른 별명으로 줄여 부를 수 있고, 왕조 이미지를 포함하지 않은, 상쾌하고 듣기 좋은 이름 대신에 에드셀로 정한 것을 몰락의 원인이라고 생각하는 것에 동의하지 않았다. 크래피는 에드셀의 이름은 그 운명에 전혀 영향을 미치지 않았다고 말했다.

브라운은 시기를 잘못 잡은 것이 실패의 주요 원인이라는 크래피의 의견에 동의했다. 그는 나중에 "솔직히 나는 자동차의 스타일링은 에드셀의 실패와 거의 관계가 없다고 생각한다."라고 말했는데, 솔직함 면에서는 타의 추종을 불허할지 모른다. "에드셀 프로그램은 미래 시장을 겨냥한 다른 프로젝트와 마찬가지로 결정을 내릴 당시에 얻을 수 있었던 최선의 정보를 바탕으로 만들어졌다. 지옥으로 가는 길은 선의로 포장돼 있다!"

타고난 세일즈맨으로 고객에게 개인적으로 강렬한 감정을 느끼는 도일은 친구(미국의 대중)에게 배신당한 사람처럼 이야기했다. "그것은 구매자들이 일으킨 파업이었어요. 사람들은 에드셀을 살 기분이 들지 않았던 겁니다. 왜 그랬는지는 수수께끼입니다. 그들이 몇 년 동안 구입한 차들을 바탕으로 자동차 업계는 정확하게 이런 종류의 차를 만들면 성공할 것이라고 판단했습니다. 우리는 그렇게 만든 차를 그들에게 주었는데, 그들은 받으려 하지 않았어요. 그렇게 행동해서는 안 되는 거였거든요. 어느 날 갑자기 상대방의 정신을 번쩍 들게 하면서 '이제 그만 해. 지금까지 달려온 건 엉뚱한 방향이야.'라고 말해서는 안 되는 거잖아요? 그런데 그들은 도대체 **왜** 그런 걸까요? 자동차 업계가 오랜 세월 동안 어떻게 일해왔습니까? 수동 기어 조작을 없애고, 실내를 안락하게 만들고, 비상 상황 때 사용할 추가 기능까지 제공하면서 말입니다! 그런데 이제 와서 대중은 이 작은 딱정벌레들을 원하는군요! 나는 도저히 이해할 수가 없어요!"

월리스의 스푸트니크호 가설은 사람들이 왜 에드셀을 살 기분이 들지 않는가 하는 도일의 질문에 대해 한 가지 답을 제공한다. 게다가

준 브레인트러스트 위원이라는 신분에 어울릴 만큼 충분히 우주적인 설명이다. 또한 자신의 동기 조사 시점의 정당성을 옹호할 수 있는 설명이기도 하다. 그는 이렇게 말한다. "나는 최초의 인공위성이 궤도를 돈 그 사건이 우리에게 얼마나 큰 심리적 영향을 미쳤는지 우리가 아직 제대로 모른다고 생각합니다. 누군가가 기술에서 중요한 차이로 우리를 능가하자, 사람들은 즉각 디트로이트의 제품들이, 그중에서도 특히 과도한 장식이 흘러넘치고 지위를 상징하는 중간 가격대 차들이, 얼마나 형편없는가 하는 기사를 쓰기 시작했지요. 램블러 외에 소형차라고는 시장에 하나도 없었던 1958년에 쉐보레가 시장을 거의 압도했던 이유는 가장 단순한 차였기 때문이었어요. 미국 국민은 스스로 긴축 계획에 들어갔습니다. 에드셀을 사지 않는 것은 내핍 생활을 위해 그들이 택한 옷이었지요."

실패한 사람들의 오뚝이 인생

19세기의 미국 산업 시절을 경험한 사람들에게는 윌리스가 파이프를 물고서 그 대참사를 느긋하게 이야기하는 게 이상해 보일 수 있다. 에드셀 이야기에서 명백한 핵심은 거대 자동차 회사의 대실패이지만, 놀랍게도 거대 자동차 회사는 무너지지 않았다. 심지어 추락을 겪고도 심각한 타격을 입지 않았으며, 함께 추락한 사람들도 대부분 큰 손상을 입지 않았다. 포드자동차회사는 다른 4가지 차종(포드, 썬더버드, 나중에는 소형차인 팰콘 앤드 코멧, 그다음에는 머스탱)이 성공을 거둔 덕분에 투자 대상 기업으로서는 아주 훌륭하게 살아남았다. 에드셀이 일부 원인이 되어 1958년에 어려운 시기를 겪은 것은 사실이다. 포드자동차회사 주식의 주당 순이익은 5.40달러에서 2.12달러로 떨어졌고, 주당 배당금도 2.40달러에서 2.00달러로 줄어들었으며, 주가도 1957년에 가장 많이 올랐을 때 약 60달러에 이르렀던 것이 1958년에는 40달러 아래로 떨어졌다. 하지만 이 모든 손실은 1959년에 만회되고도 남았다. 주당 순이익은 8.24달러로, 주당 배당금은 2.80달러로 뛰어올랐고, 주가도 최고 약 90달러까지 치솟았다. 1960년과 1961년에는 사정이 더 좋아졌다. 그래서 1957년에 주식 명부에 올라 있던 포드자동차회사 주주 28만 명은 공황 상태가 절정에 이르렀을 때 주식을 팔아치우지만 않았다면 불평할 이유가 전혀 없었다. 반면에 머큐리-에드셀-링컨 사업본부의 통합으로 화이트칼라 노동자 6000여 명이 일자리를 잃었고, 포드자동차회사의 평균 직원 수도 1957년에 19만 1759명이던 것이 이듬해에는 14만 2076명으로 줄어들었다가 1959년에 겨우 15만 9541명으로 늘어났다. 물론 수익성이 좋은 다른 제품의 가맹점 영업권을 포기하고 에드셀을 팔려고 노력했다가 파산한 딜러들은 그 경험을 즐겁게 이야기할 수 없었다. 링컨-머큐리 사업본부와 에드셀 사업본부의 통합에 따라 세 제품을 판매하던 대리점들 역시 통합되었는데, 통합 과정에서 에드셀을 판매하던 일부 딜러는 퇴출되고 말았다. 그래도 에드셀을 판매하다가 파산한 딜러들은 나중에 포드자동차회사가 에드셀 생산을 중단하면서 그때까지 위기를 견뎌내느라 애쓴 이전 동료들에게 처음에 에드셀 판매 계약을 맺을 때 든 비용 중 절반을 지불하고, 생산 중단 시점에 재고로 쌓여 있던 모든 에드셀을 상당한 액수의 현금으로 환불해주었기 때문에 다소 위안을 얻었을 것이다. 하지만 자동차 딜러 중 일부 사람들은 마이애미의 호텔 운영자와 비슷할 정도로 여신 한도가 낮은 처지에서 일하며, 가장 인기 있는 차를 취급하더라도 파산하는 딜러가 종종 나온다. 치열한 자동차 매장 세계(디트로이트가 늘 호의적인 평만 받는 곳은 아닌)에서 살아가는 많은 사람들은 그래도 포드자동차회사가 에드셀의 실패를 깨달은 순간, 에드셀과 운명을 같이하기로 한 딜러들을 지원하려고 최선을 다했다는 사실을 인정한다. 미국자동차딜러협회 대변인은 나중에 "우리가 아는 한, 에드셀 딜러들은 일반적으로 포드자동차회사가 자신들을 대우한 방식에 만족했다."라고 발표했다.

　FCB도 에드셀 때문에 결국 손해를 보았다. 광고 수수료만으로는 새로 고용한 60명의 직원과 디트로이트에 근사한 사무실을 얻느라 쓴 막대한 비용을 다 감당할 수 없었다. 하지만 회복 불가능한 손실은 결코 아니었다. 에드셀 광고가 끊어지자마자 링컨 광고를 맡게 되었다. 비록 그 계약은 아주 오래 지속되지 않았지만, FCB는 잘 살아남아 제너럴푸즈, 레버브러더스, 트랜스월드항공 같은 대형 고객들과 함께 일하게 되었다. 1959년 이후 몇 년이 지나도록 시카고에 있는 FCB의 주차장에서는 근무일마다 에드셀이 여전히 눈에 많이 띄었는데, 이는 이 광고 회사 직원들의 이전 고객에 대한 충성심을 다소 감동적으로 보여주는 일면이다. 그런데 이렇게 충성도가 높은 운전자는 이들뿐만이 아

니었다. 에드셀 소유자들은 설사 꿈을 이루는 수단을 얻진 못했다고
해도, 그리고 일부 사람들은 한동안 괴로운 기계적 장애를 참아야 했
지만, 10년이 더 지난 후에 많은 사람들은 자신의 차를 옛 남부 연합[18]
의 지폐처럼 소중하게 여겼다. 이런 탓에 에드셀은 중고차 시장에 거
의 나오지 않아 프리미엄이 높은 차종이 됐다.

전직 에드셀 사업본부 중역들은 단순히 궁지에서 벗어나는 데 그치
지 않고 대체로 인생이 잘 풀렸다. 포드자동차회사가 책임자들을 좌천
시키는 낡은 방식으로 분노를 표출한다 해도 뭐라 할 사람은 아무도 없
었을 것이다. 크래피는 그 당시 포드의 한 사업본부에서 부사장을 맡고
있던 로버트 맥나마라(나중에 국방부 장관이 된 바로 그 사람)를 보좌하는
자리로 좌천되어 두어 달 일하다가 그다음에는 회사 본부로 옮겨가 같
은 직책에서 1년쯤 더 일한 뒤 퇴사했다. 그리고 매사추세츠 주 월섬에
있던 전자 회사인 레이시언의 부사장으로 옮겨갔다. 1960년 4월, 그는
그 회사의 사장이 되었다. 1960년대 중반에 그는 회사를 떠나 태평양
연안 지역에서 몸값이 비싼 경영 컨설턴트로 일했다. 도일은 포드에서
보좌직을 제의받았으나, 생각을 위해 잠시 해외여행을 한 뒤에 퇴사하
기로 했다. 그는 이렇게 설명했다. "딜러들과의 관계 문제가 있었어요.
나는 그들에게 회사가 에드셀을 포기하지 않고 계속 밀 거라고 확약했
어요. 그런데 이제 와서 그러지 못하게 되었다고 말하면서 계속 회사

---

18) 정식 명칭은 아메리카 연합국Confederate States of America. 1861년 노예제 존속을
주장하던 남부 11개 주가 결성한 국가. 1865년 남북 전쟁에서 패배한 뒤 5년 만에
해체되었다.

를 다닐 수는 없었지요." 퇴사한 뒤에도 도일은 여러 친구와 친척에게 창업을 도와주었던 다양한 사업을 돌봐주고, 디트로이트에서 직접 컨설팅 사업을 하면서 바쁘게 지냈다. 홍보 책임자였던 워낙은 에드셀 사업본부가 머큐리와 링컨 사업본부와 통합되기 한 달쯤 전에 회사를 떠나 뉴욕에 있는 국제전화전신회사 뉴스 서비스 부서의 책임자가 되었다. 그리고 1960년 6월에 그곳을 떠나 세계적인 광고 대행사인 매캔에릭슨의 자회사인 커뮤니케이션스 카운슬러스의 부사장이 되었다. 거기서 그는 다시 포드자동차회사로 돌아갔는데, 이번에는 링컨-머큐리의 동부 지역 홍보 책임자 자리를 맡았다. 이것은 해임이 아니라 오히려 영전된 사례이다. 사면초가에 몰렸던 스타일리스트 브라운은 포드 상용차의 수석 스타일리스트로 한동안 디트로이트에서 일하다가 영국포드자동차회사로 옮겨가 거기서도 수석 스타일리스트로 일하면서 콘설과 앵글리아, 트럭과 트랙터의 디자인을 책임지고 이끌었다. 그는 그 자리가 포드의 시베리아 유형지에 해당하는 곳이 아니라고 주장했다. 그는 영국에서 보낸 편지에서 이처럼 단호하게 말했다. "나로서는 아주 만족스러운 경험이자 … 내 경력에서 거친 단계들 중 아주 좋은 한 단계였습니다. 우리는 유럽 최고의 스타일링 사무실과 스타일링 팀을 만들고 있습니다." 준 브레인트러스트 위원이던 월리스는 포드를 위해 준 브레인트러스트 일을 계속해달라는 요청을 받았는데, 그는 여전히 디트로이트나 그 인근에서 사는 걸 좋아하지 않았기 때문에 뉴욕으로 옮겨가도록 허락받았으며, 본사에는 일주일에 이틀만 출근했다. (그는 겸손하게 "그들은 내가 어디서 일하는지에 대해서는 더 이상 신경 쓰지 않는 것 같았어요."라고 말한다.) 윌리스는 1958년 말에 포드를 떠나 이전부터 정말로 원하던 소망을 마침내 실천에 옮기기로 했는데, 그것은 바로 학자와 교수가 되는 것이었다. 그는 먼저 컬럼비아 대학에서 사회학 박사 학위를 따는 것부터 시작했다. 코네티컷 주 웨스트포트 주민들에게 질문을 하면서 분주하게 조사한 뒤, 사회적 변화에 관한 박사 학위 논문을 썼다. 그러면서 그리니치빌리지의 뉴스쿨에서 '사회적 행동의 동역학'에 관한 강의를 했다. 어느 날, 그는 설문 조사지를 가득 안고 웨스트포트행 열차에 오르면서 만족스러운 표정으로 "나는 산업계를 완전히 떠났습니다."라고 선언했다. 그리고 1962년 초에 윌리스 박사가 되었다.

에드셀 사업본부에서 일했던 이들이 그 후에도 행복한 삶을 산 것은 단지 경제적으로 살아남는 데 성공했기 때문만은 아니다. 이들은 정신적으로도 풍요로워진 것으로 보인다. 이들은 옛 전우들끼리 만나 가장 스릴 넘쳤던 군사 작전에 대해 활기차고 수다스럽게 상세한 이야기를 늘어놓는 것처럼 에드셀의 경험을 이야기한다. 물론 계속 포드를 다니는 사람들은 되도록 에드셀에 관한 이야기를 하지 않으려는 경향이 있다. 아마도 이들 중에서 에드셀에 관한 이야기를 가장 열정적으로 회상하는 사람은 도일일 것이다. 그는 1960년에 전화 응답에서 이렇게 이야기했다. "그토록 흥미진진한 일은 그 전에도 그 후에도 없었지요. 평생 동안 가장 열심히 일한 때가 그때였기 때문인 것 같습니다. 우리 모두가 다 그랬어요. 정말로 좋은 팀이었습니다. 에드셀과 함께한 사람들은 운에 맡기고 큰 모험에 뛰어든다는 사실을 잘 알고 있었어요.

나는 운에 맡기고 모험을 하는 사람들을 좋아합니다. 그래요, 비록 불행한 일이 있긴 했지만, 그것은 정말로 훌륭한 경험이었어요. 그리고 우리는 올바른 방향으로 나아가고 있었어요! 회사를 떠나기 직전에 나는 유럽 여행을 했는데, 그곳 상황은 어떤지 살펴보았어요. 도로에는 온통 소형차밖에 없었죠. 그런데도 곳곳에 교통 체증이 일어나고, 주차 문제로 골치를 썩이고, 사고가 일어나더군요. 낮은 택시를 타고 내릴 때 머리를 부딪치지 않도록 주의를 기울이거나 개선문 주위를 걸어 다니면서 차에 치이지 않으려고 조심해야 하는 경험을 한번 해보세요. 소형차는 절대로 영원히 계속될 수 없어요. 나는 미국 운전자들이 오래지 않아 수동 기어 조작과 제한된 성능에 만족하지 못할 거라고 봅니다. 시계추는 되돌아올 거예요."

워낙은 이전의 많은 홍보 담당자와 마찬가지로 자신의 일 때문에 궤양이 생겼다고 (두 번째로) 주장한다. "하지만 나는 극복했어요. 그 위대한 에드셀 팀이 만약 적절한 시기에 적절한 제품을 가졌더라면 어떤 일을 해냈을지 알고 싶어요. 수백만 대를 팔았을 수도 있어요. 정말 그래요! 그것은 내 인생에서 결코 잊지 못할 2년입니다. 우리는 역사를 만들고 있었어요. 그것은 높은 기대와 거기에 못 미치는 성취처럼 1950년대의 미국에 대해 뭔가를 말해주지 않나요?"

실패로 끝난 위대한 팀의 보스였던 크래피는 자기 부하가 한 이야기에 옛 전우들의 낭만적인 허풍보다 더 중요한 내용이 있음을 기꺼이 증언하려 한다. 얼마 전에 그는 이렇게 말했다. "우리는 정말로 놀라운 팀이었어요. 우리는 그야말로 모든 것을 거기에 쏟아부었어요. 나는 동기가 강한 팀에 흥미를 느끼는데, 우리 팀이 그랬어요. 일이 잘못되었을 때, 에드셀 사람들은 우리에게 찾아온 멋진 기회를 어떻게 날려버렸느냐며 울부짖을 수도 있었겠지요. 설사 그런 사람이 있었다 하더라도, 나는 그런 이야기를 전혀 들은 적이 없어요. 그들이 그 뒤에 모두 잘되었다는 사실이 전혀 놀랍지 않습니다. 산업계에서는 가끔 장애물을 만나 넘어지는 일이 생기지만, 내면까지 무너지지만 않는다면 다시 일어날 수 있어요. 나는 가끔 누군가—게일 워낙이나 그 밖의 사람들—를 만나 재미있었던 사고나 불행했던 사고를 되새기길 좋아합니다."

에드셀 사업본부에서 일했던 사람들의 향수가 재미있었던 이야기로 흐르건 불행했던 이야기로 흐르건, 어쨌든 그것은 생각할 거리를 준다. 어쩌면 이것은 단순히 그들이 처음에는 기분 좋게 누리다가 나중에는 괴로워하게 된, 세상의 뜨거운 관심을 그리워한다는 것을 의미할지 모른다. 혹은 성공한 사람은 결코 알 수 없는 어떤 장엄함을 실패한 사람이 가질 수 있는 시대—엘리자베스 시대의 연극에서 종종 볼 수 있었지만, 미국의 기업에서는 유례를 찾기 힘들었던—가 왔음을 의미할지도 모른다.

2

누구를 위한 세금인가?

편법과 위선이 판치는 세금의 모험

I

세금의 시대

최근에 부유하고 겉으로는 똑똑해 보이기까지 하는 상당수 미국인이 정말로 미친 것은 아니겠지만 어쨌든 순진한 사람들이 보기에 괴이하기 짝이 없는 행동을 했다는 데엔 의심의 여지가 없다. 상속 재산이 많은 사람들이(그중 일부 사람들은 정부라고 하면 어떤 형태의 것이건 공공연히 비난하는 버릇이 있는데) 주 정부나 지방 자치 단체의 재정에 큰 관심을 보이면서 거액을 기부했다. 소득이 아주 높은 사람과 별로 높지 않은 사람 사이의 결혼은 12월 말 무렵에 가장 많은 반면, 1월에는 가장 적다. 예외적으로 큰 성공을 거둔 사람들, 특히 미술 분야에서 큰 성공을 거둔 사람들은 재정 고문으로부터 지금이 5월이건 6월이건 이제 올해 안

97

에는 더 이상 수익이 발생하는 일을 절대로 하지 말라는 조언을 듣고 그대로 따랐다. 배우를 비롯해 개인 서비스 분야의 고소득자는 반복적으로 골재 사업이나 볼링장, 전화 응답 서비스의 소유주가 되어 따분한 이들 업계에 활기를 불어넣었다. 영화계 사람들은 18개월 동안 미국 국적을 포기하고 외국 국적을 선택했다가 19개월째에 다시 미국 국적을 회복하는 행동을 마치 시계처럼 정확하게 반복했다. 석유 산업 투자자들은 텍사스 주에서 정상적인 사업적 판단으로는 생각하기 힘든 위험을 감수하면서까지 마치 투기하듯이 여기저기에 석유갱(유정)을 마구 파헤쳤다. 비행기를 타고 여행하거나 택시를 타거나 식당에서 식사를 하는 기업가들은 작은 공책에다가 뭔가를 열심히 끼적이는 모습을 자주 보여주었는데, 뭘 적느냐고 물어보면 그들은 "일기"라고 대답하곤 했다. 일기 작가로 유명한 새뮤얼 피프스나 필립 혼의 정신적 후손과는 한참 거리가 먼 그들이 실제로 적은 것은 사용 경비 내역이었다. 그리고 기업 소유주나 부분 소유주는 나이가 아무리 어리더라도 개의치 않고 어린아이와 함께 소유권을 나누는 방법을 모색했다. 실제로 동업자가 태어날 때까지 기다리느라 동업 계약서 체결을 미룬 사례가 적어도 한 건 있다.

두말할 필요도 없이, 이 기묘한 행동들의 직접적 원인은 모두 연방 소득세법의 다양한 조항에 있다. 이 법 조항들은 탄생과 결혼, 일, 생활 방식, 사는 장소와 직접적 관련이 있어서 연방 소득세법이 사회적으로 미치는 효과의 범위를 가늠할 수 있는 단서를 제공한다. 하지만 이 조항들은 부자들이 처한 상황에만 해당하기 때문에 연방 소득세법이 경제적으로 미치는 영향의 범위가 얼마나 넓은지에 대해서는 아무런 단서도 제공하지 않는다. 1964년에 소득세 신고를 한 사람의 수는 약 6300만 명이었기 때문에 미국 법 중에서 직접적인 영향을 받는 사람의 수가 가장 많은 법이 소득세법이라고 흔히 이야기하는 것은 놀라운 일이 아니다. 또, 소득세 수입이 정부의 전체 수입 중 약 4분의 3을 차지하기 때문에 소득세가 가장 중요한 국가 재정 수입으로 간주된다는 사실도 충분히 이해할 만하다. (1964년 6월 30일에 끝난 회계 연도 동안 총수입 1112억 달러 중 545억 달러가 개인 소득세에서, 223억 달러가 법인세에서 나왔다.) 경제학 교수 윌리엄 슐츠와 로웰 해리스는《미국의 국가 재정》이란 책에서 "사람들은 그게 바로 진짜 **세금**이라고 생각한다."라고 선언했고, 작가인 데이비드 배즐런은 이 세금의 경제적 효과는 너무나도 광범위해 아주 이질적인 두 종류의 미국 통화―세전 액수와 세후 액수―를 만들어냈다고 주장했다. 어쨌든 소득세를 진지하게 충분히 고려하지 않고서 어떤 기업이 만들어지거나 어떤 기업 활동이 단 하루 만이라도 실행에 옮겨지는 일은 전혀 없었다. 또한 어떤 소득군에 속해 있더라도 소득세에 대해 가끔이라도 생각하지 않고 살아가는 사람은 거의 없는 반면, 그렇게 하지 않은 일부 사람들은 재산이나 명성을 잃거나 혹은 둘 다 잃었다. 한 미국인은 머나먼 이국땅인 베네치아에서 산마르코 대성당 보수를 위한 기부금 모금 상자에 붙어 있는 황동판에서 "미국 소득세에서 공제 가능"이라고 적힌 문구를 발견하고 깜짝 놀라기도 했다.

사람들이 소득세에 쏟는 관심 중 많은 부분은 소득세가 논리적이지도 공정하지도 않다는 명제를 바탕으로 하고 있다. 가장 광범위하면서도 가장 진지하게 제기되는 비난은, 소득세법이 그 핵심에 거짓말 비슷한 것을 품고 있다는 주장이다. 즉, 소득세법은 아주 가파르게 상승하는 누진 세율로 세금을 매기고 난 뒤 빠져나갈 구멍을 아주 다양하게 마련해두었으며, 그 구멍을 이용하기가 아주 편리해 아무리 부자라도 최고 세율이나 그 비슷한 세율로 세금을 내는 사람이 거의 없다는 것이다. 1960년에 신고 소득이 20만~50만 달러인 납세자들의 세율은 평균적으로 약 44%였고, 신고 소득이 100만 달러가 넘는 극소수 납세자들의 세율도 50% 미만이었다. 50% 세율은 단독 납세 보고자의 소득이 4만 2000달러일 경우 내야 할 세율과 비슷하고, 실제로 가끔 그렇게 내는 경우도 있었다. 자주 제기되는 또 한 가지 비난은 소득세가 미국이라는 에덴동산에 도사리고 있는 뱀이라고 주장하는데, 세금을 회피할 수 있는 아주 유혹적인 기회를 제공함으로써 매년 4월마다 국가적인 타락을 부추기기 때문이다. 또 다른 맥락에서 비난하는 사람들은 소득세법이 미로처럼 복잡한 속성(기본 법령인 1954년의 내국세법은 1000페이지가 넘고, 그것을 더 정밀하게 다룬 법원 판례와 국세청 규정은 1만 7000페이지에 이른다.) 때문에 배우가 골재 사업을 하거나 기업 소유주가 아직 태어나지 않은 사람을 동업자로 만드는 것과 같은 괴상한 짓을 하게 만들 뿐만 아니라, 사실 너무나도 이상한 법이어서 시민 혼자 힘만으로는 제대로 대응할 수가 없다고 주장한다. 그래서 전문가에게 값비싼 자문료를 지불해야만 합법적으로 절세를 할 수 있는데, 이런 상황에서는 오직 부자만이 그런 혜택을 누릴 수 있어 비민주적 결과를 초래한다고 비판자들은 주장했다.

이 분야에서 공정한 생각을 지닌 학자들은 50년 이상 시행돼온 이 법이 부를 광범위하고 건강하게 재분배하는 효과를 가져왔다고 인정한다. 하지만 소득세법 전체를 **완전히** 지지하는 사람은 사실상 아무도 없다. 거의 모든 사람이 소득세법의 개혁을 원한다. 하지만 일반 대중은 개혁가로 나서기에는 대체로 무력한데, 소득세법 체계가 엄청나게 복잡해 많은 사람들은 이 법을 듣기만 해도 눈앞이 캄캄해지는 반면, 특정 조항의 혜택을 받는 소수 집단은 이 법을 강력하게 옹호하기 때문이다. 모든 세법과 마찬가지로 미국의 세법도 개혁에 대해 일종의 저항력이 있다. 사람들은 세금 회피 방법으로 축적한 부를 사용해 자신들이 사용한 그 세금 회피 방법을 없애려는 노력에 맞서 싸울 수 있고, 늘 맞서 싸운다. 이런 영향력은 국방비를 비롯해 날로 치솟는 그 밖의 정부 지출(베트남 전쟁 같은 치열한 전쟁을 제외한다 하더라도)이 재무부에 요구하는 강한 압력과 결합해 두 가지 경향으로 나타났는데, 이것이 너무나도 분명하게 나타나 자연법 같은 정치법의 형태를 띠게 되었다. 즉, 미국에서는 세율을 높이거나 세금 회피 장치를 도입하기는 비교적 쉬운 반면, 세율을 내리거나 세금 회피 장치를 제거하기는 상대적으로 어렵다. 적어도 1964년까지는 그렇게 보였는데, 그해에 케네디 대통령이 먼저 제안하고 존슨 대통령이 밀어붙인 법안이 이 자연법 중 절반을 위협했다. 법안의 골자는 개인의 기본 세율을 최저 세율은 20%에서 14%로, 최고 세율은 91%에서 70%로 낮추고, 법인세 최고 세율을 52%에서 48%로 낮추는 것이었는데, 전체적으로는 미국 역사상 최대 규모의 감세 법안이었다. 하지만 이 자연법의 나머지 절반은 아무 변화 없이 그대로 남았다. 물론 케네디 대통령이 제안한 원래 세법 개정안에는 세금 회피 장치를 없애기 위한 실질적인 개혁안이 포함돼 있었지만, 개혁에 대한 반발이 너무 커서 케네디 자신이 금방 그 대부분을 포기하는 바람에 법률로 제정된 것은 사실상 하나도 없다. 오히려 새로운 소득세법은 세금 회피 장치를 한두 개 더 늘렸다.

　루이스 오킨클로스가 쓴 단편 소설집 《위임장》을 보면 한 변호사가 다른 변호사에게 이렇게 말한다. "현실을 직시하자고, 클리터스. 지금은 세금 시대야. 모든 것이 세금이라고." 그러자 전통을 옹호하는 두 번째 변호사는 형식적인 이의를 제기하는 데 그친다. 그런데 소득세가 미국인의 삶 곳곳에 존재한다는 사실을 감안한다면, 미국 소설에서 소득세가 언급되는 사례를 보기가 아주 어렵다는 사실이 이상해 보인다. 이것은 어쩌면 이 소재 자체가 문학적 우아함이 부족한 탓일 수도 있지만, 소득세에 대한 국가적 불쾌감을 반영한 것인지도 모른다. 즉, 그것은 우리의 의지로 탄생했지만 우리의 의지로 사라지게 할 수 없고, 완전히 좋은 것도 완전히 나쁜 것도 아니지만, 아주 거대하고 터무니없고 도덕적으로 모호하여, 상상력으로 제대로 다루기 힘들 것 같은 느낌 때문에 문학적 소재가 되기 힘든지도 모른다. 도대체 이런 소득세법이 어떻게 해서 태어났을까 하고 궁금한 생각이 들 것이다.

개략적인 소득세의 역사

소득세는 임금 노동자와 봉급 노동자가 아주 많은 산업 국가에서만 효과가 있으며, 20세기 이전의 소득세 역사는 비교적 짧고 간단하다. 예수 탄생 직전에 마리아와 요셉을 베들레헴으로 가게 한 것과 같은 먼 옛날의 보편적인 세금은 거의 다 소득세가 아니라, 모든 사람에게서 일정액의 세금을 거두는 인두세人頭稅였다. 1800년 이전에 소득세를 도입하려고 한 중요한 시도는 딱 두 번밖에 없었다. 하나는 15세기에 피렌체에서, 또 하나는 18세기에 프랑스에서 있었다. 일반적으로 말하면, 두 시도 모두 욕심 많은 통치자가 백성을 속여 재산을 빼앗으려고 한 시도였다. 소득세에 관한 한 가장 정통한 역사가인 에드윈 셀리그먼[1]의 견해에 따르면, 피렌체의 시도는 부패하고 비효율적인 행정부 때문에 고사하고 말았다. 같은 권위자의 말에 따르면, 18세기의 프랑스 세금은 "곧 남용으로 인해 누더기가 되었고, 덜 부유한 계급을 대상으로 완전히 불평등하고 철저하게 임의적으로 부과하는 방식"으로 퇴보하고 말았다. 그리고 프랑스 혁명으로 향하는 격렬한 열정을 끓어오르게 하는 데에도 한몫을 한 게 분명하다. 루이 14세가 1710년에 제정한 앙시앵 레짐[2]의 세율은 10%였는데, 나중에 그 절반으로 낮추긴 했지만 그때 가서는 이미 때늦은 조처였다. 혁명 정부는 소득세와 함께 그것을 만

---

1) Edwin Robert Anderson Seligman(1861-1939). 미국의 경제학자로 세금 제도와 국가 재정 연구에 관한 선구자.
2) *ancien régime*. 1789년 프랑스 혁명 때 타도 대상이 된 정치 · 경제 · 사회 구체제.

든 사람도 함께 없애버렸다. 경종을 울린 이 사례에도 불구하고, 영국은 프랑스 혁명 전쟁에 뛰어드는 데 필요한 경비를 충당하기 위해 1798년에 소득세를 제정했다. 이것은 여러 측면에서 최초의 근대적인 소득세였다. 한 가지 예를 들면, 소득 구간에 따라 차등을 둔 세율을 적용했는데, 연간 소득이 60파운드 미만인 사람에게 적용하는 0%에서부터 시작하여 200파운드 이상인 사람에게는 10%를 적용했다. 한 가지 예를 더 든다면, 이 소득세법은 124개 절을 포함하며 152페이지에 달해 현대적인 소득세처럼 아주 복잡했다. 소득세법의 인기 폭락은 거의 모든 사람들 사이에서 전반적으로 그리고 즉각적으로 일어났고, 이를 비난하는 소책자들이 곧 쏟아져 나오기 시작했다. 서기 2000년의 시점에서 옛날의 야만 행위를 되돌아보려고 시도했던 한 소책자의 저자는 옛날의 소득세 징수인을 "무자비한 용병"이자 "거만함과 잰 체하는 무지로 무례함의 극치를 드러낸 … 짐승"이라고 묘사했다. 광범위한 탈세 때문에 3년 동안 겨우 연간 약 600만 파운드를 거둬들이는 데 그친 이 소득세법은 1802년에 아미앵 조약[3]이 체결된 직후에 폐기되었다. 하지만 이듬해에 영국 재무부가 또다시 궁핍한 상황에 처하자, 의회는 새로운 소득세법을 제정했다. 이 소득세법은 소득세를 원천 징수하는 조항을 포함했다는 점에서 시대를 훨씬 앞선 것이었다. 하지만 이 때문에 최고 세율이 이전 소득세법보다 절반에 불과한데도 더 큰 미움을

---

3) 나폴레옹 전쟁 중이던 1802년에 북프랑스의 아미앵에서 프랑스가 영국, 에스파냐, 네덜란드와 맺은 평화 조약. 이 조약으로 프랑스는 1794년 이후 유럽에서 얻은 땅 전부를 영토로 인정받았고, 나폴레옹은 종신 통령統領으로 선출될 수 있도록 국내 체제를 정비할 수 있었다.

받았다. 1803년 7월에 런던에서 열린 항의 집회에는 여러 연사가 나서서 소득세에 대해 철저한 적개심을 표출했다. 그들은 만약 나라를 구하기 위해 그런 조처가 필요하다면, 싫어도 나라가 망하는 길을 선택할 수밖에 없다고 말했다.

하지만 계속 좌절을 겪고 심지어 완전히 잊힌 상태가 오래 지속되었는데도 불구하고, 영국에서 소득세는 점차 자리를 잡기 시작했다. 이는 다른 무엇보다도 단순히 사람들이 그 제도에 익숙해졌기 때문일 것이다. 어느 나라건 소득세의 역사를 살펴보면 거기에는 공통된 맥락이 있다. 즉, 도입 초기에는 항상 무분별하고 단호한 반대가 들끓다가 세월이 흐를수록 세금은 점점 강해지고 반대자의 목소리는 약해지는 경향이 나타난다. 영국의 소득세는 워털루 전투에서 승리를 거둔 해(1815년)에 폐지되었다가 1832년에 어정쩡한 형태로 부활했고, 10년 뒤에 로버트 필 총리가 큰 열정을 가지고 도입한 뒤로는 계속 효력을 발휘했다. 19세기 후반 동안에 기본 세율은 5%와 1% 미만 사이에서 오르락내리락했으며, 1913년에는 기본 세율이 겨우 2.5%였고, 고소득자에게는 경미한 누진세를 적용했다. 하지만 마침내 영국도 고소득자에게 아주 높은 세율을 적용한다는 미국식 개념을 받아들였고, 1960년대 중반에는 최상위 과표 구간의 세율은 90%가 넘었다.

나머지 세계(적어도 경제적으로 발전한 세계)에서도 하나 둘씩 차례로 영국의 뒤를 따라 19세기의 어느 시점에 소득세를 도입했다. 프랑스는 혁명 이후 소득세법을 제정했지만 이내 폐지했다. 19세기 후반에는 다년간 소득세 없이 그럭저럭 버텨나갔다. 하지만 세수 감소를 견딜 수 없는 지경에 이르자 결국 소득세를 부활시켰고, 그 후 소득세는 프랑스 경제에서 붙박이로 자리 잡았다. 이탈리아에서 소득세는 가장 달콤한 열매는 아니라 할지라도 통일이 가져다준 최초의 열매 중 하나였고, 독일로 통일된 작은 나라들 중 여러 나라는 통일 이전부터 이미 소득세 제도를 시행하고 있었다. 1911년 무렵에는 오스트리아, 에스파냐, 벨기에, 스웨덴, 노르웨이, 덴마크, 스위스, 네덜란드, 그리스, 룩셈부르크, 핀란드, 오스트레일리아, 뉴질랜드, 일본, 인도에서도 소득세가 자리를 잡았다.

오늘날 어마어마한 소득세 규모와 겉보기에 고분고분한 납세자들의 태도 때문에 모든 정부가 부러워하는 미국의 경우 소득세를 법제화하는 과정은 몹시 지지부진했고, 그것을 법령집에 계속 포함시키는 것마저 되돌리려는 시도가 상습적으로 일어났다. 식민지 시대에 소득세와 약간 비슷한 조세 제도가 여러 가지 있었던 것은 사실이다. 예를 들면, 로드아일랜드 주에서는 한때 과세 평가 기준으로 삼기 위해 모든 시민에게 이웃 10명의 재정 상태를 소득과 재산을 기준으로 추측해 보고하게 했다. 하지만 이런 제도는 비효율적일 뿐만 아니라 남용의 위험이 명백히 컸기 때문에 단명할 수밖에 없었다. 연방 소득세를 최초로 제안한 사람은 매디슨 대통령 밑에서 재무부 장관을 지낸 알렉산더 댈러스였다. 댈러스가 연방 소득세를 제안한 시기는 1814년이었는데, 몇 달 뒤 1812년부터 계속돼온 미영 전쟁이 끝나면서 정부 세입을 늘려야 할 부담이 완화되었다. 결정적으로 댈러스 장관이 심한 비난을 받고 물러났기 때문에 남북 전쟁 때까지 이 문제는 다시 거론되지 않았다. 남북 전쟁이 터지자, 북부 연방과 남부 연합 모두 소득세법을 제정했다. 1900년 이전에는 전쟁이라는 자극이 없는 한 어디에서도 소득세법이 새로 제정된 일은 거의 없었다. 국가 차원의 소득세는 전쟁과 방어를 위한 조처였고, 비교적 최근까지도 그랬다. 1862년 6월, 매일 200만 달러씩 증가하던 공공 부채에 대한 일반 대중의 우려가 커지자 의회는 마지못해 최대 10%에 이르는 누진 세율을 적용하는 소득세법을 통과시켰고, 7월 1일에 링컨 대통령이 일부다처제를 처벌하는 법안과 함께 그 법안에 서명함으로써 이 소득세법은 공식적으로 발효되었다. (다음 날, 뉴욕증권거래소의 주가가 폭락한 이유가 일부다처제 법안 때문은 아닐 것이다.)

"내 소득에 세금을 매기다니! 이건 정말 굉장한 일이다! 내 평생 이토록 내가 중요한 사람이 된 듯한 느낌이 든 적은 없었다." 마크 트웨인은 1864년도 소득세(체납 가산금 3.12달러를 포함해 36.82달러)를 처음 낸 뒤에 네바다 주 버지니아시티에서 《테리토리얼 엔터프라이즈》에 이렇게 썼다. 다른 납세자 중 마크 트웨인만큼 열광적인 반응을 보인 사람은 거의 없었지만, 이 법은 1872년까지 시행되었다. 하지만 이 법은 일련의 세율 하향 조정과 개정 과정을 겪었다. 1865년에는 고소득자에게 10%의 세금을 부과하고 저소득자에게 낮은 세율을 적용하는 것이 부에 대한 부당한 차별이라는 이유를 들어 누진 세율이 폐지되는 일도 있었다. 연간 세입은 1863년에 200만 달러였던 것이 1866년에 7300만 달러로 늘어난 뒤에 크게 감소했다. 1870년대 초부터 20년 동안은 이따금씩 포퓰리스트나 사회주의자 운동가가 특별히 도시의 부자들에게서 돈을 빨아들이도록 설계한 세금을 만들어야 한다고 제안한 경우를 빼고는 미국인들의 마음속에 소득세라는 개념은 전혀 없었다. 그러다가 기업가와 전문직 종사자의 부담이 너무 적은 낡은 조세제도에 의존하고 있다는 사실이 명백해지자, 1893년에 클리블랜드 대통령이 소득세를 제안했다. 그에 대한 반응으로 터져나온 항의는 아주 격렬했다. 오하이오 주 상원의원으로 셔먼법[4]의 아버지인 존 셔먼은 이 제안을 "사회주의, 공산주의, 악마주의"라고 불렀고, 또 다른 상원의원은 "교수들은 책으로, 사회주의자들은 책략으로, … [그리고] 무정부주의자들은 폭탄으로"라고 협박조로 말했으며, 하원에서는 펜실베이니아 주 의원이 다음과 같은 발언으로 자신의 속내를 드러냈다.

소득세라뇨! 너무나도 혐오스러운 세금이라서 어떤 행정부도 전시가 아닌 한 감히 도입할 생각조차 하지 않은 세금 …이 세금은 도덕적 측면으로나 물질적 측면으로나 말할 수 없이 불쾌하기 짝이 없습니다. 소득세는 자유 국가에 어울리지 않습니다. 그것은 계급 법안입니다. …여러분은 정직하지 않은 것에 보상을 제공하고 위증을 조장하길 원하십니까? 소득세 도입은 사람들을 타락시킬 것입니다. 그것은 결국 첩자와 밀고자를 양산하는 결과를 초래할 것입니다. 그 결과로 심문 권한을 가진 공무원 무리가 필요하게 될 것입니다. …의장님, 이 법안을 통과시키면 민주당은 스스로 자신의 무덤을 파고 말 것입니다.

---

4) 미국의 반트러스트법 중 하나로 1890년에 제정되었다. 주 사이나 외국과의 거래에서 독점이나 거래 제한을 위한 기업의 결합 및 공모를 금지하고, 이에 대한 제재를 규정했다.

　이러한 분노의 외침을 초래한 제안은 4000달러를 상회하는 소득에 대해 균일하게 2%의 세금을 부과하는 법안이었다. 이 법안은 1894년에 법으로 제정되었다. 민주당은 살아남았지만, 새로운 법은 살아남지 못했다. 이 법이 시행되기 전에 대법원이 이 법은 인구 비례에 따라 주들 사이에 적절히 배분하지 않은 '직접'세를 금지하는 헌법 조항에 위배된다는 이유로 위헌 결정을 내렸기 때문이다. (흥미롭게도 남북 전쟁 당시의 소득세에 대해서는 이 문제가 제기되지 않았다.) 그래서 소득세법은 또다시 죽고 말았는데, 이번 사망은 15년 동안 이어졌다. 1909년에는 제롬 헬러스타인이라는 세무 분야의 권위자가 "미국 역사에서 가장 아이러니한 정치적 반전 사건 중 하나"라고 부른 일이 일어났다. 여태까지 소득세를 완강하게 반대해온 공화당이 주들 사이에 적절한 배분 없이도 세금을 부과할 권한을 의회에 위임하는 수정 헌법 조항(제16조)을 제출한 것이다. 주들이 이 수정 헌법 조항을 절대로 비준할 리가 없다고 확신하고서 정치적 제스처로 취한 행동이었다. 그런데 당황스럽게도 이 수정 헌법 조항은 1913년에 비준되었으며, 같은 해에 의회는 개인 납세자에게 1%에서 7%에 이르는 누진 세율로 소득세를 징수하고, 기업의 순이익에 대해서는 단일 세율로 1%를 징수하는 법을 제정했다. 그 후로 소득세는 늘 우리를 따라다니게 되었다.

　대체로 1913년 이후에 전개된 소득세의 역사는 세율이 꾸준히 오르는 가운데 상위 구간에 속한 사람들을 높은 세율에서 구제해주는 특별 조항이 때맞춰 등장하는 이야기라고 할 수 있다. 세율이 최초로 급상승한 시기는 제1차 세계 대전 때였는데, 1918년 당시 최저 세율은 6%였

고, 과세 소득이 100만 달러를 넘는 사람에게 적용되는 최고 세율은
77%였다. 최고 세율 77%는 그전까지 어떤 정부가 부과한 것보다 훨
씬 높은 세율이었다. 하지만 전쟁이 끝나고 '정상 상태로의 복귀'가 일
어나자, 이러한 추세가 역전되어 부자와 가난한 사람 모두에게 낮은
세율이 적용되는 시대가 왔다. 1925년까지는 세율이 점차 낮아졌고,
그해의 표준 세율은 최저 1.5%, 최고 25%였다. 게다가 단독 납세 보
고자는 1500달러, 결혼한 부부는 3500달러, 그리고 부양가족 1명당
추가로 400달러를 기초 공제해주었기 때문에 임금 노동자들 중 대다수
는 소득세를 한 푼도 내지 않았다. 그런데 소득세 이야기는 이게 다가
아니다. 1920년대에 정치 세력 집단들의 압력으로 특별 이익 조항들이
나타나기 시작했기 때문이다. 1922년에 채택된 최초의 중요한 특별 이
익 조항은 자본 이득을 특별 대우하는 원칙을 확립했다. 이것은 투자 가
치 상승으로 번 돈에는 임금이나 서비스를 통해 번 돈보다 낮은 세율을
적용한다는 뜻인데, 이 원칙은 지금도 계속 유지되고 있다. 1926년에
는 석유에 비율감모상각比率減耗償却5) 공제를 인정했는데, 이 방법으로 이
익을 볼 수 없는 사람들의 분노를 자아낸 세금 구멍이었다. 이는 석유
갱(유정) 소유주에게 과세 소득에서 연간 총소득의 최대 27.5%를 공제
해주고, 이미 그 석유갱에서 여러 차례 비용을 공제한 뒤에도 매년 같
은 금액만큼 공제해주는 제도였다. 1920년대가 모든 미국인에게 황금
기는 아니었을지 몰라도 납세자들에게는 분명히 황금기였다.

5) percentage depletion allowance. 광산, 유전, 삼림 따위와 같이 물리적으로 소
비되고 고갈되어가는 자산에 대하여 원가 또는 가치가 낮아진 분량을 생각하는 것.

대공황과 뉴딜의 영향으로 세율은 증가하는 반면 공제 혜택은 축소되는 경향이 나타났고, 이러한 경향은 연방 소득세 제도의 진정한 혁명기인 제2차 세계 대전 당시의 소득세법까지 이어졌다. 1936년 무렵에는 공공 지출 대폭 확대가 주요 원인이 되어 상위 구간의 세율은 1920년대 후반에 비해 대략 2배로 증가하고 최상위 구간의 세율은 79%에 이른 반면, 최하위 구간에서는 개인 공제가 크게 축소되어 단독 납세 보고자의 경우 소득이 1200달러에 불과하더라도 세금을 조금 내야 했다. (사실, 그 당시 대부분의 산업 근로자는 소득이 1200달러를 넘지 않았다.) 1944년과 1945년 개인 납세자의 세율은 역사상 최고 수준(최하위 구간에서는 23%, 최상위 구간에서는 94%)에 이르렀고, 기업의 법인세 세율은 1913년의 1%에서 그동안 꾸준히 상승해왔는데, 일부 회사의 경우 80%까지 부과되었다. 하지만 전시의 과세 제도에 일어난 혁명적인 사건은 고소득에 부과되는 높은 세율이 아니었다. 사실, 세율 증가 추세가 맹렬한 기세를 떨치던 1942년에는 상위 구간 납세자들을 위해 새로운 세금 회피 수단도 생겼다. 혹은 기존의 세금 회피 수단이 확대되었다고 말할 수도 있는데, 자본 이득 조항[6]의 혜택을 보기 위해 주식이나 그 밖의 자산을 보유해야 하는 규정 기간이 18개월에서 6개월로 줄어들었기 때문이다. 혁명적인 사건은 산업 부문의 임금이 큰 폭으로 상승한 것과 임금 노동자에게 부과되는 실질적 세율이 확대된 것인데, 이로

---

6) 자본 이득세. 1년 이상 보유하는 자본 자산(주식과 채권, 부동산, 기업의 매각, 파트너 지분, 특허권 등)을 거래할 때 발생하는 이득과 손실에 대해 과세하는 것. 우리나라에는 토지나 건물의 양도로 인한 소득과 부동산에 대한 권리, 기타 자산의 양도에 의해 발생한 소득에 대해 과세하는 양도 소득세가 있다.

써 처음으로 정부 세입에서 임금 노동자들이 중요한 몫을 차지하게 되었다. 그와 함께 소득세가 갑자기 대중세 mass tax 로 변했다.

소득세는 계속 그 상태로 유지되었다. 대기업과 중소기업에 대한 법인세율은 52%라는 단일 세율로 자리를 잡아간 반면, 개인 소득세율은 1945년부터 1964년까지 큰 변화가 없었다. (즉, 기본 세율에는 큰 변화가 없었다는 말이다. 1946년부터 1950년 사이에는 기본 세율에 따라 내야 하는 액수의 5~17%에 해당하는 세금을 일시적으로 감면해주는 조처가 있었다.) 1950년까지는 기본 세율이 20~91%였다. 한국 전쟁 때 세율이 소폭 상승했지만, 1954년에 원래대로 돌아갔다. 1950년에는 또 하나의 중요한 세금 회피 수단인 '제한부 스톡옵션 restricted stock option'이 생겨났는데, 이로써 일부 기업 경영진은 보상으로 받은 스톡옵션에 대해 세율이 낮은 자본 이득 세율을 적용받을 수 있게 되었다. 세율 규정만 살펴봐서는 알 수 없는 중요한 변화가 하나 있는데, 바로 중하위 소득 구간의 비례세 부담이 커진 것으로, 사실 이것은 전시에 생겨난 변화가 계속 이어진 것이었다. 역설적으로 보일지 모르지만, 미국의 소득세가 진화해온 역사를 살펴보면, 고소득 집단에 의존해 낮은 세율의 세금을 징수하던 것에서 중간 및 중하위 소득 집단에 의존해 높은 세율의 세금을 징수하는 양상으로 변해왔음을 알 수 있다. 남북 전쟁 당시에 시행됐던 특별세는 전체 인구 중 겨우 1%에만 그 부담이 돌아갔기 때문에 이론의 여지 없이 부자의 세금이었으며, 1913년의 특별세 역시 마찬가지였다. 제1차 세계 대전 때문에 예산 부족이 절정에 이르렀던 1918년에도 소득세 신고 대상은 1억 명이 넘는 전체 미국 인구 중 450만 명 미만이었다. 대공황의 늪에 깊이 빠져든 1933년에는 소득세 신고 대상이 375만 명에 불과했고, 1939년에는 1억 3000만 명의 인구 중 70만 명의 엘리트 납세자에게서 거둬들인 세금이 징수된 전체 소득세 중 90%를 차지했다. 반면에 1960년에는 전체 인구의 6분의 1을 조금 넘는 약 3200만 명의 납세자가 징수된 전체 소득세 중 90%를 냈으며, 그 액수도 1939년에는 10억 달러 미만이었던 것이 355억 달러로 엄청나게 늘어났다.

셀리그먼은 1911년에 전 세계 각지에서 소득세의 역사는 본질적으로 "납부 능력에 기초한 방향으로 진화해온 것"이라고 썼다. 만약 그가 아직도 살아 있다면, 그 후에 미국에 일어난 일을 감안해 어떤 단서를 덧붙였을지 궁금하다. 물론 중간 소득 계층이 이전보다 훨씬 많은 세금을 내는 한 가지 이유는 그 수가 아주 많이 늘어났기 때문이다. 미국의 사회적, 경제적 구조에 일어난 변화는 소득세 구조에 일어난 변화만큼이나 중요한 요인이었다. 그렇다 하더라도 1913년의 소득세가 현재의 소득세보다 시민의 납부 능력을 더욱 엄밀하게 평가하여 세금을 거둬들였다는 것은 사실로 보인다.

심문 권한을 가진 공무원

미국 소득세법은 그 결함이 무엇이건, 세상에서 가장 잘 지켜지는 소득세법이라는 사실은 의심의 여지가 없으며, 오늘날 소득세는 동양에서 서양까지, 북극에서 남극까지 도처에서 시행되고 있다. (지난 몇 년

사이에 새로 탄생한 수십 개 신생국도 모두 다 소득세 제도를 채택했다.《외국
납세와 무역 개요》란 간행물의 편집자 월터 다이아몬드는 1955년까지만 해도
개인에게 세금을 부과하지 않는 나라 이름을 20여 개나 줄줄 읊을 수 있었다.
하지만 1965년에는 읊을 수 있는 나라가 영국 식민지인 두 나라 버뮤다 제도와
바하마, 두 작은 공화국 산마리노와 안도라, 중동의 세 부자 산유국인 무스카트
오만[7]과 쿠웨이트와 카타르, 내국인에게는 과세를 하지 않지만 국내 거주 외국
인의 소득에는 과세를 해 외국인이 살기에는 좀 불편한 모나코와 사우디아라비
아 정도뿐이라고 말했다. 심지어 공산주의 나라들도 소득세가 있는데, 다만 소
득세가 전체 국가 수입에서 차지하는 비율은 아주 낮다. 러시아는 직업에 따라
적용하는 세율이 다른데, 가게 주인과 성직자는 최상위 구간에 속하고, 작가와
예술가는 중간 구간에 속하며, 노동자와 장인은 하위 구간에 속한다.) 미국의
세금 징수 효율이 아주 높다는 사실을 보여주는 증거는 많다. 예를 들
면, 관리와 집행에 드는 비용은 징수한 세금 100달러당 44센트에 불과
한 데 비해 캐나다는 그 비용이 미국의 2배 이상, 영국과 프랑스와 벨
기에는 3배 이상이다. 다른 나라들은 그보다 더 높다. 이러한 미국의
효율성에 대해 다른 나라 세무 담당자들은 좌절을 느낀다. 1961년 1월
부터 1964년 7월까지 국세청장을 지낸 모티머 캐플린은 서유럽 6개국
의 주요 조세 행정가들과 협의하는 자리를 마련했는데, 여기서 그는
"당신은 어떻게 그 일을 해냈습니까? 사람들이 세금을 내는 걸 **좋아하**
나요?"라는 질문을 반복해서 들었다. 그때 캐플린은 미국인도 물론 세

---

7) Muscat and Oman. 현재 오만의 구칭.

금 내는 걸 좋아하진 않지만, "우리는 유럽보다 유리한 점이 많이 있습니다."라고 대답했다. 한 가지 유리한 점은 전통이다. 미국의 소득세는 군주가 백성의 희생으로 자신의 금고를 채우기 위해서 탄생하거나 발전한 것이 아니라, 선출된 정부가 공공의 이익에 봉사하기 위한 노력의 결과로 탄생하고 발전했다. 많은 곳을 여행한 한 세법 전문 변호사는 "대부분의 나라에서는 소득세에 대해 진지한 논의를 하기가 불가능한데, 왜냐하면 아무도 소득세를 진지하게 받아들이지 않기 때문이다."라고 말했다. 하지만 미국에서는 소득세를 진지하게 여긴다. 한 가지 이유는 소득세 담당 경찰에 해당하는 국세청의 권한과 기술 때문이다.

1894년에 펜실베이니아 주 의원이 두려워했던 '공무원 무리'가 실제로 생겨났다는 사실은 의심의 여지가 없다. 게다가 그가 두려워한 '심문 권한'을 가진 공무원이 생겨났다고 덧붙이는 사람도 있다. 1965년 초 현재 국세청에서 근무하는 직원은 약 6만 명이나 되는데, 그중에는 세입 담당 공무원이 6000명 이상, 세입 징수 담당 공무원이 1만 2000명 이상 포함돼 있다. 그리고 이 1만 8000명은 모든 사람의 소득을 꼬치꼬치 조사하고, 접대비로 지출된 식사 장소에서 어떤 이야기가 오갔는지와 같은 문제도 조사할 권한을 갖고 있으며, 무거운 처벌로 위협할 수 있는 무기까지 갖고 있어 실제로 심문 권한을 가졌다고 말할 수 있다. 하지만 국세청은 세금 징수 외에도 많은 활동을 하는데, 그중 일부 활동은 자신의 독재적 권력을 설사 자비로운 방식은 아니더라도 공정한 방식으로 행사한다고 시사한다. 그런 활동 중에서 눈길을 끄는 것은 납세자 교육 프로그램이다. 이 교육 프로그램은 규모가 엄청난데, 이 때문에 한 세무 공무원은 미국 국세청이 세상에서 가장 큰 대학을 운영한다고 자부한다. 이 프로그램의 일환으로 국세청은 소득세법의 다양한 측면을 설명하는 수십 가지 간행물을 발행했다. 그중에서 가장 일반적인 간행물이 아주 큰 인기를 끌었는데, 매년 한 번씩 발행하는《당신의 연방 소득세》라는 파란색 표지의 소책자로, 1965년에는 모든 지역 세무서에서 40센트에 살 수 있었다. 이 책자를 복제 인쇄해 잘 모르는 사람들에게 의기양양하게 정식 정부 간행물이라고 내세우면서 1달러 혹은 그 이상의 돈을 받고 파는 민간 출판사까지 생겼는데(정부 간행물은 저작권이 없기 때문에 이런 행위는 불법이 아니다.), 이런 사실을 국세청은 오히려 자랑스럽게 여긴다. 국세청은 또한 얼마 후 개인과 법인의 소득세 신고를 도와주는 다양한 '세무 종사자'(회계사와 변호사) 집단의 교육을 위해 매년 12월에 전문적인 질문에 관한 '세미나'를 연다. 그리고 기초적인 세금 설명서를 발행해 원하는 고등학교에 무료로 배포한다. 한 국세청 직원의 말에 따르면, 최근 한 해 동안 미국의 전체 고등학교 중 약 85%가 세금 설명서를 요청했다고 한다. (국세청은 어린 학생들이 세법을 공부하느라 시간을 쏟아부어야 하는가라는 질문은 자신의 소관이 아니라고 여긴다.) 게다가 매년 세금 신고 기간이 마감되기 직전에 국세청은 관례적으로 텔레비전에 토막 광고를 내보낸다. 광고는 주로 세금에 관한 조언과 소득세 신고를 상기시키는 내용을 담고 있다. 국세청은 이들 광고 중 절대 다수는 세금을 과다 납부하지 않도록 납세자의 이익을 보호하는 데 중점을 두고 있다고 자부한다.

1963년 가을, 국세청은 징세 효율성을 더 높이기 위해 중요한 조처를 단행했는데, 일반 대중에게는 이 조처가 자애로운 할머니처럼 모든 사람을 돕기 위한 것이라고 주장함으로써 '빨간 두건'에 나오는 늑대에 뒤지지 않는 재주를 보여주었다. 그것은 바로 소위 국민 식별 번호 파일national-identity file을 만드는 것이었는데, 그러려면 모든 납세자에게 계정 번호(대개 사회보장번호)를 부여해야 했다. 그 의도는 회사 배당금이나 은행 이자 또는 증권으로 번 소득을 제대로 신고하지 않는(재무부에 연간 수억 달러의 비용을 발생시키는 일종의 세금 회피) 사람들 때문에 생기는 문제를 사실상 해결하려는 것이었다. 하지만 그게 다가 아니었다. 1964년 세금 보고서 양식 표지에서 국세청장 캐플린은 소득 신고서의 적절한 위치에 그 번호를 기입하기만 하면, "이것은 여러분이 보고하고 납부한 세금이 즉각 신뢰를 받는 동시에 환급금이 있으면 즉각 여러분에게 유리하게 보고되도록 보장합니다."라고 밝혔다. 그러고 나서 국세청은 또 하나의 큰 발걸음을 내디뎠는데, 그것은 바로 세금 확인 과정 중 상당 부분을 자동화하는 시스템을 채택한 것이었다. 지역 세무서 컴퓨터 7대가 데이터를 수집하고 분석한 뒤에 그 결과를 웨스트버지니아 주 마틴즈버그에 있는 마스터 데이터 처리 센터로 보냈다. 초당 25만 개의 수를 비교할 수 있는 이 시설은 완전 가동에 들어가기 전부터 마틴즈버그 몬스터라고 불리기 시작했다. 1965년에는 400만~500만 건의 소득 신고를 철저히 회계 감사했고, 수학적 오류 여부까지 확인했다. 수학적 작업 중 일부는 컴퓨터로, 일부는 사람 손으로 처리했지만, 1967년에는 컴퓨터 시스템이 폭발적으로 확대되어 이제 **모든** 수학적 작업은 기계로 처리되었다. 그 덕분에 많은 국세청 직원은 더 많은 소득 신고를 더 자세히 감사할 수 있게 되었다. 하지만 1963년에 국세청이 발행한 한 간행물에서는 "[컴퓨터] 시스템의 용량과 메모리는 전해의 공제액을 잊어버리거나 법이 보장하는 자신의 권리를 제대로 찾아먹지 못하는 납세자들에게 도움을 줄 것이다."라고 설명했다. 요컨대, **친절한** 몬스터가 되려고 한 것이다.

—

국세청장의 막강한 권한

최근에 국세청이 국민 앞에 쓰고 나타난 가면이 다소 섬뜩한 자비의 표정을 지었다면, 그동안 국세청을 지배했던 캐플린이 쾌활한 외향적 사람이자 타고난 정치인이었고, 1964년 12월에 그의 뒤를 이어 국세청장으로 임명된 후임(워싱턴의 젊은 변호사 셸던 코엔. 국세청의 고위 공무원인 버트런드 하딩이 6개월 동안 국세청장 대행으로 일한 뒤에 국세청장에 취임했다.)을 통해서도 그의 영향력이 계속 이어졌다는 사실에서 그 일부 설명을 찾을 수 있다. (캐플린은 국세청장을 그만두고 나서 적어도 일시적으로는 정치에서 물러나 워싱턴의 변호사 사무소로 돌아가 여러 가지 일을 했지만 특히 기업인의 세금 문제를 전문적으로 담당했다.) 캐플린은 역사상 최고의 국세청장 중 한 명으로 널리 인정받는데, 적어도 비교적 최근에 그 자리에 앉았던 두 사람에 비하면 확실히 나았다. 두 사람 중 한 사람은 국세청장 자리에서 물러나고 나서 얼마 후 소득세를 탈루한 혐의로 기소되어 2년 징역형을 받았고, 다른 한 사람은 물러난 직후에 어떤 종류의 연방 소득세에도 반대한다는 공약을 내걸고 공직에 출마했다. 그것은 마치 야구 심판을 지낸 사람이 야구에 반대하는 공약을 내걸고 온 나라를 돌아다니며 유세를 하는 것과 같았다. 뉴욕 시에서 태어나 버지니아 대학교에서 법학 교수를 지낸 캐플린은 몸집이 작고 말이 빠르고 에너지가 넘쳤는데, 국세청장으로서 남긴 업적 중에는 국세청의 징세 담당 직원들에게 징수 목표액을 할당하던 관행을 폐지한 것도 있다. 그는 국세청 고위 간부들에게 의심의 여지가 없는 정직성의 분위기를 풍기게 했으며, 무엇보다도 놀라운 것은 나라 전체에 세금에 대한 열정을 투영하는 재주를 펼쳐보였다는 점이다. 그래서 그는 특정 방식으로 세금을 거두었는데, 그 방식은 뉴 프런티어[8]와 비슷한 점이 많아, 그는 그것을 뉴 디렉션 New Direction (새로운 방향)이라 불렀다. 뉴 디렉션은 고의적인 탈세자를 찾아내고 기소하는 데 중점을 두는 대신 세법의 자발적 준수 비율을 높이도록 교육을 강조하는 데 중점을 두었다. 1961년 봄에 자신의 공무원 무리에게 전달한 선언문에서 캐플린은 다음과 같이 썼다.

"우리는 모두 이해해야 합니다. 국세청은 단순히 추가 평가를 통해 20억 달러를 더 거둬들이고, 체납 계좌에서 10억 달러를 더 거둬들이

---

8) New Frontier. 1960년에 케네디 대통령이 내세운 새로운 개혁 정책. 개척자 정신의 상징인 프런티어에 새로운 의미를 부여하자는 것으로, 사회 복지 충실, 인종 차별 폐지, 고도 경제 성장 실현을 목표로 삼았다.

고, 탈세자 수백 명을 기소하는 것을 목표로 하는 직접적 법 집행 사업을 운영하는 게 아닙니다. 그보다는 사람들이 직접 소득세 신고서를 작성하여 자발적으로 납부하는 900억 달러 이상의 돈을 거둬들이는 방대한 자진 신고 납세제를 관리하는 임무를 담당하고 있고, 법 집행 활동을 통해 20억~30억 달러를 더 거둬들입니다. 요컨대, 우리는 전체 조세 수입 중 97%가 자진 신고나 자발적 준수에서 나오고, 오직 3%만이 직접적인 법 집행에서 나온다는 사실을 잊지 말아야 합니다. **우리의 주요 임무는 더 효율적인 자발적 세법 준수를 장려하고 달성하는 것입니다**…; 뉴 디렉션은 사실 주안점의 변화를 의미합니다. **하지만 그것은 아주 중요한 변화입니다.**" 뉴 디렉션의 진정한 정신은 캐플린이 서문을 쓰고 릴리언 도리스가 편집해 1963년에 출판된 《미국식 과세 제도》라는 책의 재킷이 더 잘 보여준다. 이 책의 재킷에 쓰인 문구 중 일부는 "세상에서 가장 거대하고 효율적인 징세 조직, 미국 국세청의 흥미진진한 이야기가 펼쳐진다."라고 선언했다. "이 책에는 피를 끓게 하는 사건들, 치열하게 벌어진 입법 전투, 지난 세기 동안 끊임없이 진군하여 우리 나라에 지울 수 없는 발자취를 남긴 헌신적인 공무원들이 등장한다. 여러분은 소득세를 죽이기 위해 벌인 서사시적인 합법적 전투에 전율할 것이다. … 그리고 국세청의 미래 계획에 깜짝 놀랄 것이다. 현재 설계 중인 거대한 컴퓨터가 새롭고도 기묘한 방식으로 징세 제도에 어떤 영향을 미치고, 수많은 남녀 미국인의 삶에 어떤 영향을 미칠지 보게 될 것이다!" 이것은 공개 처형 장면을 구경하러 오라고 고래고래 소리를 지르며 손님을 끄는 서커스단 홍보원이 하는 말과 비슷하게 들렸다.

개인에게서 거둬들이는 모든 징세액의 약 4분의 3이 원천 징수에서
나오고, 국세청과 마틴즈버그 몬스터가 조심성 없는 탈세자를 붙잡기
위해 도사리고 있으며, 탈세에 대한 처벌이 최고 징역 5년에다가 무거
운 벌금까지 추가되는 징세 제도를 묘사하는 데 뉴 디렉션이 내건 '자
발적 준수'라는 표어가 적절한 표현인지는 논란의 여지가 있다. 하지
만 캐플린은 이 점에 대해서는 별로 우려하지 않는 것 같다. 지칠 줄
모르고 재미있는 유머를 구사하는 그는 국내의 기업가, 회계사, 변호
사 단체들을 순회하면서 점심 식사를 겸한 대화를 나누었는데, 여기서
그는 그들에게 과거의 자발적 준수를 칭찬하고 앞으로도 더 많은 노력
을 기울여달라고 권고하면서 이 모든 것은 대의를 위한 것이라고 말했
다. 1964년 세금 신고서 서식 겉장에는 캐플린의 서명과 함께 자신의
아내와 함께 작성했다는 글이 있는데, 여기서 그는 "우리는 조세 행정
에 인간미를 불어넣기 위해 계속 노력하고 있습니다."라고 선언했다.
캐플린은 메이플라워 호텔에서 워싱턴 키와니스 클럽[9]과 점심 식사를
겸한 회의에 대해 언급하고 나서 몇 시간 뒤에 한 방문객에게 "나는 이
일에서 유머를 많이 발견합니다. 작년은 헌법에서 소득세 관련 조항이
수정된 지 50주년 되는 해였지만, 국세청은 어쩐 일인지 생일 케이크
를 전혀 받지 못한 것 같더군요."라고 말했다. 이것은 교수형 집행인이
농담을 하는 당사자가 되어서는 안 된다는 점만 빼고는, 일종의 교수
대 유머(심각한 상황에서 빈정거리는 유머)로 간주할 수 있다.

---

9) Kiwanis Club. 1915년에 설립된 실업가 및 지적 직업인 중심의 국제 민간 봉사 사
    교 단체.

캐플린의 뒤를 이어 국세청장이 된 1968년 중반까지도 그 자리를 지킨 코엔은 워싱턴 토박이로, 1952년에 조지워싱턴 대학교 법학대학원을 수석으로 졸업한 뒤, 국세청에서 4년 동안 낮은 직급에서 일했고, 그 후 7년 동안 워싱턴에서 변호사로 활동하다가 마침내 유명한 회사인 아널드 포타스 앤드 포터[10]의 파트너가 되었다. 그랬다가 1964년 초에 국세청으로 돌아와 수석 고문으로 일했고, 1년 뒤에 37세의 나이로 미국 역사상 가장 젊은 국세청장이 되었다. 짧게 자른 갈색 머리에 솔직해 보이는 눈을 가진 코엔은 악의 없는 매너 덕분에 실제 나이보다 더 젊어 보였는데, 수석 고문실을 떠날 때에는 그곳을 실제적으로나 철학적으로 한 단계 높여놓았다는 평가를 받았다. 코엔은 그곳에서 더 빠른 결정을 가능하게 했다고 칭송받은 행정적 재편 작업을 책임지고 진행했고, 국세청이 납세자를 대하는 사례들에서 법적 태도를 일관성 있게 유지할 것을(예컨대 세법 해석의 세밀한 부분에 대해 필라델피아에서는 이런 입장을 취했다가 오마하에서는 다른 입장을 취하는 것과 같은 행동을 삼가야 한다고) 요구했다. 이는 정부의 탐욕을 누르고 원칙이 승리를 거둔 것으로 간주된다. 코엔은 취임할 때 일반적으로 캐플린의 정책을 계속 유지하길 원한다고 말했다. 즉, '자발적 준수'를 강조하고, 납세자 대중과 좋은 관계 혹은 적어도 나쁘지 않은 관계를 유지하도록 노력하는 정책을 계속 이어가겠다고 한 것이다. 하지만 그는 캐플린보다 덜 사교적이고 더 사색적인 사람이었다. 이 차이가 국세청 전체에 영향을 미쳤다. 그

---

10) Arnold, Fortas & Porter. 워싱턴에 있는 로펌. 나중에 아널드 앤드 포터로 바뀌었다.

는 대체로 자기 책상 가까이에서 지냈고, 점심을 겸한 순회 격려 연설은 아랫사람들에게 맡겼다. 코엔은 1965년에 "캐플린은 그런 일에 아주 뛰어났습니다. 그가 그런 방향으로 강하게 밀고 나간 덕분에 지금은 국세청에 대한 여론이 좋아졌습니다. 우리는 내가 직접 그런 노력을 하지 않아도 여론을 계속 좋게 유지하길 원합니다. 어쨌든 나는 그 일을 잘할 수가 없습니다. 나는 그런 재주가 없으니까요."라고 말했다.

자주 제기돼왔고 지금도 제기되는 한 가지 비판은 국세청장에게 너무 많은 권한이 주어졌다는 것이다. 국세청장은 세율 조정을 제안하거나 새로운 세법을 발의할 권한이 없다. 세율 조정을 제안하는 권한은 재무부 장관에게 있고, 재무부 장관은 이 문제에 대해 국세청장의 조언을 구할 수 있지만 구하지 않아도 되며, 새로운 세법 제정은 의회와 대통령의 권한이다. 하지만 세법은 너무나도 다양한 상황을 다루기 때문에 다소 일반적인 용어로 표현할 수밖에 없는데, 각각의 법을 상세하게 설명하는 규정(물론 법정에서 뒤집힐 소지도 있다)을 만드는 것은 오로지 국세청장의 소관이다. 규정 자체가 모호할 경우에 그 규정을 만든 사람인 국세청장보다 **그것들을** 잘 설명할 수 있는 사람이 또 어디 있겠는가? 따라서 책상에서건 오찬 회의에서건 국세청장의 입에서 나오는 모든 단어는 즉각 세무 관련 간행물을 통해 전국의 세무 담당 회계사와 변호사에게 배포되며, 그들은 그것을 탐욕스럽게 집어삼켜 소화하는데, 임명직 공무원의 발언이 이런 대접을 받는 경우는 흔치 않다. 이런 이유 때문에 어떤 사람들은 국세청장을 사실상의 독재자로 간주한다. 하지만 이론을 연구하거나 실무에 종사하는 세금 전문가들을 포함해 다른 사람들은 생각이 다르다. 뉴욕 대학교 로스쿨의 법학 교수이자 세금 고문인 제롬 헬러스타인은 "국세청장에게 주어진 행동의 재량권은 아주 크며, 국세청장이 개인과 기업의 재산뿐만 아니라 국가 경제 발전에 영향을 미치는 일을 할 수 있다는 것도 사실이다. 하지만 만약 국세청장에게 주어진 행동의 재량권이 작다면 해석의 경직성과 확실성을 낳을 것이고, 나와 같은 세금 분야의 실무자가 고객에게 유리한 방향으로 법을 조작하기가 훨씬 쉬울 것이다. 국세청장은 그러한 행동 재량권 덕분에 건강한 예측 불가능성을 지닌다."라고 말한다.

복잡한 사회에는 복잡한 세법이 필요하다

캐플린이 고의로 자신의 권력을 남용하지 않았음은 분명하고, 그 점은 코엔 역시 마찬가지다. 국세청장실을 차례로 방문하여 두 사람을 다 만나본 나는 아서 슐레진저가 헨리 데이비드 소로의 삶에 대해 말한 것처럼, 상당히 높은 수준의 도덕적 긴장 상태에서 살아가는 아주 지적인 사람이라는 인상을 두 사람 모두에게서 받았다. 도덕적 긴장의 원인은 찾기 어렵지 않다. 그것은 사람들이 진심으로 승복하기 어려운 법을 가지고 자발적인 것이건 비자발적인 것이건 시민의 준수를 이끌어내는 일이 쉽지 않은 데에서 비롯된 게 거의 확실하다. 캐플린은 1958년 하원 세입위원회에 국세청장이라기보다는 세금 문제에 정통한 증인으로 출석했을 때, 전면적인 개혁 프로그램을 제안했다. 이 프로그램에는 무엇보다도 자본 이득에 대한 특혜의 전면 폐지나 과감한 삭감, 석유와 그 밖의 광물에 대한 비율감모상각 축소, 배당금과 이자에 대한 원천 과세, 그가 "어려움과 복잡성과 조세 회피 기회"를 낳았다고 선언한 1954년의 세법을 대체할 완전히 새로운 소득세법 제정 등이 포함돼 있었다. 국세청장에서 물러난 직후에 캐플린은 자신의 이상적인 세법이 어떤 것인지 자세히 설명했다. 현재의 세법과 비교하면 그것은 빠져나갈 구멍을 모두 없애고, 인적 공제와 면제도 대부분 삭제하고, 세율은 10~50% 사이로 정해 아주 단순하게 변할 것이다.

캐플린의 경우 도덕적 긴장 문제의 해결은 (적어도 그가 해결한 방식에서는) 전적으로 합리적 분석에 따른 결과만은 아니었다. "일부 비판자는 소득세에 대해 완전히 냉소적인 견해를 갖고 있어요." 국세청장으로 지내던 어느 날, 그는 생각에 잠겨 혼잣말처럼 말했다. "그들은 사실상 '소득세는 완전히 엉망이야. 백약이 무효일 정도로 어떻게 할 수가 없어.'라고 말하지요. 나는 거기에 동의하지 않아요. 많은 절충이 필요한 건 사실이고, 앞으로도 계속 더 필요하겠지요. 하지만 나는 패배주의자의 태도를 받아들이길 거부합니다. 우리의 조세 제도에는 신비적인 요소가 있어요. 기술적 관점에서 보면 아무리 나쁘다 할지라도, 아주 높은 수준의 준수율 때문에 활력이 있어요." 그러고 나서 그는 한참 동안 말을 멈추었다. 아마도 자신의 논리에 결함이 없나 살펴보기 위해서였을 것이다. 어쨌든 과거에는 사람들이 어떤 법을 보편적으로 준수한다고 해서 반드시 그 법이 훌륭하거나 정당하다는 증거가 되는 것은 아니었다. 그는 다시 말을 이었다. "긴 세월을 놓고 보면 나는 우리가 잘 해낼 것이라고 생각합니다. 어쩌면 어떤 종류의 위기가 닥쳐 우리에게 이기적인 이해관계를 넘어 더 큰 것을 보게 할지도 모릅니다. 앞으로 50년 뒤에는 우리가 상당히 훌륭한 조세 체계를 갖게 될 것이라고 나는 낙관합니다."

코엔은 현재의 세법이 만들어질 무렵에 국세청에서 법안을 기초하는 부서에서 일하면서 현재의 세법을 만드는 데 관여했다. 이 때문에 그가 현재의 세법을 자기 자식처럼 여기는 감정이 남아 있지 않을까 하고 생각하는 사람들이 있지만, 겉으로 보기에는 전혀 그렇지 않다. 1965년 어느 날, 코엔은 이렇게 말했다. "그 당시에는 공화당이 집권하고 있었고, 나는 민주당 지지자라는 사실을 기억해야 합니다. 어떤 법안을 기초할 때에는 어디까지나 해당 분야의 전문가로서 참여하는 겁니다. 나중에 그 일에 대해 자부심을 느낀다면, 그것은 바로 자신의 훌륭한 전문 지식에 대한 자부심이죠." 그래서 코엔은 자신이 옛날에 기초해 지금의 법안으로 소중하게 남아 있는 문안을 다시 읽으면서도 희열이나 회한을 느끼지 않는다. 그리고 현재의 세법이 "어려움과 복잡성과 조세 회피 기회"를 낳는다고 한 캐플린의 견해를 조금도 주저하지 않고 지지한다. 하지만 단순화에서 그 답을 찾으려고 하는 것에 대해서는 캐플린보다 좀 더 비관적이다. "어쩌면 우리는 세율을 더 낮추고, 일부 공제 조항을 없앨 수 있겠지만, 그러면 공정성을 위해 새로운 공제 조항이 필요하게 될 것입니다. 나는 복잡한 사회에는 복잡한 세법이 필요하지 않나 생각해요. 만약 세법을 더 단순하게 만든다면, 필시 몇 년 지나지 않아 그것은 다시 복잡해질 겁니다."

‖

소득세법 — 그 나라를 비추는 거울

프랑스의 작가이자 외교관이었던 조제프 드 메스트르는 1811년에 "모든 나라는 그 수준에 맞는 정부를 가진다."라고 말했다. 정부의 일차적 기능은 법을 만드는 것이기 때문에, 이 발언은 모든 나라가 그 수준에 맞는 법을 가진다는 뜻이다. 힘으로 존재하는 정부의 경우에는 이 원칙이 기껏해야 절반의 진실에 불과하다 할지라도, 대중의 동의를 바탕으로 존재하는 정부의 경우에는 상당히 그럴듯해 보인다. 만약 현재 미국의 법전에서 단일법으로 가장 중요한 법이 소득세법이라면, 그것은 우리 수준에 딱 맞는 법이라는 이야기가 된다. 최근 소득세법을 둘러싸고 벌어진 논쟁 중 많은 것은 소득세법을 명백히 어기는 사례에 초점을 맞추고 있는데, 여기에는 공제가 가능한 기업 경비 지출을 고의로 부풀리는 문제, 부정하게 혹은 다른 방법으로 소득 신고에서 누락시킨 과세 소득 문제(이렇게 탈루되는 세금은 연간 250억 달러에 이르는 것으로 추정된다.), 국세청 내부 직원들의 부패 문제(일부 당국자는 적어도 대도시에서는 상당히 보편적으로 일어난다고 믿고 있다.) 등이 포함된다. 물론 이런 형태의 불법 행위에는 시간과 공간을 초월한 인간의 약점이 반영돼 있다. 하지만 소득세법 자체는 특정 시간과 장소와 밀접한 관련이 있다는 특징이 있는데, 드 메스트르의 말이 옳다면, 여기에는 그 나라의 특성이 반영돼 있을 것이다. 다시 말해서, 소득세법은 어느 정도 그 나라를 비추는 거울이라고 할 수 있다. 그렇다면 거울에 비친 그 모습은 어떤 것일까?

소득세법의 예외 조항

다시 반복하면, 현재 소득세법의 토대가 되는 기본법은 1954년의 내국세법으로, 거기에 국세청이 내놓은 수많은 규정이 덧붙여져 확대되고, 수많은 법원 판결로 해석되고, 미국 역사상 최대 폭의 감세를 단행한 1964년의 세입법을 포함해 의회가 제정한 여러 가지 법안으로 수정되었다. 《전쟁과 평화》보다 더 긴 문서인 내국세법은 일반 사람들의 마음을 망연자실하게 만들고 정신을 아득하게 만드는 종류의 전문 용어들로 가득 차 있는데, 어쩌면 그럴 수밖에 없을 것이다. 전형적인 한 문장만 살펴봐도, '고용'이라는 단어의 정의를 다루는 이 문장은 564쪽 하단에서 시작해 1000개가 넘는 단어와 세미콜론 19개, 괄호 42개, 괄호 속의 괄호 3개, 심지어 이해할 수 없는 마침표 하나까지 포함하고 있으며, 567쪽 상단에 가서야 최종 마침표와 함께 간신히 끝난다. 수출입 관세를 다루는 부분(유산 상속세, 다양한 연방 세금과 함께 포함돼 있는)에 이르기 전까지는 "동물성 마가린을 수출하는 사람은 누구나 해당 품목이 담긴 통이나 퍼킨[11], 그 밖의 포장 용기에 '동물성 마가린'이란 단어를 분명한 로마자로 크기가 0.5제곱인치 이상인 글자로 표시해야 한다."처럼 충분히 이해할 수 있고 기분을 전환시키는 문장을 전혀 만날 수 없다. 하지만 내국세법 2쪽에 있는 한 조항은 비록 한 문장은 아니지만, 아주 분명하고 단도직입적으로 표현돼 있다. 이 조항은 단독 납세 보고자의 소득에 매기는 세율을 간단명료하게 명시하고 있다. 과세 소득이 2000달러 미만인 경우에는 20%, 2000달러 이상 4000달러 미만인 경우에는 22%, 그런 식으로 계속 이어져 과세 소득이 20만 달러가 넘는 경우에는 최고 세율인 91%를 적용하도록 돼 있다. (앞에서 보았듯이, 1964년에 최고 세율은 70%로 조정되었다.) 처음부터 내국세법은 원칙을 선언하는데, 세율 표만 본다면 가난한 사람에게는 세금을 조금 매기고, 잘사는 사람에게는 조금 많이, 큰 부자에게는 몰수에 가까울 정도로 아주 많이 매겨 평등주의에 대한 신념이 아주 강하다는 걸 알 수 있다.

하지만 지금까지 너무나도 잘 알려져 굳이 반복할 필요가 없는 사실을 반복하자면, 내국세법은 자신의 원칙을 그다지 충실하게 잘 지키지 않는다. 그 증거는 멀리 갈 것도 없이 최근의 소득세 점수 기록표(국세청이 매년 발간하는《소득 통계》란 제목의 여러 권짜리 책자)를 보기만 하면 된다. 1960년에 총소득이 4000~5000달러인 개인의 경우, 모든 공제와 기초 공제 혜택, 그리고 독신 납세자보다 일반적으로 낮은 세율을 적용받는 부부와 세대주 관련 혜택까지 다 받은 뒤에 낸 평균 세금은 신고 소득의 약 10분의 1이었다. 반면에 소득이 1만~1만 5000달러인

---

11) 원통형의 작은 나무통.

사람은 약 7분의 1, 2만 5000~5만 달러인 사람은 약 4분의 1, 5만 ~10만 달러인 사람은 약 3분의 1이었다. 여기까지는 분명히 세율 표에 적힌 대로 납부 능력에 따라 세율이 높아지는 것을 볼 수 있다. 하지만 최고 소득 구간에 이르면 이러한 세율 상승이 돌연 멈춘다. 즉, 세율 상승이 가장 두드러지게 나타나야 할 바로 그 지점에서 멈추는 것이다. 1960년에 소득이 15만~20만 달러, 20만~50만 달러, 50만 ~100만 달러, 그리고 100만 달러 이상인 사람들은 각각 평균적으로 신고 소득의 50% 미만에 해당하는 세금을 냈는데, 부자일수록 재산 중 상당 비율을 과세 소득으로 신고할 필요가 없다는 사실(예컨대 특정 증권에서 나오는 전체 소득과 장기 자본 이득에서 나오는 전체 소득의 절반이 이에 해당한다.)을 감안한다면, 최상위 소득 구간에서는 실제 세율이 내려가는 게 분명하다. 이 증거는 각 소득 구간에 따른 세금 납부액을 밝힌 1961년의 《소득 통계》가 확인해준다. 총소득이 20만 달러 이상이라고 신고한 납세자는 모두 7487명이었는데, 그중 91%의 세율을 적용받을 만큼 순소득이 높은 사람은 500명 미만이었다. 91% 세율은 존속되는 동안 하위 구간에 있는 사람들에게는 부자가 아니어서 다행이라는 생각이 들게 하는 동시에 부자들을 크게 다치게 하지 않으면서 대중을 진정시키는 역할을 했다. 그런데 어느 누구보다 소득이 많으면서도 어느 누구보다 세금을 적게 내는 사람들이 있다. 즉, 연간 소득이 100만 달러를 넘으면서도 완전히 합법적인 방법으로 소득세를 전혀 내지 않는 사람들이 있다. 《소득 통계》에 따르면, 1960년에는 연소득이 100만 달러를 넘는 사람 306명 가운데 그런 사람이 11명 있었고,

1961년에는 398명 가운데 17명이 있었다. 이것을 보면, 소득세는 전혀 누진적으로 적용되지 않는다는 게 분명하다.

겉으로 보이는 모습과 현실 사이의 이런 괴리가 너무나도 커서 소득세법을 향해 위선적이라는 비난이 빗발치듯 쏟아지는데, 왜 이런 일이 일어나는지에 대한 설명은 소득세법의 어둡고 깊은 곳에 숨어 있는 표준 세율의 예외 조항들에서 찾을 수 있다. 이러한 예외 조항은 흔히 특별 이익 조항 또는 좀 더 직설적으로 세금 구멍이라 부른다. ('세금 구멍 loophole'은 이 단어를 공정하게 사용하는 사람들이 모두 기꺼이 인정하듯이 다소 주관적인 표현인데, 어떤 사람의 세금 구멍이 다른 사람에게는, 그리고 어쩌면 언젠가는 같은 사람에게도 구멍줄이 될 수 있기 때문이다.) 원래의 1913년 소득세법에는 세금 구멍이 분명히 없었다. 그런데 어떻게 이것이 법으로 정해졌고 아직도 법으로 남아 있는가 하는 질문은 정치 그리고 어쩌면 형이상학과 관련이 있다. 하지만 세금 구멍이 작용하는 방식은 비교적 단순하며, 그것을 직접 살펴보면 이해하는 데 도움이 된다. 적어도 마음대로 쓸 수 있는 자본을 많이 가진 사람의 경우 지금까지 소득세를 회피하는 방법 중 가장 간단한 방법은 주나 지방 자치 단체, 항만 관리청, 유료 도로가 발행한 채권에 투자하는 것이다. 이런 채권에 지불되는 이자는 모두 예외 없이 비과세 대상이다. 최근 비과세 우량 채권의 이자는 3~5%이기 때문에 이런 채권에 1000만 달러를 투자하면 연간 30만~50만 달러를 세금 한 푼 내지 않고 벌 수 있으며, 그러고도 자신에게나 세무 담당 변호사에게 아무 말썽도 일어나지 않는다. 그러지 않고 만약 어리석게 그 돈을 연 이율 5%의 보통 투자 상품에 투자한다면, 과세 소득이 50만 달러가 생기는데, 만약 혼자 살고, 다른 소득이 전혀 없으며, 그 밖의 세금 회피 수단이 없을 경우 1964년의 세율을 적용하면 약 36만 7000달러의 세금을 내야 한다. 주 채권이나 지방채 비과세 조항은 처음부터 미국 소득세법의 일부로 포함돼 있었다. 이것은 원래 헌법을 근거로 그렇게 정해졌고, 지금은 주나 지방 자치 단체에 그 돈이 필요하다는 이유로 옹호받는다. 대부분의 역대 재무부 장관들은 비과세 조항을 탐탁지 않게 여겼지만, 그것을 폐지하는 데 성공한 사람은 없었다.

아마도 소득세법에서 가장 중요한 특별 이익 조항은 자본 이득에 관련된 조항일 것이다. 의회 합동경제위원회의 한 위원은 1961년에 제출한 보고서에서 "자본 이득 처리는 연방 조세 구조에서 가장 인상적인 세금 구멍 중 하나가 되었다."라고 썼다. 이 조항은 본질적으로 자본 투자를 한(부동산이나 회사, 주식 혹은 어떤 것에든) 납세자가 그 투자를 최소한 6개월 이상 유지한 뒤에 매각하여 이익을 얻었을 경우, 그 이익에 대해 경상 소득보다 훨씬 낮은 세율을 적용받을 수 있다고 설명한다. 구체적으로 말하면, 그 납세자의 통상적인 최고 세율의 절반 또는 25% 중 낮은 세율을 적용받는다. 소득이 많아서 아주 높은 과세 구간에 속한 사람에게 이것이 의미하는 바는 명백하다. 그 소득을 자본 이득의 형태로 얻을 수 있는 방법을 어떻게든 찾아내야 한다. 그 결과, 지난 10~20년 동안 경상 소득을 자본 이득으로 전환하는 방법을 찾는 게임이 큰 인기를 끌었다. 이 게임은 별로 힘들이지 않고 이길 때가 많다. 1960년대 중반의 어느 날 저녁에 방송된 텔레비전 프로그램에서 데이비드 서스킨드(TV, 영화 제작자이자 토크쇼 호스트)는 큰 부자 6명을 불러 미국에서 부자가 되는 데 세율이 걸림돌이 된다고 생각하느냐고 물었다. 그러자 마치 그 개념이 아주 생소한 것인 양 그들 사이에 긴 침묵이 흘렀는데, 그러다가 한 사람이 아이에게 뭔가를 설명하는 듯한 어조로 자본 이득 조항을 언급하면서 자신은 세금이 큰 문제가 되진 않는다고 생각한다고 말했다. 그날 밤에 높은 세율에 대한 이야기는 더 이상 나오지 않았다.

자본 이득 조항은 제공하는 이익이 주로 부자에게만 혜택이 돌아간다는 점에서 특정 비과세 채권과 비슷하지만, 다른 점도 있다. 자본 이득 조항은 두 가지 세금 구멍 중에서 훨씬 편리하다. 사실, 이것은 다른 세금 구멍을 낳을 수 있는 일종의 어머니 세금 구멍이다. 예를 들면, 사람들은 납세자가 자본 이득의 혜택을 받으려면, 그전에 먼저 자본을 가지고 있어야 한다고 생각할 것이다. 그런데 자본을 손에 쥐기도 전에 그 이익을 얻을 수 있는 방법이 발견되었다. 그리고 1950년에 법으로 제정되었다. 그것은 바로 스톡옵션 조항이다. 스톡옵션은 회사가 중역에게 그 회사 주식을 일정 기간(예컨대 5년) 안에 언제라도 옵션을 얻은 시점의 공개 시장 가격에 혹은 그 비슷한 가격에 살 수 있는 권리를 주는 것이다. 흔히 일어나는 일이지만 만약 나중에 그 주식의 시장 가격이 크게 치솟는다면, 중역은 옵션 권리를 행사하여 이전 가격으로 주식을 사서 적당한 시점에 공개 시장에서 팔 수 있다. 그리고 이러한 일을 볼썽사납게 서둘러 처리하지만 않는다면, 그 차액에 대해 자본 이득에 해당하는 세율로 계산한 세금만 납부하면 된다. 중역 입장에서 스톡옵션의 아름다움은 일단 주식의 가치가 상당히 많이 오르기만 하면 자신의 옵션 자체가 소중한 상품이 된다는 데 있다. 그러면 이를 담보로 옵션을 행사하는 데 필요한 현금을 빌릴 수 있고, 그렇게 해서 주식을 사서 공개 시장에서 판 뒤 빌린 돈을 갚음으로써 자본을 하나도 투자하지 않고서 얻은 자본 이득을 챙길 수 있다. 회사 입장에서 스톡옵션의 아름다움은 비교적 낮은 세율이 적용되는 돈으로 중역에게 보상을 해줄 수 있다는 데 있다. 물론 그 회사의 주가가 떨어지거나(실제로 이런 일도 종종 일어난다.) 주가가 오르지 않는다면, 이 모든 계획은 물거품이 되고 만다. 하지만 그래도 중역은 큰돈을 벌 확률은 높고 돈을 잃을 확률은 사실상 전혀 없으므로 주식 시장의 룰렛을 마음껏 즐길 수 있다(세법은 이런 특권을 그 밖의 어떤 집단에게도 허용하지 않는다.).

　소득세법은 이처럼 경상 소득보다 자본 이득을 우대함으로써 아주 수상쩍은 개념 두 가지를 낳는 것처럼 보인다. 특정 형태의 불로 소득은 근로 소득보다 가치가 있다는 개념과 투자할 돈이 있는 사람은 없는 사람보다 더 가치가 있다는 개념이 그것이다. 자본 이득의 특별 대우가 공정성 측면에서 정당하다고 주장하는 사람은 거의 없다. 이 문제에서 이 측면을 생각하는 사람들은 헬러스타인의 견해에 쉽게 동의할 것이다. 헬러스타인은 "사회학적 관점에서 보면, 근로 소득보다 재산 가치 상승에서 얻는 이익에 훨씬 많은 세금을 매겨야 할 이유가 많다."라고 썼다. 반면에 자본 이득을 옹호하는 쪽은 다른 근거를 내세운다. 먼저, 자본 이득에 대한 소득세를 완전히 면제해야 한다는 경제학 이론이 있다. 이 이론은 임금과 배당금 또는 투자에서 얻는 이자는 자본이라는 나무에 생긴 열매이므로 과세 소득인 반면, 자본 이득은 나무 자체가 자란 것이기 때문에 소득이 아니라는 논리를 편다. 이러한 구별은 실제로 일부 나라의 세법에 포함돼 있다. 가장 대표적인 것이 영국의 세법인데, 영국은 1964년까지는 원칙적으로 자본 이득에 과세를 하지 않았다. 순전히 실용적인 측면에 중점을 둔 또 다른 주장은 사람들에게 자신의 자본을 가지고 위험을 무릅쓴 투자를 하도록 장려하기 위해 자본 이득 조항이 필요하다고 말한다. (이와 비슷하게, 스톡옵션을 옹호하는 사람들은 회사가 유능한 중역을 끌어들이고 계속 붙잡아두려면 그것이 필요하다고 주장한다.) 마지막으로, 거의 모든 세무 당국은 대부분의 개혁가가 그래야 한다고 주장하는 것처럼 다른 소득과 정확하게 똑같이 자본 이득에 과세를 하려면 기술적으로 아주 큰 어려움이 따른다는 데 의견을 같이한다.

부자와 고소득자의 특정 하위 범주는 다양한 세금 회피 방법을 이용할 수 있다. 그런 방법으로는 스톡옵션처럼 중역의 세금 문제 해결에 도움을 주는 기업 연금 계획, 표면적으로는 자선과 교육 목적으로 설립한 면세 재단(비록 일부 재단의 자선 활동이나 교육 활동은 거의 눈에 띄지 않지만, 후원자의 세금 부담을 덜어주는 데 도움을 주는 이런 재단이 1만 5000개 이상 설립돼 있다.), 다소 엄격한 규정이 적용되긴 하지만 작가나 배우 같은 활동을 통해 아주 높은 소득을 얻는 사람에게 회사 설립에 드는 비용만큼 세금을 줄이도록 도움을 주는 개인 소유 회사 등이 있다. 이렇게 다양한 소득세법의 구멍 중에서 가장 많은 원성을 듣는 것은 아마도 석유의 비율감모상각일 것이다. 소득세법에서 사용하는 '고갈^{depletion}'이란 단어는 회복 불가능한 천연자원이 점진적으로 고갈돼가는 것을 뜻하지만, 석유 산업 투자자의 소득 신고서에 적힌 '고갈'은 일반적으로 감가상각이라 부르는 것을 기적처럼 미화한 뜻으로 변한다. 제조업자는 기계의 감가상각에 대해 기계의 원래 비용이 다 공제될 때까지(즉, 이론적으로 기계가 마모되어 더 이상 가치가 없을 때까지) 세금에서 공제받을 수 있지만, 석유 산업에 투자한 개인이나 기업은 논리적 설명이 불가능한 이유로 석유를 생산하는 석유갱에 대해 비율감모상각을 무한정 요구할 수 있다. 설사 석유갱의 원래 비용을 여러 번 만회한 뒤라도 말이다. 석유 비율감모상각 공제 한도는 석유 투자자의 연간 순소득의 27.5%에서 최대 50%까지이다. (다른 천연자원의 공제 한도는 이보다 낮은데, 우라늄은 23%, 석탄은 10%, 굴과 조개류는 5%이다.) 비율감모상각이 석유 투자자의 과세 소득에 미치는 효과는 실로 놀라운데, 다른 세금 회피 장치와 결합되면 더욱 놀랍다. 예를 들면, 최근 5년 동안에 한 석유 투자자는 1430만 달러의 순소득을 올렸는데, 세금은 겨우 8만 달러, 즉 순소득의 0.6%만 냈을 뿐이다. 그러니 비율감모상각이 항상 격렬한 공격을 받는 것은 당연하며, 그에 못지않게 격렬하게 옹호하는 사람들이 있는 것 역시 당연하다. 옹호하는 사람들의 기세가 얼마나 대단했던지, 케네디 대통령이 1961년과 1963년에 제안한 세법 개정안(일반적으로 미국 대통령이 제안한 세법 개정안 중에서 가장 광범위한 계획으로 간주되는)조차 감히 비율감모상각을 폐지하자고 주장하지 못했다. 비율감모상각을 옹호하기 위해 통상적으로 내세우는 논리는 투기적 시추에 따르는 위험을 보상하기 위해 필요하며, 그래야 국가에 석유의 안정적 공급을 보장할 수 있다는 것이다. 하지만 많은 사람들은 이 논리는 "비율감모상각은 석유 산업에 필요하고 바람직한 연방 보조금이다."라는 말과 같으며, 따라서 스스로 모순에 빠진다고 생각한다. 왜냐하면, 개인 사업에 보조금을 지불하는 것은 소득세의 적절한 임무라고 보기 어렵기 때문이다.

여행 경비와 접대비 공제 문제

1964년의 세입법은 세금 구멍을 메우는 일을 사실상 아무것도 하지 않았지만, 세금 구멍을 다소 덜 유용하게 만들었다. 고소득에 대한 기본 세율을 크게 낮춤으로써 일부 상위 과세 구간 납세자에게 별로 도움도 안 되고 비효율적인 회피 방법을 굳이 사용할 생각을 버리게 했기 때문이다. 새로운 법은 소득세법의 약속과 실적 사이의 괴리를 줄인다는 점에서 일종의 우발적 개혁에 해당한다. (모든 소득세 회피를 해결할 수 있는 한 가지 방법은 소득세 자체를 폐지하는 것이다.) 하지만 소득세법에 포함된 궤변(다행히도 1964년 이후에는 다소 완화됐지만)과는 별개로 분명히 눈에 띄고 불안감을 야기하는 특징들이 있는데, 이것들은 그동안 전혀 변하지도 않았고 장래에 바꾸기도 매우 어려운 특징들이다. 그중 일부는 직접 그 사업을 하는 사람 또는 고용되어 일하지만 업무 경비를 환급받지 못하는 사람이 쓴 여행 경비와 접대비 공제를 허용하거나 허용하지 않는 방식과 관련이 있다. 이 세금 공제액은 최근에 연간 50억~100억 달러에 이르는 것으로 추정되었는데, 이로 인한 연방 세입 감소는 10억~20억 달러에 이른다. 여행 경비와 접대비 문제는 오래전부터 논란이 되었고, 문제를 해결하기 위해 다양한 시도가 있었지만 그때마다 완강한 반대에 부닥쳤다. 여행 경비와 접대비 문제의 역사에서 한 가지 중요한 사건이 1930년에 일어났다. 그때, 법원은 가수 겸 작사가인 조지 코핸이(따라서 다른 사람들도) 비록 그 비용을 지불했다는 증거를 제출하지 못하고 심지어 자세한 회계를 작성하지 않았다 하더라도, 합리적인 추정을 바탕으로 업무 경비를 공제받을 자격이 있다고 판결했다. 코핸 원칙이라 불리게 된 이 결정은 30년 이상 효력을 발휘했는데, 그동안 매년 봄만 되면 수천 명의 기업가가 마치 이슬람교도가 메카를 향해 절을 하는 것처럼 의식적으로 이 사실을 상기하고 필요한 행동을 했다. 그동안에 업무 경비 추산 공제액은 추산을 하는 사람들이 점점 더 과감해짐에 따라 칡넝쿨처럼 불어났고, 그 결과 코핸 원칙과 함께 여행 경비와 접대비 규정에서 융통성이 많은 부분들이 자칭 개혁가들에게 계속 공격을 받았다. 코핸 원칙을 사실상 또는 완전히 폐지하는 법안은 1951년과 1959년에 의회에 제출되었지만 통과되지 못했다. 그중 한 번은 켄터키 더비[12]에 종말을 가져올 것이라는 항의가 터져나오면서 부결되었다. 1961년에는 케네디 대통령이 코핸 원칙을 폐지할 뿐만 아니라, 한 사람이 음식물에 대해 공제받을 수

---

12) Kentucky Derby. 1875년부터 시작된 미국의 유서 깊은 경마 대회. 매년 5월 첫째 토요일에 켄터키 주 루이빌의 처칠다운스 경마장에서 개최된다. 고객을 켄터키 더비 여행에 초대해 접대하는 기업이 많았다.

있는 한도를 하루 4∼7달러로 축소함으로써 미국인의 생활에서 세금 공제 시대를 거의 종식시키는 법안을 제출했다. 그와 같은 근본적인 사회 변화는 일찍이 일어난 적이 없었다. 사업가부터 호텔과 식당, 나이트클럽에 이르기까지 곳곳에서 즉각 불평의 목소리가 터져나왔고, 케네디가 제출한 법안 중 상당수는 포기할 수밖에 없었다. 그럼에도 불구하고, 1962년에 의회가 통과시킨 일련의 개정안과 1963년에 국세청이 내놓은 일련의 규정들이 효력을 발휘함에 따라 코핸 원칙은 사실상 폐기되었고, 그 후부터는 액수에 상관없이 모든 업무 경비 공제는 영수증을 제출하지 못하더라도 반드시 기록으로 입증하도록 했다.

하지만 그때부터 유지돼온 법을 대충 훑어만 봐도 개정된 새로운 여행 경비와 접대비 관련 조항은 이상理想과는 다소 거리가 멀다는 것을 알 수 있다. 사실, 이 조항들은 불합리한 것들로 가득 차 있고, 일종의 속물 근성이 그 바닥에 깔려 있다. 여행 경비를 공제받으려면, 여행이 즐기기 위한 것이 아니라 주로 사업 목적을 위해 일어난 것이어야 하며, '집에서 멀리 떨어진 곳away-from-home'으로 여행한 것이어야 한다. 즉, 단순한 출퇴근은 업무상 출장으로 간주하지 않는다. '집에서 멀리 떨어진 곳'이란 조건은 집이 어디냐 하는 문제를 낳는데, 이 때문에 여행 경비를 공제받으려면 반드시 그곳을 떠나야 하는 장소인 '세법상 주거지tax home' 개념이 나왔다. 사업가의 주거지는 그가 저택이나 별장, 사냥용 오두막집, 지사 사무실을 아무리 많이 가지고 있다 하더라도, 주로 일하는 장소가 위치한 일반적인 지역(즉, 특정 건물이 아니라)을 말한다. 그 결과, 서로 다른 도시에 있는 근무지로 출퇴근하는 부부는 세법상 주거지가 서로 다르지만, 다행스럽게도 소득세법은 다른 부부들에 비해 세법상 불이익을 받는 일이 없도록 두 사람의 결혼을 인정해준다. 지금까지 절세를 위한 결혼은 있었지만, 절세를 위한 이혼은 장래의 일이 될 것 같다.

접대 문제에 관해서는, 국세청 규정을 만드는 사람들이 이제 코핸 원칙을 적용하지 못하게 되었기 때문에, 아주 세세한 것까지 일일이 구분하지 않을 수 없게 되었다. 그 결과 낮과 밤을 가리지 않고 모든 시간에 모든 종류의 만남에서 사업 이야기를 하는 습관에 높은 점수를 주게 되었다. 예를 들면, 나이트클럽이나 극장, 콘서트에서 사업상 동료를 접대할 때, 접대하는 동안이나 그 전후에 '실질적이고 진정성 있는 사업 이야기'가 오갈 경우에만 그 비용을 공제받을 수 있다. (상상하기 싫지만, 연극이나 콘서트를 보면서 사업 이야기를 자꾸 하면 그 결과가 어떻게 될까 하는 생각이 자꾸 떠오르는 건 어쩔 수 없다.)

반면에 어떤 사업가가 플로어 쇼가 펼쳐지지 않는 식당 같은 '조용한 사업 장소'에서 다른 사업가를 접대한다면, 설사 사업 이야기를 거의 나누지 않았다 하더라도 그 만남이 사업상의 목적으로 일어난 것인 한 접대비 공제를 신청할 수 있다. 일반적으로 접대 장소가 더 시끄럽고, 더 혼란스럽고, 주의를 더 많이 분산시킬수록 더 많은 사업 이야기를 해야 한다. 규정에서는 구체적으로 칵테일파티를 시끄럽고 주의를 분산시키는 범주로 분류하고 있는데, 따라서 이곳에서는 파티 도중이나 그 전후에 사업 이야기가 상당히 많이 오가야 한다. 반면에 사업상의 동료를 자기 집으로 초대하여 식사를 대접했다면, 사업 이야기가 전혀 오가지 않았더라도 그 비용을 공제받을 수 있다. 하지만 후자의 경우, J. K. 래서 세무협회가 인기 있는 안내 책자 《당신의 소득세》에서 경고하듯이, "그 동기가 사교적인 것보다는 상업적이라는 것을 … 입증할 수 있어야 한다." 다시 말해서, 만전을 기하려면 사업 이야기를 조금이라도 하는 게 낫다는 것이다. 헬러스타인은 "따라서 분명히 세무 당국은 고객들에게 언제 어디서나 사업 이야기를 하라고 권고하고, 기존의 생활 방식을 계속 유지하길 원한다면, 아내에게도 사업 이야기를 하는 것에 반대하지 말도록 충고하라고 알려줄 것이다."라고 썼다.

1963년의 세법 이후에는 지나치게 정성스러운 접대를 억제했지만, 래서 세무협회의 안내 책자가 다소 득의양양하게 지적했듯이 "의회는 사치스럽거나 호화로운 접대를 금지하는 조항을 구체적인 법으로 제정하지 않았다." 대신에 전체 시간의 절반 이상을 사업 목적으로 사용한다면, 요트나 사냥용 오두막집, 수영장, 볼링장, 비행기 같은 '접대 시설'의 감각상각비와 운영비를 공제받을 수 있다고 정했다. 커머스 클리어링 하우스라는 회사는 세무 실무자를 위해 정기적으로 여러 가지 간행물을 발간하는데, 그중 하나인 《1963년도 비용 계정》이란 소책자에서는 다음과 같이 예를 들어 이 법을 설명한다.

요트는 고객의 접대를 위해 … 유지한다. 전체 시간 중 25%는 휴식을 위한 용도로 사용한다. … 이 요트는 전체 시간 중 75%는 사업 목적으로 사용하기 때문에, 주로 납세자의 사업을 돕기 위한 목적으로 사용되었으며, 유지 비용의 75%는 … 접대 시설 비용으로 공제가 가능하다. 만약 요트를 사업 목적으로 사용한 시간이 40%라면, 한 푼도 공제받을 수 없다.

요트 소유주가 사업 시간과 유흥 시간을 측정하는 방법은 명시되지 않았다. 요트가 드라이 독[13]에 있거나 승무원만 탄 채 물 위에 떠 있는 시간은 어느 쪽으로도 계산하지 않는 게 맞겠지만, 소유주가 가끔 정박한 채 흔들리고 있는 요트를 바라보는 데에서 즐거움을 얻는다고 주장할 수도 있다. 따라서 사업 시간은 요트 소유주와 일부 손님이 요트에 탑승한 시간으로 계산해야 마땅하며, 법을 준수하는 데 가장 효과적인 방법은 스톱워치를 좌현과 우현에 각각 하나씩 설치하여, 하나는 사업 목적으로 운항할 때 그 시간을 재고, 다른 하나는 유흥을 위한 운항을 할 때 그 시간을 재는 것이다. 어쩌면 사교를 목적으로 운항에 나섰다가 운 좋게 서풍이 불어 1시간 일찍 항구로 돌아오거나, 사업을 목적으로 운항에 나섰다가 9월의 강한 바람 때문에 항구로 돌아오는 시간이 지체되어 50%를 넘겨야 하는 사업 시간이 채워질 수도 있다. 틀림없이 요트 소유주는 적절한 시기에 그런 바람이 불어주길 기도할 것이다. 왜냐하면 요트 유지 비용의 공제 여부에 따라 그해의 세후 소득이 간단히 두 배로 늘어날 수 있기 때문이다. 요컨대, 이 법은 터무니없는 것이다.

일부 전문가는 여행 경비와 접대비 규정의 변화가 사회에 이득이 되었다고 생각한다. 코핸 원칙 같은 일반적인 조항이 적용될 때에는 어

---

13) dry dock. 배를 만들거나 수리할 때에 해안에 배가 출입할 수 있을 정도로 땅을 파서 만든 구조물. 건선거乾船渠라고도 한다.

디 빠져나갈 구멍이 없을까 찾고 싶었던 상당수 납세자들도 이젠 부정한 방법을 찾아 실행에 옮길 의욕이나 배짱이 사라졌기 때문이다. 하지만 세법 준수를 통해 얻은 이득은 시민 생활의 질 하락으로 상쇄되었을지도 모른다. 세법의 일부 조항이 사교적 교류의 상업화를 이토록 강하게 강요하거나, 특히 리처드 호프스태터가《미국 사회의 반지성주의》에서 건국 시조들의 특징으로 규정한 아마추어 정신을 이토록 심하게 위축시킨 적은 거의 없었다. 어쩌면 가장 큰 위험은 기술적으로는 사업이지만 실제로는 사교 활동에 대해 공제를 신청함으로써(즉, 법과 규정을 자구 그대로 해석한 것에 따라) 자기 자신을 돌아볼 때 삶의 격이 떨어질 수 있다는 점이다. 어떤 사람들은 건국 시조들이 만약 오늘날 살아 있다면, 그들은 아마추어 활동인 사교 활동과 직업적 활동인 상업 활동을 뒤섞는 것을 경멸하면서 거절할 것이며, 누가 봐도 명백한 비용 외에 다른 것을 비용으로 청구하는 행위를 비웃을 것이라고 주장할지 모른다. 하지만 현재의 세법 체계하에서는 그들이 과연 잘난 체하며 세금을 초과 지불할 여유가 있을지, 혹은 심지어 그들에게 어느 쪽을 택할지 결정하라고 요구할 수 있을지조차 의문이다.

자선과 기부의 타락

소득세법이 지적 노동을 차별한다는 주장이 제기되었는데, 소모되는 온갖 종류의 물리적 재산에는 감각상각을 적용하고, 천연자원에도 감모상각을 적용하는 반면에, 창조적인 예술가 또는 발명가의 정신적 능력이나 상상력에는 그러한 공제를 인정해주지 않는다는 사실을 주요 근거로 내세웠다. 뇌의 쇠약에서 오는 영향이 이 사람들의 후기 작품이나 소득에서 너무나도 분명하게 나타나는데도 말이다. (이와 함께 프로 운동선수들도 차별을 받는다는 주장이 제기되었는데, 소득세법은 이들의 신체에 대해 감가상각을 인정하지 않기 때문이다.) 미국저자연맹 같은 단체는 거기서 더 나아가 소득세법이 저자와 그 밖의 창조 활동 종사자들에게 불공평하다고 주장했다. 이들은 하는 일의 성격과 마케팅 경제학 때문에 소득이 해에 따라 심하게 요동치기 쉬운데, 운이 좋은 해에는 과도한 세금이 나오고, 운이 나쁜 해에는 쥐꼬리만 한 수입으로 근근이 버텨나가야 하기 때문이다. 1964년에는 이 상황을 고려한 조항이 생겼다. 창조적 활동을 하는 예술가나 발명가 그리고 갑자기 큰 소득이 생긴 사람들에게 전체 소득을 4년으로 나누어 그 평균 소득에 과세를 하게 함으로써 뜻밖의 큰 소득이 생긴 해의 세금 부담을 덜어준 것이다.

하지만 만약 소득세법이 지적 노동자에게 불리하게 만들어졌다면, 의도적으로 그런 게 아니라 우연히 그렇게 되었을 것이며, 또한 일관성 없게 만들어진 게 분명하다. 소득세법은 자선 재단에 면세 지위를 부여함으로써 이 재단들이 연간 수백만 달러를 지원하도록 장려하는데, 이 돈은 온갖 종류의 연구 프로젝트를 수행하는 학자들의 여행 경비와 생활비로 쓰인다. 그리고 소득세법은 가치가 상승한 재산의 기부에 관한 특별 조항을 만듦으로써 화가와 조각가가 일의 대가로 받는 가격을 높였을 뿐만 아니라, 개인이 소장하고 있던 수천 점의 작품을 공공 미술관으로 흘러가도록 유도했다. 이 과정의 역학은 이제 너무나도 잘 알려져 있으므로, 여기서는 간략히 언급하는 것으로 충분할 것 같다. 미술 작품을 미술관에 기증하는 수집가는 자신의 소득세 신고서에서 기증 당시의 적정한 작품 가격만큼 공제를 받을 수 있으며, 그 작품을 구입한 이후에 상승한 가치에 대해서는 자본 이득세를 한 푼도 낼 필요가 없다. 만약 그동안 상승한 가치가 아주 커서 수집가의 과세 구간이 크게 높아진다면, 이 기부 행위를 통해 실제로 이익을 볼 수도 있다. 이 조항들은 일부 미술관과 박물관에 많은 작품을 기부하게 함으로써 그곳 직원들을 바쁘게 한 것 외에도, 세금을 부과하기 이전 시대에 존재했던 매력적인 사람들을 현실로 다시 끌어내는 경향이 있는데, 부자 딜레탕트가 바로 그들이다. 최근에 일부 고소득층은 순차적으로 컬렉션을 하는 버릇이 생겼다. 예컨대 몇 년 동안은 후기 인상파 작품을 수집하다가 그다음에는 중국의 옥을 끌어모으고, 그 뒤에는 현대 미국 회화 작품을 수집하는 식의 행동을 보인다. 그리고 각각의 시기가 끝날 때에는 전체 수집품을 기부하는데, 기부를 하지 않았을 때 내야 할 세금을 계산해보면 이 모험을 통해 수집가 자신이 지불한 비용은 사실상 한 푼도 없다는 사실을 알게 된다.

미술 작품의 형태를 띠건 돈이나 기타 재산의 형태를 띠건, 고소득자의 기부 행위에 드는 비용이 이토록 낮은 것은 소득세법이 낳은 기묘한 열매 중 하나이다. 개인의 소득세 신고에서 공제되는 기부금 액수는 연간 50억 달러에 이르는데, 그중에서 가장 큰 부분을 차지하는 것은 가치가 크게 상승한 자산으로, 소득이 아주 높은 사람들에게서 나온다.

그 이유는 간단한 예를 살펴보면 명백하게 드러난다. 세율 20%가 적용되는 고소득자가 현금 1000달러를 기부하면, 실제로 이 사람이 지불하는 비용은 800달러이다. 세율 60%가 적용되는 고소득자가 현금 1000달러를 기부하면, 실제로 이 사람이 지불하는 비용은 400달러이다. 그런데 만약 동일한 사람이 같은 1000달러를 처음에 200달러에 산 주식으로 기부한다면, 실제로 든 순비용은 200달러에 불과하다. 연소득이 100만 달러나 되는 사람들이 세금을 한 푼도 내지 않는 사례들은 대부분 소득세법이 거액 기부를 적극 장려한 덕분이다. 아주 기묘한 한 규정에 따르면, 이전 10년 동안 8년 이상의 소득세와 기부금을 합한 액수가 과세 소득의 10분의 9나 그 이상인 사람은 이에 대한 보상으로 당해에는 공제 가능 기부금 한도를 무시할 수 있고, 따라서 그만큼의 세금을 전부 면제받을 수 있다.

그래서 소득세법의 이 조항들은 단순한 회계 조작에 자선이라는 가면을 씌워주는 일이 종종 일어나는데, 이 때문에 소득세법이 도덕적으로 혼란스럽거나 그보다 더 나쁘다는 비난을 자주 받는다. 이 조항들은 또한 다른 곳에서도 혼란스러운 행동을 낳는다. 예를 들면, 최근에 대규모 기금 모금 운동들이 내세우는 호소는 선행 권유와 기부자에게 돌아가는 세금 혜택 설명 사이에서 불안하게 분열하는 모습을 보였다. 《더 많은 세금 절약 … 건설적인 접근 방법》이란 제목의 추천할 만한 소책자가 교훈적인 사례인데, 프린스턴 대학교가 대규모 자금 모금 운동에 사용한 것이다. (거의 동일하다고 할 수는 없어도 비슷한 소책자를 하버드 대학교와 예일 대학교를 비롯해 많은 단체가 사용해왔다.) "지도력의 책임은 아주 큽니다. 특히 정치인과 과학자, 경제학자가 후세의 인류에게 큰 영향을 미칠 게 확실한 결정을 내려야 하는 시대에는 더욱 그렇습니다." 소책자의 서문은 이렇게 고상하게 운을 뗀 뒤, 계속해서 설명을 이어간다. "이 소책자의 주목적은 모든 잠재적 기부자들에게 기부 방식에 대해 좀 더 진지하게 생각해보라고 촉구하기 위한 것입니다. … 기부자에게 비교적 적은 비용이 돌아가게 하면서 큰 기부를 하는 방법은 아주 많습니다. 잠재적 기부자는 이러한 기회들을 잘 아는 것이 중요합니다." 이어지는 페이지들에서 설명하는 그 기회들에는 세금을 절약하는 방법들이 포함돼 있다. 가치가 오른 증권이나 기업용 재산, 임대차 계약, 지적 재산권, 보석, 골동품, 스톡옵션, 주택, 생명보험, 재고품의 기부와 신탁을 통한 기부("신탁 방법은 융통성이 아주 많습니다.")가 포함돼 있다. 그리고 한 부분에서는 어떤 재산을 실제로 기부하는 대신에 가치가 오른 증권을 소유한 사람은 그것을 처음 산 가격에 해당하는 현금을 받고 프린스턴 대학교에 **팔라**고 제안한다. 소책자는 이것이 단순한 사람의 눈에는 그저 일상적인 상거래로 보이겠지만, 소득세법의 눈에는 그 증권의 현재 시장 가격과 프린스턴 대학교에 넘기는 낮은 가격 사이의 차액이 순수한 기부로 보이며, 따라서 완전히 공제가 가능하다고 정확하게 지적한다. 그리고 마지막 문단은 다음과 같은 당부로 끝맺는다. "우리는 신중한 세금 계획의 중요성을 크게 강조하긴 했지만, 여기서 기부에 대한 생각과 정신보다 세금에 대한 고려를 우선시해야겠다는 결론에 이르는 일이 절대로 없길 바랍니다." 정말로 그래서는 안 되고, 그럴 필요도 없다. 기부하는 무거운 물질을 그토록

솜씨 좋게 최소화함으로써 혹은 실질적으로 제거함으로써 그 정신은
아무런 제약 없이 훨훨 날 수 있을 것이다.

복잡한 세법의 부작용

소득세법의 가장 두드러진 특징 하나는 복잡성이다. 소득세법이 낳은
가장 큰 사회적 효과 중 일부가 바로 이 복잡성 때문에 나타났다. 합법
적으로 세금을 최소한으로 줄이고자 하는 납세자에게는 세무 전문가의
도움을 구하는 것이 사실상 필수적인 것이 되었다. 그런데 고급 조언을
해줄 수 있는 세무 전문가는 비싸고 수가 적으므로 가난한 사람보다 부
자가 당연히 유리한 입장에 있으며, 소득세법이 실제로 운용되는 현실
은 그 조항보다 더 비민주적인 것이 되었다. (세무 상담 수수료 자체도 공
제 가능한 비용이기 때문에, 돈을 더 많이 버는 사람일수록 비용이 점점 낮아지
는 항목들의 긴 명단에 세무 상담도 추가된다.) 국세청이 공짜로 제공하는
납세자 교육과 납세자 지원 계획들이 광범위하고 좋은 뜻에서 운영되
고 있긴 하지만, 이것들은 독립적이고 우수한 세무 전문가가 제공하는
유료 서비스와 경쟁이 되지 않는다. 조세를 거둬들이는 것이 최우선 임
무인 국세청이 사람들에게 세금을 피하는 방법을 설명하는 것은 명백
히 이해가 충돌하는 상황이라는 단 한 가지 이유만으로도 경쟁이 되기
어렵다. 1960년에 개인 소득 신고로 거둬들인 전체 세입 중 약 절반이
조정 소득 9000달러 이하인 사람들에게서 나왔다는 결과는 순전히 소

득세법 조항들 때문이라고 볼 수 없다. 저소득층 납세자들이 절세 방법의 도움을 받을 여력이 없는 데에도 일부 이유가 있을 것이다.

세무 상담을 제공하는 사람들이 많이 생긴 것은 소득세법의 복잡성이 낳은 기묘하고도 당혹스러운 부작용이다. 이 집단의 정확한 크기는 알려지지 않았지만, 그 규모를 짐작케 하는 단서는 몇 가지 있다. 최근 조사에 따르면, 공식적으로 세무 상담사 일을 할 수 있는 재무부 발행 자격증을 소지하고, 또 그런 신분으로 국세청에 나타나는 사람이 약 8만 명이나 된다고 한다. (그 대부분은 변호사, 회계사, 전직 국세청 직원이다.) 게다가 이 업무는 아무나 합법적으로 할 수 있어서 정식 자격증 없이(개중에는 그럴 자격조차 없는 사람도 많지만) 소득세 신고서를 작성해주고 수수료를 받는 사람도 꽤 된다. 세무 상담 산업의 변호사들은 귀족까지는 아니더라도 금권 정치가라고 부를 수 있는데, 미국에서 변호사 업무를 하면서 1년 중 한두 번 세무 관련 업무를 취급하지 않는 변호사는 거의 한 명도 없다. 게다가 다른 것은 하지 않고 세무 업무만 전담하는 변호사가 매년 점점 늘어나고 있다. 대부분 세무 업무만 전담하는 변호사들로 구성된 미국변호사협회 조세 분야의 회원 수는 약 9000명이다. 뉴욕의 전형적인 대형 로펌(법률사무소)에서 세무 문제만 전담하는 변호사는 5명 중 1명꼴이다. 세무 전문 변호사를 배출하는 거대한 산실인 뉴욕 대학교 로스쿨의 조세과는 웬만한 로스쿨 전체보다 인원이 더 많다. 법조계의 가장 우수한 인재들을 일부 포함해 조세 회피 전문가가 되는 고급 두뇌들을 흔히 낭비되는 국가 자원이라고 부른다. 일부 우수한 세무 전문 변호사들은 이 주장을 즐겁게 지지한다.

그 이유는 첫째, 자신들의 지적 능력이 정말로 특출하다는 이야기는 듣기에 기분 좋고, 둘째, 그 능력이 하찮은 일에 낭비되고 있다는 것도 사실이기 때문이다. 그중 한 사람은 최근에 이렇게 설명했다. "법률 분야에도 나름의 주기가 있어요. 미국에서는 1890년경까지는 재산법이 대세였지요. 그러다가 회사법이 큰 인기를 끈 시기가 있었어요. 지금은 다양한 전문 분야가 약진하고 있는데, 그중에서 가장 중요한 것이 세무 분야입니다. 나는 내가 사회적 가치가 제한된 일에 종사하고 있다는 사실을 조금도 망설이지 않고 인정합니다. 세법에 대해 이야기할 때 결국 우리는 무엇에 대해 이야기하고 있습니까? 기껏해야 한 개인이나 기업이 정부를 위해 공정하게 얼마를 내놓아야 하느냐 하는 문제일 뿐이에요. 좋아요, 내가 왜 세무 일을 하느냐고요? 첫째, 이것은 아주 흥미로운 지적 게임입니다. 어쩌면 현재 실무로 다루어지는 법률 분야 중 소송과 함께 지적으로 도전 의지를 가장 부추기는 분야가 아닐까 싶습니다. 둘째, 어떤 면에서 이 분야는 전문화되어 있지만, 다른 면에서는 그렇지 않습니다. 세무 분야는 나머지 모든 법률 분야와 관련이 있어요. 어느 날에는 할리우드의 제작자와 일하다가 다음 날에는 부동산 거부와 일하고, 또 그다음에는 회사 대표와 일할 수도 있습니다. 셋째, 이 분야는 수입이 아주 짭짤하거든요."

더 나은 과세를 위한 대안

표면적으로는 평등을 지향하지만 이면에서는 조직적인 과두제로 운영되는 위선적 모습을 보이고, 비양심적으로 복잡하고, 변덕스럽게 차별적이고, 논리는 허울만 그럴듯하고, 언어는 궤변에 가깝고, 자선을 타락시키고, 대화의 적이고, 사업 이야기를 조장하고, 인재를 낭비하고, 재산 소유주에게 반석 같은 지지를 보내지만 가난한 자에게는 무거운 책임을 지우고, 예술가와 학자에게는 충실하지 못한 친구. 만약 이 모든 것이 국가의 거울에 비친 모습이라면, 나름의 좋은 점도 있다. 모두를 만족시킬 수 있는 소득세법은 있을 수 없고, 아마도 공정한 소득세법은 어느 누구도 완전히 만족시키지 못할 것이다. 루이스 아이젠스타인은 《과세의 이데올로기》란 책에서 "세금은 다른 사람들에게 그것을 내도록 하려고 매우 열성적인 노력을 기울이는 제품이고, 계속 변화하는 제품이다."라고 말했다. 소득세법은 노골적인 특별 이익 조항을 빼고는, 유례없이 복잡한 사회로부터 유례없는 돈을 가능한 한 가장 공정한 방법으로 거둬들이고, 국가 경제를 북돋고, 가치 있는 일을 장려하는 것을 목표로 삼아 진심을 다해 만든(최악의 경우에도 의도는 좋았지만 방향이 어긋났을 뿐인) 문서처럼 보인다. 총명하고 양심적으로 관리하기만 한다면, 미국의 소득세법은 세상의 그 어느 소득세법보다도 공정한 것이 될 수 있다.

　하지만 불만족스러운 법을 제정하고 나서 훌륭한 관리를 통해 그 단점을 보완하려고 노력하는 것은 명백히 불합리한 절차이다. 더 논리적인 한 가지 해결책, 가령 소득세를 아예 폐지하는 것은 주로 일부 극우 인사들이 주장하는 내용이다. 이들은 모든 소득세를 사회주의나 공산 주의에 어울리는 제도로 여기며, 연방 정부가 아예 돈을 지출하지 못 하게 하길 원한다. 현재 소득세로 거둬들이는 전체 세입 중 상당 비율 을 거둬들일 수 있는 대안을 모색하는 경제학자들 중에서도 소득세 폐 지를 주장하는 사람들이 있는데, 다만 이들은 현실적 가능성보다는 이 론적 이상으로서 그렇게 주장한다. 그 대안 중 하나는 부가가치세인 데, 제조업자와 도매업자, 소매업자에게 각자 사는 상품의 가치와 파 는 상품의 가치의 차액에 대해 세금을 물리는 방식이다. 그 장점으로 는 법인세보다 세금 부담을 생산 과정 전체에 더 고르게 분배할 수 있 다는 점과 정부가 세금을 더 빨리 거둬들일 수 있다는 점을 들 수 있 다. 프랑스와 독일을 비롯해 여러 나라가 부가가치세 제도를 운용하고 있는데, 다만 소득세의 대안이 아니라 보조 수단으로 운용하고 있다. 하지만 미국에서는 연방 차원의 부가가치세는 가까운 장래에 생길 것 같지 않다. 소득세 부담을 덜어주기 위해 제안된 그 밖의 방법으로는 소비세 적용 품목을 늘리고, 모든 품목에 균일한 세율을 매김으로써 연방 판매세에 해당하는 세금을 만드는 방법, 연방 정부가 소유한 교 량이나 레크리에이션 시설을 사용할 때 내는 요금 같은 사용세를 늘리 는 방법, 식민지 시대부터 1895년까지 운영했던 복권처럼 연방 복권 을 허용하는 법을 만드는 방법 등이 있다. 연방 복권은 하버드 대학교 를 짓고, 미국 독립 전쟁을 치르고, 많은 학교와 교량, 운하, 도로를 건 설하는 것과 같은 계획을 추진하기 위한 자금 지원에 큰 도움을 주었다. 이 모든 계획에는 명백한 약점이 하나 있는데, 납부 능력과 별 상관없이 세금을 거둬들인다는 점이다. 이 이유와 그 밖의 이유들 때문에 이러한 계획들 중에서 예측할 수 있는 장래에 법으로 제정될 가능성이 있는 것은 하나도 없다.

이론가들은 특별히 좋아하지만 나머지 사람들은 거의 좋아하지 않는 방안으로 지출세가 있다. 지출세는 소득 대신에 개인의 연간 지출을 기준으로 삼아 매기는 세금이다. 지출세를 지지하는 사람들(희소성의 경제학economics of scarcity을 완고하게 옹호하는 사람들)은 지출세가 무엇보다도 단순성이라는 미덕을 지니고 있고, 저축을 장려하는 긍정적 효과가 있으며, 사람들이 경제에 투입하는 것보다 꺼내가는 것에 과세를 하므로 소득세보다 더 공정하고, 국가 경제를 안정적으로 유지할 수 있는 도구를 정부가 아주 쉽게 통제할 수 있게 해줄 것이라고 주장한다. 반대자들은 지출세가 실제로는 전혀 단순하지 않고, 회피하기가 우스꽝스러울 정도로 쉬우며, 부자를 더 부유하게 만드는 동시에 더 인색하게 만들고, 마지막으로 소비에 벌금을 매기는 셈이어서 불황을 조장할 것이라고 주장한다. 어쨌든 양측 모두 미국에서 지출세가 법으로 제정되는 일은 현재로서는 정치적으로 실현되기 어렵다는 데 견해를 같이한다. 미국에서는 1942년에 재무부 장관이던 헨리 모건소 주니어가 지출세를 진지하게 제안했고, 영국에서는 1951년에 케임브리지 대학교의 경제학자 니컬러스 칼도어가 제안했다. 다만, 두 사람 다 소득세 폐지를 요구하지는 않았다. 두 사람의 제안은 모두 거의 만장일치에 가까운 야유를 받으며 퇴짜를 맞았다. 최근에 지출세를 숭배하는 한 사람은 이렇게 말했다. "지출세는 고려해볼 만한 아름다운 아이디어입니다. 소득세의 함정을 거의 다 피할 수 있어요. 하지만 어디까지나 꿈이지요." 정말로 그렇다, 서구권에서는. 그런 세금은 지금까지 인도와 실론(현재의 스리랑카)에서만 도입되었다.

그럴듯한 대안이 보이지 않는 상황에서 소득세는 계속 남아 있을 것으로 보이며, 더 나은 과세를 위한 희망은 소득세 개혁에 있는 것 같다. 소득세법의 주요 결점 중 하나는 그 복잡성이기 때문에, 개혁은 그것을 바로잡는 것부터 시작해야 할 것이다. 단순화를 위한 노력은 모건소 장관이 이 문제를 연구하기 위한 위원회를 만든 1943년부터 정기적으로 시작되었고, 가끔 작은 성과가 있었다. 예를 들어 설명을 단순하게 만드는 것, 그리고 공제 내역을 항목별로 적길 원하지만 그 작업이 비교적 덜 복잡한 납세자를 위해 간결한 서식을 사용하는 것 두 가지는 케네디 행정부 때 도입되었다. 하지만 이 두 가지는 단지 소규모 게릴라전 전투에서 거둔 승리에 지나지 않았다. 전면적인 큰 승리를 가로막는 한 가지 장애물은 소득세법을 복잡하게 만든 요소 중 많은 것이 바로 모든 사람을 위한 공정성 때문에 도입되었다는 사실인데, 따라서 공정성을 해치지 않고서는 없앨 방안이 없어 보인다. 특별한 가족 지원 조항이 발전한 과정은 공정성 추구가 어떻게 곧장 복잡성으로 이어지는지 보여주는 대표적 사례이다. 1948년까지는 부부 공동 재산법이 일부 주에는 있고 일부 주에는 없었는데, 이 법이 있는 주에서는 결혼한 부부에게 이익이 돌아갔다. 이들 부부에게는, 그리고 오직 이들 부부에게만 부부 합산 소득을 양자 사이에 똑같이 나누어 과세를 하도록 허용되었다. 설사 부부 중 한 명은 소득이 아주 많고, 나머지 한 명은 소득이 전혀 없다 하더라도 말이다. 명백하게 불공평해 보이는 이 일을 바로잡기 위해 모든 기혼자가 소득 분할 혜택을 받을 수 있도록 연방 소득세법이 개정되었다. 그 결과 부양가족 없이 혼자 사는 사람을 차별하는 셈이 되었다는 사실(이것은 지금도 별다른 반대에 부닥치지 않고 그대로 남아 있다.) 외에도, 한 가지 불공정을 바로잡으면 다른 불공정이 생겨났고, 그것을 다시 바로잡으면 또 다른 불공정이 생겨났다. 비록 결혼은 하지 않았지만 가족 부양 책임을 진 사람들의 특별한 문제들을 고려해야 했고, 그다음에는 직장에 다니느라 근무 시간 동안 자녀를 맡기는 비용을 부담해야 하는 여성을 고려해야 했고, 그다음에는 홀아비와 홀어미의 형편도 고려해야 하는 식으로 문제가 끝없이 이어졌다. 이렇게 각각의 사정을 고려해 법이나 규정을 개정할 때마다 소득세법은 점점 더 복잡해졌다.

세금 구멍도 문제였다. 이 경우에 복잡성은 공정성이 아니라 그 반대쪽에 유리하게 작용하는데, 사라지지 않고 어떻게든 살아남는 세금 구멍의 끈질긴 생명력은 불가해한 역설처럼 보였다. 다수가 법을 만드는 체제에서 나머지 모든 사람들보다 극소수 사람들을 노골적으로 편애하는 세법 조항들은 부자들을 보호하기 위한 일종의 역차별 계획처럼 시민권 원칙이 무참하게 짓밟힌 상황을 보여주는 것 같다. 재무부나 다른 기관에서 먼저 제안하고, 하원 세입위원회와 하원 전체, 상원 재무위원회와 상원 전체를 통과한 뒤, 양원 협의회에서 상원과 하원의 절충을 통해 세부 안건이 모두 타결되면, 마침내 대통령이 서명하는 식으로 새로운 세법을 만드는 과정은 진실로 길고 복잡하며, 그중 어느 단계에서라도 폐기되거나 보류될 수 있다. 대중은 특별 이익 조항에 항의할 수 있는 기회가 많지만, 실제로 나타나는 대중의 압력은 특별 이익 조항에 반대하는 쪽보다는 찬성하는 쪽이 더 큰 경향이 있다. 필립 스턴은 세금 구멍에 관해 쓴 《재무부 대습격》이란 책에서 세제 개혁 방안의 제정을 방해하는 것으로 보이는 여러 가지 힘을 지적했다. 그 힘 중에는 개혁에 반대하는 압력 단체의 기술과 힘과 조직, 정부 내에서 개혁에 찬성하는 세력의 분산과 정치적 무능, 국회의원에게 편지를 보내거나 그 밖의 수단을 통한 노력을 기울이지도 않고 세제 개혁에 사실상 아무런 열정도 표현하지 않는 일반 대중의 무관심 등이 있다. 일반 대중이 세제 개혁에 무관심한 일부 이유는 그 내용이 엄청나게 복잡하고 전문적이다 보니 제대로 이해하지 못해 침묵을 지키기 때문으로 보인다. 이 점에서 소득세법의 복잡성은 뚫기 힘든 코끼리 가죽과 같다. 따라서 연방 세입을 거둬들이는 책임을 맡고 있는 재무부는 세제 개혁에 자연적인 이해관계가 달려 있지만, 일리노이 주 상원의원 폴 더글러스와 테네시 주 상원의원 앨버트 고어, 미네소타 주 상원의원 유진 매카시 같은 소수의 개혁 성향 국회의원들과 함께 외롭고 방어하기 힘든 돌출부에 고립될 때가 많다.

낙관론자들은 결국에는 일부 '위기 시점'이 특혜를 받는 집단에게 이기적인 이해관계를 넘어서서 더 큰 것을 바라보게 하고, 나머지 사람들도 소극적 태도를 극복하게 만들어, 소득세가 지금 보여주는 것보다 훨씬 마음에 드는 나라의 그림을 보여줄 것이라고 생각한다. 만약 그런 일이 일어난다면 언제쯤 일어날 것이냐는 질문에 대해서는 이들도 그 시점을 구체적으로 명시하지 못한다. 하지만 이들 중 일부 사람들이 가장 바라는 그림의 일반적인 형태는 잘 알려져 있다. 많은 개혁가들이 그린 먼 장래의 이상적인 소득세는 짧고 단순한 소득세법을 그 특징으로 하며, 세율도 비교적 낮고 예외 조항이 최소한으로 축소될 것이다. 구조적 특징에서 이 이상적인 세금은 평화 시에 미국에서 최초로 발효된 세법인 1913년의 소득세법과 닮은 점이 많을 것이다. 따라서 만약 오늘날 이루지 못한 비전이 언젠가 실현된다면, 소득세는 처음 출발한 지점 가까이로 되돌아갈 것이다.

3

비공개 정보가 돈으로 바뀌는 시간

부에 관한 인간의 본성

정보에 매겨지는 금전적 가치

먼 곳에서 일어난 공적 사건이건 임박한 사업 소식이건 심지어 정치적 인물의 건강 소식이건 간에 비공개 정보는 항상 증권 트레이더들에게 소중한 상품이었다. 그 가치가 얼마나 소중한 상품이었던지 일부 해설자는 증권거래소를 그러한 정보가 주식만큼이나 많이 거래되는 시장이라고 주장하기까지 했다. 시장이 정보에 매기는 금전적 가치는 종종 그 정보가 초래하는 주가 변화로 정확하게 측정할 수 있으며, 정보는 다른 상품과 마찬가지로 쉽게 돈으로 전환할 수 있다. 사실, 정보는 트레이더들 사이에 물물교환된다는 점에서 일종의 화폐라고 할 수 있다. 게다가 얼마 전까지만 해도 운 좋게 내부 정보에 접근한 사람이 그 정보를 이용해 재산을 불리는 행위가 과연 적절한지는 대체로 문제가 되지 않았다. 영국에서 로스차일드 가문이 부를 쌓게 된 주 요인은 네이선 로스차일드가 워털루에서 웰링턴 장군이 승리를 거두었다는 소식을 미리 알고서 그것을 분별 있게 활용한 데 있었는데, 이에 대해 왕실 위원회나 분노한 대중이 이의를 제기하는 일은 없었다. 거의 같은 무렵에 대서양 반대편에서는 이와 비슷하게 존 제이컵 애스터가 1812년 전쟁(미영 전쟁)을 종식시키는 겐트 조약 체결 소식을 미리 알고 이를 이용해 큰돈을 벌었다. 남북 전쟁 이후 미국의 일반 투자자들은 여전히 내부자가 자신의 특권적 정보를 이용해 거래를 하는 것을 그 사람의 권리로 인정했고, 그들이 지나가면서 흘리는 부스러기를 주워 먹는 것에 만족했다. (그러한 내부자 거래로 유명한 대니얼 드루는 심지어 독이 묻은 부스러기를 떨어뜨림으로써—그는 교활하게도 자신의 투자 계획 메모를 거짓으로 작성해 공개된 장소에 뿌렸다.—작은 은총마저 베풀길 거부했다.) 19세기에 많은 미국인의 부는 실제로 내부자 거래를 기반으로 한 것은 아니라 하더라도, 그 관행을 통해 크게 불어났다. 만약 그 시대에 그러한 거래를 사실상 금지했더라면 현재의 사회적, 경제적 질서가 어떻게 변했을까 하는 질문은 쓸데없지만 흥미로운 추측을 부추긴다. 1910년까지는 자사 주식을 거래하는 기업 임원이나 이사, 직원의 도덕성에 공개적으로 의문을 제기한 사람은 아무도 없었다. 1920년대까지는 그런 사람들에게 주식 시장에서 농간을 부리는 게임을 허용하는 것은 말도 안 되는 일이라는 생각이 널리 확산되지 않았고, 1934년이 되어서야 의회에서 공정성을 회복하기 위한 법안이 통과되었다. 증권거래법이라는 이 법안은 기업 내부자가 자사 주식의 단기 거래에서 실현한 수익은 모두 회사에 몰수된다고 규정하고 있으며, 게다가 1942년에 시행된 시행 규칙 10B-5에 따라 어떤 주식 거래자도 사기를 치기 위해 어떤 계획을 사용하거나 "중요한 사실에 관하여 허위 진술을 하거나 … 중요한 사실의 진술을 누락해서는" 안 된다고 규정했다.

중요한 사실의 진술을 누락하는 것은 내부 정보 이용 방법의 핵심이기 때문에, 법은(내부자의 자사 주식 취득을 금지하지도 않고, 해당 주식을 6개월 이상 보유한다면 그 수익을 몰수하지도 않는 반면) 내부 정보를 이용해 농간을 부리는 행위를 불법으로 간주하는 것으로 보인다. 하지만 실제로는 얼마 전까지만 해도 1942년 법은 사실상 존재하지 않는 듯한 취급을 받았다. 증권거래법에 따라 설립된 연방 집행 기관인 증권거래위원회는 아주 드물게, 그리고 그 행위가 너무 노골적이어서 반드시 이 법이 아니더라도 관습법으로 충분히 기소할 수 있는 사안에 대해서만 이 법을 적용했다. 이 법을 이렇게 느슨하게 적용한 데에는 그럴 만한 이유가 있었던 것으로 보인다. 무엇보다도, 자사의 기업 비밀을 이용하는 특권은 경영진에게 최선의 노력을 기울이도록 자극하는 인센티브로 널리 간주되었으며, 일부 당국자는 아무리 공정한 게임의 정신에 어긋난다 하더라도 주식 시장에 내부자들이 아무 제약 없이 존재하는 것이 부드럽고 질서 있는 거래의 흐름에 꼭 필요하다고 주장했다. 게다가 엄밀히 따지면 내부자이건 아니건 대다수 주식 트레이더는 어떤 종류의 내부 정보를 갖고 있거나 숨기고 있으며, 아니면 적어도 그렇다고 바라거나 믿으며, 따라서 시행 규칙 10B-5를 공정하게 적용한다면 월스트리트에 대혼란이 일어날 것이라는 주장도 있었다. 따라서 증권거래위원회는 이 규칙을 20년 동안 대체로 규정집 안에 넣어둔 채 꺼내서 휘두르지 않음으로써 월스트리트의 큰 취약점 중 하나를 건드리는 행동을 의식적으로 삼간 것처럼 보였다. 그런데 증권거래위원회는 준비 동작처럼 가볍게 잽을 두어 번 던진 뒤에 갑자기 맹렬하게 그 취약점을 공격했다. 증권거래위원회는 텍사스걸프설퍼컴퍼니와 그 회사 이사와 직원 13명을 상대로 민사 소송을 제기했다. 이 재판은 1966년 5월 9일부터 7월 21일까지 폴리스퀘어 미국연방 지방법원에서 배심원단 없이 진행되었다. 재판장인 더들리 본설은 재판 도중에 "우리가 여기서 새 땅을 일구고 있다는 사실에 모두가 동의하리라고 봅니다."라고 가볍게 언급했다. 그들은 거기서 단지 땅을 일구는 데 그치지 않고, 어쩌면 씨도 뿌린 것으로 보인다. 헨리 만은 《내부자 거래와 주식 시장》 이란 책에서 이 재판은 내부자 거래의 모든 문제를 거의 고전적이라고 할 만큼 훌륭한 용어로 제시했다고 말하고, 그 판결은 "앞으로 오랫동안 이 분야의 법을 결정할지 모른다."라는 의견을 내놓았다.

키드-55에서 터진 광맥

증권거래위원회를 행동에 나서게 만든 사건은 1959년 4월에 뉴욕 시에 본사를 둔 세계적인 황 생산업체 텍사스걸프가 캐나다 순상지[1]를 항공기로 지질 탐사하면서 시작되었다. 인간의 접근을 쉽게 허락하지 않는 광대하고 황량한 이 땅은 아직 사람들의 기억에 남아 있는 과거 한때 금이 풍부하게 산출되던 곳이었다. 텍사스걸프 직원들이 비행기에서 찾으려고 한 것은 황도 금도 아니었다. 그것은 바로 황화물이었다. 즉, 황이 아연이나 구리 같은 유용한 광물과 화학적으로 결합하여 묻혀 있는 광상鑛床을 찾고자 했다. 텍사스걸프는 채굴 가능한 광맥을 발견함으로써 사업 영역을 확대해 시장에서 가격이 떨어지고 있던 황에 대한 의존도를 줄이려고 했다. 간헐적으로 탐사 작업을 진행한 2년 동안 비행기에 실린 지구물리학 측정 장비들에 때때로 기묘한 것이 탐지되었다. 심하게 흔들리는 바늘들은 땅 밑에 전도성 물질이 묻혀 있음을 시사했다. 탐사자들은 지구물리학자들이 '자기 이상'이라 부르는 현상이 일어나는 지역들을 지도 위에 꼼꼼하게 표시했다. 자기 이상이 발견된 곳은 모두 합쳐서 수천 군데에 이르렀다. 자기 이상이 발견되었다고 해서 곧바로 채굴 작업을 검토할 수 있는 단계는 아니었는데, 전도성 물질은 황화물뿐 아니라 흑연, 흔히 '바보의 금'이라 부르는 황철광, 심지어 물을 포함해 아주 많기 때문이다. 그럼에도 불구하고, 텍사스걸프 직원들이 발견한 수백 군데의 자기 이상은 지상 탐사를 할 만한 가치가 있는 것으로 평가되었고, 그중에서도 가장 유망한 곳은 그들의 지도에 키드-55 구역으로 표시된 곳이었다. 그곳은 온타리오주 티민스에서 북쪽으로 24km쯤 떨어진 곳에 위치한 면적 1평방마일의 저습지로, 나무가 조금 있고 지면에 노출된 암석은 거의 없었다. 티

---

1) 캐나다 북부 및 중부 지역에 광범위하게 뻗어 있는 선캄브리아대의 탁상지.

민스는 토론토에서 북서쪽으로 560km쯤 떨어진 곳에 위치한 도시로, 옛날에 금을 채굴하던 곳으로 유명했다. 키드-55는 개인 소유지였기 때문에, 텍사스걸프가 맨 먼저 해결해야 할 문제는 지상 탐사 작업을 하기 위해 그 땅을 전부 혹은 충분한 면적만큼 매입하는 것이었다. 텍사스걸프 같은 큰 회사가 광물 채굴 탐사를 한다고 알려진 지역에서 땅을 취득하려면 복잡한 문제가 많았기 때문에, 1963년 6월에 가서야 키드-55 중 4분의 1에 해당하는 북동쪽 구역에서 시추를 할 수 있는 허가를 얻었다. 그해 10월 29일과 30일에 텍사스걸프의 엔지니어인 리처드 클레이턴은 북동쪽 구역에서 전자기 측정 작업을 시작했고, 만족할 만한 결과를 얻었다. 11월 8일에 시추 장비가 그곳으로 옮겨져 왔고, 11월 8일에 첫 번째 시추공을 뚫기 시작했다.

그러고 나서 키드-55에서는 흥분의 날들이 이어졌다. 시추 작업을 책임진 사람은 케네스 다크라는 텍사스걸프의 젊은 지질학자였다. 시가를 즐겨 피우고, 눈에 방탕기가 어린 그는 큰 회사 조직에 속해 일하는 사람보다는 전통적인 광물 탐사자처럼 보였다. 사흘 동안 계속된 시추 작업에서 지름 3.1cm의 원통형 코어가 나왔는데, 이는 키드-55의 땅속에 실제로 무엇이 들어 있는지 보여주는 첫 번째 시료였다. 코어가 올라오자 다크는 아무 도구도 사용하지 않고 오로지 자신의 눈과 다양한 광상이 천연 상태에서 보여주는 모습에 대한 지식에 의존해 그것을 세밀히 조사했다. 11월 10일 일요일 저녁, 시추 드릴이 45m 깊이까지 뚫고 내려갔을 때, 다크는 지금까지 발견한 것을 보고하기 위해 코네티컷 주 스탬퍼드에 머물고 있던 직속 상사이자 텍사스걸프의 수석 지질학자인 월터 홀릭에게 전화를 걸었다. (키드-55 시추 장소에는 전화가 없었기 때문에 그는 티민스까지 가서 전화를 걸어야 했다.) 홀릭은 나중에 다크가 '흥분해' 있었다고 말했다. 그 점은 다크의 말을 듣고 난 홀릭 역시 마찬가지였던 것 같은데, 즉각 회사 차원에서 일요일 밤의 대소동이라고 부를 만한 조처를 취했기 때문이다. 그날 저녁, 홀릭은 자신의 집에서 가까운 그리니치에 살고 있던 리처드 몰리슨 부사장에게 전화를 걸었고, 몰리슨 역시 다크의 보고를 윗선으로 전하기 위해 같은 날 저녁에 **자신의** 상사이자 회사 내 2인자인 찰스 포가티 전무이사에게 전화를 걸었다. 다음 날에도 같은 지휘 계통(다크→홀릭→몰리슨→포가티)을 따라 추가 보고가 일어났다. 그 결과, 홀릭과 몰리슨과 포가티는 모두 키드-55로 가서 직접 현장을 보기로 했다.[2]

홀릭이 맨 먼저 도착했다. 그는 11월 12일에 티민스에 도착해 본에어 모텔에 투숙한 뒤, 지프와 트랙터를 타고 출발해 제시간에 도착했다. 그리고 시추 작업이 완료되는 걸 보고 다크가 눈으로 원통형 코어를 평가하고 기록하는 일을 도왔다. 그런데 그때까지 티민스에서 그럭저럭 지낼 만했던 11월 중순의 날씨가 갑자기 나빠졌다. MIT에서 지질학 박사 학위를 받은 40대의 캐나다인인 홀릭은 나중에 그때 날씨가 '아주 혹독'했다고 말했다. "춥고 강풍이 몰아쳤으며, 금방이라도 눈과 비가 몰아칠 것 같았어요. 그리고 … 우리는 시추공의 세부 내용보

---

2) 미국 회사의 직급에 대해 약간 설명하자면, 흔히 부사장으로 번역하는 vice president는 미국에서는 사장 다음의 2인자가 아니라, 그냥 임원 중 하나의 직급일 뿐이다. 반면에 executive vice president는 전무이사로 번역하는데, 우리나라와 달리 전무이사가 부사장보다 높은 직급이니 오해하지 말기 바란다.

다는 개인의 안전에 훨씬 더 신경을 썼습니다. 다크는 기록을 했고, 나는 광물 함량을 추측하려고 애쓰면서 코어를 살펴보았지요." 그런 악조건에서 실외 작업을 하는 어려움에 더해 일부 코어는 흙과 기름으로 뒤범벅이 된 상태였기 때문에, 땅 위로 끌어올려 그 성분 함량을 추측하기 전에 먼저 가솔린으로 깨끗이 씻어내야 했다. 이 모든 어려움 속에서도 홀릭은 코어의 성분을 추측하는 데 성공했는데, 그 결과는 아무리 축소해서 말해도 아주 놀라운 것이었다. 그는 최종 길이가 약 180m인 코어에서 구리의 평균 함량은 1.15%, 아연의 평균 함량은 8.64%로 보인다고 추정했다. 광업에 특별한 지식을 가진 캐나다의 한 증권 중개인은 나중에 그만한 길이와 그 정도 광물 함량을 가진 코어는 "그 누구의 상상도 넘어서는 것"이라고 말했다.

비밀리에 시작된 주식 매수

텍사스걸프가 확실한 광상을 발견한 것은 아직 아니었다. 상업적으로 개발할 만한 가치가 없는 광맥이 아주 길고 좁게 뻗어 있는데, 순전히 환상적인 우연의 일치로 시추 드릴이 바로 그곳에 닿았을 가능성(마치 칼이 칼집으로 들어가듯이 시추 드릴이 정확하게 광맥을 찌르고 들어갔을 가능성)이 항상 있었다. 광상의 형태와 경계를 제대로 파악하려면, 지표면의 여러 장소에서 다양한 각도로 땅속으로 파고들어가 조사한 여러 시추 구멍들의 패턴을 얻는 게 필요했다. 하지만 텍사스걸프가 키드-55의 나머지 4분의 3 지역까지 개발권을 얻기 전에는 그런 패턴을 얻기가 불가능했다. 설사 개발권을 얻는 게 가능하다 해도 그러기까지 시간이 한참 걸릴 수밖에 없었지만, 텍사스걸프는 그 상황에서 취할 수 있는 여러 단계의 조처가 있었고, 실제로 그것을 실행에 옮겼다. 먼저 시추 장비를 첫 번째 시추공 장소에서 철수시켰다. 베어낸 어린 나무들은 시추공 주변 땅에 꽂아두어 그 장소를 원래의 자연 상태와 비슷하게 만들었다. 그리고 조금 멀리 떨어진 곳에서 아무 성과도 없는 코어가 예상되는 장소에 두 번째 시추공을 여봐란 듯이 과시하며 뚫었다. 이 위장 행동은 뜻밖의 횡재를 했다고 생각하는 채굴업자들 사이에서 오래전부터 확립된 관행에 따른 것이다. 그리고 텍사스걸프 사장인 클로드 스티븐스는 탐사에서 발견한 사실이 실제 탐사 활동에 관여한 사람들 밖으로, 심지어 회사 내에서도, 절대로 새어나가서는 안 된다고 지시했다. 11월 하순에 내용물의 성분과 함량을 과학적으로 분석하기 위해 시추한 코어를 여러 부분으로 나누어 솔트레이크시티에 있는 유니언성분분석소로 보냈다. 그러고 나서 텍사스걸프는 키드-55의 나머지 땅을 매입하기 위해 은밀히 손을 쓰기 시작했다.

한편, 티민스 북쪽에서 벌어진 사건과 관련이 있을 수도 있고 없을 수도 있는 행동들이 일어났다. 11월 12일에 포가티는 텍사스걸프 주식 300주를 매수했고, 15일에는 700주를, 19일에는 500주를, 26일에는 200주를 추가 매수했다. 클레이턴은 11월 15일에 200주를 매수했고, 몰리슨은 같은 날에 100주를 매수했다. 그리고 홀릭의 부인은 29일에 50주를 매수하고, 12월 10일에 추가로 100주를 더 매수했다. 하지만 이러한 주식 매입은 특정 임원들과 직원들 그리고 심지어 그 친구들 사이에서 곧 몰아닥칠 텍사스걸프 주식 매수 열풍을 암시하는 조짐에 불과했다. 12월 중순에 솔트레이크시티에서 코어 분석 보고서가 돌아왔는데, 홀릭이 대충 추정했던 것이 놀랍도록 정확한 것으로 확인되었다. 구리와 아연 함량은 홀릭이 말한 것과 거의 정확하게 일치했다. 그리고 일종의 보너스로 광물 1톤당 112g의 은도 포함돼 있었다. 12월 하순에 다크는 워싱턴 D.C.와 그 인근으로 여행을 떠나 자신이 아는 여자와 그녀의 어머니에게 텍사스걸프 주식을 사라고 권했다. 재판에서 '티피'[3]라고 지칭된 이 두 사람은 그 정보를 다른 두 사람에게 전달했고, 논리적으로 당연히 이들은 '서브티피 sub-tippee'로 지칭되었다. 12월 30일부터 다음 해 2월 17일 사이에 다크의 티피와 서브티피는 텍사스걸프 주식을 2100주 매수했고, 추가로 콜 옵션을 1500주 더 샀다. 콜 옵션은 특정 주식을 명기된 기간의 어느 시기에 미리 정한 가격(일반적으로는 현재 시장 가격과 비슷하게 정하는 게 보통이다.)에 합의한 양만큼 살 수 있는 권리를 말한다. 대부분의 상장 주식에 대한 콜 옵션은 그것을 전문으로 취급하는 딜러들에게서 항상 살 수 있다. 매수자는 일반적으로 실제 주가보다 훨씬 낮은 가격에 옵션을 살 수 있다(옵션은 주식 자체를 사는 게 아니라, 주식을 살 수 있는 권리를 사는 것이므로). 만약 명기된 기간에 해당 주식의 주가가 올라간다면 옵션 매수자는 그 차익을 순이익으로 챙길 수 있는 반면, 만약 주가가 내려가거나 그대로라면 경마

---

3) tippee. 원래는 팁을 받는 사람이란 뜻이지만, 주식 시장에서는 주가 등의 내부 정보를 입수하는 사람을 뜻한다.

에 돈을 걸었다가 진 사람이 마권을 그냥 찢어버리듯이 콜 옵션을 그 냥 포기하고 콜 옵션을 사는 데 든 돈만 날리면 된다. 따라서 콜 옵션 은 주식 시장에서 가장 적은 돈을 투자해 도박을 할 수 있는 방법을 제 공한다. 그와 동시에 내부 정보를 현금으로 바꾸기에 가장 편리한 방 법이기도 하다.

티민스로 돌아간 다크는 겨울의 추위와 키드-55의 토지 소유권 문 제 때문에 일시적으로 지질학자로서 할 일이 없었는데, 그렇다고 아무 일도 하지 않고 빈둥거리지는 않았다. 1월에 그는 텍사스걸프 직원이 아닌 티민스 주민과 함께 개인적으로 사업 동업자가 되어 티민스 부근 의 공유지를 일부 매입했다. 2월에 다크는 몹시 추운 어느 겨울날 저녁 에 티민스의 술집에서 들은 이야기를 홀릭에게 전했다. 자기가 아는 사 람이 텍사스걸프가 그 부근에서 굉장한 광맥을 발견했다는 소문을 들었 다고 하면서 자기 땅에 대한 권리를 주장해야겠다고 이야기했다는 것 이다. 훗날 홀릭은 그 이야기에 큰 충격을 받고는 다크에게 키드-55를 역병처럼 피하라고 했던 이전의 정책을 뒤집어 "당장 그 … 지역으로 가서 우리에게 필요한 모든 땅을 구입하라."라고 이야기했다고 회상했 다. 또, "그 지인이 이 일에 관여하지 않도록 헬리콥터를 태우든가 어떻 게 해서든 장애물이 되지 않게 하라."라고 말했다. 다크는 아마도 이 지 시를 따랐던 것으로 보인다. 게다가 1964년의 처음 석 달 동안 다크는 텍사스걸프 주식 300주를 노골적으로 매수하고, 콜 옵션으로 3000주를 더 샀으며, 점점 불어나는 자신의 티피 명단에 형제를 포함해 여러 사 람을 더 집어넣었다. 홀릭과 클레이턴은 같은 기간에 금융 측면에서 다크만큼 활발한 행보를 보이진 않았지만, 텍사스걸프 보유 주식 수는 상당히 늘렸다. 홀릭 부부의 경우에는 특히 이전에 그들이 별로 들어보지도 못했지만 텍사스걸프 관계자들 사이에서는 크게 유행하고 있던 콜 옵션을 통해 보유 주식 수를 크게 늘렸다.

마침내 봄이 다가올 조짐이 보이자, 텍사스걸프의 토지 구입 계획도 아주 잘 마무리되었다. 3월 27일 무렵에 텍사스걸프는 필요한 땅을 대부분 손에 넣었다. 즉, 키드-55의 나머지 세 구역에 대한 소유권이나 광물 채굴권을 확보한 것이다. 다만, 두 구역에 대해서는 이익의 10%를 넘기기로 양보했는데, 끝까지 완강하게 버텨 양보를 얻어낸 한 소유주는 커티스 출판사였다. 다크와 그의 티피들과 서브티피들이 3월 30일과 31일에 마지막으로 주식을 대량 매입한 뒤에(이들은 이틀 동안에 텍사스걸프 주식 600주와 콜 옵션 5100주를 추가 매수했다.) 아직도 얼어붙어 있는 키드-55의 저습지에서 시추 작업이 재개되었다. 이번에는 홀릭과 다크가 모두 현장에 나갔다. 새로운 시추공―전체적으로는 세 번째 시추공이지만, 실제 작업으로는 두 번째 시추공이었다. 11월에 있었던 두 시추공 중 하나는 사람들의 주의를 분산시키기 위한 가짜 시추공이었기 때문이다―은 브라케팅[4] 과정을 진행하기 위해서 첫 번째 시추공과 조금 떨어진 지점에서 뚫기 시작해 비스듬한 각도로 파 들어갔다. 지상으로 나온 코어를 관찰하고 기록하던 홀릭은 추위 때문에 연필을 쥐고 있기조차 힘들었다. 하지만 처음 30m 이후부터 유망

---

4) bracketing. 사진에서 동일한 피사체를 여러 가지 다른 카메라 조건으로 촬영하는 기법. 단 한 번의 촬영으로 만족스러운 사진을 얻기 힘들 때 쓰는 방법이다.

한 광물 조성이 나타나기 시작하는 걸 보면서 마음은 무척 훈훈했을 것이다. 그는 4월 1일에 포가티에게 전화로 첫 번째 경과보고를 했다. 이제 티민스와 키드-55에서는 매우 힘든 일상 업무가 추가되었다. 시추 작업을 하는 사람들은 현장에 계속 머물렀지만, 지질학자들은 뉴욕의 상사들에게 진행 상황을 계속 알리기 위해 전화가 있는 티민스까지 자주 왔다 갔다 해야 했다. 바람에 날린 눈이 2m 높이로 쌓인 길을 따라 도시와 시추 현장 사이의 24km를 오가는 데에 보통 3시간 30분 내지 4시간이 걸렸다. 자기 이상이 발견된 장소마다 그 부근에 새로운 구멍이 하나씩 차례로 생겼고, 시추 드릴이 각각 다른 각도로 땅을 파고 들어갔다. 처음에는 시추 작업에 꼭 필요한 물이 부족해 시추 장비를 한 번에 하나밖에 사용할 수 없었다. 땅은 꽁꽁 얼어붙고 높이 쌓인 눈으로 덮여 있어, 물은 키드-55에서 800m쯤 떨어진 연못 얼음 밑에서 힘들게 펌프질해 끌어와야 했다. 4월 7일에 세 번째 시추공을 다 뚫고 나서 같은 시추 장비를 사용해 즉각 네 번째 시추공을 뚫는 작업에 들어갔다. 다음 날, 물 부족 문제가 다소 완화되자, 두 번째 시추 장비로 다섯 번째 시추공을 뚫는 작업이 시작되었고, 이틀 뒤인 10일에는 세 번째 시추 장비도 작업에 투입되었다. 이 사건의 주역들은 4월 초순에는 대체로 매우 바쁘게 일했다. 이 기간에 텍사스걸프 주식의 콜옵션 매수 활동은 거의 정지 상태였다.

시추 작업을 통해 거대한 광상의 윤곽이 조금씩 드러났다. 세 번째 시추공은 우려했던 것과는 달리 첫 번째 시추공이 우연히 좁은 광맥에 다다른 게 아님을 확인해주었고, 네 번째 시추공은 광맥이 만족스러울

만큼 깊이 뻗어 있음을 확인해주었다. 어느 시점(정확한 시점은 나중에 논란의 대상이 되었다.)에 텍사스걸프는 굉장한 규모의 경제성 있는 광상을 확보했다는 사실을 알게 되었다. 그 시점이 다가오면서 관심의 초점은 시추 작업자들과 지질학자들에게서 임원과 금융업자 쪽으로 옮아갔는데, 이들은 나중에 증권거래위원회의 미움을 사는 주요 표적이 되었다. 티민스에는 4월 8일과 9일에 눈이 엄청나게 내려 지질학자들조차 도시에서 키드-55까지 갈 수가 없었지만, 9일 저녁 무렵 그들은 7시간 30분에 걸친 힘겨운 여행 끝에 마침내 그곳에 도착했다. 그리고 하루 전에 티민스에 도착했던 몰리슨 부사장도 그들과 함께 동행했다. 몰리슨은 그날 밤을 시추 현장에서 보낸 뒤, 다음 날 정오 무렵에 떠났다. 그는 훗날 키드-55에서 야외 작업자들이 먹던 점심을 피하려고 서둘러 떠났다고 설명했는데, 주로 책상머리에 앉아 지내는 그에게는 그 식사가 부담스러웠기 때문이다. 하지만 그는 떠나기 전에 분쇄 시험용 시추공을 뚫으라는 지시를 내렸다. 그러려면 채굴한 광물을 통상적인 분쇄 과정으로 처리할 수 있는지 판단하기 위해 비교적 큰 코어를 얻어야 했다. 보통 분쇄 시험용 시추공은 경제성 있는 광상이 존재한다는 사실이 확인되기 전까지는 뚫지 않는다. 따라서 이때 이미 텍사스걸프는 그 광상의 경제성을 알았을지 모른다. 훗날 증권거래위원회가 내세운 두 채굴 전문가는 변호에 나선 전문가들의 의견에 맞서 몰리슨이 이 지시를 내릴 무렵에 텍사스걸프는 이미 계산을 통해 키드-55에 묻힌 광물이 적어도 2억 달러의 평가 가치가 있다는 정보를 알고 있었다고 주장했다.

소문을 막아라!

이제 캐나다 광업계에는 유언비어가 봇물 터지듯 흘러넘쳤다. 돌이켜
보면, 그때까지 왜 그토록 오랫동안 조용했는지가 오히려 의문스러워
보인다. (토론토의 한 주식 중개인은 재판 중에 이렇게 말했다. "나는 시추를
하던 사람들이 그 지긋지긋한 시추 장비를 내팽개치고 증권회사로 최대한 빨리
달려가거나 … [혹은] 전화기를 집어 들고 토론토에 전화하는 것을 보았습니다."
계속해서 그는, 그런 전화 통화를 하고 나면, 베이스트리트[5]에서 모든 페니 스
톡[6] 암거래상의 지위는 마권 암거래상의 지위가 가끔 기수나 말과 얼마나 친분
이 있느냐에 좌우되는 것처럼 시추 작업을 직접 한 사람과 개인적 친분이 얼마
나 깊은가에 전적으로 좌우된다고 말했다.) 광업 부문 주식에 막대한 영향
력을 지닌 토론토의 주간지 《노던 마이너》는 9일에 "텍사스걸프의 활
동이 키드 타운십에 집중되고 있다는 소문이 퍼지고 있다. 일련의 시
추 장비들이 그곳에서 작업을 하고 있다고 보고되었다."라고 보도했
고, 같은 날 토론토의 《데일리 스타》는 티민스는 온 도시가 "흥분으로
들떴으며, 모든 길거리와 이발소에서 최대의 화제는 단연 텍사스걸
프"라고 전했다. 텍사스걸프의 뉴욕 본사에서는 전화통에 불이 날 지
경으로 문의 전화가 쇄도했지만, 임원들은 냉담하게 답변을 피했다.
10일, 스티븐스 사장은 일파만파로 퍼져나가는 소문이 염려되어 가장
신뢰하는 동료에게 자문을 구했다. 그는 텍사스걸프 이사회의 선임 이

---

5) Bay Street. 캐나다 최대의 증권거래소가 있는 토론토 시의 금융 중심지.
6) penny stock. 투기적인 저가주.

사 토머스 라몬트로, 전에 모건의 제2세대 동업자였고, 모건개런티신탁회사에서 과거와 현재에 높은 자리를 여럿 거쳤으며, 오랫동안 월스트리트에서 꽤 알아주는 이름으로 통했다. 스티븐스는 라몬트에게 티민스 북쪽 지역에서 일어난 일을 이야기하면서(라몬트가 그 이야기를 들은 것은 이것이 처음이었다.) 자신은 아직 흥분할 만큼 증거가 확실치 않다고 생각한다는 점을 분명히 한 뒤, 과장된 보도에 대해 어떻게 하는 게 좋겠느냐고 의견을 물었다. 라몬트는 과장된 보도가 캐나다 언론에 국한돼 실리는 한, "내 생각엔 그냥 내버려둬도 괜찮을 것 같은데요."라고 대답했다. 하지만 만약 미국의 신문에 실린다면, 오해를 바로잡고 주식 시장에 부적절한 소용돌이가 생기는 것을 막기 위해 언론에 성명을 발표하는 게 좋을 거라고 덧붙였다.

다음 날인 11일 토요일, 마침내 그 소문들이 미국 신문들에도 요란하게 실렸다. 《뉴욕타임스》와 《헤럴드 트리뷴》은 텍사스걸프가 굉장한 광상을 발견했다는 기사를 실었다. 특히 《헤럴드 트리뷴》은 그 기사를 1면에 실으면서 "60년도 더 전에 캐나다에서 금이 발견된 이래 최대 규모의 광상 발견"이라고 언급했다. 스티븐스는 이 기사들을 읽고 나서 아마도 눈이 휘둥그레져서 포가티에게 월요일 신문에 실릴 수 있도록 제때 보도 자료를 배포하라고 통보했고, 포가티는 주말 동안 여러 회사 임원의 도움을 받아 보도 자료를 작성했다. 한편, 키드-55에서는 상황이 가만히 멈춰 있지 않았다. 훗날의 증언에 따르면, 토요일과 일요일에 시추공들에서 구리와 아연을 가득 포함한 코어들이 더 나옴에 따라 광상의 가치는 시시각각 불어나고 있었다. 하지만 포가티는 금요일 밤 이후로는 티민스와 연락을 주고받지 않았기 때문에, 일요일 오후에 그가 동료들과 함께 언론에 배포한 보도 자료에는 최신 정보가 반영되지 않았다. 이 때문이건 혹은 다른 이유 때문이건, 그 보도 자료에서는 텍사스걸프가 새로운 컴스톡 광맥[7]을 발견한 것으로 보인다는 이야기는 전혀 찾아볼 수 없었다. 보도 자료는 지금까지 보도된 기사들에 대해 과장되고 신뢰할 수 없는 것이라고 규정하면서 "티민스 부근의 한 사유지에서" 최근에 시추 작업을 벌여 "향후 전망을 적절하게 평가하려면 추가 시추 작업이 필요하다는 것을 시사하는 결과"를 얻었다고만 인정했다. 그리고 이어서 "지금까지 이루어진 시추 작업은 결정적인 것이 못 되었다."라고 말하고, 똑같은 이야기를 대동소이하게 표현해 "지금까지 이루어진 작업은 확실한 결론을 내리기에는 불충분했다."라고 말했다.

이렇게 들뜬 소문을 진정시킨 혹은 잠재운 이야기가 월요일 조간 신문들에 실렸을 때, 그것은 대중에게 잘 먹혀든 것으로 보인다. 왜냐하면, 그 주 초에 텍사스걸프 주가는《뉴욕타임스》나《헤럴드 트리뷴》의 기사를 반박하는 보도 자료가 나오지 않았을 경우에 예상됐던 만큼 높이 올라가지 않았기 때문이다. 전해 11월에 17~18달러 부근에서 팔렸던 텍사스걸프 주식은 몇 달 사이에 약 30달러로 올라 있었는데, 월요일에 뉴욕증권거래소에서 32달러(금요일의 종가에 비해 약 2달러가 오른 가격)로 거래가 시작된 뒤에 하락세를 보이다가 장이 마감하기 직전

---

7) 1859년에 헨리 컴스톡Henry T. P. Comstock이 미국 네바다 주 버지니아시티 근교에서 발견한 은 광맥. 그때까지 가장 질이 좋은 은 광맥이었다.

엔 $30\frac{7}{8}$ 달러까지 떨어졌다. 그리고 그다음 이틀 동안에는 더 떨어져 수요일에는 한때 $28\frac{7}{8}$ 달러까지 떨어졌다. 투자자들과 트레이더들은 일요일에 텍사스걸프가 소문을 부인한 발표에 큰 영향을 받은 게 분명해보였다. 하지만 이 사흘 동안 캐나다와 뉴욕의 텍사스걸프 사람들은 분위기가 전혀 달랐던 것으로 보인다. 과장된 소문을 부인하는 보도 자료가 신문에 보도된 월요일인 13일, 키드-55에서는 분쇄 시험용 시추공 작업이 완료되었고, 3개의 시추공에서 시추 드릴이 계속 작업을 했다. 현장에는 《노던 마이너》의 기자가 와서 몰리슨과 홀릭과 다크에게서 그동안 얻은 성과에 대한 설명을 들었다. 그들이 그 기자에게 이야기한 내용을 지금 와서 돌이켜보면, 보도 자료를 작성한 사람들이 일요일에 사람들에게 믿게 한 것이 무엇이건, 키드-55 현장에 있던 사람들은 월요일에 아주 큰 광상을 발견했다는 사실을 알고 있었던 게 확실하다. 하지만 세상 사람들은 《노던 마이너》가 구독자의 집으로 배달되거나 가판대에서 팔리기 시작한 목요일 아침까지(적어도 동일한 출처를 통해서는) 그 사실을 전혀 알지 못했다.

화요일 저녁, 몰리슨과 홀릭은 비행기를 타고 몬트리올로 갔다. 캐나다광업야금업협회가 개최한 연례 회의에 참석하려고 갔는데, 그곳에는 광업계의 유력 인사들과 투자자들이 수백 명 참가했다. 회의 장소인 퀸엘리자베스 호텔에 도착한 몰리슨과 홀릭은 영화계 스타와 같은 환영을 받고서 깜짝 놀랐다. 그곳은 하루 종일 텍사스걸프의 광상 발견에 대한 소문으로 떠들썩했던 게 분명했고, 모두들 직접 그 정보를 맨 먼저 듣고 싶어 했다. 심지어 티민스에서 온 특사들 입에서 나올

지도 모르는 그 발언들을 포착하기 위한 것이 분명한 텔레비전 카메라들까지 설치돼 있었다. 몰리슨과 홀릭은 그 문제에 대해 **어떤** 발언도 할 권한이 없었기 때문에 서둘러 발길을 돌려 퀸엘리자베스 호텔을 빠져나와 그날 밤은 몬트리올 공항 부근의 한 모텔에서 묵었다. 다음 날인 15일 수요일에 그들은 비행기를 타고 몬트리올에서 토론토로 갔는데, 사전 약속에 따라 온타리오 주 광업부 장관과 차관이 동행했다. 여행 도중에 그들은 장관에게 키드-55의 상황을 간략하게 보고했고, 보고를 받은 장관은 최대한 빨리 공개 성명을 통해 이 문제의 불확실한 상황을 정리하고 싶다고 말했다. 그리고 나서 그는 몰리슨의 도움을 받아 발표문 초안을 작성했다. 몰리슨이 작성해 보관한 복사본에 따르면, 그 성명 중에는 "지금까지 얻은 정보로 … 회사는 충분한 확신을 얻었으며, 나는 텍사스걸프가 상당한 규모의 채굴 가능한 아연, 구리, 은 광상을 확보했고, 최대한 빠른 시일 내에 개발하여 생산할 것이라고 발표할 수 있게 되었습니다."라는 문구가 들어 있었다. 몰리슨과 홀릭은 장관이 그날 밤 11시에 토론토에서 라디오와 텔레비전 방송으로 성명을 발표할 것이라고 믿었다. 그러면 다음 날 아침 일찍 《노던 마이너》가 뿌려지기 몇 시간 전에 텍사스걸프의 희소식은 공공 재산이 될 것이다. 하지만 그 뒤에 명확하게 밝혀지지 않은 어떤 이유로 장관은 그날 밤에 성명을 발표하지 않았다.

파크애비뉴 200번지에 위치한 텍사스걸프 본사에서는 그와 비슷하게 위기가 고조되는 분위기가 감돌았다. 마침 매월 개최하는 정기 이사회 회의가 목요일 오전으로 잡혀 있었다. 텍사스 주 휴스턴에 살고 있던 프랜시스 코츠 이사는 키드-55의 상황에 대해 전혀 들은 이야기가 없었던 터라, 월요일에 스티븐스에게 전화를 걸어 이사회에 굳이 참석할 필요가 있느냐고 물었다. 스티븐스는 반드시 참석하라고 말하면서도 그 이유는 설명하지 않았다. 시추 장소에서는 점점 더 좋은 소식이 계속 날아왔고, 수요일 어느 시각엔가 텍사스걸프 임원들은 새로운 보도 자료를 작성해 목요일 오전 이사회 회의가 끝난 다음에 열릴 기자회견에서 발표하기로 했다. 그날 오후에 스티븐스와 포가티와 데이비드 크로퍼드 총무이사가 보도 자료를 작성했다. 이번 보도 자료는 최신 정보를 바탕으로 작성했고, 게다가 반복 구절이나 모호한 표현도 없었다. 그중에는 "텍사스걸프설퍼컴퍼니는 티민스 지역에서 대규모 아연, 구리, 은 광상을 발견했습니다. … 현재 7개의 시추공 작업이 사실상 완료되었는데, 그 결과는 적어도 길이 240m, 폭 90m, 높이 240m 이상 되는 광상이 있음을 시사합니다. 이것은 실로 굉장한 발견입니다. 예비 데이터는 매장량이 2500만 톤 이상임을 시사합니다."라는 문구가 포함돼 있었다. 사흘 전에 발표한 보도 자료와 이번 보도 자료 사이의 큰 차이점에 대해서는 그 사이에 "상당히 많은 데이터가 쌓였습니다."라고 설명했다. 이 점은 아무도 부정할 수 없었다. 2500만 톤 이상의 광물 매장량은 그 가치가 일주일 전에 계산했던 2억 달러가 아니라, 그 몇 배 이상이나 된다는 것을 의미했다.

엔지니어인 클레이턴과 총무이사인 크로퍼드는 뉴욕에서 정신없이 바쁘게 지낸 그날, 그 와중에 짬을 내 증권 중개인에게 전화를 걸어 텍사스걸프 주식을 사달라고 주문했다. 클레이턴은 200주를, 크로퍼드는 300주를 주문했다. 그러고 나서 곧 크로퍼드는 그 정도로는 부족하다는 생각이 들었다. 그는 아마도 파크레인 호텔에서 그 생각 때문에 밤잠을 설쳤을 것이다. 그리고 다음 날 오전 8시 직후에 두 번째 전화를 걸어 증권 중개인을 깨운 뒤, 주문량을 두 배로 늘렸다.

내부자들의 발빠른 주식 매수

목요일 오전이 되자, 티민스에서 대규모 광상이 발견되었다는 공식 뉴스가 최초로 북아메리카의 투자업계에 빠르게, 하지만 불규칙하게 퍼져나갔다. 7시에서 8시 사이에 토론토의 우편배달부와 신문 가판대는 키드-55를 방문한 기자가 작성한 기사가 실린 《노던 마이너》를 배포하기 시작했다. 그 기자는 기사에서 그 발견을 광업계의 전문 용어를 잔뜩 섞어 설명했지만, 누구라도 쉽게 이해할 수 있는 언어로 그것을 "굉장한 탐사 성공"이자 "새로운 대규모 아연-구리-은 광상"이라고 부르는 걸 잊지 않았다. 거의 같은 시각에 《노던 마이너》는 디트로이트와 버펄로의 국경 남쪽에 있는 정기 구독자들에게도 배달되었고, 9시와 10시 사이에는 뉴욕에 있는 가판대 수백 개에도 도착한 것으로 보인다. 하지만 이곳에 신문들이 직접 나타나기 이전에 토론토에서 그 내용에 관한 전화 보고가 먼저 날아왔고, 9시 15분 무렵 텍사스걸프가 대박을 터뜨렸다는 소식은 확실히 뉴욕 증권회사들에서 화제가 되었다. E. F. 허튼 앤드 컴퍼니의 60번지 사무실에서 고객을 상대하던 한 직원은 나중에 중개인 동료들이 그날 오전 이른 시간부터 전화로 텍사스걸프 이야기로 하도 수다를 떠는 바람에 고객과 제대로 대화를 나눌 수 없었다고 불평했다. 하지만 그 와중에도 그는 짬을 내 부부 사이인 두 고객에게 전화를 걸어 텍사스걸프 주식에 투자를 권유함으로써 짧은 시간에 이익(정확하게는 1시간도 채 못 되는 시간에 1만 500달러)을 얻게 해주었다. (본설 판사는 이 말을 듣고 "우리는 모두 직업을 잘못 선택한 게 분명하군요."라고 평했다. 혹은 다른 맥락에서 빌란트 바그너가 "솔직히 말하면, 월스트리트가 바로 발할라[8]이다."라고 한 말도 있다.) 그날 이른 시각, 뉴욕증권거래소에서는 개장 시간인 10시 이전에 아침 식사를 제공하는 런천클럽에서도 토스트와 달걀을 먹는 트레이더들 사이에 온통 텍사스걸프 상황이 화제였다.

파크애비뉴 200번지에서 정각 9시에 지체 없이 열린 이사회 회의에서 이사들은 얼마 후 언론에 배포할 새로운 보도 자료를 받아 보았고, 스티븐스와 포가티, 홀릭, 몰리슨은 탐사 작업팀의 대표로서 돌아가면서 티민스의 발견에 대해 발언했다. 스티븐스는 또한 온타리오 주 광업부 장관이 전날 밤에 토론토에서 그 사실을 공개적으로 발표했다고 이야기했다. (물론 이것은 의도하지 않은 것이긴 해도, 틀린 발언이었다. 실제로는 광업부 장관은 스티븐스가 이 발언을 하고 있던 것과 거의 같은 시간에 토론토의 온타리오 주 의회 출입 기자단 앞에서 발표를 하고 있었다.) 10시 무렵에 이사회 회의가 끝난 뒤, 이사들이 그 자리에 앉아 있는 가운데 한

---

8) Valhalla. 북유럽 신화에 나오는 궁전으로, '전사자戰死者의 큰 집' 또는 '기쁨의 집'이라는 뜻. 일종의 이상향을 일컫는다.

무리의 기자들(경제 전문지와 일반 신문을 포함해 미국의 주요 신문과 잡지를 대표하는 22명의 기자들)이 기자 회견을 위해 이사회실로 우르르 몰려 들어왔다. 스티븐스는 보도 자료를 기자들에게 나눠준 뒤, 그런 행사에 따르는 기묘한 의식을 충실히 지키면서 보도 자료를 큰 소리로 낭독했다. 그가 이 불필요한 낭독을 하고 있는 동안 여러 기자는 신문사에 이 굉장한 뉴스를 전화로 알리기 위해 자리를 뜨기 시작했다. (라몬트는 훗날 "그들은 바람 새듯이 방에서 빠져나가기 시작했다."라고 표현했다.) 기자 회견에서 더 자세한 설명을 위해 티민스 주변의 시골 풍경을 보여주는 컬러 슬라이드쇼와 시추한 일부 코어를 전시하고 홀릭이 설명하는 행사가 진행되는 동안 다시 더 많은 기자들이 자리를 빠져나갔다. 마침내 기자 회견이 끝난 10시 15분 무렵엔 몇몇 기자만 그 자리에 남아 있었다. 이것은 기자 회견이 실패로 끝났음을 알리는 게 아니었다. 오히려 반대로 기자 회견의 성공 여부는 그것이 끝나기 전에 자리를 떠나는 사람의 수와 정비례한다.

텍사스걸프의 두 이사인 코츠와 라몬트가 그다음 30여 분 동안 한 행동은 증권거래위원회가 기소한 내용 중 가장 논란이 된 부분이었는데, 그 논란은 이제 법으로 명문화되었기 때문에, 그들의 행동은 내부 주식 거래를 하면서 말썽을 일으키지 않으려면 어떻게 행동해야 하는지 지침을 구하거나 최소한 비난을 피하려는 사람들이 적어도 한 세대 동안 참고할 가능성이 높다. 논란의 핵심은 시간인데, 특히 투자자들에게 친숙한 속보 제공 서비스인 다우존스 뉴스 서비스에서 텍사스걸프 뉴스를 전한 시간과 비교해 코츠와 라몬트가 의심스러운 행동을 한 시간이 문제가 된다. 미국의 증권회사나 투자회사 사무실은 거의 다 다우존스 뉴스 서비스를 제공하는데, 그 권위와 명성이 아주 높아 일부 투자자 집단은 어떤 뉴스가 일반 대중에게 공개되는 시점은 브로드 테이프에 인쇄되는 순간 결정된다고 간주한다. 1964년 4월 16일 오전에 다우존스의 한 기자는 텍사스걸프의 기자 회견장에 왔을 뿐만 아니라, 그 뉴스를 자기 사무실에 전화로 알리기 위해 자리를 일찍 뜬 사람들 중 한 명이었다. 그의 기억에 따르면, 그는 10시 10분에서 10시 15분 사이에 전화를 걸었다고 하는데, 사안의 중요성을 감안한다면 그런 뉴스는 전화를 건 지 2~3분 안에 전국의 사무실들에 있는 다우존스 브로드 테이프에서 인쇄돼 나오기 시작해야 했다. 그런데 실제로 텍사스걸프 뉴스는 설명할 수 없는 40여 분이 지난 뒤인 10시 54분이 되어서야 나타나기 시작했다. 브로드 테이프 메시지의 미스터리는 광업부 장관의 성명 발표 미스터리처럼 재판 과정에서도 관련성이 없다는 이유로 풀리지 않았다. 일부 사안을 상상에 맡기는 경향은 증거 규칙[9]의 매력적인 측면 중 하나이다.

텍사스 주에 살던 코츠는 당시에는 그것이 역사적으로 그토록 중요한 행동이 되리라고는 전혀 생각하지 못했을 테지만, 어쨌든 이사들 중 최초로 그 행동에 나섰다. 기자 회견이 끝나기 전 혹은 끝난 직후에 그는 이사회실 옆에 있는 사무실로 가 전화를 빌려 휴스턴에서 증권 중개인으로 일하던 사위 프레드 헤미세거에게 전화를 걸었다. 나중에

---

9) rule of evidence. 법원이 재판 과정에서 증거로서 채택 여부를 결정하는 기준. 관련성, 신뢰성, 충분성, 법적 허용성 등이 있다.

이야기한 바에 따르면, 코츠는 헤미세거에게 텍사스걸프의 광상 발견에 대해 이야기하고는, "공개 발표가 끝날 때까지" 기다렸다가 전화를 하는 거라고 덧붙였는데, 자신은 "증권거래위원회가 조사에 나설 문제를 일으키기에는 너무 늦었기 때문"이라고 설명했다고 한다. 그러고 나서 그는 텍사스걸프 주식 2000주를 주문하면서 자신이 수익자는 아니지만 신탁 관리인으로 되어 있는 가족 신탁 계좌 4개에 넣어달라고 했다. 텍사스걸프 주식은 20여 분 전에 증권거래소에서 30달러를 조금 넘는 시초가로 거래가 시작되었고, 거래는 활발해도 그렇게 강세는 아니었는데, 이제 빠르게 상승하고 있었다. 하지만 헤미세거는 재빨리 행동에 나서서, 설명할 수 없는 이유로 지연된 뉴스가 브로드 테이프에 인쇄돼 나오기 훨씬 전에 자기 회사의 플로어 브로커에게 주문서를 전달함으로써 31달러에서 $31\frac{5}{8}$달러 사이의 가격으로 코츠가 주문한 수량을 매수할 수 있었다.

라몬트는 텍사스보다는 월스트리트의 투기꾼 전통에 따라 결연하게, 하지만 전혀 서두르지 않고 우아하게 행동에 나섰다. 그는 기자 회견이 끝나자마자 곧장 이사회실을 떠나는 대신에 별다른 일을 하지 않고 그곳에 20여 분 더 머물렀다. 그는 나중에 "나는 이리저리 서성거리고 … 다른 사람들이 나누는 잡담에 귀를 기울이고, 딴 사람의 등을 쳤다."라고 이야기했다. 그러다가 10시 39분 혹은 10시 40분에 그는 가까운 사무실로 가 모건개런티신탁회사에 근무하는 동료이자 친구에게 전화를 걸었다. 그 사람은 전무이사이자 신탁 부문의 최고 책임자인 롱스트리트 힌턴이었다. 주초에 힌턴은 라몬트에게 언론에 보도되고 있는 광상 발견에 관한 소문의 진상을 텍사스걸프의 이사로서 좀 이야기해줄 수 없느냐고 물었는데, 라몬트는 말할 수 없다고 대답했다. 그런데 나중에 그가 기억한 바에 따르면, 이제 라몬트는 힌턴에게 "텍사스걸프에 관한 뉴스가 티커에서 나왔거나 지금 막 나오고 있을 텐데, 아마 자네에게 흥미로운 소식일 걸세."라고 말했다고 한다. 힌턴은 "좋은 소식인가?"라고 물었고, 라몬트는 "프리티 굿pretty good"(꽤 좋아) 또는 "베리 굿very good"(아주 좋아)이라고 대답했다. (두 사람 다 라몬트가 둘 중 어느 쪽으로 대답했는지 정확하게 기억하지 못했지만, 그것은 아무 문제가 되지 않았다. 뉴욕 은행업계에서 쓰는 용어로 "프리티 굿"은 곧 "베리 굿"을 **뜻하기** 때문이다.) 어쨌든 힌턴은 자기 사무실에서 불과 6m 떨어진 곳에서 티커가 새로운 뉴스를 계속 쏟아내고 있었는데도, 다우존스 티커를 보라는 라몬트의 조언을 따르지 않았다. 대신에 그는 즉각 트레이딩 부서에 전화를 걸어 텍사스걸프의 시세가 얼마인지 물었다. 그리고 나서 자신이 회계를 맡고 있는 나소병원 계좌로 3000주 매수 주문을 냈다. 이 모든 일은 라몬트가 기자 회견장을 떠난 지 채 2분도 지나지 않은 시간에 일어났다. 그 주문은 모건개런티신탁회사에서 증권거래소로 전달되어 체결되었고, 힌턴이 브로드 테이프에서 텍사스걸프에 관한 뉴스가 나오는 걸 단 한 줄이라도 나오는 걸 보기도 전에(만약 보고 있었더라면) 나소병원은 그 주식을 손에 넣었다. 하지만 힌턴은 그것을 보지 않았고, 다른 데 마음이 팔려 있었다. 나소병원 계좌로 주식을 매수한 뒤, 그는 모건개런티에서 연금 신탁을 담당하는 직원의 사무실로 가 연금 신탁을 위해 텍사스걸프 주식을 좀 사라고 권했다. 30분도 채

안 되는 시간에 모건개런티는 연금 기금과 수익 배분 계좌에 7000주를 주문했다. 2000주는 브로드 테이프에서 뉴스가 나오기 전에 주문했고, 나머지는 뉴스가 나오고 있을 때 혹은 뉴스가 나오고 나서 몇 분 안에 주문했다. 거기서 1시간이 조금 더 지난 12시 33분에 라몬트는 자신과 가족을 위해 3000주를 매수했는데, 이번에는 주당 $34\frac{1}{2}$ 달러를 지불해야 했다. 이제 텍사스걸프 주식은 정말로 완전한 상승세로 접어들었기 때문이다. 상승세는 며칠, 몇 개월, 몇 년 동안 계속 이어졌다. 그날 오후 종가는 $36\frac{3}{8}$ 달러였고, 그 달 말에는 $58\frac{7}{8}$ 달러까지 올랐으며, 키드-55에서 상업적 광물이 마침내 생산되기 시작하고, 새로운 광상에서 생산될 광물의 양이 캐나다의 연간 구리 생산량 중 10분의 1, 아연 생산량 중 4분의 1에 이를 것으로 예상된 1966년 말에는 100달러를 넘어섰다. 따라서 1963년 11월 12일에서 1964년 4월 16일 오전(또는 심지어 점심 시간) 사이에 텍사스걸프 주식을 산 사람들은 모두 투자한 금액이 최소한 3배 이상 불어난 셈이었다.

재판

텍사스걸프 재판에서 가장 시선을 끄는 측면(이런 재판이 실제로 일어났다는 사실을 제외한다면)은 본설 판사 앞에 선 피고들의 화려함과 다양성이었다. 클레이턴(카디프 대학교에서 광업 학위를 받은 전형적인 웨일스 사람)처럼 흥분하기 쉬운 광물 탐사자에서부터 포가티와 스티븐스처럼 활기가 넘치지만 곤경에 처한 회사 중역, 코츠처럼 권모술수에 능한 텍사스 사람, 라몬트 같은 금융계의 세련된 거물까지 망라돼 있었다. (1964년 4월 이후에 곧 텍사스걸프를 떠나 개인 투자자가 된—이것은 그가 일하지 않고도 먹고 살 만한 재산을 가진 사람이 되었음을 뜻할 수도 있고 아닐 수도 있다.—다크는 캐나다 국적을 가진 자신은 미국 법정의 소환에 응할 필요가 없다는 이유로 법정에 출두하길 거부했다. 이에 대해 증권거래위원회는 크게 원통해했다. 하지만 피고 측 변호사는 증권거래위원회가 내심으로는 다크가 출석하지 않아 몹시 기뻐할 것이라고 조롱하듯이 주장했는데, 이제 원고 측이 그를 날개 뒤로 숨는 메피스토펠레스라고 마음껏 비난할 수 있기 때문이라는 게 그 이유였다.) 증권거래위원회는 소송 대리인인 프랭크 케너머 주니어가 자신의 의도가 "피고들의 불법 행위를 만천하에 드러내 강력히 비난하기 위한 것"이라 밝힌 뒤, 포가티, 몰리슨, 클레이턴, 홀릭, 다크, 크로퍼드와 1963년 11월 8일부터 1964년 4월 15일 사이에 주식이나 콜 옵션을 산 그 밖의 여러 회사 내부자가 다시는 "증권 매수나 매도와 관련해 다른 사람에게 사기나 기망으로 작용하거나 작용할 수 있는 … 어떤 행위에도 관여하지" 못하도록 영구적인 금지 명령을 내려달라고 법정에 요구했다. 이에 더해 피고들에게 내부 정보를 바탕으로 주식이나 콜 옵션을 매수함으로써 사취를 한 당사자들에게 배상을 하라는 명령을 내려달라고 요청했는데, 이것은 그야말로 이 분야에서 신천지를 개척하는 영역으로 한 발을 내디딘 것이라 할 만했다. 증권거래위원회는 또한 비관적인 의견을 담은 4월 12일의 기자 회견에 대해 기만을 하려 한 고의성이 있다고 주장하고, 이 때문에 텍사스걸프에 "중요한 사실에 관하여 허위 진술을 하거나 중요한 사실의 진술을 누락하는"
행위를 하지 못하도록 명령해야 한다고 요구했다. 기업의 체면 손상
문제와는 별개로 여기서 문제의 핵심은, 만약 그런 판결이 나온다면
첫 번째 보도 자료와 두 번째 보도 자료 사이의 기간에 텍사스걸프 주
식을 판 **어떤** 주주라도 회사를 상대로 소송을 제기할 수 있는 길을 열어
준다는 사실에 있었다. 그 기간에 주인이 바뀐 주식이 수백만 주에 이
르기 때문에 이것은 그야말로 큰 문제가 될 수 있었다.

피고 측 변호사는 법적인 세부 내용과는 별도로 11월의 첫 번째 시
추공에서 나온 정보는 그 광상이 큰 수익을 낼 것이라고 확실하게 보
장하지 않았고 단지 가능성을 제시하는 수준에 지나지 않았다는 논리
에 주로 의지해 초기의 내부자 주식 매수를 변호했고, 이 주장을 뒷받
침하기 위해 채굴 전문가들을 다수 출석시켰다. 그들은 첫 번째 시추
공의 악명 높은 변덕에 대해 언급했고, 일부 증인은 그 시추공이 텍사
스걸프의 자산이 아니라 부채가 될 가능성도 충분히 있었다고 증언했
다. 겨울 동안에 주식이나 콜 옵션을 산 사람들은 첫 번째 시추공은 자
신의 결정과 거의 또는 아무 관계가 없었다고 주장했다. 그들은 그저
텍사스걸프가 그 시점에서 원칙적으로 판단할 때 좋은 투자처인 것 같
아서 투자했을 뿐이라고 주장했다. 그리고 클레이턴은 갑자기 큰 투자
자로 돌변한 사실에 대해 그저 자신이 부자 아내와 결혼했기 때문이라
고 설명했다. 증권거래위원회는 다수의 전문가들을 동원해 반격했다.
이들 전문가는 첫 번째 코어의 성격은 그곳에 풍부한 광상이 존재할
확률이 압도적으로 높음을 시사하며, 따라서 그 사실을 안 사람들은

중요한 사실을 손에 넣은 것이라고 주장했다. 증권거래위원회는 재판 후에 발표한 브리핑에서 이를 신랄하게 표현했다. "피고들이 광상의 존재가 의심의 여지 없이 확실해지기 전까지 자유롭게 주식을 매수할 수 있다는 주장은, 경마에서 불법 흥분제를 먹였다는 사실을 아는 말에 돈을 걸면서 그 말이 홈스트레치에서 급사할지도 모르기 때문에 아무 문제가 없다고 말하는 거나 마찬가지입니다." 피고 측 변호사는 말의 비유를 내세운 논쟁에 휘말리길 거부했다. 비관적인 4월 12일의 보도 자료에 대해 증권거래위원회는 주요 작성자인 포가티가 그 당시 키드-55와 티민스, 뉴욕 사이의 통신이 비교적 양호했는데도 불구하고 48시간 전의 정보를 바탕으로 그것을 작성했다는 사실에 주목했다. 그리고 "그의 이상한 행동을 최대한 너그럽게 설명한다면, 포가티 박사는 텍사스걸프 주주들과 일반 대중에게 낡은 정보를 바탕으로 실망스러운 소식을 전하건 말건 전혀 신경 쓰지 않았다고 볼 수 있다."라는 의견을 표명했다. 변호사는 낡은 정보 문제를 일축하면서 보도 자료는 "스티븐스와 포가티, 몰리슨, 홀릭, 클레이턴의 견해를 바탕으로 시추 상황을 정확하게 기술"했다고 주장했다. 또한 "제기된 문제는 명백히 판단의 문제"이며, 지나치게 낙관적인 보고를 했다가 나중에 그것이 잘못된 기대에서 나온 것으로 드러날 경우에도 사기 행위로 기소될 위험이 있었다는 점에서 회사 측은 특별히 어렵고 민감한 위치에 있었다고 설명했다.

본설 판사는 첫 번째 시추공에서 얻은 정보가 '중요한' 것이었느냐 하는 결정적인 문제를 저울질하다가 이런 경우에 중요성의 정의는 보수적인 것이어야 한다는 결론을 내렸다. 그는 여기에 공공 정책 문제가 얽혀 있다고 지적했다. "우리의 자유 기업 제도에서는 이사와 임원, 직원을 포함한 내부자에게 자사 주식의 보유를 권장하는 게 중요하다. 주식 소유에 수반되는 인센티브는 회사와 주주 모두에게 이익이 된다." 본설 판사는 보수적인 정의를 유지하면서 세 군데 시추공의 수렴을 통해 광상의 규모를 3차원적으로 확실히 파악한 4월 9일 저녁까지는 중요한 정보가 구체적으로 존재하지 않았으며, 그날 이전에 텍사스 걸프 주식을 매수하기로 한 내부자의 결정은 설사 시추 결과를 바탕으로 한 것이었다 하더라도 완전히 정당하고 합법적이며 "지식과 경험을 바탕으로 한 추측"이라고 결정했다. (판결에 찬동하지 않은 한 칼럼니스트는 그 추측이 **최우등** 성적을 받을 만큼 아주 뛰어난 지식과 경험을 바탕으로 한 게 틀림없다고 비꼬았다.) 다크의 경우, 판사는 3월 말에 그의 티피와 서브티피가 주식을 빈발하게 매수한 행위는 다크로부터 키드-55에서 시추가 재개될 것이라는 정보를 듣고서 일어났을 가능성이 아주 높아 보인다고 말했다. 하지만 여기서도 본설 판사의 논리에 따라 중요한 정보는 그때까지 아직 존재하지 않았으며, 따라서 다른 사람에게 영향을 미치거나 전달될 수 없었다.

따라서 4월 9일 저녁 이전에 지식과 경험을 바탕으로 추측하여 주식이나 콜 옵션을 사거나 티피에게 사라고 권한 사람들을 상대로 제기된 소송은 모두 기각되었다. 하지만 지혜롭지 못하여 4월 15일에 주식을 사거나 주문한 클레이턴과 크로퍼드는 사정이 달랐다. 본설 판사는 이들이 다른 사람을 속이거나 사취할 의도가 있었다는 증거는 없지만, 대규모 광상이 발견되었다는 사실을 완전히 알았고, 다음 날 그것이 발표되리라는 사실을 아는 상태에서(요컨대, 중요한 비공개 정보를 손에 넣고서) 주식을 매수했다고 결론 내렸다. 따라서 이들은 시행 규칙 10B-5를 위반했으므로, 앞으로 다시 그런 행위를 하는 것을 금하며, 4월 15일에 그들에게 주식을 판 사람들에게 배상을 해야 할 것이라고 판시했다. (물론 그들에게 주식을 판 사람들을 찾을 수 있다는 가정하에. 주식 거래의 복잡성을 감안하면, 특정 거래 계약을 맺은 당사자들이 누군지 정확하게 알아낸다는 게 항상 쉬운 일은 아니다. 우리 시대의 법은 거의 비현실적으로 인본주의적 경향을 띠는데, 어쩌면 앞으로도 계속 그럴 가능성이 높다. 법의 눈에는 회사가 사람으로 보이고, 증권거래소는 사는 사람과 파는 사람이 얼굴을 맞대고 흥정을 벌이는 길모퉁이의 시장으로 보이고, 컴퓨터는 아예 존재하지 않는 것으로 보인다.)

4월 12일의 보도 자료에 대해 본설 판사는 현재 시점에서 보면 그것은 '비관적'이고 '불완전'하다고 보았지만, 그 목적은 그 당시 떠돌고 있던 과장된 소문을 바로잡기 위한 것이었다고 인정했고, 증권거래위원회는 그것이 틀렸거나 오도했거나 기만적이었음을 입증하지 못했다고 판시했다. 따라서 그는 텍사스걸프가 의도적으로 주주와 일반 대중을 혼란스럽게 했다는 고소를 기각했다.

상식적으로 납득할 수 있는 시간

여기까지 증권거래위원회는 단 두 건의 고소 사건에 대해서만 승리했을 뿐 줄줄이 패배했고, 시추 작업을 하던 사람이 드릴을 내팽개치고 증권회사 사무실로 달려갈 권리가 거의 온전히 보장된 것처럼 보였다. 적어도 그가 작업하던 시추공이 일련의 시추공 중 첫 번째 시추공이기만 하다면 말이다. 하지만 이 재판에서 다룬 모든 문제 중에서 아직 해결해야 할 문제가 남아 있었는데, 이것은 광물 탐사에 종사하는 기업 내부의 사람들보다는 주주와 주식 트레이더와 국가 경제에 아주 중대한 의미가 있는 문제였다. 그것은 바로 4월 16일에 코츠와 라몬트가 보인 행동에 관한 문제였는데, 법적으로 어떤 정보가 더 이상 내부 정보가 아닌 공개 정보가 되는 순간이 정확하게 언제냐 하는 것이 중요한 쟁점이었다. 이 문제가 이토록 까다로운 시험에 직면한 적은 일찍이 없었기 때문에, 텍사스걸프 사건의 판결은 더 훌륭한 판례로 대체되기 전까지 즉각 이 문제에 관한 법적 권위로 자리잡을 것이다.

증권거래위원회의 기본 입장은 코츠의 주식 매수와 라몬트가 용의주도하게 힌턴에게 전화로 정보를 알려준 행동이 내부 정보를 불법적으로 사용한 사례라는 것이었다. 그 근거로는 그 행동이 다우존스 브로드 테이프에서 광상 발견 소식이 발표되기 이전에 이루어졌다는 점을 들었다. 증권거래위원회 측 변호사들은 다우존스 브로드 테이프에 발표되는 내용을 '공식적' 발표라고 줄곧 언급했지만, 다우존스 서비스는 어떤 당국으로부터도 그런 지위를 부여받은 적이 없으며, 단지

업계의 관습으로 그렇게 인정받을 뿐이다. 하지만 증권거래위원회는 거기서 한 걸음 더 나아갔다. 설사 두 이사의 전화 통화가 '공식' 발표 이후에 일어났다 하더라도, 그 뉴스가 기자 회견장에 참석하거나 그 순간에 브로드 테이프를 볼 기회가 없었던 일반 투자자들에게 널리 전해지기까지 충분한 시간이 지나지 않은 한, 그들의 행동은 부적절하고 불법적이라고 주장했다. 피고 측 변호사의 견해는 이와 좀 달랐다. 그의 견해에 따르면, 브로드 테이프에 뉴스가 발표가 되기 전이나 후에 행동을 했느냐 하지 않았느냐와 상관없이 그의 고객들은 두 가지 혐의 모두에 대해 아무 죄가 없었다. 첫째, 변호사는 스티븐스가 이사회 회의 도중에 이미 전날 밤에 온타리오 주 광업부 장관이 그 뉴스를 발표했다고 이야기했기 때문에 코츠와 라몬트는 이미 그 뉴스가 공개되었다고 믿을 만한 이유가 충분히 있었고, 따라서 옳다고 믿는 행동을 했다고 주장했다. 둘째, 변호사는 증권회사 사무실들에서 요란하게 떠돈 소문과 이른 아침부터 뉴욕증권거래소에 감돈 흥분된 분위기를 감안할 때, 사실상 그 뉴스는 티커에 나타나거나 논란이 된 전화 통화가 일어나기 한참 전에 이미 소문 확산을 통해, 그리고 《노던 마이너》를 통해 공개된 것이 분명하다고 주장했다. 라몬트의 변호사들은 어쨌든 자신들의 고객이 힌턴에게 텍사스걸프 주식을 사라고 권하지 않았다고 주장했다. 그리고 라몬트는 단지 힌턴에게 브로드 테이프를 보라고 말했을 뿐인데, 그것은 아무런 죄가 될 수 없는 행동이며, 그러고 나서 힌턴이 한 행동은 순전히 독자적으로 판단해서 한 일이라고 주장했다. 요컨대, 양측 소송 대리인들은 법을 어긴 행동이 있었는지 혹은 그런 법이 실제로 무엇인지에 대해 견해가 달랐다. 피고 측 변호사는 증권거래위원회가 새로운 법을 만들어 소급 적용하라고 요구하는 거나 마찬가지라고 주장한 반면, 원고 측 변호사는 증권거래위원회는 단지 오래된 법인 10B-5를 퀸즈베리 룰(근대 권투의 표준 규칙)처럼 널리 적용하자고 요구하는 것일 뿐이라고 주장했다. 재판이 거의 끝나갈 무렵, 최선을 다하려 애쓰던 라몬트의 변호사들은 갑작스런 증거물을 제시함으로써 법정에 센세이션을 일으켰다. 그것은 크고 정교한 미국 지도였는데, 파란색, 빨간색, 초록색, 황금색, 은색 등 여러 가지 색깔의 깃발들이 곳곳에 표시돼 있었다. 변호사들은 각각의 깃발이 라몬트가 행동을 하거나 브로드 테이프에 뉴스가 발표되기 이전에 텍사스걸프의 뉴스가 전해진 장소를 나타낸다고 말했다. 알아보니 깃발 중 8개를 제외한 나머지는 전부 메릴린치 피어스 페너 앤드 스미스 증권회사 사무실들로 드러났는데, 이 회사의 사무실 간 전화선을 통해 그 뉴스가 10시 29분에 전달된 것으로 밝혀졌다. 이 뉴스 전파가 극히 제한된 범위에서 일어났다는 사실은 그 지도의 법적 효력을 약화시켰을지 모르지만, 판사에게 미친 미학적 영향은 약화시키지 않은 것으로 보인다. 본설 판사는 "지도가 참 아름답지 않습니까?"라고 말했고, 증권거래위원회 측 사람들은 분함을 참지 못하고 씩씩댔다. 그리고 의기양양한 피고 측 변호사들 중 한 명이 지도에서 두 군데가 빠졌다는 사실을 알고 실제로는 깃발이 더 있어야 한다고 지적하자, 아직도 지도에 푹 빠져 있던 본설 판사는 고개를 흔들며 이미 쓸 만한 색은 다 쓴 것 같으니 그럴 필요가 없을 것 같다고 말했다.

라몬트가 힌턴에게 전화를 걸고 나서 거의 2시간이 지난 12시 33분까지 기다렸다가 자신과 가족을 위해 주식을 사는 신중함을 보인 데 대해서도 증권거래위원회는 시큰둥한 반응을 보였다. 그리고 여기서 증권거래위원회는 매우 전위적인 태도를 나타냈는데, 본설 판사에게 미래의 사법 정글 속으로 용감하게 발을 내디디는 결정을 내려달라고 요청했다. 그 태도는 증권거래위원회의 브리핑에 잘 표현돼 있다. "기업의 정보가 뉴스 매체를 통해 발표된 뒤에도, 내부자는 증권 산업과 주주, 일반 투자자가 사건의 추이를 평가하고 신뢰할 만한 정보를 바탕으로 투자 결정을 내릴 수 있을 만큼 상식적으로 납득할 수 있는 시간이 경과하기 전까지는 여전히 증권 거래를 삼가야 할 의무가 있다는 게 증권거래위원회의 입장이다. …내부자는 적어도 해당 정보가 시장을 주시하고 있는 일반 투자자에게 도달하고, 그들이 그 정보를 고려할 기회를 누릴 가능성이 있을 때까지 기다려야 한다." 증권거래위원회는 텍사스걸프 사건에서 브로드테이프 전송이 시작된 지 1시간 39분이 지난 시간은 그런 평가를 하기에 충분히 긴 시간이 아니라고 주장하면서 그 시각까지 텍사스걸프 주가가 아직 큰 폭으로 상승하기 전이었다는 사실을 근거로 내세웠다. 따라서 라몬트가 12시 33분에 텍사스걸프 주식을 매수한 행위는 증권거래법을 위반한 것이라고 주장했다. 그렇다면 증권거래위원회가 생각한 **상식적으로 납득할 수 있는 시간**은 얼마일까? 증권거래위원회의 소송 대리인인 케너머는 최종 변론에서 그것은 내부 정보의 성격에 따라 "사안마다 다를" 것이라고 말했다. 예를 들면, 배당금 삭감 같은 소문은 필시 아주 둔한 투자자의 머리에도 아주 짧은 시간에 스며들 테지만, 텍사스걸프의 대규모 광상 발견 같은 특이하고 난해한 소식은 며칠 혹은 더 긴 시간이 걸릴지도 모른다. 케너머는 "이런 종류의 모든 상황에 적용할 수 있는 엄격한 규칙을 만드는 것은 불가능에 가까운 일"이 될 것이라고 말했다. 따라서 증권거래위원회의 규범에 따르면, 내부자가 자사 주식을 사기 전에 충분히 오랜 시간을 기다렸는지 알 수 있는 유일한 방법은 법정으로 끌려가 판사의 결정을 듣는 것뿐이었다.

해저드 길레스피가 이끈 라몬트의 변호사들은 지도를 활용한 공격을 펼칠 때와 같은 열정을 가지고(비록 그때처럼 신이 나지는 않았겠지만) 이 입장을 물고 늘어졌다. 첫째, 길레스피는 증권거래위원회가 코츠가 헤미세거에게, 라몬트가 힌턴에게 전화를 건 행동이 브로드 테이프 발표 이전에 일어났기 때문에 잘못이라고 주장하는 동시에, 라몬트가 나중에 주식을 산 행동이 발표 이후에 일어났기 때문에, 하지만 충분히 오랜 시간이 지나기 전에 일어났기 때문에 잘못이라고 주장한다고 말했다. 명백히 정반대 방향으로 일어난 이 두 가지 행동이 모두 사기라면, 올바른 행동은 무엇인가? 증권거래위원회는 재판을 하면서 그 규칙을 만들길 원하는 것처럼, 혹은 법정이 만들어주길 원하는 것처럼 보인다. 길레스피가 그 문제를 좀 더 공식적으로 표현한 것처럼, 증권거래위원회는 "재판을 통해 규칙을 만들고, 라몬트가 상식적으로 판단해 완전히 적절한 행동이라고 믿고서 한 행동에 대해 사기죄로 유죄 판결을 내리도록 소급 적용해 달라고 …법정에 요구하고" 있었다.

본설 판사는 그런 주장이 유효하지 않다는 데 동의했고, 이 문제에 관한 한 브로드 테이프로 전송된 시간이 해당 뉴스가 공개되는 시간이었다고 한 증권거래위원회의 주장도 유효하지 않다고 판단했다. 그는 기존 판례를 바탕으로 비록 나머지 외부 사람들은 그 일을 시간이 더 지나기 전까지 거의 몰랐다 하더라도, 결정적인 순간은 보도 자료를 읽고 기자들에게 건네준 순간이었다는 견해를 채택했다. 필시 이 결정이 의미하는 바에 대해 염려가 되었던지 본설 판사는 "증권거래위원회의 주장처럼 발표는 되었지만 아직 일반 대중에게 흡수되기 이전에 내부자가 그 정보를 바탕으로 행동하는 것을 막기 위해 더 효과적인 규칙을 만드는 게 필요할지도 모른다."라고 덧붙였다. 하지만 그런 규칙을 정하는 일은 자기 소관이 아니라고 생각했다. 또, 라몬트가 12시 23분에 주식을 매수하는 행동을 취하기 전에 충분히 기다렸는지 여부를 판단하는 것도 자기 소관이 아니라고 생각했다. 만약 그런 결정을 판사에게 맡긴다면, "그것은 오로지 불확실성을 낳을 뿐이다. 한 사건에서 내린 판결을 사실 관계가 다른 사건에 적용할 수는 없다. 어떤 내부자도 자신이 충분히 오래 기다렸는지 여부를 알 수 없을 것이다. … 만약 기다리는 시간을 정해야 한다면, 그것은 증권거래위원회가 하는 게 가장 적절할 것이다."라고 본설 판사는 말했다. 아무도 고양이 목에 방울을 달기 위해 나서지 않았고, 코츠와 라몬트에 대한 고소는 기각되었다.

증권거래위원회는 기각된 고소 사건들에 대해 모두 항소했다. 유일하게 증권거래법을 위반했다는 판결을 받은 두 피고인 클레이턴과 크로퍼드도 판결에 불복해 항소했다. 증권거래위원회는 항소 이유서에서 아주 공을 들여 증거를 재검토하고 항소법원에 본설 판사가 증거 해석에서 잘못을 저질렀다고 주장했다. 한편, 클레이턴과 크로퍼드의 항소 이유서는 그들에게 내린 판결이 암시하는 원칙이 초래할지도 모를 해로운 효과에 초점을 맞추었다. 예를 들어 그 원칙은 특정 회사에 대해 잘 알려지지 않은 사실을 찾아내려고 최선을 다하고, 고객에게 그 회사의 주식을 추천하는 증권 애널리스트가 순전히 고객을 위해 부지런히 일한 것 때문에 부적절하게 정보를 퍼뜨리는 내부자라는 판결을 받을 수 있음을 의미하진 않을까? 이 원칙은 "기업 내 사람들의 투자를 질식시키고, 기업 정보가 투자자에게 흘러가는 것을 방해하지는" 않을까?

어쩌면 그럴지도 모른다. 어쨌든 1968년 8월, 제2지구 항소법원은 클레이턴과 크로퍼드에 대한 판결을 확정한 것을 제외하고는 거의 모든 점에서 본설 판사의 판결을 단호하게 뒤집는 판결을 내렸다. 항소법원은 11월의 시추공은 가치 있는 광석 매장에 관해 중요한 증거를 제공했으며, 따라서 포가티와 몰리슨, 다크, 홀릭을 비롯해 겨울 동안에 텍사스걸프 주식이나 콜 옵션을 산 내부자는 모두 증권거래법을 위반했다고 판결했다. 그리고 4월 12일의 비관적인 보도 자료는 모호하고 어쩌면 사람들을 오도했을 가능성이 있으며, 4월 16일 기자 회견 직후에 주식을 매수한 코츠의 경솔한 행동은 부적절하고 불법적이었다고 판결했다. 하급심의 판결이 난 직후 사망하는 바람에 기소가 취하된 라몬트와 텍사스걸프의 사무 관리자 존 머리만 무죄 판결을 받았다.

이 판결은 증권거래위원회에 유명한 승리를 가져다주었는데, 월스트리트의 첫 반응은 큰 혼란을 낳을 것이라는 비명이었다. 대법원에서 상고심이 나오기 전까지 이 판결은 적어도 흥미로운 실험을 낳을 것이다. 세계 역사상 처음으로 월스트리트의 주식 시장에서 농간을 부리지 않고 거래를 하려는 노력이 일어날 테니까.[10]

---

10) 텍사스걸프 사건은 연방대법원이 다루지 않았지만, 1980년의 키아렐라Chiarella 사건에서 내부자 거래 규제 사건을 처음으로 다루었다. 여기서 연방대법원은 중요한 비공개 정보를 이용한 거래 사실 자체만으로는 시행 규칙 10B-5를 어긴 책임이 발생하지 않는다고 판결함으로써 텍사스걸프 판결에서 내린 광범위한 책임 인정을 제한하였다.

4

주식 시장을 움직이는 손

언제 누구에게 닥칠지 모르는 위험

1962년의 주가 폭락

등락이 없다면, 부자들이 낮에 즐기는 어드벤처 연속극인 주식 시장은 제대로 된 주식 시장이라고 할 수 없다. 월스트리트의 전설에 관심을 가진 사람이라면, 위대한 모건J. P. Morgan the Elder이 한 지인으로부터 시장이 앞으로 어떻게 될 것 같냐는 순진한 질문을 받고서 했다는 대답을 들어봤을 것이다. 그는 무뚝뚝하게 "시장은 늘 요동친다오."라고 대답했다. 시장은 그 밖에도 독특한 특성이 많다. 증권거래소의 발전은 나름의 장점과 약점(자본의 자유로운 흐름을 제공해 산업 팽창을 위한 자금 지원에 도움을 주는 것은 장점이지만, 불운하거나 경솔하거나 쉽게 속아 넘어가는 사람이 돈을 잃기에 아주 편리한 방법을 제공하는 것은 약점이다.) 외에도 나

름의 관습과 언어와 주어진 사건에 대한 예측 가능한 반응 등을 포함해
하나의 완전한 사회적 행동 패턴을 만들어냈다. 정말로 놀라운 점은
1611년에 암스테르담의 지붕도 없는 안뜰에 세계 최초의 증권거래소가
생겨난 이후 이런 패턴이 활짝 만개한 속도와 1960년대의 뉴욕증권거
래소에서도 여전히 유지되고 있는 패턴의 큰 틀이다(물론 그동안 약간의
변화는 있었지만). 오늘날 미국에서 일어나는 주식 거래(수백만 킬로미터
에 이르는 전신선, 맨해튼 전화번호부를 3분 만에 읽고 복사할 수 있는 컴퓨터,
2000만 명이 넘는 주식 거래자를 포함한 놀랍도록 광대한 산업)는 17세기에
얼마 안 되는 네덜란드 사람들이 빗속에서 흥정을 벌이던 모습과 비교
하면 격세지감이 든다. 하지만 그 주요 특징은 그때나 지금이나 거의
변함이 없다. 최초의 증권거래소는 의도한 것은 아니지만, 인간의 새
로운 반응을 드러내는 실험실이 되었다. 마찬가지로 뉴욕증권거래소
역시 우리 인간이라는 종을 이해하는 데 무한한 도움을 주는 사회학적
시험관이다.

선구적인 네덜란드 주식 거래자들의 행동은 암스테르담 주식 시장에
서 투기꾼으로 활동한 호세 (펜소) 데 라 베가José (Penso) de la Vega가 쓴 《혼돈
속의 혼돈》에 잘 기록돼 있다. 1688년에 처음 출판된 이 책은 1957년
에 하버드 경영대학원에서 영어로 재출간됐다.[1] 오늘날 미국인 투자

---

1) 이 책의 1688년 초판은 에스파냐어로 발행되었다. 1957년의 영어 번역본은 내용
의 일부만 소개된 축약판이었다. José de la Vega, *Confusion de Confusiones*,
1688, Portions Descriptive of the Amsterdam Stock Exchange, Baker
Library, Harvard Graduate School of Business Administration, Hermann
Kellenbenz trans., 1957.

자와 중개인(이들 역시 모든 주식 거래자들과 마찬가지로 위기의 순간에는 과도한 반응을 보이는 경향이 있다.)의 행동에 대해서는 주식 시장이 놀라운 방식으로 요동친 1962년 5월의 마지막 주에 이들이 보였던 행동을 자세히 살펴보면 잘 알 수 있다. 월요일인 5월 28일, 1897년부터 거래일마다 매일 계산돼온 다우존스 산업평균지수(이하 다우지수)는 34.95포인트 하락했는데, 이것은 38.33포인트가 하락했던 1929년 10월 28일[2]을 제외하면 하루 동안의 하락폭으로는 가장 큰 것이었다. 5월 28일의 거래량은 935만 주로, 1일 거래량으로는 뉴욕증권거래소 역사상 일곱 번째로 많았다. 화요일인 5월 29일, 대부분의 주가가 월요일 오후 종가보다 크게 떨어져 모두가 노심초사했던 오전이 지난 뒤, 갑자기 시장의 흐름이 바뀌면서 주가가 놀라운 속도로 치솟더니 비록 기록을 경신하진 못했지만 다우지수가 27.03포인트나 큰 폭으로 오르며 장을 마감했다. 화요일의 기록, 아니 기록에 가까이 다가갔던 실적은 거래량이었다. 그날 거래된 주식은 1475만 주로, 1일 거래량이 1600만 주를 넘어섰던 1929년 10월 29일을 빼고는 최고 기록이었다. (그 이후의 1960년대에는 하루에 1000만 주, 1200만 주, 심지어 1400만 주가 일상적으로 거래되었다. 1929년의 기록은 1968년 4월 1일에 마침내 깨졌고, 그 후 몇 개월 사이에 새로운 기록이 계속 세워졌다.) 그러다가 메모리얼 데이[3] 때문에 수요일

---

2) 1920년대에 급등했던 미국 주식 시장이 와르르 무너져내린 날이자 대공황의 기점이 된 날이다. 이날 하루 만에 다우지수는 38.33포인트(12.82%) 하락했고, 다음 날인 29일 화요일에 다시 30포인트(11.73%) 하락했다.

3) 전몰 장병 추모일. 지금은 5월의 마지막 월요일이지만 전통적으로는 5월 30일에 기념했다.

하루를 쉬고 나서 목요일인 5월 31일에 사이클이 완성되었다. 역사상 다섯 번째로 많은 1071만 주가 거래되었고, 다우지수는 9.40포인트가 올라 이 모든 난리법석이 시작되기 전보다 약간 더 상승한 뒤 마무리되었다.

위기는 사흘 만에 저절로 사라졌지만, 사후 분석에는 더 오랜 시간이 걸렸다. 데 라 베가는 암스테르담의 주식 거래자들이 갑작스런 주가 상승이나 하락이 일어난 "이유를 만들어내는 데 아주 뛰어나다."라고 지적했는데, 월스트리트의 전문가들 역시 모든 상황이 비교적 양호한 사업 연도에 왜 갑자기 주식 시장이 그때까지 역사상 두 번째에 해당하는 대폭락을 한 이유를 설명하기 위해 끌어모을 수 있는 지혜를 다 동원하려고 했다. 전문가들은 여러 가지 이유(그중에서도 케네디 대통령이 4월에 철강 산업의 가격 인상 계획을 무산시킨 것을 중요한 이유로 꼽았다.)를 내놓는 것 외에도 1962년 5월을 1929년 10월과 비교해보지 않을 수 없었다. 설사 두 사건에서 최악의 공황을 초래한 날짜들(28일과 29일)이 불가사의하게도 그리고 일부 사람들에게는 불길하게도 일치하는 일이 일어나지 않았다고 하더라도, 주가 움직임과 거래량을 나타내는 수치만으로도 두 사건을 비교해보고 싶은 충동을 억누를 수 없었다. 하지만 전문가들은 두 사건 사이에는 유사점보다는 차이점이 더 많다는 사실을 일반적으로 인정했다. 1929년과 1962년 사이에 일어난 거래 실무 규제와 고객에게 제공하는 신용 거래액 한도 제한 때문에, 어떤 사람이 증권거래소에서 자신의 돈을 '몽땅' 잃는 것은 실제로 불가능하지는 않더라도 아주 어렵게 되었다. 요컨대, 데 라 베가가 1680년의 암스테르담증권거래소에 붙인 별칭(그는 그곳을 분명히 사랑했지만, "이 도박 지옥"이라고 불렀다.)을 두 주가 대폭락 사건 사이에서 33년 동안 굴러간 뉴욕증권거래소에 똑같이 붙이기는 어려웠다.

임박한 재앙, 꿈틀거리는 히스테리

1962년의 주가 폭락은 아무런 사전 경고 없이 닥친 게 아니었다. 비록 그 경고를 알아챈 전문가는 거의 없긴 했지만 말이다. 연초 직후부터 주가는 비교적 일관되게 하락했고, 그 페이스가 점점 빨라져 그 전주(5월 21일부터 5월 25일까지)에 이르러서는 주가 수준이 1950년 6월 이래 최저치를 기록했다. 5월 28일 월요일 아침이 되자, 주식 중개인과 딜러는 깊은 생각에 잠길 이유가 충분히 있었다. 이제 바닥에 도달한 것일까, 아니면 아직 가야 할 길이 더 남아 있는 것일까? 이제 와서 돌아보면, 이 문제를 놓고 전문가들의 의견이 갈렸던 것 같다. 구독자들에게 텔레타이프라이터로 현장의 급보를 전달하던 다우존스 뉴스 서비스에는 전송을 시작하는 시간인 9시와 뉴욕증권거래소가 개장하는 시간인 10시 사이에 모종의 불안감이 반영돼 있었다. 이 시간 동안 브로드 테이프 broad tape (다우존스 뉴스 서비스는 세로 방향으로 나오는 폭 15.6cm의 종이에 인쇄되었기 때문에, 높이 1.8cm의 종이에 가로 방향으로 인쇄된 뉴욕증권거래소의 주가 테이프와 구별하기 위해 이렇게 불렀다.)는 많은 증권 딜러가 주말 동안에 주식 자산 가치가 줄어든 고객들에게 신용 거래에 필요한 추가 담보물 요청서를 보내느라고 바빴고, 전주 동안에 일어난 것과 같은 종류의 갑작스런 반대 매매[4]는 "다년간 월스트리트에서는 보기 힘든 것"이었다고 언급하고는, 이어서 웨스팅하우스가 해군과 새로운 계약을 체결한 사실 같은 고무적인 소식을 여러 가지 전했다. 하지만 주식 시장에서는 데 라 베가가 지적했듯이, "뉴스(자체)는 별로 가치가 없는 경우가 많다." 단기적으로 중요한 것은 투자자들의 기분이다.

그 기분은 뉴욕증권거래소가 개장한 지 불과 몇 분 만에 분명하게 드러났다. 10시 11분에 브로드 테이프는 "개장 초의 주가는 상승과 하락이 혼재된 양상을 보이며, 거래 활기는 중간 정도"라고 보고했다. 이것은 고무적인 정보였는데, '혼재된 양상'이란 오르는 주식도 있고 떨어지는 주식도 있다는 것을 의미했고, 또 하락장에서는 일반적으로 거래량이 활발할 때보다는 중간 정도일 때가 훨씬 덜 위험하다고 간주되었기 때문이다. 하지만 그러한 안도감은 일시적인 것에 불과했다. 10시 30분에 입회장(플로어)에서 주식 매매가 체결될 때마다 주가와 거래량을 기록하는 뉴욕증권거래소의 주가 테이프는 일관되게 더 낮은 가격을 기록했을 뿐만 아니라, 분당 최대 500자의 속도로 인쇄하는데도 현장의 실제 거래보다 6분이나 늦게 기록되었다. 이러한 테이프 기록 지연은 거래가 너무 빠른 속도로 일어나기 때문에 기계가 현장에서 벌어지는 일을 제때 따라가지 못한다는 것을 뜻했다. 정상적으로는 월스트

---

4) 고객이 증권사의 돈을 빌리거나 신용 융자금으로 주식을 매입한 뒤 빌린 돈을 만기 내에 변제하지 못할 경우 고객의 의사와 상관없이 주식을 강제로 일괄 매도 처분하는 것.

리트 11번지에 위치한 뉴욕증권거래소 객장에서 어떤 거래가 체결되면, 거래소 직원이 그 세부 사항을 종이에 적어서 공기 수송관[5]을 통해 같은 건물 5층에 있는 방으로 보낸다. 그러면 그곳에서 여직원이 그것을 티커[6]로 타자해 전송한다. 따라서 객장에서 거래가 체결되고 나서 그 결과가 테이프에 나타나기까지 2~3분의 시간차가 나는 것은 '지연'으로 간주하지 않는다. 증권거래소 언어에서 '지연 lateness'이란 단어는 매매 체결 정보가 적힌 종이가 5층에 도착하고 나서 바쁘게 돌아가는 티커가 그것을 처리할 때까지 추가로 걸리는 시간을 가리킬 때에만 쓰인다. (데 라 베가는 "증권거래소에서 쓰이는 용어들은 신중하게 선택된 것이 아니다."라고 불평했다.) 바쁜 거래일에는 몇 분 정도의 테이프 지연이 비교적 자주 일어나지만, 1962년에 사용하던 것과 같은 종류의 티커가 처음 설치된 1930년 이후로는 긴 시간 동안 지연이 일어나는 일은 극히 드물었다. 1929년 10월 24일에 테이프가 246분이나 지연되는 일이 일어났을 때에는 분당 285자의 속도로 인쇄되었다. 그러고 나서 1962년 5월 이전까지 새로운 기계에서 일어난 최대 지연 시간은 34분이었다.

분명히 주가는 하락하고 거래량은 늘어나고 있었지만, 상황은 아직 그렇게 절박하진 않았다. 11시까지 확실해진 사실이라곤 전주의 하락세가 조금 더 빠른 속도로 이어진다는 것뿐이었다. 하지만 거래량이 점점 증가하면서 테이프 지연 시간도 증가했다. 10시 55분에는 13분, 11시

---

5) 압축 공기를 써서 물건을 운반하는 관.
6) ticker. 주식 시장의 거래 정보를 제공하는 데 사용되는 고속 텔레타이프라이터.

14분에는 20분, 11시 35분에는 28분, 11시 58분에는 38분, 12시 14분
에는 43분이 지연되었다. (증권거래소는 5분 이상 지연이 일어날 때 테이프
에 최신 정보를 조금이라도 소개하기 위해 정기적으로 정상적인 진행을 멈추고
일부 상위 주식들의 현재가를 끼워넣었다. 이것이 지연 시간을 더 늘린 것은 말
할 것도 없다.) 정오에 집계한 다우지수는 그날 개장한 이후 그때까지
9.86포인트 하락했음을 보여주었다.

　일반 투자자들의 히스테리 징후는 점심시간 때 나타나기 시작했다.
한 가지 징후는 전통적으로 주식 시장이 소강 상태에 접어드는 12시에
서 2시 사이에 주가가 계속 떨어질 뿐만 아니라 거래량이 계속 늘어났
고, 그에 상응하는 효과가 테이프에 나타난 것이었다. 2시 직전에 테
이프 지연은 52분에 이르렀다. 점심 식사를 하고 있어야 할 시간에 사
람들이 주식을 매도한다는 사실은 늘 심각한 상황으로 간주된다. 동요
가 다가오고 있음을 알리는 또 하나의 확실한 조짐은 증권업계의 명실
상부한 거인인 메릴린치 피어스 페너 앤드 스미스[7]의 타임스퀘어 사
무실(브로드웨이 1451번지에 있는)에서 나타났다. 이 사무실은 특이한 문
제 때문에 늘 골치를 앓았는데, 매일 점심 시간에 증권업계에서 '불청
객walk-in'이라 부르는 사람들이 그곳을 많이 방문했기 때문이다. 이들은
극히 소액의 주식을 보유한 고객이었지만, 증권회사 사무실의 분위기
와 전광판에 표시되는 주가 변화(특히 시장이 곤두박질칠 때)에 큰 흥미

---

7) Merrill Lynch, Pierce, Fenner & Smith Inc. 1914년 설립된 메릴린치 앤드 컴퍼
　니Merrill Lynch & Co., Inc. 산하의 세계 최대 증권회사. 2008년 서브프라임 사태
　이후에 뱅크오브아메리카BOA에 매각되었다.

를 느끼는 사람들이었다. ("탐욕 때문이 아니라 순전히 재미를 위해 게임을 하는 사람들은 쉽게 구별할 수 있다."—데 라 베가) 조지아 주 출신의 침착한 사무실 책임자 새뮤얼 모스너는 오랜 경험을 통해 시장에 대한 대중의 현재 관심 수위와 자기 사무실로 들어오는 불청객 수 사이에 밀접한 상관관계가 있다는 사실을 알고 있었다. 그런데 5월 28일 정오 무렵에 사무실로 들어온 불청객 수가 너무나도 많아서, 잘 훈련된 그의 감각에 따르면 이것은 재앙이 임박했음을 알리는 징후가 분명했다.

샌디에이고에서 뱅고어에 이르기까지 모든 지역의 증권 중개인들과 마찬가지로 모스너의 고민거리는 단지 불길한 징후와 조짐에만 그치지 않았다. 무차별적인 반대 매매가 이미 일어나고 있었다. 모스너의 사무실에는 평소보다 5~6배나 많은 주문이 쏟아져 들어왔는데, 거의 다 매도 주문이었다. 대체로 중개인들은 고객에게 냉정을 유지하면서 적어도 당분간은 보유 주식을 계속 쥐고 있으라고 권했지만, 많은 고객은 그 말을 들으려 하지 않았다. 웨스트 48번가 61번지에 위치한 또 다른 메릴린치 사무실에는 리우데자네이루의 큰손 고객으로부터 전보가 도착했다. 전보에는 오직 "내 계좌에 있는 것을 모조리 팔아주시오."라고만 적혀 있었다. 좀 참으라고 설득하기 위해 장거리 논쟁을 벌일 시간이 없었던 메릴린치는 그 주문을 실행하는 수밖에 별다른 도리가 없었다. 오후 이른 시간에 뉴스거리를 감지한 라디오와 텔레비전 방송국들은 정규 방송 프로그램 사이에 시시때때로 현장 분위기를 속보로 내보냈다. 나중에 증권거래소는 공식 발표를 통해 "이 뉴스 방송들이 주식 시장에 보인 과도한 관심이 일부 투자자들의 불안감을 높이

는 데 일조했을지 모른다."라고 퉁명스럽게 논평했다. 그리고 건잡을
수 없이 밀려드는 매도 주문을 실행하느라 중개인들이 맞닥뜨린 문제
는 기술적 요인 때문에 더욱 복잡해졌다. 2시 26분에는 테이프 지연이
무려 55분에 이르렀기 때문에 티커에서 인쇄되어 나오는 주가 역시 거
의 1시간 전의 시세였는데, 현재가보다 주당 1~10달러 높은 경우가
많았다. 이런 상황에서 매도 주문을 받는 중개인은 고객에게 어떤 가
격에 팔 수 있는지 말하기가 거의 불가능했다. 일부 증권회사는 임시
변통으로 만든 자체 보고 시스템을 사용해 테이프 지연 문제를 해결하
려고 시도했다. 그중에서 메릴린치의 객장 중개인들은 거래를 체결한
후 그 결과(그것을 기억하고 그럴 시간이 있다면)를 객장에 설치된 전화에
대고 외쳤다. 그 전화는 파인 스트리트 70번지에 있는 본사의 '사내 통
화 장치'로 연결돼 있었다.

　뉴욕증권거래소 객장에서 반등의 조짐은 눈을 씻고 찾아도 보이지
않았다. 막대한 양이 거래되면서 그저 모든 주가가 급속하게 그리고
일관되게 하락하고 있었다. 데 라 베가는 마치 이 상황을 직접 본 듯이
(물론 실제로는 비슷한 장면을 현란하게 묘사했을 뿐이지만) 다음과 같이 묘
사했다. "곰들(매도자들)은 두려움과 공포와 불안감에 완전히 압도당한
다. 이들에게 토끼는 코끼리가 되고, 술집에서 벌어진 싸움은 반란이
되고, 희미한 그림자는 혼돈의 징조로 보인다." 미국에서 가장 큰 회사
들의 주식을 대표하는 상위 블루칩 주식들이 바로 이 중심에 서서 하
락장을 이끈다는 점도 이 상황에서 불안을 가중시킨 요소였다. 실제로
미국에서 가장 큰 회사이자 주주 수가 가장 많은 회사인 AT&T(미국전

신전화회사)가 전체 시장의 하락을 부채질하고 있었다. AT&T 주식은 뉴욕증권거래소에서 거래되는 1500여 개 주식 종목(그 대부분은 주가도 AT&T에 비해 아주 낮았다.) 중 거래량이 가장 많았는데, 하루 종일 끊임없이 이어진 매도 공세에 밀려 오후 2시에는 $104\frac{3}{4}$ 달러—이날 하루 동안 $6\frac{7}{8}$ 달러 하락한 가격—로 떨어졌는데, 그러고도 여전히 떨어지고 있었다. 늘 일종의 지표 종목처럼 간주된 AT&T는 이제 그 어느 때보다 주목의 대상이 되었고, 가격이 몇분의 1달러씩 떨어질 때마다[8] 전체 전광판에 추가 하락이 일어날 조짐으로 간주되었다. 3시가 되기 전에 IBM은 $17\frac{1}{2}$ 달러 하락했고, 전반적인 하락장에서도 예외적으로 잘 버티던 스탠더드오일은 $3\frac{1}{4}$ 달러 하락했으며, AT&T는 더 하락해 $101\frac{1}{8}$ 달러로 떨어졌다. 그런데도 아직 바닥이 보이지 않았다.

하지만 입회장 분위기(그곳에 있었던 사람들이 지금까지 이야기한 바에 따르면)가 히스테리 상태까지는 아니었으며, 설사 히스테리 상태에 빠졌다 하더라도 사람들은 그것을 잘 억제했던 것 같다. 많은 중개인은 입회장에서 뛰어다니지 말라는 증권거래소의 규칙을 지키려고 최대한 애썼고, 일부 사람들은 증권거래소의 한 보수적인 임원이 '학구적'이라고 표현한 얼굴 표정을 지었지만, 서로를 놀리고 거칠게 떼밀거나 때리는 장난을 하고 가벼운 욕을 주고받기도 했다. ("농담은 … 이 일에 큰 매력을 느끼게 하는 요소 중 하나다."—데 라 베가) 하지만 일들이 평소와 완전히 똑같이 흘러가지는 않았다. 입회장의 한 중개인은 이렇게 말했

---

8) 미국 주식 시장에서 주가는 $\frac{1}{8}$ 달러 단위로 거래된다.

다. "특별히 기억에 남는 것은 육체적으로 몹시 피곤했다는 사실입니다. 위기가 발생한 날에는 입회장에서 걸어 다니는 거리가 16~17km나 됐어요. 계보기로 측정해서 확인한 결과입니다. 하지만 단순히 많은 거리를 걸었기 때문에 피곤했던 건 아닙니다. 주된 원인은 신체적 접촉 때문이었어요. 다른 사람들을 밀치기도 하고 밀리기도 했고 서로가 서로의 위로 기어오르려고 했죠. 그리고 또 소리도 있어요. 하락장에서는 늘 긴장된 웅성거림이 흘러나와요. 하락 속도가 빨라질수록 웅성거림이 고음으로 높아지죠. 상승장에서는 완전히 다른 소리가 나옵니다. 그 차이에 익숙해지면, 눈을 감고도 시장이 어떻게 흘러가는지 알 수 있어요. 물론 언제나처럼 심한 농담은 계속 흘러나왔는데, 어쩌면 평소보다 더 일부러 그런 농담을 했는지도 모르죠. 3시 30분에 장이 끝났음을 알리는 벨이 울리자 객장에서 환호성이 울렸다는 이야기는 누구나 했을 겁니다. 물론 시장이 하락했다고 해서 환호한 건 아닙니다. 그저 하락장이 끝났기 때문에 환호한 것뿐이죠."

끝이 보이지 않는 바닥

그런데 과연 그것으로 끝났을까? 월스트리트와 전국의 투자 업계는 오후와 저녁 내내 이 질문에 대해 생각했다. 장이 끝난 뒤에도 오후 동안 증권거래소의 느려터진 티커는 묵묵히 일을 계속하면서 이미 한물간 가격들을 진지하게 기록했다. (티커는 장 마감 시간에 1시간 9분이나 지연되었고, 5시 58분까지 계속 그날의 거래 결과를 찍어냈다.) 많은 중개인은 5시 넘어서까지 객장에 머물면서 거래 결과들을 정리한 뒤에 사무실로 돌아가 장부를 정리했다. 주가 테이프가 알려주는 것은 한결같이 슬픈 이야기였다. AT&T의 종가는 $100\frac{5}{8}$ 달러로 그날 하루 동안 11달러나 하락했다. 필립모리스의 종가는 $71\frac{1}{2}$ 달러로 $8\frac{1}{4}$ 달러 하락, 캠벨수프의 종가는 81달러로 $10\frac{3}{4}$ 달러 하락, IBM의 종가는 361달러로 $37\frac{1}{2}$ 달러 하락, 그런 식의 기록이 계속 이어졌다. 증권회사 사무실들에서는 직원들이 여러 가지 특별한 잡무를 처리하느라 분주하게 일했다(많은 사람들은 밤새도록). 그중에서 가장 시급한 일은 마진 콜margin call(긴급 증거금 요청 또는 추가 증거금 요청)을 보내는 것이었다. 마진 콜은 중개인에게서 돈을 빌려 주식을 샀다가 그 주식의 가치가 떨어져 대출금과 비슷해지거나 그 아래로 내려갈 때 고객에게 추가로 증거금margin을 요청call하는 것이다. 만약 고객이 마진 콜에 응하지 않거나 증거금을 더 지불할 능력이 없으면, 중개인은 증거금 부족에 따른 결제 불이행 가능성을 방지하기 위해 해당 주식을 최대한 빨리 매도하려고 한다. 이와 같은 주식 매도로 인해 다른 주가까지 하락할 수 있으며, 그 영향으로 추가 마진 콜이 발생하고, 이것은 다시 추가 주식 매도를 낳으며, 이러한 악순환은 점점 더 깊은 수렁 속으로 빠져든다. 주식 시장의 신용 거래에 대해 연방 차원의 제약이 전혀 없었던 1929년에는 이 수렁에 바닥이 없는 것으로 드러났다. 그 후에 바닥을 마련했지만, 1962년 5월 당시의 신용 거래 요건은 신용 매수한 주식이 매수 시점에 비해 50~60% 수준으로 떨어져야 고객에게 마진 콜을 보내도록 되어 있어 여전히 전과 동일했다. 5월 28일에 거래가 마감되었을 때, 네 종목 중 한 종목은 1961년의 고점에 비해 그 정도로 주가가 떨어져 있었다. 뉴욕증권거래소는 5월 25일에서 5월 31일 사이에 모두 9만 1700건의 마진 콜이 주로 전보를 통해 발송되었다고 분석했다. 그중 상당수는 5월 28일 오후와 저녁 혹은 밤중에 발송된 것으로 보인다. 개중에는 한밤중을 훌쩍 넘어 발송된 것도 있었다. 화요일 새벽 시간에 도착한 마진 콜 때문에 잠이 깨 그 위기를 처음 안(혹은 그 으스스한 폭락의 규모를 처음 안) 고객이 최소한 한 명 이상 있었다.

1962년에 마진 매도가 시장에 미친 위험은 1929년에 비해 훨씬 낮았지만, 다른 부문에서 발생한 위험(뮤추얼 펀드 매도에서 발생한)은 그때와 비교할 수 없을 만큼 컸다. 사실, 오늘날 월스트리트의 많은 전문가들은 5월의 위기가 절정에 이르렀을 때 뮤추얼 펀드 상황은 생각만 해도 전율을 느끼기에 충분했을 것이라고 말한다. 지난 20여 년 동안 뮤추얼 펀드의 주식을 산 수백만 명의 미국인이 잘 알고 있는 것처럼 뮤추얼 펀드는 소액 투자자들의 자산을 모아 전문가에게 관리를 맡긴다. 소액 투자자가 뮤추얼 펀드 상품을 사면, 펀드는 그 돈으로 주식을 사서 운용하다가 고객이 원하는 시점에 그때의 자산 가치로 투자자의 몫을 돌려준다. 주식 시장이 큰 폭으로 하락하면 소액 투자자는 자신이 투자한 돈을 주식 시장에서 빼려고 할 테고, 그래서 뮤추얼 펀드에 자기 몫을 상환해달라고 요청할 것이다. 그러면 뮤추얼 펀드는 상환 요구에 응하는 데 필요한 현금을 마련하기 위해 보유 주식 일부를 팔아야 한다. 이러한 매도는 주식 시장 하락을 부추기고, 그러면 더 많은 뮤추얼 펀드 고객이 상환을 요구하게 된다. 이런 식으로 시장은 새로운 형태의 바닥을 알 수 없는 수렁 속으로 빠져들게 된다. 이 가능성에 대해 투자금융업계가 느낀 집단 공포는 뮤추얼 펀드가 시장 하락을 확대하는 능력이 어느 정도인지 한 번도 진지하게 검증된 적이 없다는 사실 때문에 더욱 컸다. 1929년에는 사실상 존재하지 않았던 뮤추얼 펀드는 1962년 봄 무렵 자산 규모가 무려 230억 달러에 이르러 있었다. 그때까지는 시장이 이번만큼 크게 하락한 적이 한 번도 없었다. 만약 230억 달러의 자산, 아니 그중 상당 비율의 자산이 지금 당장 시장으로 쏟아져 나온다면, 1929년은 새 발의 피로 여겨질 정도의 대폭락 사태가 일어날 게 뻔했다. 《어틀랜틱》의 도서 평론가로 일하다가 1960년에 월스트리트의 전문가 집단에 합류한 찰스 롤로라는 사려 깊은 중개인은 펀드에서 발생할 수 있는 '하강 소용돌이'[9]의 위협이 이미 그런 과정이 진행되었는지 알 수 없는 전반적인 무지 상황과 결합하여 "너무나도 큰 두려움을 불러일으켰기 때문에, 사람들은 그 문제를 언급하는 것조차 꺼렸다."라고 회고했다. 감성이 부족하고 무신경한 것으로 유명한 금융계에서 살아가면서도 문학적 감성이 아직 남아 있었던 롤로는 5월 28일 저녁에 나타난 다른 측면들을 훌륭하게 전해준다. 훗날 그는 이렇게 말했다. "그곳에는 비현실적인 분위기가 감돌았다. 내가 아는 한, 바닥이 어디쯤일지 짐작이라도 한 사람은 아무도 없었다. 그날 장이 마감되었을 때 다우지수는 거의 35포인트나 하락하여 577포

---

9) downward spiral. 상황의 점진적인 악화로 인해 일련의 사고나 행위가 계속 제자리로 회귀함을 뜻한다. 악순환vicious circle보다 더 나쁜 상황이다.

인트에 머물렀다. 지금은 월스트리트에서 그것을 부인하는 게 미덕으로 간주되지만, 많은 전문가들은 400포인트 부근이 바닥이 아닐까 하고 이야기했다. 물론 그렇게 되었더라면 감당하기 어려운 재앙이 닥쳤을 것이다. '400'을 언급하는 이야기가 계속해서 들렸는데, 만약 지금 묻는다면 그들은 모두 '500'을 이야기했다고 말할 것이다. 그리고 그런 불안과 함께 중개인들은 아주 개인적인 종류의 우울감에 휩싸였다. 우리는 고객들(그들은 결코 부자가 아니었다.)이 우리의 행동 때문에 큰 손실을 입었다는 사실을 알고 있었다. 다른 사람의 돈을 잃는 것은 무엇보다도 괴로운 일이다. 12년 동안 일반적으로 주가가 계속 오르다가 이런 일이 일어났다는 사실을 감안해야 한다. 10여 년 동안 자신과 고객들에게 거의 일정한 수익을 계속 안겨주었기 때문에 우리는 자신이 아주 훌륭하다고 여겼다. 또 우리는 이 일에 매우 뛰어나다고 생각했다. 우리는 돈을 벌 수 있었고, 그걸로 더 이상 다른 말이 필요 없었다. 그런데 이번 주가 대폭락으로 약점이 드러났다. 이 일로 우리는 자신감을 크게 잃었는데, 그것은 금방 회복하기 힘든 타격이었다."

이 모든 일은 중개인들에게 데 라 베가의 기본 원칙을 지켰더라면 하고 후회하게 했다. "**어느 누구에게도 주식을 사거나 팔라는 조언을 절대로 하지 마라. 왜냐하면, 통찰력이 떨어지면 아무리 호의에서 한 조언이라도 아주 나**쁜 결과를 초래할 수 있기 때문이다."

투매 사태와 혼돈

월요일의 폭락 규모가 얼마나 컸는지는 화요일 아침에 분명하게 드러났다. 증권거래소에 등록된 모든 주식 가치의 미실현 손실(평가 손실)은 208억 달러에 이르는 것으로 계산되었다. 이 수치는 사상 최고치였다. 1929년 10월 28일의 손실액은 96억 달러에 불과했다. 이것은 모순처럼 보이지만, 1929년 당시 증권거래소에 등록된 모든 주식의 총가치가 1962년에 비해 훨씬 적었기 때문이다. 이 신기록은 전체 국민소득에서도 상당 비율, 구체적으로는 약 4%에 해당하는 액수였다. 사실상 미국은 2주치 생산과 급료에 해당하는 자산을 단 하루 만에 날려버린 셈이었다. 이 사건은 다른 나라에도 큰 파급 효과를 미쳤다. 시차 때문에 월스트리트에 대한 반응이 하루 늦게 나타나는 유럽에서는 화요일이 위기의 날이었다. 뉴욕의 아침 9시는 유럽에서는 장이 마감할 무렵이었는데, 유럽의 거의 모든 주요 증권거래소에서 별다른 이유 없이 단지 월스트리트가 폭락했다는 이유만으로 투매 사태가 일어났다. 밀라노에서는 18개월 만에 가장 낮은 수준으로 폭락했다. 브뤼셀에서는 전쟁 후 증권거래소가 다시 문을 연 1946년 이래 최저 수준으로 폭락했다. 런던에서는 적어도 27개월 만에 최저 수준을 기록했다. 취리히에서는 그날 이른 시간에 무려 30%에 이르는 대량 매도가 일어났지만, 이내 저가 매수를 노리는 사람들이 뛰어들면서 그나마 손실이 줄어들고 있었다. 또, 이 사건은 일부 가난한 나라들에 직접적인 것은 아니었지만, 인간적인 측면에서는 의심의 여지 없이 훨씬 심각한 종류의 여파를 미쳤다. 예를 들면, 뉴욕 상품 시장에서 7월 인도분 구리 가격이 파운드당 0.44센트 떨어졌다. 이 정도 손실은 아주 사소해 보일지 몰라도 구리 수출에 크게 의존하는 작은 나라에는 아주 큰 문제가 된다. 로버트 하일브로너는 《위대한 도약》에서 뉴욕 시장에서 구리 가격이 1센트 떨어지면 칠레 재무부가 입는 손실이 400만 달러라는 평가를 인용했다. 이 기준에 따르면 칠레가 구리로만 입은 잠재 손실액은 176만 달러에 달했다.

하지만 이미 일어난 일을 아는 것보다 더 나쁜 것은 앞으로 일어날 일에 대한 두려움이었다. 《뉴욕타임스》는 "어제 지진과 비슷한 사태가 주식 시장을 덮쳤다."라는 말로 불안한 사설의 서두를 꺼냈다. 그러고는 온갖 논리와 필력을 동원해 "주식 시장의 등락과 상관없이 우리는 경제적 운명의 주인이고 앞으로도 주인으로 남을 것이다."라는 합리적 호소력을 지닌 주장을 뒷받침하느라 전체 칼럼의 거의 절반을 할애했다. 다우존스 뉴스 티커는 9시에 "굿 모닝"이라는 의례적인 인사로 시작한 뒤 곧바로 해외에서 들어온 충격적인 시장 소식들을 보고했고, 증권거래소가 문을 열기 15분 전인 9시 45분에 "주식 투매는 언제쯤 그 기세가 꺾일까?"라며 불안에 사로잡힌 질문을 스스로에게 던졌다. 그러고 나서 아직 멀었다고 결론 내렸다. 모든 징후는 매도 압력이 "전혀 충족되지 않았음"을 가리키는 것처럼 보였다. 여러 증권회사의 파산이 임박했다는 소문이 금융계 전체에 파다하게 돌았는데, 이것 역시 침울한 분위기를 가중시켰다. ("어떤 사건에 대한 기대가 …그 사건 자체보다 더 큰 인상을 만들어낸다."—데 라 베가) 이 소문들 중 대부분이 나중에는 틀린 것으로 밝혀졌지만, 이런 사실은 그 당시에는 아무 도움이 되지 않았다. 위기에 대한 소문은 한밤중에 모든 도시로 퍼졌고, 주식 시장은 전국 초미의 관심사가 되었다. 증권회사 사무실들의 전화 교환대는 폭주하는 통화량으로 불통되었고, 고객이 드나드는 객장은 '불청객'들로 넘쳐났으며, 많은 객장에는 텔레비전 방송 요원들까지 북적였다.

뉴욕증권거래소 입회장에서 일하는 사람들은 예상되는 폭풍에 대비하기 위해 일찍부터 출근했고, 산더미 같은 주문을 분류하는 일을 돕기 위해 월스트리트 11번지 상층에서 근무하는 사무직들을 차출했다. 개장 시간이 되었을 때 관람객용 복도가 너무 혼잡해 이날은 평상시에 진행하던 안내인 딸린 투어를 중단했다. 이날 방문한 단체 중에는 웨스트 121번지의 코퍼스크리스티 교구학교에서 온 8학년 학생들이 있었는데, 인솔 교사인 아퀸 수녀는 기자에게 학생들이 이번 견학을 준비하느라 2주 전부터 각자 1만 달러의 가상 자금을 가지고 모의 주식 투자를 해왔다고 설명했다. 그리고 나서 이렇게 덧붙였다. "그런데 모두 돈을 몽땅 잃었어요."

뉴욕증권거래소 개장 직후 많은 베테랑 딜러들의 기억에서 가장 암담한 90분이 이어졌다. 그중에는 1929년의 대폭락에서 살아남은 사람도 일부 있었다. 처음 몇 분 동안은 비교적 소수의 주식이 거래되었지만, 이렇게 조용한 상태는 투자자들의 차분하고 신중한 태도 때문이 아니었다. 오히려 반대로 매도 압력이 너무 커서 일시적으로 활동이 멈춘 것이었다. 뉴욕증권거래소는 주가의 갑작스런 등락을 최소화하기 위해 20달러 미만인 주식이 이전 매매가보다 1달러 이상, 20달러 이상인 주식이 이전 매매가보다 2달러 이상인 가격으로 거래될 때에는 반드시 입회장 임원 중 한 명에게 개인적으로 승인을 거치도록 했다. 그런데 지금 상황은 매도자가 너무 많고 매수자는 너무 적어 시초가부터 규정된 한도와 비슷하거나 그 이상 차이가 나는 주식이 수백 종목이나 되었다. 그래서 고함을 질러대는 군중 사이에서 입회장 임원을 발견하지 않는 한 그런 주식 종목들은 거래가 불가능했다. IBM 같은 일부 핵심 종목은 매도 희망 가격과 매수 희망 가격 사이의 격차가 너무나도 커서 임원의 승인이 있어도 거래 자체가 불가능했다. 헐값에 주식을 살 수 있다는 유혹에 끌려 매수자들이 뛰어들 때까지 기다리는 것 말고는 할 수 있는 일이 아무것도 없었다. 다우존스 브로드 테이프는 마치 충격에 빠진 것처럼 임의로 가격과 단편적인 정보를 더듬거리며 쏟아내다가, 11시 30분에 빅 보드Big Board(뉴욕증권거래소의 별칭) 상장 주식 중 '최소한 일곱' 종목은 아직 최초 거래가 일어나지 않았다고 보고했다. 나중에 불투명한 상황이 정리되고 나자, 실제 수치는 그것보다 훨씬 큰 것으로 드러났다. 한편, 다우지수는 처음 1시간 동안에만 11.09포인트가 더 떨어졌고, 월요일의 주식 가치 손실은 수십억 달러 더 증가했으며, 사람들은 완전히 공황 상태에 빠졌다.

이윽고 공황 상태와 함께 혼돈 상태가 다가왔다. 5월 29일 화요일은 성인 6명 중 1명이 주주인 거대한 나라에서 전국적인 주식 거래를 가능케 한, 그물처럼 촘촘하게 조직되어 자동으로 돌아가던 엄청나게 복잡한 기술 설비 복합체가 하마터면 완전히 붕괴할 뻔한 날로 오랫동안 기억될 것이다. 많은 주문이 고객이 합의한 가격과 큰 차이가 나는 가격에 체결되는가 하면, 많은 주문은 전송 도중에 또는 입회장을 뒤덮은 수많은 종이쪽지에 뒤섞인 채 사라져 실행되지 않았다. 증권회사들이 입회장에 있는 직원과 연락이 되지 않아 주문을 실행하지 못하는 경우도 있었다. 시간이 지나자 월요일의 주문 폭주 기록이 깨졌다. 심지어 월요일의 기록은 이날의 기록에 비하면 아무것도 아닌 것처럼 보일 지경이었다. 한 가지 지표만 봐도 그 사실을 알 수 있는데, 화요일 마감 시간에 뉴욕증권거래소의 지연은 2시간 23분으로, 월요일의 1시간 9분보다 훨씬 길었다. 천우신조의 선견지명이 있었던지 뉴욕증권 거래소의 장내 주식 거래 중 13% 이상을 담당하던 메릴린치는 바로 얼마 전에 전화번호부를 3분 만에 복사할 수 있는 신형 7074 컴퓨터 장비를 설치했는데, 이 컴퓨터의 도움으로 거래들을 상당히 정확하게 처리할 수 있었다. 메릴린치가 새로 설치한 또 하나의 장비도 이 상황에 아주 큰 도움을 주었다. 그것은 거의 반 블록만 한 면적을 차지하면서 여러 사무실 사이의 통신을 신속하게 처리할 수 있는 자동 텔레타이프 교환기였는데, 이것은 너무 뜨거워져서 손으로 만질 수 없었다. 다른 회사들은 메릴린치와 같은 운이 없었다. 많은 회사들은 완전히 혼란에 빠졌다. 일부 중개인은 최신 주식 시세 정보를 얻으려 하거나 뉴욕증권거래소 입회장에 있는 동료에게 연락을 취하려다가 헛수고하는 데 지친 나머지 다 포기하고 술을 마시러 나갔다. 아이러니하게도 전문가답지 않은 이 행동이 오히려 고객들의 돈을 덜 날리게 하는 데 도움이 되었을지도 모른다.

하지만 이날의 가장 큰 아이러니는 점심시간의 테이프 상황이었다.

정오 직전에 주가는 최저 수준에 이르러 다우지수는 23포인트나 하락했다. (최저점에서 다우지수는 553.75를 찍었는데, 오늘날 전문가들이 그때 자신이 바닥으로 예상했다고 주장하는 500에서는 아직 안전한 거리만큼 떨어져 있었다.) 그리고 나서 갑자기 주가가 기묘하게도 활기차게 반등하기 시작했다. 이제 서로 주식을 사려고 미친 듯이 달려들 만큼 시장이 회복된 12시 45분에 테이프는 56분이 지연되었다. 따라서 일부 '선별 공시 가격'[10]이 제공하는 순간적인 단편 정보를 제외하고는, 티커는 실제로 매수 공황 상태가 벌어지고 있을 때에도 주식 시장 참여자들에게 매도 공황 상태를 알리고 있었다.

상황을 반전시킨 AT&T 주식의 100달러 돌파

오전 늦은 시각에 찾아온 대반전은 천성이 낭만적인 데 라 베가의 마음에 쏙 들었을 방식, 즉 갑작스럽게 멜로드라마 비슷하게 일어났다. 핵심 종목은 AT&T였다. 전날처럼 모든 사람이 주시한 종목인 AT&T는 여전히 전체 시장에 큰 영향을 미쳤다. 그리고 핵심 인물은 라브랜치 앤드 우드의 대표이사 조지 라브랜치 주니어였다. 라브랜치 앤드 우드는 AT&T의 플로어 스페셜리스트였다. (플로어 스페셜리스트는 특정 종목에 대해 시장에서 공정한 가격을 유지하도록 노력할 책임을 진 중개인 겸 딜러

---

10) flash price. 거래량이 많아 티커의 거래 현황 전달에 지연이 많이 생길 때, 거래가 많이 되는 종목의 실시간 거래 현황을 다른 주가보다 더 많이 표시하는 것.

이다. 플로어 스페셜리스트는 그 책임을 다하기 위해 때로는 자신의 판단과 어
긋나는 쪽으로 자신의 돈을 쏟아붓는 위험까지 감수해야 한다. 최근에 여러 관
련 기관은 시장에서 인간적 실수 요소를 줄이기 위해 스페셜리스트를 기계로
대체하는 방법을 모색했지만, 아직까지는 성공하지 못했다. 여기에는 큰 장애
물이 하나 있는데, 만약 기계적 스페셜리스트가 큰돈을 잃는다면 그 책임을 누
구에게 묻느냐 하는 문제가 그것이다.) 64세의 라브랜치는 작은 키에 이목
구비가 뚜렷하고 말쑥한 차림새에 성격은 성마른 편이었는데, 뉴욕증
권거래소에서 비교적 보기 드문 파이베타카파 클럽Phi Beta Kappa(미국 대학
우등생들로 구성된 친목 단체) 열쇠를 차고 다니길 좋아했다. 그는 1924
년부터 플로어 스페셜리스트로 일했고, 그의 회사는 1929년 후반부터
AT&T의 스페셜리스트로 활동했다. 평생 동안 평일마다 매일 약 5시
간 30분씩 보낸 그만의 특별한 서식지는 15구역 바로 앞에 있었다. 그
곳은 뉴욕증권거래소의 관람객용 복도에서는 잘 보이지 않았고, 흔히
'차고Garage'라고 불렸다. 그는 갑자기 몰려드는 잠재적 매수자나 매도
자를 피하기 위해 차고에 단단히 자리를 잡고서, 낱장을 끼웠다 뺐다
할 수 있는 수수한 원장을 굽어보며 연필을 들고 생각에 잠긴 자세로
서 있었다. AT&T 주식의 중요한 매도나 매수 주문은 모두 이 원장에
기록되었다. 그 원장이 '텔레폰 북Telephone book'으로 알려진 것은 놀라운
일이 아니다.11) 당연히 라브랜치는 월요일 하루 종일 AT&T 주가가
시장 하락을 이끄는 동안 그 충격적인 현장의 중심에 서 있었다. 그는

---

11) 텔레폰 북은 우리말로 직역하면 '전화번호부'란 뜻이지만, AT&T를 줄여서 흔히 텔
　　레폰Telephone이라 부르기 때문에 여기서는 AT&T 주식 거래 내역 장부란 뜻이다.

스페셜리스트로서 파이터처럼 날아드는 펀치에 이리저리 흔들렸다. 혹은 그가 표현한 좀 더 생생한 비유를 빌리자면, 바다의 파도에 휩쓸린 코르크처럼 출렁거렸다. 훗날 그는 이렇게 말했다. "AT&T는 일종의 바다와 같아요. 평소에는 고요하고 친절하다가도 갑자기 큰 바람이 휙 불면 거대한 파도가 일어납니다. 그 파도는 모든 사람을 휩쓸고 지나가면서 물에 잠기게 하죠. 그랬다가 다시 물이 빠져나가요. 파도에 순응해야 해요. 그것과 맞서 싸울 수는 없어요. 크누드 대왕[12]도 파도에는 맞서 싸울 수 없었지요." 월요일에 11달러나 하락한 뒤 화요일 오전에도 큰 파도가 여전히 출렁이고 있었다. 증권거래소의 입회장 임원을 찾아 승인을 얻는 절차는 말할 것도 없고, 간밤에 들어온 주문들을 분류하고 매수 호가와 매도 호가가 일치하는 주문끼리 연결 짓는 서류 작업만 해도 시간이 한참 걸린 탓에 AT&T 주식의 첫 거래는 증권거래소가 문을 열고 나서 1시간 뒤에야 체결되었다. 11시 1분 전에 처음 발표된 AT&T 시초가는 $98\frac{1}{2}$ 달러로, 월요일 종가보다 $2\frac{1}{8}$ 달러가 하락한 가격이었다. 금융계 전체가 마치 태풍 속에서 기압계를 바라보는 선장처럼 이 결과를 주시한 그다음 45분 동안 AT&T 주가는 일시적인 소규모 반등 때 도달한 99달러와 나중에 바닥으로 확인된 $98\frac{1}{8}$ 달러 사이에서 오르내렸다. 바닥에는 세 차례 도달했고, 그 사이에 반등이 일어났다. 라브랜치는 마치 이것이 마술적 혹은 신비적 의미가 있는 것처럼 이야기했다. 어쩌면 그랬을지도 모른다. 어쨌든 세 번째 바닥을 찍고

---

12) Canute the Great. 잉글랜드와 덴마크, 노르웨이의 왕을 겸임하며 해양 제국을 건설한 왕.

나서 AT&T를 사려는 매수자들이 15번 구역에 나타나기 시작했다. 처음에는 드문드문 그리고 주저하면서, 나중에는 점점 더 많이 그리고 공격적으로 나타났다. 11시 45분에 AT&T 주식은 $98\frac{3}{4}$ 달러에 팔렸고, 몇 분 뒤에는 99달러에, 11시 50분에는 $99\frac{3}{8}$ 달러에, 그리고 마침내 11시 55분에는 100달러에 팔렸다.

많은 해설자들은 AT&T가 100달러에 처음 매매 계약이 체결된 순간이 전체 시장의 흐름이 바뀐 순간이었다고 이야기했다. AT&T는 테이프 지연이 일어나는 동안 티커가 선별 공시 가격으로 발표하는 종목 중 하나였기 때문에 금융계는 이 거래 소식을 즉각 알게 되었다. 그것은 나쁜 소식 일색인 시점에서 단비처럼 반가운 소식이었다. 많은 사람들은 AT&T가 거의 2달러나 반등했다는 확실한 사실이 순전히 우연한 상황, 즉 100이라는 상징적인 숫자가 주는 심리적 효과와 결합해 흐름을 반전시키는 결정적 계기가 되었다고 생각했다. 라브랜치는 AT&T의 주가 상승이 전체 시장을 끌어올리는 데 큰 역할을 했다는 사실을 인정하면서도 그런 결과를 낳은 결정적 거래가 정확하게 무엇이었는지에 대해서는 의견을 달리한다. 그는 최초로 100달러에 체결된 거래가 지속적인 회복을 알리는 계기가 되기에 불충분하다고 보았다. 왜냐하면 그 가격에 최초로 거래된 주식 수가 아주 적었기 때문이다(그의 기억에 따르면 100주). 그는 자신의 원장에 100달러에 매도해달라는 주문이 약 2만 주나 적혀 있다는 사실을 알고 있었다. 만약 200만 달러어치에 해당하는 이 매도 물량이 소진되기 전에 100달러에 매수하겠다는 수요가 바닥난다면, AT&T 주가는 다시 떨어지기 시작해 어쩌면 네 번째로

$98\frac{1}{8}$ 달러까지 밀려버릴 수도 있었다. 그리고 항해 용어로 모든 것을 생각하는 버릇이 있는 라브랜치 같은 사람은 네 번째 하락이라는 개념에서 일종의 돌이킬 수 없는 숙명 같은 것을 연상했을지도 모른다.

하지만 그런 일은 일어나지 않았다. 100달러에서 소규모 매매가 아주 빠르게 여러 차례 일어나면서 몇 건의 매매가 더 체결되었는데, 그중에는 큰 규모의 매매도 있었다. 100달러에 공급된 전체 주식 중 약 절반은 드라이퍼스의 플로어 파트너인 존 크랜리가 매수했다. 크랜리는 조용히 15번 구역의 군중 사이로 헤치고 들어가 AT&T 주식을 100달러에 1만 주 매수하겠다는 주문을 냈다. 이 주문은 남아 있던 공급 물량을 소진함으로써 추가 상승을 위한 길을 닦기에 충분했다. 크랜리는 자기 회사를 위해 주문을 냈는지, 아니면 특정 고객을 위해 주문을 냈는지, 혹은 드라이퍼스가 한 자회사를 통해 운영하던 뮤추얼 펀드(드라이퍼스 펀드)를 위해 주문을 냈는지는 밝히지 않았다. 다만, 주문 규모로 볼 때 그 자금은 드라이퍼스 펀드에서 나왔을 가능성이 높다. 어쨌든 라브랜치는 그저 "체결되었습니다."라고 말하기만 하면 되었고, 두 사람이 필요한 서류에 기록을 마치자 그 거래는 완료되었다. 이제 AT&T 주식은 더 이상 100달러에는 살 수 없게 되었다.

비록 데 라 베가의 시대에 일어난 건 아니지만, 증권거래소에서 대규모 단일 거래로 시장의 흐름을 바꾼(혹은 바꾸려고 시도한) 선례가 있다. 1929년 10월 24일(금융의 역사에 '검은 목요일Black Thursday'이라는 이름을 길이 남긴 날) 오후 1시 30분, 뉴욕증권거래소 이사장 대행이자 증권거래소 입회장에서 가장 유명한 인물이었던 리처드 휘트니가 사람들의 눈길을 끌며(어떤 사람은 '의기양양하게' 걸었다고 표현했다.) US스틸이 거래되는 구역으로 걸어가 마지막 거래가인 205달러에 1만 주를 주문했다. 하지만 1929년에 일어난 이 거래와 1962년의 거래 사이에는 중요한 차이점이 두 가지 있다. 첫째, 사람들의 주목을 끈 휘트니의 주문은 어떤 효과를 노리고 연출한 노력이었던 반면, 사람들의 주목을 끌지 않은 크랜리의 주문은 그저 드라이퍼스 펀드를 위해 싼 가격에 주식을 매수하려는 시도였을 뿐이다. 둘째, 1929년의 거래는 그야말로 일시적인 반등을 불러오는 데 그쳤지만(그다음 주에 일어난 손실에 비하면 검은 목요일은 아무것도 아니었다.), 1962년의 거래 다음에는 진정한 의미의 시장 회복이 뒤따랐다. 이것은 증권거래소에서 심리적 효과를 노린 제스처는 그것을 의도적으로 연출하지 않거나 그런 것이 필요하지 않을 때 가장 효과적이라는 교훈을 준다. 어쨌든 그리고 나서 곧 전반적인 반등이 시작되었다. AT&T는 100달러 장벽을 돌파한 뒤 가파르게 상승했다. 12시 18분에는 $101\frac{1}{4}$ 달러에 거래되었고, 12시 41분에는 $103\frac{1}{2}$ 달러에, 1시 5분에는 $106\frac{1}{4}$ 달러에 거래되었다. 제너럴모터스는 11시 46분에 $45\frac{1}{2}$ 달러에 거래된 뒤에 1시 38분에 50달러에 거래되었다. 스탠더드오일은 11시 46분에 $46\frac{3}{4}$ 달러에 거래된 뒤에 1시 28분에 51달러에 거래되었다. US스틸은 11시 40분에 $49\frac{1}{2}$ 달러에 거래된 뒤에 1시 28분에 $52\frac{3}{8}$ 달러에 거래되었다. IBM은 그중에서도 가장 극적인 반등을 보여주었다. 오전 내내 압도적인 매도 주문 우세 때문에 거래 자체가 성립하지 않았는데, 사람들이 추정한 시초가는 10달러 하락에서부터 20~30달러 하락까지 다양했다. 그런데 이제 매수 주문이 눈

사태처럼 쏟아지기 시작해 2시 직전에 마침내 기술적으로 주식 매매가 가능해졌을 때, 시초가는 전날보다 4달러 오른 가격으로 형성되었고, 거래량도 무려 3만 주나 되었다. AT&T 주식의 대량 거래가 일어난 지 30분이 채 지나기 전인 12시 28분, 다우존스 뉴스 서비스는 시장의 흐름이 분명하다고 확신하고서 "시장이 강세로 돌아섰다."라고 단언했다.

실제로 그랬다. 하지만 반등 속도는 더 큰 아이러니였다. 브로드 테이프는 대개 유명 인사의 연설에 관한 보고처럼 긴 뉴스를 전송할 때에는 짧은 부분들로 쪼개 여러 차례에 나눠 전송하고, 그 사이사이에 증권거래소 현장의 최신 주가 같은 속보를 집어넣는다. 5월 29일 이른 오후에 내셔널프레스클럽에서 있었던 미국상공회의소 의장 래드 플럼리의 연설을 전할 때에도 그렇게 했다. 다우존스 테이프는 12시 25분부터 그 연설을 보고하기 시작했는데, 시장이 강세로 돌아섰다고 단언한 뉴스를 내보냈던 12시 28분과 거의 같은 시간이었다. 그런데 브로드 테이프에서 여러 부분으로 쪼개서 전달한 그 연설은 아주 기묘한 효과를 발휘했다. 테이프는 플럼리의 연설 중 "현재의 기업 신뢰 부족을 신중하게 평가할 것"을 요구하는 발언으로 뉴스를 시작했다. 여기서 연설이 잠시 끊기고 몇 분 동안 주가 동향이 소개되었는데, 모든 주식이 가파르게 상승했다. 그러고 나서 플럼리의 연설로 다시 돌아갔는데, 그는 이제 자신의 임무에 열중하여 "신뢰를 뒤엎는 두 가지 요인의 우연한 결합"을 주식 시장 폭락의 원인으로 지목하면서 비난했다. 그가 꼽은 두 가지 요인은 "어두운 수익 전망과 케네디 대통령이 철강 가격 인상을 억누른 조처"였다. 그런 다음에 조금 전보다 더 긴 시간 동안 속보가 전달되었는데, 모두 고무적인 사실과 수치로 가득 차 있었다. 테이프는 결론 부분에서 플럼리의 연설 중 한 가지 주제를 계속 강조했는데, 이제 "그것 봐! 내가 뭐라 그랬어?"라는 식의 뉘앙스를 풍겼다. 브로드 테이프는 그의 말을 인용해 이렇게 전했다. "우리는 '올바른 사업 환경 right business climate'을 매디슨가[13)의 상투적인 문구로 치부해 함부로 무시해서는 안 되며, 아주 바람직한 현실로 추구해야 한다는 사실이 끔찍한 방식으로 증명되는 것을 보았습니다." 이렇게 이 연설은 오후 이른 시간에 전송되었다. 다우존스 구독자들에게는 몹시 흥분되는 시간이었을 것이다. 그들은 주가 상승이라는 캐비아를 음미하는 동시에 케네디 행정부를 깎아내리는 플럼리의 연설을 샴페인 삼아 홀짝일 수 있었다.

잃었던 돈이 다시 생겨나는 마술

뉴욕증권거래소에서 거래 속도가 가장 광적인 상태에 이른 것은 마지막 1시간 30분 동안이었다. 3시 이후, 즉 마지막 30분 동안 기록된 공식 거래량은 700만 주를 넘었다. 이것은 1962년 당시에는 하루 전체 거래량으로서도 들어보지 못한 수치였다. 마감 벨이 울리자, 객장에서

---

13) 뉴욕 시에 있는 거리 이름. 광고의 거리로 유명하다.

는 또다시 환호성이 울렸다. 이번 환호성은 월요일의 환호성보다 훨씬 크게 울려퍼졌는데, 이날 하루 동안 다우지수가 27.03포인트나 상승했다는 사실은 월요일에 입은 손실 중 약 4분의 3이 만회되었음을 뜻했기 때문이다. 즉, 월요일에 공중으로 날아간 208억 달러 중에서 135억 달러를 되찾은 것이다. (이 기쁜 소식을 전하는 수치는 장이 마감되고 나서 몇 시간 후에야 나왔지만, 경험 많은 증권회사 직원들은 놀라운 통계적 정확성을 자랑하는 직감으로 그 사실을 알 수 있었다. 어떤 사람들은 화요일 장이 마감되었을 때 직감적으로 다우지수가 25포인트 이상 올랐다는 사실을 알았다고 주장했는데, 그들의 주장을 굳이 반박해야 할 이유는 없어 보인다.) 분위기는 밝고 활기가 넘쳤지만, 작업 시간은 길었다. 엄청난 거래량 때문에 티커는 월요일보다 더 늦게까지 테이프를 찍어냈고, 조명도 늦게까지 환하게 켜져 있었다. 증권거래소의 테이프는 실제 거래가 일어난 지 4시간 45분이 지난 8시 15분이 되어서야 그날의 마지막 거래를 인쇄했다. 다음 날인 메모리얼 데이에도 증권회사 사람들은 쉴 수 없었다. 지혜와 연륜이 많은 월스트리트 사람들은 우연히도 위기의 한가운데에 자리 잡은 휴일이 과열된 분위기를 냉각시킬 기회를 제공함으로써 위기가 재앙으로 번지는 것을 막은 최대 요인일지 모른다는 의견을 내놓았다. 메모리얼 데이가 (휴일 동안에도 모두 각자의 전투 기지에 머물며 대기하라는 지시를 받은) 증권거래소와 그 회원 기관들에게 사태를 수습하고 정상을 되찾을 기회를 제공했다는 사실만큼은 의심의 여지가 없다.

하지만 테이프 지연 때문에 발생한 부정적 효과를 수천 명의 순진한 고객에게 설명해야 하는 일이 남아 있었다. 이들은 예컨대 US스틸 주식을 50달러에 샀다고 생각했지만 나중에 알고 보니 54달러나 55달러에 샀다는 사실을 알고서 어떻게 이런 일이 일어났는지 이해하지 못했다. 또 다른 고객 수천 명의 불만도 쉽게 잠재울 수 없었다. 한 증권회사는 두 건의 주문(하나는 AT&T를 시장 가격으로 매수하는 주문이었고, 또 하나는 같은 주식을 같은 양만큼 시장 가격으로 매도하는 주문이었다.)을 정확하게 동시에 입회장으로 보냈는데, 매도자는 주당 102달러에 판 반면, 매수자는 주당 108달러에 샀다는 결과가 나왔다. 수요와 공급의 법칙의 유효성을 의심케 하는 이 결과에 당황한 증권회사가 자세히 조사를 해보았더니, 매수 주문이 일시적으로 군중 속에서 길을 잃었다가 나중에 15번 구역에 도착했을 때에는 이미 주가가 6달러나 오른 뒤였다는 사실이 드러났다. 이 실수는 고객의 책임이 아니었기 때문에 증권회사는 고객에게 그 차액을 변상할 수밖에 없었다. 증권거래소는 증권거래소대로 수요일에 해결해야 할 문제가 여러 가지 있었는데, 그중에는 CBC(캐나다방송공사)가 파견한 촬영팀을 맞이하는 문제도 있었다. 이들은 5월 30일이 미국의 휴일이라는 사실을 깜빡하고서 수요일에 증권거래소에서 벌어지는 장면을 촬영하기 위해 몬트리올에서 비행기를 타고 날아왔다. 그와 동시에 증권거래소 임원들은 월요일과 화요일의 느러터진 티커 문제를 생각하지 않을 수 없었는데, 이것이 역사상 최대의 기술적 재앙을 빚어낼 뻔한 문제의 핵심이라는 데(설사 원인은 아니라 하더라도) 모두가 동의했다. 증권거래소는 나중에 스스로를 변호하는 보고서를 자세히 작성해 내놓았는데, 그 변명은 사실상 위기가 예상과 달리 2년이나 일찍 닥쳤다는 불만이나 다름없었다. 증권거래소는 특유의 보수적 태도를 견지하며 "현재의 시설로 모든 투자자에게 정상적인 속도와 효율의 서비스를 제공했다고 주장하는 것은 옳지 않을 것이다."라고 인정했다. 그런 다음, 지금보다 거의 두 배 속도로 작동하는 티커가 1964년에 설치될 예정이라고 말했다. (실제로, 나중에 설치된 새로운 티커와 그 밖의 여러 자동화 장비는 매우 효율적이어서, 1968년 4월의 놀라운 거래 속도에 직면했을 때에도 테이프 지연은 무시할 만한 수준으로 무난히 넘어갈 수 있었다.) 증권거래소는 허리케인에 대비해 한창 대피소를 짓고 있던 중인 1962년에 허리케인이 일찍 몰아닥친 상황을 "아이러니일지도 모른다."라고 표현했다.

하지만 목요일 오전을 염려해야 할 이유가 여전히 많이 있었다. 공황 매도 시기가 지나고 나면 시장은 극적으로 반등했다가 다시 하락하는 경향이 있다. 역사를 통틀어 기록적인 이틀간의 폭락이 일어난 직후이자 그 후 몇 년 동안 계속되어 대공황을 촉발한 재앙 수준의 하락이 시작되기 직전인 1929년 10월 30일에 다우지수가 28.40포인트나 반등했던 사실을 기억하고 있는 중개인이 한 사람 이상 있었는데, 그 상승폭은 불길하게도 이번 반등에서 일어난 것과 비슷했다. 다시 말해서, 시장에는 여전히 데 라 베가가 임상적으로 '역동逆動. antiperistasis'14)이라고 부른 현상이 때때로 일어난다. 이것은 시장에서 앞서의 흐름을 뒤집는 반전이 일어났다가 다시 반전이 일어나고, 그런 반전이 반복되는

---

14) 안티페리스타시스는 본래 아리스토텔레스의 운동론에서 나온 개념으로, 추위가 체온을 높이고, 건조함이 피부의 습도를 높이는 것처럼 한 가지 속성이 반대 속성의 강도를 더 높이는 현상을 뜻한다.

경향을 가리킨다. 증권 분석에서 반전이 거듭되는 역동계를 믿는 사람은 이제 시장이 다시 하락할 태세를 갖추었다고 결론 내릴지도 모른다. 물론 실제로 그런 일은 일어나지 않았다. 목요일에는 주가가 안정적이고 질서 있게 상승하며 하루가 지나갔다. 10시에 개장하고 나서 몇 분쯤 지나자 브로드 테이프는 모든 곳에서 중개인들에게 매수 주문이 쏟아져 들어오고 있다는 소식을 전했다. 그중에서 많은 주문은 평소에 뉴욕 주식 시장에서 거래를 하던 남아메리카, 아시아, 서유럽 국가들에서 온 것이었다. 11시 직전에 브로드 테이프는 "여전히 사방에서 주문이 쏟아져 들어오고 있다."라고 의기양양하게 발표했다. 잃었던 돈이 마술처럼 다시 생겨나고 있었고, 게다가 더 많은 돈이 쌓이고 있었다. 2시 직전에 다우존스 테이프는 이제 황홀감에 넘치던 상태에서 태평스러운 상태로 넘어가더니 시장 보고에서 잠시 한숨을 돌려 플로이드 패터슨과 소니 리스턴의 권투 시합 계획에 관한 메모까지 포함시키는 여유를 보였다. 유럽 시장들도 상승세로 돌아선 뉴욕 시장에 반응하여 크게 상승했다. 뉴욕 시장에서 구리 선물도 월요일과 화요일 아침에 입었던 손실 중 80% 이상을 만회해 칠레 재무부는 가슴을 쓸어내렸다. 장이 마감할 때 다우지수는 613.36을 기록했는데, 이것은 그 주에 입은 손실을 완전히 만회하고 오히려 이익을 조금 남겼다는 것을 의미했다. 위기는 지나갔다. 모건의 표현을 빌리면 시장이 요동친 것이었고, 데 라 베가의 표현을 빌리면 시장의 역동이 입증된 것이었다.

탐욕이 남아 있는 한 끝나지 않을 문제

그해 여름 내내, 심지어 다음 해까지도 애널리스트와 그 밖의 전문가들은 그때 무슨 일이 일어났는지 많은 설명을 쏟아냈다. 이 진단들의 논리와 엄숙함과 세부 내용이 얼마나 거창했는지 위기가 발생하기 전에 앞으로 어떤 일이 **일어날지** 조금이라도 정확하게 예상한 사람이 아무도 없었다는 사실조차 이들의 영향력에 별다른 흠집을 내지 못했다. 위기를 초래한 매도 주도 세력이 누구였느냐 하는 문제를 가장 학문적이고 자세하게 분석한 보고서는 아마도 뉴욕증권거래소가 직접 작성한 보고서일 것이다. 뉴욕증권거래소는 소동이 잦아든 뒤에 개인 및 기업 회원들에게 상세한 설문조사 용지를 보냈다. 그리고 설문조사 결과를 분석하여, 위기가 휩쓴 사흘 동안 농촌 지역이 시장에서 평소보다 더 활발한 움직임을 보였고, 여성 투자자가 남성 투자자보다 2.5배나 많은 주식을 매도했으며, 평소보다 더 활발한 움직임을 보인 외국인 투자자가 전체 거래량의 5.5%에 해당하는 주식을 매매함으로써 결과적으로 상당한 매도 세력 역할을 했다는 사실을 알아냈다. 무엇보다도 놀라운 사실은 뉴욕증권거래소가 '공적 개인$^{\text{public individuals}}$'이라 일컫는 사람들이 전체 사태에서 놀랍도록 중대한 역할을 담당해(공적 개인이란 기관 투자자에 대응하는 의미로서 개인 투자자를 말하는데, 다른 데서라면 그저 **개인**$^{\text{private individuals}}$이라 불렀겠지만 유독 월스트리트에서만 이렇게 불렀다.) 전체 거래량의 56.8%라는 유례없이 높은 비율을 차지했다는 점이었다. 이 투자자들을 소득 구간별로 나누어 분석한 결과, 가계 소득이 연 2

만 5000달러 이상인 사람들이 가장 많이 그리고 일관되게 매도를 한 반면, 가계 소득이 연 1만 달러 이하인 사람들은 월요일과 화요일 초반에는 매도했다가 목요일에 아주 많은 주식을 매수함으로써 사흘 동안 전체적으로는 순매수자였음이 드러났다. 게다가 뉴욕증권거래소의 분석에 따르면, 마진 콜의 결과로 매도된 주식은 사흘간의 전체 거래량 중 3.5%에 해당하는 약 100만 주였다. 요컨대, 이 위기를 초래한 악당을 굳이 꼽는다면, 증권업계와 아무 관련이 없는 상대적으로 부유한 투자자들이었다. 또한 투자금 일부를 빌린 돈에 의존하는 경향이 높은 여성 투자자, 농촌 지역 투자자, 외국인 투자자도 예상보다 훨씬 큰 역할을 담당한 것으로 드러났다.

반면에 위기를 구한 영웅은 놀랍게도 시장에서 검증되지 않은 세력 중 가장 두려운 존재였던 뮤추얼 펀드였다. 뉴욕증권거래소의 통계 자료에 따르면, 주가가 곤두박질쳤던 월요일에 펀드들이 매수한 주식은 매도한 주식보다 53만 주 더 많았고, 대체로 투자자들이 주식을 사려고 달려든 목요일에는 37만 5000주를 **순매도**했다. 다시 말해서, 뮤추얼 펀드는 시장의 요동을 증가시키기는커녕 오히려 안정시키는 세력으로 작용했다. 이처럼 예상치 못한 긍정적 효과가 어떻게 나왔을까 하는 문제는 논쟁의 대상으로 남았다. 위기 기간에 뮤추얼 펀드가 순전히 공공의 이익을 생각해서 그렇게 행동했다는 주장을 한 사람은 아무도 없으므로, 월요일에 주식을 매수한 것은 저가 매수 기회라 판단했기 때문이고, 목요일에 매도한 것은 차익 실현 기회로 보았기 때문이라고 보는 게 안전한 추측일 것이다. 그렇다면 투자자들의 상환 요구 문제는 어떻게 해결했을까? 시장이 폭락했을 때 우려했던 대로 많은 뮤추얼 펀드 투자자들이 수백만 달러를 현금으로 상환해달라고 요구했지만, 뮤추얼 펀드들은 충분한 현금을 보유하고 있어서 대부분 주식을 많이 팔지 않고도 투자자들에게 현금을 지불할 수 있었던 것으로 보인다. 전체를 하나의 집단으로 보았을 때 뮤추얼 펀드는 튼튼한 자금력과 보수적 운용을 통해 폭풍을 견뎌냈을 뿐만 아니라, 의도치 않게 폭풍의 위력을 완화시키는 데 도움을 주었다. 하지만 언젠가 또다시 폭풍이 몰아닥칠 때에도 똑같은 조건이 존재할지는 또 다른 문제이다.

마지막으로, 1962년 위기의 원인은 여전히 불가사의로 남아 있다. 분명한 사실은 위기가 발생했다는 것과 그와 같은 위기가 다시 발생할 수 있다는 것이다. 월스트리트에서 나이 든 익명의 선지자는 이렇게 말했다. "나는 염려하긴 했지만, 1929년과 같은 일이 반복되리란 생각은 단 한 번도 하지 않았습니다. 나는 다우지수가 400으로 떨어질 것이라고는 절대로 말하지 않았습니다. 나는 **500**이라고 말했어요. 요점은, 지금은 1929년과는 대조적으로 공화당이건 민주당이건 정부가 기업의 필요에 주의를 기울여야 한다는 사실을 잘 인식하고 있다는 사실입니다. 월스트리트에 사과 장수들이 다시 넘쳐나는 일은 절대로 없을 것입니다. 그해 5월에 일어났던 일이 또다시 일어날 수 있느냐고 묻는다면, 물론 그럴 수 있어요. 나는 사람들이 1~2년 동안은 더 조심스러운 태도를 보일 거라고 생각해요. 그리고 나서는 다시 투기 행위가 쌓이다가 또 다른 위기가 찾아올 테고, 그런 양상은 신이 사람들을 덜 탐욕스럽게 만들 때까지 반복될 거예요."

혹은 데 라 베가가 한 말이 더 적절할지도 모르겠다. "꿀의 단맛을 보고 나서도 증권거래소에서 빠져나올 수 있다고 생각하는 사람은 어리석다."

5

제록스 제록스 제록스 제록스

기업의 책임은 어디까지인가?

제록스의 폭발적 성공

1887년에 시카고의 A. B. 딕 컴퍼니가 등사기(사무실에서 실용적으로 사용할 수 있는 최초의 기계식 복사기)를 시장에 내놓았을 때, 그것은 즉각 온 나라를 휩쓸진 않았다. 오히려 창립자인 딕은 힘겨운 마케팅 문제에 맞닥뜨렸다. 딕은 제재업 일을 할 때 가격표를 일일이 손으로 베껴 적는 게 지겨워 직접 복사기를 만들려고 애쓰다가 결국 등사기를 발명한 토머스 에디슨에게서 등사기를 생산하는 권리를 얻었다. "사람들은 문서를 많이 만들길 원치 않았어요." 그의 손자이자 A. B. 딕 컴퍼니의 부사장인 매튜스 딕 주니어는 이렇게 말했다. 현재 A. B. 딕 컴퍼니는 등사기를 포함해 온갖 종류의 복사기를 생산하고 있다.[1] "등사기를 처음 사용한 사람들은 대체로 교회나 학교, 보이스카우트 같은 비영리 단체였어요. 회사와 전문직 종사자의 관심을 끌기 위해 할아버지와 동료들은 선교에 가까울 정도로 엄청난 노력을 기울였습니다. 기계로 복사를 하는 사무실은 오랫동안 확립돼온 사무실 패턴을 뒤집어엎는 새롭고 불안한 개념이었지요. 어쨌든 1887년에는 타자기도 시장에 나온 지 10년이 조금 넘었지만 여전히 널리 쓰이지 않았고, 카본지 역시 마찬가지였습니다. 만약 사업가나 변호사가 어떤 문서 5장이 필요하다면, 직원에게 시켜 5장을 만들게 했습니다. 일일이 손으로 써서 말입니다. 사람들은 할아버지에게 이렇게 말하곤 했죠. '이런저런 문서가 많이 복사되어 사방에 널리는 걸 누가 좋아하겠습니까? 사무실에는 잡동사니만 너저분하게 널리고, 그것을 훔쳐보려는 사람을 유혹할 뿐만 아니라, 아까운 종이 낭비 아닙니까?'라고 말입니다."

또 다른 차원에서 보면, 할아버지 딕이 마주친 문제들은 수백 년 이상 그래픽 자료를 복제하는 행동에 붙어다니던 나쁜 평판과 관련이 있었다. 그 나쁜 평판은 'copy'라는 영어 단어에 함축된 여러 가지 뜻에 반영돼 있다. 옥스퍼드 영어 사전은 이 단어가 수백 년 동안 사기의 느낌을 물씬 풍겼다고 분명히 밝힌다. 실제로 16세기 후반부터 빅토리아 시대까지 copy와 counterfeit(위조)는 거의 동의어처럼 쓰였다. (17세기 중엽에 이르면, 명사 copy를 '많음'이나 '풍부함'이란 뜻으로 쓰던 중세의 용법은 '엄청난' 또는 '풍부한'이란 뜻의 형용사 copious의 형태로만 남고 사라진

---

1) 1883년에 A. B. 딕Albert Blake Dick이 설립한 이 회사는 2004년 7월에 파산했다.

238

다.) 프랑스의 고전 작가 프랑수아 드 라로슈푸코는 1665년에 《잠언과 성찰》에서 "유일하게 훌륭한 복제는 나쁜 원본의 결함을 드러내는 복제 뿐이다."라고 썼다. 영국의 미술 평론가이자 사회 사상가인 존 러스킨은 1857년에 "복제화는 절대로 사지 마라."라고 교조적으로 선언했다. 이 것은 속임수를 경고한 발언이 아니라 가치 저하를 경고한 발언이었다. 그리고 복제 문서도 자주 의심을 받았다. 존 로크는 1690년에 "입증된 기록 복제물은 훌륭한 증거이지만, 잘 입증되지 않은 복제물의 복제물 은 …사법부에서 증거로 인정되지 않을 것이다."라고 썼다. 거의 같은 시기에 인쇄업계는 '지저분한 원고' 또는 '초고'를 가리키는 'foul copy'라는 자극적인 표현을 만들어냈고, 빅토리아 시대에는 어떤 물건 이나 사람이 다른 물건이나 사람을 닮았다고 말할 때 'pale copy'(옅은 복제)라는 표현이 유행했다.

20세기에 들어 이런 태도가 바뀌게 되는데, 산업화 가속과 함께 생 겨난 실용적 필요성이 중요한 이유였다. 어쨌든 사무실에서 복사는 아 주 빠르게 늘어나기 시작했다. (복사 사용량 증가가 전화 사용량 증가와 일 치한다는 사실은 역설처럼 보이겠지만, 실제로는 그렇지 않다. 어떤 수단을 사 용하건 사람들 사이의 커뮤니케이션 증가는 그 목적을 충족시키기는커녕 오히 려 더 많은 커뮤니케이션의 필요를 낳는다는 것을 시사하는 증거가 많다.) 타자 기와 카본지는 1890년 이후부터 보편적으로 쓰이게 되었고, 1900년 이후부터는 등사도 사무실에서 표준적인 관행으로 자리 잡았다. 딕 컴 퍼니는 1903년에 "에디슨 등사기가 없는 사무실은 완전한 사무실이 아니다."라고 자부하게 되었다. 그 무렵에 사용되고 있던 등사기는 이미 약 15만 대나 되었고, 1910년에는 그 수가 20만 대를 넘어섰으며, 1940년에는 거의 50만 대에 육박했다. 1930년대와 1940년대에는 오프셋 인쇄기(등사기보다 훨씬 깔끔하게 문서를 복사하는 강력한 경쟁자)도 사무실 용도로 개조하는 데 성공해 대부분의 대형 사무실에서 표준 설비로 자리잡았다. 하지만 오프셋 인쇄기도 등사기와 마찬가지로 복사를 시작하기 전에 원판을 만들어야 했는데, 그 과정은 비교적 비용이 비싸고 시간도 많이 들었다. 그래서 오프셋 인쇄는 복사하는 매수가 상당히 많을 때에만 경제성이 있었다. 사무기기 분야의 전문 용어에 따르면, 오프셋 인쇄기와 등사기는 '카피어copier'라기보다는 '듀플리케이터duplicator'인데, 일반적으로 둘을 나누는 기준은 10장과 20장 사이의 어느 지점이다. 효율적이고 경제적인 카피어를 개발하는 부문에서 기술 발전이 가장 더디게 일어났다.

1910년 무렵에 원판을 만들 필요가 없는 다양한 사진 장비―그중에서 가장 유명했던(그리고 지금도 유명한) 것은 포토스탯[2]이었다.―가 등장하기 시작했지만, 비싼 비용과 느린 속도, 조작의 어려움 때문에 그 용도는 대체로 건축이나 공학 분야의 도면이나 법률 문서를 복사하는 데 한정되었다. 1950년 이전에는 상용 서신이나 타자한 문서를 한 장 복사하는 데 실용적인 기계는 카본지를 끼운 타자기가 유일했다.

1950년대에는 사무용 복사 기계화에 선구적인 혁신이 일어났다. 원판을 사용하지 않고 장당 몇 센트의 비용으로 그리고 장당 1분 이내의

---

2) photostat. 건판을 쓰지 않고 직접 감광지에 사진을 찍는 복사용 사진기.

시간에 대부분의 사무 문서를 복사할 수 있는 온갖 종류의 장비가 갑자기 시장에 쏟아지기 시작했다. 사용된 기술도 아주 다양했다. 1950년에 출시된 미네소타 마이닝 앤드 매뉴팩처링의 서모팩스는 열에 민감한 복사지를 사용했고, 아메리칸 포토카피의 다이얼-A-매틱 오토스탯(1952년)은 보통의 사진술을 개량한 기술을 사용했으며, 이스트먼 코닥의 베리팩스(1953년)는 염료 전사법이라는 방법을 사용했다. 그런데 이것들은 대부분 딕의 등사기와 달리 시장에서 금방 환영을 받았는데, 소비자들의 필요를 제대로 충족시킨 것이 한 가지 이유였지만, 이들 장비와 그 기능이 사용자들에게 심어준 강렬한 심리적 매력도 큰 이유였다. 사회학자들이 '대중mass' 사회라고 규정짓는 사회에서는 어떤 종류의 물건 하나를 같은 종류의 물건 여러 개로 만든다는 개념이 강박 행동으로 변해가는 징후를 보인다. 하지만 이 혁신적인 복사기들은 모두 근본적으로 심각하고 불만스러운 결함이 있었다. 예를 들면, 오토스탯과 베리팩스는 조작하기가 어려웠고, 복사된 종이가 축축해져 말려 사용해야 했으며, 서모팩스로 복사한 문서는 열에 지나치게 노출되면 검게 변하는 경향이 있었고, 셋 다 제지업체가 공급하는 특수 처리 용지를 사용해야 했다. 강박 행동을 열풍으로 발전시키려면 기술적 돌파구가 필요했는데, 1950년대가 끝나고 1960년대가 시작될 무렵에 제로그래피xerography라는 새로운 원리를 바탕으로 하고, 보통 종이에 건조하고 영구적이며 양호한 품질로 복사할 수 있는 기계가 발명되면서 그 돌파구가 열렸다. 그 효과는 즉각적이었다. 미국에서 1년 동안 복사되는 양은 1950년대 중엽에 약 2000만 장이던 것이 1964년에는 95억 장으로 껑충 뛰었고, 1966년에는 140억 장으로 늘어났는데 (유럽과 아시아, 라틴아메리카에서 복사된 수십억 장은 말할 것도 없고), 제로 그래피의 등장이 주요 원인이었음은 말할 필요도 없다. 그뿐만이 아니 었다. 인쇄된 교과서에 대한 교육자들의 태도와 문서를 통한 커뮤니케 이션에 대한 기업인들의 태도에도 눈에 띄는 변화가 나타났으며, 전위 적인 철학자들은 제로그래피를 바퀴의 발명과 비교할 만큼 중요한 혁 명이라며 환영했고, 동전으로 작동하는 복사기가 과자점과 미용실에 등장하기 시작했다. 복사 열풍이 모든 곳을 휩쓸었다. 이 열풍은 비록 17세기에 네덜란드에서 일어났던 튤립 열풍만큼 즉각적으로 전국을 휩쓸진 않았지만, 결국에는 그보다 훨씬 더 광범위한 영향을 미쳤다.

이 거대한 돌파구를 열고, 수십억 장의 복사 중 대부분을 복사한 기 계를 만든 회사는 바로 뉴욕 주 로체스터에 기반을 둔 제록스 코퍼레이 션이었다. 그 결과 제록스는 1960년대의 가장 괄목할 만한 기업 성공 사례가 되었다. 제로그래피 방식의 사무용 자동 복사기를 처음 내놓은 1959년의 회사(그때 회사 이름은 핼로이드 제록스였다) 매출액은 3300만 달러였다. 1961년에는 그것이 6600만 달러로 늘어났고, 1963년에는 1억 7600만 달러, 1966년에는 5억 달러 이상으로 증가했다. 제록스의 최고경영자인 조지프 윌슨이 말한 것처럼 이러한 성장률은 20년 동안 계속 이어진다면(아마도 모든 사람을 위해서는 다행스럽게도 절대 일어날 수 없는 일이지만), 제록스의 매출액이 미국의 국민 총생산을 능가할 만큼 대단한 것이었다. 제록스는 1961년만 해도 《포춘》이 선정하는 미국 500대 기업에 들어가지 못했지만, 1964년에는 227위를 차지했고,

1967년에는 126위로 순위가 올라갔다. 《포춘》이 매기는 순위는 연매출을 기준으로 하는데, 다른 기준을 따르면 제록스의 순위는 171위보다 더 높다. 예를 들면, 1966년 초에 제록스는 순이익을 기준으로 할 때 미국에서 63위를 기록했고, 매출액 순이익률로 따지면 대략 9위, 주식 시가 총액으로는 대략 15위를 차지했다. 특히 마지막 항목에서는 이 신흥 기업이 오랜 전통을 자랑하는 거대 기업인 US스틸이나 크라이슬러, 프록터 앤드 갬블, RCA를 추월했다. 실제로 제록스에 대한 일반 투자자들의 열광이 얼마나 대단했던지 그 주식은 1960년대 주식시장의 골콘다[3]가 되었다. 1959년 말에 그 주식을 사서 1967년 초까지 보유한 사람이라면 누구나 약 66배의 수익을 올렸을 테고, 정말로 훌륭한 선견지명이 있어 1955년에 핼로이드 주식을 샀던 사람이라면 그 투자 금액이 약 180배로 불어났을 것이다. 따라서 '제록스 백만장자' 무리가 생겨난 것은 전혀 놀라운 일이 아니다. 그들은 모두 수백 명이나 되었는데, 대부분 로체스터 지역에 사는 사람이거나 그곳 출신이었다.

1906년에 로체스터에서 사업을 시작한 핼로이드 컴퍼니가 제록스의 할아버지에 해당하는데, 창립자 중 한 사람(한때 전당포 주인으로 일하기도 했고, 한때 로체스터 시장을 지내기도 한 조지프 윌슨)도 1946년부터 1968년까지 같은 이름으로 제록스 사장을 지낸 사람의 할아버지이다. 핼로이드는 인화지를 생산했는데, 모든 사진 회사들(특히 로체스터 지역

---

3) Golconda. 다이아몬드 가공으로 큰 부를 쌓은 인도 남부의 고대 도시. 여기서 유래해 '무진장의 부'라는 뜻으로도 쓰인다.

의 회사들)과 마찬가지로 이스트먼 코닥 회사의 거대한 그림자에 가려 제대로 빛을 보지 못하고 살아갔다. 그런 상황에서도 헬로이드는 그런 대로 훌륭한 효율성으로 대공황도 그럭저럭 잘 넘겼다. 하지만 제2차 세계 대전 직후에 경쟁이 치열해지고 인건비가 치솟자, 헬로이드는 새로운 제품 생산을 모색하게 되었다. 회사 과학자들이 생각한 가능성 중 하나는 오하이오 주 콜럼버스에 있는 비영리 산학 협력 기관인 바텔메모리얼연구소에서 연구하고 있던 복사 과정이었다. 여기서 이야기는 1938년으로 거슬러 올라간다. 그 무대는 뉴욕 시 동부 퀸즈 자치구의 아스토리아에 있는 한 술집 2층 부엌이다. 체스터 칼슨이라는 32세의 무명 발명가가 그곳을 임시 연구소로 사용하고 있었다. 스웨덴계 이발사의 아들로 캘리포니아 공과대학교에서 물리학을 전공한 칼슨은 인디애나폴리스에 본사를 둔 전기전자 부품 제조업체인 P. R. 맬러리의 특허과에서 일하고 있었다. 부와 명성과 독립을 추구하던 칼슨은 남는 시간을 이용해 사무용 복사기를 발명하려고 애썼다. 도움을 받기 위해 독일에서 망명한 물리학자 오토 코르나이도 고용했다. 두 사람은 많은 실험을 통해 새로운 복사 과정을 개발했는데, 어설픈 장비를 많이 사용하고 연기와 악취를 많이 풍기며 애쓴 끝에 1938년 10월 22일에 한 종이에 있는 메시지를 다른 종이로 옮기는 데 성공했다. 그 메시지는 아무런 감흥도 일으키지 않는 "10-22-38 Astoria"였다. 칼슨이 전자사진술electrophotography이라 이름 붙인 그 과정은 기본적으로 다섯 단계로 이루어져 있었다. 첫째, 광전도성 표면에 정전하를 가해(예를 들면, 표면을 털가죽으로 비빔으로써) 빛에 민감하게 만든다. 둘째, 이 표면을 글자가 적힌 종이에 노출시켜 정전기적 잠상潛像(현상 전의 눈에 보이지 않는 상)을 만든다. 셋째, 표면에 가루를 뿌림으로써 전하를 띤 부분에만 가루가 들러붙게 해 잠상을 현상한다. 넷째, 이 상을 종이로 옮긴다. 다섯째, 열을 가함으로써 그 상을 고정시킨다. 각각의 단계는 다른 기술들에서 이미 잘 알려진 과정이었지만, 이것들을 모두 합친 과정은 아주 새로운 것이었다. 실제로 이 과정은 너무나도 새로운 기술이어서 난다 긴다 하는 사업의 귀재들도 이 과정의 잠재성을 바로 알아보지 못했다. 칼슨은 회사를 다니며 터득한 지식을 활용해 즉시 이 발명과 관련된 복잡한 특허들을 확보한 뒤(코르나이는 얼마 후 다른 일자리를 찾아 떠나는 바람에 전자사진술 무대에서 영원히 사라졌다.), 그것을 팔러 나섰다. 그 후 5년 동안 칼슨은 맬러리에서 계속 일하면서 국내의 중요한 사무 장비 회사와 모두 접촉해 그 과정에 대한 특허권을 팔려고 시도했지만 번번이 퇴짜를 맞았다. 그러다가 마침내 1944년에 칼슨은 바텔메모리얼연구소를 찾아가 자신의 과정을 더 개발할 수 있도록 일을 맡아달라고 설득하면서 나중에 그것을 팔거나 사용권을 빌려주는 데에서 생기는 로열티의 75%를 주겠다고 제안했다.

여기서 다시 이야기는 제로그래피의 탄생 단계로 돌아간다. 1946년 무렵에 헬로이드의 여러 사람이 칼슨 과정을 개발하고 있던 바텔의 연구에 관심을 보였는데, 그중에 창업자 윌슨의 손자 조지프 윌슨도 있었다. 조지프 윌슨은 곧 사장에 취임할 예정이었다. 윌슨은 새로 사귄 친구인 솔 리노위츠에게 바텔의 연구에 관한 이야기를 했다. 리노위츠는 똑똑하고 공공심이 투철한 젊은 변호사로, 해군에서 막 전역하여 개닛[4]의 보수적인 신문들에 맞서 진보적 견해를 방송할 로체스터 라디오 방송국을 만드느라 바빴다. 헬로이드에도 고용한 변호사들이 있었지만, 리노위츠에게 깊은 인상을 받은 윌슨은 그에게 이 일에 한해서만 바텔의 연구를 검토해달라고 요청했다. 그 후 리노위츠는 그 당시의 일에 대해 "우리는 금속 조각을 고양이 털로 비비는 걸 보러 콜럼버스로 갔지요."라고 말했다. 이 여행과 그 후 여러 차례의 여행을 통해 칼슨과 바텔에 로열티를 지불하는 조건으로 헬로이드가 칼슨 과정의 사용 권리를 가지고, 개발 작업과 비용은 바텔과 분담하기로 합의가 이루어졌다. 나머지 모든 것들은 바로 이 합의에서 비롯된 것처럼 보였다. 1948년, 칼슨 과정을 대체할 이름을 찾기 위해 노력하던 바텔의 한 직원은 오하이오 주립대학교에서 고전 언어를 전공하는 교수를 만났다. 그리고 두 사람은 xeros(말리다)와 graphia(쓰다)라는 두 그리스어 단어를 결합해 'xerography'라는 단어를 만들었다. 한편, 그 과정을 개발하려고 애쓰던 바텔과 헬로이드의 소규모 과학자 팀은 예상치 못했던 기술적 문제들이 하나씩 나타나는 바람에 애를 먹었다. 실제로 헬로이드 사람들은 너무 낙담한 나머지 제로그래피에 대한 권리 대부분을 IBM에 팔아넘길까 생각한 적도 있었다. 하지만 그 거래는 결국 무산되었고, 개발 작업이 진행되면서 비용이 치솟자, 그 과정의 개발은 점점 회사의 사활이 걸린 사업으로 변해갔다. 1955년에 새로운 계약이 체결되었는데, 칼슨의 특허에 대한 일체의 권리를 넘겨받고

---

4) Gannett. 미국의 미디어 기업. 미국 최대 일간지 《USA투데이》 등을 포함해 수많은 신문사, 방송국을 보유하고 있다.

개발 비용을 전액 부담하기로 하는 대신에 바텔에 핼로이드 주식을 상당량 넘겨주었으며, 바텔은 그중 일부를 칼슨에게 넘겨주었다. 그 비용은 엄청났다. 1947년부터 1960년 사이에 핼로이드는 제로그래피 연구 개발비에 약 7500만 달러를 투입했는데, 이것은 같은 기간에 정규 사업에서 벌어들인 돈의 2배에 해당했다. 그 차액은 대출과 함께 보통주를 대량 발행해 메웠는데, 보통주는 착하거나 무분별하거나 혹은 선견지명이 있어서 그것을 사려는 사람이 있기만 하다면 누구에게나 팔았다. 로체스터 대학교는 기부금으로 조성한 기금으로 그 주식을 대량 매입했는데(침체된 지역 산업에 대한 관심이 일부 이유였다), 그 직후에 일어난 주식 분할 때문에 주당 50센트에 매입했다. 그때 한 대학 간부는 불안감을 감추지 못하고 윌슨에게 "만약 2년 안에 손실을 줄이기 위해 할 수 없이 우리가 보유한 핼로이드 주식을 팔더라도, 제발 화내지 말았으면 합니다."라고 경고했다. 윌슨은 화내지 않겠다고 약속했다. 한편, 윌슨은 다른 중역들과 함께 봉급을 주식으로 받았고, 그중 일부 사람들은 대의를 위해 저축과 집을 담보로 잡고 빌린 돈을 내놓기까지 했다. (그 무렵에 중역들 중에서 가장 두드러진 활약을 보인 사람은 리노위츠였는데, 그와 핼로이드의 협력은 단발성으로 끝난 게 아니었다. 대신에 그는 윌슨의 오른팔이 되어 회사의 중요한 특허 계약을 책임졌을 뿐만 아니라, 국제적 계열사들을 조직하고 이끌었으며, 결국에는 한동안 이사회 의장까지 지냈다.) 1958년, 중요한 제로그래피 제품은 아직 하나도 출시되지 않았지만, 핼로이드는 진지한 고민 끝에 회사 이름을 핼로이드 제록스로 바꾸었다. 그보다 몇 년 전에 핼로이드는 '제록스Xerox'라는 상표명을 채택했는

데, 윌슨이 인정한 것처럼 이스트먼의 '코닥Kodak'을 뻔뻔하게 모방한
것이었다. 맨 마지막 'X'는 곧 소문자로 표기하기로 했는데, 그것을 굳
이 귀찮게 대문자로 쓰려는 사람이 거의 없었기 때문이다. 하지만 그
래도 코닥처럼 회문回文5)에 가까운 성격은 그대로 남았다. 윌슨의 말에
따르면, XeroX이건 Xerox이건 그 상표명은 많은 회사 고문들의 맹렬
한 반대를 무릅쓰고 채택되었고 유지되었다. 그들은 일반 대중이 그
상표명을 발음하기 어려워하거나, 부동액을 나타내는 상표명으로 생
각하거나, 금융에 관심이 많은 사람들의 귀에는 매우 부정적인 단어인
'제로zero'를 연상시킬 것이라고 염려했다.

그러다가 1960년에 제록스가 폭발적으로 성공하기 시작하자, 갑자기
모든 것이 역전되었다. 이제 회사는 상표명이 성공할지 염려하는 대신
에 **너무** 성공하지 않을까 염려하기 시작했다. 대화나 활자에 'to xerox'
라는 새로운 동사 단어가 너무 빈번하게 등장하는 바람에 그 상표명에
대한 회사의 소유권을 위협했기 때문이다. 그래서 회사는 그런 용법에
반대하는 캠페인을 벌이는 데 공을 들였다. (1961년, 결국 회사는 만전을
기하기 위해 회사 이름을 간단하게 제록스 코퍼레이션으로 바꾸었다.) 이제 제
록스의 중역들은 자신과 가족의 미래를 걱정하기보다 주당 20센트에
자기 회사 주식을 사는 투자를 하지 **말라고** 신중하게 충고했던 친구들과
친척들 사이에서 자신의 평판을 걱정하게 되었다. 한마디로, 제록스
주식을 많이 갖고 있던 사람들은 모두가 부자가 되거나 더 큰 부자가

---

5) eye, madam, nurses run처럼 앞에서부터 읽으나 뒤에서부터 읽으나 동일한 단어
나 구.

되었다. 힘들 때 참고 희생한 중역들, 로체스터 대학교, 바텔메모리얼 연구소가 모두 큰돈을 벌었고, 특히 모든 사람들 중에서도 여러 가지 계약을 통해 제록스 주식을 받았던 체스터 칼슨은 1968년에 주식 가치가 수천만 달러에 이르러 《포춘》이 선정한 미국의 66번째 부자가 되었다.[6]

이상주의의 이례적인 성공

조잡한 실험실에서 외로이 연구한 발명가, 가족 중심의 작은 회사, 초기의 거듭된 좌절, 특허 제도 의존, 고대 그리스어를 바탕으로 한 상표명, 마침내 자유 기업 제도의 우수성을 입증하는 영광스러운 승리 등, 거두절미하고 요약한 제록스 이야기는 고리타분한 이야기처럼, 심지어 19세기의 낡은 이야기처럼 들린다. 하지만 제록스에는 다른 차원의 이야기가 있다. 단지 주주와 직원과 고객뿐만 아니라 전체 사회에 대한 책임감을 발휘한 측면에서 제록스는 대부분의 19세기 기업과 정반대의 행동을 보여주었다. 이 점에서 제록스는 20세기 기업의 전위나 다름없었다. 윌슨은 "목표를 높이 잡고, 거의 이루기 힘든 포부를 품고, 사람들에게 그것들을 이룰 수 있다는 믿음을 심어주는 것. 이것들

---

6) 《포춘》은 그의 재산을 1억 5000만 달러로 추정했지만, 칼슨은 《포춘》에 보낸 편지에서 자신은 0~5000만 달러 구간에 속한다고 밝혔다. 그동안에 칼슨은 많은 재산을 기부했기 때문이다.

은 대차대조표만큼, 아니 어쩌면 더 중요하다."라고 말한 적이 있고, 제록스의 다른 중역들도 '제록스 정신'은 목적을 이루기 위한 수단이 아니라 '인간의 가치' 자체를 강조하는 문제라고 자주 강조했다. 물론 연단에서 하는 연설에나 어울릴 법한 이런 수사는 큰 기업들 사이에서 보기 어려운 탓에 제록스의 중역들 입에서 나오는 이 말들은 의심을 사기 쉽다. 제록스의 큰 이익을 고려하면 심지어 짜증까지 유발할 만하다. 하지만 제록스가 하는 이런 말들이 진심에서 나온 것이라는 증거가 있다. 1965년에 제록스는 교육 및 자선 단체에 163만 2548달러를 기부했고, 1966년에는 224만 6000달러를 기부했다. 두 해의 가장 큰 수혜자는 로체스터 대학교와 로체스터 공동모금회였고, 각각 그 액수는 세전 순이익의 약 1.5%에 해당했다. 이것은 대부분의 큰 회사들이 자선을 위해 따로 떼어놓는 비율보다 훨씬 높았다. 후한 자선으로 종종 언급되는 회사들 중 두 예만 든다면, 1965년에 RCA가 기부한 총액은 세전 순이익의 약 0.7%였고, AT&T의 경우에는 1%에 한참 못 미쳤다. 고결한 정신을 계속 이어가려는 제록스의 의지는 1966년에 스스로 천명한 약속인 '1% 계획'이 잘 보여준다. 1% 계획은 흔히 클리블랜드 플랜Cleveland Plan이라 부르는데, 이는 클리블랜드의 현지 기업들이 매년 다른 기부와는 별도로 세전 순이익의 1%를 현지 교육 기관에 기부하기로 합의한 제도에서 유래했다. 따라서 만약 제록스의 이익이 계속 증가한다면, 로체스터 대학교와 같은 지역에 있는 자매 교육 기관들에게 밝은 미래를 보장할 수 있다.

제록스는 다른 문제들에서도 이익과 아무 상관이 없는 이유로 위험을 감수하는 행동을 보였다. 윌슨은 1964년에 한 연설에서 "기업은 중요한 공공 문제에 대해 분명한 입장 표명을 거부해서는 안 됩니다."라고 말했다. 이것은 기업계에서는 이단이나 다름없는 태도인데, 기업이 공공 문제에 대해 어떤 입장을 밝히는 것은 반대 입장에 있는 고객과 잠재적 고객을 밀어내는 것이나 마찬가지이기 때문이다. 제록스가 분명하게 밝힌 한 가지 중요한 공식 입장은 국제연합을 지지하는 것이었다. 자연히 이것은 국제연합을 비방하는 사람들에게 반대한다는 의사를 밝힌 것이기도 했다. 1964년 초에 제록스는 1년 광고 예산에 해당하는 400만 달러를 들여 국제연합을 다루는 일련의 전국 방송 텔레비전 프로그램의 비용을 대기로 했다. 그리고 방송이 시작될 때와 끝날 때 제록스가 그 제작비를 지원했다는 언급 말고는 그 프로그램을 방송하는 내내 상업 광고나 제록스를 알리는 어떤 내용도 일절 내보내지 않기로 했다. 그 결정이 발표되고 나서 석 달쯤 지난 그해 7월과 8월에 갑자기 제록스에 그 계획을 철회하라는 내용의 편지가 빗발치듯 쏟아지기 시작했다. 약 1만 5000통에 이르는 그 편지들은 부드럽게 합리적으로 쓴 것에서부터 공격적이고 감정적인 비난을 퍼붓는 것에 이르기까지 다양했다. 많은 편지는 국제연합이 미국인에게서 헌법의 권리를 박탈하는 도구이며, 그 헌장 중 일부는 미국의 공산주의자들이 쓴 것인 데다 공산주의의 목적을 위해 이용되고 있다고 주장했다. 일부 편지는 회사 사장들이 보낸 것이었는데, 직설적으로 만약 그 계획을 철회하지 않는다면 자기 사무실에서 제록스 기계를 빼겠다고 위협했다. 편지에서 존 버치 협회[7]를 언급한 사람들이 극소수 있었는데, 아무도 자신을 그 회원이라고 하지는 않았지만, 정황 증거는 편지 공세가 존 버치 협회의 치밀한 계획에 의해 이루어진 것임을 시사했다. 한 예를 들면, 존 버치 협회의 한 간행물은 회원들에게 제록스에 국제연합을 홍보하는 텔레비전 프로그램에 항의하는 편지를 보내라고 촉구했다. 그러면서 대규모 편지 공세를 통해 대형 항공사에 비행기들에 새겨진 국제연합 휘장을 지우도록 하는 데 성공한 전례가 있다고 알렸다. 제록스가 착수한 분석 결과, 조직적인 운동이 있었음을 시사하는 추가 증거가 발견되었는데, 1만 5000통의 편지를 쓴 사람의 수는 4000명에 불과한 것으로 밝혀졌다. 어쨌든 제록스는 그러한 항의나 위협에 물러서거나 겁먹지 않았다. 국제연합 시리즈는 1965년에 ABC 방송을 통해 방송되었고, 거의 모든 사람들로부터 호평을 받았다. 훗날 윌슨은 그 시리즈(그리고 항의를 무시하기로 한 결정)는 제록스에 적보다 친구를 더 많이 만들었다고 주장했다. 그 문제와 관련된 모든 공식 발언에서, 윌슨은 많은 전문가들이 사업적 이상주의가 극히 드물게 성공을 거둔 사례로 간주한 그 일을 그저 건전한 사업적 판단이었을 뿐이었다고 줄곧 강조했다.

1966년 가을에 제록스는 제로그래피를 내놓은 이래 처음으로 큰 어려움에 맞닥뜨렸다. 그 무렵에 사무용 복사기 사업에 뛰어든 회사는 40개가 넘었는데, 대부분은 제록스에서 허가를 받아 제로그래피 장비를 생산하고 있었다. (제록스가 자신의 기술 중 유일하게 라이선스 사용을 허

---

7) 공산주의에 맞서 싸우기 위해 설립된 미국의 극우 단체.

가하지 않은 부분은 보통 종이에 복사를 할 수 있는 셀레늄 드럼이었다. 나머지 경쟁 제품들은 모두 특수 처리 용지를 사용해야 했다.) 제록스 측은 새로운 분야에 처음 진출한 자가 누리는 큰 이점, 즉 자사 제품에 높은 가격을 매길 수 있다는 이점을 누리고 있었다. 하지만 미국의 유명한 금융 잡지 《배런스》가 8월에 지적했듯이 "한때 기막히게 좋았던 이 발명품은 곧 모든 기술 발전이 필연적으로 그러듯이 아주 흔한 물건으로 전락할 것"처럼 보였다. 싼 가격을 앞세운 후발 주자들이 복사기 시장으로 뛰어들고 있었다. 한 회사는 5월에 주주들에게 보낸 편지에서 10달러나 20달러짜리 복사기를 "장난감처럼" 파는 시대가 올 것이라고 예견했다. (실제로 1968년에 한 복사기는 약 30달러에 출시되었다.) 심지어 면도날을 팔기 위해 면도기를 공짜로 주는 것처럼 종이 판매를 위해 복사기를 공짜로 주는 날이 올 것이라는 이야기도 있었다. 편안한 독점 상태가 결국에는 공유 재산이 되고 말 것이란 사실을 인식한 제록스는 몇 년 동안 다른 분야, 그중에서도 주로 출판과 교육 분야의 회사들과 합병을 통해 이익 창출 분야를 확대하려고 노력했다. 예를 들면, 1962년에 제록스는 미출간 원고나 절판된 책, 박사 학위 논문, 정기 간행물, 신문 등을 마이크로필름 형태로 보관하는 도서관인 유니버시티 마이크로필름스를 인수했고, 1965년에는 초중등생을 위한 미국 최대의 교육 분야 정기 간행물 출판사인 아메리칸 에듀케이션 퍼블리케이션스와 학습 장비 제조업체인 베이식 시스템스를 추가로 인수했다. 하지만 이러한 시도는 비판적인 시장에 확신을 주는 데 실패했고, 제록스 주식은 한동안 어려운 시기를 겪었다. 주가가 $267\frac{3}{4}$ 달러였던 1966년 6월 하

순부터 131 $\frac{5}{8}$ 달러로 떨어진 10월 초 사이에 제록스 주식의 시가 총액
은 절반 이하로 줄어들었다. 10월 3일부터 10월 7일까지 증시가 문을
연 1주일 동안 제록스 주가는 42 $\frac{1}{2}$ 달러가 떨어졌고, 특히 10월 6일에
는 뉴욕증권거래소에서 5시간 동안 제록스 주식의 거래가 중단되는
일까지 일어났다. 2500만 달러어치나 나온 매도 물량을 사려는 사람
이 아무도 없었기 때문이다.

복사기 보급과 저작권 위협

회사들은 약간 불운한 시기에 맞닥뜨렸을 때 가장 흥미로운 일이 일어
나는 경향이 있기 때문에, 나는 제록스와 거기서 일하는 사람들을 살펴
보는(나는 이 일에 착수할 생각을 한 1년 전부터 해왔다.) 시점을 1966년 가
을로 선택했다. 먼저 제록스의 제품 중 하나에 익숙해지는 것부터 시작
하기로 했다. 그 당시에 제록스가 생산한 복사기와 관련 물품들은 모든
것을 포괄할 정도로 아주 다양했다. 예를 들면, 책상만 한 크기의 914는
어떤 것이건(인쇄물이건 손으로 쓴 것이건 타자한 것이건 그린 것이건 크기가
22.8×35.5cm를 넘지만 않는다면) 6초마다 한 장의 속도로 흑백 복사를
했다. 그보다 훨씬 작아 책상 위에 올려놓을 수 있는 813은 사실상
914의 축소 버전(혹은 제록스의 기술자들이 즐겨 말하는 것처럼 "바람을 뺀
914")이다. 그리고 고속 복사기인 2400은 현대식 취사용 스토브처럼
생겼는데, 분당 40장, 즉 시간당 2400장을 복사할 수 있다. 또, 카피플

로^{Copyflo}는 마이크로필름에 담긴 페이지를 보통 책만 한 크기로 확대하여 프린트할 수 있는 기능이 있고, LDX는 전화선, 마이크로파 무전, 동축 케이블을 통해 문서를 전송할 수 있다. 제로그래피 장비가 아닌 텔레카피어^{Telecopier}는 마그나복스가 설계하고 생산한 것을 제록스가 판매하는 제품으로, LDX의 주니어 버전이라 할 수 있으며, 특히 비전문가들의 흥미를 끄는데, 단순히 작은 상자로 이루어져 있는 이 장비를 보통 전화기에 연결하면 이와 동일한 장치를 가진 사람에게 작은 그림을 빨리 전송할 수 있기 때문이다(물론 끽끽거리는 소리와 찰각거리는 소리가 많이 나긴 하지만). 이것들 중에서 최초의 자동 제로그래피 제품이자 중요한 돌파구를 연 제품인 914가 여전히 제록스와 고객 모두에게 가장 중요한 제품이었다.

914가 역사상 가장 큰 성공을 거둔 상업 제품이라는 주장이 있지만, 이 주장은 자신 있게 옹호하거나 부정할 수 없는데, 무엇보다도 제록스가 개별 제품의 정확한 수익을 발표하지 않기 때문이다. 하지만 회사 측은 1965년에 914가 회사 전체 영업 수익 중 약 62%를 차지했다고 밝혔다. 이것을 금액으로 환산하면 약 2억 4300만 달러를 조금 넘는다는 계산이 나온다. 1966년에는 914를 2만 7500달러에 살 수 있었는데, 대신에 한 달에 25달러를 내고, 장당 4센트의 가격으로 최소한 49달러어치를 복사한다는 조건으로 빌려 쓸 수도 있었다. 요금을 이렇게 매긴 이유는 구매보다 대여를 더 매력적으로 보이도록 하기 위해서였는데, 실제로 제록스는 복사기 대여 사업에서 더 많은 돈을 번다. 베이지색에 무게가 295kg이나 나가는 914는 현대식 L자형 철제 책상과 비슷해 보인다. 복사할 물건(평면 종이 한 장이나 펼친 책 두 페이지, 혹은 심지어 손목시계나 메달 같은 소형 3차원 물체)을 편평한 위쪽 표면의 유리 위에 아래쪽으로 향하도록 놓고 단추를 누르면, 9초 뒤에 만약 914가 실제로 책상이라면 '보낼 문서' 상자가 있을 만한 곳에 위치한 트레이로 복사된 용지가 나온다. 기술적으로 볼 때, 914는 너무 복잡해서(일부 제록스 판매원은 자동차보다 더 복잡하다고 주장한다.) 성가시게 고장이 잦은 경향이 있으며, 이런 까닭에 제록스는 갑자기 걸려오는 전화에 즉각 대응할 수 있는 수리공을 수천 명이나 보유하고 있다. 가장 자주 일어나는 고장은 복사지가 중간에 걸리는 것인데, 이 고장에는 '미스퍼프mispuff'라는 멋진 이름이 붙었다. 각각의 종이를 글자가 새겨질 위치로 올려보내는 과정은 내부에서 공기를 훅 불어서puff 일어나는데, 공기를 부는 일이 제대로 일어나지 않을 때 종이가 중간에 걸리기 때문이다. 가끔 심각한 미스퍼프가 일어나면, 종이가 뜨거운 부품과 닿아 불이 붙으면서 복사기에서 흰색 연기가 피어오를 수 있다. 이런 일이 일어날 경우의 대처 요령을 보면 복사기 담당자에게 아무 일도 하지 말고 가만히 있거나 복사기에 붙어 있는 소형 소화기를 사용하는 것에 그치라고 하는데, 종이에 붙은 불은 가만 내버려두면 별 탈 없이 그냥 꺼지지만, 914에 물을 끼얹으면 금속 표면에 치명적인 전압 상승이 일어날 수 있기 때문이다. 914는 고장 문제 외에도 복사기 담당자가 정기적으로 관리를 잘하는 게 필요하다. 담당자는 대부분 여성이 맡았다. (초기에 타자기typewriter를 담당했던 여성들은 자신을 '타이프라이터'라고 불렀지만, 다행히도 제록스 복사기 담당자를 '제록스'라고 부르는 사람은 아무도 없었다.)

복사지와 '토너'라고 부르는 검은색 정전기 가루 공급을 정기적으로 보충해야 하고, 가장 중요한 부품인 셀레늄 드럼은 긁힌 자국이 나지 않는 특수 천으로 정기적으로 깨끗이 닦아 내고 자주 왁스를 발라야 한다. 나는 914 한 대와 그 담당자와 함께 이틀 동안 오후 시간을 보내면서 그 여성과 사무실 장비 사이의 관계를 관찰했는데, 그때까지 내가 본 그런 관계 중에서 가장 가까워 보였다. 타자기나 교환대를 담당하는 여성은 장비에 아무런 흥미도 못 느낀다. 그런 장비에는 불가사의한 게 별로 없기 때문이다. 반면에 컴퓨터 작업을 하는 사람은 컴퓨터를 전혀 이해하지 못하기 때문에 지겨움을 느낀다. 하지만 914는 독특하게도 동물과 비슷한 특징을 지니고 있다. 먹이도 주어야 하고, 쓰다듬어주기도 해야 한다. 다루는 사람에게 겁을 주기도 하지만, 잘 길들일 수 있다. 예측할 수 없는 말썽을 부리기도 한다. 그리고 일반적으로 914는 상대방의 대우에 대해 동등한 반응을 보인다. 내가 관찰한 담당자는 이렇게 말했다. "처음에는 두려웠어요. 제록스 기술자는 '만약 두려워한다면, 914는 제대로 작동하지 않을 거예요.'라고 말하는데, 그 말이 맞아요. 914는 아주 괜찮은 친구예요. 지금은 얘가 참 좋아요."

내가 여러 사람과 대화를 통해 안 사실인데, 제록스 판매원들은 늘 복사기의 새로운 용도를 생각해내려고 애쓰지만, 항상 대중이 한발 앞서 간다는 사실을 발견한다고 한다. 한 가지 기묘한 용도는 신부에게 원하는 결혼 선물을 받을 수 있게 해주는 것이다. 결혼을 앞둔 신부는 자신이 원하는 선물 목록을 백화점에 제출하면, 백화점 측은 그 목록을 혼수용품 등록 카운터로 보낸다. 이곳에는 제록스 복사기가 있는데, 사전에 이야기를 들은 신부 친구들은 각자 이 카운터로 와 선물 목록 복사지를 한 장씩 받아간다. 그리고 각자 필요한 물건을 산 뒤에 목록에서 그 품목을 체크하여 카운터에 돌려준다. 카운터에서는 이렇게 수정된 목록을 다음 친구에게 줌으로써 선물이 중복되는 걸 피할 수 있다. 뉴올리언스와 여러 도시의 경찰서들은 유치장에서 밤을 보내는 사람들의 물건을 보관하는 영수증을 일일이 타자하여 작성하는 대신에 지갑, 시계, 열쇠 같은 물건들을 914의 유리 위에 올려놓고 단추만 누름으로써 몇 초 만에 일종의 사진 영수증을 만든다. 병원에서는 제로그래피를 사용해 심전도 기록이나 실험실 보고서를 복사하며, 증권회사에서는 복사기를 사용함으로써 고객들에게 최신 정보를 훨씬 빨리 제공할 수 있다. 사실, 복사를 이용해 발전시킬 수 있는 아이디어가 있는 사람이라면 누구나 동전으로 작동되는 복사기가 있는 담뱃가게나 문구점으로 가 그것을 마음껏 시험하면 된다. (제록스가 동전으로 작동되는 914를 두 가지 버전으로 만들었다는 사실이 흥미롭다. 하나는 10센트짜리 동전으로, 또 하나는 25센트짜리 동전으로 작동하는데, 914를 사거나 빌리는 사람은 요금 결제 방식을 선택할 수 있다.)

복사는 남용되는 경우도 있는데, 이것은 실제로 심각한 문제가 될 수 있다. 가장 명백한 문제는 필요 이상으로 많이 복사하는 것이다. 이전에 관료들 사이에서 확인된 경향이 널리 확산되고 있는데, 사람들은 한 장만으로 충분한데도 두 장 이상을 복사하거나 한 장도 필요 없는데 굳이 한 장을 복사해두고 싶은 충동을 느낀다. 한때 관료주의의 낭비를 나타내는 데 사용된 표현인 '세 통씩in triplicate'은 이제 상당히 절제된 표현이 되고 말았다. 누르길 기다리는 단추, 작동할 때 나는 윙윙거리는 소리, 트레이에 사뿐히 떨어지는 복사지, 이 모든 것은 자극적인 경험을 부추긴다. 그리고 복사기를 처음 만지는 담당자는 자기 호주머니에 들어 있는 모든 문서를 복사하고 싶은 충동을 느낀다. 일단 복사기를 사용한 사람은 거기에 푹 빠지는 경향을 보인다. 이러한 중독이 초래하는 가장 큰 위험은 서류철이 많은 문서로 넘쳐 어수선해지고 중요한 정보가 그 속에 묻혀 사라지는 것보다는 원본에 대한 부정적 태도(즉, 복사되지 않은 것 또는 복사물 자체가 아닌 것은 중요해 보이지 않는 느낌)이 서서히 퍼져가는 것이라고 할 수 있다.

제로그래피가 제기하는 더 직접적인 문제는 저작권법을 위반하도록 부추기는 유혹이 아주 크다는 점이다. 거의 모든 대형 공공 도서관과 대학 도서관(그리고 많은 고등학교 도서관까지 포함해)에는 복사기가 갖춰져 있으며, 출판된 책의 일부 시들이나 선집의 특정 단편 소설이나 학술지의 특정 기사를 보려는 교사나 학생은 그 책이나 학술지를 서가에서 빼내 도서관 복사기가 있는 곳으로 가져가 필요한 부수만큼 복사를 하는 버릇이 생겼다. 물론 이런 행동은 저자와 출판사에게 돌아갈 수익을 박탈하는 결과로 나타난다. 이러한 저작권 침해가 얼마나 많이 일어나는지 보여주는 법적 기록은 전혀 없는데, 저자와 출판사가 교육자를 상대로 소송을 하는 경우가 거의 없기 때문이다. 저자와 출판사가 소송을 하지 않는 주요 이유는 저작권 침해가 일어났다는 사실 자체를 알기 어렵기 때문이다. 게다가 교육자들도 자신이 불법적인 일을 했다는 사실 자체를 모를 때가 많다. 몇 년 전에 일어난 한 사건은 복사를 통해 모르는 사이에 많은 저작권이 이미 침해되었을 가능성을 간접적으로 분명히 입증했다. 한 교육 관련 위원회가 전국의 교사들에게 저작권이 있는 문건 중 복제할 권리가 있는 것과 없는 것을 명시한 회람용 안내문을 보내자, 그 직후에 출판사 측에 사용 허가를 요청하는 건수가 현저하게 늘어났다. 그리고 현실에서 실제로 어떤 일이 일어나고 있는지 보여주는 더 구체적인 증거도 있다. 예를 들면, 1965년에 뉴멕시코 대학교의 도서관 학교(사서 양성을 위한 학교)에서 한 직원은 도서관들이 전체 예산 중 90%를 직원 월급과 전화료, 복사, 텔레팩시밀리 등에 쓰는 반면, 10%만(일종의 십일조처럼) 책과 잡지에 써야 한다고 공개적으로 옹호했다.

도서관들은 어느 정도는 무단 복제를 자체적으로 감시한다. 뉴욕 공립 도서관의 주요 부서 중 하나로 도서관 문건을 복사해달라는 요청을 일주일에 약 1500건이나 받는 사진 서비스는 고객에게 "저작권법으로 보호받는 문건은 '공정 사용'[8]에서 벗어나는 목적이므로 복제할 수 없습니다."라고 알려준다. 즉, 일반적으로 짧은 인용으로 국한되는 복제의 양과 종류는 판례를 통해 저작권 침해에 해당하지 않는다고 확립된 기준을 따라야 한다는 것이다. 도서관 측은 계속해서 "신청자는 복제를 하는 과정과 복제물을 사용하는 데에서 일어나는 모든 문제에 대해 전적인 책임을 져야 한다."라고 덧붙인다. 이 진술의 첫 번째 부분에서

---

8) fair use. 저작권이 있는 문장을 저작권자의 동의하에 비평이나 인용을 위해 사용하는 것.

는 도서관이 책임을 떠맡는 것처럼 보이지만, 두 번째 부분에서는 그
것을 포기하는 것처럼 보이는데, 이러한 양가감정은 도서관 복사기 사
용자들이 느끼는 불안이 반영된 것인지도 모른다. 하지만 도서관 밖에
서 볼 수 있는 양심의 가책은 이 정도에도 못 미칠 때가 많다. 사업을
하는 사람들은 평소에는 법을 준수하려고 세심한 신경을 쓰지만, 저작
권 침해에 대해서는 무단 횡단과 비슷하게 별로 심각하게 여기지 않는
것처럼 보인다. 고결한 산업계 지도자들이 많이 참석한 수준 높은 세
미나에 초청받은 한 작가는 자신이 얼마 전에 쓴 책의 한 장을 통째로
복사해서 토론 자료로 참석자들에게 나눠주는 걸 보고 깜짝 놀랐다.
작가가 항의를 하자, 기업가들은 어리둥절한 표정을 지었고 심지어 기
분이 상한 사람도 있었다. 그들은 그의 작품에 관심을 보인 데 대해 작
가가 기뻐하리라 생각했다고 변명했지만, 이것은 도둑이 보석을 훔쳐
간 뒤에 그 보석이 훌륭하다고 칭찬하는 것과 다를 바가 없다.

   일부 해설자의 의견에 따르면, 지금까지 일어난 일은 그래픽 분야에
서 일어나는 일종의 혁명 중 첫 번째 단계에 불과하다. 캐나다의 미디어
이론가이자 문화 비평가인 마셜 맥루한은《아메리칸 스콜라》1966년
봄호에서 "제로그래피는 출판계에 공포 시대를 가져오고 있다. 이것은
모든 독자가 저자이자 출판업자가 될 수 있음을 의미하기 때문이다."
라고 썼다. "제로그래피 환경에서는 저자와 독자가 모두 생산 지향적
으로 변할 수 있다. … 제로그래피는 조판의 세계를 침범하는 전기이
며, 이것은 이 낡은 영역에 완전한 혁명이 일어난다는 것을 의미한
다." 맥루한이 불규칙적으로 감정이 폭발하는 사람이라는 점을 감안한

다 하더라도(그는 "나는 매일 견해가 바뀐다."라고 실토한 적이 있다), 여기서는 뭔가 중요한 문제에 열정을 쏟아부은 것으로 보인다. 잡지에 실린 많은 기사는 현재 존재하는 형태의 책이 사라질 것이라고 예측했고, 미래의 도서관은 책의 내용을 전자적으로 그리고 제로그래피 방식으로 저장하고 찾아낼 수 있는 일종의 괴물 컴퓨터가 될 것이라고 전망했다. 그런 도서관의 '책들'은 '각각 한 부씩만 인쇄된' 컴퓨터 필름의 작은 조각이 될 것이다. 그런 도서관은 아직도 먼 미래의 일이라는 데에는 모두가 동의한다. (하지만 장래에 대비하려는 출판사들의 경계 반응을 억제할 만큼 그렇게 먼 미래는 아닌 것으로 보인다. 1966년 후반부터 시작해 하코트 브레이스 앤드 월드 출판사에서 출간되는 모든 책의 판권 페이지에는 오랫동안 잘 알려진 "저작권은 ~에게 있습니다all rights reserved"로 시작되는 길고 복잡한 문구가 다소 으스스하게 다음과 같이 바뀌었다. "이 책의 저작권은 출판사에 있습니다. 이 출간물의 일부를 복사나 기록, 그 밖의 모든 정보 저장 및 복구 시스템을 포함해 전자적이거나 기계적인 어떤 형태로나 수단으로도 무단 복제하거나 전송하는 것을 금합니다." 다른 출판사들도 재빨리 이 선례를 따랐다.) 1960년대 후반에 제록스의 자회사인 유니버시티 마이크로필름스가 이에 가장 가까이 다가간 접근 방식 중 하나를 보여주었다. 이 회사는 절판된 책의 마이크로필름을 확대해 매력적이고 읽기 좋은 페이퍼백 책으로 인쇄했는데, 고객이 부담하는 비용은 페이지당 4센트였다. 저작권법이 적용되는 책인 경우에는 회사가 인쇄 부수에 해당하는 저작권료를 저자에게 지불했다. 하지만 출간된 책을 시장 가격보다 더 낮은 비용으로 누구라도 직접 만들 수 있는 시대는 그리 먼 미래가 아니다. 그것은 바로 지금 우리 앞에 와 있다. 아마추어 출판업자는 제록스 복사기와 소형 오프셋 인쇄기만 있으면 된다. 제로그래피의 주 기능은 아니지만 그래도 여전히 중요한 기능 한 가지는 오프셋 인쇄용 원판을 만드는 능력이며, 그것도 이전보다 훨씬 더 값싸고 빨리 만들 수 있다. 미국저자연맹의 변호사인 어윈 카프는 인쇄된 어떤 책을 50부 제작하려고 한다면, 1967년에는 이 기술들을 결합해 페이지당 0.8센트의 비용으로, 만약 발행 부수가 더 많으면 그것보다 더 싸고 훌륭하게 수십 분 만에 '출판'(제본은 제외하고)할 수 있었다고 말한다. 학생이 50명인 학급에 3달러 75센트에 판매되는 64페이지짜리 시집에 실린 내용을 나눠주려는 교사는 만약 저작권법을 무시하려는 마음만 있다면 권당 50센트가 조금 넘는 비용으로 그렇게 할 수 있었다.

저자들과 출판사들은 새로운 기술의 위험은 책을 죽이면서 그와 함께 저술 활동 자체까지 죽일 위험이 있다고 주장했다. 프린스턴 대학교 출판부의 허버트 베일리 주니어는 《새터데이 리뷰》에 학술지 구독을 모두 끊은 한 친구 학자에 관한 글을 썼다. 대신에 그는 이제 공공 도서관에서 학술지의 차례를 훑어보고 관심이 있는 논문을 복사해서 본다고 했다. 베일리는 "만약 모든 학자가 [이] 행동을 따른다면, 학술지가 하나도 남아나지 않을 것이다."라고 평했다. 1960년대 중엽부터 의회는 1900년 이래 처음으로 저작권법을 개정하는 방안을 고려하기 시작했다. 청문회에서 미국교육협회를 대표하는 한 위원회와 여러 교육 단체들은 만약 교육이 국가의 성장과 보조를 맞추려면 현재의 저작권법과 공정 사용 원칙을 학문의 목적을 위해 완화해야 한다고 단호하고 설득력 있게 주장했다. 저자들과 출판사들은 당연히 그러한 완화 주장에 반대하면서 기존의 권리를 조금이라도 확대하려는 시도는 그들의 생계를 지금은 약간, 그리고 앞날을 가늠할 수 없는 제로그래피의 미래에는 훨씬 많이 박탈할 것이라고 주장했다. 1967년에 하원 법사위원회를 통과한 한 법안은 공정 사용 원칙을 명시하고, 교육 목적으로 복제를 허락하는 내용을 포함하지 않음으로써 그들의 승리를 의미하는 것처럼 보였다. 하지만 1968년 후반에도 이 싸움의 최종 결과는 여전히 불확실하다. 맥루한은 기존 형태의 저자 보호를 그대로 보전하려는 노력은 모두 퇴행적 사고를 나타내며, 실패할 수밖에 없는 운명이라고 확신했다. (어쨌든《아메리칸 스콜라》에 이 글을 쓴 날에는 그렇게 확신했다.) 그는 "기술의 공격에 대해 보호를 제공하려면, 기술에 의지하는 수밖에 다른 방법이 없다. 한 단계의 기술로 새로운 환경을 만들었다면, 다음 단계의 기술로 그것에 대항하는 반환경反環境을 만들어야 한다."라고 썼다. 하지만 저자들은 기술에 재주가 없으며, 아마도 반환경에서도 잘 살아가지 못할 것이다.

제록스의 제품이 열어젖힌 이 판도라의 상자에 대처하는 태도에서 제록스는 윌슨이 제시한 숭고한 이상에 비교적 잘 부응한 것처럼 보인다. 제록스는 읽을 수 있는 것이라면 어떤 것이건 점점 더 많이 복사하는 것을 장려하는 데(혹은 적어도 막지 않는 데) 상업적 이해가 달려 있긴 하지만, 자사 제품 사용자에게 법적 책임을 알리는 노력에서 단순히 형식적 노력 이상을 보여준다. 예를 들면, 출고되는 모든 복사기에는 복사를 해서는 안 되는 대상 목록이 길게 적힌 판지 포스터가 붙어 있다. 목록 중에는 지폐, 국채, 우표, 여권, "어떤 종류의 것이건 저작권이 있는 자료로서 저작권자의 허락을 받지 않은 것" 등이 포함돼 있었다. (이 포스터들 중 쓰레기통으로 던져진 것이 얼마나 많았느냐 하는 것은 별개의 문제이다.) 게다가 저작권법 개정을 둘러싼 싸움에서 양 진영 사이에 끼인 제록스는 뒤로 물러나서 이익만 챙기고 싶은 유혹을 떨쳐내고, 적어도 저자들과 출판사들의 관점에서 모범적인 사회적 책임 의식을 보여주었다. 이와는 대조적으로 복사 산업계는 일반적으로 중립을 지키거나 교육자들 편으로 기우는 경향을 보였다. 1963년에 열린 저작권법 개정에 관한 심포지엄에서 업계의 한 대변인은 학자가 하는 기계적 복사는 전통적으로 적법하다고 간주돼온 필사 행위를 편리한 방식으로 확장한 것뿐이라고 주장하고 나섰다. 하지만 제록스는 이에 동의하지 않았다. 대신에 1965년 9월, 윌슨은 하원 법사위원회에 보낸 편지에서 새로운 법으로 어떤 종류든 복사 행위에 특별한 면제를 허용하는 것에 반대한다고 단호한 입장을 밝혔다. 물론 얼핏 보기에 돈키호테처럼 보이는 이런 태도를 평가할 때에는 제록스가 복사기 제조 회사일 뿐만 아니라 출판사이기도 하다는 사실을 기억할 필요가 있다. 실제로 아메리칸 에듀케이션 퍼블리케이션스와 유니버시티 마이크로필름스를 소유한 제록스는 미국 내 최대 출판사 중 하나였다. 내가 개인적 조사를 통해 알게 된 사실인데, 전통적인 출판사들은 그들에게 친숙하던 세계에 불쑥 뛰어든 위협적인 외계인일 뿐만 아니라 활기 넘치는 동료이자 경쟁자로서 다가온 이 미래 지향적인 거대 기업과 맞닥뜨렸을 때 가끔 다소 당혹스러움 느꼈다고 한다.

기업가의 책임과 성공의 대가

제록스의 일부 제품을 들여다보고, 복사기 사용이 미친 사회적 영향까지 고찰해본 나는 이제 회사를 직접 둘러보면서 살펴보고, 그곳 사람들이 물질적인 것이건 도덕적인 것이건 자신들의 문제에 어떤 반응을 보이는지 알아보기 위해 로체스터로 갔다. 내가 그곳에 갔을 때에는 물질적 문제가 중요하게 부각된 것처럼 보였는데, 주가가 일주일 동안에 42.5달러나 하락한 시점에서 얼마 지나지 않은 때였기 때문이다. 도중에 비행기 안에서 나는 제록스가 가장 최근에 보낸 위임장 권유 신고서를 살펴보았는데, 거기에는 1966년 2월 현재 각 이사들이 보유한 제록스 주식 수가 적혀 있었다. 나는 10월의 그 불운한 일주일 동안 그 주식을 계속 보유하고 있었을 경우에 일부 이사들의 미실현 손실을 계산하면서 즐거운 시간을 보냈다. 예를 들면, 윌슨 사장은 2월에 보통주를 15만 4026주 보유하고 있었기 때문에 손실액이 654만 6105달러였다. 리노위츠는 3만 5166주를 보유해 손실액이 149만 4555달러였다. 연구 부문 전무이사인 존 데소는 7만 3845주를 보유해 손실액이 313만 8412.50달러였다. 이렇게 큰 손실은 아무리 제록스의 중역들이라 하더라도 결코 가볍게 넘길 만한 액수가 아니었다. 그렇다면 그들의 회사는 온통 우울한 분위기에 휩싸여 있지 않을까, 혹은 적어도 충격의 징후가 곳곳에서 목격되지 않을까?

제록스 중역들의 사무실들은 로체스터의 미드타운 타워에서 높은 층들에 있었다. 1층에는 실내 쇼핑몰인 미드타운 플라자가 있었다. (그해에 제록스는 길 건너편의 제록스 스퀘어로 본사를 옮겼다. 제록스 스퀘어는 32층짜리 사무실 건물과 시민도 함께 사용할 수 있는 강당, 주변보다 지대가 낮은 아이스링크를 포함한 복합 건물이다.) 사무실로 올라가기 전에 나는 쇼핑몰을 한두 바퀴 둘러보았는데, 온갖 종류의 가게와 카페, 키오스크, 수영장, 나무, 벤치가 널려 있었고, 숨 막힐 정도로 단조롭고 풍요로운 분위기(그런 분위기는 단조로운 음악 때문이 아닐까 의심이 들었다.)에도 불구하고, 일부 벤치에는 실외 쇼핑몰의 벤치들과 마찬가지로 부랑자들이 앉아 있었다. 나무들은 빛과 공기 부족 때문에 시들시들한 기색이 보였지만, 부랑자들은 거뜬해 보였다. 엘리베이터를 타고 올라가 사전에 약속을 한 홍보 담당 직원을 만났는데, 나는 대뜸 주가 하락에 대한 회사의 반응이 어떤지 물어보았다. "뭐 심각하게 생각하는 사람은 아무도 없어요. 골프 클럽에 가면 그것에 대해 가볍게 주고받는 대화를 많이 들을 수 있어요. '오늘은 자네가 나한테 술을 사게. 어제도 제록스 주식 때문에 8000달러가 또 날아갔다네.'라고 하는 말이 종종 들리죠. 윌슨 사장님은 증권거래소에서 거래가 중단된 그날 큰 충격을 받긴 했지만 곧 대범하게 받아들였어요. 주가가 크게 떨어진 어느 날 파티에서 많은 사람들이 그를 둘러싸고 이 사태를 어떻게 받아들여야 하느냐고 묻자, 사장님은 '잘 알다시피, 같은 기회가 두 번 연거푸 찾아오는 일은 아주 드물지 않습니까?'라고 말하더군요. 한편 사무실에서는 주가 하락에 대한 이야기를 거의 들을 수 없어요." 실제로 제록스에 머무는 동안 나는 주가 하락에 대한 이야기를 거의 들을 수 없었는데, 이러한 차분함은 다 그럴 만한 이유가 있는 것으로 드러났다. 한 달도 못돼 제록스 주식은 그동안의 손실을 만회했을 뿐만 아니라, 몇 달 뒤에는 사상 최고가를 기록했기 때문이다.

그날 오전의 나머지 시간은 제록스의 과학 및 기술을 책임진 세 사람을 만나 제로그래피를 개발하던 초창기의 향수 어린 이야기를 들었다. 첫 번째 사람은 전주에 300만 달러를 날린 데소 박사였는데, 그럼에도 불구하고 그는 아주 침착해 보였다. 그래도 남은 주식의 가치가 950만 달러나 된다는 사실을 감안하면 충분히 그럴 수 있으리라고 짐작했다. (몇 달 뒤, 그 주식 가치는 거의 **2000만** 달러로 뛰어올랐다.) 독일 출신의 회사 원로인 데소 박사는 1938년부터 연구와 엔지니어링을 책임졌고, 1938년 당시에 이사회 부의장이기도 했으며, 1945년에 칼슨의 발명에 관한 글을 전문 학술지에서 읽고서 최초로 조지프 윌슨의 관심을 이끌어낸 인물이었다. 그의 사무실 벽에는 회사 직원들이 보낸 축하 카드가 붙어 있었는데, 카드에서는 그를 '마법사Wizard'라고 불렀다. 나를 만났을 때 그는 나이보다 훨씬 젊어 보이는 얼굴에 미소를 머금고 있었고, 마법을 부리기에 딱 어울리는 억양을 지니고 있었다.

"그러니까 그 옛날 시절의 이야기를 듣고 싶다 이거지요? 그때는 정말 짜릿했지요. 그건 놀랍기도 했지만, 끔찍하기도 했지요. 가끔 나는 문자 그대로 정신이 나가기도 했어요. 돈이 가장 큰 문제였지요. 회사는 다행히도 약간 흑자가 나긴 했지만, 충분한 흑자는 아니었어요. 우리 팀원들은 모두 그 프로젝트에 도박을 걸었어요. 심지어 나는 집을 저당 잡히기까지 했지요. 남은 거라곤 생명 보험밖에 없었어요. 사실상 목을 내놓은 셈이었지요. 만약 그 프로젝트가 성공하지 못한다면, 윌슨과 나는 사업의 실패자가 될 테지만, 나는 기술에서도 실패자가 된다는 중압감이 컸어요. 그렇게 되면 아무도 내게 일자리를 주려 하지 않았겠지요. 나는 과학을 포기하고 보험이나 다른 것을 파는 일을 알아봐야 했을 겁니다."

데소 박사는 추억에 잠겨 시선을 잠시 천장으로 돌리더니 다시 이야기를 이어갔다.

"처음 몇 년 동안 아주 낙관적인 전망을 한 사람은 거의 아무도 없었어요. 우리 팀 내부에서도 여러 사람이 내게 와서 이 일은 성공하지 못할 거라고 이야기했지요. 가장 큰 위험은 정전기 방식이 습도가 높은 곳에서는 효과가 없을 가능성이었어요. 거의 모든 전문가가 그렇게 예상했지요. 그들은 '뉴올리언스에서는 절대로 복사를 할 수 없을 겁니다.'라고 말했지요. 설사 이 문제를 해결한다 하더라도, 마케팅부 사람들은 잠재 시장의 규모가 수천 대에 불과한 상품을 다루고 있다고 생각했어요. 일부 조언자들은 그 프로젝트를 계속 추진하는 것은 미친 짓이라고 이야기했지요. 하지만 알다시피 모든 것이 다 잘 되었어요. 914는 심지어 뉴올리언스에서도 제대로 작동했고, 복사기 시장은 아주 컸지요. 그리고 데스크톱 버전인 813이 나왔지요. 나는 거기에 또 다시 내 목을 걸었어요. 일부 전문가들이 너무 약하다고 생각한 디자인을 고집스럽게 밀고 나갔지요."

나는 데소 박사에게 지금 또 새로운 연구에 목을 걸고 있진 않은지, 만약 그렇다면 그것은 제로그래피만큼 흥미로운 것인지 물었다. 그는 "두 가지 질문에 다 그렇다고 대답할 수 있지만, 그 이상은 기밀 사항입니다."라고 대답했다.

　다음번에 만난 해럴드 클라크 박사는 데소 박사 밑에서 제로그래피 개발 계획을 직접 책임진 사람이었는데, 칼슨의 발명이 어떻게 상품으로 탄생하게 되었는지 자세한 이야기를 더 많이 들려주었다. 키가 작고 교수 같은 분위기를 풍기는 클라크 박사는 실제로 1949년에 헬로이드에 들어오기 전에는 물리학 교수로 일했는데, 대뜸 첫 마디를 이렇게 꺼냈다. "칼슨은 형태학적이었어요." 내가 멍한 표정을 짓자, 그는 가볍게 웃더니 말을 계속 이어갔다. "'형태학적'이란 단어에 무슨 의미가 있는지는 나도 잘 몰라요. 다만, 나는 그것이 하나를 다른 것과 결합해 새로운 것을 만드는 것을 뜻한다고 생각합니다. 어쨌든 칼슨은 그런 사람이었어요. 제로그래피는 사실상 아무런 기초 연구도 없었던 기술이에요. 칼슨은 여러 가지 기묘한 현상을 결합했는데, 각각의 현상은 잘 알려지지 않은 것이었고, 이전에 어느 누구의 머릿속에서도 서로 연관 지어진 적이 없었지요. 그 결과물인 상을 만드는 방법은 사진술 발명 이래 가장 대단한 것이었어요. 게다가 그는 호의적인 과학적 환경의 도움도 전혀 없는 상태에서 그 일을 해냈어요. 알다시피, 과학사에서 동시 발견 사례는 수십 가지나 있지만, 칼슨의 발명에 가까이 다가가는 연구를 한 사람은 아무도 없었어요. 나는 지금도 그의 발명을 처음 들었을 때 느꼈던 것과 똑같은 경이로움을 느낍니다. 발명으로서 그것은 정말로 대단한 것이었습니다. 유일한 문제는 제품으로서는 아무 쓸모가 없었다는 거였지요."

　클라크 박사는 다시 가볍게 웃은 뒤, 전환점은 바텔메모리얼연구소에서 일어났으며, 그것도 과학 분야에서 다소간의 실수를 통해 진전이 일어나는 전통과 완전히 일치하는 방식으로 일어났다고 설명했다. 주요 문제는 황으로 코팅된 칼슨의 광전도성 표면이 복사를 몇 장 하고 나면 그 성질이 사라지는 바람에 쓸 수 없게 된다는 점이었다. 바텔의 연구자들은 과학 이론의 뒷받침 없이 직감에 의존해 황에 셀레늄을 소량 섞어서 시험을 해보았다. 셀레늄은 전기 저항기와 유리를 빨간색으로 만드는 착색제에 주로 쓰이던 비금속 원소 물질이었다. 셀레늄-황 표면은 황으로만 코팅한 표면보다 성능이 조금 나았고, 그래서 바텔의 연구자들은 셀레늄을 조금 더 첨가해 보았다. 그러자 성능이 더 좋아졌다. 그렇게 그들은 셀레늄 비율을 조금씩 더 높이면서 실험을 계속하다가 결국에는 황이 전혀 없이 완전히 셀레늄만으로 이루어진 표면을 만들었다. 그것이 가장 성능이 좋았다. 이렇게 해서 제로그래피를 실용화하는 열쇠는 셀레늄에 있으며, 오직 셀레늄만이 그렇게 할 수 있다는 사실이 발견되었다.

"생각해 보세요." 클라크 박사가 생각에 잠긴 표정으로 말했다. "셀레늄 같은 단순한 물질이 그런 일을 해냈다는 것을요. 셀레늄은 100여 종밖에 안 되는 지구의 원소들 중 하나로, 그중에서도 비교적 평범한 원소예요. 그런데 이 셀레늄이 열쇠로 드러난 거지요. 그 효과가 발견되는 순간, 목표 지점이 바로 우리 코앞에 다가왔어요. 비록 그 당시에는 우리도 그것을 몰랐지만요. 우리는 제로그래피에 셀레늄을 사용하는 방법에 대한 특허들을 아직도 갖고 있습니다. 원소들 중 하나에 대한 특허를 모두 가진 거나 거의 다름없지요. 대단하지 않나요? 우리는 심지어 지금도 셀레늄이 정확히 어떻게 작용하는지 잘 모릅니다. 예를 들면, 우리는 셀레늄에 기억 효과가 없다는 사실(즉, 이전에 복사한 흔적이 셀레늄 코팅 드럼에 전혀 남지 않는다는 사실)과 이론적으로 무한히 지속할 수 있는 것처럼 보인다는 사실에 고개를 갸우뚱합니다. 실험실에서 셀레늄 코팅 드럼은 100만 번의 과정을 거쳐도 멀쩡한데, 그러고 나서 또 왜 마모되는지 우리는 알지 못합니다. 따라서 제로그래피의 발전은 대체로 경험에 의존해 일어났습니다. 우리는 양키 땜장이가 아니라 숙련된 과학자이지만, 양키 땜장이와 과학적 탐구 사이에서 균형을 맞추었다고 할 수 있습니다."

그다음에 만난 사람은 914를 운전 모형 단계에서 생산 라인으로 옮기는 과정을 책임진 엔지니어 호러스 베커였다. 브루클린 출신으로 자기 직책에 어울리게 고뇌를 생생하게 드러내는 데 훌륭한 재능이 있는 베커는 그 과정에서 맞닥뜨렸던 오싹한 장애물과 위험에 관한 이야기를 들려주었다. 1958년에 핼로이드 제록스에 입사했을 때, 그가 근무한 연구소는 로체스터의 종자 포장 시설이 들어선 로프트 건물[9] 위층에 있었다. 지붕에 문제가 있어 더운 날에는 녹은 타르 방울이 지붕 사이로 스며들어 엔지니어들과 기계 위로 뚝뚝 떨어졌다. 914는 마침내 1960년 초에 오처드 거리에 있는 다른 연구소에서 완성되었다.

"그곳 역시 아주 낡아빠진 로프트 건물이었는데, 엘리베이터는 삐걱거렸고, 창밖으로는 철도 측선이 보였고, 돼지를 가득 실은 차량들

---

9) 2층 이상의 큰 건물로, 중간에 칸막이가 없어 탁 트인 넓은 공간을 활용할 수 있는 건물.

이 계속 지나갔지요. 하지만 우리에게 필요한 공간이 충분했고, 타르도 떨어지지 않았어요. 우리가 마침내 성공한 것은 바로 오처드 거리에서였어요. 그 일이 어떻게 일어났는지는 묻지 마세요. 어쨌든 우리는 조립 라인을 만들 때가 되었다고 결정했고, 그렇게 했어요. 모두가 흥분했지요. 노조 사람들도 일시적으로 불만을 잊었고, 상사들은 인사고과를 잊었지요. 그곳에서는 엔지니어와 조립공을 구별할 수 없었어요. 아무도 그곳을 떠나려고 하지 않았어요. 조립 라인이 멈춘 일요일에 몰래 그곳에 들어가보면, 누군가가 뭔가를 만지거나 그저 어슬렁거리면서 우리가 만든 것을 감탄의 시선으로 쳐다보고 있었지요. 다시 말해서, 914가 마침내 막 세상에 나오려 하고 있었지요."

하지만 일단 914가 공장에서 나와 전시실과 고객에게 공개되는 순간, 베커는 자신의 문제는 그때부터 시작되었다고 말했다. 왜냐하면, 이제 그는 고장과 설계 결함에 책임을 져야 했기 때문이었는데, 대중의 관심이 집중된 바로 그 순간에 극적인 실패가 일어나는 바람에 914는 에드셀과 같은 운명을 밟는 게 아닌가 하는 우려를 자아냈다. 복잡한 계전기들이 제대로 작동하지 않고, 스프링이 부러지고, 전력 공급이 끊기고, 미숙한 사용자가 스테이플과 클립을 복사기 안에 떨어뜨리는 바람에 작업을 망치고(이것은 그 후 모든 복사기에 스테이플 보관통을 설치하는 계기가 되었다.), 습도가 높은 기후에서 예상했던 문제가 나타나는 것은 물론이고 고지대에서는 예상치 못했던 문제까지 나타났다. 베커는 "대체로 그 당시의 복사기들은 단추를 누르면 아무 일도 하지 않는 나쁜 버릇이 있었어요."라고 말했다. 혹은 무슨 일을 한다면, 그것을 엉뚱하게 했다. 예를 들면, 런던에서 최초로 914를 대대적으로 전시했을 때, 윌슨이 그 의식에 참석해 집게손가락으로 그 단추를 눌렀다. 그러자 복사가 전혀 되지 않았을 뿐만 아니라, 전력을 공급하던 큰 발전기가 나가버렸다. 영국에 처음 소개된 제로그래피의 모습이 이랬다는 것을 감안하면, 나중에 영국이 미국을 제외한 나라들 중에서 914를 가장 많이 사용한 나라가 되었다는 사실은 제록스의 회복력과 영국인의 인내심을 잘 보여준다고 할 수 있다.

그날 오후, 제록스의 안내인이 나를 차에 태우고 로체스터에서 수 킬로미터 떨어져 있으며 온타리오 호 가장자리 근처에 위치한 농촌인 웹스터로 갔다. 비가 새고 외풍이 강했던 베커의 연구소와는 아주 딴판인 현재의 연구소를 보여주기 위해서였다. 그곳은 현대식 산업용 건물들이 모여 있는 거대한 산업 단지로, 약 9만 3000m²의 면적을 차지하고 제록스의 모든 복사기를 조립하는(영국과 일본의 계열사에서 만드는 것을 제외하고) 건물과 그보다 약간 작지만 더 세련된, 연구 개발을 담당하는 건물도 포함돼 있었다. 생산 공장 건물에서 웅웅거리는 생산 라인을 따라 걸어가는 동안 안내자는 이 생산 라인에서는 매일 하루 2교대로 16시간 작업이 일어난다고 설명했다. 그리고 이것을 포함해 다른 생산 라인들은 수요를 제대로 충족시키지 못해 일감이 몇 년씩 밀려 있다고 말했다. 또, 현재 이 건물에서 일하는 사람은 약 2000명이며, 제록스 노조는 기묘하게도 미국합동의류직물노조에 속해 있는데, 다소 어울리지 않는 이 결합은 로체스터가 한때 의류 산업의 중심지였고, 의류 산업 노동자들이 오랫동안 이 지역에서 가장 강한 노조였기 때문이라고 설명했다.

안내인이 나를 다시 로체스터로 데려다주자, 나는 제록스와 그 성공에 대해 지역 사회의 생각은 어떤지 직접 그 의견을 청취하러 나섰다. 상반되는 의견이 공존했다. 현지의 한 기업인은 이렇게 말했다. "제록스는 그동안 로체스터에게 좋은 기업이었습니다. 물론 이스트먼 코닥이 오랫동안 이 도시의 절대 권력자였고, 지금도 단연코 가장 큰 지역 기업입니다. 비록 지금 제록스가 2위 자리에서 빠르게 추격하고 있지만 말입니다. 이런 종류의 도전이 코닥에게 어떤 해가 되는 건 아닙니다. 사실은 도움이 되는 일이 많지요. 게다가 지역 사회에서 새로운 회사가 성공하면 돈과 일자리가 새로 생기지요. 반면에 일부 주민은 제록스를 싫어합니다. 이곳의 현지 산업들은 대부분 19세기부터 이어져 왔는데, 이 산업들에 종사하는 사람들은 풋내기를 항상 좋은 눈으로만 보진 않아요. 제록스가 혜성처럼 급부상하자, 어떤 사람들은 곧 거품이 터질 거라고 생각했어요. 아니, 거품이 터지길 바랐지요. 게다가 윌슨과 리노위츠가 뒤로는 엄청난 돈을 벌어들이면서 겉으로는 늘 인간의 가치에 대해 떠드는 것에 대한 거부감도 상당히 있었지요. 하지만 아시다시피 성공에는 대가가 따르는 법이지요."

나는 제너시 강변에 있는 로체스터 대학교로 가 앨런 월리스 총장과 대화를 나누었다. 큰 키에 머리가 붉은색인 월리스는 통계학을 전공했으며, 이스트먼 코닥을 포함해 로체스터의 여러 회사에서 이사를 맡고 있었다. 이스트먼 코닥은 늘 로체스터 대학교의 산타클로스 역할을 해왔고, 매년 가장 많은 후원금을 기부하는 후원자였다. 로체스터 대학교는 제록스를 호의적으로 대해야 할 여러 가지 이유가 있었다. 첫째, 로체스터 대학교는 제록스 덕분에 **돈방석**에 앉은 대표적인 투자자였다. 투자를 통해 얻은 자본 이득은 약 1억 달러에 이르렀고, 그동안 배당금 등으로 얻은 이익도 1000만 달러 이상이나 되었다. 둘째, 제록스는 매년 코닥 다음으로 많은 현금을 로체스터 대학교에 기부하고, 최근에는 대학교의 자본금 확대 노력에 약 600만 달러를 기부하겠다고 약속했다. 셋째, 로체스터 대학교를 졸업한 윌슨은 1949년부터 이 대학의 재단 이사회 이사를 맡았고, 1959년에는 이사장을 맡았다. 윌리스 총장은 이렇게 말했다. "내가 1962년에 이곳에 오기 전까지는 기업이 대학에 코닥이나 제록스가 지금 우리에게 기부하는 것만큼 엄청난 돈을 기부한다는 이야기를 들어본 적이 없었습니다. 그러면서 이들이 우리에게 그 대가로 원하는 것은 최고 수준의 교육을 베풀라는 것밖에 없어요. 그들의 연구를 해달라는 것도 아니고, 그 비슷한 것도 일절 요구하지 않았지요. 물론 우리 대학의 과학자들과 제록스 사람들 사이에 비공식적 기술 자문은 많이 일어나지만(이 점은 코닥이나 바슈롬을 비롯해 다른 기업들도 마찬가지), 그것 때문에 이 기업들이 우리 대학교를 지원하는 것은 아닙니다. 그들은 로체스터를 이곳에서 살고 싶은 사람들에게 매력적인 곳으로 만들고 싶어 합니다. 우리 대학은 제록스를 위해 아무것도 발명한 적이 없으며, 앞으로도 계속 그러리라고 봅니다."

다음 날 오전, 제록스 중역 사무실에서 나는 기술 분야에 종사하지 않는 고위직 세 사람을 만났는데, 맨 마지막에는 윌슨 사장을 만났다. 맨 처음 만난 사람은 1946년에 윌슨이 '일시적으로' 고용했다가 그 후에 절대로 없어서는 안 될 측근으로 영영 남게 된 변호사 리노위츠였다. (제록스가 유명해진 후, 일반 대중은 리노위츠를 실제 직위보다 더 높은 사람으로, 즉 최고경영자로 여기는 경향까지 있었다. 제록스 임원들은 이러한 대중의 오해를 알고는 얼떨떨했다. 1966년 5월까지 사장이라고 불렸건, 그 후에 이사회 의장으로 불렸건 간에 줄곧 회사의 실질적인 최고경영자는 윌슨이었기 때문이다.) 나는 문자 그대로 거의 뛰어가는 리노위츠를 붙잡았다. 그는 미주 기구美洲機構10) 대사로 이제 막 임명되어 로체스터와 제록스를 떠나 새로운 임무를 위해 워싱턴으로 가려던 참이었다. 활기가 넘치는 50대 남자인 그에게서는 추진력과 강렬함과 성실함이 뿜어져 나왔다. 먼저 내게 할애할 수 있는 시간이 몇 분밖에 없다는 사실에 대해 사과를 하고 나서, 자신은 제록스의 성공은 자유 기업이라는 오랜 이상이 아직도 유효함을 증명해주는 것이며, 제록스의 성공을 이끈 속성은 이상주의와 불굴의 정신, 위험을 감수하려는 용기, 정열이라고 생각한다고 빠르게 말했다. 그러고 나서 그는 손을 흔들며 떠났다. 뒤에 남은 나는 여러 곳을 잠깐씩만 들렀다 지나가는 후보가 유세 차량 뒤쪽 연단에서 한 짧은 연설을 들은 유권자가 된 듯한 기분이 들었다. 하지만 많은 유권자와 마찬가지로 나는 감동을 받았다. 리노위츠는 그 진부한 말들을 단순히 자신이 그것을 진심으로 믿는 것처럼 사용하는 데 그치지 않고, 자신이 만들어낸 것처럼 사용했다. 나는 그가 떠난 데 대해 윌슨과 제록스가 무척 아쉬워할 것이라는 느낌이 들었다.

---

10) 1948년 4월에 보고타에서 채택된 미주 기구 헌장에 바탕을 둔 아메리카 대륙 28개 국의 지역적 협력 조직.

월슨이 이사회 의장이 되고 나서 회사 사장 자리에 오른 피터 매컬러는 어차피 월슨의 뒤를 이어 사장이 될 수밖에 없는 운명이었던 것처럼 보인다(1968년에 월슨이 그런 것처럼). 내가 찾아갔을 때 매컬러는 우리에 갇힌 짐승처럼 사무실에서 서성거리다가 가끔 서서 사용하는 책상 앞에 서서 뭔가를 끼적이거나 구술 녹음기에 대고 뭐라고 말했다. 리노위츠처럼 민주당을 지지하는 진보적인 변호사이지만 캐나다 출신인 그는 쾌활한 성격으로, 40대 초반의 나이 때문에 새로운 제록스 세대를 대표한다고 일컬어지는데, 회사가 다음에 나아갈 진로를 결정하는 책임을 맡고 있다. "내 앞에 있는 주요 문제는 성장입니다." 그는 서성거리길 그만두고 의자 가장자리에 불안하게 기대고 앉더니, 이렇게 말했다. 계속해서 제로그래피에만 의존해서는 미래의 고도 성장은 절대로 불가능하다고(그럴 여지가 거의 없으므로) 말하고 나서, 제록스가 나아가고 있는 방향은 교육 기술 쪽이라고 했다. 그는 컴퓨터와 교육 기기를 언급했는데, "코네티컷 주에서 뭔가를 쓰면, 몇 시간 만에 전국의 모든 교실에서 그것을 프린트할 수 있는 시스템을 꿈꿀" 수 있다고 말했을 때, 나는 그 꿈 중 일부는 쉽게 악몽이 될 수도 있겠다는 생각이 들었다. 하지만 그때 매컬러는 이렇게 덧붙였다. "독창적인 하드웨어의 위험은 그것이 교육에서 한눈을 팔게 한다는 데 있습니다. 아무리 놀라운 기계를 만든들, 거기다 무엇을 집어넣어야 할지 모른다면 무슨 소용이 있겠습니까?"

매컬러는 1954년에 헬로이드에 입사한 이후 서로 완전히 다른 세 회사를 다닌 것 같은 느낌이 들었다고 말했다. 1959년까지는 위험하

278

고 흥분되는 도박에 뛰어든 작은 회사였고, 1959년부터 1964년까지는 승리의 열매를 즐기며 성장하는 회사였고, 지금은 새로운 방향들로 가지를 뻗어나가는 큰 회사라고 한다. 그중에서 어떤 회사가 제일 마음에 드느냐고 물었더니, 그는 한참 생각하다가 "모르겠어요."라고 대답했다. "나는 늘 더 큰 자유를 느꼈고, 회사 내 모든 사람들이 노사 관계 같은 특정 문제들에 대해 같은 태도를 공유한다고 느꼈습니다. 하지만 지금은 그때만큼 그런 느낌이 강하게 들지 않아요. 지금은 압력이 더 크고, 회사는 인간미가 더 없어졌어요. 나는 삶이 더 쉬워졌다거나 장래에 더 쉬워질 가능성이 높다고 말하진 못하겠어요."

조지프 윌슨은 놀라운 점이 많지만, 그를 만나러 사무실로 들어갔을 때 특히 내가 놀란 것은 사무실 벽이 전통적인 꽃무늬 벽지로 장식돼 있다는 점이었다. 제록스의 최고경영자에게 감상적인 구석이 있다니, 전혀 예상 밖의 이상 취향처럼 보였다. 하지만 50대 후반의 자그마한 남자인 그는 벽지와 어울리는 편하고 부드러운 태도가 몸에 배었으며, 내가 방문한 내내 진지했고(심지어는 엄숙할 정도로), 다소 주저하듯이 느릿느릿 말했다. 어떻게 기업에 뛰어들게 되었느냐고 물어보았더니, 사실은 뛰어들 생각이 거의 없었다고 대답했다. 대학 때 영문학을 부전공한 그는 교사로 일하거나 대학에서 금융 및 행정 부문 일을 할 생각을 했다고 한다. 하지만 대학을 졸업하고 나서 하버드 경영대학원에 진학한 뒤에 거기서 줄곧 최우등생으로 지냈고, 어떻게 하다 보니…어쨌든 대학원을 졸업한 해에 핼로이드에 입사했고, 여기서 그는 갑자기 미소를 짓더니, 지금 이 자리까지 오게 되었다고 말했다.

윌슨이 가장 열성적으로 이야기하고 싶어 한 주제는 제록스의 비영리 활동과 기업의 책임에 관한 자신의 이론인 것 같았다. "이 점에서 우리에게 분노를 느끼는 사람들이 있습니다. 단순히 자신들의 돈을 다른 사람들에게 준다고 불평하는 주주들 이야기가 아닙니다. 그런 견해는 점점 설 자리를 잃고 있습니다. 내가 말하는 것은 지역 사회 이야기입니다. 그런 말이 실제로 귀에 들리지는 않지만, 가끔 사람들이 '벼락출세한 이 젊은이들은 도대체 자신들이 누구라고 생각하는 것일까?'라고 말하는 듯한 느낌이 직관적으로 듭니다."

나는 국제연합 텔레비전 시리즈에 반대하는 편지 쓰기 캠페인이 회사 내에 어떤 불안감이나 위축감을 초래하지는 않았는지 물어보았다. "하나의 조직으로서 우리는 절대로 흔들리지 않았습니다. 이곳 사람들은 거의 예외 없이 그 공격은 단지 우리가 강조하려는 사실에 관심만 더 끌게 할 뿐이라고 생각했습니다. 그 사실이란 바로 세계의 협력이야말로 우리의 사업이라는 것이지요. 협력이 없다면 세계도 없을 것이고, 따라서 사업도 없을 테니까요. 그 텔레비전 시리즈를 계속 밀고 나간 데에서는 건전한 사업 정책을 따랐다고 믿습니다. 그와 동시에 나는 그 일에 대해 **단지** 건전한 사업 정책에 불과했다고 주장하고 싶지 않습니다. 나는 예컨대 우리가 모두 존 버치 협회 회원이었다면, 과연 그것을 제대로 해낼 수 있었을까 하는 의심이 듭니다."

윌슨은 느릿느릿 말을 계속 이어갔다. "주요 공공 문제에 대해 회사가 어떤 입장을 취하는 일은 항상 우리 자신을 돌아보게 하는 질문을 던집니다. 그것은 균형의 문제입니다. 무관심한 태도를 취해서도 안

되고, 자신의 영향력을 그냥 포기해서도 안 됩니다. 하지만 모든 주요 쟁점에 어떤 입장을 취할 수는 없습니다. 예를 들어 국가적 선거에 어떤 입장을 취하는 것은 기업이 할 일이 아니라고 생각합니다. 다행스럽게도 리노위츠는 민주당 지지자이고, 나는 공화당 지지자입니다. 대학 교육이나 공민권, 흑인 고용 같은 쟁점은 **분명히** 우리 일입니다. 나는 그렇게 하는 게 타당하다고 여긴다면 인기가 없는 견해라도 그것을 지지하는 용기가 우리에게 있길 바랍니다. 지금까지 우리는 그런 상황에 맞닥뜨리지 않았습니다. 우리는 시민의 책임이라고 간주하는 것과 훌륭한 사업 사이에서 어떤 갈등도 발견하지 못했습니다. 하지만 그런 시기가 찾아올지 모릅니다. 우리는 선봉에 서야 할지도 모릅니다. 예를 들면, 우리는 소리 소문 없이 일부 흑인 젊은이에게 바닥을 닦는 것과 같은 단순한 일을 넘어서는 일자리를 찾도록 도우려고 노력했습니다. 그 계획은 노조의 전폭적인 협력이 필요했고, 우리는 그것을 얻어냈지요. 하지만 나는 미묘한 방식으로 밀월 관계가 끝났다는 사실을 알게 되었습니다. 뭔가 보이지 않는 반대 기류가 있습니다. 뭔가가 시작되었는데, 만약 그게 커진다면 진짜 사업 문제로 우리 앞에 나타날 것입니다. 만약 반대자가 수십 명이 아니라 수백 명이 된다면, 그것은 심지어 파업으로 발전할지도 모릅니다. 만약 그런 일이 생긴다면, 우리와 노조 지도부는 물러서지 말고 용감히 나서서 싸우길 희망합니다. 하지만 사실은 잘 모르겠습니다. 솔직히 말해서, 그런 상황에 맞닥뜨렸을 때 자신이 어떻게 할지 예측하기란 어렵습니다. 하지만 우리가 어떻게 해야 할지 나는 안다고 **생각**합니다."

월슨은 자리에서 일어나 창가로 걸어가더니, 회사가 지금 기울이고 있고 그리고 심지어 미래에도 기울일 주요 노력 중 하나는 지금까지 제록스가 그렇게 한다고 알려져 온 개인적이고 인간적인 속성을 유지하는 것이 되어야 한다고 말했다. "이미 그것이 사라져가는 징후가 나타나고 있어요. 우리는 새로운 사람들에게 그런 신념을 심어주려고 노력하지만, 서반구에서 일하는 2만 명의 직원은 로체스터에서 일하는 1000명과 똑같지 않아요."

나는 떠날 준비를 하면서 창가에 있는 월슨에게 다가갔다. 이 도시에서는 1년 중 그런 날이 많다고 들었던 눅눅하고 어두운 오전이었다. 나는 이처럼 음울한 날에는 오랜 속성이 보전될 수 있을까 하는 의심이 들지 않느냐고 물었다. 그는 짧게 고개를 끄덕이더니 이렇게 말했다. "그것은 영원히 계속되는 싸움이고, 그 싸움에서 우리는 이길 수도 있고 질 수도 있어요."

6

선량한 고객 구하기

이익이 먼저인가? 고객이 먼저인가?

사라진 기름

1963년 11월 19일 화요일 오전, 옷은 잘 차려입었지만 초췌해 보이는 30대 중반의 남자가 월스트리트 11번지에 있는 뉴욕증권거래소 중역 사무실에 나타났다. 그는 자신을 뉴욕증권거래소 회원인 아이라 하우프트 증권회사의 대표 파트너 모턴 카머먼이라고 소개한 뒤, 뉴욕증권 거래소의 회원사 관리부 책임자인 프랭크 코일을 만나고 싶다고 했다. 접수 담당자가 확인 후에 코일 씨는 지금 회의 중이라고 정중하게 설명하자, 이 방문객은 아주 긴급한 용무로 왔다고 말하면서 그렇다면 회원사 관리부 부책임자인 로버트 비숍을 만나게 해달라고 요청했다. 접수 담당자가 확인을 하고 나서 비숍 역시 중요한 전화를 받는 중이라 지금 당장은 만날 수 없다고 대답했다. 갈수록 정신이 산만해지는 것처럼 보이던 카머먼은 결국 조지 뉴먼이라는 지위가 좀 낮은 간부에게 안내되었다. 카머먼은 자신이 갖고 온 메시지를 전달했다. 자신이 아는 바로는 하우프트의 자본 준비금이 뉴욕증권거래소가 회원사들에게 요구하는 기준 아래로 떨어졌으며, 규정에 따라 그 사실을 공식적으로 보고하는 것이라고 했다. 카머먼이 이 놀라운 사실을 전달하고 있을 때, 비숍은 가까운 사무실에서 중요한 전화 통화를 하고 있었다. 통화 상대는 월스트리트의 정통한 소식통이었는데, 비숍은 그 이후에도 그의 신원을 확인해주길 거부했다. 통화 상대는 비숍에게 뉴욕증권거래소의 두 회원사인 J. R. 윌리스턴 앤드 빈(이하 윌리스턴)과 아이라 하우프트(이하 하우프트)가 재정적으로 심각한 위기에 빠졌다고 믿을 만한 근거가 있다면서 뉴욕증권거래소가 주의를 기울일 필요가 있다고 알려주었다. 비숍은 전화를 끊고 난 뒤, 사내 전화를 통해 방금 들은 이야기를 뉴먼에게 전했다. 그런데 놀랍게도 뉴먼은 이미 그 소식을, 혹은 일부 소식을 알고 있었다. "사실, 카머먼이 지금 여기에 와 있어요."

뉴욕증권거래소의 오랜 역사를 통해 가장 힘든(그리고 어떤 면에서는 가장 심각한) 위기 중 하나는 이렇게 단조로운 사무실 분위기에서 시작되었다. 이 위기는 케네디 대통령 암살이라는 더 큰 위기가 겹치는 바람에 더 악화되었고, 그 때문에 뉴욕증권거래소는 일시적으로 약 1000만 달러의 손해를 본 만큼 가난해졌지만, 적어도 일부 국민들에게 받는 존경에 관해서는 계산할 수 없을 만큼 더 부유해졌다. (사실, 뉴욕증권거래소는 그동안 공공의 이익을 위해 행동하는 경우가 거의 없었고, 몇 달 전에는 증권거래위원회로부터 비공개 클럽처럼 처신하는 반사회적 성향이 있다는 비난까지 받은 바 있었다.) 하우프트와 윌리스턴을 위기 상황으로 몰아넣은 사건은 역사적 사건, 혹은 미래의 역사적 사건이 되었다. 그 사건은 이 두 회사(뉴욕증권거래소의 회원이 아닌 여러 증권회사와 함께)가 관여한 대규모 투기가 틀어지면서 일어났다. 그 투기는 단 하나의 고객인 뉴저지 주 베이온에 있는 얼라이드 크루드 베지터블 오일 앤드 리파이닝을 대신해 벌인 것으로, 면실유[1]와 콩기름을 선도先渡[2] 조건으로 대량 구입하는 계약이었다. 이런 계약을 상품 선물이라 부르는데, 여기서 투기 요소는 인도일까지 그 상품의 가치가 계약한 가격보다 더 높아질 (혹은 낮아질) 수 있는 가능성에 있다.

식물성 기름 선물은 브로드웨이 2번지에 있는 뉴욕상품거래소와 시카고상품거래소에서 매일 거래되며, 뉴욕증권거래소 회원으로 가입해 공개적으로 사업을 하는 400여 개 회사 중 약 80개 회사가 고객을 대신해 선물을 매수하거나 매도한다. 카머먼이 뉴욕증권거래소에 왔던 그날, 하우프트는 얼라이드를 대신해 면실유와 콩기름 선물 계약을 아주 많이 보유하고 있어서(신용 거래로) 이 상품들의 가격이 파운드당 1센트만 변해도 하우프트에 있는 얼라이드 계좌의 가치가 1200만 달러나 변하게 돼 있었다. 이틀간의 영업일(15일 금요일과 18일 월요일) 동안 면실유와 콩기름 가격은 평균적으로 파운드당 1.5센트가 조금 못 되게 떨어졌는데, 그 결과 하우프트는 그 계좌의 안전을 보장하기 위해 얼

---

1) 목화씨에서 짜낸 반건성유.
2) 거래 매매에서, 계약 후 일정 기한이 지난 뒤에 화물을 인도하는 것.

라이드 측에 현금으로 약 1500만 달러를 입금하라고 요구했다. 얼라이드가 이 요구를 거절하자, 하우프트는 신용으로 거래한 고객이 채무를 이행하지 않을 때 모든 중개인이 그러듯이 선금으로 지불한 돈을 회수하기 위해 얼라이드의 계약을 팔아야 할 필요에 직면하게 되었다. 그동안 하우프트가 감수한 위험의 규모가 얼마나 자살 행위에 가까웠는지는 11월 초에 하우프트의 자본금이 겨우 800만 달러였는데, 단 한 고객인 얼라이드의 기름 투기 지원을 위해 빌린 돈이 3700만 달러에 이르렀다는 사실만 봐도 알 수 있다.

게다가 하우프트는 일부 선금을 위한 담보물로 얼라이드의 재고품 중 막대한 양의 면실유와 콩기름을 받아주었다. 그 물품이 베이온의 저장 탱크들에 보관돼 있다는 사실은 보관 중인 기름의 정확한 양과 종류를 적시한 창고 증권[3]이 보증해주었다. 하우프트는 얼라이드에 대준 돈을 여러 은행에서 빌렸고, 담보물로 창고 증권 대부분을 은행에 제공했다. 나중에 많은 창고 증권이 위조되었고, 그 창고 증권이 보증한 기름 중 상당수가 실제로는 베이온에 없으며, 어쩌면 처음부터 아예 존재하지 않았고, 얼라이드의 사장 앤서니 드 에인절리스(그는 훗날 온갖 혐의에 대해 유죄 판결을 받고 감옥으로 갔다.)가 성냥왕 이바르 크뤼게르[4] 이래 최대 규모의 상업 사기를 저지른 것으로 드러나지만 않았더라면, 이 모든 것은 아무 탈이 없었을 것이다.

사라진 기름은 도대체 어디에 있었단 말인가? 미국과 영국의 세계

---

3) 창고업자가 화물을 맡아 보관하고 있음을 기재하여 임차인에게 발행하는 유가 증권.

적인 은행들을 포함해 얼라이드의 직간접적 채권자들이 어떻게 그토록 철저하게 속아 넘어갔을까? 일부 당국의 추정처럼 이 일로 인한 전체 손실액은 1억 5000만 달러에 머물까, 아니면 그것을 훨씬 넘어설까? 하우프트 같은 뉴욕증권거래소의 대표적인 증권회사가 단 하나의 고객을 위해 상상하기 어려울 정도로 위험한 선물 계약을 떠맡다니, 어떻게 그런 무모하고 어리석은 행동을 할 수 있단 말인가? 11월 19일에는 이런 질문들은 그 답은 말할 것도 없고 제기조차 되지 않았다. 일부 질문에 대한 답은 아직까지도 나오지 않았으며, 일부 질문에 대한 답은 몇 년이 지나도 나오지 않을지 모른다. 하우프트와 거래하는 주식 시장 고객은 약 2만 명이었고, 윌리스턴과 거래하는 고객은 약 9000명이나 되었는데, 11월 19일부터 며칠 동안 충격적인 사실이 줄줄이 드러나자, 목전에 다가온 재앙으로 인해 이 두 증권회사의 수많은 개인 고객들이 맡긴 돈에 직접적인 피해가 돌아가리란 사실이 분명해졌다. 이들은 얼라이드에 대해서는 들어본 적도 없고 상품 거래가 무엇인지 제대로 알지도 못하는 무고한 개인 투자자들이었다.

---

4) 이바르 크뤼게르Ivar Kreuger는 스웨덴의 사업가이자 금융업자로, 적극적인 투자와 혁신적인 금융 기법을 통해 당시로서는 세계적인 성냥 기업과 금융 기업을 일구었고, 특히 가연성을 낮춰 안전성을 높인 성냥을 개발해 세계 시장을 휩쓸면서 '성냥왕'이라는 별명을 얻었다. 스웨덴과 미국에서 대출을 받아 다양한 기업을 인수하며 문어발식 확장을 했으나, 무분별한 투자와 부실 경영으로 몰락했다.

휴지 조각이 된 창고 증권

카머먼이 뉴욕증권거래소에 그렇게 보고했다고 해서 그것이 곧 하우프트의 파산을 의미하는 것은 아니었으며, 그 보고를 할 때 카머먼 자신도 자기 회사가 파산했다고는 전혀 생각하지 않았다. 자기 자본 비율은 증권거래소가 안전 마진을 제공하기 위해 정한 다소 엄격한 기준인데, 그것을 지키지 못한 것과 지급 불능 사이에는 큰 차이가 있다. 사실, 뉴욕증권거래소의 여러 임원은 화요일 오전에 하우프트의 상황을 특별히 심각하다고 여기지 않았으며, 윌리스턴의 상황은 처음부터 훨씬 덜 심각했다고 말했다. 회원사 관리부가 맨 처음 보인 반응 중 하나는 카머먼이 이 문제로 뉴욕증권거래소를 찾아오기 전에 정교한 회계 감사와 조사 시스템을 갖춘 자신들이 왜 그 문제를 먼저 파악하지 못했을까 하는 유감이었다. 이 점에 대해 뉴욕증권거래소는 다소 설득력이 떨어지긴 하지만, 그것은 관리를 잘못해서가 아니라 운이 나빴던 탓이라고 강변한다. 통상적인 절차에 따라 뉴욕증권거래소는 각 회원사에 1년에 몇 차례 재정 상태에 관한 설문지를 충실히 작성해 보고하게 하고, 최소한 한 번은 불시에 각 회원사에 전문 회계사를 파견해 그 장부들을 조사하면서 기습 감사를 벌인다. 하우프트는 얼마 전인 10월 초에 설문지를 작성해 보고했지만, 얼라이드의 상품 포지션[5]이 대량

---

5) 포지션position은 매매 계약이 체결된 뒤 아직 결제되지 않은 상태의 약정 수량을 말한다. 신규로 매입한 것을 매수 포지션, 매도한 것을 매도 포지션이라고 하며, 결제일이 되면 이 같은 포지션은 모두 청산해야 한다. 우리말로는 건옥建玉이라고 하는데 많이 쓰이지 않는다.

으로 쌓인 일은 그 이후에 일어났기 때문에 설문지에서는 이상 징후를 전혀 발견할 수 없었다. 기습 감사의 경우, 뉴욕증권거래소에서 파견한 회계 감사관이 하우프트의 사무실을 방문한 때는 마침 문제가 막 발생한 시점이었다. 회계 감사관은 하우프트에 일주일 동안 머물면서 회계 장부들을 꼼꼼히 살펴보았지만, 그 작업은 아주 지루한 것이어서 11월 19일까지 하우프트의 상품 계약 담당 부서를 조사하는 데까지 손이 미치지 못했다. 나중에 뉴욕증권거래소의 한 임원은 "그들은 회계 감사관을 아무 문제가 없는 부서의 책상에 묶어놓았어요. 지금 와서 그래도 그때 뭔가 수상한 냄새를 맡았어야 하지 않느냐고 말하기는 쉽지만, 회계 감사관은 그런 낌새를 전혀 눈치 채지 못했습니다."라고 말했다.

9일 화요일 오전 중간쯤에 코일과 비숍은 카머먼과 함께 하우프트의 문제 해결을 위해 무엇이 필요하며 무엇을 해야 하는지 검토했다. 비숍은 그 분위기가 절대로 어둡지 않았다고 기억한다. 카머먼이 제출한 수치에 따르면, 자기 자본 비율을 맞추기 위해 하우프트에 필요한 자금은 약 18만 달러였는데, 하우프트 정도 규모의 회사에게 그것은 하찮은 액수였다. 하우프트는 외부에서 돈을 빌리거나 보유 증권을 현금으로 전환하는 방법으로 부족분을 메울 수 있었다. 비숍은 더 빠르고 확실하다는 이유로 후자의 방법을 권유했고, 카머먼은 회사에 전화를 걸어 파트너들에게 보유 증권 일부를 즉시 팔라고 지시했다. 이로써 문제는 간단하게 해결될 것처럼 보였다.

하지만 카머먼이 월스트리트 11번지를 떠나고 난 뒤, 나머지 그날 동안 위기는 정치 분야에서 에스컬레이션^{escalation}이라 부르는 과정으로 치닫는 양상을 보였다. 그날 오후 늦게 불길한 소식이 날아들었다. 얼라이드가 방금 뉴어크에서 자발적 파산 신청을 했다는 것이었다. 이론적으로는 파산은 파산자의 이전 중개인의 재정적 지위에 아무런 영향을 미치지 않는데, 중개인은 파산자에게 제공한 돈에 대해 담보를 보유하고 있기 때문이다. 하지만 그 소식이 불길했던 이유는 그 뒤에 더 나쁜 소식이 잇따를 가능성을 시사했기 때문이다. 실제로 얼마 지나지 않아 그런 소식들이 날아들었다. 같은 날 저녁, 뉴욕상품거래소의 매니저들이 시장 혼란을 예방하기 위해 추후 통지가 있을 때까지 면실유 선물 거래를 모두 중단하고, 모든 미지불 계약은 그들이 지정한 가격에 즉각 결제를 요구하기로 의결했다는 소식이 뉴욕증권거래소로 날아왔다. 지정 가격은 실제 거래 가격보다 낮을 것이기 때문에, 이것은 하우프트나 윌리스턴이 얼라이드의 투기로부터 좋은 조건으로 빠져나올 마지막 기회가 사라졌다는 것을 의미했다.

그날 저녁, 회원사 관리부에서 비숍은 다급하게 뉴욕증권거래소 이사장인 키스 펀스턴과 연락을 취하려고 애썼다. 펀스턴은 시내에서 저녁 식사를 한 뒤에 다음 날 의회 위원회에 출석해 증언하기 위해 워싱턴으로 가는 기차에 올라 여행하고 있었다. 비숍은 이런저런 일을 처리하느라 사무실에서 저녁 내내 무척 바쁘게 일했다. 자정이 다가왔을 때 회원사 관리부에 남은 사람이 자기뿐이란 사실을 알아차리고는, 어차피 뉴저지 주 팬우드에 있는 집으로 가기에는 너무 늦었으므로 그날 밤은 코일의 사무실에 있는 가죽 소파에서 잠을 자기로 했다. 하지만 그는 제대로 잠을 잘 수 없었다. 청소부는 비교적 조용했지만, 밤새도록 전화벨이 울려댔기 때문이다.

수요일 오전 9시 30분 정각에 6층 이사회실에서 뉴욕증권거래소 이사회가 열렸다. 제왕에게나 어울릴 법한 빨간색 카펫이 깔려 있고, 벽에는 아주 오래된 초상화들이 걸려 있고, 세로로 홈이 새겨지고 금박으로 장식된 기둥들이 육중하게 서 있는 이사회실은 월스트리트의 파란만장한 과거를 다소 불편하게 연상시킨다. 이사회는 뉴욕증권거래소의 규정에 따라 자금 사정의 어려움을 이유로 하우프트와 윌리스턴의 활동을 정지시키기로 했다. 활동 정지 결정은 증시 개장 시각인 10시에서 몇 분 지난 뒤에, 이사회 의장 헨리 와츠 주니어가 입회장이 내려다보이는 연단 위에 올라가 평소에는 하루의 거래가 시작되거나 끝나는 것을 알리는 벨을 울리고 나서 그것을 낭독함으로써 공식 발표했다. 일반인의 관점에서 볼 때, 이 결정으로 즉각 나타난 효과는 약 3만 명에 이르는 두 회사 고객들의 계좌가 동결되는 것이었다. 즉, 이 계좌들의 소유주들은 주식을 팔 수도 없고 돈을 인출할 수도 없게 되었다. 이 불운한 사람들이 처한 어려움에 마음이 쓰였던 뉴욕증권거래소 고위 간부들은 사면초가에 몰린 이 회사들이 충분한 자금 확보를 통해 영업 정지에서 풀려나고 동결된 계좌들도 자유를 되찾는 방법을 찾으려고 머리를 맞댔다. 윌리스턴의 경우 그 노력은 아주 성공적인 결과를 가져왔다. 윌리스턴을 정상화하는 데 필요한 자금이 약 50만 달러로 드러나자, 많은 동료 증권회사들이 윌리스턴이 원치 않는 제의를 물리칠 수 있도록 서로 돈을 빌려주겠다고 나섰다. 결국 50만 달러 중 일부는 월스턴에서, 일부는 메릴린치 피어스 페너 앤드 스미스에서 빌리기로 했다. (운 좋게도 윌리스턴 앤드 빈에서 '빈'은 메릴린치의 이름이 '메릴린치 피어스 페너 앤드 빈'이던 시절에 바로 그 마지막 이름의 당사자였다.) 적시에 이루어진 자금 수혈로 재정적 건강을 되찾은 윌리스턴은 금요일 오후가 지나자마자, 그러니까 영업 정지 결정이 난 지 이틀이 조금 지난 무렵에 영업 정지에서 풀려났고, 그와 함께 9000명의 고객도 시름에서 벗어났다.

하지만 하우프트의 경우에는 일이 다른 방향으로 흘러갔다. 수요일이 되자 부족한 자금이 18만 달러라는 추정은 장밋빛 꿈에 불과하다는 사실이 분명해졌다. 하지만 기름 선물 계약의 강제 매각으로 인한 손실에도 불구하고, 하우프트는 여전히 지불 능력이 있는 것처럼 보였다. 단 한 가지 조건만 충족한다면 그랬다. 그것은 베이온의 저장 탱크에 있는 기름, 그러니까 얼라이드가 담보물로 하우프트에 제공한 뒤 지금은 얼라이드의 채무 불이행으로 소유권이 하우프트로 넘어간 그 기름을 적정 가격에 다른 기름 가공업자에게 판다는 조건이었다. 뉴욕증권거래소의 리처드 크룩스 이사는 나머지 동료들과 달리 상품 거래 부문의 전문가였는데, 만약 그렇게 해서 베이온의 기름을 처분할 수만 있다면 하우프트가 약간이나마 흑자를 남길 수 있을 것이라고 계산했다. 그래서 크룩스는 국내 굴지의 식물성 기름 가공업체 두 군데에 전화를 걸어 그 기름의 입찰에 응하라고 권했다. 그런데 그가 들은 대답은 한결같았고, 아주 놀라운 것이었다. 이들 가공업체는 어떤 입찰에도 응하지 않겠다고 대답했는데, 크룩스는 그 어조에서 이들이 하우프트가 갖고 있는 베이온의 창고 증권을 의심한다는 느낌을 받았다. 만약 이 의심이 근거가 있다면, 창고 증권이 보증하는 기름은 일부 혹은 전부가 실제로는 베이온에 없다는 이야기였다. 나중에 크룩스는 "상황은 아주 단순했어요. 창고 증권은 상품 거래업계에서는 사실상 현금처럼 통했는데, 이제 하우프트의 자산 중 수백만 달러가 위조지폐로 채워져 있을 가능성이 제기된 것이지요."라고 말했다.

하지만 크룩스가 수요일 오전에 확실하게 안 것이라곤 가공업체들이 얼라이드의 기름 입찰에 응하지 않으리란 사실뿐이었고, 수요일 나머지 시간과 목요일 내내 뉴욕증권거래소는 하우프트가 윌리스턴과 함께 재기하도록 돕기 위해 온 힘을 다 쏟았다. 말할 필요도 없지만, 하우프트의 파트너 15명도 전력을 다했으며, 그 노력을 돕기 위해 카머먼은 수요일 저녁에 《뉴욕타임스》에 실린 기사에서 "아이라 하우프트는 지급 능력이 있으며, 재정 상태도 아주 좋습니다."라고 쾌활하게 말했다. 같은 날 저녁, 뉴욕에서 크룩스는 시카고에서 온 베테랑 상품 중개인과 식사를 함께 했다. 최근에 그는 이렇게 말했다. "나는 기질적으로는 낙관주의자이지만, 경험을 통해 이런 일은 항상 처음 본 모습보다 훨씬 나쁜 것으로 드러나는 경우가 많다는 사실을 알고 있어요. 중개인 친구에게 이 이야기를 했더니 그도 내 말에 동의하더군요. 다음 날 오전 11시쯤에 그 친구가 내게 전화를 걸어 '딕, 이 일은 **자네가** 생각한 것보다도 100%나 더 나빠.'라고 말하더군요." 잠시 후인 목요일 정오에 뉴욕증권거래소의 회원사 관리부는 얼라이드의 창고 증권 중 많은 것이 실제로 가짜라는 사실을 알게 되었다.

거의 같은 무렵에 하우프트의 파트너들도 이 불행한 사실을 알게 되었다. 그들 중 상당수는 목요일 밤에 집으로 돌아가지 않고 브로드웨이 111번지에 있는 사무실에서 그들이 처한 상황을 파악하려고 애쓰면서 밤을 보냈다. 비숍은 그날 밤에 팬우드의 집으로 돌아갔지만, 코일의 소파에서 잘 때와 마찬가지로 쉽게 잠을 이룰 수 없었다. 결국 동이 트기 전에 일어나 5시 8분에 뉴욕으로 출발하는 저지센트럴 열차를 탔는데, 직감에 따라 하우프트로 먼저 갔다. 현대식 인체공학 의자, 대리석을 붙인 파일 캐비닛, 책상처럼 보이는 냉장고 등으로 새로 꾸민 파트너 사무실로 갔더니, 여러 사람이 면도도 하지 않고 헝클어진 모습으로 의자에 앉은 채 졸고 있었다.

훗날 비숍은 "그들은 그때 완전히 만신창이가 되어 있었습니다."라고 말했다. 하나도 놀라운 일이 아니었다. 잠을 깨우자 그들은 계산을 하느라 온 밤을 새웠으며, 새벽 3시 무렵에 자신들이 처한 상황에 대해 절망적이라는 결론을 얻었다고 말했다. 창고 증권이 휴지 조각이라는 사실을 감안하면, 하우프트는 지금 불능 상태였다. 비숍은 이 절망적인 소식을 가지고 뉴욕증권거래소로 돌아가 얼른 해가 떠서 모두가 출근하길 기다렸다.

유례없는 고객 구하기 작전

금요일 오후 1시 40분, 하우프트의 도산이 임박했다는 소문 때문에 이미 주식 시장이 동요하고 있을 때, 대통령 암살 소식이 왜곡된 형태로 뉴욕증권거래소 입회장에 처음 전해졌다. 그 당시 그곳에 있었던 크룩스는 자신이 맨 먼저 들은 소식은 대통령이 저격당했다는 것이었고, 두 번째 소식은 케네디 대통령의 동생인 법무장관도 저격당했다는 것이었으며, 세 번째 소식은 부통령이 심장마비를 일으켰다는 것이었다고 한다. 그는 "소문들은 마치 기관총탄처럼 쏟아졌지요."라고 말한다. 이 소문들은 그에 상응하는 충격을 미쳤다. 충격적인 분위기를 누그러뜨릴 만한 구체적 소식이 전혀 도착하지 않은 그다음 27분 동안 주가는 뉴욕증권거래소 역사상 유례 없는 속도로 곤두박질쳐 전체 상장주식의 가치가 130억 달러어치나 떨어졌다. 만약 이사회가 2시 7분에 그날의 거래를 마감하기로 결정을 내리지 않았더라면, 주가가 그보다 더 떨어졌으리란 사실은 의심의 여지가 없다. 이 공황 상태가 하우프트의 상황에 즉각 미친 영향은 동결된 계좌 2만여 개의 상태를 더욱 악화시켰는데, 이제 만약 하우프트가 파산하여 그 결과로 많은 계좌가 청산 절차에 들어가면, 현금화를 위한 거래 체결이 공황 시세에서 이루어져 계좌 소유주에게 큰 손실이 돌아갈 것이기 때문이었다. 하지만 월스트리트(혹은 월스트리트의 일부 사람들)는 미국 전역의 나머지 사람들보다 심리적으로 유리한 점이 하나 있었는데, 바로 당장 해야 할 일이 있다는 점이었다. 이렇게 재앙이 겹쳐서 닥친 상황에서 무슨 일을 해야 하는지 분명해졌다.

펀스턴은 수요일 오후에 워싱턴에서 증언을 한 뒤에 그날 저녁에 바로 뉴욕으로 돌아와 목요일 하루와 금요일 오전 시간 대부분을 윌리스턴을 정상화시키려는 노력에 쏟아부었다. 그러면서 하우프트가 단지 자금이 부족한 게 아니라 실제로는 지급 불능 상태라는 사실이 점차 명확해지자, 그 중간의 어느 시점에 뉴욕증권거래소와 회원사들이 사실상 전례가 없는 조처를 고려해야 한다는 확신이 들었다. 즉, 하우프트의 무분별한 행동으로 피해를 입은 무고한 개인 고객들의 손해를 변상해주어야 한다고 생각한 것이다. (이런 행동에 가장 가까운 전례는 1960년에 한 파트너의 사기 행위로 인해 파산한 뉴욕증권거래소의 작은 회원사 듀폰 홈지의 사례를 들 수 있다. 그 당시 뉴욕증권거래소는 그 회사의 고객들이 날린 돈을 변상해주었는데, 그 금액은 약 80만 달러에 이르렀다.) 점심 약속을 마치고 주식 시장이 비정상적으로 일찍 마감하기 직전에 서둘러 사무실로 돌아온 펀스턴은 자신의 계획을 실행에 옮기는 절차에 착수했는데, 우선 마침 사무실이 근처에 있는 30여 명의 주요 중개인에게 전화를 걸어 각 회원사를 대표하는 비공식 대표 자격으로 즉시 뉴욕증권거래소로 와달라고 요청했다. 3시가 조금 넘은 시각에 중개인들이 이사회실을 조금 작게 만든 곳이라 할 수 있는 남쪽 위원회실에 모이자, 펀스턴은 그때까지 자신이 파악한 하우프트의 사정에 관한 사실들을 설명하고, 그와 함께 해결을 위한 자신의 계획을 제시했다. 그가 밝힌 사실들은 이랬다. 하우프트는 미국과 영국의 은행들에 약 3200만 달러의 빚을 지고 있고, 그 자산 중 2000만 달러 이상이 지금은 휴지 조각으로 보이는 창고 증권에 묶여 있으며, 하우프트가 부채를 갚을 가능성은 전혀 없다는 것이었다. 따라서 정상적인 절차를 밟는다면, 법원이 문을 여는 다음 주에 하우프트는 채권 은행들에게 소송을 당할 것이고, 하우프트가 보유한 고객들의 현금과 증권은 채권 은행들에 압류될 것이며, 펀스턴의 대략적인 평가에 따르면 일부 고객은 맡긴 자산의 65%밖에 돌려받지 못할 것으로 보였다(그것도 채무 이행의 법정 유예 기간 때문에 상당한 시간이 지난 뒤에). 그리고 이 문제에는 또 다른 측면도 있었다. 만약 하우프트가 파산한다면, 그 심리적 효과는 시장에 매도 물량으로 쏟아져나올 하우프트의 상당한 자산이 미칠 명백한 효과와 함께 그렇지 않아도 중대한 국가적 위기로 크게 하락한 주식 시장에 큰 악재로 작용할 게 틀림없었다. 그렇게 되면 비단 하우프트 고객들의 안녕뿐만 아니라 국가의 안녕마저 위태로워질 것이다. 펀스턴이 제시한 계획은 뉴욕증권거래소와 그 회원들이 충분한 자금을 마련해 모든 하우프트 고객의 현금과 증권을 변상해주자는 것이었다. 즉, 은행업계의 표현을 빌리면, 고객을 다시 '온전하게^{whole}' 만들자는 것이었다. 은행업계에서 쓰는 이 표현은 어원적으로 충분히 근거가 있다. 'whole'은 '다치지 않은' 또는 '부상에서 회복한'이란 뜻의 앵글로색슨어 'hal'에서 유래했다. '건강한'이란 뜻의 hale 역시 같은 단어에서 유래했다.[6] 펀스턴은 추가로 하우프트의 채권 은행들을 설득해 고객들의 문제가 해결될 때까지 빌려준 돈을 회수하려는 노력을 미루게 하자고 제안했다. 펀스턴은 이 계획을 실행하는 데 필요한 돈은 700만 달러 혹은 그보다 더 많을 것이라고 추정했다.

그곳에 모인 중개인들은 거의 다 완전히 자선적인 계획은 아니더라

---

6) make one whole이란 표현은 어떤 사람에게 타인의 잘못이 없었더라면 입지 않았을 손해를 변상함으로써 원상을 회복하게 해주는 것을 뜻한다.

도 공공심이 넘치는 이 계획을 지지했다. 하지만 회의가 끝나기 전에 한 가지 어려운 문제가 나타났다. 뉴욕증권거래소와 그 회원사들은 일단 자기희생적 행동을 하기로 했기 때문에, 이제 양측 앞에 놓인 문제는 그 희생을 어떻게 분담하느냐 하는 것이었다. 펀스턴은 회원사들이 전체 문제를 다 떠맡으라고 촉구했다. 회원사들은 이 제안을 거부하고 뉴욕증권거래소가 그것을 맡아야 한다고 반격했다. 펀스턴은 "만약 우리가 이 일을 떠맡는다면, 여러분은 우리가 먼저 지불한 돈을 나중에 우리에게 되갚아야 할 것입니다."라고 말했다. 별로 품위 있어 보이지 않는 대화로 시작되긴 했지만, 필요한 자금은 뉴욕증권거래소가 먼저 대기로 하고, 나중에 회원사들이 그것을 배분해 갚기로 합의되었다. 그리고 펀스턴을 위원장으로 하는 3인 위원회에 이 합의를 성사시키기 위한 협상을 진행하는 전권을 주기로 했다.

협상이 필요한 주요 당사자는 하우프트의 채권 은행들이었다. 이 계획이 성공하려면 채권 은행들의 만장일치 동의가 꼭 필요했는데, 만약 한 은행이라도 즉각적인 부채 청산을 고집한다면, 뉴욕증권거래소 이사회 의장인 헨리 와츠가 신랄하게 표현한 것처럼 "그 항아리는 깨지고 말 것"이기 때문이다. 아버지 같은 인상을 풍기는 와츠는 하버드 대학을 졸업하고 1944년에 오마하 해변[7]에서 살아남은 전력이 있었다. 채권자들 중 큰 비중을 차지한 곳은 명망 높은 현지 은행 네 곳인 체이스맨해튼, 모건 개런티 트러스트, 퍼스트 내셔널 시티, 매뉴팩처러스

---

7) 노르망디 상륙 작전 때 교두보를 마련하기 위해 치열한 전투를 벌인 장소.

하노버 트러스트였는데, 이들은 하우프트에 약 1850만 달러를 빌려주었다. (이들 중 세 은행은 하우프트에 제공한 대출 규모를 정확하게 밝히길 유난히 꺼렸는데, 이들의 침묵을 비난하는 것은 돈을 잃은 포커 도박사에게 돈을 잃은 일에 대해 떠벌리지 않는다고 비난하는 것과 같다. 하지만 체이스맨해튼은 하우프트에 빌려준 돈이 570만 달러라고 밝혔다.) 앞서 그 주 초에 체이스맨해튼의 조지 챔피언 의장은 펀스턴에게 전화를 걸어왔다. 챔피언은 뉴욕증권거래소는 체이스맨해튼에 친구가 있을 뿐만 아니라, 체이스맨해튼은 하우프트 문제 해결을 위해 어떤 도움이라도 제공할 준비가 돼 있다고 밝혔다. 이번에는 펀스턴이 챔피언에게 전화를 걸어 자신의 제안에 그를 합류시킬 준비가 돼 있다고 말했다. 그러고 나서 펀스턴과 비숍은 긴급 회의를 위해 체이스맨해튼과 나머지 세 은행 대표들을 모았다. 비숍은 금요일 오후 5시에(설사 이처럼 예외적인 금요일이라 하더라도) 은행가들을 불러모을 가능성을 상당히 비관적으로 보았다고 기억한다. 하지만 놀랍게도 그들 모두가 자신들의 전투 장소에 있었고, 기꺼이 뉴욕증권거래소로 오겠다고 했다.

펀스턴과 뉴욕증권거래소의 동료 협상자들(와츠 의장과 월터 프랭크 부의장)은 은행가들과 5시가 조금 넘은 시간부터 저녁 식사 시간까지 계속 상의했다. 그 회의는 팽팽한 긴장이 흐르긴 했지만 건설적이었다. 펀스턴은 나중에 이렇게 회상했다.

"첫째, 우리는 모든 주변 상황이 매우 나쁘다는 데 동의했다. 그러고 나서 우리는 곧장 본론에 들어갔다. 물론 은행가들은 뉴욕증권거래소가 총대를 메고 전체 문제를 해결해주길 원했지만, 우리는 재빨리 그들에게 그런 생각을 포기하게 만들었다. 대신에 나는 그들에게 제안을 했다. 순전히 하우프트의 고객들을 구제하기 위한 목적으로 우리가 일정액의 현금을 내놓겠다고 했다. 대신에 우리가 1달러를 내놓으면 은행들은 2달러의 부채 회수를 연기해달라고 요구했다. 즉, 당분간 담보권 행사를 삼가달라고 요구한 것이다. 만약 그 당시 우리가 평가한 것처럼 하우프트를 지급 불능 상태에서 벗어나게 하는 데 2250만 달러가 필요하다면, 우리가 750만 달러를 내놓을 테니 은행들은 1500만 달러의 부채 회수를 연기해달라고 했다. 그들은 우리의 수치를 썩 믿는 눈치가 아니었고(아마도 우리가 제시한 수치가 너무 낮다고 생각했을 것이다.), 뉴욕증권거래소가 자신의 기여분을 하우프트의 자산에서 찾아가기 위한 권리 행사는 채권 은행들이 먼저 부채 회수 권리를 행사한 뒤에 해야 한다고 주장했다. 우리는 거기에 동의했다. 우리는 싸우면서 타협을 했으며, 마침내 집으로 돌아갈 무렵에는 전반적인 뼈대에 대해 일반적인 합의가 이루어졌다. 물론 이 회의가 예비적인 것에 불과하며(더군다나 전체 채권 은행 대표들이 참석한 것도 아니었으니), 세부 사항 결정과 힘겨운 흥정을 주말 동안에 해야 한다는 사실은 모두가 알고 있었다.”

세부 사항과 힘겨운 흥정이 얼마나 많이 남아 있었는지는 토요일에 분명하게 드러났다. 뉴욕증권거래소 이사회가 11시에 열렸는데, 33명의 이사 중 3분의 2 이상이 참석했다. 하우프트 위기 때문에 일부 이사들은 주말 계획을 취소했고, 어떤 이사들은 조지아 주와 플로리다 주처럼 먼 근무지에서 비행기를 타고 날아왔다. 이사회가 맨 먼저 취한 행동은 대통령의 장례식 날인 월요일에 증권거래소를 하루 휴장한다는 결정이었다. 이 결정은 협상자들에게 법원과 시장이 문을 여는 시간으로 대표되는 마감 시한 이전에 협상을 타결지을 시간을 24시간 더 연장해줄 것이기 때문에 모두에게 큰 안도감을 주었다. 그러고 나서 펀스턴은 이사들에게 하우프트의 재정 상황과 은행들과 시작한 협상에 대해 최신 정보를 알려주었다. 하우프트의 고객들이 입은 손해를 복구하는 데 필요한 금액의 새로운 추정치가 900만 달러라는 사실도 알렸다. 잠깐 침묵이 흐른 뒤에 몇몇 이사가 일어나 발언을 했는데, 기본적으로 이 문제에는 돈보다 더 중요한 것이 걸려 있다고 생각한다는 취지의 발언이었다. 그것은 뉴욕증권거래소와 전국의 수천만 투자자들 사이의 관계가 걸린 문제라고 했다. 그러고 나서 회의는 잠시 정회했고, 강력한 지지 의사를 밝힌 이사들의 고결한 뜻에 따라 3인 위원회가 은행가들과 협상에 착수했다.

이렇게 해서 토요일과 일요일에 해야 할 일의 뼈대가 정해졌다. 온 나라의 나머지 국민이 망연자실하여 텔레비전 앞에 붙어 지내고, 19세기 초에 황열병이 휩쓸던 때처럼 맨해튼 도심 거리가 한산한 가운데 월스트리트 11번지 6층에서는 일단의 사람들이 모여 혼신을 다해 열띤 활동을 벌이고 있었다. 뉴욕증권거래소의 협상 위원회는 은행가들과 추가 재가가 필요한 합의에 이를 때까지 방 안에 갇힌 채 협상을 계속했다. 재가가 필요한 합의안이 나오면, 이사회가 다시 회의에 들어가 그것을 재가하거나 거절하거나 결정을 내렸다. 회의 사이에 잠깐 쉴 틈이 있으면, 이사들은 복도에 모이거나 텅 빈 사무실에서 담배를 피우며 생각에 잠겼다. 평소에 잘 알려지지 않은 뉴욕증권거래소의 관료적 부서인 '품행 및 불만 처리과'도 바쁜 주말을 보냈다. 불안에 사로잡힌 하우프트의 고객들이 건 전화에 응대하느라 대여섯 명의 직원이 계속 전화기에 붙어 지내야 했다. 변호사들도 사방에 널려 있었다. 뉴욕증권거래소의 한 베테랑 직원은 "평생 동안 그렇게 많은 변호사를 본 적은 일찍이 없었다."라고 말했다. 코일은 주말 동안 월스트리트 11번지에 100명 이상이 머물렀을 거라고 추정한다. 뉴욕증권거래소의 구내 식당은 물론이고 주변 식당들도 거의 모두 문을 닫았기 때문에 식사가 큰 문제였다. 토요일에는 약삭빠르게 문을 연 시내 중심가의 한 간이 식당에 있던 음식을 몽땅 사서 제공했고, 그러고 나서 그리니치빌리지로 택시를 보내 음식을 더 구해왔다. 일요일에는 증권거래소의 한 비서가 사려 깊게 전기 커피메이커와 함께 식료품을 잔뜩 가져와 의장 전용 식당에 차려놓았다.

　은행가들의 협상 위원회에는 이제 금요일에 참석하지 않았던 하우프트의 두 채권 은행에서 온 사람들이 포함되었는데, 두 은행은 뉴어크의 내셔널 스테이트 뱅크와 시카고의 콘티넨털 일리노이 내셔널 뱅크 앤드 트러스트였다. (아직 대표가 참석하지 않은 채권자는 영국의 네 은행인 헨리 안스바커, 윌리엄 브란츠 선스, S. 제이펫, 클라인워트 벤슨이었다. 더구나 주말이 이미 반쯤 지나간 터라 이들은 잠정적으로 참석이 불가능할 것으로 보였다. 그래서 영국 은행들을 배제한 채 협상을 계속한 뒤에 월요일 오전에 합의안을 그들에게 제시해 동의를 받기로 했다.) 중요한 쟁점은 합의 사항 일부를 실천하기 위해 뉴욕증권거래소가 내놓아야 할 현금 액수였다. 은행들은 뉴욕증권거래소가 대의를 위해 1달러를 내놓으면 2달러의 부채 회수를 연기한다는 펀스턴의 공식을 받아들였고, 하우프트가 쥐고 있는 약 2250만 달러어치의 창고 증권이 휴지 조각이나 다름없다는 사실을 의심치 않았다. 하지만 그들은 그 수치를 하우프트를 청산하는 데 필요한 최대 금액으로 받아들이려 하지 않았다. 만전을 기하기 위해 그 금액은 하우프트가 은행에 지고 있는 전체 채무액인 3600만 달러를 기준으로 해야 한다고 주장했는데, 이것은 뉴욕증권거래소가 내놓아야 할 현금이 750만 달러가 아니라 1200만 달러여야 한다는 것을 의미했다. 또 한 가지 쟁점은 합의된 그 금액을 뉴욕증권거래소가 누구에게 지불하느냐 하는 문제였다. 일부 은행가는 하우프트의 금고로 곧장 보내 하우프트가 고객들에게 나눠줘야 한다고 생각했다. 하지만 이렇게 할 경우, 뉴욕증권거래소 대표들이 지적한 것처럼, 뉴욕증권거래소는 자신이 내놓은 돈을 전혀 통제할 수 없게 될 것이다. 마지막으로 골치 아픈 문제 한 가지는 한 은행인 콘티넨털 일리노이가 이 합의에 동참하길 명백하게 꺼린다는 점이었다. "콘티넨털 사람들은 자기 은행이 노출되는 것을 염려했어요."라고 한 뉴욕증권거래소 사람은 동정적으로 설명했다. "그들은 하우프트가 공식적으로 파산해 관리 상태에 들어가는 것보다 우리가 마련한 방법이 궁극적으로는 자기 은행에 더 손해가 될 수 있다고 생각한 거지요. 그들은 이것이 과연 적절한 행동인지 확신을 얻기 위해 생각할 시간이 필요했지만, 그들은 분명히 협조적이었다고 말할 수 있습니다."

계획된 협상안에서 중심적 지위를 차지하는 것은 뉴욕증권거래소의 명성이었기 때문에, 나머지 은행들은 모두 경이로운 협력을 보여준 셈이다. 사실, 은행은 예금주와 주주를 위해 법적으로나 도덕적으로 최선을 다해야 할 책임이 있기 때문에 공익을 위해 관대한 제스처를 취할 위치에 있지 않다. 하지만 은행가는 냉혹한 눈빛을 하고 있더라도, 친절한 심장을 드러나지 않게 하려고 애써 감추고 있을지 모른다. 콘티넨털의 경우 행동에 신중해야 할 이유가 충분히 있었는데, 하우프트에 물린 것으로 '알려진' 액수가 1000만 달러를 넘어 어떤 은행보다도 많았기 때문이다. 관계자 중에서 콘티넨털이 끝까지 버틴 쟁점이 정확하게 무엇이었는지 밝힌 사람은 아무도 없지만, 하우프트에 1000만 달러보다 적은 액수를 빌려준 은행이나 사람은 그 상황에서 콘티넨털의 입장이 정확하게 어떤 것이었는지 알기 어려울 것이라고 가정할 수 있다.

토요일 오후 6시 무렵에 협상이 휴회에 들어가기 전까지 주요 쟁점들에 대한 합의가 이루어졌다. 현금 투입 문제에서는 뉴욕증권거래소가 처음에 750만 달러를 투입하고, 필요할 경우 1200만 달러까지 증액하기로 약속했다. 그리고 하우프트의 고객들에게 돈을 나눠주는 문제에 대해서는 뉴욕증권거래소의 수석 조사관을 하우프트의 청산인으로 임명하기로 했다. 하지만 콘티넨털은 여전히 합의에 응하길 꺼렸다. 물론 영국 은행들하고는 아직 접촉도 하지 않은 상태였다. 어쨌든 모든 관계자는 그날 협상은 이걸로 끝내고, 일요일이긴 하지만 다음 날 오후 일찍 다시 돌아와 협상을 계속하기로 했다. 심한 감기에 걸린 펀스턴은 그리니치의 집으로 돌아갔다. 은행가들은 글렌코브나 배스킹리지 같은 곳에 있는 집으로 돌아갔다. 필라델피아에서 완고하게 통근을 하던 와츠는 그 고요한 도시로 돌아갔다. 비숍조차 팬우드의 집으로 돌아갔다.

일요일 오후 2시, 이번엔 로스앤젤레스, 미니애폴리스, 피츠버그, 리치먼드에서 온 사람들까지 보강된 뉴욕증권거래소 이사들은 회원사 대표 30명과 함께 합동 회의를 열었다. 회원사 대표들은 자신들에게 어떤 역할이 맡겨질지 궁금해했다. 지금까지 합의된 사항들을 설명한 뒤, 그들은 표결을 통해 만장일치로 그것을 밀고 나가기로 했다. 오후 시간이 지나가면서 콘티넨털 일리노이조차 반대 입장을 누그러뜨렸고, 일련의 숨 가쁜 장거리 전화 통화와 기차나 공항에 있던 콘티넨털 임원들과의 접촉 끝에 마침내 6시 무렵에 시카고의 이 은행은 임원들의 현명한 경영 판단을 따르는 대신에 공익을 위해 그런 결정을 내렸다고 설명하면서 합의안에 동의했다.

거의 같은 무렵에 《뉴욕타임스》의 금융 담당 편집자인 토머스 멀러니(나머지 언론사 기자들과 마찬가지로 그 역시 협상이 지속되는 내내 6층에 접근이 불허되었다.)가 펀스턴에게 전화를 걸어 하우프트 사태에 대처하기 위한 계획이 임박했다는 소문을 들었다고 이야기했다. 만약 영국 은행들이 다음 날 아침에 항공 속달로 전달된 신문에서 자신들의 동의도 없이, 심지어 자신들이 알지도 못하는 상태에서 자신들의 대출을 처리하려는 계획이 마련되었다는 기사를 읽는다면 무척 기분 나빠할 게 분명했으므로, 펀스턴은 애타게 기다리고 있을 고객 2만 명에게 실망을 안겨줄 답변을 할 수밖에 없었다. "그런 계획은 전혀 없습니다."

영국 은행들과의 협상

영국 은행들을 구슬리는 까다로운 임무를 누구에게 맡기느냐 하는 문제가 일요일 오후 이른 시간에 시급한 현안으로 떠올랐다. 펀스턴은 감기에도 불구하고 자신이 직접 나서길 원했고(그가 인정했듯이 한 가지 이유는 그 극적인 드라마가 마음에 들어서였다.), 비서가 비행기 좌석까지 예약했지만, 오후가 지나가면서 이곳 문제들이 계속 잘 풀릴 기미가 보이지 않자, 펀스턴이 떠나서는 안 된다고 결정되었다. 그러자 즉각 여러 이사가 가겠다고 나섰는데, 그중에서 구스타브 레비가 최종 결정되었다. 그의 회사인 골드만삭스가 영국 채권 은행 중 하나인 클라인워트 벤슨과 오랫동안 긴밀한 제휴 관계를 맺어왔고, 레비 자신도 클라인워트 벤슨의 몇몇 파트너와 친분이 있다는 게 주요 이유였다. (레비는 훗날 와츠의 뒤를 이어 의장 자리에 오른다.) 이에 따라 레비는 체이스맨해튼의 한 중역과 한 변호사(이들을 포함시킨 이유 중에는 아마도 영국 은행들에 감동적인 협력의 예를 보여주리라는 희망도 있었을 것이다.)와 함께 5시가 조금 넘은 시각에 월스트리트 11번지를 떠나 7시에 런던으로 출발하는 비행기에 탔다. 세 사람은 그날 밤 대부분의 시간을 비행기에서 자지 않고 오전에 은행가들을 어떻게 대해야 할지 신중하게 계획을 세우면서 보냈다. 영국 은행들은 굳이 협력을 해야 할 이유가 없었기 때문에 그것은 현명한 태도였다. 그들의 증권거래소에 문제가 생긴 것은 아니었으니까. 게다가 협력하지 말아야 할 이유가 또 있었다. 법적으로 아무 문제가 없는 정보 제공자에 따르면, 영국 은행 네 곳이 하우프트에 빌려준 돈은 모두 550만 달러였는데, 이 대출은 외국 은행들이 미국 증권회사에 빌려주는 많은 단기 대출과 마찬가지로 담보물이 전혀 없이 일어났다. 노출될 경우 법적으로 약간 문제가 되는 정보 제공자에 따르면, 이 대출 중 일부는 최근에, 그러니까 하우프트 사태가 터지기 일주일 전 혹은 그 이후 시점에 만기를 연장해주었다고 한다. 빌려준 돈은 유로달러의 형태로 제공된 것으로 알려졌다. 유로달러는 유럽 은행들에 예치된 미국 달러를 말하는데, 정식 통화는 아니지만 거래가 편리한 통화로 쓰인다. 그 당시 유럽 금융 기관들에서 활발하게 거래되던 유로달러의 규모는 약 40억 달러에 이르렀고, 하우프트에 550만 달러를 빌려준 은행들은 그 돈을 다른 데서 먼저 빌렸다. 국제 금융 분야의 한 현지 전문가에 따르면, 유로달러는 통상적으로 비교적 적은 수익을 노리고 대량으로 거래된다고 한다. 예를 들면, 은행은 4.25%의 이율로 큰 금액을 빌려 4.5%의 이율로 다시 대출할 수 있다. 따라서 순이익률은 연간 0.25%에 불과하다. 이런 거래는 사실상 위험이 전혀 없는 것으로 간주된다. 연 0.25%의 이율로 550만 달러를 일주일 동안 굴리면 264.42달러의 이익이 생기는데, 이것은 하우프트에 대출을 해줌으로써 모든 것이 계획대로 굴러갈 경우, 영국 은행들이 나눠가지게 될 이익의 규모(물론 여기서 다시 비용을 빼야 하겠지만)가 어느 정도인지 시사한다. 그런데 이제 이들은 빌려준 돈을 몽땅 다 날릴 처지에 놓였다.

레비와 체이스맨해튼 사람들은 충혈된 눈으로 동이 튼 직후에 런던에 도착했다. 아침부터 가랑비가 부슬부슬 내려 기분을 우울하게 만들었다. 그들은 사보이 호텔로 가 옷을 바꿔 입고 아침을 먹은 뒤, 곧장 런던의 금융 중심지인 시티로 향했다. 처음 찾아간 곳은 550만 달러 중 절반 이상을 빌려준 윌리엄 브란츠 선스로, 본사 건물은 펜처치 거리에 있었다. 브란츠의 파트너들은 대통령의 죽음에 대해 정중하게 위로를 표시했다. 미국인들은 정말로 충격적인 일이었다고 답했다. 그러고 나서 양측은 바로 본론으로 들어갔다. 브란츠 사람들은 하우프트의 도산이 임박했다는 사실을 알고 있었지만, 공식적인 파산 절차를 피함으로써 하우프트의 고객들을 구하기 위한 계획이 마련되고 있다는 사실은 몰랐다. 레비가 그것을 설명하고 나서 1시간 동안 토의가 이어졌고, 그동안에 영국인들은 그 계획에 동참하길 꺼린다는 기색을 내비쳤는데, 당연히 그럴 만도 했다. 한 무리의 양키들에게 속아 넘어간 지 얼마 되지도 않았는데, 또 한 무리의 양키들에게 속아 넘어가고 싶진 않았을 것이다. 레비는 그때의 상황에 대해 이렇게 설명한다. "그들은 기분이 몹시 나빴습니다. 뉴욕증권거래소 대표 자격으로 온 내게 마구 화를 냈지요. 뉴욕증권거래소의 한 회원 때문에 이런 곤경에 빠졌으니까요. 그들은 우리와 거래를 하길 원했습니다. 우리 계획에 동참해 채권 회수를 연기하는 대신에 나중에 채권을 회수할 때 우선권을 달라는 것이었지요. 하지만 그들은 협상에서 별로 유리한 위치에 있지 않았습니다. 정상적인 파산 절차를 따르면, 무담보 대출을 해준 그들의 채권은 담보가 있는 채권보다 후순위로 간주될 테니까요. 그렇게 되면 내 생각으로는 그들은 한 푼도 건지지 못할 게 뻔했습니다. 반면에 우리의 제안을 받아들인다면, 그들은 고객들을 제외한 나머지 채권자들과 동등한 대우를 받을 수 있었어요. 우리는 거래를 할 생각이 없다고 설명했습니다."

브란츠 사람들은 결정을 내리기 전에 조금 더 생각할 필요가 있고, 나머지 영국 은행들의 의견도 들어봐야겠다고 대답했다. 그래서 미국인 대표단은 롬바드 거리에 있는 체이스맨해튼의 런던 사무실로 갔고, 그곳에서 사전 약속에 따라 나머지 세 영국 은행 대표들과 만났으며, 레비는 클라인워트 벤슨의 친구들과 재회했다. 재회 상황은 분명히 그렇게 즐거운 것은 아니었지만, 레비는 친구들이 상황을 현실적으로 바라보았고, 훌륭한 객관적 태도로 동료 영국인들이 이 문제를 미국의 관점에서 바라보도록 도와주었다고 한다. 그럼에도 불구하고, 이 만남은 앞서의 만남과 마찬가지로 단 한 은행의 동의도 구하지 못한 채 끝나고 말았다. 레비와 그 동료들은 체이스맨해튼에 머물며 점심식사를 한 뒤에 잉글랜드은행을 방문했다. 잉글랜드은행은 하우프트의 채무 불이행 사태가 영국의 국제 수지에 영향을 미칠 가능성이 있는 만큼만 하우프트 대출에 관심을 갖고 있었다. 잉글랜드은행은 대표단 중 한 명을 통해 방문객에게 미국의 국가적 비극과 월스트리트의 국지적 비극에 대해 유감을 표시했고, 비록 런던의 채권 은행들에게 어떻게 하라고 말할 권한은 없지만, 자체 판단으로는 그들이 미국의 계획을 따르는 게 현명하리라 생각한다고 말했다. 그러고 나서 2시 무렵에 세 사람은 롬바드 거리로 돌아가 은행들의 연락을 초조하게 기다렸다. 마침 그때 월스트리트는 월요일 오전 9시였는데, 여기서도 그와 비슷하게 초조한 기다림이 시작되었다. 사무실에 막 도착한 펀스턴은 모든 일을 마무리짓기까지 시간이 단 하루밖에 남지 않았다는 사실을 절감하고 런던이 항아리를 깰지 말지 알려주는 전화를 기다리면서 양탄자

위에서 서성이고 있었다.

레비는 클라인워트 벤슨과 S. 제이펫이 맨 먼저 동참하는 데 동의했다고 기억한다. 그러고 나서 한 30분 동안 침묵이 이어졌는데, 그동안 레비와 동료들은 뉴욕에서도 속이 타 들어가는 사람들의 심정을 생생하게 느꼈다. 그때, 브란츠에서도 동의한다는 답변이 날아왔다. 이것이 결정적이었다. 영국 은행 중 가장 큰 채권자와 나머지 세 은행 중 두 은행이 동의했으니, 안스바커도 곧 동참할 게 거의 확실했다. 런던 시간으로 오후 4시 무렵에 안스바커도 동의했고, 레비는 마침내 펀스턴이 절실하게 기다리고 있던 전화를 걸 수 있었다. 임무를 완수한 세 미국인은 곧장 런던 공항으로 갔고, 3시간이 지나기 전에 미국으로 향하는 비행기를 탔다.

이 소식을 받고서 펀스턴은 마침내 전체적인 합의가 확실하다고 느꼈다. 이제 최종 마무리를 짓기 위해서는 하우프트의 파트너 15명의 서명을 받기만 하면 되었는데, 이들은 이 계획에서 잃을 것은 하나도 없고 얻을 것밖에 없었기 때문이다. 그래도 서명을 받는 것이 아주 중요했다. 모두가 피하려고 노력한 파산 소송이 없는 한, 어떤 청산인도 파트너들의 승인이 없이는 하우프트의 자산을(대리석이 붙은 캐비닛과 냉장고조차도) 분배할 수 없었다. 월요일 오후 늦은 시각, 하우프트의 파트너들은 월스트리트의 권력자들이 자신들을 위해 정확하게 어떤 운명을 준비하고 있는지 알기 위해 각자 변호사를 대동한 채 뉴욕증권거래소의 와츠 의장 사무실에 나타났다.

하우프트의 파트너들은 제출된 합의서를 읽으면서 결코 기분이 유쾌할 리 없었다. 무엇보다도 하우프트의 모든 사안에 대한 전권을 청산인에게 완전히 위임하는 조항이 명기돼 있었기 때문이다. 하지만 그들의 변호사 중 한 명이 합의서에 서명하건 하지 않건 그들은 회사의 부채에 대해 개인적으로 법적 책임이 있다고 지적하고는, 따라서 공공심을 발휘해 서명하는 게 좋을 것이라고 짧지만 신랄한 발언을 했다. 더 간단히 말하면, 그들은 선택의 여지가 없었다. (이들 중 많은 사람은 나중에 개인 파산 신청을 했다.) 이 우울한 회의 도중에 놀라운 사건이 하나 일어나 단조로운 분위기를 깨뜨렸다. 하우프트의 변호사가 피할 수 없는 현실을 받아들이라는 연설을 마무리 지은 직후, 누군가가 거기 모인 사람들 중에서 낯설고 아주 젊어 보이는 얼굴을 발견하고는 신분을 밝히라고 요구했다. 그 사람은 조금도 망설이지 않고 "저는 《월스트리트저널》의 러셀 왓슨 기자입니다."라고 밝혔다. 때 이르게 이 소식이 흘러나갔다간 어렵사리 합의를 도출해낸 돈과 감정의 미묘한 균형이 깨질지 모른다는 생각에 모두 충격을 받은 듯 잠깐 동안 침묵이 흘렀다. 《월스트리트저널》에 입사한 지 1년밖에 안 된 24세의 왓슨은 그때 자신이 어떻게 이 회의실에 들어왔으며, 어떤 상황에서 떠났는지 나중에 다음과 같이 설명했다. "나는 그때 막 뉴욕증권거래소를 새로 담당하게 되었어요. 그날 일찍부터 펀스턴이 저녁에 기자 회견을 할지 모른다는 소문이 나돌았기 때문에, 나는 뉴욕증권거래소로 달려갔지요. 중앙 출입구에서 경비원에게 펀스턴 이사장이 회견을 하는 장소가 어디냐고 물었더니, 경비원은 6층이라고 대답하고는 나를 엘리베이터로 안내했어요. 아마도 경비원은 나를 은행 대표나 하우프트의 파트너나 변호사로 생각했던 것 같아요. 6층에 도착하니 사람들이 잔뜩 모여 서성거리고 있더군요. 나는 엘리베이터에서 내려 회의가 열리고 있던 사무실로 들어갔습니다. 제지하는 사람은 아무도 없었습니다. 나는 거기서 일어나는 일 중 많은 것을 제대로 이해할 수 없었어요. 어쨌든 어떤 중요한 일이 일어나고 있건, 전체적으로 합의가 일어났지만 일부 세부 사항을 놓고 실랑이가 벌어진다는 느낌을 받았습니다. 나는 펀스턴 말고는 아무도 누가 누구인지 몰랐습니다. 한 5분 동안 우두커니 서 있었는데, 그때 누군가가 나를 발견했고, 그러자 모두가 즉각 '오 맙소사, 얼른 여기서 나가시오!'라고 말하더군요. 그들은 나를 **강제로** 쫓아내진 않았지만, 나는 그만 나가야겠다고 판단했지요."

그 후 고통스럽게 질질 끈 실랑이 국면에서 하우프트의 파트너들과 변호사들은 와츠의 사무실을 지휘소로 삼고, 은행 대표들과 **그들의** 변호사들은 복도 맞은편의 북쪽 위원회실에 진을 쳤다. 다음 날 오전에 증시가 개장하기 전에 타결 소식을 투자자들에게 전하기로 단단히 결심한 펀스턴은 분노와 좌절로 미칠 것 같았고, 일을 빨리 진척시키기 위해 스스로 일종의 전령 겸 특사 노릇을 했다. 그는 그때의 일을 회상하며 이렇게 말했다. "월요일 저녁 내내 나는 이리 달려갔다 저리 달려갔다 반복하면서 '이것 봐요, 저 사람들은 이 점은 절대로 양보하지 않으려 해요. 그러니 당신들이 양보하시오.'라거나 '지금 시간이 몇 시인지 좀 봐요! 내일 증시 개장까지 12시간밖에 안 남았다고요! 자, 여기에 서명하세요.'라고 말했지요."

자정에서 15분이 지나고 증시 개장까지 9시간 45분을 남겨둔 시각에 마침내 남쪽 위원회실에서 관련 당사자 28명이 합의안에 서명을 했다. 한 참석자의 표현에 따르면, 그 분위기는 기진맥진과 전반적인 안도가 뒤섞여 있었다고 한다. 화요일 오전에 은행들이 문을 열자마자 뉴욕증권거래소는 가용 보유 자금 중 약 3분의 1에 해당하는 750만 달러를 하우프트의 청산인이 인출할 수 있는 계좌에 예치했다. 같은 날 오전, 뉴욕증권거래소의 베테랑 임원인 제임스 마호니가 청산인 자격으로 하우프트 사무실로 파견되어 집무를 시작했다. 주식 시장은 새 대통령에 대한 신뢰에 고무되었는지 혹은 하우프트 사태의 타결 소식에 고무되었는지 혹은 두 가지 다에 고무되었는지 하루 동안 상승 폭으로는 역대 최대를 기록해 금요일의 손실을 만회하고도 남았다. 일주일 뒤인 12월 2일, 마호니는 하우프트 고객들을 위해 이미 뉴욕증권거래소 계좌에서 175만 달러가 지불되었다고 발표했다. 12월 12일에 그 액수는 540만 달러로 증가했고, 크리스마스에는 670만 달러로 증가했다. 그리고 1964년 3월 11일, 뉴욕증권거래소는 마침내 총 950만 달러를 지출했다고 보고했고, 하우프트의 고객들은 찾을 수 없는 소수의 사람들을 제외하고는 모두 원상을 회복했다.

일부 사람들이 월스트리트 기관이 이제 어떤 회원사의 잘못된 행동이나 심지어 불운으로 야기된 공공의 손해에 책임을 지겠다는 의미를 담고 있다고 본 그 합의는 다양한 반응을 낳았다. 구제받은 하우프트의 고객들은 당연히 고마워했다. 《뉴욕타임스》는 그 합의에 대해 "투자자의 신뢰를 끌어올리는 데 기여한 책임감"을 보여주는 증거이며,

"공황을 초래할 수도 있는 사태를 예방하는 데 도움을 주었을지도 모른다."라고 평했다. 워싱턴에서 존슨 대통령은 취임 후 첫날 일정 중에 일부러 시간을 내 펀스턴에게 전화를 걸어 치하했다. 보통은 뉴욕증권거래소를 칭찬하는 일이 드문 윌리엄 캐리 증권거래위원회 회장은 12월에 뉴욕증권거래소가 "그 힘과 공익에 대한 배려를 극적이고 인상적으로 보여주었다."라고 말했다. 전 세계의 다른 증권거래소들은 이 문제에 대해 침묵을 지켰지만, 이들이 냉정하게 일을 처리하는 방식에 비춰 판단한다면, 틀림없이 일부 임원들은 뉴욕증권거래소의 이상한 행동에 대해 고개를 마구 가로저었을 것이다. 3년간에 걸쳐 950만 달러를 분담한 뉴욕증권거래소의 회원사들은 일반적으로 만족한 것처럼 보이지만, 일부 회원사 사이에서는 탐욕스러운 신흥 회사가 과욕을 부리다가 본 손실을 기술과 정직성으로 검증된 명성과 오랜 전통을 지닌 훌륭한 회사들에게 떠넘기면 안 된다고 불평하는 소리도 새어나온다. 기묘하게도 그들이 입은 손실 중 절반 정도를 되찾는 데 그친 영국과 미국의 은행들에게 감사를 표시하는 사람은 아무도 없는 것처럼 보인다. 그것은 텔레비전 광고에 등장하는 사람들을 제외하고는 사람들은 기본적으로 은행에 고마움을 전혀 느끼지 않기 때문일지 모른다.

한편, 뉴욕증권거래소는 부끄러워하며 축하 인사를 받아들이는 진영과, 비록 격조는 좀 떨어지더라도 사려 깊게 이번 일을 절대로 전례로 간주해서는 안 된다고, 즉 비슷한 상황이 닥치더라도 이번과 같은 일이 반드시 다시 반복되어야 하는 것은 아니라고 주장하는 진영으로 갈라졌다. 뉴욕증권거래소 임원들도 만약 하우프트 사건이 좀 더 일

찍, 심지어 아주 조금만 더 일찍 일어났더라면, 과연 똑같은 일이 일어
났을지 확신하지 못한다. 1950년대 초에 뉴욕증권거래소 의장을 지낸
크룩스는 자기 임기 동안에 같은 사건이 일어났을 때 그런 행동을 취
했을 가능성은 50 대 50이었을 거라고 평가한다. 1951년부터 취임한
펀스턴은 만약 재임 기간 초기에 그런 사건이 일어났더라면, 과연 같
은 행동을 했을지 "의문스럽다."라고 생각한다. 그는 "사람의 공적 책
임 개념은 진화한다."라고 말한다. 그는 뉴욕증권거래소가 죄책감에서
그런 행동을 취했다는 주장을 여러 번 반복적으로 들었는데, 그런 이
야기를 들으면 특히 발끈한다. 펀스턴은 그 사건을 정신분석적으로 해
석하는 것은 무례하지는 않더라도 쓸데없는 짓이라고 생각한다. 이사
회실과 북쪽과 남쪽 위원회실의 금박 사진틀 속에서 (어쩌면 악의를 품
고) 협상 과정을 노려보았던 더 늙은 이사들이 이 전체 과정을 어떻게
생각했을지는 상상만 할 수 있을 뿐 알 수 없다.

7

같은 말을 다르게 해석하는 회사

담합, 거짓말, 그리고 커뮤니케이션의 뻔한 오류들

기업의 커뮤케이션 문제

특별히 거들먹거리지 않는 기업가 중 아무나 붙잡고 대화를 나눠보면 알 수 있는데, 오늘날 미국 산업계가 안고 있는 큰 문제들 중 하나는 바로 '커뮤니케이션 문제'이다. 한 사람의 머릿속에 들어 있는 생각을 다른 사람의 머릿속으로 전달하는 이 과정의 어려움에 대해서는 기업가들 외에도 상당수 지식인과 창조적 작가들도 큰 관심을 보이는데, 점점 더 많은 사람들이 커뮤니케이션이나 커뮤니케이션 부족을 산업 뿐만 아니라 인간성의 큰 문제 중 하나로 간주하는 것처럼 보인다. (일부 전위적인 작가들과 예술가들 집단은 커뮤니케이션에 **반대**한다고 단호하고도 명백하게 선언함으로써 커뮤니케이션의 중요성을 에둘러서 강조했다.) 기업가들에 국한해 말한다면, 나는 몇 년 동안 그들이 '커뮤니케이션'이란 단어를 언급하는 (대개 거의 신비주의적으로) 이야기를 들을 때마다 도대체 그것이 정확하게 무엇을 의미하는지 파악하는 데 애를 먹었다는 사실을 고백하고 싶다. 일반적인 취지는 분명하다. 즉, 우선 자신들의 조직 안에서 서로 의사소통이 잘 일어나고, 그다음에 그들 혹은 그들의 조직이 나머지 모든 사람들과 의사소통이 잘 된다면, 아무 문제가 없다는 것이다. 정말로 내가 이해할 수 없었던 것은, 많은 재단이 커뮤니케이션에 관한 연구를 끊임없이 지원하는 이 시대에 개인과 조직이 어떻게 자신을 이해시킬 수 있도록 표현하는 데 한결같이 실패를 거듭하는가, 혹은 듣는 사람들은 왜 자신이 들은 내용을 제대로 파악하는 데 실패하는가 하는 점이었다.

몇 년 전에 나는 미국 정부 인쇄국이 발간한 〈상원 결의안 52호에 따른 제82차 의회 제1회기 미국 상원 법사위원회 반트러스트와 독점에 관한 소위원회 청문회〉라는 제목이 붙은 두 권짜리 간행물을 손에 넣었다. 1497페이지에 이르는 이 문서를 열심히 정독하고 나자, 나는 기업가들이 말하는 것이 무엇인지 이해되기 시작하는 것 같았다. 이 청문회는 테네시 주의 에스테스 키포버 상원의원이 위원장을 맡아 1961년 4월과 5월과 6월에 열렸는데, 지금은 유명해진 전기 제조 산업의 가격 담합과 담합 입찰 공모를 조사하기 위한 것이었다. 이 사건은 이미 그해 2월 필라델피아에서 연방 판사가 29개 회사와 그 직원 45명에게 총 192만 4500달러의 벌금을 부과하고, 직원 7명에게 30일 징역형을 선고한 바 있었다. 이 사건의 증거가 공개되지 않았고, 모든 피고는 유죄를 인정하거나 항변을 전혀 하지 않았으며, 이들을 기소한 대배심[1]의 기록은 비밀이어서, 일반 대중은 이 사건의 세부 사실을 알 기회가 거의 없었다. 그래서 키포버 상원의원은 이 사건을 공개적으로 조사해 널리 알릴 필요가 있다고 생각했다. 청문회 기록은 그러한 공개 조사가 일어났고, 조사 결과는 바벨탑 건설조차 성공적인 조직의 화합으로 보일 만큼 사내 커뮤니케이션이 완전히 무너졌음을(적어도 이 사건에 관련된 회사들 중 가장 큰 회사에 한해서) 보여주었다.

1960년 2월부터 10월까지 미국 정부는 필라델피아 지방 법원에 제기한 일련의 공소를 통해 29개 기업과 그 중역들을 1890년에 제정된 셔먼법 제1조를 반복적으로 위반한 혐의로 법정에 세웠다. 셔먼법 제1조는 "여러 주 사이에서 일어나거나 외국을 상대로 한 거래나 상업 활동을 억제하는 모든 계약, 트러스트 또는 그 밖의 형태로 일어나는 결합, 공모"를 불법이라고 선언한다. (셔먼법은 시어도어 루스벨트가 그 유명한 트러스트 파괴 활동을 벌일 때 주요 무기로 사용되었고, 1914년에 제정된 클레이턴법과 함께 그 후 카르텔과 독점에 맞서 싸우는 정부의 강력한 무기가 되었다.) 정부 측은 위반 행위가 주로 공공 및 민간 전력 공급 회사에 필요한 다양한 종류의 대형 고가 장비(그중에서도 특히 변압기, 개폐기, 터빈 발전기) 판매와 관련해 일어났다고 주장했다. 또 그것은 경쟁 회사들의 중역들이 참석하고, 일련의 회의(적어도 1956년 초부터 시작해 1959년까지 계속된) 결과로 일어났으며, 이 회의들에서 비경쟁적 가격 수준이 합의되었고,

---

1) grand jury. 형사 사건에서 피의자를 기소하기 위해 영미 국가에서 평시민 가운데 무작위로 선발된 사람들로 구성된 집단.

개별 계약들에는 사전에 정한 각본에 따라 명목상으로만 밀봉 입찰을 했으며, 각 회사는 계약을 따낼 수 있는 전체 사업 중에서 일정 비율의 계약을 배정받았다고 주장했다. 정부 측은 거기서 더 나아가, 이 회의들의 비밀을 지키기 위해 중역들은 서신에서 자기 회사를 암호 숫자로 언급했고, 통화를 할 때에는 사무실 전화보다는 공중전화나 집 전화를 사용했으며, 어느 날에 특정 도시에 모두 함께 있었다는 사실을 감추기 위해 모임에 사용된 경비 지출 내역을 조작했다고 주장했다. 하지만 이런 술수들은 통하지 않았다. 사법부의 반트러스트과 책임자인 로버트 빅스의 강력한 지휘 아래 연방 공무원들은 일부 공모자의 도움을 받아 그것을 밝혀내는 데 성공했다. 협력자들은 공모에 가담한 작은 회사에서 일했는데, 1959년 초가을에 그 사실을 밝히는 게 좋겠다고 판단하고 정부 측에 협조하여 공범에게 불리한 진술을 했다.

이 사건이 미친 경제적, 사회적 영향은 몇 가지 인용 수치만으로도 분명히 드러난다. 공모가 일어난 기간에 문제의 장비들을 구입하는 데 지출된 비용은 평균 17억 5000만 달러 이상이었는데, 그중 약 4분의 1은 연방 정부와 주 정부, 지방 정부(따라서 결국에는 납세자)가 구입했고, 나머지는 대부분 민간 전력 공급 회사(장비 구입 비용에 인상분이 생기면 모두 요금 인상의 형태로 시민에게 그것을 전가하는 경향이 있는)가 구입했다. 구체적인 예를 들면, 50만 킬로와트급 터빈 발전기(증기의 힘에서 전기의 힘을 만들어내는 괴물 같은 장비)의 정가는 1600만 달러 정도로 매겨지는 경우가 많았다. 실제로는 제조업체는 판매를 성사시키기 위해 가끔 최대 25%까지 가격을 할인했는데, 따라서 만약 모든 일이 공명정대하게 굴러갔다면, 이 발전기를 400만 달러나 절약해 구입하는 게 가능했을 것이다. 만약 그런 발전기를 생산하는 회사들의 대표들이 단 한 차례 회의를 열고서 가격을 고정시키기로 합의한다면, 그들은 사실상 고객에게 그 비용을 400만 달러나 올리는 셈이 된다. 그리고 결국 그 고객은 일반 시민이 될 게 거의 확실하다.

자유 경쟁 제도를 조롱하는 가격 담합

빅스는 필라델피아에서 공소를 제기하면서 전체적으로 볼 때 이것들은 "지금까지 미국의 어떤 기초 산업에서 나타난 것보다 더 심각하고 더 노골적이고 더 광범위하게 일어났다고 말할 수 있는 법률 위반 패턴을 보여준다."고 밝혔다. 컬런 게이니 판사는 선고를 내리기 직전에 거기서 한 걸음 더 나아가, 자신의 견해로는 이 위반 행위 때문에 "우리 경제에서 광범위한 부문이 충격적인 기소를 당한 것이나 다름없는데, 자유 기업 제도의 … 생존이 바로 여기에 달려 있기 때문이다."라고 말했다. 징역형 선고는 이러한 그의 견해가 진심임을 보여주었다. 셔먼법이 제정된 후 70년 동안 그 위반 행위를 기소한 전례는 많았지만, 중역이 감옥에 가는 일은 아주 드물었다. 따라서 이 판결 때문에 언론에 한바탕 난리가 일어난 것은 전혀 놀라운 일이 아니다. 진보적인 정치 예술 잡지인 《뉴 리퍼블릭》은 당연히 다른 신문들과 잡지들이 "수십 년 이래 최대의 기업 스캔들"을 의도적으로 축소한다고 불만을 터뜨렸지만, 이 비난은 근거가 충분해 보이지 않았다. 개폐기에 대한 대중의 무관심, 반트러스트법 위반 형사 사건에 대한 통탄할 만한 수준의 솜방망이 처벌, 공모의 구체적인 세부 사실이 드러난 게 비교적 적다는 점 등을 고려한다면, 언론은 대체로 상당한 지면을 할애해 이 이야기를 다룬 셈이며, 심지어 《월스트리트저널》과 《포춘》도 단호하고 상당히 자세하게 이 대실패 이야기를 다루었다. 사실, 1930년대에 존재했던 옛날의 반기업적 저널리즘 정신이 여기저기서 되살아나는 조짐마저 보였다. 어쨌든 미국 굴지의 회사들에서 맞춤 정장에 품위가 넘치고 고액의 연봉을 받는 중역들이 소매치기와 똑같이 감옥으로 끌려가는 모습을 보는 것보다 더 신나는 일이 어디 있겠는가? 1938년에 뉴욕증권거래소의 전 이사장 리처드 휘트니가 고객의 돈으로 투기를 한 죄로 철창에 갇힌 이래 기업에 반감을 가진 사람들에게는 분명히 최고의 순간이었을 것이다. 어떤 사람들은 티팟돔 스캔들[2] 이래 최대의 사건이라고 불렀다.

게다가 최고 경영진이 위선적인 행동을 한 것이 아닌가 하는 의심이 파다하게 퍼졌다. 피고로 기소된 기업 중 가장 큰 제너럴일렉트릭의 이사회 의장이나 사장은 정부의 수사망에서 빠져나갔고, 두 번째로 큰 피고 기업인 웨스팅하우스일렉트릭도 마찬가지였다. 가장 지위가 높은 이 네 사람은 사법부에서 해당 사건에 대한 최초의 증언이 일어날 때까

---

2) Teapot Dome scandal. 1920년대 초에 미국 내무부 장관 앨버트 폴Albert B. Fall 이 뇌물을 받고 와이오밍 주 티팟돔에 있던 연방 정부 소유의 유전을 비밀리에 석유 회사에 임대한 대형 부패 사건.

지 자신들이 지휘하는 회사 내에서 그런 일이 일어난 줄 전혀 몰랐다는 입장을 밝혔다. 하지만 많은 사람들은 이러한 부인을 곧이곧대로 믿지 않았고, 법정에 피고로 선 중역들은 위에서 지시를 받았거나 가격 담합을 선호하는 회사 분위기에 따라 법을 어긴 중간 고리에 불과하며, 이제 와서 일이 터지자 윗사람들의 죄를 대신해 처벌을 받는다고 믿었다. 게이니 판사도 그렇게 생각한 사람들 중 하나였는데, 선고를 내리면서 이렇게 말했다. "그토록 오랫동안 지속되면서 산업의 아주 거대한 부문에 영향을 미치고 결국에는 수천수백만 달러의 돈이 관련된 이 법률 위반 행위들을 기업의 경영을 책임진 사람들이 몰랐다고 믿는다면 정말로 순진한 사람일 것입니다. … 나는 피고들 중 많은 사람들은 승진과 안락한 보장, 많은 봉급 같은 보상책의 유혹을 받으며 자신의 양심과 재가가 난 기업 정책 사이에서 괴로워했을 것이라고 확신합니다."

일반 대중은 당연히 우두머리, 즉 궁극적인 주모자를 찾아내길 원했는데, 언론과 소위원회 청문회는 그 주모자를 가장 주목을 끈 제너럴일렉트릭으로 지목한 것처럼 보였다. 뉴욕 시 렉싱턴 애비뉴 570번지에 위치한 본사에서 그 운명을 이끌려고 노력하던 사람들에게는 물론 매우 당혹스러운 상황이었을 것이다. 직원 수 약 30만 명에 지난 10년간 연평균 매출이 약 40억 달러였던 제너럴일렉트릭은 기소된 29개 회사 중 가장 큰 회사였을 뿐만 아니라, 1959년도 매출을 기준으로 하면 미국 내에서 다섯 번째로 큰 회사였다. 부과된 벌금 액수도 43만 7500달러로 다른 회사들보다 월등히 많았고, 징역형을 받은 중역의 수도 더 많았다. (실형을 선고받은 사람은 3명이고, 8명은 집행유예를 받았다.) 게다가 회사의 최고위층들은 오래 전부터 자유 경쟁 제도를 줄곧 찬미함으로써 대외적으로 제너럴일렉트릭을 미덕의 귀감처럼 비치게 하려고 애써왔는데, 가격 담합 회의가 바로 그 자유 경쟁 제도를 조롱하는 것이었다는 사실은 이 위기의 순간에 제너럴일렉트릭 팬들 사이에 충격과 공포를(그리고 비웃는 사람들에게는 고소한 기분을) 더욱 증폭시켰다. 1959년에 정부가 가격 담합 행위를 조사한다는 사실이 제너럴일렉트릭의 정책 결정자들에게 알려진 직후, 회사는 그런 행위에 관여했다고 인정한 중역들을 좌천시키거나 봉급을 삭감했다. 예를 들면, 한 부사장은 그때까지 받아오던 연봉 12만 7000달러를 4만 달러로 삭감한다는 통보를 받았다. (이 충격에 간신히 적응하려던 차에 게이니 판사가 그에게 4000달러의 벌금과 함께 30일 징역형을 선고했고, 자유를 되찾고 나서 얼마 지나지 않아 제너럴일렉트릭은 그를 회사에서 나가게 했다.) 제너럴일렉트릭은 법원에서 어떤 처벌을 받았는지에 상관없이 이들 직원에게 자체적으로 처벌을 내렸지만, 웨스팅하우스는 판사가 사건을 처리할 때까지 기다렸다가 벌금형과 징역형만으로도 충분한 처벌을 받았다고 생각하고 자체적인 처벌은 전혀 내리지 않았다. 일부 사람들은 이런 태도를 웨스팅하우스가 공모를 용인한 증거라고 보지만, 다른 사람들은 이 모든 일에 대한 책임은 최고경영진에게 있으며(적어도 도덕적으로는), 따라서 잘못을 저지른 직원들을 벌줄 위치에 있지 않다는 사실을 비록 드러내놓고 말하진 않았더라도 인정한 것으로 보고 그런 행동을 칭찬했다. 이들의 눈에는, 제너럴일렉트릭이 서둘러 사건 관련자들을 처벌한 것은 일부 운 나쁜 직원들을 희생시킴으로써 회사의 위신을 지

키려고 한 행동으로, 혹은 미시간 주 상원의원 필립 하트가 청문회 도
중에 더 신랄하게 표현한 것처럼 "빌라도처럼 죄가 없는 척하려고"[3]
한 행동으로 보였다.

악마의 말과 철학자의 말

렉싱턴 애비뉴 570번지에 시련의 시기가 몰아닥쳤다! 오랫동안 현명
하고 자비로운 기업이라는 이미지를 쌓으려고 애써온 제너럴일렉트릭
본사의 홍보부 사람들은 가격 담합 사건에서 회사가 담당한 역할을 멍
청이 아니면 악당 중 하나로 내세워야 하는 선택의 기로에 섰다. 그들
은 '멍청이' 쪽을 강하게 미는 경향을 보였다. 최고위층과 회사 전체가
가격 담합 공모를 단지 용인하는 데 그치지 않고 승인했다고 본다는
의견을 밝힌 게이니 판사는 분명히 '악당' 쪽을 선택했다. 하지만 그의
분석은 옳을 수도 있고 옳지 않을 수도 있으며, 나는 키포버가 주도한
소위원회의 증언을 자세히 읽은 뒤 진실은 결코 알 수 없을지도 모른
다는 우울한 결론에 이르렀다. 왜냐하면, 증언에서 드러나듯이, 제너
럴일렉트릭의 도덕적 책임이라는 맑은 물은 커뮤니케이션 과정에서
걷잡을 수 없이 흐려졌기 때문이다. 커뮤니케이션에 일어난 혼란이 얼
마나 심했느냐 하면, 만약 제너럴일렉트릭의 고위층이 부하 직원에게

---

3) 빌라도는 예수에게 사형 판결을 내릴 때 손을 씻으면서 "나는 이 사람의 피에 책임
   이 없소. 이것은 여러분의 일이오."라고 말했다.

법을 어기지 말라고 지시하면 받아들이는 쪽에서 그 메시지를 왜곡해 받아들였고, 만약 부하가 상사에게 경쟁사 사람들과 공모를 위해 만났다고 보고하면 상사는 부하가 가든파티나 카드놀이를 한 일에 대해 한가하게 잡담을 하는 것으로 받아들이는 식의 일들이 일어난 것으로 보인다. 구체적으로는 상사에게서 직접 구두 지시를 받은 부하 직원은 그것을 액면 그대로 해석해야 할지 아니면 정반대의 의미로 해석해야 할지 고민해야 했고, 반면에 부하 직원과 대화를 나누는 상사는 부하 직원의 말을 액면 그대로 믿어야 할지 아니면 그 암호문을 자신에게 없는 게 확실한 암호 키를 사용해 해독해야 할지 헷갈렸다. 이것이 바로 문제의 핵심이었는데, 나는 재단에서 연구비 지원을 받으려고 제안서에 쓸 적절한 프로젝트를 찾는 사람들이 있다면, 이 주제를 선택해 보라고 제안하고 싶다.

그전 8년 동안 제너럴일렉트릭은 정책 지침 20.5조라는 회사 규칙이 있었다. 거기에는 "모든 직원은 어떤 경쟁사 직원하고도 가격이나 판매 조건, 생산, 유통, 구역, 고객에 대해, 명시적이건 함축적이건, 공식적이건 비공식적이건, 합의나 동의, 계획을 하는 행위를 해서는 안 된다. 또, 경쟁자와 가격이나 판매 조건, 그 밖의 어떤 경쟁 정보를 교환하거나 논의해서도 안 된다."라는 내용이 포함돼 있었다. 이 규칙은 제너럴일렉트릭 직원들에게 가격에 관한 내용에서 좀 더 구체적이고 포괄적일 뿐, 사실상 연방의 반트러스트법을 지키라는 명령이었다. 제너럴일렉트릭의 가격 정책에 결정권을 가진 중역들이 20.5조를 모르거나 헷갈릴 가능성은 거의 없었다. 왜냐하면 새로운 중역에게 그것을 잘 숙지하게 하고 오래된 중역에게는 그 기억을 환기시키기 위해 회사는 공식적으로 그것을 틈틈이 재발행해 나눠주었고, 관련 중역은 모두 그 정책을 잘 지키고 있고 앞으로 계속 그럴 것이라는 의사를 밝히는 증거로 거기에 이름을 서명하게 돼 있었기 때문이다. 문제는 20.5조에 정기적으로 서명을 하는 사람들 중 일부를 포함해 제너럴일렉트릭의 일부 사람들은 그것을 진지하게 받아들여야 한다고 믿지 않았다는(적어도 법원에 기소된 사건이 일어난 동안과 어쩌면 그 이전부터 훨씬 더 오랫동안) 데 있었다. 그들은 20.5조는 그저 쇼윈도 장식에 불과하다고 믿었다. 즉, 그 조항이 규정집에 있는 것은 단순히 회사와 고위층에게 법적 보호막을 제공하기 위한 것이고, 경쟁사 직원과 불법적으로 만나는 것은 회사 내에서 표준적인 관행으로 인정되고 받아들여지며, 지위가 높은 중역이 지위가 낮은 중역에게 20.5조를 지키라고 말할 때에는 실제로는 그것을 어기라고 지시하는 것으로 여겼다. 마지막 가정은 비논리적으로 보이겠지만, 한때 일부 중역이 구두로 이 지시를 전달하거나 재전달할 때 반드시 눈을 찡긋하며 전달하는 버릇이 있었다는 사실을 감안하면 충분히 이해가 된다. 예를 들면, 1948년 5월에 제너럴일렉트릭 영업부장들의 회의가 열렸는데, 여기서 눈을 찡긋하는 관습이 공개적으로 논의되었다. 나중에 사장이 된 제너럴일렉트릭의 고위 중역 로버트 팩스턴은 그 회의에서 연설을 하면서 반트러스트법 위반 행위에 대해 통상적인 경고를 했는데, 팩스턴 휘하에서 변압기 사업부 영업이사를 맡고 있던 윌리엄 진이 "이사님이 눈을 찡긋하는 걸 한 번도 못 봤습니다."라고 말해 팩스턴을 깜짝 놀라게 했다. 이에 대해 팩스턴은

"나는 눈을 찡긋하지 않았습니다. 내가 한 말은 액면 그대로 받아들여야 합니다. 이건 명령입니다."라고 대답했다. 키포버 의원이 제너럴일렉트릭에서 지시를 내리면서 눈을 찡긋하는 일이 가끔 있다는 사실을 얼마나 오래 전부터 알았느냐고 묻자, 팩스턴은 1935년에 그 관행을 처음 접했다고 대답했다. 그때, 상사가 그에게 지시를 내리면서 눈을 찡긋하거나 그에 상응하는 행동을 했다고 한다. 그리고 나중에 그 제스처가 무엇을 의미하는지 분명히 깨닫고는 너무나도 화가 나서 그냥 상사를 두들겨패고 경력을 포기할까 하는 생각을 자제하느라 애를 먹었다고 한다. 팩스턴은 계속해서 눈을 찡긋하는 관행에 대한 자신의 반대가 워낙 강해서 사내에서 '앤티윙크 맨antiwink man'이란 명성을 얻었으며, 자신은 절대로 눈을 찡긋하지 않았다고 말했다.

팩스턴은 1948년에 자신이 눈을 찡긋하지 않고 내린 지시가 무엇을 의미하는지에 대해 한 점의 의혹도 남기지 않은 것처럼 보였을지 모르지만, 그 의미는 진에게 제대로 전달되지 못한 것으로 보인다. 그러고 나서 얼마 지나지 않아 진은 밖에 나가서 가격 담합을 공공연히 벌였기 때문이다. (물론 가격 담합에 합의하려면 두 회사 이상이 가담해야 하지만, 일반적으로 그런 문제에서 나머지 산업을 위해 앞장 선 쪽은 거의 항상 제너럴일렉트릭이었다.) 13년 뒤, 진은 감옥에 몇 주일 수감되었다 나온 지 얼마 안 되고, 연봉 13만 5000달러의 일자리를 잃은 지도 얼마 안 된 시점에 소위원회에 출석해, 무엇보다도 눈을 찡긋하지 않은 지시에 자신이 왜 엉뚱한 반응을 보였는지 설명했다. 진은 그 지시를 무시한 이유는 제너럴일렉트릭의 지휘 계통에서 자기보다 위에 있는 두 사람인 헨리 어벤과 프랜시스 페어먼으로부터 정반대의 지시를 받았기 때문이라고 말했다. 왜 팩스턴이 아닌 이 두 사람의 지시를 따랐는지 설명하면서 진은 커뮤니케이션 수준이라는 흥미로운 개념을 사용했는데, 이것 역시 재단에서 연구비를 지원받으려는 사람들이 관심을 가질 만한 또 하나의 주제이다. 어벤과 페어먼은 지시를 내릴 때 팩스턴에 비해 더 분명하게 표현하고 설득력이 높았으며 단호했다고 한다. 특히 페어먼은 "훌륭한 의사 전달자이자 위대한 철학자였으며, 솔직히 말하면, 가격 안정을 신봉하는 사람"이었다고 진은 강조했다. 진은 어벤과 페어먼이 둘 다 팩스턴을 순진하다며 일축했다고 증언했으며, 왜 자신이 일탈 행위를 했는지 밝힌 추가 설명에서 "악마를 옹호하는 사람들이 주님을 내세우는 철학자들보다 내게 더 와닿았다."라고 말했다.

당사자인 어벤과 페어먼에게서 팩스턴을 압도한 그들의 훌륭한 커뮤니케이션 방법을 직접 들으면 큰 도움이 되겠지만, 안타깝게도 두 사람은 소위원회에 출석해 증언할 수 없었다. 청문회가 열리던 무렵에는 두 사람 다 이 세상 사람이 아니었기 때문이다. 팩스턴은 청문회에 나올 수 있었는데, 진의 증언에서 그는 항상 주님의 편에 선 철학자 세일즈맨 중 한 명으로 묘사되었다. 진은 "팩스턴 씨는 내가 지금까지 미국에서 만났던 그 어떤 기업인보다 더 열렬한 애덤 스미스 지지자라는 말로 그의 성격을 분명히 규정지을 수 있습니다."라고 말했다. 하지만 1950년에 진이 팩스턴과 일상적인 대화를 나누다가 자신이 반트러스트법 문제에서 "잘못을 저질렀다."라고 털어놓았을 때, 팩스턴은 진에게 매우 어리석은 짓을 했다고 말했을 뿐, 회사 내의 어느 누구에게도 그

고백을 보고하지 않았다. 왜 보고하지 않았는지 증언하는 자리에서 팩스턴은 그 대화를 나눌 때 자신은 더 이상 진의 상사가 아니었으며, 개인 윤리에 비춰볼 때 자기 밑에 있지 않은 사람에게서 들은 고백을 다른 사람에게 전하는 것은 '험담'이나 '고자질'이라고 생각했기 때문이라고 말했다.

한편, 더 이상 팩스턴의 지시를 따라야 할 이유가 없었던 진은 경쟁사 직원들과 더 빈번하게 만났고, 회사에서 순탄하게 승진 가도를 달렸다. 1954년 11월, 진은 매사추세츠 주 피츠필드에 본부가 있는 변압기 사업부 본부장으로 승진했는데, 그것은 부사장 승진을 보장하는 자리였다. 진이 자리를 옮겼을 때, 1949년부터 제너럴일렉트릭 이사회 의장을 맡아온 랠프 코디너가 정책 지침 20.5조를 엄격하고 철저하게 따르도록 지시하기 위해 그를 뉴욕으로 불렀다. 코디너는 그 개념을 아주 잘 전달했고, 진은 그 순간 어떻게 행동해야 할지 명확하게 이해했지만, 그 개념은 의장과 헤어져 어벤의 사무실로 걸어갈 때까지 잠깐 동안만 머릿속에 남았을 뿐이었다. 그곳에 도착하자마자 방금 전에 들었던 이야기는 흐릿해졌다. 제너럴일렉트릭의 유통 부문 총책임자였던 어벤은 직급상 코디너 바로 아래였고 진의 직속 상사였다. 진의 증언에 따르면, 두 사람만 사무실에 남자 어벤은 "이제 지금까지 해온 방식대로 계속 해나가되, 분별 있게 대처하고, 그 문제에 대해서는 머리를 쓰게."라고 말하면서 코디너가 했던 경고를 뒤집어엎었다. 어벤의 비범한 커뮤니케이션 능력이 또다시 승리를 거두었고, 진은 경쟁사 직원을 계속 만났다. 진은 키포버 의원에게 "저는 코디너 씨가 절 해고

할 수 있다는 사실을 알고 있었지만, 제가 어벤 씨 밑에서 일한다는 사실도 알고 있었습니다."라고 말했다.

1954년 말에 팩스턴이 어벤의 자리로 옮겨와 다시 진의 상사가 되었다. 진은 경쟁사 직원들과 계속 만났지만, 팩스턴이 이 관행을 승낙하지 않으리란 사실을 알고 팩스턴에게 알리지 않았다. 게다가 한두 달 뒤에는 어떤 일이 있더라도 그런 만남을 그만둘 수 없다는 확신이 들었다고 증언했다. 왜냐하면, 1955년 1월에 전기 산업계 전체가 극단적인 가격 전쟁(구매자에게 제시한 할인 폭 때문에 '화이트 세일white sale'이라 불린)에 휘말려들어 지금까지 친하게 지냈던 경쟁사들이 서로 가격을 더 많이 인하하느라 치열한 각축을 벌였기 때문이다. 물론 그러한 자유 기업 정신의 발로는 회사 간 공모를 통해 어떻게든 막으려고 한 상황이었지만, 그 당시 전기 장비의 공급이 수요를 너무 크게 초과하는 바람에 처음에는 공모 회사들 중 일부가, 그다음에는 점점 더 많은 회사들이 합의를 깨기 시작했다. 이 상황에 최선을 다해 대응하면서 진은 "이전에 배웠던 철학을 사용했습니다."라고 말했는데, 이것은 그들이 맺은 합의 중 적어도 **일부**는 지켜지리라는 기대에서 가격 담합 회의를 계속 열었다는 뜻이다. 진의 의견에 따르면, 팩스턴은 그런 회의가 열린다는 사실을 몰랐을 뿐만 아니라, 자유롭고 공격적인 경쟁 개념을 한결같이 신봉했던지라 모두의 수익에 큰 타격이 돌아가더라도 가격 경쟁을 즐겼다고 한다. (팩스턴은 증언에서 자신이 가격 경쟁을 즐겼다는 이야기를 강하게 부인했다.)

1년 이내에 전기 장비 산업은 다시 호전되었고, 그동안 폭풍을 비교적 잘 버텨낸 진은 1957년 1월에 부사장으로 승진했다. 그와 동시에 뉴욕 주 동부의 스키넥터디에 있는 제너럴일렉트릭의 터빈 발전기 사업부 본부장으로 발령이 났고, 코디너가 그를 다시 본사로 불러들여 20.5조에 대해 설교를 했다. 그런 설교는 코디너에게 하나의 일상이 돼가고 있었다. 새로운 직원이 전략적 관리자 자리에 임명되거나 오래된 직원이 그런 자리로 승진할 때마다 그 운 좋은 사람은 코디너 의장 사무실로 소환을 받아 그 근엄한 교리를 들어야 했다. 알렉산더 캠벨은 《일본의 중심》이란 책에서 일본의 한 전기 회사는 사원들이 지켜야 할 7계명(예를 들면, "늘 공손하고 진심을 다하라!")을 정했으며, 매일 아침마다 30개 공장 모두에서 직원들이 차렷 자세로 이 계명들을 합창으로 낭송하고 나서 사가社歌("영원히 생산을 늘리고, 내 일을 사랑하고 전력을 다하자!")를 함께 부른다고 소개했다. 코디너는 아랫사람들이 20.5조를 낭송하거나 노래로 부르게 하진 않았지만(알려진 바로는 그는 음악에 맞춰 이야기한 적이 한 번도 없다.), 진 같은 사람들은 그것을 듣거나 다른 방식으로 환기한 횟수가 하도 많다 보니, 그것을 읊조릴 만큼 잘 알 뿐만 아니라 즉흥적으로 곡조까지 붙일 수 있을 정도였다.

이번에 코디너의 메시지는 진의 마음에 강렬한 인상을 남겼을 뿐만 아니라 순수한 형태로 뿌리를 내렸다. 그의 증언에 따르면, 진은 하룻밤 사이에 마음을 고쳐먹은 중역이 되어 가격 담합 습관을 버렸다. 하지만 진의 돌연한 개종은 순전히 코디너의 커뮤니케이션 능력이나 반복을 통한 낙숫물 효과 때문만은 아닌 것으로 보인다. 그것은 헨리 8세가 가톨릭에서 프로테스탄트로 개종한 것처럼 상당히 실용적인 성격을 띠었기 때문이다. 진은 청문회에서 마음을 고쳐먹은 것은 자신의 "공중 엄호가 사라졌기 때문"이라고 밝혔다.

"당신의 무엇이 사라졌다고요?" 키포버 상원의원이 물었다.

"제 공중 엄호가 사라졌다고요. 공중에서 나를 엄호해주던 방어막이 사라졌단 말입니다. 어벤 씨는 더 이상 주변에 없고, 내 동료들도 모두 사라졌으며, 이제 나는 팩스턴 씨 바로 밑에서 일해야 했습니다. 그 문제에 대한 그의 생각이 어떤지 잘 아는 상태에서 말입니다. … 과거에 내가 배우고 따랐던 철학은 이제 모두 쓸모없는 것이 되었지요."

1954년 후반부터 진의 상사 자리에서 물러난 어벤이 그동안 그에게 공중 엄호를 제공한 원천이었다면, 진은 그러한 보호가 없는 상태에서 2년 이상 버텼다는 이야기가 되는데, 가격 전쟁의 흥분 속에서 그 보호가 사라진 것을 알아채지 못했을지도 모른다. 설사 그랬다 하더라도, 이제 그는 갑자기 공중 엄호뿐만 아니라 자신의 철학마저 상실한 채 이 자리에 서게 되었다. 진은 사라진 철학의 빈자리를 완전히 새로운 원칙들로 재빨리 메웠는데, 20.5조를 복사하여 터빈 발전기 사업부의 부장들에게 나눠주고, 자신이 '나병 정책'이라 부른 정책을 열정적으로 채택함으로써 그런 노력을 구체적으로 실행했다. 이 정책에 따라 진은 아랫사람들에게 경쟁 회사 직원들과는 우연한 사교적 접촉이라도 피하라고 충고했는데, "다년간의 힘든 경험을 통해 일단 그런 관계를 맺으면 그 관계는 확산되는 경향이 있으며, 부정직한 행위가 일어나기 시작한다는 결론을 얻었기 때문"이라고 설명했다. 하지만 이제 운명은 진에게 가혹한 장난을 치기 시작했다. 자기도 모르는 사이에 진은 팩스턴과 코디너가 다년간 맡아온 바로 그 역할을 하게 되었다. 즉, 그의 메시지를 받아들이길 거부하는 무리에게 바른 길을 안내하려고 헛되이 애쓰는 철학자가 된 것이다. 사실, 그 무리는 지도자가 하지 말라고 경고한 바로 그 부정직한 행위를 조직적으로 저질렀다. 구체적으로는 1957년과 1958년 그리고 1959년 상반기에 진의 두 부하 직원은 한 손으로는 20.5조에 경건하게 서명을 하고 다른 손으로는 일련의 회의에서 가격 담합 합의서를 씩씩하게 작성했다. 그런 회의가 일어난 장소를 몇 군데만 들면, 뉴욕, 필라델피아, 시카고, 버지니아 주의 핫 스프링스, 펜실베이니아 주의 스카이톱 등이 있다.

진은 자신의 빛나는 새 철학을 다른 사람들에게 제대로 전달하지 못한 것으로 보이는데, 그러한 실패의 뿌리에는 커뮤니케이션 문제라는 오래된 징크스가 있었다. 청문회에서 그의 부하 직원들이 어떻게 그렇게까지 일탈할 수 있었느냐는 질문을 받자, 진은 다음과 같이 대답했다. "제가 커뮤니케이션에서 실수를 저질렀다는 점을 인정하지 않을 수 없습니다. 저는 이 철학을 그 사람들에게 제대로 이해시키지 못했습니다. … 전체 사업 경영에서 가격은 너무나도 중요하기 때문에, 우리는 사람들에게 그런 행동이 법에 어긋난다는 사실뿐만 아니라 … 많은 이유에서 절대로 해서는 안 된다는 점을 철학적으로 이해시켜야 합니다. 하지만 그것은 철학적 접근 방법과 커뮤니케이션을 통한 접근 방법을 사용해야 합니다. … 동료들에게 이런 일을 하지 말라고 말했는데도, 일부 사람들은 의구심을 버리지 못했습니다. … 커뮤니케이션에 실패한 부분이 바로 이 부분이라고 스스로 인정하지 않을 수 없습니다. … 거기에 대해 제가 져야 할 책임이 있음을 완전히 인정합니다."

진은 실패의 원인을 진지하게 분석하려고 노력하면서 아무리 자주 내리더라도 단순히 지침을 내리는 것만으로는 충분치 않다는 결론을 얻었다고 말했다. 그리고 "만약 우리가 그 철학을 조금이라도 이해하고, 반드시 따라야 할 철학 안에서 살아가면서 이 회사들을 관리하고 싶다면," 이에 필요한 것은 "완전한 철학과 완전한 이해, 사람들 사이를 가로막고 있는 장벽의 완전한 붕괴"라고 했다.

하트 상원의원은 이렇게 평했다. "커뮤니케이션은 죽어서 없어질 때까지 할 수 있지만, 커뮤니케이션으로 전달하고자 하는 것이 설사 국법이라 하더라도, 청중이 민간전승에 불과한 것으로 받아들인다면 … 전부를 온전히 이해시키는 것은 불가능합니다."

진은 유감스러워하며 그것이 사실이라고 인정했다.

정신적 영향

커뮤니케이션 수준이라는 개념은 또 다른 피고인 프랭크 스텔릭의 증언을 통해 더 발전되었다. 스텔릭은 1956년 5월부터 1960년 2월까지 제너럴일렉트릭의 저압 개폐기 사업부 본부장을 지냈다. (전기 사용자 중 극소수를 제외한 나머지 사람들은 모르고 있겠지만, 개폐기는 전기 에너지의 생산과 전환, 전송, 배분을 조절하고 보호하는 기능을 하며, 미국에서만 연간 1억 달러어치 이상 판매된다.) 스텔릭은 일부 업무 지침을 전통적 형태의 지시를 통해 받았는데, 구두 지시나 문서를 통해 그리고 일부(그의 증언으로 미루어볼 때 구두 지시나 문서만큼 많이)는 그가 '정신적 영향impact' 4)이라고 부른, 덜 지적이지만 더 감정적인 커뮤니케이션 매체를 통해 받았다. 회사 내에서 어떤 일이 일어나 그에게 영향을 미칠 때, 그는 내부에 있는 일종의 형이상학적 전압계로 자신이 받은 정신적 영향의 힘을 확인하고, 그렇게 측정한 값을 바탕으로 회사 정책의 진정한 취지를 가늠하려고 시도한 것처럼 보인다. 예를 들면, 그는 1956년과 1957년 그리고 1958년이 거의 다 지나갈 때까지 제너럴일렉트릭이 20.5조를 솔직히 그리고 완전히 지키려 한다고 믿었다. 하지만 1958년 가을에 접어들어 스텔릭의 직속 상사인 조지 뷰렌스가 스텔릭에게 개폐기 시장에서 중요한 경쟁사인 I-T-E 서킷 브레이커 컴퍼니 사장인 맥스 스콧과 점심 식사를 하라는 팩스턴 사장의 지시를 전달했다. 팩스턴은 증언에서 비록 자신이 뷰렌스에게 스콧과 점심을 같이 하라고 요구한 건 사실이지만, 가격에 대한 이야기는 하지 말라고 분명히 지시했다고 말했다. 하지만 뷰렌스는 이 경고를 스텔릭에게 전하지 않은 것으로 보인다. 어쨌든 스텔릭은 고위층이 뷰렌스에게 주요 경쟁사 사람과 점심을 함께 하라고 말했다는 사실은 "내게 아주 큰 정신적 영향을 미쳤습니다."라고 증언했다. 더 자세히 진술해달라고 요구하자, 스텔릭은 "회사의 진짜 태도가 무엇인가에 대한 내 생각에 큰 효과를 미

---

4) impact는 흔히 '충격'으로 번역하지만, 심리학에서는 '영향'이란 뜻으로 쓰일 때가 많고, 여기서도 한 사람이 다른 사람에게 미친 정신적 영향이란 뜻으로 쓰였으므로, '정신적 영향'으로 옮기기로 한다.

친 정신적 영향이 아주 많았는데, 그것도 그중 하나였습니다."라고 말했다. 크고 작은 정신적 영향들이 쌓이자 그 누적 효과는 마침내 스텔릭에게 그동안 회사가 20.5조를 정말로 존중한다고 믿었던 자신의 생각이 틀렸다는 메시지로 나타났다. 그래서 1958년 후반에 스텔릭은 뷰렌스에게서 경쟁사 사람들과 가격 담합 회동을 열라는 지시를 받았을 때, 조금도 놀라지 않았다.

스텔릭이 뷰렌스의 지시를 따른 결과는 결국 그동안 받은 정신적 영향과는 완전히 다른 종류의 충격을 초래했는데, 그것도 훨씬 투박한 종류의 커뮤니케이션을 통해 일어났다. 1960년 2월, 제너럴일렉트릭은 20.5조를 위반했다는 이유로 스텔릭의 연봉을 7만 달러에서 2만 6000달러로 삭감했다. 1년 뒤에 게이니 판사는 그에게 셔먼법을 위반한 혐의로 벌금 3000달러와 함께 징역 30일에 집행유예를 선고했다. 그로부터 약 한 달 뒤, 제너럴일렉트릭은 그에게 사직을 요구해 사표를 받았다. 사실, 스텔릭은 제너럴일렉트릭에서 지낸 마지막 몇 년 동안 레이먼드 챈들러[5]의 작품에 나오는 영웅만큼 혹독한 정신적 영향을 많이 받은 것으로 보인다. 하지만 저압 개폐기 사업부의 마케팅 부장인 기즌은 청문회에서 스텔릭은 레이먼드 챈들러의 작품에 나오는 영웅처럼 정신적 영향을 받았을 뿐만 아니라 다른 사람들에게 직접적으로 많은 정신적 영향을 주었다고 증언했다. 지휘 계통에서 스텔릭 바로 아래에 있던 기즌은 소위원회에서 비록 스텔릭이 자신의 상사가 된 1956년 4월 이전까

---

5) 미국의 유명한 범죄 소설 작가.

지는 자신도 가격 담합 회의에 참석한 적이 있지만, 그때부터 1958년 후반까지는 어떤 반트러스트법 위반 행위에도 가담하지 않았다고 말했다. 그러고 나서 그가 다시 그런 행위에 가담한 이유는 정신적 영향 때문이었다. 이때의 정신적 영향은 스텔릭이 이전에 그것을 경험할 때 느꼈던 미묘한 성격을 전혀 띠지 않았다. 그 정신적 영향은 스텔릭에게서 직접 받았는데, 스텔릭은 아랫사람들과의 커뮤니케이션에서 불확실성의 여지를 전혀 남기지 않은 것으로 보인다. 기즌의 표현에 따르면, 스텔릭은 기즌에게 "회동을 재개하라, 회사 정책은 변하지 않았다, 위험은 늘 그랬던 것만큼 크다, 만약 우리의 활동이 발각된다면 나는 정부의 처벌을 받을 뿐만 아니라 (회사에서) 해임되거나 징계를 받을 것이다."라고 말했다고 한다. 따라서 기즌은 세 가지 중에서 하나를 선택해야 했다. 회사를 그만두거나, 상사가 직접 내린 지시를 어기거나(그럴 경우 그는 "그들은 내 일을 대신 할 다른 사람을 구할지도 모른다."라고 생각했다.), 지시에 복종하여 반트러스트법을 위반하고 그 결과에 오롯이 책임을 지거나. 요컨대 그 앞에 놓인 대안들은 국제 스파이가 맞닥뜨리는 것들과 비슷했다.

기즌은 회동을 재개하긴 했지만 기소되지 않았는데, 가격 담합 과정에서 비교적 비중이 작은 역할을 담당했기 때문일 것이다. 제너럴일렉트릭은 그를 좌천시켰지만 사임을 요구하진 않았다. 그렇다고 해서 기즌이 이 경험에서 그다지 큰 영향을 받지 않았다고 생각한다면 잘못이다. 키포버 상원의원이 스텔릭의 지시가 그를 참을 수 없는 입장으로 몰아넣었다고 생각하지 않느냐고 묻자, 기즌은 그 당시에는 그런 생각이 들지 않았다고 대답했다. 상사의 지시를 수행한 일 때문에 좌천을 겪은 것을 부당하다고 생각하지 않느냐는 질문에 대해 기즌은 "개인 적으로는 그렇게 생각하지 않습니다."라고 대답했다. 그가 한 대답들로 미루어볼 때, 기즌의 가슴과 마음에 미친 정신적 영향은 정말로 아주 컸던 것으로 보인다.

입증 불가능한 공모

커뮤니케이션 문제에서 또 다른 측면, 즉 상사가 아랫사람이 하는 말을 제대로 이해하지 못하는 어려움은 1957년 초부터 1959년 후반까지 제너럴일렉트릭의 변압기 사업부 본부장을 지낸 레이먼드 스미스와 1957년에 제너럴일렉트릭의 전기 설비 그룹 전기 부사장으로 임명되고 최고경영위원회 위원이기도 한 아서 빈슨의 증언이 생생하게 보여준다. 스미스가 맡은 일은 그 이전 2년 동안 진이 했던 일이었고, 빈슨은 취임하면서 스미스의 직속 상사가 되었다. 문제의 이 기간에 스미스가 받았던 최고 연봉은 약 10만 달러였던 반면, 빈슨은 기본 연봉 11만 달러에다가 4만 5000~10만 달러에 이르는 변동 상여금도 받았다. 스미스는 자신이 변압기 사업부를 맡던 바로 그날인 1957년 1월 1일(마침 휴일이기도 했던)에 코디너 의장과 팩스턴 전무이사를 만났는데, 코디너는 20.5조를 준수하라는 예의 그 경고를 했다고 증언했다. 하지만 그해 후반에 경쟁이 격화되는 바람에 변압기가 최대 35% 할인된 가격

으로 판매되자, 스미스는 혼자 생각으로 시장을 안정시키기 위해 경쟁
회사들과 협상을 벌여야 할 때가 왔다고 판단했다. 스미스는 이런 행
동을 해도 괜찮다고 판단했는데, 회사 내부와 전체 산업계에서 이런
종류의 협상은 '시대의 대세'라고 믿었기 때문이다.

10월에 빈슨이 자신이 상사가 될 무렵, 스미스는 정기적으로 가격
담합 회동에 참석하고 있었는데, 새로운 상사에게 자신이 하는 일을
알려야겠다는 생각이 들었다. 그래서 정상적인 업무 도중에 두 사람만
있는 자리에서 "오늘 오전에 업계 사람들the clan을 만났습니다."라고 말
한 적이 두세 차례 있었다고 소위원회에서 증언했다. 소위원회 자문위
원은 스미스에게 그 문제를 좀 더 직설적으로 표현한 적이 있는지, 예
를 들어 "우리는 가격 담합을 위해 경쟁사 사람들과 만나고 있습니다.
우리는 여기서 작은 공모를 할 것인데, 저는 이 사실이 알려지길 원치
않습니다."와 같은 말을 한 적이 있느냐고 물었다. 스미스는 그와 조금
이라도 비슷한 말을 한 적이 전혀 없으며, "오늘 오전에 업계 사람들을
만났습니다."라는 정도의 수준을 넘는 이야기는 하지 않았다고 대답했
다. 스미스는 왜 더 직접적인 표현으로 이야기하지 않았는지 그 이유
를 자세히 설명하지 않았지만, 논리적으로 두 가지 가능성을 생각해볼
수 있다. 어쩌면 그는 빈슨에게 상황을 설명하는 동시에 그가 공모자
가 될 위험에서 보호하고자 했을지 모른다. 혹은 어쩌면 그런 의도가
전혀 없이 단순히 평소의 완곡한 말버릇에 따라 그렇게 말했을지도 모
른다. (스미스와 가까운 친구인 팩스턴은 스미스에게 "아리송한 표현을 자주
쓰는 버릇"이 있다고 불평한 적도 있었다.) 어쨌든 빈슨은, 그의 증언에 따

르면, 스미스가 한 말을 완전히 오해했다. 실제로 그는 스미스에게서 "업계 사람들을 만났다."라는 표현을 들은 기억을 떠올리지 못했으며, 다만 "변압기에 관한 이 새로운 계획을 친구들boys에게 보여주려고 합니다."와 같은 말을 들은 적은 있다고 했다. 빈슨은 여기서 '친구들'이 제너럴일렉트릭의 지역 영업을 담당하는 사람들과 고객들을 가리키고, '새로운 계획'은 새로운 마케팅 계획을 의미하는 걸로 생각했다고 증언했다. 그는 2년 뒤에 사건이 터지고 나서야 스미스가 사용한 '친구들'과 '새로운 계획'이란 표현이 경쟁사 사람들과 가격 담합 계획을 가리켰다는 사실을 알고서 큰 충격을 받았다고 말했다. 빈슨은 이렇게 증언했다. "저는 스미스 씨가 진지한 사람이라고 생각합니다. 스미스 씨는 … 그런 회의에 참석한다는 사실을 제게 말한 것으로 생각했다고 믿습니다. 하지만 제게는 아무 의미가 없는 말이었습니다."

반면에 스미스는 빈슨이 자기가 한 말의 뜻을 완전히 이해했다고 확신했다. 소위원회에서 스미스는 "그가 제 말을 오해했다는 인상은 전혀 받지 못했습니다."라고 주장했다. 키포버 상원의원은 나중에 빈슨에게 한 질문에서, 전기 산업 분야에서 30여 년이나 경력을 쌓고 그처럼 높은 자리에 오른 중역이 '친구들boys'이 누구인지 파악하는 것과 같은 실질적인 문제에서 부하 직원의 말을 오해할 만큼 순진할 수가 있느냐고 물었다. 빈슨은 "저는 그것이 너무 순진하다고 생각하지 않습니다. 우리에겐 친구들이 아주 많습니다. … 저는 순진할지도 모르지만, 분명히 진실을 말하고 있으며, 이런 종류의 일에서는 저는 순진하다고 확신합니다."라고 대답했다.

키포버 상원의원: 빈슨 씨, 만약 당신이 순진하다면, 연봉 20만 달러를 받는
부사장이 될 수 없었을 텐데요.

빈슨: 이 분야에서는 순진했기 때문에 그 자리까지 잘 올라갈 수
있었다고 생각합니다. 순진한 게 오히려 도움이 되었을지도
모르죠.

여기서 완전히 다른 분야에서 커뮤니케이션 문제가 다시 튀어나온
다. 빈슨은 정말로 키포버에게 말한 것처럼 보이는 그런 뜻으로 이렇
게 말한 것일까? 즉, 반트러스트법 위반 문제에서 순진한 것이 제너럴
일렉트릭에서 연봉 20만 달러짜리 일자리를 얻고 유지하는 데 도움이
되었다는 이야기일까? 전혀 그랬을 것 같지 않다. 그렇다면 그는 무슨
뜻으로 그렇게 말했을까? 그 답이 무엇이건, 연방 정부의 반트러스트
조사 담당자도 상원 청문회 조사 위원들도 스미스가 자신이 가격 담합
에 참여하고 있다는 사실을 빈슨에게 전달하려는 시도에 성공했음을
입증할 수 없었다. 그리고 그런 증거가 없는 상태에서는, 할 수만 있다
면 그들이 밝혀내려고 전력을 기울이고 있음을 보여주려고 애쓴 사실,
즉 제너럴일렉트릭의 최고경영진 중 적어도 한 명이 이 사건에 관여했
다는 사실을 규명할 수 없었다. 사실, 공모 이야기가 처음 알려졌을 때,
빈슨은 스미스를 단호하게 좌천시키는 회사의 징계 결정에 동의했을
뿐만 아니라, 직접 그 결정을 스미스에게 통보했다. 만약 1957년 당시
에 스미스가 한 말의 의미를 이해했다고 한다면, 이 두 가지 행동은 놀
라운 냉소주의와 위선에 해당할 것이다. (한편, 스미스는 징계를 받아들이

는 대신에 제너럴일렉트릭을 떠났고, 게이니 판사에게 벌금 3000달러와 징역 30일에 집행유예를 선고받고 나서 연봉 1만 달러의 다른 일자리를 구했다.)

빈슨이 이 사건과 관련해 곤욕을 치른 일은 이것뿐만이 아니었다. 법정 소송을 촉발한 대배심의 기소 사건 중 하나에 그의 이름이 포함돼 있었는데, 이번에는 스미스가 사용한 전문 용어를 제대로 이해했느냐 하는 문제와 연관된 사건이 아니라, 개폐기 사업부에서 일어난 공모와 연관된 사건이었다. 이 사건에서는 개폐기 사업부와 관련된 네 중역인 뷰렌스, 스텔릭, 클래런스 버크, 프랭크 헨첼이 대배심에(그리고 나중에는 소위원회에) 출두해 1958년 7월과 8월과 9월의 어느 시점에(이들 중 어느 누구도 정확한 날짜를 알지 못했다.) 제너럴일렉트릭의 필라델피아 개폐기 공장 B 식당에서 빈슨이 그들과 함께 식사를 하면서 경쟁사들과 가격 담합 회동을 하라는 지시를 했다고 증언했다. 그리고 이들은 이 지시의 결과로 1958년 11월 9일에 제너럴일렉트릭과 웨스팅하우스, 앨리스-찰머스 매뉴팩처링 컴퍼니, 페더럴 퍼시픽 일렉트릭 컴퍼니, I-T-E 서킷 브레이커 컴퍼니 대표들이 참석한 회의가 어틀랜틱시티 트레이모어 호텔에서 열렸다고 말했다. 이 회의에서 연방과 주, 지방 자치 기관들에 납품하는 개폐기 매출이 배분되었는데, 제너럴일렉트릭이 39%, 웨스팅하우스가 35%, I-T-E가 11%, 앨리스-찰머스가 8%, 페더럴 퍼시픽 일렉트릭이 7%를 할당받았다. 이어진 회의들에서는 민간 구매자에게 판매하는 개폐기 배분에도 합의가 이루어졌고, 구매자들에게 최저 입찰가를 제시하는 특혜를 공모 회사들 사이에 2주일 간격으로 돌아가면서 주는 정교한 공식이 만들어졌다. 이 공식은 주기적인 성격 때문에 달의 위상phase-of-the-moon 공식이라고 불렀다. 이 이름 때문에 얼마 후 소위원회와 앨리스-찰머스의 중역인 롱 사이에 다음과 같은 서정적인 문답이 있었다.

> 키포버 상원의원: 달의 위상을 실행한 사람들은 누구였습니까?
>
> 롱: 일이 진행되면서 소위 달의 위상 작전은 저보다 한 단계 밑에 있는 사람들이 맡았습니다. 그들을 실무 그룹이라고 불렀던 것으로 압니다.
>
> 페럴(소위원회 자문위원): 그들이 그 일에 관해 당신에게 보고한 적이 있습니까?
>
> 롱: 달의 위상 말입니까? 아니요.

빈슨은 사건이 터지기 전에는 트레이모어 호텔 회의나 달의 위상을 실행한 사람들이나 공모 자체의 존재조차 전혀 몰랐다고 기소 검사에게 말했고, 소위원회에서도 같은 말을 되풀이했다. B 식당의 점심에 대해서는 그런 일은 일어난 적도 없다고 주장했다. 이 점에 대해 뷰렌스와 스텔릭, 버크, 헨첼은 FBI가 실시한 거짓말 탐지기 테스트를 통과했다. 빈슨은 거짓말 탐지기 테스트를 거부했는데, 처음에는 자신의 의사와 상관없이 변호사의 조언을 따른 것뿐이라고 설명했지만, 네 사람이 거짓말 탐지기 테스트를 통과했다는 이야기를 듣고 나서는 기계가 그들의 거짓말을 잡아내지 못했다면 그 테스트는 해봤자 아무 소용이 없다고 주장했다. 7월과 8월과 9월 사이에 뷰렌스와 스텔릭, 버크, 헨첼이 필라델피아 공장에서 점심 시간에 모두 함께 있었던 날은 여드

레뿐이었던 것으로 드러났는데, 빈슨은 자신의 경비 지출 내역서를 제출하면서 이것은 자신이 그날들에 모두 다른 곳에 있었음을 보여준다고 주장했다. 이 증거 앞에서 사법부는 빈슨에 대한 기소를 취하했고, 빈슨은 제너럴일렉트릭에서 계속 부사장으로 일했다. 소위원회가 그에게서 끌어낸 증언들도 그가 기소 검사들에게 강한 인상을 주었던 항변에 구체적인 의심을 던질 만한 것은 아무것도 없었다.

따라서 제너럴일렉트릭 최고경영진은 아무런 상처도 입지 않고 무사히 위기를 넘겼다. 기록을 보면, 공모에 관여한 사람들은 조직에서 아주 밑에 있는 사람들까지 뻗어 있었지만, 위로는 곧장 최고경영진까지 뻗어가지 않았다. 기즌이 스텔릭의 지시를 따랐고, 스텔릭은 뷰렌스의 지시를 따랐다는 사실은 모두가 인정했지만, 거기서 추적은 벽에 막혔다. 왜냐하면, 뷰렌스는 빈슨의 지시를 따랐다고 말했지만, 빈슨은 그것을 부인하면서 자신의 주장을 뒷받침하는 증거를 내놓았기 때문이다. 조사가 끝나갈 무렵에 법정에서 정부 측은 코디너 의장이나 팩스턴 사장이 공모를 재가하거나 심지어 알았다는 사실을 입증할 수 없으므로 그런 행위를 했다고 주장하지 않겠다고 진술했고, 그럼으로써 이들이 적어도 눈을 찡긋하는 것에 해당하는 행동을 했을 가능성을 공식적으로 배제했다. 나중에 팩스턴과 코디너는 워싱턴으로 가 소위원회에서 증언했는데, 조사 위원들 역시 이들이 눈을 찡긋하는 것에 해당하는 어떤 종류의 행동에도 관여했다는 사실을 밝혀낼 수 없었다.

같은 말이 다른 의미가 되다

팩스턴은 진의 입을 통해 제너럴일렉트릭에서 자유 경쟁을 가장 완고하고 헌신적으로 옹호한 사람으로 묘사되었는데, 소위원회에서 이 문제에 관한 자신의 생각은 애덤 스미스에게서 직접 영향을 받은 것이 아니라, 이전에 제너럴일렉트릭에서 자신이 상사였던 제러드 스워프에게서 영향을 받았다고 설명했다. 팩스턴에 따르면, 스워프는 사업의 궁극적인 목표가 더 많은 상품과 더 많은 사람을 더 적은 비용으로 생산하는 것이라고 늘 굳게 믿었다고 증언했다. 팩스턴은 "저는 그것을 그때에도 믿었고, 지금도 믿습니다."라고 말했다. "저는 그것을 지금까지 모든 기업가가 표현한 경제 철학 중에서 가장 경이로운 경제 철학이라고 생각합니다." 증언 도중에 팩스턴은 그 이전에 자기 이름이 거론된 가격 담합과 관련된 여러 상황에 대해서도 철학적으로건 다른 방식으로건 설명했다. 예를 들면, 1956년인가 1957년인가에 제너럴일렉트릭의 개폐기 사업부에서 일하던 제리 페이지라는 말단 직원이 제너럴일렉트릭과 여러 경쟁사의 개폐기부가 다양한 색깔의 편지지를 바탕으로 한 비밀 암호로 가격 정보를 교환하는 공모에 가담하고 있다고 주장한 편지를 코디너에게 직접 보낸 일이 있었다고 했다. 코디너는 그 문제를 팩스턴에게 넘겨주면서 진상을 철저히 밝히라고 지시했고, 이에 따라 팩스턴은 조사를 한 결과, 색깔 암호를 사용한 공모는 "이 직원의 완전한 착각"이라는 결론을 얻었다. 이 결론을 얻은 사건에서는 팩스턴이 옳았던 것처럼 보이지만, 나중에 1956년과 1957년에 개폐기 사업부에서 실제로 공모가 일어났던 것으로 밝혀졌다. 하지만 이 사건은 색깔 암호 같은 현란한 방법보다는 단순한 가격 담합 회의에 의존하는 다소 전통적인 형태의 공모였다. 페이지는 건강이 나빠 청문회에 나와 증언할 수 없었다.

팩스턴은 자신이 "정말로 아주 멍청했던 게 분명한" 순간들이 일부 있었다고 인정했다. (멍청했건 아니건, 그는 사장으로 근무한 대가로 빈슨보다 훨씬 후한 보수를 받았다. 기본 연봉 12만 5000달러에 성과급 약 17만 5000달러를 받았고, 게다가 세금을 적게 내고 더 많은 돈을 받아갈 수 있도록 설계된 스톡옵션도 받았다.) 회사 내 커뮤니케이션에 대한 팩스턴의 태도를 살펴보면, 그는 이 점에서는 비관주의자처럼 보인다. 청문회에서 1957년에 스미스와 빈슨이 나눈 대화를 듣고 어떻게 생각하느냐는 질문을 받자, 그는 스미스를 잘 알기 때문에 "그를 거짓말쟁이로 생각할 수 없다."라고 말했다. 그리고 다음과 같이 덧붙였다.

어렸을 때 저는 브리지 게임을 자주 했습니다. 우리는 매년 겨울마다 넷이서 브리지를 삼세판으로 열다섯 번 정도 했는데, 우리는 이 게임을 비교적 잘했다고 생각합니다. 만약 브리지 게임을 잘 아는 사람이라면, 게임이 진행될 때 파트너들끼리 주고받는 암호 신호가 있다는 사실을 알 것입니다. 그것은 정형화된 게임 방식이지요. … 이제 이것에 대해 생각하면서―그리고 저는 스미스의 증언을 읽으면서 그가 '업계 사람들'이나 '친구들'을 만난 것에 대해 이야기할 때 특히 깊은 인상을 받았습니다.―경쟁에 대처해야 하는 이 사람들 사이에 정형화된 커뮤니케이션 방법이 있겠구나 하는 생각이 들기 시작하는군요. 이제 와서 스미스는 "저는 빈슨에게 내가 무슨 일을 하는지 이야기 했습니다."라고 말하는 반면, 빈슨은 자기가 무슨 말을 들었는지 전혀 몰랐다고 할 수 있으며, 두 사람 다 선서를 한 증언에서 한 사람은 그렇다고 하고 다른 사람은 아니라고 하면서도 둘 다 진실을 이야기할 수 있습니다. … (이들은) 주파수가 맞지 않았던 것입니다. (이들은) 같은 말을 똑같은 의미로 받아들이지 않았던 것입니다. 저는 이제 이들이 자신들은 진실을 말한다고 생각했지만, 서로를 이해하면서 커뮤니케이션을 한 것은 아니라고 믿습니다.

이것은 분명히 커뮤니케이션 문제에 관한 분석 중 가장 우울한 분석일 것이다.

자신도 그런 줄 모르는 철학자

코디너 의장의 지위는, 그의 증언으로 미루어볼 때, 한창 명성을 드날리던 때의 보스턴 캐벗 가문[6]의 그것과 비슷했다. 그가 회사를 위해 한 일은 의심할 여지 없이 훌륭한 것이었지만(그는 그 대가로 정말로 후한 보상을 받았는데, 1960년에 연봉은 28만 달러를 조금 넘었고, 이연 소득이 약 12만 달러에다가 잠재적 가치가 수십만 달러 이상인 스톡옵션까지 받았다), 아주 높은 차원에서만 활동을 하다 보니, 적어도 반트러스트 문제에서

---

6) Boston Cabots. 보스턴에서 유명했던 명문 귀족 가문.

는 세속적인 커뮤니케이션에 관여한 적이 전혀 없는 것 같다. 그는 소위원회에서 공모 조직의 존재를 단 한 순간도 눈치 채지 못했다고 단호하게 말했는데, 이 발언으로 미루어 추정한다면 그는 나쁜 커뮤니케이션 사례가 아니라 커뮤니케이션 자체가 아예 없었던 사례라고 할 수 있다. 그는 소위원회에서 진과 팩스턴이 그랬던 것처럼 철학이나 철학자에 관한 이야기는 하지 않았지만, 20.5조의 재발행을 계속 지시하고 연설과 공식 발언에서 자유 경제를 찬양한 과거 전력으로 볼 때 '자신도 그런 줄 모르는 철학자'[7]였던 게 분명해 보인다. 게다가 어떤 형태로든 눈을 찡긋하는 버릇이 있었음을 시사하는 증거가 전혀 없기 때문에 악마의 편이 아니라 주님의 편에 섰던 게 분명하다. 키포버는 제너럴일렉트릭이 지난 반세기 동안에 기소된 반트러스트법 위반 행위의 긴 목록을 빠르게 읽어주고 나서, 1922년에 입사한 코디너에게 이 각각의 사건에 대해 얼마나 많은 것을 알고 있느냐고 물었다. 코디너는 대개 각각의 사건이 일어난 다음에야 알게 되었다고 대답했다. 1954년에 어벤이 코디너가 직접 내린 지시를 뒤집어엎었다는 진의 증언에 대해, 코디너는 그 증언을 읽으면서 "큰 불안"과 "큰 놀라움"을 느꼈다고 말했는데, 어벤은 항상 그에게 경쟁 회사들과 우호적으로 지내려는 성향보다는 "강렬한 경쟁 정신"을 시사했기 때문이라고 했다.

증언 내내 코디너는 '응답하다[be responsive to]'라는 흥미로운 표현을 사용했다. 예를 들어 키포버가 무심코 똑같은 질문을 두 번 하면, 코디너는

---

7) 18세기 프랑스의 극작가 미셸-장 스덴Michel-Jean Sedaine의 작품 〈자신도 그런 줄 모르는 철학자Le Philosophe sans le savoir〉에서 따왔다.

"저는 조금 전에 그 질문에 응답했습니다. I was responsive to that a moment ago."라고 말했고, 혹은 자주 일어난 것처럼 키포버가 그의 말을 중간에 끊으면, 코디너는 정중하게 "제가 응답을 해도 되겠습니까? May I be responsive?"라고 말했다. 이것 역시 재단의 연구비 지원을 바라는 사람에게 작은 연구 거리를 제공하는데, 응답하는 것(수동적 상태)과 대답하는 것(능동적 행동) 사이의 차이와 커뮤니케이션에서 이 두 가지의 상대적 효율성을 살펴보는 것을 연구 주제로 삼을 수 있기 때문이다.

제너럴일렉트릭이 '기업의 명예 실추'를 겪었다고 생각하느냐는 키포버의 질문에 대해 코디너는 이 사건 전체에서 자신의 위치를 요약하면서 "아니요. 저는 제너럴일렉트릭이 기업의 명예 실추를 겪었다고 응답하지 않겠습니다. 저는 우리가 큰 슬픔과 우려에 빠졌다고 말하고 싶습니다. 저는 이것이 자랑스럽지 않습니다."라고 말했다.

거대 조직에서의 개인적 정체성

그러고 나서 코디너 의장은 아래 간부들에게 회사 규칙과 국법을 준수하라는 강연을 귀에 못이 박히도록 할 수 있었겠지만, 모든 간부에게 그것을 제대로 지키게 할 수는 없었을 것이고, 팩스턴 사장은 서로 간에 오간 대화를 각각 아주 다르게 해석한 두 부하 직원이 거짓말쟁이가 아니라 단순히 커뮤니케이션이 서툴렀을 뿐이라는 사실에 대해 곰곰이 생각했을 것이다. 제너럴일렉트릭에서 철학은 높은 수준에 도달한 것으로 보이지만, 커뮤니케이션은 아주 낮은 수준에 머물러 있는 것 같다. 대부분의 증인들이 말하거나 시사한 것처럼, 만약 중역들이 서로를 이해하는 법을 배우기만 하더라도, 반트러스트법 위반 문제는 쉽게 해결될 것이다. 하지만 어쩌면 문제는 기술에만 있는 게 아니라 문화에 있는지도 모르며, 거대한 조직에서 일하는 데서 비롯되는 개인적 정체성 상실과도 관계가 있을지 모른다. 만화가 줄스 파이퍼는 비산업적 맥락에서 일어나는 커뮤니케이션 문제에 대해 "실제로 커뮤니케이션 붕괴는 당사자와 그 자신 사이에서 일어나는지도 모른다. 만약 나와 나 자신 사이에 커뮤니케이션이 제대로 일어나지 않는다면, 외부의 낯선 사람과 어떻게 커뮤니케이션을 제대로 할 수 있겠는가?"라고 말했다.

순수하게 하나의 가설로서 이렇게 가정해보자. 만약 회사 소유주가 부하 직원들에게 반트러스트법을 지키라고 지시하지만, 그가 자기 자신과 커뮤니케이션을 하는 데 문제가 있어서 그 지시가 지켜지길 원하는지 지켜지지 않길 원하는지 정확히 모른다고 하자. 만약 그의 지시가 지켜지지 않으면, 그 결과로 일어나는 가격 담합은 회사 금고를 두둑하게 할 것이다. 만약 그의 지시가 지켜진다면, 그는 옳은 일을 한 셈이 된다. 전자의 경우에 그는 나쁜 일에 개인적으로 연루되지 않는 반면, 후자의 경우에는 **옳은** 일에 좋은 역할을 하면서 관여한 셈이 된다. 그렇다면 회사 소유주는 잃을 게 뭐가 있겠는가? 따라서 그런 위치에 있는 중역이라면, 자신의 지시보다 불확실성을 더 강하게 전달하는 커뮤니케이션을 하려 하지 않을까 하는 가정은 충분히 일리가 있어 보인다. 재단에서 연구비를 지원받으려는 연구자가 살펴보아야 할 또 한 가지 주제는 커뮤니케이션 실패의 반대에 해당하는 것으로, 자신이 보내는 줄도 모르는 메시지가 때로는 아주 효과적으로 전달되는 경우다.

한편, 소위원회가 조사를 마치고 난 후 처음 몇 년간 피고 회사들은 자신들이 저지른 위법 행위를 결코 잊어버릴 수 없었다. 법은 반트러 스트법 위반 행위의 결과로 인위적으로 비싼 가격을 지불했다는 사실 을 입증할 수만 있다면, 고객이 회사를 상대로 손해 배상(대개의 경우 손해를 본 금액의 3배)을 청구할 수 있도록 허용했는데, 이에 따라 수천 만 달러어치에 해당하는 소송이 빗발치는 바람에 연방 대법원장 워런 은 이 사건들을 모두 처리할 계획을 세우기 위해 연방 판사들로 구성된 패널을 따로 만들어야 했다. 말할 필요도 없지만, 코디너 역시 이 사건 을 절대 잊을 수가 없었다. 실제로 그는 다른 데 눈을 돌릴 겨를도 없었 는데, 소송 외에도 자신을 퇴진시키려는 일부 주주들의 적극적인 노력 (비록 실패하긴 했지만)에 맞서야 했기 때문이다. 팩스턴은 1961년 4월 에 건강 악화로 사장직에서 물러났는데, 건강이 나빠지기 시작한 시기 는 적어도 큰 수술을 받았던 1월부터였던 것으로 보인다.

유죄를 인정하고 벌금형이나 징역형을 받은 중역들은 어떻게 되었 을까? 제너럴일렉트릭 이외의 다른 회사들을 다니던 중역들은 대부분 이전과 같은 직책이나 비슷한 직책에서 자리를 보전했다. 하지만 제너 럴일렉트릭의 중역들 중에서는 자리를 보전한 사람이 아무도 없었다. 퇴사 후 업계를 영영 떠난 사람도 있었고, 상대적으로 훨씬 못한 자리 로 옮겨간 사람도 있었지만, 아주 좋은 자리로 옮겨간 사람도 몇몇 있 었다. 특히 진은 1961년 6월에 중장비 제조업체인 볼드윈-리마-해밀

턴의 사장이 되었다. 그리고 전기 산업계에서 가격 담합의 미래에 대해 말한다면, 사법부와 게이니 판사, 키포버 상원의원, 3배 손해 배상 소송 등이 기업 정책을 이끄는 철학자들에게 미친 충격이 너무나도 커서, 그들뿐만 아니라 심지어 그 아랫사람들까지도 상당히 오랫동안 신중하게 규칙을 지켰을 가능성이 높다. 하지만 이들의 커뮤니케이션 능력에 상당한 진전이 일어났는가 하는 것은 별개의 문제이다.

8

마지막 코너

월스트리트를 위협한 어느 촌뜨기의 도전

촌뜨기 손더스

1958년 봄부터 한여름 사이에 미국의 대표적인 원목 마루 제조 회사 E. L. 브루스 컴퍼니의 보통주 주가가 처음에 17달러 미만이던 것이 최고 190달러까지 치솟았다. 이 놀랍고 심지어 불안스럽기까지 한 주가 상승은 계속 이어지다가 단 하루 만에 100달러가 치솟는 광폭 행보로 정점을 찍었다. 이런 일은 거의 한 세대 동안 한 번도 일어난 적이 없었다. 게다가 더욱 놀라운 사실은, 이러한 주가 상승이 새로운 원목 마루재에 대한 일반 대중의 수요하고는 아무 상관도 없어 보인다는 점이었다. 브루스 주식을 보유한 일부 사람들을 포함해 이 문제에 관심을 가진 사람들에게는 경악스럽게도, 이 주가 상승은 순전히 '코너^{corner' 1)}라

고 부르는 주식 시장의 특별한 상황에서 일어난 결과로 보였다. 1929년
에 일어난 것과 같은 전반적인 공황을 제외한다면, 코너는 주식 시장에
서 일어날 수 있는 모든 상황 중에서 가장 극적인 것이다. 실제로 19세
기와 20세기 초에 코너 때문에 국가 경제가 심각한 위협에 직면한 적
이 한 번 이상 있었다.

 브루스 컴퍼니 주식의 코너는 그렇게 위험한 상황까지 치닫진 않았
다. 무엇보다도 브루스 컴퍼니는 전체 경제에서 차지하는 비중이 너무
작아 그 주식이 아무리 심하게 요동치더라도 국가적으로 영향을 미칠
가능성은 전혀 없었다. 또 한 가지 이유는 브루스 '코너'가 역사적으로
일어난 대부분의 코너와는 달리 치밀하게 계산된 조작의 결과로 일어
난 게 아니라, 기업의 경영권을 확보하기 위한 싸움의 부산물로 우연
히 일어난 것이었기 때문이다. 마지막으로, 이것은 결국 진정한 코너
가 아니라, 그에 가까운 것으로 밝혀졌다. 9월에 브루스 주가는 진정
되면서 적정 수준에서 안정되었다. 하지만 이 사건은 과거에 일어난
코너에 대한 기억을 떠올리게 했는데, 그중에는 대표적인 코너들(혹은
그중에서 맨 마지막 코너)을 직접 목격했던 나이 많고 엄격한 월스트리트
사람들 사이에 향수를 불러일으키는 기억도 있었다.

 1922년 6월, 뉴욕증권거래소에 피글리위글리 스토어스(멤피스에 본
사를 두고 주로 남부와 서부에서 사업을 펼친 셀프서비스 소매점 체인)라는 회

---

1) 코너는 종종 '매점賣占'으로 번역하지만, 주식을 단순히 매점하는 것이 아니라 부
  동주가 남아나지 않을 정도로 싹쓸이하는 것을 뜻하고, 공매도자를 코너로, 즉 궁
  지로 몰아넣는다는 뜻도 있으므로, 그냥 코너라고 쓰기로 한다.

사 주식이 상장되었는데, 이로써 1920년대에 벌어진 것 중 가장 극적이었던 돈의 전쟁을 위한 무대가 마련되었다. 그 당시 연방 정부의 감시가 느슨했던 월스트리트는 자신은 돈을 벌면서 적을 파멸시키려고 획책하는 투기자들의 교묘한 술수 때문에 휘청거릴 때가 많았다. 이 전쟁(그 당시에는 너무나도 유명한 전쟁이어서 헤드라인을 정하는 작가들은 그것을 단순히 '피글리 위기Piggly Crisis'라고 불렀다.)의 극적인 측면 중 하나는 바로 이 전쟁에 등장한 주인공(혹은 일부 사람들의 눈에는 악당)의 성격이었다. 대다수 미국 농촌 지역의 환호를 받으며 월스트리트에 처음 발을 들여놓은 이 촌뜨기는 뉴욕의 교활한 주가 조작자들을 무릎 꿇리겠다고 도전하고 나섰다. 그 사람은 통통한 체격에 말쑥하고 잘생긴 41세의 멤피스 남자 클래런스 손더스로, 고향에서는 그곳에 지은 집 때문에 이미 전설에 가까운 명성을 날리던 사람이었다. 핑크 팰리스Pink Palace라 이름 붙인 그 집은 경외감을 불러일으키는 로마식 흰 대리석 안마당 주위에 세운 거대한 건축물로, 표면에는 핑크색 조지아 대리석을 씌웠는데, 손더스의 말에 따르면 1000년의 세월이 지나도 굳건히 서 있을 것이라고 했다. 아직 완공되지 않은 상태였는데도 핑크 팰리스는 멤피스에서는 일찍이 구경하지 못한 건축물이었다. 그 땅에는 개인 골프 코스도 있었는데, 손더스가 혼자서 골프를 치길 좋아해 만든 것이었다. 핑크 팰리스가 완공되기까지 아내와 네 자녀와 함께 야영을 하며 지내려고 마련한 임시 사유지에도 골프 코스가 따로 있었다. (어떤 사람들은 손더스가 혼자 골프를 치는 걸 선호한 이유는 현지 컨트리클럽 운영자들 때문이라고 말했다. 그들은 손더스가 후한 팁으로 캐디들을 모조리 타락시킨다고 불평했다.) 1919년에 피글리위글리 스토어스를 세운 손더스는 의심스러운 관대함과 언론의 주목을 끄는 재주, 과시욕 등 화려한 미국인 프로모터의 표준적 특징을 거의 다 지니고 있었지만, 보편적이지 않은 특징도 일부 지니고 있었는데, 특히 말과 글 모두에서 드러나는 놀랍도록 생생한 표현과 문체가 그랬고, 본인은 알았는지 몰랐는지 알 수 없지만 코미디 재능까지 있었다. 하지만 이전의 많은 위대한 사람들과 마찬가지로 그에게도 약점이 있었는데, 그것은 비극적인 결함이었다. 그것은 자기 자신을 촌뜨기, 얼간이, 호구라고 생각하길 고집하는 것이었는데, 그러다가 가끔 셋 다가 되기도 했다.

전혀 그럴 사람처럼 보이지 않는 이 인물이 바로 전국적으로 거래되는 주식을 대상으로 최후의 진정한 코너를 시도한 사람이었다.

코너 게임의 역사

코너 게임은 월스트리트에서 어떤 주식의 주가가 올라가길 바라는 소들과 주가가 떨어지길 바라는 곰들[2] 사이에 끊임없이 벌어진 많은 대결에 사용된 전술 중 하나였다. 한창때 코너는 큰돈이 걸린 순수하고 단순한 도박 게임으로, 포커의 특징을 많이 포함하고 있었다. 코너 게임이 진행될 때, 소의 기본 전략은 물론 주식을 사는 것이었고, 곰의

---

2) 우리나라 주식 시장에서는 황소와 곰을 원어 발음 그대로 불bull과 베어bear라고 부르는 게 일반적이지만, 여기서는 원래 단어가 지닌 뜻을 살려 소와 곰으로 옮겼다.

기본 전략은 주식을 파는 것이었다. 대결이 벌어졌을 때, 평균적인 곰은 해당 주식을 전혀 소유하고 있지 않으므로, '공매도'라는 보편적 관행을 사용해야 한다. 공매도는 매도자가 자신이 보유하고 있지 않은 주식을 중개인에게서 빌려(적정 이율에) 매도하는 것을 말한다. 주식 중개인도 주식 소유주가 아니라 대리인에 불과하기 때문에, 그 주식을 직접 소유한 사람에게서 빌려와야 한다. 중개인은 투자 금융 회사들 사이에서 늘 순환하는 '부동주'[3]를 이용해 그 주식을 빌린다. 부동주에는 개인 투자자가 거래 목적으로 증권회사에 맡긴 주식, 유산과 신탁 재산에 속해 있지만 규정된 특정 조건에 거래를 하기 위해 내놓은 주식 등이 있다. 본질적으로 부동주는 금고에 보관돼 있거나 매트리스 속에 숨겨져 있지 않고 거래가 가능한 특정 회사의 모든 주식을 말한다. 비록 부동주의 공급은 유동적이지만, 그 거래는 꼼꼼하게 기록된다. 예컨대 중개인에게서 1000주를 빌린 공매도자는 자신이 변경할 수 없는 빚을 졌다는 사실을 안다. 공매도자는 빌린 주식의 주가가 떨어지길 기대하는데, 그러면 시장에서 그 주식 1000주를 자신이 매도한 가격보다 싼 가격에 사서 빌린 주식을 갚고 그 차액을 챙길 수 있다. 하지만 주식을 빌려준 사람이 시장 가격이 높을 때 공매도자에게 빌려간 주식을 갚으라고 요구할 위험이 있다. 그러면 공매도자는 월스트리트에 전해 내려오는 격언의 교훈을 뼈저리게 절감하게 된다. "자신의 것이 아닌 것을 파는 자는 그것을 되사거나 감옥으로 가야 한다."

---

3) 주식 시장에서 단기 매매 이익을 위해 활발하게 유통되는 주식.

그리고 코너가 가능했던 시절에 공매도자는 자신이 보이지 않는 적을 상대로 게임을 한다는 사실 때문에도 잠을 편히 잘 수 없었다. 즉, 오로지 중개인만을 상대로 거래를 하는 공매도자는 자신이 공매도한 주식을 사는 사람(어쩌면 또 다른 코너 작전 세력?)의 정체나 자신에게 주식을 빌려준 사람(어쩌면 자신을 뒤에서 공격하는 동일한 코너 작전 세력?)의 정체를 전혀 알 수 없었다.

공매도는 가끔 투기자의 도구라는 비난을 받기도 하지만, 극히 제한된 형태로 미국 전역의 모든 증권거래소에서 여전히 허용하고 있다. 아무 제한 없이 일어나는 공매도가 코너 게임을 시작할 수 있는 첫 번째 조건을 만들어낸다. 한 무리의 곰들이 조직적인 공매도를 한바탕 벌이고, 게다가 해당 주식의 발행 회사가 망하기 직전이라는 소문을 퍼뜨림으로써 상황을 자기들한테 유리하게 만들 때, 코너 게임을 벌일 수 있는 상황이 만들어진다. 이 작전을 '곰들의 습격bear raid'[4]이라 부른다. 소들의 가장 강력한(하지만 가장 위험한) 반격은 바로 코너를 시도하는 것이다. 오직 많은 트레이더가 공매도를 하는 주식만이 코너를 시도할 수 있는 대상이다. 곰들의 습격을 받고 휘청거리는 주식이 가장 이상적이다. 코너를 시도하는 사람은 투자 금융 회사들의 부동주를 모조리 다 사들이고 개인이 소유한 주식까지 충분히 많이 사들임으로써 곰들을 궁지로 몰아넣을 수 있다. 만약 이 시도가 성공한다면, 공매도자에게 빌린 주식을 갚으라고 요구했을 때, 공매도자에게 그 주식을

---

4) 우리나라에서는 흔히 '약세 유도'라고 함.

팔 수 있는 사람은 코너를 한 사람밖에 없게 된다. 그리고 공매도자는 코너를 한 사람이 부르는 대로 값을 치르고 주식을 사야 한다. 공매도자에게 남은 길은(적어도 이론적으로는) 파산을 하거나 의무를 이행하지 못한 죄로 감옥에 가는 것밖에 없다.

애덤 스미스의 유령이 아직도 월스트리트에 미소를 보내던 시절이자 생사를 건 대규모 금융 전쟁이 벌어지던 시절에는 코너가 상당히 보편적으로 일어났고, 그 전쟁에 뛰어든 당사자들뿐만 아니라 수백 명의 무고한 방관자까지 경제적 머리가 뎅겅뎅겅 잘려나가는 피비린내 나는 참사가 벌어지는 경우가 많았다. 코너 게임을 시도한 사람 중에서 역사상 가장 유명한 사람은 해운업과 철도 산업으로 성공한 사업가 코넬리어스 밴더빌트로, 1860년대에 적어도 세 차례나 코너에 성공했다. 그가 성공을 거둔 가장 대표적인 사례는 할렘철도회사 주식에서 일어났다. 밴더빌트는 비밀리에 그 주식을 모조리 사들이는 동시에 공매도자를 유인하기 위해 파산이 임박했다는 거짓 소문을 퍼뜨림으로써 완벽한 함정을 만들었다. 그리고 마지막으로, 마치 그들을 감옥에 가지 않도록 호의를 베푸는 사람인 양 행세하며 아주 싼 가격에 매점한 주식을 주당 179달러에 팔았다. 가장 큰 참사를 초래한 코너는 1901년에 노던퍼시픽 주식에서 일어났다. 노던퍼시픽 주식을 공매도한 사람들은 그것을 되갚는 데 필요한 거액을 마련하려고 막대한 양의 다른 주식을 팔아치웠는데, 이것이 원인이 되어 전국적인 공황 상태가 일어났고, 이것은 다시 전 세계에 큰 반향을 일으켰다. 마지막에서 두 번째 코너는 1920년에 일어났는데, 전설적인 토머스 포춘 라이언의 아들인 앨런 라이언이 뉴욕증권거래소에서 자신의 적들을 괴롭히기 위해 스터 츠 베어캣으로 유명한 스터츠자동차회사 주식에 코너를 시도했다. 라이 언은 이 코너에 성공했고, 뉴욕증권거래소에서 공매도를 한 사람들은 궁지에 몰렸다. 그런데 라이언이 예상치 못했던 복병이 있었다. 뉴욕증 권거래소가 스터츠 주식의 거래를 중단시킨 것이다. 긴 법적 소송이 이 어졌으며, 결국 라이언은 이 때문에 재정적 파산 상태에 이르렀다.

그리고 코너 게임은 다른 게임들에서도 흔히 일어나는 골칫거리 때 문에 궁지에 몰렸는데, 규칙을 둘러싼 사후 논란이 그것이었다. 1930년 의 개혁 법안이 어떤 주식의 주가를 떨어뜨릴 목적으로 행하는 공매도 뿐만 아니라, 코너를 초래하는 그 밖의 주가 조작까지 모두 불법으로 규정하는 바람에, 코너 게임은 사실상 무대에서 퇴출되었다. 오늘날 월스트리트 사람들이 대화 중에 이야기하는 코너the corner는 월스트리트 와 브로드웨이의 교차 지점을 가리킨다. 미국 주식 시장에서는 이제 오직 우연히 일어나는 코너(혹은 브루스의 경우처럼 코너 비슷한 것)만이 가능하게 되었다. 의도적으로 코너 게임을 한 사람은 클래런스 손더스 가 마지막이었다.

피글리위글리 작전

손더스를 잘 아는 사람들 사이에서 그에 대한 평은 "무한한 상상력과 에너지가 넘치는 사람"에서부터 "끝 간 데 없이 오만하고 자만심이 넘치는 사람", "장난삼아 이것저것 일을 벌이기 좋아하는 네 살짜리 아이 나 진배없는 사람", "그 세대에서 가장 놀라운 사람 중 하나"까지 아주 다양하다. 하지만 그의 주식 공개 판매 계획 때문에 돈을 잃은 사람들 중에서도 그를 정직한 사람으로 믿은 사람들이 많았다는 사실은 의심의 여지가 없다. 손더스는 1881년에 버지니아 주 애머스트 카운티의 가난한 집안에서 태어났는데, 미래의 실업계 거물들이 어릴 때 흔히 그랬듯이 십대 시절에는 주당 4달러의 아주 적은 보수를 받으며 식품 잡화점에서 일했다. 그러고 나서는 빠르게 성장하면서 테네시 주 클라크스빌에 있는 도매 식품잡화점 회사로 옮겨갔고, 그다음에는 멤피스에 있는 도매 식품잡화점 회사로 옮겼으며, 20대의 나이에 유나이티드 스토어스라는 소형 소매 식품 체인을 세웠다. 몇 년 뒤 그것을 팔아치우고, 한동안 직접 도매 식품잡화점을 운영하다가 1919년에 셀프서비스 소매점 체인을 만들면서 피글리위글리 스토어스라는 매력적인 이름을 붙였다. (멤피스의 한 동료 사업가가 왜 그 이름을 선택했느냐고 묻자, 손더스는 "사람들에게 방금 자네가 한 것과 같은 질문을 하게 하려고."라고 대답했다.) 피글리위글리 스토어스는 아주 큰 성공을 거두어 1922년 가을에는 점포 수가 1200개를 넘어섰다. 그중에서 약 650개는 손더스의 피글리위글리 스토어스가 소유했고, 나머지는 각 가게 주인이 독자적으로 소유하면서 특허로 등록된 피글리위글리의 운영 방법을 사용하는 대가로 로열티를 지불했다. 1923년 당시는 식품잡화점이라고 하면 점원이 흰색 에이프런을 두르고 무게를 달 때 종종 엄지로 저울을 눌러 무게를 속이기도 하던 시절이었는데,《뉴욕타임스》는 놀라움을 표시하면서 피글리위글리 스토어스의 운영 방법을 보도했다. "피글리위글리 스토어에서 고객은 양쪽에 상품이 진열된 선반들 사이로 통로를 걸어다닌다. 고객은 사고 싶은 물건을 골라 담고, 나가면서 계산을 한다." 손더스는 자신도 모르게 슈퍼마켓을 발명한 것이다.

피글리위글리 스토어스가 이렇게 급부상하자, 자연히 뉴욕증권거래소에 그 주식이 상장되었고, 상장되고 나서 6개월이 지나기 전에 피글리위글리 주식은 비록 큰 인기를 끌었던 건 아니지만 믿을 만한 배당금 지급 주식으로 알려졌다. 즉, 투기자들은 마치 크랩스 도박을 하는 사람들이 브리지 게임을 대하듯이 무관심한 반응을 보이는 과부-고아 주식[5]이었다. 하지만 이러한 명성은 오래 가지 않았다. 1922년 11월, 뉴욕 주와 뉴저지 주, 코네티컷 주에서 피글리위글리라는 간판을 내걸고 식품잡화점을 운영하던 작은 회사 여러 곳이 도산하여 관리 상태에 들어갔다. 이 회사들은 손더스의 회사하고는 직접적으로 별로 관련이 없었다. 손더스는 이 회사들에 그저 자기 회사의 상표명을 사용할 권리를 팔고, 일부 특허 장비를 대여해준 게 전부였다. 하지만 이 독립적인 피글리위글리 회사들이 파산하자, 일부 주식 투기자들(그 정체는 끝까지 드러나지 않았는데, 이들은 사업 비밀을 공개하지 않는 중개인을 통해서만 거래했기 때문이다.)은 이 상황을 곰들의 습격을 시도하기에 절호의 기회라고 보았다. 만약 개별적인 피글리위글리 가게들이 도산한다면, 그럴듯한 소문을 지어내 퍼뜨림으로써 정확한 정보를 모르는 일반 대

---

5) widow-and-orphan stock. 가격 변동이 평균 주가 움직임보다 적은 반면, 배당은 비교적 높고 배당 감소나 심각한 재무적 문제에 직면할 가능성이 적은 주식.

중에게 모회사 역시 도산한다고 믿게 만들 수 있었기 때문이다. 그들은 이 믿음을 부채질하기 위해 주가를 떨어지게 할 요량으로 피글리위글리 주식을 재빨리 공매도하기 시작했다. 그러자 피글리위글리 주식은 이들의 공세에 쉽게 무너져 몇 주일 만에 약 50달러였던 주가가 40달러 밑으로 떨어졌다.

그러자 손더스는 자신이 대대적인 주식 매수 캠페인을 벌여 "월스트리트의 전문가들을 그들이 벌인 게임에서 무릎 꿇게 할 것"이라고 언론에 발표했다. 손더스 자신은 전문 투자자하고는 거리가 멀었다. 사실, 피글리위글리 주식이 상장되기 이전만 해도 손더스는 뉴욕증권거래소에 상장된 주식을 단 한 주도 소유한 적이 없었다. 주식 매수 캠페인을 시작할 때 손더스가 코너를 시도할 의도가 있었다고 믿을 만한 이유는 전혀 없다. 발표한 대로 자신과 피글리위글리 주주들의 투자를 보호하기 위해 주가를 유지하려는 목적밖에 없었을 가능성이 높다. 어쨌든 그는 특유의 열정을 발휘해 곰들과 한판 자웅을 겨루겠다고 나섰는데, 멤피스, 내슈빌, 뉴올리언스, 채터누가, 세인트루이스의 은행들에서 약 1000만 달러를 빌려 자금을 넉넉히 확보했다. 전설에 따르면, 손더스는 고액권으로 1000만 달러를 여행 가방에 집어넣고 뉴욕행 열차를 탔으며, 가방에 다 집어넣지 못한 돈은 호주머니에 불룩하게 채워넣은 채 전투태세를 갖추고 월스트리트를 활보했다고 한다. 하지만 훗날 손더스는 이 전설을 단호하게 부인하면서 자신은 멤피스에 머물면서 월스트리트의 여러 중개인과 전보와 장거리 전화로 연락하면서 주식 매수 작전을 지휘했다고 말했다. 그 당시에 그가 어디에 있었건,

어쨌든 그는 20여 명의 중개인을 동원해 주식 매수 작전을 진행했는데, 그중에는 참모총장 역할을 한 제시 리버모어도 있었다. 20세기의 유명한 미국 투기자 중 한 명인 리버모어는 그 당시 45세였지만, 아직도 가끔 조롱을 담아 20여 년 전에 얻은 월스트리트의 꼬마 플런저^{Boy} Plunger란 별명으로 불렸다.[6] 손더스는 일반적으로 월스트리트 사람들, 그중에도 특히 투기자들을 자신의 주식을 공격하려는 기생충 같은 악당으로 간주했다. 따라서 리버모어를 동맹으로 끌어들인 결정은 적 우두머리를 자기 편으로 끌어들이기 위해 어쩔 수 없이 선택한 고육지책으로 보인다.

곰들과 첫 번째 전투에 나선 날, 손더스는 중개인들의 가면 뒤에 숨어 움직이면서 피글리위글리 주식을 3만 3000주 매수했는데, 대부분 공매도를 한 사람들로부터 사들였다. 그리고 일주일 안에 모두 10만 5000주를 매수했는데, 발행 주식 20만 주 중 절반이 넘는 양이었다. 한편, 손더스는 자신의 패를 보여주는 대가를 치르면서까지 자신의 감정을 적나라하게 표출했는데, 남부와 서부의 신문 독자들에게 자신이 월스트리트를 어떻게 생각하는지 보여주기 위해 격렬하고 신랄한 표현으로 일련의 광고를 내보냈다. 그러한 감정을 분출한 한 광고에서 그는 "도박사가 승리할까요?"라고 물었다. "그는 백마를 타고 있습니

---

6) 리버모어는 주가가 하락하는 주식으로 이익을 챙기는 재주가 뛰어났기 때문에 이 별명을 얻었다. 여기서 플런지plunge는 주가 급락이란 뜻이고 플런저plunger는 그런 주식에서 이익을 챙기는 사람이란 뜻이지만, 알다시피 플런저란 단어에는 잠수하는 사람, 배관 청소부, 뚫어뻥 등의 뜻도 있다.

다. 그는 허세라는 쇠사슬 갑옷으로 겁 많은 심장을 가리고 있습니다. 그의 헬멧은 속임수이며, 박차는 배신으로 쩽그랑거리며, 말발굽 소리는 파괴의 천둥 소리를 울립니다. 훌륭한 기업이 달아나야 할까요? 두려움으로 벌벌 떨어야 할까요? 투기자의 전리품이 되어야 할까요?" 한편, 리버모어는 월스트리트에서 피글리위글리 주식 매수를 계속했다.

손더스의 주식 매수 캠페인 효과는 즉각 나타났다. 1923년 1월 하순에 피글리위글리 주가는 60달러 이상으로 올랐는데, 이것은 역대 최고 가격이었다. 그러고 나서 곰들의 습격을 주도한 사람들의 초조감을 더 부추기는 소식이 시카고에서 날아왔다. 뉴욕증권거래소와 마찬가지로 주식 거래가 일어나는 그곳에서 피글리위글리 주식에 코너가 일어났다는 소식이었다. 즉, 공매도자들이 손더스에게서 주식을 사지 않는 한 자신들이 빌린 주식을 갚을 수 없게 된 것이다. 뉴욕증권거래소는 그 보고를 즉각 부인하면서 피글리위글리의 부동주 공급이 풍부하다고 발표했지만, 이 발표를 듣고서 손더스는 어떤 아이디어를 떠올렸고, 2월 중순에 흥미로우면서도 (얼핏 보기에는) 불가사의한 행동을 했다. 손더스는 또다시 광범위한 신문 광고를 통해 피글리위글리 주식 5만 주를 주당 55달러의 가격에 일반 대중에게 **팔겠다고** 제안했다. 이 광고는 피글리위글리 주식은 배당금을 1달러씩 1년에 네 차례(따라서 연 수익률이 7% 이상) 지급한다고 충분히 설득력 있게 이야기했다. "이것은 일시적인 제안이어서 언제든지 사전 예고 없이 중단될 수 있습니다." 이렇게 말하고 나서 광고는 계속해서 차분하지만 긴박감을 고조시키며 "굉장한 제안에 처음부터 동참할 수 있는 기회는 극소수 사람들에게만 찾아오는 기회이며, 그것도 일생에 한 번 찾아올까 말까 한 기회입니다."라고 강조했다.

현대의 경제 생활에 조금이라도 익숙한 사람이라면, 사실에 근거하지 않거나 특정 개인을 언급하거나 감정을 자극하는 금융 광고를 감독하고 제재할 책임이 있는 증권거래위원회가 마지막 두 문장에 담긴 강매 성격에 대해 뭐라고 말할지 몹시 궁금할 것이다. 하지만 손더스의 첫 번째 주식 제안 광고가 증권거래위원회 조사관을 아연실색하게 만들었다면, 4일 뒤에 발표된 두 번째 광고는 발작을 하게 만들었을 것이다. 전면에 실린 이 광고는 큼지막한 검은색 활자로 이렇게 외쳤다.

절호의 기회! 절호의 기회!

기회가 노크합니다! 기회가 노크합니다! 기회가 노크합니다!

들립니까? 듣고 있습니까? 이해되십니까?

기다리겠습니까? 지금 당장 행동을 하겠습니까? …

사자들이 잡아먹지 않는 다니엘이 새로 등장한 것일까요?

수수께끼를 간단하게 푸는 요셉이 새로 나타난 것일까요?

새로운 약속의 땅으로 안내할 모세가 새로 태어난 것일까요?

의심하는 자들은 묻습니다.

그렇다면 왜 **클래런스 손더스**는 …

일반 대중에게 그토록 관대할 수 있을까?

마지막으로 자신이 파는 것은 가짜 약이 아니라 보통주라는 사실을 분명히 하고 나서, 주당 55달러에 주식을 팔겠다는 자신의 제안을 반복하면서 이토록 관대한 행동을 하는 이유는, 자신은 먼 미래를 내다보는 사업가로서 피글리위글리 주식을 월스트리트의 상어들이 아니라 고객들과 소액 투자자들이 소유하길 바라기 때문이라고 설명했다. 하지만 많은 사람들의 눈에는 손더스의 관대함은 너무 지나쳐서 어리석어 보일 정도였다. 그 당시 뉴욕증권거래소에서 거래되던 피글리위글리 주식의 주가는 70달러에 육박하고 있었다. 따라서 손더스는 호주머니에 55달러가 있는 사람이라면 누구에게나 아무런 위험 없이 15달러를 벌 기회를 주는 것처럼 보였다. 다니엘이나 요셉이나 모세가 새로 나타났는지는 논란의 여지가 있을지 몰라도, 기회가 노크한다는 사실만큼은 분명해 보였다.

사실은 많은 사람들이 의심한 것처럼 거기에는 숨은 문제가 하나 있었다. 코너 게임의 완전한 초짜인 손더스는 사업가답지 않게 그렇게 값비싼 대가를 치르는 제안을 했지만, 사실은 이 게임에서 사용되는 아주 교묘한 술수 한 가지를 쓴 것이었다. 코너 게임에서 한 가지 큰 위험은 설사 적들을 무릎 꿇리는 데 성공하더라도 상처뿐인 영광에 그칠 가능성이었다. 즉, 공매도자들이 돈을 다 날려 빈털터리가 되고 나면, 그 과정에서 매집한 수많은 주식이 코너를 시도한 사람의 목을 짓누르는 족쇄가 될 수 있다. 그 많은 주식을 한꺼번에 시장에 내놓으면 그 가격은 0에 가깝게 곤두박질칠 수 있다. 그리고 만약 손더스처럼 게임에 처음 뛰어들 때 많은 돈을 빌렸다면, 채권자들이 그를 궁지로 몰아넣어 단지 게임에서 얻은 이익을 모조리 앗아가는 데 그치지 않고 심지어 파산으로 몰고 갈 수도 있다. 말하자면 손더스는 코너의 성공이 눈앞에 어른거리자마자 이 위험을 알아채고, 승리를 거둔 다음이 아니라 승리를 거두기 전에 자신이 보유한 주식 일부를 털어낼 계획을 세운 것이다. 다만, 자신이 판 주식이 곧장 부동주로 흘러들어가 코너 게임을 망치지 않도록 하는 게 관건이었는데, 그래서 그 해결책으로 55달러짜리 주식을 할부로 판매하는 방안을 내놓았다. 2월에 발표한 광고에서 그는 일반 대중은 일단 25달러를 지불하고 나머지 30달러는 6월 1일과 9월 1일, 12월 1일에 각각 10달러씩 분할 지불하는 조건으로만 자신의 주식을 살 수 있다는 단서를 달았다. 게다가 더 중요한 조건으로 마지막 대금이 지불되기 전에는 주권을 매수자에게 넘겨주지 않겠다고 말했다. 매수자는 주권을 넘겨받을 때까지 그 주식을 팔 수 없기 때문에, 그 주식은 부동주 공급에 사용될 수 없었다. 이렇게 하면, 손더스는 12월 1일까지 공매도를 한 사람들을 바짝 쥐어짤 수 있을 것이라고 계산했다.

지금 와서 돌이켜보면 손더스의 계획이 빤히 보일지 몰라도, 그 당시에는 그의 술수가 너무나도 파격적인 것이어서 한동안 뉴욕증권거래소 이사들뿐만 아니라 리버모어조차도 멤피스의 이 사내가 도대체 무슨 생각으로 그런 제안을 하는지 알지 못했다. 뉴욕증권거래소는 공식 문의를 하기 시작했고, 리버모어는 불안해지기 시작했지만 손더스의 계좌로 주식을 계속 매수했고, 피글리위글리의 주가를 70달러 이상으로 밀어올리는 데 성공했다. 손더스는 멤피스에서 느긋하게 상황을 지켜보았다. 그는 광고에서 피글리위글리 주식을 찬양하는 일을 잠시 멈추고, 대신에 사과와 그레이프프루트, 양파, 햄, 레이디 볼티모어 케이크를 선전했다. 하지만 3월 초에 또다시 금융 광고를 게재했는데, 주식 판매 제안을 반복하면서 이 문제에 대해 논의를 하고 싶은 사람은 누구든지 멤피스의 자기 사무실로 찾아와도 좋다고 말했다. 또한 시간이 얼마 안 남았으므로 서두르는 게 좋을 거라고 강조했다.

그 무렵에는 손더스가 코너를 시도한다는 사실이 분명해졌다. 이제 월스트리트에서 불안에 사로잡힌 사람들은 단지 피글리위글리를 공격한 곰들뿐만이 아니었다. 마침내 리버모어도 더 이상 견딜 수가 없었는데, 아마도 1908년에 목화 주식에서 코너를 시도하다가 거의 100만 달러를 잃은 기억이 떠올랐기 때문일 것이다. 그는 손더스에게 뉴욕으로 와서 상의를 하자고 요구했다. 손더스는 3월 12일 오전에 뉴욕에 도착했다. 그는 나중에 그 만남을 기자들에게 설명하면서 두 사람 사이에 의견 차이가 있었다고 말했다. 그는 꼬마 플런저를 아주 조심성 많은 사람으로 만든 것에 대해 우월감을 느끼는 듯한 어조로 리버모어는 "나의 재정 상황에 대해 약간 불안해했고, 어떤 시장 붕괴에도 관여하고 싶지 않다는 인상을 주었습니다."라고 말했다. 이 만남의 결과로 리버모어는 피글리위글리 작전에서 손을 떼었고, 그때부터 손더스 혼자서 그 작전을 끌고 나가야 했다. 그리고 나서 손더스는 사업상의 용무로 시카고행 열차에 올랐다. 마침 여행 도중에 올버니에서 뉴욕증권거래소의 한 회원이 보낸 전보를 받았는데, 그는 백마를 타고 쇠사슬 갑옷을 입은 사람들만 득시글거리는 그곳에서 그래도 가장 친구에 가까운 사람이었다. 전보는 손더스의 터무니없는 행동이 뉴욕증권거래소 위원회들 사이에 부정적인 반응을 불러일으켰다면서 증권거래소의 호가보다 훨씬 낮은 가격으로 주식을 팔겠다는 광고를 통해 제2의 시장을 만드는 행동을 그만두라고 충고했다. 다음 역에서 손더스는 거절에 가까운 전보를 보냈다. 만약 증권거래소가 염려하는 것이 코너 가능성이라면, 이사들에게 그런 염려는 전혀 하지 않아도 된다고 보장할 수 있다고 말했다. 그 이유로 손더스 자신이 매일 원하는 양만큼 얼마든지 주식을 빌려주겠다고 제안함으로써 부동주 공급을 유지하고 있기 때문이라고 했다. 하지만 얼마나 오랫동안 계속 그럴 것인지는 말하지 않았다.

일주일 뒤인 3월 19일 월요일, 손더스는 자신의 주식 판매 제안을 곧 중단할 것이라는 신문 광고를 내보내면서 이번이 마지막 기회임을 알렸다. 그 무렵에 손더스는 발행된 피글리위글리 주식 20만 주 중 1128주를 제외한 나머지를 모두 손에 넣었는데(훗날 그렇게 주장했다.), 모두 19만 8872주에 이르는 그 주식 중 일부는 손더스 자신이 직접 소유했고, 나머지는 자신의 '통제'(자신이 아직 주권을 갖고 있는 할부 구입 주식) 하에 있었다. 사실, 이 수치는 상당한 논란의 대상이 되지만(예를 들면, 프로비던스에 혼자서 1100주를 보유한 개인 투자자가 있었다.), 그 당시 거래가 가능한 피글리위글리 주식은 거의 모두 사실상 손더스의 손 안에 있었으며, 코너 상황을 만들어냈다는 사실만큼은 부인할 수 없다. 같은 날, 손더스는 리버모어에게 전화를 걸어 이제 마음이 풀릴 만큼 시간이 충분히 흘렀을 테니, 자신에게 빚진 모든 주식의 인도를 요청함으로써 피글리위글리 작전을 완수하도록 도와주지 않겠느냐고 요청한 것으로 보인다. 즉, 리버모어에게 이제 덫을 찰칵 닫는 역할을 맡아달라고 요청한 것이다. 리버모어는 어림도 없는 소리라고 답한 것으로 보이는데, 자신은 그 일에서 완전히 손을 뗐다고 생각한 게 분명하다. 그래서 다음 날인 3월 20일 화요일, 덫을 닫는 일은 손더스가 직접 했다.

월스트리트를 휩쓴 광풍

그날은 월스트리트에 광풍이 몰아친 하루였다. 피글리위글리 주식은 전날 종가보다 $5\frac{1}{2}$ 달러가 오른 $75\frac{1}{2}$ 달러로 거래가 시작되었다. 개장한 지 1시간이 지났을 때, 손더스가 자신에게 빚진 피글리위글리 주식을 모두 인도할 것을 요구했다는 소식이 전해졌다. 증권거래소 규정에 따르면, 그런 상황에서 인도를 요청한 주식은 다음 날 오후 2시 15분까지 모두 인도해야 했다. 하지만 손더스도 잘 알고 있었듯이, 피글리위글리 주식은 자신에게서 사지 않는 한 인도할 방법이 없었다. 물론 개인 투자자가 보유하고 있는 주식이 아직 극소수 있었지만, 사면초가에 몰린 공매도자들은 그것을 구하려고 점점 더 높은 가격으로 매수 주문을 냈다. 하지만 실제로 거래되는 피글리위글리 주식은 얼마 없었는데, 거래할 수 있는 주식 자체가 별로 없었기 때문이다. 뉴욕증권거래소에서 피글리위글리 주식이 매매되는 구역은 입회장 중개인들 중 3분의 2가 몰려드는 바람에 무척 북적거렸는데, 그중에는 주식 매매를 하러 온 사람도 있었지만, 대부분은 그저 서로 밀치거나 와 하는 함성을 지르면서 흥분의 현장을 목격하러 온 사람들이었다. 궁지에 몰린 공매도자들은 피글리위글리 주식을 90달러에 매수하다가 다음에는 100달러, 그다음에는 110달러에 매수했다. 굉장한 수익을 올린 사례에 대한 소문이 나돌았다. 전해 가을에 곰들의 습격이 한창일 때 주당 39달러에 1100주를 샀던 프로비던스의 그 투자자도 한몫 잡기 위해 나타나 자신이 보유한 주식을 평균 105달러에 모두 처분하고는 오후에 열차를 잡아타고 집으로 돌아갔다. 이 거래에서 그가 얻은 이익은 7만 달러가 넘었다. 사실은 조금만 더 기다렸더라면 더 큰 이익을 챙길 수 있었다. 정오 또는 정오가 조금 지날 무렵에 피글리위글리 주가는 124달러까지 올랐고, 거기서 곧장 천장까지 치솟을 것처럼 보였다. 하지만 최고가는 124달러에서 멈췄다. 124달러에 이르고 나서 얼마 안 돼 뉴욕증권거래소 이사들이 피글리위글리 주식의 추가 거래를 중단시키고 공매도자들이 빌린 주식 인도 마감 시한을 연장할 것이라는 소문이 나돌았기 때문이다. 이 조처는 곰들에게 숨어 있는 주식을 찾을 시간을 벌어주는 효과가 있기 때문에 손더스의 코너를 꺾지는 못하더라도 약화시킬 수 있었다. 마침내 장 마감을 알리는 벨이 울리며 혼란스러웠던 하루가 끝났을 때, 순전히 이 소문만으로 피글리위글리 주가는 82달러까지 떨어졌다.

그 소문은 사실로 드러났다. 장이 마감된 뒤, 뉴욕증권거래소 운영위원회는 피글리위글리 주식의 거래를 중단하고, 공매도자들의 주식 인도 마감 시한을 "운영위원회의 추후 통지가 있을 때까지" 연장한다고 발표했다. 이 결정을 내린 공식적 이유는 즉각 밝히지 않았지만, 운영위원회의 일부 위원들은 만약 코너를 막지 않으면 노던퍼시픽 공황 사태가 반복되지 않을까 염려했다고 밝혔다. 반면에 삐딱한 방관자들은 운영위원회가 코너 때문에 궁지에 몰린 공매도자들의 어려운 처지를 배려한 게 아닌가 의심했다. 더군다나 2년 전의 스터츠자동차회사의 경우처럼 공매도자들 중 상당수는 뉴욕증권거래소 회원으로 추정되었다.

그럼에도 불구하고, 그날 화요일 저녁에 손더스는 멤피스에서 승리감에 젖어 우쭐해 있었다. 그 순간 그의 미실현 수익이 수백만 달러에 이르렀으니 그럴 만도 했다. 물론 그것은 실현할 수 없는 이익이라는 게 문제였지만, 손더스는 사실을 제대로 파악하거나 불리해진 자신의 처지를 제때 이해하지 못했던 것으로 보인다. 손더스는 그토록 증오하던 뉴욕증권거래소에 자신이 엄청난 난리를 야기한 것 외에도, 자신이 큰돈을 벌었을 뿐만 아니라 남부 촌놈이 도시의 교활한 전문가들에게 한 수 가르쳐줄 수 있음을 보여주었다고 확신하고서 잠자리에 들었던 것으로 보인다. 이 모든 것은 우쭐한 기분을 더해주었을 것이다. 하지만 대부분의 우쭐한 기분이 그렇듯이, 그것은 오래 가지 않았다. 손더스가 피글리위글리 위기에 대해 첫 번째 공식 성명을 내놓은 수요일 저녁 무렵에 그의 기분은 당혹스러움과 반항심과 전날 밤의 우쭐한 승리감의 조용한 메아리가 기묘하게 뒤섞인 것으로 변해 있었다. 그는 기자 회견에서 다음과 같이 선언했다. "비유적으로 말해 내 목에 들이댄 칼날은 내가 왜 갑자기 그리고 경고 없이 월스트리트와 그곳의 도박사와 시장 조작자 무리의 허를 찔렀는지 그 이유를 말해줍니다. 그것은 내가 살아남느냐 마느냐, 그리고 내 사업과 내 친구들의 재산이 살아남느냐 마느냐, 혹은 내가 처참하게 '깨져서' 테네시 주의 얼간이로 손가락질당하느냐 마느냐 하는 문제였습니다. 그 결과는 자부심이 강하고 난공불락이라는 월스트리트의 권력자들이 사용하는 방법이 치밀한 계획과 민첩한 행동에 허를 찔린 것으로 나타났습니다." 손더스는 자신의 요구 조건을 제시하면서 성명을 마무리 지었다. 뉴욕증권거래소의 마감 연장에도 불구하고, 모든 공매도 주식을 목요일인 다음 날 오후 3시까지 주당 150달러에 청산하기 바라며, 그 이후에는 가격을 250달러로 올릴 것이라고 했다.

하지만 목요일에 청산에 응한 공매도자가 극소수뿐이자 손더스는 크게 당황했다. 청산에 나선 사람들은 미래의 불확실성을 견딜 수 없어서 그랬을 것이다. 그런데 그때 운영위원회는 피글리위글리 주식을 거래 종목 명단에서 영구적으로 제외했으며, 공매도자들에게 원래 마감 시한에서 닷새의 여유를 더 주기로(즉, 그다음 주 월요일 2시 15분까지) 했다고 발표함으로써 손더스의 허를 찔렀다. 비록 현장에서 멀리 떨어진 멤피스에 머물긴 했지만, 손더스도 이 조처가 무엇을 의미하는지 분명히 알 수 있었다. 그것은 이제 자신이 궁지에 몰렸다는 것을 의미했다. 이 조처에서 공매도자들의 마감 시한 연장이 핵심이라는 사실도 분명히 알아챘다. 그날 저녁에 기자들에게 배포한 성명에서 손더스는 이렇게 말했다. "내가 알고 있는 바에 따르면, 중개인이 증권거래소를 통해 정해진 시간까지 빚을 청산하지 못하는 것은 은행이 청산에 응하지 못하는 것과 같습니다. 그럴 때 그 은행에 어떤 일이 일어나는지는 우리 모두가 잘 알고 있습니다. … 은행 감독관은 그 은행 문에 '폐

376

점'이라 적힌 간판을 달 것입니다. 위엄 있고 전능한 뉴욕증권거래소가 빚을 떼먹는 사람과 같은 짓을 한다는 사실을 저는 믿을 수가 없습니다. 따라서 저는 계약을 통해 저에게 빚진 상태에 있는 주식들이 …적절한 기준으로 청산될 것이라고 …여전히 믿습니다." 멤피스의 《커머셜 어 필》에 실린 사설은 손더스의 배신감을 지지했다. "이것은 도박사들이 도박 빚 떼어먹기라 부르는 행위로 보인다. 우리는 우리의 동향인이 그들을 철저히 짓밟아 혼쭐을 내놓길 바란다."

같은 날인 목요일, 우연의 일치로 피글리위글리 스토어스의 연례 회계 보고서가 공개되었다. 그것은 매출, 이익, 현재 자산을 비롯해 모든 주요 수치가 전년보다 크게 높아져 매우 양호했지만, 아무도 거기에 관심을 보이지 않았다. 지금은 회사의 실제 가치 따위는 아무 의미가 없었다. 모든 것은 앞으로 게임이 어떻게 흘러가느냐에 달려 있었다.

모두가 패배한 게임

금요일 오전, 마침내 피글리위글리 버블이 터졌다. 터진 이유는 목요일 오후 3시 이후에 주당 250달러까지 가격을 높일 것이라고 말했던 손더스가 놀랍게도 100달러에 청산을 받아들이겠다고 발표했기 때문이었다. 뉴욕에서 손더스의 변호사로 일하던 브래드퍼드는 손더스가 왜 갑자기 큰 양보를 했느냐는 질문을 받았을 때 관대한 마음에서 그렇게 했다고 의기양양하게 대답했지만, 진실은 얼마 지나지 않아 분명하게 드러났다. 손더스는 양보를 할 수밖에 없었기 때문에 그렇게 한 것이었다. 뉴욕증권거래소가 연장해준 마감 시한 덕분에 공매도자들과 중개인들은 피글리위글리 주주들의 명단을 샅샅이 훑어볼 기회를 얻었고, 이를 통해 손더스가 코너를 통해 매집하지 못한 소량의 주식을 찾아낼 수 있었다. 공매도자와 코너에 대해 아무것도 모르는 앨버커키와 수시티의 과부들과 고아들은 매트리스 속과 금고를 뒤져 찾아낸 피글리위글리 주식 10주나 20주를 매수가보다 2배 이상 높은 가격으로 팔 수 있다는(그 주식은 더 이상 증권거래소에서 사고팔 수 없으므로, 장외 시장에서) 사실에 그저 기뻐했다. 그 결과, 많은 공매도자들은 손더스에게서 주당 250달러에 사서 그 주식을 청산하는 대신에 장외 시장에서 약 100달러에 사서 씁쓸한 기쁨을 느끼며 멤피스의 적수에게 현금이 아니라 피글리위글리 주식(그 당시엔 손더스가 전혀 원치 않던)으로 상환할 수 있었다. 금요일 밤까지 장외 시장에서 산 주식으로 갚거나 갑자기 주당 100달러로 가격을 낮춘 손더스에게 현금을 지불함으로써 사실상 모든 공매도자들이 빚을 청산했다.

그날 저녁, 손더스는 다시 성명을 발표했는데, 이번 성명은 여전히 반항적이었지만, 누가 보더라도 비통한 심정에서 나온 절규란 걸 알아챌 수 있었다. "크게 한 방 얻어맞은 월스트리트는 '엄마'를 불러댔습니다. 미국의 모든 기관들 중에서 뉴욕증권거래소는 자신에게 감히 맞서는 자들을 모조리 파멸시키는 힘에서는 최악의 위협적 존재입니다. 스스로 법을 만드는 존재이자 ⋯ 하루는 계약에 적용되는 규칙을 만들었다가 다음 날에는 빚을 떼어먹는 사람들을 구제하기 위해 그것을 폐

지하는 등 …어떤 왕이나 독재자도 감히 엄두조차 못 내는 권리를 주
장하는 사람들의 집단. … 오늘부터 제 인생은 같은 일이 재발하지 않
도록 대중을 보호하기 위한 목표를 향해 나아갈 것입니다. … 저는 두
렵지 않습니다. 할 수 있다면, 월스트리트더러 날 짓밟아보라고 하세
요." 하지만 실제로 월스트리트는 그를 짓밟은 것처럼 보였다. 코너는
실패했고, 그는 남부 은행들의 신디케이트에 큰 빚을 졌으며, 미래가
위태로운 주식만 잔뜩 쥐고 있었다.

　월스트리트도 손더스의 맹렬한 비난을 모른 체할 수 없었고, 그 결과
뉴욕증권거래소는 자신의 행동을 합리화할 필요를 느꼈다. 월요일인 3월
26일, 피글리위글리 주식 공매도자들의 마감 시한이 지나고 손더스의
코너가 사실상 이미 물 건너간 직후에 뉴욕증권거래소는 그 위기를 처
음부터 끝까지 장황하게 설명하는 보고서 형식으로 자신의 행동을 변
명하는 발표문을 내놓았다. 뉴욕증권거래소는 만약 코너를 막지 않았
을 경우 대중에게 돌아갈 피해를 강조했다. "모든 주식 반환 계약이 동
시에 실행에 옮겨졌을 경우, 그 주식은 어떤 가격이라도 손더스 씨가
정한 가격에 반환해야 했을 것입니다. 그리고 부족한 공급 물량을 놓
고 경쟁적 호가가 일어나다 보면, 다른 코너 사례들, 특히 1901년에
일어났던 노던퍼시픽 주식의 코너가 몰고 온 사태가 발생했을지도 모
릅니다." 그러고 나서 보고서는 진지한 어조로 바뀌어 이렇게 말했다.
"그런 상황이 초래할 악영향은 단지 그 계약에 직접적 관계가 있는 사
람들에게 미치는 데 그치지 않고 시장 전체로 퍼져갔을 것입니다." 자

신이 취한 두 가지 조처(피글리위글리 주식의 거래 중단, 공매도자들의 마감
시한 연장)에 대해 뉴욕증권거래소는 자체 정관과 규정에 따라 내린 것
이어서 하자가 없다고 주장했다. 지금 와서 보면 이 주장이 오만하게
들릴지 몰라도, 뉴욕증권거래소의 주장에는 일리가 있었다. 그 당시만
해도 뉴욕증권거래소의 자체 규정이 주식 거래를 통제하는 거의 유일
한 장치였다.

　하지만 설사 규정을 따랐다 하더라도, 도시의 교활한 전문가들이 촌
뜨기를 상대로 과연 공정한 게임을 했는가 하는 문제는 과거의 금융
역사를 연구하는 전문가들 사이에서 아직도 논란이 되고 있다. 시장 조
작을 일삼던 투기꾼들조차 나중에 의심을 품었다는 추정 증거가 있다.
뉴욕증권거래소가 어떤 주식 거래를 정지시킬 권리가 있다는 사실은
전혀 논란이 될 수 없는데, 그 당시 뉴욕증권거래소가 주장한 것처럼
그 권리는 정관에 구체적으로 명시되어 있기 때문이다. 하지만 비록
당시에 뉴욕증권거래소가 그럴 권리가 있다고 주장하긴 했지만, 공매
도자들의 계약 이행 마감 시한을 연장하는 권리는 완전히 다른 문제이
다. 손더스의 코너가 실패하고 나서 2년 뒤인 1925년 6월, 뉴욕증권거
래소는 정관을 수정할 필요성을 느껴 "운영위원회가 보기에 증권거래
소에 상장된 어떤 증권에 코너가 일어났다고 판단될 때에는 … 운영위
원회는 해당 계약의 인도 시간을 연기할 수 있다."라는 조항을 추가했
다. 과거에 자신이 했던 일을 이제 와서 할 수 있다는 권한을 부여하는
규정을 채택함으로써 뉴욕증권거래소는 적어도 양심의 가책을 일말이
나마 드러낸 것으로 보인다.

멤피스 캠페인 그리고 파산

피글리위글리 위기가 끝난 뒤 즉각적으로 나타난 후폭풍은 손더스에 대한 동정이었다. 미국 전역의 농촌 지역에서 그는 가혹한 탄압을 받으며 억울하게 패배한 용감한 약자의 이미지로 떠올랐다. 심지어 뉴욕 증권거래소의 본거지인 뉴욕에서도 《뉴욕타임스》는 사설을 통해 많은 사람들의 마음속에 손더스는 성 게오르기우스로, 뉴욕증권거래소는 용으로 자리 잡았다고 지적했다. 그리고 결국 용이 승리를 거둔 결말에 대해 "자신들과 같은 일개 '호구'가 월스트리트의 숨통을 조여 사악한 시장 조작자들에게 마지막 숨을 헐떡이게 한다는 이야기를 읽었을 때 승리의 순간을 느끼며 환호했던 이들이 적어도 전체 인구의 3분의 2 이상을 차지하는 나라에는 나쁜 소식"이라고 말했다.

우호적인 동료 호구들이 그토록 많다는 사실을 절대로 그냥 넘길 사람이 아니었던 손더스는 그들을 이용하려고 했다. 그는 그들이 필요했는데, 그의 처지가 정말로 풍전등화처럼 위태로웠기 때문이다. 가장 큰 문제는 은행들에서 빌린 1000만 달러의 빚을 해결하는 것이었다. 물론 그에겐 그만한 돈이 없었다. 코너를 시도하면서 세운 기본 계획 (만약 그런 게 있었다면)은, 코너에서 아주 많은 돈을 벌어서 그 수익으로 전체 빚 중 상당액을 갚고, 나머지는 일반 대중에게 주식을 판매한 대금으로 다 갚은 뒤, 그러고도 상당량의 피글리위글리 주식을 손에 쥐고 떠날 수 있으리라는 것이었다. 비록 가격을 대폭 낮춰 100달러에 청산을 했다 하더라도, 대다수 사람들의 기준에 따르면 상당히 많은 돈을 번 셈이었겠지만(얼마나 많은 돈을 벌었는지는 정확하게 알려지지 않았지만, 믿을 만한 추정에 따르면 약 50만 달러였던 것으로 보인다), 그것은 손더스가 기대했던 것에 비하면 새 발의 피에 지나지 않았고, 그래서 그가 세우려고 했던 전체 건축물은 쐐기돌이 빠진 아치가 되고 말았다.

공매도자들에게서 받은 돈과 공개 주식 판매에서 얻은 돈으로 은행에 진 빚을 갚았지만, 그러고도 아직 500만 달러의 빚이 남아 있었다. 그중 절반은 1923년 9월 1일까지 갚아야 했고, 나머지는 1924년 1월 1일까지 갚아야 했다. 최선의 희망은 아직 자신이 보유하고 있는 막대한 양의 피글리위글리 주식을 파는 것이었다. 이제 증권거래소에서는 그 주식을 팔 수 없었기 때문에, 자신이 선호하는 자기 표현 방식, 즉 신문 광고에 의존하기로 했다. 이번에는 피글리위글리 주식을 주당 55달러에 팔겠다고 제안하는 통신 판매 홍보도 곁들였다. 하지만 대중은 비록 동정심은 보일지언정 그 동정심을 현금으로 바꿔 제공하려는 생각은 별로 없는 것처럼 보였다. 뉴욕, 멤피스, 텍사캐나를 비롯해 모든 곳의 사람들은 최근에 피글리위글리 주식에 투기적인 속임수 시도가 있었다는 이야기를 들었으며, 또 피글리위글리 사장의 재정 상태가 의심스럽다는 사실도 알고 있었다. 심지어 손더스의 동료 호구들조차 이젠 그의 제안에 귀를 기울이려 하지 않았다. 캠페인은 참담한 실패로 끝났다.

슬픈 마음으로 이 사실을 받아들인 손더스는 이번에는 놀라운 설득력을 발휘해 자신의 재정적 딜레마는 곧 멤피스 시 전체의 문제라는 사실을 일깨우면서 멤피스 이웃 주민들의 지역적 자존심에 호소했다. 만약 자신이 파산한다면, 멤피스의 명성과 사업 능력뿐만 아니라 남부 전체의 명예마저 함께 실추하는 결과가 될 것이라고 주장했다. 늘 광고를 통해 현금을 끌어들이는 능력이 탁월한 것처럼 보였던 그는 한 대형 광고에서 다음과 같이 말했다. "저는 자선을 요구하는 것이 아닙니다. 저는 제 재정적 장례식에 꽃을 요구하지도 않습니다. 저는 다만 … 이것이 이 문제에 도움을 주려는 사람들에게 다음 사실을 알려드리려고 발표한 진지한 성명임을 멤피스의 모든 사람들이 인식하고 알아주길 바랍니다. 그런 분들은 멤피스 캠페인에 동참함으로써 나와 그리고 내 사업을 믿는 친구들과 그 밖의 사람들과 함께 일할 수 있으며, 멤피스 캠페인은 피글리위글리 사업의 동업자가 될 수 있는 이 도시의 모든 남녀를 끌어들이기 위해 벌이는 캠페인입니다. 왜냐하면, 첫째는 아주 훌륭한 투자이기 때문이고, 둘째는 그렇게 하는 것이 옳은 일이기 때문입니다." 두 번째 광고에서 손더스는 시야를 더 넓혀 "피글리위글리가 파산한다면, 남부 전체의 수치가 될 것입니다."라고 선언했다.

위기에 빠진 손더스를 구해야 한다고 멤피스 사람들을 설득하는 데 결정적 효과를 발휘한 주장이 정확하게 어떤 것인지는 알기 어렵지만, 어쨌든 손더스의 주장 중에서 사람들의 심금을 울린 부분이 있었고, 얼마 지나지 않아 멤피스의 《커머셜 어필》은 궁지에 몰린 고향 사업가를 돕자고 시민들에게 촉구하고 나섰다. 멤피스의 재계 지도자들이 보인 반응은 손더스에게 실로 고무적인 것이었다. 갑작스럽게 사흘간의 캠페인이 계획되었는데, 그의 주식 5만 주를 멤피스 시민에게 마법의 가격인 주당 55달러에 파는 것을 목표로 내걸었다. 그 캠페인에 참여한 사람들이 나중에 극소수뿐임을 알고 당황하는 일이 일어나지 않도록 보장하기 위해 사흘 안에 5만 주가 다 팔리지 않으면 모든 판매는 취소될 것이라는 단서까지 달았다. 상공회의소가 이 캠페인을 후원했고, 미국재향군인회와 키비탄 클럽과 익스체인지 클럽도 동조하고 나섰으며, 심지어 멤피스에서 피글리위글리의 경쟁자인 보워스 스토어스와 애로 스토어스도 이 훌륭한 대의를 홍보하기로 동의했다. 공공심이 높은 수백 명의 자원 봉사자가 초인종을 누르겠다고 나섰다. 캠페인이 시작되기 5일 전인 5월 3일, 캠페인 시작을 알리는 만찬을 위해 멤피스의 기업인 250명이 가요소 호텔에 모였다. 손더스가 아내와 함께 만찬장에 들어올 때 박수갈채가 울려퍼졌다. 만찬 후에 많은 사람들이 연설을 했는데, 한 사람은 손더스를 "지난 1000년 동안 어떤 사람보다 멤피스를 위해 큰일을 한 사람"이라고 추켜세웠다. 이 열광적인 찬사는 이전에 그곳에서 살아간, 그 수를 정확히 알 수 없는 치카소족Chickasaw 추장들을 싹 무시한 발언이었다. 《커머셜 어필》의 한 기자는 그 만찬에 대해 "사업상의 경쟁과 개인차는 태양 앞의 안개처럼 사라졌다."라고 썼다.

캠페인은 아주 화려하게 막을 올렸다. 개막일인 5월 8일, 사교계 여성들과 보이스카우트가 "우리는 클래런스 손더스와 피글리위글리를 100% 지지합니다."란 배지를 달고 멤피스 거리를 행진했다. 상인들은 "집집마다 피글리위글리 주식을 한 주씩"이란 구호가 적힌 플래카드로 진열창을 장식했다. 전화와 초인종이 쉴 새 없이 울렸다. 5만 주 중 2만 3698주를 사겠다는 청약이 금방 들어왔다. 하지만 멤피스 주민 대부분이 피글리위글리 주식 홍보 활동이 적십자나 공동 모금 운동을 간청하는 것만큼 숭고한 활동이라고 확신한 바로 그 순간, 의심의 목소리가 끓어오르면서 사악한 자들이 갑자기 손더스에게 즉각 회사 장부를 실지 심사하는 데 동의하라고 요구했다. 손더스는 무슨 이유에서인지 그 요구를 거부했지만, 의심을 품은 사람들을 달래기 위해 만약 "주식 판매 캠페인을 촉진시키는 데 도움이 된다면" 피글리위글리 사장 자리에서 물러나겠다고 제안했다. 사장 자리에서 물러나라는 요구는 나오지 않았지만, 캠페인이 시작되고 나서 이틀째인 5월 9일에 피글리위글리 이사들은 혼란이 가라앉을 때까지 과도기 동안 회사 경영을 돕기 위해 4인 감시위원회(은행가 3명과 기업가 1명으로 이루어진)를 임명했다. 같은 날, 난처한 상황이 또 한 가지 발생했다. 캠페인을 이끈 지도자들은 온 도시가 그를 돕기 위해 발 벗고 나와 애쓰는 마당에 왜 손더스 자신은 수백만 달러가 들어가는 핑크 팰리스를 계속 짓고 있는지 그 이유를 알 수 없다고 했다. 손더스는 다음 날에 그곳 주위에 판자를 둘러칠 것이며, 자신의 재정적 미래가 다시 밝아지기 전까지는 작업을 더 진행하지 않겠다고 서둘러 대답했다.

이 두 가지 문제로 인한 혼란 때문에 캠페인은 사실상 중단 상태에 이르렀다. 셋째 날이 끝날 무렵, 청약 신청이 들어온 주식 수는 아직도 2만 5000주가 안 되었고, 따라서 그동안 청약된 주식들도 판매가 취소되었다. 손더스는 캠페인이 실패했다고 인정하지 않을 수 없었다. 그는 "멤피스는 요란을 떨다가 흐지부지 끝나고 말았다."라고 덧붙였다고 전한다. 하지만 몇 년 뒤에 새로운 모험을 위해 멤피스의 돈이 다시 필요하게 되었을 때, 그는 이런 발언을 했다는 사실을 극구 부인하려고 애를 썼다. 손더스가 그렇게 경솔한 발언을 했더라도 놀라운 일은 아닌데, 신경이 극도로 곤두선 나머지 중압감을 이기기 힘들었을 것이기 때문이다. 캠페인이 불행하게도 실패로 끝났음을 발표하기 직전에 손더스는 멤피스의 재계 지도자들과 밀실에서 회의를 했는데, 나올 때 광대뼈에 멍이 생기고 칼라가 찢어져 있었다. 회의에 참석한 다른 사람들에게서는 폭력의 흔적을 전혀 찾아볼 수 없었다. 그저 손더스에게만 불운했던 하루였다.

코너 작전을 진행하는 동안 손더스가 피글리위글리 회사를 부적절하게 운영했다는 사실은 결코 밝혀지지 않았지만, 주식을 털어내려는 시도가 실패한 뒤에 손더스가 회사에서 맨 먼저 취한 행동은 회사 장부의 실지 심사를 거부할 만한 이유가 충분히 있었음을 시사한다. 감시위원회의 불만스러운 항의에도 불구하고, 손더스는 피글리위글리 주식이 아니라 피글리위글리 점포들을 팔기 시작했는데(즉, 회사의 부분적 청산 절차에 돌입했는데), 그가 어떤 행동을 할지는 아무도 알 수 없었다. 맨 먼저 시카고의 점포들을 매각했고, 곧이어 덴버와 캔자스시티의 점포들을 매각했다. 그 의도는 일반 대중이 퇴짜를 놓은 주식을 살 수 있도록 회사 금고를 채우기 위한 것이라고 발표했지만, 그 무렵에 회사 금고에 피글리위글리 주식이 아니라 현금 수혈이 절실히 필요한 것이 아니었을까 하는 의심이 일부 제기되었다. 손더스는 6월에 "나는 월스트리트와 그 일당들을 때려눕혔다."라고 쾌활하게 보고했다. 하지만 250만 달러를 상환해야 할 날짜인 9월 1일이 눈앞에 다가왔는데, 그만한 현금은 당장 수중에 없고 곧 들어올 전망도 없자, 8월 중순에 손더스는 피글리위글리 사장 자리에서 사임하면서 자신의 자산(자신이 보유한 회사 주식과 핑크 펠리스, 그리고 그 밖의 모든 재산)을 채권자들에게 넘겼다.

이제 손더스 개인과 그가 경영하는 피글리위글리 회사에 공식적인 파산을 선언하는 절차만 남아 있었다. 8월 22일, 거의 가치가 없는 주식을 많이 취급해 그 경매장이 '증권의 무덤'이라고 불리던 뉴욕의 경매 회사 에이드리언 H. 멀러 앤드 선은 피글리위글리 주식 1500주를 주당 1달러(파산한 회사 증권에 매겨지는 전통적인 가격)라는 헐값에 낙찰했고, 이듬해 봄에 손더스는 공식적인 파산 절차를 밟았다. 이것들은 모두 승승장구하던 손더스가 몰락으로 치닫는 과정을 보여주는 사건들이었다. 하지만 손더스가 자기 인생에서 진정한 바닥을 맛본 때는 사장직에서 쫓겨나던 날이었을 것이다. 그리고 그때, 그를 존경하던 많은 사람들의 의견에 따르면, 그는 최고의 수사를 보여주었다고 한다. 손더스가 잔뜩 지친 표정으로, 하지만 여전히 반항적인 태도를 감추지 않은 채 이사회실에서 나와 기자들에게 자신의 사임을 발표하는 순간, 온 사방이 일순 조용해졌다. 그러자 손더스는 쉰 목소리로 말했다. "그들은 피글리위글리의 몸을 가졌지만, 그 영혼은 가질 수 없습니다."

자유로운 영혼의 재기와 좌절

손더스가 말한 피글리위글리의 영혼이 자신을 가리킨 거라면, 그것은 자유로운 상태로 남았다. 즉, 자기 나름의 변덕스러운 길을 마음대로 나아갈 자유가 있었다. 손더스는 다시는 코너 게임을 할 생각을 하지 않았지만, 그의 정신만큼은 전혀 손상받지 않고 멀쩡했다. 그는 공식적으로는 파산했지만, 그에게 반석 같은 믿음을 가지고 재정적 지원을 기꺼이 제공하려는 사람들을 찾을 수 있었고, 그들 덕분에 손더스는 과거보다 아주 약간만 못한 상태로 살아갈 수 있었다. 개인 골프 코스 대신에 멤피스 컨트리클럽에서 골프를 쳐야 했지만, 전과 다름없이 클럽 관리자들의 눈에 캐디들을 타락시킨다고 보일 만큼 캐디들에게 넉넉한 팁을 주었다. 물론 핑크 팰리스는 더 이상 그의 소유가 아니었지만, 그것은 고향 사람들에게 자신의 불운을 상기시키는 유일한 증거였다. 결국 쾌락의 돔은 미완공 상태로 멤피스 시 소유로 넘어갔고, 시는 15만 달러의 예산을 투입하여 자연사산업미술박물관으로 개조했다. 이 건물은 이 상태로 멤피스에서 손더스의 전설을 계속 간직하고 있다.

손더스는 몰락하고 나서 3년 동안 상당 시간을 피글리위글리 전쟁에서, 그리고 자신을 더욱 궁지로 몰아넣으려고 한 적들과 채권자들의 노력을 저지하는 과정에서 자신이 받은 부당한 대우를 바로잡는 노력에 쏟아부었다. 한때 뉴욕증권거래소를 공모와 계약 위반 혐의로 고소하겠다고 위협했지만, 일부 피글리위글리 소액 주주들이 제기한 시험적인 소송이 실패하자 그 생각을 포기했다. 그러다가 1926년 1월에 피글리위글리 주식 판매를 위한 통신 판매 캠페인에서 우편을 이용해 사취를 했다는 혐의로 연방 차원에서 자신을 기소할 것이란 소식을 들었다. 그는 연방 정부가 자신을 기소하려 한 것은 멤피스에서 자신의 이전 동료이자 피글리위글리에 대대적인 개편이 일어난 후 그곳에서 재

무이사를 맡았던 존 버치의 꼬드김 때문이라고 오해했다. 또 한 번 인
내심이 바닥난 손더스는 당장 피글리위글리 본사로 달려가 버치를 만
났다. 이 회담은 멤피스 시민에게 주식을 팔기 위한 캠페인이 실패로
끝나던 날 이사회실에서 벌어진 실랑이와 달리 손더스에게 훨씬 만족
스러운 결과로 끝났다. 손더스의 말에 따르면, 버치는 손더스가 의심
한 혐의에 대해 "말을 더듬으며 부인했고," 이에 손더스가 버치의 턱에
오른손 펀치를 날려 안경을 날아가게 했지만, 큰 손상은 입히지 않았
다고 한다. 나중에 버치는 그것을 "비스듬히 스쳐 지나간 펀치"라고 평
가 절하하면서 판정패한 권투 선수가 하는 말처럼 들리는 변명을 덧붙
였다. "그 공격은 너무나도 갑작스럽게 일어난 것이어서 내가 손더스
씨에게 반격할 시간이나 기회가 없었다." 버치는 이 일로 손더스를 고
소하길 거부했다.

　한 달쯤 지난 뒤 손더스는 우편 사기 혐의로 기소되었지만, 그 무렵
에는 버치가 야비한 짓을 하지 않았다는 사실에 만족하여 원래의 쾌활
한 모습을 되찾았다. 그는 유쾌하게 "이 새로운 사건에서 후회가 되는
일은 딱 하나밖에 없습니다. 그것은 바로 존 버치와 주먹다툼을 벌인
일입니다."라고 말했다. 새로운 사건은 오래가지 않았다. 4월에 멤피
스 지방 법원은 기소를 각하했고, 손더스와 피글리위글리는 마침내 모
든 분쟁을 끝내기로 합의했다. 그 무렵, 회사는 다시 활기를 되찾아
1960년대까지 번성을 누렸다. 주부들은 이제 플로리다 주 잭슨빌에
본사를 둔 피글리위글리 코퍼레이션과 프랜차이스 계약을 맺고 운영
되는 수백 개 점포의 통로들을 걸어다녔다.

손더스도 화려하게 복귀했다. 1928년에 그는 새로운 식품잡화점 체인을 시작했는데, 그 체인에는 오직 그만이 붙일 수 있는 '클래런스 손더스, 솔 오너 오브 마이 네임, 스토어스'라는 이름을 붙였다. 그 가게들은 곧 솔 오너Sole Owner로 불리게 되었다. 하지만 이 이름은 결코 적절한 이름이 아니었다. 손더스의 충실한 후원자들이 없었더라면 그 가게들은 손더스의 마음속에만 존재했을 것이기 때문이다.[7] 하지만 손더스가 회사에 그런 이름을 붙인 이유는 대중을 호도하기 위한 것이 아니었다. 그보다는 월스트리트가 자신을 빈털터리로 만든 후에 분명한 권리를 주장할 수 있는 것이라곤 자기 이름뿐이란 사실을 나름의 역설적인 방식으로 세상에 상기시키기 위해서였다. 하지만 솔 오너의 고객(혹은 이 점에서는 뉴욕증권거래소의 이사들) 중에서 과연 몇 명이나 그것을 알아챘는지는 알 수 없다. 어쨌든 새로운 가게들은 금방 큰 인기를 끌면서 영업이 잘되어 손더스는 파산 상태에서 다시 큰 부자가 되었고, 멤피스 외곽에 100만 달러짜리 사유지를 구입했다. 그는 또한 솔 오너 타이거스라는 프로 미식축구 팀을 만들고 재정 지원을 했는데, 이 투자는 꽤 성공한 편이었다. 손더스는 가을날 오후마다 멤피스 스타디움에서 울려퍼지는 "라! 라! 라! 솔 오너! 솔 오너! 솔 오너!"라는 함성을 들으며 보람을 느꼈기 때문이다.

하지만 손더스의 영광은 또 한 번 금방 허무하게 무너지고 말았다.

---

7) Sole Owner는 자영업자 또는 단독 소유주란 뜻이기 때문이다.

대공황의 첫 번째 파고가 솔 오너 스토어스를 강타하는 바람에 회사는 1930년에 파산했고, 손더스는 또다시 빈털터리가 되었다. 하지만 손더스는 정신을 가다듬고 이번의 대실패에서도 헤쳐나오는 데 성공했다. 후원자를 찾은 그는 새로운 식품잡화점 체인을 계획했는데, 키두즐Keedoozle이라는, 이전보다 더 괴상한 이름을 생각했다. 하지만 이번에는 큰돈을 벌지 못했고, 늘 간절히 원한 게 분명했던 100만 달러짜리 사유지를 구입하지도 못했다. 그의 희망은 전기로 작동하는 식품잡화점인 키두즐에 달려 있었으며, 그의 생애 마지막 20년 중 상당 부분을 그것을 완성하는 데 쏟아부었다. 키두즐 가게에서는 상품들이 유리 패널 안쪽에 진열돼 있고, 식품 자판기처럼 각각의 상품 옆에는 가느다란 구멍이 있었다. 하지만 자판기와 비슷한 점은 여기서 끝난다. 키두즐의 고객은 구멍에 동전을 넣고 유리 패널을 열어 상품을 꺼내는 대신에 점포에 들어올 때 건네받은 열쇠를 구멍에 집어넣는다. 게다가 손더스는 열쇠로 유리 패널을 여는 초보적인 단계를 훨씬 뛰어넘는 생각을 했다. 키두즐의 열쇠를 어떤 구멍에 집어넣을 때마다 선택한 상품의 종류가 열쇠 자체에 내장된 녹화 테이프에 코드로 새겨졌고, 그와 동시에 그 상품이 컨베이어 벨트를 통해 점포 앞쪽에 있는 출구로 자동적으로 전달되었다. 쇼핑을 마친 고객이 출구에서 점원에게 열쇠를 건네주면, 점원은 테이프를 해독해 총 비용을 합산한다. 대금을 지불하고 나면, 컨베이어 벨트 끝부분에 설치된 장치가 구매 상품들을 모두 포장해 고객의 품으로 내보냈다.

시험용 키두즐 점포를 두 군데(하나는 멤피스에, 또 하나는 시카고에) 설치해 운영해보았지만, 설치 장치들이 너무 복잡하고 비용이 비싸 슈퍼마켓의 카트와 경쟁이 되지 않는다는 결론을 얻었다. 하지만 손더스는 이에 굴하지 않고 더 복잡한 장비를 만드는 데 착수했다. 푸드일렉트릭 Foodelectric이라는 이 장비는 키두즐이 하는 것을 다 하면서 거기다가 계산까지 자동으로 할 수 있었다. 하지만 이것은 소매점 장비 시장을 코너로 몰지 못했는데, 1953년 10월에 손더스가 죽을 때까지도 완성되지 못했기 때문이다. 손더스는 브루스 '코너'가 일어나기 5년 전에 죽었기 때문에 그 일을 보지 못했지만, 만약 살아서 보았더라면 리본 클러크[8] 사이에서 일어난 승강이 정도로 여기며 코웃음쳤을 것이다.

---

8) ribbon clerk. 포커에서 적은 금액을 베팅하면서 인색한 방식으로 게임을 하는 사람을 일컫는 말.

9

기업가의 본질은 무엇인가?

본질을 꿰는 자에게 성공은 덤이다

전후 워싱턴에서 가장 논란이 많았던 사람

월스트리트와 워싱턴의 사이가 견원지간에 가까웠던 프랭클린 루스벨트 대통령 재임 기간에 월스트리트 사람들이 보기에 대통령을 제외하고 뉴딜 정책을 대변하는 대표적인 인물은 데이비드 엘리 릴리엔설이었다. 맨해튼 남부 지역에서 릴리엔설이 이런 평가를 받은 이유는 그가 특별히 월스트리트에 적대적인 행동을 했기 때문이 아니라(사실, 웬델 윌키를 포함해 그를 개인적으로 만나본 일부 금융업자들은 일반적으로 그를 합리적인 사람으로 평가했다.), 테네시강유역개발공사Tennessee Valley Authority(이하 TVA)에서 일하면서 얻게 된 상징적 명성 때문이다. TVA는 미국 내 어떤 민간 전력 회사보다 훨씬 큰 정부 소유의 발전 회사로, 월스트리트의 눈에는 질주하는 사회주의라는 개념을 상징하는 존재로 보였다. 릴리엔설은 1933년부터 1941년까지 TVA의 3인 이사회에서 눈에 띄게 활동적으로 일했고, 1941년부터 1946년까지는 3인 이사회 의장으로 일했기 때문에, 그 기간에 경제계에서는 그를 자신의 표현에 따르면 '뿔 달린' 사람으로 여겼다. 1946년에 릴리엔설은 미국원자력위원회 초대 위원장이 되었는데, 1950년 2월에 50세의 나이로 그 자리에서 물러날 때, 《뉴욕타임스》는 그에 대해 "아마도 전후 워싱턴에서 가장 논란이 많았던 인물"일 것이라고 썼다.

릴리엔설은 정부를 떠난 뒤에 무슨 일을 했을까? 공식 기록을 보면 많은 일을 한 것으로 나오는데, 놀랍게도 모두 월스트리트나 민간기업 혹은 양쪽 모두에 관련된 일이었다. 한 예를 든다면, 릴리엔설은 많은 비즈니스 개요서에 디벨롭먼트 앤드 리소시스 코퍼레이션 Development & Resources Corporation(이하 D&R)의 공동 창립자이자 이사회 의장으로 소개돼 있다. 몇 년 전에 나는 뉴욕 시 브로드웨이 50번지에 있는 D&R 사무실로 전화를 걸어 이 회사가 해외 천연자원 개발에 필요한 관리, 기술, 사업, 계획 서비스를 제공하는 민간 회사라는 사실을 확인했다. 다시 말해서, D&R은 외국 정부들을 도와 TVA와 비슷한 계획을 세우고 추진하는 사업을 하고 있었는데, 마침 D&R의 또 다른 공동 창립자는 릴리엔설의 뒤를 이어 TVA 의장을 맡았던 고든 클랩이었다. D&R은 1955년에 설립된 이후 많지는 않아도 만족할 만한 수준의 수익을 올렸는데, 황량하고 가난하지만 원유가 많이 매장된 이란 서부 지역인 후지스탄 개발을 위해 거대한 계획을 세우고 추진했으며, 이탈리아 정부에는 낙후된

남부 지역을 개발하는 일에 대해 조언을 했으며, 콜롬비아 정부에는
비옥하지만 홍수 피해가 자주 발생하는 카우카 강 유역 개발을 위해
TVA와 비슷한 공사를 세우는 일에 도움을 주었고, 가나 정부에는 물
공급에 대한 조언을, 코트디부아르 정부에는 광물 개발에 관한 조언
을, 푸에르토리코 정부에는 전력과 원자력에 관한 조언을 해주었다.

한편, 릴리엔설은 기업 중역과 사업가로서 상당히 많은 돈을 벌었
다. (개인적으로 나는 이 사실이 D&R에서 일한 사실보다도 훨씬 놀라웠다.)
1960년 6월 24일자 미네럴스 앤드 케미컬스 코퍼레이션 오브 아메리
카의 위임장 권유 신고서에서 나는 릴리엔설이 이 회사 이사로 등록돼
있고, 보통주를 4만 1366주 보유했다는 사실을 확인했다. 내가 조사할
당시 이 주식은 뉴욕증권거래소에서 주당 25달러 이상에 거래되고 있
었으므로, 단순한 곱셈만으로도 그 가치는 개인 재산 없이 정부에서
받는 봉급만으로 평생을 보낸 사람을 포함해 대다수 사람들의 기준으
로는 엄청난 액수에 이른다는 사실을 알 수 있다.

이뿐만이 아니다. 1953년에 하퍼 앤드 브러더스 출판사는 릴리엔설
의 세 번째 책인《대기업: 새로운 시대》를 출판했다. (그전에 낸 두 책은
1944년에 나온《TVA: 진군하는 민주주의》와 1949년에 나온《나는 이것을 믿
는다》이다.) 이 책에서 릴리엔설은 미국의 생산과 분배의 우월성뿐만
아니라 국가 안보마저도 산업의 대규모화에 달려 있으며, 우리는 이제
대기업의 남용에 대해 적절한 공적 안전장치를 갖고 있거나 필요에 따
라 대기업을 길들이는 방법을 충분히 잘 알고 있고, 흔히 생각하는 것
처럼 대기업은 중소기업을 망하게 하지 않고 오히려 촉진하는 경향이

있으며, 마지막으로 대다수 지식인이 생각하는 것처럼 대기업 사회는 개인주의를 억압하는 게 아니라 실제로는 가난과 질병과 신체적 불안을 감소시키고 레저와 여행 기회를 늘림으로써 오히려 개인주의를 신장시키는 경향이 있다고 주장한다. 요컨대, 이전에 뉴딜 정책을 주도했던 자가 도발적인 발언을 쏟아낸 것이다.

나는 신문을 구독하면서 릴리엔설이 정부에서 지낸 경력을 아주 자세히 추적했다. 정부 관리로서 그에 대한 내 관심이 최고조에 이르렀던 때는 1947년 2월이었다. 그때 원자력위원회 위원장으로서의 자질을 따지는 의회 청문회에서 숙적인 테네시 주 상원의원 케네스 매켈러가 심한 공격을 퍼붓자, 릴리엔설은 자발적으로 민주주의에 대한 개인적 신념을 털어놓았는데, 이것은 지금도 많은 사람들에게 훗날 매카시즘으로 알려진 태도에 대한 가장 통렬한 공격 중 하나로 남아 있다. (릴리엔설은 여러 가지를 이야기했지만, 그중에서도 "개인이 우선이고, 모든 사람은 하느님의 자식이며, 따라서 그들의 인격은 신성하다는 믿음의 핵심 사상에서 자라난 민주주의의 교리 중 하나는 시민의 자유와 그 보호에 대한 깊은 믿음이고, 또 빈정거리거나 넌지시 암시하는 말을 통해 부당한 혐의를 덮어씌움으로써 한 인간에게서 그에게 무엇보다도 소중한 것인 명성을 해치려는 사람에 대한 혐오감입니다."라고 말했다.)

그런데 그가 민간인으로서 새로 맡은 경력에 대해 단편적인 정보를 접한 나는 혼란에 빠졌다. 그와 월스트리트의 뒤늦은 화해에서 월스트리트와 경영자로서의 삶이 그에게 어떤 영향을 미쳤는지 혹은 그 반대 방향으로는 어떤 영향을 미쳤는지 궁금해 나는 그에게 연락을 취했다.

그리고 하루쯤 뒤에 그의 초청을 받아 그날 오후를 그와 함께 보내기 위해 차를 몰고 뉴저지 주로 떠났다.

민간인으로서의 삶

릴리엔설은 아내 헬렌 램 릴리엔설과 함께 프린스턴의 배틀로드에 살고 있었다. 그들은 뉴욕 시에서 처음에는 비크먼플레이스에 있는 개인 주택에서, 나중에는 서턴플레이스에 있는 아파트에서 6년 동안 살다가 1957년에 이곳에 정착했다. 1에이커가 조금 못 되는 대지 위에 서 있는 프린스턴의 집은 조지 왕조 양식의 벽돌집에 초록색 셔터가 달려 있었다. 같은 종류의 집들로 둘러싸인 이곳은 아주 널찍하지만 허세하고는 거리가 멀었다. 릴리엔설은 회색 슬랙스와 격자무늬 스포츠셔츠를 입고서 현관에서 나를 맞이했다. 예순을 막 지난 그는 키가 크고 늘씬했고, 머리가 좀 벗겨졌으며, 옆모습이 약간 매처럼 생겼는데, 솔직해 보이면서 상대를 꿰뚫어보는 듯한 눈을 갖고 있었다. 그는 나를 거실로 안내해 아내와 인사시킨 뒤에 집안의 보물 두 가지를 소개했다. 하나는 벽난로 앞에 놓인 커다란 동양 양탄자인데, 이란 국왕에게서 선물로 받은 것이라고 한다. 또 하나는 벽난로 맞은편 벽에 걸린 19세기 후반의 중국 족자로, 악당처럼 보이는 네 남자가 그려져 있는데, 이들은 고위 관리이기 때문에 자신에게 특별한 의미가 있다고 한다. 특히 수수께끼 같은 표정을 짓고 있는 남자를 가리키면서 릴리엔설은 미소를 지으며 그를 항상 자신에 대응하는 동양 관리로 생각했다고 설명했다.

부인이 커피를 가져오려고 자리를 뜬 사이에 나는 릴리엔설에게 정부를 떠난 이후의 삶을 처음부터 이야기해 달라고 부탁했다. "좋아요. 먼저, 원자력위원회를 떠난 이유는 여러 가지가 있어요. 그런 일에서는 동료란 소모품에 가까운 것이라고 생각합니다. 만약 그 자리에 너무 오래 있으면, 산업계나 군부 혹은 양쪽 다에 유화적으로 변하게 돼요. 원자력계의 선심성 계획이나 예산에 해당하는 것이 생기게 되지요. 또 한 가지 이유는, 나는 정부 관리로서 할 수 있는 것보다 내 생각을 더 자유롭게 말할 수 있길 원했어요. 정부 관리로서는 그만하면 충분히 할 만큼 했다는 생각이 들었어요. 그래서 1949년 11월에 사직서를 제출했고, 석 달 뒤에 사직했어요. 왜 시기를 그때로 잡았느냐고 묻는다면, 그 무렵에는 내가 비난을 받지 않았기 때문입니다. 원래 계획은 같은 해에 좀 더 일찍 사직하려고 했어요. 그런데 그때 의회에서 나에 대한 마지막 공격이 있었지요. 아이오와 주 상원의원인 히켄루퍼가 '형편없는 부실 관리'를 했다며 나를 비난했거든요." 나는 히켄루퍼 사건을 이야기할 때 릴리엔설이 미소를 짓지 않는다는 사실을 알아챘다. 그는 말을 계속 이어갔다. "민간인의 삶으로 돌아오면서 두려움과 안도감이 모두 느껴지더군요. 두려움은 내 능력으로 먹고살 수 있을까 하는 의구심 때문이었는데, 그것은 아주 실재적인 것이었지요. 젊은 시절에는 정부에서 일하기 전에 시카고에서 변호사로 개업해 일했는데, 수입이 꽤 짭짤했지요. 하지만 이제 와서 다시 법률 분야에서 일하는 건 원치 않았어요. 그렇다면 내가 그것 말고 무슨 일을 할 수 있을까 하고 불안했지요. 나는 이 문제에 너무 매달린 나머지 늘 같은 말을 되뇌고 다녔고, 결국 그 때문에 아내와 친구들이 나를 놀리기까지 했어요. 1949년 크리스마스 때 아내가 내게 거지용 동냥 깡통을 선물했고, 한 친구는 그것과 짝을 이룰 기타를 선물했어요. 안도감은, 음, 그것은 개인의 사생활과 자유와 관련이 있어요. 민간인 시민이 된 나는 원자력위원회에 있을 때처럼 보안 공무원들의 감시나 추적을 받지 않아도 되었어요. 의회 위원회에 출석해 비난하는 질문에 답할 필요도 없어졌고요. 무엇보다도 아내와 다시 자유롭게 대화를 나눌 수 있게 되었지요."

릴리엔설이 이야기를 하고 있는 동안 부인이 커피를 가지고 돌아와 우리와 함께 앉았다. 나는 그녀가 개척자 집안 출신이라고 들었다. 그 조상들은 수 세대에 걸쳐 서쪽으로 뉴잉글랜드에서 오하이오 주로, 거기서 인디애나 주로, 그리고 다시 오클라호마 주로 옮겨갔고, 그녀는 그곳에서 태어났다. 내가 보기에 그녀는 그 역할에 딱 어울려 보였다. 즉, 기품과 인내심, 현실적 태도, 부드러운 강인함을 지닌 여성이었다. 그녀는 내게 이렇게 말했다. "남편이 사직하자 나는 큰 안도감을 느꼈어요. 원자력위원회에 들어가기 전에는 우리는 남편이 하는 일에 대해 항상 대화를 나누었어요. 하지만 그 일을 맡고 나서부터 남편과 나는 사람들에 관한 개인적인 이야기는 자유롭게 해도 되지만, 원자력위원회 일과 관련된 일 중에서 신문에 보도되지 않은 이야기는 절대로 말하지 않기로 합의했지요. 그것은 정말로 끔찍한 구속이었어요."

릴리엔설도 고개를 끄덕이며 동의했다. "섬뜩한 경험을 속에 감춘 채 밤에 집으로 돌아올 때도 있었죠. 원자를 만지는 사람은 그 누구도 다시는 이전으로 돌아가지 못할 겁니다. 아마도 나는 일련의 회의들에 참석해 많은 군인과 과학자가 주로 사용하는 대화를 많이 들었을 것입니다. 사람들이 많이 사는 도시를 '표적'이라고 지칭한다든지 하는 그런 종류의 대화를요. 나는 그런 비인격적인 용어에 결코 익숙해지지 않았어요. 나는 마음속 깊은 곳에서 향수병을 앓았어요. 하지만 그 이야기를 헬렌에게 할 수 없었죠. 나는 내 고민을 털어놓는 게 금지돼 있었으니까요."

그러자 부인이 이렇게 덧붙였다. "그리고 이젠 더 이상 청문회도 없어요. 청문회는 정말 끔찍했지요! 전생에 무슨 죄가 있었던지, 워싱턴에서 열린 어느 칵테일파티에 갔던 일은 아직도 잊을 수가 없어요. 남편은 끝없이 이어진 의회 청문회 중 하나에 참석했다가 왔지요. 우스꽝스러운 모자를 쓴 여성이 남편에게 다가가더니 '오, 릴리엔설 씨, 저는 청문회를 꼭 보러 가고 싶었지만 가지 못했어요. 정말 유감이에요. 전 청문회를 아주 좋아하거든요. 당신도 그렇죠?'와 비슷한 말을 했어요."

그리고 나서 두 사람은 서로를 쳐다보았고, 이번에는 그래도 릴리엔설이 간신히 웃음을 지었다.

깡통과 기타 대신 선택한 일

릴리엔설은 주제가 다음으로 넘어가서 기쁜 것처럼 보였다. 퇴직할 때가 다가오자, 하버드 대학에서 역사학, 행정학, 법학 분야를 대표하는 사람들이 그를 찾아와 교수로 와달라고 청했다. 하지만 릴리엔설은 법률 분야에서 일하지 않기로 결심한 것과 마찬가지로 교수도 되지 않겠다고 결심했다. 그다음 몇 주 동안 뉴욕과 워싱턴의 여러 법률 회사와 산업 회사에서 제의가 왔다. 이런 제의에 고무된 릴리엔설은 깡통과 기타는 없어도 될 것 같다는 자신감이 들었고, 제의들을 검토한 뒤에 모두 거절했다. 대신에 1950년 5월에 유명한 금융 회사인 라자르 프레르에서 파트타임 컨설턴트로 일하기로 했다. 이 회사 사장인 앙드레 마이어는 두 사람의 친구인 앨버트 래스커를 통해 만난 적이 있었다. 라자르는 릴리엔설에게 월스트리트 44번지에 있는 본사에 사무실을 마련해주었다. 하지만 컨설팅 일을 제대로 하기도 전에 릴리엔설은 미국 전역을 순회하는 강연 여행에 나섰으며, 그해 여름엔 잡지 《콜리어스》의 의뢰를 받아 아내와 함께 유럽 여행에 나섰다. 하지만 이 여행에서는 아무 기사도 쓰지 못했으며, 가을에 집으로 돌아온 그는 안정적인 수입을 얻을 수 있는 일을 풀타임으로 해야겠다고 생각했다.

그는 라자르 외에 여러 회사에서 컨설턴트로 일함으로써 이 목표를 달성했는데, 그런 회사 중에는 캐리어 코퍼레이션과 라디오 코퍼레이션 오브 아메리카(이하 RCA)도 포함돼 있었다. RCA를 위해서는 컬러 텔레비전 문제에 대해 조언을 해주었는데, 궁극적으로는 특허를 둘러싼 법정 분쟁에 매달리지 말고 기술 연구에 집중하라고 충고했다. 또한, 컴퓨터 프로그램에 매진하고, 원자로 건설에서 손을 떼라고 설득했다. 1951년 초에 《콜리어스》의 의뢰를 받아 또다시 해외여행에 나섰는데, 이번에는 인도, 파키스탄, 태국, 일본을 방문했다. 이 여행에서는 기사를 하나 썼는데, 8월에 실린 이 기사에서 그는 카슈미르 지역과 인더스 강 상류 지역을 놓고 벌어진 인도와 파키스탄 사이의 분쟁에 해결책을 제시했다. 기본 개념은 두 나라 사이의 긴장 완화를 위해서는 인더스 강 유역 경제 개발을 통해 분쟁 지역 전체의 생활 수준을 개선하는 협력 계획이 최선이라는 것이었다. 9년 뒤, 유진 블랙과 세계은행의 재정적 지원과 도덕적 지지에 큰 도움을 받아 릴리엔설의 계획이 사실상 채택되었고, 인도와 파키스탄 사이에 인더스 강 조약이 체결되었다. 하지만 그 당시에 그의 기사에 대한 즉각적인 반응은 대체로 무관심에 가까웠고, 릴리엔설은 일시적으로 좌절을 맛보면서 환상에서 깨어나 또 한 번 개인 사업이라는 더 겸손한 문제에 집중하기로 마음먹었다.

릴리엔설이 이 이야기를 할 즈음에 초인종이 울렸다. 부인이 나가서 누군가(필시 정원사)와 장미 가지치기 문제에 대해 대화를 나눴다. 릴리엔설은 1~2분 동안 가만히 있지 못하고 초조하게 대화를 듣다가 아내에게 "여보, 도메닉에게 작년보다 더 먼 곳에 있는 장미 가지들을 치라고 말해요!"라고 소리쳤다. 아내가 도메닉과 함께 밖으로 나가자, 릴리엔설은 "내 사고 방식과 달리 도메닉은 늘 너무 조심스럽게 가지를 쳐요. 이탈리아와 중서부 출신이라는 배경 차이 때문이겠죠." 그러고 나서 아까 하던 이야기로 되돌아갔다. 그는 라자르 프레르, 특히 마이어와의 관계를 통해 라자르 프레르가 큰 지분을 보유한 미네럴스 세퍼레이션 노스아메리칸 코퍼레이션이라는 작은 회사와 인연을 맺게 되었는데, 처음에는 컨설턴트로 일하다가 나중에는 중역으로 일했다고 말했다. 그리고 바로 이 일을 하면서 그는 예상치 못한 큰돈을 벌었다고 한다. 당시에 그 회사는 어려움에 처해 있었는데, 마이어는 릴리엔설이 문제 해결에 도움이 되리라고 판단했다. 곧 일련의 합병과 인수와 그 밖의 조처를 통해 회사 이름은 차례로 애터펄거스 미네럴스 앤드 케미컬스 코퍼레이션, 미네럴스 앤드 케미컬스 코퍼레이션 오브 아메리카, 그리고 1960년에는 미네럴스 앤드 케미컬스 필립 코퍼레이션으로 바뀌었다. 한편, 회사의 연간 수입은 1952년에 약 75만 달러이던 것이 1960년에는 2억 7400만 달러 이상으로 치솟았다. 그 회사의 문제를 살펴보라는 마이어의 제의가 계기가 되어 릴리엔설은 4년 동안 매일 사업 경영 문제에 집중적으로 매달렸다. 릴리엔설은 이 경험이 결정적으로 자기 인생에서 가장 풍요로운 경험 중 하나가 되었으며, 그 풍요로움은 단순한 문자적인 의미를 넘어서는 것이었다고 말했다.

박봉 공무원에서 부자 기업가로

내가 프린스턴에서 릴리엔설에게서 직접 들은 이야기, 그 직후에 그 회사에서 발표한 문서들을 조사한 내용, 그 회사에 관심을 가진 다른 사람들과의 대화에서 얻은 정보를 바탕으로 릴리엔설이 경험한 기업에 관한 사실들을 재구성해 여기에 소개한다. 1916년에 한 영국 회사의 자회사로 설립된 미네럴스 세퍼레이션 노스아메리칸은 특허 회사로, 주 수입원은 구리 광석과 그 밖의 비철 광물 광석을 제련하는 과정의 특허에 대한 로열티였다. 주요 활동은 두 가지 방향으로 일어났는데, 하나는 연구실에서 새로운 특허를 개발하는 노력을 기울이는 것이었고, 또 하나는 특허를 빌려 사용하는 채굴 회사와 제조 회사에 기술적 서비스를 제공하는 것이었다. 1950년 무렵에 이르자 연간 수익은아직 흑자였지만, 회사는 어려운 상황에 빠졌다. 사장으로 장기간 재직한 세스 그레고리(90세가 넘었지만 매일 도심의 아파트 호텔에서 브로드웨이 11번지에 있는 사무실로 제왕처럼 자주색 롤스로이스를 타고 출퇴근하면서 여전히 회사를 강력하게 지배하고 있었다.)의 지휘 하에 연구 활동은 거의 없다시피 할 정도로 축소되었고, 오래된 특허 대여섯 개에 의지해간신히 연명하고 있었는데, 이것들도 모두 5~8년 안에 퍼블릭 도메인public domain1)이 될 예정이었다. 회사는 아직 건강한 상태로 살아가고 있었지만, 사실상 사망 선고를 받은 거나 마찬가지였다.

대주주인 라자르 프레르로서는 당연히 걱정을 하지 않을 수 없었다. 그래서 그레고리 사장을 설득해 후한 연금을 받고 퇴직하게 한 뒤, 한동안 컨설턴트로 미네럴스 세퍼레이션과 일했던 릴리엔설을 1952년 2월에 사장 겸 이사회 임원으로 불러들였다. 첫 번째 과제는 만료 기간이눈앞에 다가온 특허를 대체할 새로운 수입원을 발굴하는 것이었는데, 릴리엔설은 이사들과 함께 이 문제를 해결할 방법은 합병이라는 데 의견이 일치했다. 그래서 역시 라자르 프레르의 주식 지분이 높은(월스트리트의 F. 에버스태트 회사와 함께) 한 회사와 미네럴스 세퍼레이션의 합

---

1) 저작권이나 특허 기간이 만료되어 누구나 사용할 수 있게 된 저작물이나 특허.

병을 추진하라는 임무가 릴리엔설에게 떨어졌다. 그 회사는 조지아 주 애터펄거스에 있는 애터펄거스 클레이 컴퍼니로, 석유 제품을 정제하는 데 유용하게 쓰이는 아주 희귀한 종류의 점토를 생산하는 한편으로 스피디드라이Speedi-Dri라는 마루용 세정제를 비롯해 다양한 가정용품도 만드는 회사였다.

미네럴스 세퍼레이션과 애터펄거스 사이의 중매자로 나선 릴리엔설은 이 남부 회사의 중역들에게 탐욕스러운 월스트리트 은행들이 그들을 장기판의 졸로 취급하는 게 아님을 설득해야 하는 어려운 과제를 안게 되었다. 은행들의 대리인으로 나서는 역할은 릴리엔설에게 낯선 일이었고, 자신의 존재가 사람들에게 질주하는 사회주의를 떠올리게 함으로써 감정적 문제를 더 복잡하게 만들 수 있다는 사실에도 불구하고, 그는 그 일을 침착하게 잘 해냈다. 월스트리트에서 일하는 한 사람은 내게 "데이브는 애터펄거스 사람들의 사기와 자신감을 끌어올리는 능력이 아주 탁월했습니다. 그는 합병에 긍정적인 태도를 가지도록 그들을 설득했고, 합병이 그들에게 유리하다는 것을 보여주었지요."라고 말했다. 릴리엔설은 내게 이렇게 말했다. "그 일의 행정적 측면과 기술적 측면은 내게 아주 편했지만, 재정적 측면은 라자르와 에버스태트 사람들에게 맡겨야 했어요. 스핀오프spinoff와 주식 교환에 관한 이야기가 나올 때마다 나는 멍하니 앉아 있었죠. 심지어 나는 스핀오프가 뭔지도 몰랐으니까요."(지금은 릴리엔설도 잘 알고 있지만, 스핀오프는 간단히 말하자면, 한 회사를 둘 이상의 회사로 분할하는 것으로, 합병의 반대 개념이라고 할 수 있다.) 합병은 1952년 12월에 성사되었고, 애터펄거스나 미네럴스 세퍼레이션 모두 합병에 대해 유감스럽게 생각하는 사람은 아무도 없었는데, 새로 탄생한 회사인 애터펄거스 미네럴스 앤드 케미컬스 코퍼레이션의 수익과 주가가 금방 오르기 시작했기 때문이다. 합병 당시에 릴리엔설은 연봉 1만 8000달러를 받는 이사회 의장이 되었다. 그다음 3년 동안 처음에는 이 직위로, 나중에는 최고경영위원회 의장으로 일하면서 릴리엔설은 회사의 일상적인 업무 처리 방식에서뿐만 아니라, 일련의 새로운 합병 작업을 통해 추가 성장의 발판을 다지는 데 큰 역할을 했다. 1954년에는 종이 코팅에 쓰이는 카올린의 주요 생산업체인 에드가 브러더스와 합병했고, 1955년에는 오하이오 주와 버지니아 주의 두 석회석 제조 회사와 합병했다. 일련의 합병과 그에 따른 효율성 증가는 얼마 지나지 않아 큰 성과로 나타났다. 1952년부터 1955년 사이에 회사의 주당 순이익은 5배 이상으로 뛰었다.

릴리엔설이 상대적으로 박봉을 받고 살아가던 공무원에서 얼마나 큰 부자 기업가가 되었는지는 연례 주주 총회나 임시 주주 총회를 위한 위임장 권유 신고서가 잘 보여준다. (공식 문서 중 위임장 권유 신고서보다 조심성 없는 문서는 찾기 어려운데, 이사들이 보유한 주식 수를 정확하게 기재해 공개하기 때문이다.) 1952년 11월에 미네럴스 세퍼레이션 노스아메리칸은 릴리엔설에게 연봉 외에 보너스로 스톡옵션*을 주었다. 릴리엔설은 이 옵션에 따라 자사 주식을 그 당시 시세인 주당 4.875달러에 5만 주를 살 수 있는 권리를 얻었으며, 옵션은 1955년 연말 이전까

---

* 스톡옵션에 대해 자세한 내용은 133쪽을 참고하라.

지 아무 때라도 행사할 수 있었다. 대신에 1953년부터 1955년까지 회사에서 최고경영진으로 일하기로 하는 계약서에 서명을 했다. 물론 모든 스톡옵션 수혜자와 마찬가지로 그에게 돌아가는 잠재적 이득은 나중에 주가가 많이 오를 경우에 옵션 가격으로 주식을 사면 당장 구입한 가격보다 훨씬 비싼 주식을 보유할 수 있다는 데 있었다. 게다가 더 중요한 점이 하나 더 있는데, 나중에 주식을 팔아서 생긴 수익은 최대 세율 25%가 적용되는 자본 이득으로 간주된다. 물론 그 기간에 주가가 오르지 않으면, 옵션은 휴지 조각이나 다름없다. 하지만 1950년대 중엽에 많은 주식이 그랬듯이 릴리엔설의 주식도 크게 올랐다. 위임장 권유 신고서에 따르면, 1954년 말에 릴리엔설은 자신의 옵션을 행사해 1만 2750주를 샀는데, 그 당시 주가는 4.875달러가 아니라 약 20달러나 되었다. 1955년 2월에 그는 4000주를 주당 22.75달러에 팔아 9만 1000달러의 현금으로 바꾸었다. 여기서 자본 이득세를 제하고 남은 돈으로 추가로 옵션을 행사해 주식을 구입함으로써 1955년 8월에는 보유 주식 수가 약 4만 주로 늘어났는데, 내가 그를 방문했을 때 보유하고 있던 주식 수와 얼추 비슷했다. 처음에는 장외에서만 거래되던 그 주식은 그 무렵에 뉴욕증권거래소에 상장되었을 뿐만 아니라, 주가가 고공 비행하면서 투기자들이 선호하는 종목 중 하나가 되었다. 주가는 약 40달러까지 치솟았고, 릴리엔설은 확고하게 백만장자 반열에 오른 게 분명했다. 게다가 회사는 장기적으로도 탄탄한 기반을 다져 매년 배당금을 현금으로 주당 50센트씩 지급했고, 이제 릴리엔설 가족은 경제적으로 고민할 일이 영영 사라졌다.

릴리엔설은 재정이라는 관점에서 볼 때, 자신이 승리를 거둔 상징적인 순간은 1955년 6월에 미네럴스 앤드 케미컬스 주식이 뉴욕증권거래소에 상장되던 날이라고 말했다. 관례에 따라 릴리엔설은 최고경영진의 한 사람으로서 입회장에 초대를 받아 뉴욕증권거래소 이사장과 악수를 나누고 그 모습을 그곳에 모인 모든 사람들에게 보여주었다. "나는 멍한 상태로 그 일을 치렀지요. 그전까지만 해도 나는 평생 동안 어떤 증권거래소에도 가본 적이 없었어요. 그곳은 아주 신비스럽고 흥미로웠지요. 내게는 그 어떤 동물원도 그곳보다 더 기묘해보이지 않았을 겁니다." 예전에 뿔을 달고 다니던 사람이 입회장에 선 것에 대해 뉴욕증권거래소 사람들이 어떻게 생각했는지는 기록에 남아 있지 않다.

풍요의 이면

릴리엔설이 그 회사에서 일한 경험을 아주 열정적으로 이야기했으므로 전체 이야기는 아주 신비하고 흥미롭게 들렸다. 나는 명백한 재정적 유인책 외에 작은 회사의 일에 전념하도록 이끈 요소가 무엇이며, TVA와 원자력위원회를 이끄는 책임을 맡았다가 이제 와서 애터펄자이트(점토 광물)와 카올린, 석회석, 스피디드라이를 팔러 다닌 기분이 어땠느냐고 물었다. 릴리엔설은 의자에서 몸을 뒤로 젖히고 천장을 쳐다보았다. "나는 기업가로서 경험을 쌓길 원했습니다. 작고 무능한 회사를 맡아 잘나가는 회사로 만든다는 개념에 큰 매력을 느꼈어요. 만

들어가는 것이지요. 그런 종류의 만들어가는 과정은 미국 자유 기업의 핵심이라고 생각했는데, 내가 정부에서 일하는 동안에는 전혀 경험하지 못한 것이었지요. 나는 바로 그런 일에 손을 대고 싶었어요. 그리고 기분이 어땠느냐고요? 아주 짜릿했어요. 그 일은 지적 자극이 가득 넘쳐났지요. 그리고 나는 낡은 생각을 많이 바꾸었습니다. 금융업자들, 그러니까 앙드레 마이어 같은 사람들에 대해 새로운 존경심이 생겨났지요. 그들에게는 내가 전혀 이해하지 못했던 정확함과 드높은 자긍심이 있어요. 나는 기업가들의 세계에는 창조적이고 독창적인 사람들이 넘친다는 사실을 발견했습니다. 물론 중요한 일이 일어난 다음에 뒤늦게 깨닫는 사람들도 많이 있지요. 게다가 그 세계는 아주 유혹적이라는 사실도 발견했어요. 사실, 나는 노예가 될 위험에 처했습니다. 사업은 사람을 잡아먹는 측면이 있는데, 사람을 잡아먹는 측면 중 일부는 거기에 너무 푹 빠져들게 만든다는 점입니다. 우리가 읽는 것들—예컨대 주의하지 않으면 오로지 돈만 추구하는 태도에 중독될 수 있다는 것—이 문자 그대로 사실이라는 사실을 발견했습니다. 일부 좋은 친구들은 내가 길에서 벗어나지 않도록 도와주었습니다. 애터펄거스 합병 이후에 동료 이사가 된 퍼디낸드 에버스태트, 라자르 프레르의 특별 자문위원으로서 이사회 임원으로 잠깐 일했던 네이선 그린 같은 사람들이 바로 그런 친구들이었죠. 내게 그린은 사업 세계의 고해 신부였다고 할 수 있습니다. 그가 한 말이 기억나는군요. '자네는 돈을 많이 벌어 독립하겠다고 생각하겠지. 하지만 월스트리트에서는 단번에 독립을 쟁취할 수 없다네. 토머스 제퍼슨이 한 말을 조금 바꿔 표현하면, 매일 반복해서 독립을 쟁취해야 한다네.'라고 말했죠. 그의 말이 옳았습니다. 오, 내겐 나름의 문제가 있었어요. 나는 매 단계마다 나 자신에게 의심을 품었습니다. 그것은 매우 피곤한 일이었지요. 알다시피, 나는 오랫동안 아주 영향력이 큰 두 기관에서 일했습니다. 나는 그 기관들과 동질성을 느꼈어요. 그런 종류의 일을 하다 보면, 자아 감각을 잃기 쉬워요. 이제 재정적 미래뿐만 아니라 개인적 기준까지 스스로를 돌봐야 하게 되자, 나는 항상 올바른 행동을 하고 있는지 의심하게 되었어요. 하지만 이 부분의 이야기는 내 일기에 모두 적혀 있으니, 원한다면 그것을 읽어도 돼요."*

내가 꼭 읽어보고 싶다고 말하자, 릴리엔설은 나를 지하실 서재로 데려갔다. 그곳은 꽤 넓은 방으로, 창문들은 윈도 웰²⁾을 통해 담쟁이 덩굴이 뻗어 있는 곳을 향해 나 있었다. 바깥쪽에서 빛이 들어왔고, 심지어 비스듬한 각도로 햇빛도 약간 비쳤지만, 윈도 웰 윗부분이 너무 높아 정원이나 이웃은 볼 수 없었다. 릴리엔설은 "이웃인 로버트 오펜하이머는 이 방을 처음 보았을 때 갇힌 느낌이 든다고 불평했지요. 그래서 내가 원하는 느낌이 바로 그런 것이라고 말해줬어요!"라고 말했다. 그러고 나서 내게 구석에 있는 문서 보관 캐비닛을 보여주었다. 일기는 그곳에 보관돼 있었다. 종이를 끼웠다 뺐다 할 수 있는 공책들이 빼곡히 꽂혀 있었다. 가장 오래된 일기는 고등학교 시절에 쓴 것이었

---

* 릴리엔설의 일기 중 이 부분은 결국 1966년에 출판되었다.
2) window well. 지하실이 지면보다 아래에 있어 창문을 그냥 낼 수 없을 경우 벽 밖의 흙을 파내 창문을 내는데, 이렇게 창문을 내기 위해 벽 밖에 생긴 공간을 말한다.

다. 편안하게 살펴보라고 말하고 나서 릴리엔설은 나를 그곳에 혼자 내버려두고 위층으로 올라갔다.

나는 그 말을 곧이곧대로 받아들이고서 방 안을 한두 바퀴 둘러보았다. 벽에 걸린 사진들도 살펴보다가 기대를 저버리지 않는 것들을 발견했다. 프랭클린 D. 루스벨트와 해리 트루먼, 상원의원 조지 노리스의 사진이 각자의 이름이 새겨진 채 걸려 있었고, 릴리엔설이 루스벨트와 함께 찍은 사진, 윌키와 함께 찍은 사진, 피오렐로 라가디아와 함께 찍은 사진, 넬슨 록펠러와 함께 찍은 사진, 인도의 네루와 함께 찍은 사진도 있었다. 또, 테네시 강 유역에서 TVA의 발전소가 공급하는 눈부신 전기 조명 아래에 건설 중인 폰타나 댐의 야경 사진도 있었다. 서재는 그 주인이 대외적으로 비치길 원하는 모습을 보여주지만, 일기는 그 주인이 정직하다는 전제 하에 다른 것을 보여준다. 릴리엔설의 일기를 들여다본 지 얼마 지나지 않아 나는 그것이 아주 특이한 문서라는 사실을 알아챘다. 그것은 단지 특이하게 흥미로운 역사적 자료에 불과한 게 아니라, 공적 인물의 생각과 감정이 자세히 담긴 기록이었다. 나는 릴리엔설이 미네럴스 앤드 케미컬스와 함께 일한 해들을 훑어보았고, 가족, 민주당 정치, 친구, 해외여행, 국가 정책에 대한 숙고, 공화국에 대한 기대와 두려움에 관한 글들을 읽다가 그 사이에서 다음과 같은 내용을 발견했다. 뉴욕에서 보낸 기업가로서의 활동과 생활에 관해 쓴 글이었다.

1951년 5월 24일

이제 광물 사업에 뛰어든 것 같다. 시작은 조촐하지만, 창대한 것으로 발전할 가능성이 있다. [그러고 나서 그는 그레고리와 처음 면담한 이야기와 함께 그레고리가 그를 그 회사의 새 사장으로 적합하다고 판단한 것으로 보인다고 설명한다.]

1951년 5월 31일

[기업가의 삶을 시작하는 것은] 오랫동안 앓은 뒤에 걷기를 배우는 것과 같다. …처음에는 **생각**을 해야 한다. 오른발을 내딛고, 왼발을 내딛고, 그런 식으로. 그러다가 어느 순간부터 생각하지 않고 걷게 되고, 이제 걷는 것은 무의식적으로 확실하게 할 수 있는 일로 변한다. 기업가로서의 삶에 관한 한, 이 후자의 상태에는 아직 이르지 못했지만, 오늘 그 첫 번째 느낌이 왔다.

1951년 7월 22일

몇 년 전에 웬델 윌키가 내게 한 말이 생각난다. "뉴욕에 산다는 것은 굉장한 경험이죠. 나는 절대로 다른 곳에서 살지 않을 겁니다. 뉴욕은 세상에서 가장 흥미진진하고 자극적이고 만족스러운 장소이거든요." 따위의 말을 했다. 이 말은 내가 사업차 뉴욕을 방문하고서 했던 말에 대해 그가 응수한 발언이었을 것이다. 그때 나는 소음과 먼지가 들끓는 그 정신병원에 살지 않아도 되어 정말 좋다고 말했다. [지난] 목요일, 나는 윌키가 말했던 그 느낌을 일부 경험했다. …이곳, 1950년대의 뉴욕에는 웅장함이 있고, 모험, 즉 위대한 일이 일어나는 중심에 있다는 느낌이 있다.

1951년 8월 28일

아마도 내가 이루려고 하는 것은 두 마리 토끼를 다 잡는 것에 해당할 것이다. 하지만 어떤 면에서 이것은 완전히 무분별하거나 쓸데없는 짓이 아니다. 즉, 나는 사업 문제에 실제로 충분히 많이 접촉함으로써 현실 감각을 유지하거나 발전시킬 수 있다. 그렇지 않다면 구리 광산을 방문하거나, 전기로를 조작하는 사람이나 석탄 연구 프로젝트에서 일하는 사람과 대화를 나누거나, 앙드레 마이어가 일하는 방식을 지켜보면서 얻는 즐거움을 어떻게 설명할 수 있겠는가? … 하지만 그와 동시에 나는 이것들이 무엇을 의미하는지 생각할 수 있을 만큼, 그리고 당면 관심 분야 이외의 것을 읽을 만큼 충분히 자유롭길 원한다. 그러려면 현재의 **지위**에서 벗어나야 한다. (하지만 그 지위가 없다면, 나는 약간 불행해질 것 같은 느낌이 든다.)

1952년 12월 8일

투자 은행가들이 자신의 돈을 위해 하는 일은 과연 무엇일까? 나는 겪어야 할 노고와 땀과 좌절과 문제—그리고 눈물도 빼놓을 수 없겠지.—의 양에 대해 분명히 눈을 크게 뜨고 있었다. … 만약 시장에서 팔아야 할 것이 있는 사람들이 모두 다 자신이 파는 물건에 대한 진술을, 현재 시장에서 증권법의 사실에 입각하여 주식을 제공하는 사람들만큼 꼼꼼하고 상세하게 해야 한다면, 적어도 사용 가능한 시간 안에는 거의 아무것도 팔지 못할 것이다.

1952년 12월 20일

이 캐터필러스 모험에서 내 목적은 짧은 시간에 많은 돈을 버는 것이고, 그것도 소득세로 80% 이상을 지불하는 대신에 4분의 3을 보전하는 방식(즉, 자본 이득)으로 버는 것이다. … 하지만 다른 목적도 있다. 그것은 바로 기업가로서 경험을 쌓는 것이다. …진짜 이유 혹은 주요 이유는 기업가로서 살아간 시기—즉, 기업 업무에 지배당해 산 시기—에 이 분야에서 적극적으로 활동을 하지 않는다면, 내 인생이 완전한 것이 되지 않으리라는 느낌 때문이다. 내가 원한 것은 세상 사람들의 삶을 빚어내고 거기에 큰 영향을 미치는 이 흥미진진한 활동의 관찰자가 되는 것이었다. 즉, 외부에서 바라보는 … 관찰자(작가나 선생으로서)가 아니라 무대 안에서 바라보는 관찰자가 되는 것이었다. 내게는 아직도 이 느낌이 남아 있는데, 내가 자리에서 물러나 모든 것을 즐거운 마음으로 그만둘 때(때때로 그런 것처럼) 나를 지탱하는 부분은 혹과 아픈 상처도 다 경험, 즉 사업 세계에서 겪은 실제 경험이라는 사실이다. …

그리고 또 [나는] 기업의 경영자들과 정신과 긴장과 동기 등을 정부의 그것과 비교[할 수 있길 원했다.]—정부나 기업을 이해하려면 그러는 게 필요하다. 그러려면 내가 정부에서 오랫동안 일한 것과 맞먹을 만큼 사업 세계에서 실제적이고 유효한 경험을 쌓는 게 필요하다.

내가 기업가로 받아들여질 것이라는 착각은 절대 하지 않는다. 내가 뿔을 달고 지낸 세월이 그토록 길었으니, 적어도 TVA 바깥 세상에서 사는 사람들에게는 절대로 기업가로 받아들여지지 않을 것이다. 나는 이 점에 대해 재계 거물이나 월스트리트 사람을 만나는 일이 드물던 시절보다 방어하고 싶은—대개 호전적 태도로 나타나는—생각이 덜 드는데, 지금은 그들과 함께 살아가고 있으니…….

1953년 1월 18일

이제 나는 분명히 적어도 3년 동안은 [미네럴스 앤드 케미컬스에서] 일해야 하며 …도덕적으로 전체 일을 관장해야 할 책임이 있다. 이 사업이 그 자체가 목적이 될 정도로 만족스러운 삶이 되기에 충분하리라고는 생각하지 않지만, 분주함과 활동, 위기, 도박, 내가 맞닥뜨리는 경영 문제, 사람들에 대한 판단 등은 따분함을 느낄 틈을 전혀 주지 않는다. 거기다가 큰돈을 벌 가능성도 아주 높다. …지금 생각하면, 기업가가 되기로 한 결정―많은 사람들에게 낭만적인 헛소리로 보였던―은 1년 전에 비해 훨씬 타당해 보인다.

하지만 잃은 것도 있다……

1953년 12월 2일

크로퍼드 그린월트[듀폰의 사장]가 … (필라델피아에서) 연설을 하다가 나를 소개했다. …그는 내가 화학 산업계에 들어왔다고 말하면서 내가 이전에 미국에서 가장 거대한 조직들, 그 [어떤] 민간 기업보다 거대한 조직들을 이끌었다는 사실을 감안할 때 경쟁자가 될 가능성에 자연히 약간 불안감을 느낄 수밖에 없다고 했다. 그것은 농담이었지만, 좋은 농담이었다. 그것은 작고 오래된 도시인 애터펄거스에서는 상당한 영향력을 지닌 소개였다.

1954년 6월 30일

나는 기업가의 경력에서 새로운 종류의 만족, 어떤 의미에서는 성취를 발견했다. 나는 '컨설턴트' 일이 기업가가 하는 일이라거나 사업 세계의 현실에 참여하는 일이라고 진심으로 느낀 적이 없었다. 그것은 실제 사고 과정이나 판단과 결정을 내리는 일과 동떨어져 있다고 생각했다. …우리가 발전시켜 나가는 이 회사에는 재미있는 요소가 너무나도 많다. … 오로지 특허에만 의존하던 회사가 ⋯ 거의 아무것도 없는 상태에서 출발하여 ⋯ 인수, 합병, 주식 발행, 위임장 권유 신고서, 내부 금융 조달 방법과 은행 융자를 통한 금융 조달 방법 ⋯ 주가가 결정되는 방식, 어떤 주식을 어떤 가격에 사야 할지 어른들이 결정할 때 의존하는 어리석고 어린애처럼 유치한 기준 ⋯ 에드가와의 합병, (그 직후의) 큰 주가 상승 ⋯ 가격 구조 검토. 개선된 비용 시작. 촉매 아이디어. 추진력과 정력과 상상력: 밤과 낮(연구실에서는 매일 새벽 2시까지), 그리고 마침내 새로운 사업의 시작. ⋯ 그것은 정말 흥미진진한 이야기이다.

(나중에 나는 그가 자신에게는 '사업 세계의 고해 신부'와도 같았다고 말했던 네이선 그린과 대화를 하고 난 뒤, 정부에서 사업 세계로 옮긴 일을 두고 릴리엔설이 보인 반응에 대해 조금 다른 시각을 갖게 되었다. "정부에서 고위직으로 일하다가 월스트리트에 컨설턴트로 온 사람에게 무슨 일이 일어나겠습니까?" 그린은 내게 웅변적으로 물었다. "대개는 크게 실망하기 쉽죠. 정부에서 데이브는 큰 권위와 권력에 익숙해 있었어요. 국가적으로나 국제적으로 아주 큰 책임감을 느꼈으니까요. 사람들은 그와 함께 있는 모습을 다른 사람들에게 보여주길 원했지요. 외국의 고위 관리들도 그를 찾았어요. 그는 온갖 종류의 시설을 사용할 수 있었어요. 그의 책상 위에는 버튼들이 줄지어 늘어서 있었지요. 그것을 누르기만 하면 변호사건 기술자건 회계사건 즉각 달려왔지요. 자, 그랬던 그가 이제 월스트리트로 왔어요. 성대한 환영식이 열렸고, 그는 새로운 회사의 동업자들과 그 아내들을 모두 만났으며, 카펫이 깔린 근사한 사무실도 얻었어요. 하지만 책상 위에는 아무것도 없었죠. 버튼은 딱 하나밖에 없는데, 그걸로 부를 수 있는 사람은 비서밖에 없어요. 리무진 같은 특권도 누릴 수 없고요. 게다가 실질적인 책

임도 없어요. 그는 스스로에게 말하죠. '난 아이디어 맨이야. 아이디어를 내야 해.'라고요. 그에겐 아이디어가 몇 개 있어요. 하지만 동업자들은 별로 큰 관심을 보이지 않아요. 그래서 새로 맡게 된 일의 외형적 형태는 실망으로 나타납니다. 일의 내용도 마찬가지입니다. 위싱턴에서는 천연자원이나 원자력처럼 세상을 뒤흔드는 것을 개발하는 일을 했어요. 그런데 이제는 돈을 벌기 위해 작은 사업을 벌여야 하는 겁니다. 이 모든 것은 하잘것없는 일처럼 보이죠.

　그리고 돈 문제도 있어요. 정부에 있을 때 가상의 우리 주인공은 돈이 그렇게 절실히 필요하지 않았어요. 개인 비용을 하나도 부담하지 않고 모든 서비스와 기본적인 편의를 제공받았지요. 게다가 도덕적 우월감까지 느꼈지요. 그는 돈을 벌려고 애쓰는 사람들을 경멸할 수 있었어요. 로스쿨 동기 중에서 월스트리트에서 큰돈을 버는 사람을 보고 '그는 돈에 팔려갔어.'라고 말할 수 있었지요. 그러던 그가 정부를 떠나 자신이 월스트리트의 환락가로 가서 '여기서 내가 일을 하면, 이 사람들이 돈을 줄까요?'라고 물어요. 물론 그들은 돈을 주지요. 그는 컨설팅을 해주고 비싼 비용을 받습니다. 그러다가 비싼 소득세를 내야 한다는 사실을 알게 돼요. 이제 정부로부터 생활비를 받는 대신에 자신의 소득 대부분을 정부에 바쳐야 하는 거지요. 입장이 완전히 거꾸로 뒤바뀐 셈이죠. 그는 옛날의 월스트리트 사람들처럼 이따금씩 '이건 몰수야!'라고 비명을 지르기 시작할지도 모릅니다.

　데이브는 이 문제들을 어떻게 처리했을까요? 그도 나름의 고충이 있었지만—그는 두 번째 인생을 시작하고 있었으니까요.—그 문제들을 더 바랄 나위 없이 잘 처리했습니다. 그는 따분함을 전혀 느끼지 않았고, '이건 몰수야!'라고 비명을 지르지도 않았습니다. 그는 어떤 일에 몰두하는 데 탁월한 능력이 있어요. 당면한 문제가 무엇이냐 하는 것은 그에게 그렇게 중요하지 않아요. 그 일이 중요하건 중요하지 않건 그는 단지 자신이 그것을 한다는 이유로 자신의 일이 중요하다고 생각할 수 있는 것처럼 보여요. 그의 능력은 미네럴스 앤드 케미컬스에 아주 큰 도움이 되었는데, 단지 관리자로서의 능력 때문만은 아니었어요. 어쨌든 데이브는 변호사이기 때문에 스스로 인정하는 것보다 기업의 재정에 대해 많은 것을 알고 있어요. 그는 맨발의 소년처럼 보이길 즐기지만, 실제로는 전혀 그렇지 않아요. 데이브는 월스트리트에서 큰돈을 벌면서도 독립성을 유지할 수 있음을 보여준 사례로 거의 완벽합니다.")

양면적인 생각이 표출된 일기를 읽고, 또 그 뒤에 그린의 말을 듣고 나니, 풍요와 몰두 이면에 거의 타협에 가깝게 불만족스러운 느낌이 남아 있는 게 보이는 것 같았다. 릴리엔설에게 새로운 종류의 경험과 상상하기 어려울 정도로 큰돈을 버는 경험을 하면서 느낀 스릴은 벌레가 든 장미와 같은 것이 아니었을까 하는 생각이 들었다. 나는 거실로 돌아갔다. 거실에서 릴리엔설은 이란 국왕에게서 받은 양탄자 위에 등을 대고 누워 있고, 그 위에 한 무리의 아이들이 올라타 있었다. 적어도 처음에는 한 무리의 아이들처럼 보였다. 자세히 보니 사내아이 둘뿐이었다. 정원에서 돌아온 릴리엔설 부인은 두 아이가 딸 낸시와 사위 실베인 브롬버거 사이에서 태어난 앨런 브롬버거와 대니얼 브롬버거라고 소개했다. 딸 부부는 가까이에 살고 있으며, 사위는 대학에서 철학을 가르친다고 했다. (실베인 브롬버거는 몇 주 뒤에 시카고 대학교로 옮겨갔다.) 릴리엔설의 두 자녀 중 아들 데이비드 주니어는 매사추세츠 주 에드가타운에 살고 있는데, 작가가 되려고 그곳에 정착했다가 실제로 작가가 되었다. 릴리엔설 부부의 충고에 따라 손자들은 할아버지 몸 위에서 내려와 방에서 사라졌다. 상황이 다시 정상으로 돌아왔을 때, 나는 릴리엔설에게 일기에서 읽은 내용에 대해 느낀 것을 이야기했더니, 그는 잠시 망설이다가 마침내 입을 열었다. "그래요. 하지만 한 가지, 내가 걱정했던 것은 그 많은 돈을 버는 것이 아니었어요. 돈을 버는 것 자체 때문에 기분이 좋거나 나쁘거나 하진 않았어요. 정부에서 일하던 시절에는 필요한 비용을 스스로 지불해야 했는데, 돈을 좀 아껴 써서 아이들을 대학까지 충분히 보낼 수 있었지요. 우리는 돈에 대해 크게 신경 쓴 적이 전혀 없어요. 그러다가 큰돈을 벌어 백만장자가 되니, 당연히 놀랄 수밖에 없었지요. 나는 특별히 그걸 목표로 삼거나 그런 일이 내게 일어나리라고 생각한 적이 전혀 없었거든요. 그것은 마치 어린 시절에 1.8미터를 점프하려고 시도하는 것과 비슷해요. 그 시도에서 1.8미터를 점프하는 데 성공하고 나면, '음, 그래서 이게 뭐?'라고 말하죠. 그건 이제 관심사에서 벗어나게 되는 거죠. 지난 몇 년 동안 많은 사람들이 '부자가 된 기분이 어때요?'라고 물었지요. 처음에는 불쾌한 기분이 들었지만—그 질문에는 비판이 숨어 있는 것 같았거든요.—지금은 아무렇지도 않아요. 나는 그들에게 별로 특별한 기분은 들지 않는다고 대답합니다. 내 느낌은, 하지만 이것은 고루한 이야기가 될 것 같군요."

"아뇨, 난 고루하다고 생각하지 않아요." 남편의 입에서 나올 말을 예상하면서 부인이 말했다.

"고루한 이야기가 맞아요. 어쨌거나 이야기하기로 하지요. 나는 충분히 갖고 있기만 하다면, 돈이 큰 차이를 만든다고 생각하지 않아요." 릴리엔설이 말했다.

"나는 그렇게 생각하지 않아요." 릴리엔설 부인이 다시 말했다. "젊을 때에는 큰 차이가 없어요. 젊을 때에는 힘겹게나마 버텨나갈 수 있는 한 돈에 크게 구애받지 않으니까요. 하지만 나이가 들면, 돈은 분명 큰 도움이 돼요."

릴리엔설은 그 말에 동의한다는 듯이 고개를 끄덕였다. 그러고 나서 내가 일기에서 발견한 불만족의 느낌은 아마도 민간 기업에서 보낸 자신의 경력이 공무원으로 일하면서 느낀 만족감을 수반하지 않은 데 일부 이유가 있지 않을까 생각한다고 말했다. 물론 그런 만족감을 전혀 느끼지 못한 것은 아닌데, 미네럴스 앤드 케미컬스의 사업 활동이 최고조에 이르렀던 1954년에 릴리엔설은 먼저 콜롬비아 정부의 요청으로 콜롬비아로 가 1년에 1페소를 받는 컨설턴트로 일하면서 나중에 D&R이 계속 맡아서 진행할 카우카 강 유역 개발 계획을 세우기 시작했다. 하지만 대부분의 시간을 미네럴스 앤드 케미컬스의 최고경영진으로 보내야 한다는 사실에 크게 구속을 받았고, 콜롬비아의 일은 그저 취미 삼아 하는 것이 아니라 하더라도 부차적인 일로 간주해야 했다. 내 눈에는 릴리엔설이 기업가로서 다룬 주요 품목이 다름 아닌 '점토'였다는 사실에 담긴 상징적 의미가 분명히 보였다.

나는 릴리엔설이 인생의 그 시점에서 기업가로 성공하는 과정을 통해 짜릿한 흥분을 느꼈을지도 모를 다른 요소에 대해 생각해보았다. 《대기업: 새로운 시대》라는 책은 릴리엔설이 미네럴스 앤드 케미컬스에서 한창 바쁘게 일할 때 나왔다. 이 책의 내용은 자유 기업에 바치는 무비판적 찬가이기 때문에 나는 일부 사람들이 이 책을 그가 새로운 경력을 합리화하기 위해 쓴 것으로 간주하지 않았는지 궁금했다. 그래서 그 점에 대해 물어보았다.

"그 책에 실린 개념은 뉴딜 정책을 추진한 일부 친구들에게는 분명히 충격이었지요." 릴리엔설 부인이 무미건조하게 대답했다.

"제기랄! 그들에겐 충격이 필요했다니까!" 릴리엔설이 버럭 소리를 질렀다. 그는 약간 열을 내며 말을 했는데, 나는 일기에서 본 호전적 태도로 나타나는 방어라는 표현이 떠올랐다. 그것은 완전히 다른 맥락에서 쓴 것이긴 하지만, 자기 자신에 대한 언급이라는 점은 동일했다. 잠시 후, 그는 정상적인 어투로 돌아와 이야기를 계속했다. "아내와 딸은 내가 책을 쓰는 데 충분히 시간을 들이지 않는다고 생각했는데, 그 생각이 옳았어요. 너무 서둘러 썼지요. 내가 내린 결론들은 충분한 논증으로 뒷받침되지 않았어요. 한 예를 들면, 반트러스트법을 집행하는 방식에 반대하는 내 입장을 좀 더 자세하게 설명해야 했어요. 하지만 반트러스트법 부분은 진짜 문제가 아니었습니다. 내 옛 친구들에게 정말로 충격적이었던 것은 대기업과 개인주의의 관계에 대해, 그리고 기계와 미학의 관계에 대한 이야기였어요. 농촌 전력 공급 사업을 관장하던 모리스 쿡도 충격을 받은 사람들 중 한 명이었지요. 그는 그 책을 읽고 나서 나를 크게 비판했고, 나도 맞받아쳤지요. 대기업에 반대하는 독단주의자들은 어떤 것에서도 나와 얽히길 싫어했어요. 나를 실패자로 보고 내팽개친 것이지요. 그렇다고 상처를 받거나 실망하진 않았습니다. 그들은 향수에 젖어 살아가는 거예요. 그들은 과거를 돌아보고, 나는 앞을 바라보려고 노력합니다. 물론 반트러스트법 위반을 단속하는 사람들이 있었지요. 그들은 정말로 나를 노리고 조사하려고 했어요. 하지만 트러스트를 해체하려는 시도는 단순히 크다는 이유로 대기업을 분해하려고 한다는 점에서 구시대의 유물 같은 것 아닌가요? 그래요, 나는 아직도 내가 말한 것 중 큰 줄기에서는 내가 옳다고 생각합니다. 시대를 앞섰을지는 몰라도, 어쨌든 옳습니다."

"문제는 시기였어요." 릴리엔설 부인이 말했다. "그 책은 남편이 공무원 생활을 그만두고 민간 기업으로 들어가던 바로 그 무렵에 나왔거든요. 그래서 어떤 사람들은 그 책이 순전히 개인적 편의 때문에 일어난 관점 변화를 대표한다고 생각했어요. 실상은 전혀 그렇지 않아요!"

"네, 그렇지 않지요." 릴리엔설이 말을 이었다. "그 책은 대부분 1952년에 썼지만, 거기에 담긴 개념들은 정부에서 일하고 있을 때부터 생각한 것이에요. 예를 들면, 국가 안보를 위해 대기업이 꼭 필요하다는 개념은 대체로 원자력위원회에서 일한 경험에서 나왔어요. 원자폭탄을 현장에서 사용하는 데 박사 학위가 필요 없도록 설계함으로써 실전에 사용할 수 있는 무기로 만들 만한 연구와 제조 시설을 갖춘 회사—구체적으로는 벨 전화 회사—는 대기업이었습니다. 이 회사가 너무 크다 보니 사법부 산하 반트러스트국은 벨 시스템을 여러 회사로 쪼개는 방안을 찾고 있었는데—그 시도는 실패로 끝났지만—원자력위원회가 통일성이 요구되는 방위 산업 임무를 수행해주길 요청하던 바로 그 시점이었지요. 그것은 잘못된 일로 보였어요. 더 일반적으로는 내가 책에서 표현한 전체 관점은 1930년대 초에 TVA 초대 의장인 아서 모건과 다투던 시절로 거슬러 올라갑니다. 모건은 수공업 경제에 큰 믿음을 갖고 있었고, 나는 대규모 산업을 선호했지요. 사실, TVA는 자유 세계에서 가장 규모가 큰 전력 체계였고, 그것은 지금도 마찬가지입니다. TVA에 있을 때, 나는 항상 규모가 큰 것이 좋다고 믿었어요.—분권화와 함께요. 하지만 알다시피 가장 많은 논의를 기대했던 장은 대기업이 개인주의를 촉진하는 기능을 다룬 장이었어요. 그 장에 대해선 일종의 논의가 일어나긴 했어요. 믿을 수 없다는 표정으로 다가와 '당신은 정말로 …을 믿습니까?'로 시작하는 질문으로 말을 꺼낸 대부분의 학계 사람들을 기억합니다. 내 대답은 '예, 나는 정말로 …을 믿습니다.'로 시작했지요."

월스트리트에서 큰돈을 버는 과정에서 릴리엔설이 스스로에게 의문을 던졌을지 모르는 또 한 가지 민감한 문제는 그 돈을 벌면서 "이건 몰수야!"라고 비명을 지를 **필요**가 없었다는 사실인데, 세금 구멍인 스톡옵션을 통해 그 돈을 벌었기 때문이다. 원칙적으로 스톡옵션을 받길 거부한 진보적이고 개혁적인 기업가가 있을 수도 있겠지만, 나는 그런 사람이 있었다는 이야기를 들어본 적이 전혀 없으며, 그런 포기 선언이 분별 있고 유용한 형태의 항의가 될 수 있을지에 대해서도 확신이 서지 않는다. 어쨌든 나는 릴리엔설에게 그 문제는 물어보지 않았다. 공인된 저널리즘 윤리 강령이 없는 상황에서 모든 저널리스트는 각자 나름의 윤리 강령을 따르는데, 내 윤리 강령에서 그런 질문은 도덕적 프라이버시 침해에 가까운 것이다. 하지만 돌이켜보면, 그때 한 번만큼은 윤리 강령을 어겼더라면 하는 아쉬움이 남는다. 릴리엔설은 그답게 그 질문에 맹렬히 반대했을 수도 있지만, 나는 그가 반대로 얼버무

리지 않고 맹렬히 답을 했을 거라고 생각한다. 《대기업: 새로운 시대》
에 대한 비판적 반응에 대해 대화를 나눈 뒤에 그는 일어서서 창가로
걸어갔다. 그리고 아내에게 "도메닉이 장미를 너무 신중하게 자르는
것 같아. 아무래도 나중에 나가서 좀 더 잘라야겠어."라고 말했다. 그
가 턱을 단단히 다문 모습을 보면서 나는 장미 가지치기 논쟁이 어떻
게 해결될지 확신할 수 있었다.

새로운 일에 대한 도전과 희열

릴리엔설의 문제에 성공적인 해결책(결국 두 마리 토끼를 다 잡는 방법)을
제공한 것은 D&R이었다. 이 회사는 1955년 봄에 릴리엔설과 마이어
사이에 벌어진 일련의 대화를 통해 생겨났고, 그 과정에서 릴리엔설은
자신이 TVA를 방문했던 외국의 고위 관리와 고급 기술자 수십 명을
잘 안다고 이야기하면서, 그들이 그 계획에 큰 관심을 보인 것을 감안
한다면 적어도 일부 나라에서는 비슷한 계획을 추진하는 제안에 호의
적인 반응을 보일 것이라고 말했다. "D&R을 세운 목적은 세상이나 그
중 큰 부분을 개조하려는 게 아니라, 그저 다소 구체적인 일들을 그들
이 해낼 수 있도록 돕는 동시에 이익을 얻는 것이었습니다. 앙드레는
이익에 대해서는 큰 확신이 서지 않았지만—우리는 둘 다 처음에는 적
자를 감수해야 한다는 사실을 알고 있었지요.—건설적인 일을 한다는
개념이 마음에 들었어요. 그리고 라자르 프레르는 우리를 지원하기로

했습니다. 그 대가로 회사의 이익 중 절반을 챙기는 조건으로요." 그 당시 뉴욕 시 부행정관으로 일하던 클랩은 이 사업의 공동 창립자로 참여했고, 그 후에 임명된 중역들도 대부분 TVA 출신들로 채워져 D&R은 사실상 TVA 동창회 모임이 되었다. 전무이사가 된 존 올리버는 1942년부터 1954년까지 TVA에서 일하면서 본부장까지 올랐고, 엔지니어링 이사가 된 부어듀인은 TVA에서 10년 동안 일하면서 댐들의 전체 체계를 계획했으며, 산업 개발 부문 부사장이 된 월턴 시모어는 TVA에서 13년 동안 전력 마케팅 컨설턴트로 일했다. 그 밖에도 전에 TVA에서 일했던 사람 10여 명이 여러 자리에 배치되었다.

1955년 7월, D&R은 월스트리트 44번지에 사무실을 내고 고객을 찾는 일에 착수했다. 릴리엔설은 그해 9월에 이스탄불에서 열린 세계 은행 회의에 아내와 함께 참석했다가 나중에 가장 중요한 고객이 된 상대를 만났다. 그는 이란에서 7개년 경제 개발 계획을 진두지휘하고 있던 아볼하산 에브테하지였다. 우연히도 이란은 D&R의 이상적인 고객에 가까웠는데, 무엇보다도 국유화한 석유 산업에서 거둬들이는 로열티 덕분에 자원 개발에 필요한 비용을 감당할 자본이 충분했을 뿐만 아니라, 기술 및 전문가의 지원이 절실히 필요했기 때문이다. 에브테하지와의 만남이 계기가 되어 릴리엔설과 클랩은 국왕의 초청으로 이란을 방문해 후지스탄에서 자신들이 생각한 것을 실행에 옮길 수 있는지 살펴보았다. 그해 12월에 릴리엔설은 미네럴스 앤드 케미컬스와 고용 계약이 만료되었다. 비록 여전히 이사로는 남아 있었지만, 이제 모든 시간을 혹은 대부분의 시간을 D&R에 마음껏 쏟아부을 수 있게 되

었다. 1956년 2월, 릴리엔설과 클랩은 이란으로 갔다. "털어놓기 부끄
럽지만, 그전까지만 해도 나는 후지스탄에 대해 전혀 들은 적이 없었
어요. 하지만 그 후로는 많은 것을 알게 되었지요. 후지스탄은 구약성
경에 나오는 엘람 왕국과 그보다 나중에 등장한 페르시아 왕국의 중심
부였습니다. 페르세폴리스 유적도 거기서 멀지 않고, 다리우스 왕의
겨울 궁전이 있던 수사Susa 유적도 후지스탄 한가운데에 있어요. 고대
에는 전체 지역에 광범위한 치수 체계가 갖춰져 있었지만—2500년 전
에 다리우스 왕이 건설한 것으로 추정되는 운하의 흔적들이 지금까지
남아 있어요.—페르시아 왕국이 망한 뒤에 치수 체계는 침략과 방치
로 인해 폐허로 변하고 말았지요. 커즌 경3)은 100년 전에 후지스탄 고
지대의 모습을 '시선이 수 마일이나 멈추지 않고 배회할 수 있는 사
막'이라고 묘사했지요. 우리는 그렇게 해서 그곳에 갔습니다. 오늘날
후지스탄은 세상에서 가장 풍부한 유전 지대 중 하나이지만—유명한
아바단 정유 공장은 그 남단에 위치해 있지요.—250만 명에 이르는 현
지 주민은 아무 혜택도 받지 못했어요. 흐르는 강들은 제대로 활용되
지 못했고, 환상적으로 비옥한 토지는 그냥 놀리고 있었으며, 극소수
를 제외한 대다수 주민은 극심한 가난 속에서 살았지요. 클랩과 나는
그곳을 처음 보고 경악을 금치 못했습니다. 하지만 우리처럼 TVA에서
오래 일했던 사람에게 그곳은 꿈의 땅이었어요. 그 땅은 제발 개발해
달라고 호소하고 있었지요. 우리는 댐을 건설할 만한 장소와 광물을

---

3) Lord Curzon. 조지 너새니얼 커즌George Nathaniel Curzon. 1898년부터 1905년
   까지 인도 총독을 지내고 외무 장관을 여러 차례 역임한 영국의 정치가.

채굴할 만한 장소, 토양 비옥도를 조사할 수 있는 장소 등을 물색하며 돌아다녔습니다. 우리는 유전에서 천연 가스 화염이 솟아오르는 걸 보았지요. 그것은 그냥 낭비되고 마는 가스였는데, 그 가스를 사용해 비료와 플라스틱 제품을 만드는 석유화학 공장을 세우면 좋겠다는 구상이 떠오르더군요. 8일 만에 우리는 대략적인 계획을 수립했고, 약 2주 뒤에 D&R은 이란 정부와 5년짜리 계약에 서명을 했습니다.

그것은 시작에 지나지 않았어요. 우리 회사의 수석 엔지니어인 빌 부어듀인이 이곳까지 날아와 수사 유적에서 불과 몇 킬로미터 떨어진 곳에서 댐을 건설하기에 환상적인 장소를 발견했지요. 좁은 협곡 지역으로, 데즈 강바닥에서 거의 수직으로 솟은 바위벽 사이에 끼여 있었지요. 우리는 조언하는 데 그치지 않고 이 계획을 우리가 맡아서 처리할 수밖에 없다는 사실을 알게 되었고, 그래서 다음 단계는 이 일을 위해 우리의 관리자 집단을 조직하고 준비하는 것이었지요. 이 계획의 규모가 어느 정도인지 감을 잡는 데 도움을 주기 위해 설명하자면, 지금 당장 전문가 수준에서 이 일을 하고 있는 사람은 약 700명이나 돼요. 미국인 100명, 이란인 300명, 그리고 유럽인이 대부분인 나머지 300명으로 이루어져 있는데, 하청 계약을 맺은 회사들에 소속된 사람들이지요. 그 외에도 이란인 노동자가 약 4700명 있습니다. 모두 합치면 5000명이 넘지요. 5개의 강에 댐 14개를 건설하는 것을 포함해 전체 계획을 완료하기까지는 다년간의 세월이 걸릴 것으로 예상됩니다. D&R은 이제 막 5년간에 걸친 첫 번째 계약을 마치고, 이제 1년 반이 걸릴 새 계약에 서명을 했는데, 다시 5년간 갱신할 수 있는 옵션이 붙어 있어요. 이미 많은 성과를 거두었어요. 첫 번째 댐인 데즈 강 댐을 보세요. 그 높이는 186미터에 이르러 이집트 아스완 댐의 절반을 넘어요. 그리고 36만 에이커 면적의 주변 땅에 관개를 하고, 52만 킬로와트의 전력을 생산하게 될 것입니다. 1963년 초까지는 완공될 것입니다. 한편, 펌프로 길어올린 물을 사용해 사탕수수 농사가 시작되었는데, 이것은 지난 2500년 동안 후지스탄에서 처음 일어난 일입니다. 이번 여름에 첫 번째 수확을 할 예정인데, 그때에 맞춰 설탕 정제 공장도 완공될 것입니다. 한 가지 더, 결국 이 지역에는 댐에서 발전한 전력이 공급될 테지만, 그때까지는 아바단에서 아와즈까지 115km를 넘는 거리에 설치한 고압 전선을 통해 전기가 공급될 것입니다. 이런 규모의 전기 공급은 이란에서 처음 있는 일이지요. 인구 약 12만 명인 도시인 아와즈는 이때까지 대여섯 개의 소형 디젤 발전기 외에는 전력 공급원이 전혀 없었는데, 그 발전기마저 제대로 작동되지 않기 일쑤였지요."

이란 계획을 진행하는 동안 D&R은 칠레와 필리핀의 민간 기업 그룹을 위한 계획뿐만 아니라, 이탈리아, 콜롬비아, 가나, 코트디부아르, 푸에르토리코를 위한 계획도 준비하고 수행하느라 바빴다. 릴리엔설은 얼마 전 D&R이 미 육군 공병대를 위해 맡은 일을 두고 크게 고무되었는데, 그것은 알래스카 지역의 유콘 강에 건설할 댐에서 생산되는 전력의 경제적 효과를 조사하는 것이었다. 그는 유콘 강을 "이 대륙에 남아 있는, 수력 발전이 가능한 강 중 그 잠재력이 가장 큰 강"이라고 묘사했다. 한편, D&R의 지분을 계속 보유하고 있던 라자르 프레르는 이제 매년 큰 이익을 챙기면서 아주 기뻐했고, 릴리엔설은 마이어가 전에 D&R의 재정적 전망을 의심했던 사실을 지적하며 놀렸다.

릴리엔설은 새로 맡은 일의 성격상 아내와 함께 많은 여행을 해야 했다. 그는 자신에게 전형적인 해였다는 1960년의 해외여행 기록을 보여주었는데, 거기에는 다음과 같이 적혀 있었다.

1월 23일~3월 26일

호놀룰루, 도쿄, 마닐라; 민다나오 섬의 일리간; 마닐라, 방콕, 시엠레아프, 방콕; 테헤란, 아와즈, 안디메시크, 아와즈, 테헤란; 제네바, 브뤼셀, 마드리드; 집.

10월 11~17일

부에노스아이레스; 파타고니아; 집.

11월 18일~12월 5일

런던, 테헤란, 로마, 밀라노, 파리, 집.

그러고 나서 그는 일어서더니 이 여행들에 해당하는 부분의 일기를 가져왔다. 지난 초봄에 이란에 머물던 시절이 기록된 부분을 펼친 나는 몇몇 구절에 특별히 끌렸다.

아와즈, 3월 5일

이란 국왕의 거대한 검은색 크라이슬러가 지나갈 때 공항에서 도로를 따라 줄지어 늘어선 아랍 여성들이 지르는 함성은 반란군의 함성을 떠오르게 했다. 그러다가 나는 그게 무슨 소리인지 알아챘다. 그것은 우리가 어릴 때 흔히 입 앞에 손을 갖다 대고 흔들면서 떨리는 소리를 내던 인디언의 날카로운 고함 소리였다.

아와즈, 3월 11일

수요일에 마을 사람들의 오두막집에서 지낸 경험 때문에 나는 깊은 수렁 속에 빠졌다. 내 감정은 절망—내가 죄악시하는 감정—과 분노 사이에서 맴돌았는데, 그것은 아무 도움도 되지 않을 것이다.

안디메시크, 3월 9일

… 우리는 먼지와 한번 빠지면 헤어나기 힘든 진구렁을 헤치고 그때까지 내가 경험한 것 중 가장 험한 '도로들'을 달리면서 먼 거리를 이동했다. 우리는 또한 믿기 힘든—그리고 영원히 잊기 힘든—마을과 진흙으로 만든 '집들'을 방문했는데, 9세기나 그 이전 시대로 되돌아간 것 같았다. 성경에 나오는 맹세처럼 만약 내가 가장 매력적인 내 동료 인간들 중 일부가 어떻게 살아가는지—오늘 밤 여기서 불과 몇 킬로미터 떨어진 곳에서, 우리가 오늘 오후에 방문했던 그곳에서—잊는다면 내 오른손이 말라버릴 것이다.[4] …

하지만 나는 면적이 겨우 4만 5000에이커에 불과해 광대한 후지스탄의 한쪽 구석에 묻혀 있는 게블리 지역이 예컨대 투펄로[5] 공동체가 된 것만큼 유

---

4) 성경에 나오는 맹세는 시편 137편 5절에 나오는 "예루살렘아, 내가 만일 너를 잊는다면 내 오른손이 말라버리리라."라는 구절을 가리킨다.

명해지거나 …뉴하모니[6]나 로키 산맥 고개에 소수의 헌신적인 사람들이 세운 솔트레이크시티[7]만큼 유명해질 것이라고 확신한다.

오후의 그림자가 배틀로드에 길게 드리워지고 있었고, 이제 떠날 시간이 되었다. 릴리엔설과 내 차가 있는 곳까지 걸어가는 도중에 나는 치열한 싸움을 벌이고 워싱턴에서 가장 논란이 많은 사람으로 주목받던 시절이 그리운 적이 없느냐고 물었다. 그는 씩 웃으면서 "물론이지요."라고 대답했다. 그리고 차 앞에 이르렀을 때 계속해서 이렇게 말했다. "나는 워싱턴에서나 테네시 강 유역에서나 특별히 전투적이 되려고 의도한 적은 없었어요. 그저 사람들의 생각이 나와 달랐을 뿐이지요. 하지만 만약 내가 원하지 않았다면 논란이 되는 상황에 나 자신을 밀어넣진 않았겠지요. 예전에 나는 전투적이었다고 생각합니다. 어릴 때 나는 권투에 흥미를 느꼈지요. 인디애나 주 미시간시티에서 고등학교를 다닐 때 나는 사촌과 권투를 많이 했고, 인디애나 주 중부에 위치한 드파우에서 대학을 다닐 때에는 여름 동안 라이트헤비급 프로 권투 선수와 시합을 했어요. 그는 타코마 타이거라는 별명으로 불렸죠. 그와 겨루는 시합은 아주 힘들었어요. 자칫 실수라도 하면 나는 바닥에 눕는 신세가 되곤 했어요. 난 딱 한 번만이라도 그를 때려눕히고 싶었

---

5) Tupelo. 미국 남부 미시시피 주에 있는 도시. 목화를 비롯한 지역 농산물의 집산지이며, 또한 목재의 집산지이기도 하다.

6) 영국의 사회 운동가 로버트 오언Robert Owen이 1825년에 미국 인디애나 주에 세운 공산주의 공동체.

7) 미국 서부 유타 주에 모르몬교 신도들이 세운 도시.

어요. 그게 내 야심이었죠. 물론 나는 결코 그 야심을 이루지 못했지만, 상당히 훌륭한 복서가 되었어요. 대학생 시절에 나는 드파우 대학교에서 권투 코치가 되었지요. 나중에 하버드 법학대학원에 진학하고 나서는 권투를 계속할 시간이 없었고, 그 후 다시는 권투를 진지하게 하지 못했어요. 하지만 권투가 내 호전성을 드러낸 것이라고 생각하진 않아요. 나는 자신을 방어하는 능력을 자신의 독립성을 보존하는 수단으로 여겼던 것 같습니다. 나는 아버지에게서 그것을 배웠어요. 아버지는 입버릇처럼 '자기 뜻대로 살아야 한다.'라고 말씀하셨죠. 아버지는 지금은 체코슬로바키아 동부 지역에 해당하는 오스트리아-헝가리 제국에서 스무 살 무렵인 1880년대에 미국으로 건너왔고, 내가 태어난 일리노이 주 모턴, 인디애나 주 밸퍼레이조, 미주리 주 스프링필드, 미시간시티, 그리고 나중에는 인디애나 주 위너맥 등 중서부의 여러 도시에서 가게를 운영하며 살았어요. 아버지는 옅은 파란색 눈을 가졌는데, 그 눈을 통해 내면이 비쳐보였죠. 아버지를 만나본 사람은 독립성을 미래의 보장과 맞바꿀 사람이 아니란 걸 금방 알 수 있었어요. 아버지는 자신의 본심을 감출 줄 몰랐고, 설사 그 방법을 알았다 하더라도 결코 본심을 감추려 하지 않았을 겁니다. 음, 내가 워싱턴에서 논란을 일으키거나 호전적이었다거나 혹은 뭐라고 부르건 간에 그 이야기로 돌아간다면, 그래요, 내게 맹렬한 비난을 퍼붓던 매켈러가 이제 더 이상 없다는 사실이 아쉬울 때가 있어요. 지금 내게 도덕적으로 그와 같은 것은 다른 종류의 매켈러나 타코마 타이거—미네럴스 앤드 케미컬스의 일, D&R의 일—에 도전해 대적하려고 노력하는 것입니다."

모든 기업가의 원형

나는 1968년 초여름에 릴리엔설을 다시 찾아갔다. 이번에는 화이트홀 스트리트 1번지에 있는 D&R의 세 번째 본사를 방문했다. 그의 사무실은 멋진 항구 풍경이 내다보이는 스위트룸이었다. 그 사이에 D&R도 그도 있는 장소가 바뀌었다. 후지스탄에서는 데즈 강 댐이 예정대로 완공되었다. 1962년 11월에 댐에 물을 가두기 시작해 1963년 5월에 전력 생산과 공급이 시작되었는데, 이제 이 지역의 수요를 충족하고도 많은 전력이 남아돌아 이에 매력을 느낀 외국 산업들을 끌어들이고 있다. 한편, 한때 척박했던 이 지역에서 댐 건설로 가능해진 관개 덕분에 농업도 크게 발전하고 있고, 이제 68세가 되었지만 여전히 전투적인 릴리엔설의 표현대로 "비관적인 경제학자들은 비관적인 태도를 다른 저개발국으로 돌려야 하게 되었다." 앞서 D&R은 이란과 일을 계속 이어 가기 위해 5년간의 계약에 새로 서명했다. D&R의 고객 명단도 14개국으로 크게 늘어났다. 가장 논란이 많은 사업은 베트남에서 하는 사업인데, 미국 정부와 계약을 통해 남베트남의 한 그룹과 메콩 강 유역의 전후 개발 계획을 세우고 있었다. (이 일 때문에 릴리엔설은 전쟁을 지지한다는 비난을 받았다.) 사실은 그는 베트남 전쟁을 일련의 '끔찍한 오산'이 낳은 참혹한 결과로 간주했고, 전후 자원 개발 계획은 별개의 문제라고 생각했다. 그럼에도 불구하고, 그 비판에 상처를 입은 것은 분명했다. 같은 시기에 D&R은 예상을 깨고 농촌 지역 개발 사업에 뛰어들면서 사업 영역을 넓혔다. 그 사업은 TVA 접근 방법이 현대의 사막 지역인 이들 빈민 지역을 개발하는 데 효과가 있는지 알아보기 위해 뉴욕 주 퀸스 카운티와 미시간 주 오클랜드 카운티의 민간 재단이 후원하는 그룹들로부터 의뢰받은 것이었다. 이 그룹들은 D&R에 사실상 "이곳이 잠비아라고 생각하고 어떻게 해야 할지 알려주시오."라고 말했는데, 그 유효성이 아직 입증되지 않았더라도 상상력이 아주 풍부한 아이디어를 내놓으라고 요청한 셈이다.

릴리엔설은 D&R과 미국 기업계에서 D&R이 차지하는 위치에 대해서는, 지난번 우리의 만남 이후 D&R은 태평양 연안 지역에 두 번째 상주 사무실을 열 정도로 팽창했고, 이익이 크게 증가했으며, 라자르는 형식적인 지분만을 소유한 채 사실상 종업원이 소유한 회사가 되었다고 설명했다. 무엇보다 고무적인 것은, 전통적인 기업들이 이윤에 대한 강박증에 사로잡혀 훌륭한 젊은이들이 등을 돌리는 바람에 신규 채용 문제로 심각하게 고민하던 시기였는데도, D&R이 추구하는 이상적인 목표가 가장 유망한 대학 졸업생들에게 큰 매력이 되었다는 점이다. 그리고 이 모든 일의 결과로 릴리엔설은 마침내 지난번에 말할 수 없었던 것을 말할 수 있었다. 이제 민간 기업이 그에게 공무원 생활을 할 때보다 더 큰 만족을 준다고 말이다.

그렇다면 D&R은 반은 주주들에게 반은 나머지 인류에게 책임을 지는 미래 자유 기업의 원형일까? 만약 그렇다면 아이러니가 완성되면서 릴리엔설은 모든 사람들 중에서 기업가의 원형으로 자리 잡을 것이다.

10

주주들의 계절

주주와 회사는 어떻게 공생하나?

AT&T 정기 주주 총회

몇 년 전에 《뉴욕타임스》는 한 유럽 외교관의 말을 인용하면서 "미국 경제는 너무나도 거대해져서 그것을 제대로 이해하는 것은 상상하기 조차 어렵게 되었다. 하지만 이제 규모에 더해 빠른 성장까지 가세했 다. 이것은 세계 역사상 유례없는 근본적인 힘이 나타나는 상황이다." 라고 말했다. 거의 같은 시기에 아돌프 벌리는 기업의 힘에 대한 연구 에서 경제를 지배하는 500여 개 기업은 "중세 봉건 제도가 교회 학교 의 파티처럼 초라해 보일 정도로 집중된 경제력을 대표한다."라고 썼 다. 이들 기업 내부의 힘은 사실상 (실질적인 소유주가 아닌 경우가 많은) 이사들과 전문 경영인에게 집중돼 있는데, 벌리는 같은 논문에서 이들이 가끔 자기 영속적인 과두제를 만들어 유지한다고 주장했다. 오늘날 공정한 관찰자들은 사회적 관점에서 볼 때 이 과두제 관리 방식이 아주 나쁘진 않으며 많은 경우에는 상당히 훌륭하다고 느끼는 것처럼 보이지만, 설사 그렇다 하더라도 이론적으로 궁극적인 권력은 그들에게 있지 않다. 기업 형태의 조직에서 권력은 주주들에게 있는데, 모든 미국 기업들의 주주는 그 수가 2000만 명 이상이나 된다. 법원은 국회의원이 유권자의 지시를 따를 필요가 없는 것처럼 이사는 주주의 지시를 따를 필요가 없다는 판결을 반복해서 내렸지만, 그래도 주주들은 한 주당 한 표라는 논리적 기준(비록 민주적 기준은 아닐지라도)을 바탕으로 이사를 선임한다. 주주들은 여러 가지 이유에서 실질적인 권한을 박탈당하는데, 그런 원인 중에는 수익과 배당금이 오르는 시기에 주주들이 보이는 무관심, 기업에서 일어나는 일에 대한 무지, 너무 많은 주주 등이 있다. 어쨌든 그들은 경영진 선임 투표를 하는데, 대부분의 이사 선임 투표 결과는 공산주의 체제 하의 러시아에서 일어난 투표 결과와 비슷한 면이 있다. 전체 투표 중 99%가 찬성을 선택하는 경향이 있기 때문이다. 주주들이 자신의 존재감을 경영진에게 강하게 느끼게 하는 순간(많은 경우에는 유일한 순간)은 연례 정기 주주 총회가 열릴 때이다. 정기 주주 총회는 대개 봄에 열리는데, 1966년 봄에 나는 봉건제도의 모든 권력을 이론적으로 소유한 사람들이 자기주장을 어떻게 펼치는지, 그리고 그들과 선임된 이사들 사이의 관계가 어떤지 정보를 얻기 위해 정기 주주 총회 현장을 몇 군데 방문하기로 했다.

1966년 시즌에 특별히 끌렸던 이유는 그때의 정기 주주 총회들은 특별한 활기가 넘칠 것으로 보였기 때문이다. 회사 경영진이 주주들에게 새로운 '강경책'으로 대응했다는 소식이 언론에 다수 보도되었다. (나는 공직에 출마하는 후보자가 선거 직전에 유권자들에게 새로운 강경책을 쓰겠다고 발표하는 것과 같은 이 개념에 매력을 느꼈다.) 새로운 강경책은 전해의 정기 주주 총회에서 일어난 사건들 때문이라고 보도되었는데, 일부 주주 총회에서 주주들의 질서 교란 행위가 극에 달했기 때문이다. 커뮤니케이션스 새틀라이트 코퍼레이션의 이사회 의장은 워싱턴에서 열린 주주 총회에서 어쩔 수 없이 경비원들을 불러 의사 진행을 끈질기게 방해하는 주주 두 사람을 물리적으로 쫓아냈다. 컨솔리데이티드 에디슨의 이사회 의장이던 할랜드 포브스는 뉴욕에서 한 방해꾼에게 회의장에서 나가라고 명령했고, 필라델피아에서는 AT&T의 이사회 의장 프레더릭 캐펄이 귀찮은 방해꾼들에게 시달리다 못해 돌연히 "이 회의는 로버트 의사 진행 규칙[1]에 따라 운영되는 게 아닙니다. 이 회의는 내가 운영합니다."라고 선언했다. (나중에 미국총무이사협회의 전무이사는 로버트 의사 진행 규칙을 정확하게 적용하면 주주들에게 발언의 자유를 증대시키는 것이 아니라 제한하는 효과를 낳았을 것이라고 설명했다. 그는 발언을 통해 캐펄은 단지 주주 총회의 폭압적 사태로부터 주주들을 보호한 것일 뿐이라고 암시했다.) 스키넥터디에서는 제너럴일렉트릭의 이사회 의장 제럴드 필리프가 몇 시간 동안 주주들과 설전을 벌인 뒤, 자신의 새로운 강경

---

1) Robert's Rules of Order. 미 육군에 근무하던 헨리 마틴 로버트Henry Martyn Robert가 정해서 책으로 만든 의사 진행 규칙으로, 영어권의 의회나 국제 회의 등에서는 대부분 이 규칙을 따른다.

책을 다음과 같이 요약했다. "나는 내년과 그 후에도 의장이 더 강경한 태도를 채택할 것이라는 점을 분명히 밝힙니다."《비즈니스위크》에 따르면, 그 당시 제너럴일렉트릭 경영진은 특별 대책팀에 연례 정기 주주 총회 방식을 바꿈으로써 훼방꾼들을 억누를 수 있는 조처를 찾으라는 과제를 주었다고 한다. 또, 1966년 초에 경영 바이블인《하버드비즈니스리뷰》는 투자자에게 경영 문제에 관한 서비스를 제공하는 회사의 사장인 글렌 색슨 주니어가 쓴 글을 실었다. 여기서 그는 정기 주주 총회 의장은 "의장의 역할에 내재하는 권위를 인식하고 그것을 적절하게 사용하는 결단을 내려야 한다."라고 단호하게 권했다. 이론적으로 세계 역사상 유례없는 근본적인 힘을 지닌 사람들이 이제 그 힘을 제대로 써보지도 못하고 주저앉게 될 것처럼 보였다.

그해의 주요 정기 주주 총회 일정을 훑어보다가 나는 한 가지 특징에 주목했는데, 바로 주주 총회가 뉴욕이나 그 부근에서 멀리 떨어진 곳에서 열리는 경향이었다. 겉으로 내세운 공식적 이유는 한결같이 과거에 주주 총회에 참석하기 어려웠던 지역 주주들의 참석을 장려하기 위해서였다. 하지만 가장 말썽을 부리는 주주들은 대부분 뉴욕 지역을 기반으로 활동한다는 사실, 그리고 이 조처가 새로운 강경책을 도입한 해에 일어났다는 사실을 감안할 때, 나는 이 두 가지 사실 사이에 어떤 연관 관계가 있을 가능성이 높다고 판단했다. 예를 들어 US스틸 주주들은 클리블랜드에서 만나기로 예정돼 있었는데, 1901년에 회사가 설립된 이래 정기 주주 총회가 US스틸의 명목상 고향인 뉴저지 주 밖에서 열리는 것은 이번이 딱 두 번째였다. 제너럴일렉트릭은 근래에 들어 세 번째로 뉴욕 주를 벗어나 조지아 주에서 정기 주주 총회를 여는 데, 마침 경영진은 조지아 주에서 총회에 꼭 참석하고 싶어 하는 주주를 5600명(주주 명부에 등록된 전체 주주 중 1%를 조금 넘는) 발견한 것처럼 보였다. 가장 큰 회사인 AT&T는 디트로이트를 선택했는데, 81년간의 역사에서 뉴욕 시 밖에서 정기 주주 총회를 여는 것은 이번이 세 번째였다. 두 번째는 1965년에 필라델피아에서 열렸다.

나의 주주 총회 참관 시즌은 AT&T 정기 주주 총회가 열리는 디트로이트로 향하는 것으로 시작하기로 했다. 비행기 안에서 관련 문서를 훑어보던 나는 AT&T의 주주 수가 역대 최고 기록인 약 300만 명으로 늘어났다는 사실을 발견했다. 그리고 만약 이들 모두가, 아니 그중 절반만이라도 디트로이트에 나타나 앉을 자리를 내놓으라고 요구하는 불상사가 일어나면 어떤 일이 벌어질까 하고 상상해보았다. 어쨌거나 이들은 모두 몇 주일 전에 우편으로 주주 총회 참석 요청서를 받았기 때문에, 나는 미국 산업이 또 하나의 '최초' 기록을 세웠겠구나 하는 생각이 들었다. 300만 명의 개인에게 일일이 우편으로 초청장을 보내는 일은 일찍이 어디에서도 일어난 적이 없었을 것이라고 확신했기 때문이다. 정기 주주 총회 장소인 코보 홀은 강변에 위치한 대강당이었는데, 그곳에 들어서는 순간 나의 첫 번째 우려는 금방 사라졌다. 넓은 강당에는 빈자리가 많았다. 잘나가던 시절의 AT&T가 평일 오후에 뉴욕에서 연 주주 총회 참석자 수가 그 정도밖에 안 되었더라면 무척 실망했을 것이다. (다음 날 신문들은 참석자 수가 4016명이었다고 보도했다.) 주위를 돌아보니 군중 속에서 어린아이를 데리고 가족과 함께 온 사람

들, 휠체어를 탄 여성, 턱수염을 기른 남자도 눈에 띄었다. 흑인 주주
는 단 2명만 보였다. 이 점은 '인민 자본주의'를 주창하는 사람들이 공
민권 운동과 협력 방안을 모색하는 게 좋지 않을까 시사한다. 공고된
개회 시간은 1시 30분이었는데, 정확히 그 시간에 이사회 의장 캐펄이
회의장에 들어와 연단의 책상으로 다가갔다. 나머지 18명의 이사들은
그 뒤에 늘어선 의자에 앉았고, 캐펄 의장이 의사봉을 두드리면서 개
회를 선언했다.

나는 읽은 정보와 지난 몇 년 동안 참석한 주주 총회에서 얻은 정보
로부터 큰 회사의 주주 총회에는 항상 총회꾼이라고도 부르는 전문 주
주들이 참석한다는 사실을 알고 있었다. 이들은 회사의 주식을 얼마간
사거나 다른 주주에게서 위임장을 받아 활동하는데, 나름의 조사와 공
부를 통해 회사 사정을 어느 정도 파악한 뒤에 주주 총회에 참석해 질
문을 하거나 안건을 제안한다. 이들 중 가장 유명한 사람으로는 뉴욕
의 윌마 소스 부인과 루이스 길버트가 있다. 윌마 소스는 여성 주주들
의 단체를 이끌면서 자신이 보유한 주식뿐만 아니라 회원들을 대리해
주주의 권한을 행사한다. 루이스 길버트는 자신과 가족이 보유한 상당
수의 주식으로 주주의 권한을 행사한다. 내가 모르고 있다가 AT&T 주
주 총회에서(그리고 그 후에 참석한 다른 주주 총회들에서) 알게 된 사실이
하나 있는데, 경영진의 연설을 제외한다면, 큰 회사의 주주 총회는 대
부분 실제로 의장과 소수의 전문 주주들 사이의 대화(때로는 결투에 가
까운)로 진행된다는 점이다. 비전문 주주들의 의견 제시는 부족한 정보
에 기초한 질문이나 유순한 질문 또는 장황한 찬사로 기우는 경향이

강하기 때문에, 일리가 있는 비판이나 불편한 질문을 던지는 일은 전문 주주들의 몫이다. 대체로 스스로 임명한 것이긴 하지만 이들은 자연스럽게 자신들의 목소리를 대변해줄 사람이 절실히 필요한 대다수 주주들의 유일한 대표가 된다. 그중에는 그다지 좋지 않은 대표도 있으며, 아주 나쁜 일부 사람들은 미국인의 예의에 어긋나는 행동을 해 문제를 일으키기도 한다. 이들 극소수 총회꾼은 매번 정기 주주 총회 때마다 회사법에서는 허용될지 몰라도 응접실 예절에서는 분명히 허용되지 않는 말(상스럽거나 어리석거나 모욕적이거나 폭력적인 말)을 반복하는데, 때로는 큰 회사의 정기 주주 총회를 시장 바닥의 소란스러운 말다툼 분위기로 몰아가는 데 성공한다. 전에 홍보 일을 했던 소스 부인은 1947년부터 지칠 줄 모르는 전문 주주로 활동하고 있는데, 대개는 위에서 든 예보다 훨씬 훌륭한 수준의 활동을 보여준다. 그녀가 기묘한 의상을 입고 총회에 참석하는 이유는 대중의 인기를 끌기 위한 것임이 분명하다. 그녀는 완강한 의장을 조롱하다가 회의장에서 쫓겨나는 데 가끔 성공한다. 그녀는 자주 야단을 치며, 때로는 모욕적인 발언을 퍼붓기도 한다. 그리고 그녀가 지나치게 간결한 표현을 쓰는 것에 대해서는 아무도 비난할 수 없다. 솔직히 말해서 나는 소스 부인이 발언하는 어투와 방식이 거슬리지만, 그녀는 공부를 많이 하고 오기 때문에 대개 하는 말에 일리가 있다는 사실만큼은 인정하지 않을 수 없다.

1933년부터 전문 주주로 활동해온 길버트는 이 분야의 절정 고수인데, 하는 말마다 일리가 있으며, 동료들과 비교할 때 그는 헌신과 성실성뿐만 아니라 간결성과 꼼꼼함의 화신이라 할 수 있다. 대부분의 회

사 경영자들에게 전문 주주로 경멸받는 소스와 길버트는《미국 명사
록》에 실릴 정도로 그 이름이 널리 알려졌다. 게다가 이런 활동에서 어
떤 만족을 얻건, 두 사람은 기업계가 스스로 만든 일부 서사시에서 늘
'개인'이라 불리는 무명의 아가멤논과 아이아스[2]로 활약한다. ("토의
시간 중 상당 부분은 결코 적절해 보이지 않는 문제들에 대해 몇몇 개인들이 제
기한 질문과 진술로 채워졌다. … 두 개인이 의장의 개회사를 방해하고 나섰다.
… 의장은 개회사를 방해한 그들에게 방해 행위를 중단하든가 회의장에서 나가
든가 선택하라고 권고했다." … 이것은 1965년의 AT&T 정기 주주 총회 공식 의
사록에 기록된 내용이다.) 그리고《하버드비즈니스리뷰》에 실린 색슨의
글은 전문 주주와 그들에 대처하는 방법에 관해 쓴 것이지만, 기업의
품위를 위해 그중 단 한 사람의 이름도 언급하지 않았다. 그러지 않기
란 매우 힘든 일이었겠지만, 색슨은 그것을 해냈다.

　소스 부인과 길버트도 코보 홀에 참석했다. 총회가 시작된 지 얼마
되지 않아 길버트가 일어서서 자신이 포함시켜달라고 회사에 요청했
던 여러 안건이 위임장 권유 신고서와 총회 안건 둘 다에서 빠져 있다
고 불만을 제기했다. 캐펄은 길버트가 제안한 안건들은 주주들이 고려
하기에 적절치 않은 문제들에 관한 것이고, 또 너무 늦게 제출되었다
고 짧게 대답했다. 철테 안경을 쓴 캐펄 의장은 근엄해 보이는 인상으
로, 분명히 관대한 신식 기업인보다는 냉담한 구식 기업인에 가깝다.
곧이어 캐펄 의장은 기업 실적을 보고하겠다고 선언했다. 그러자 나머

---

[2] 아가멤논Agamemnon과 아이아스Aeas는 그리스 신화에서 트로이 전쟁 때 활약한
영웅들이다.

지 18명의 이사가 줄지어 연단에서 내려왔다. 그들은 주주들의 질문에
답하기 위해서가 아니라, 그저 소개를 위해 그곳에 나왔던 것이 분명했
다. 그들이 정확하게 어디로 갔는지 나는 알 수 없었다. 그냥 내 시야에
서 사라졌는데, 나중에 어느 주주가 그들이 어디에 있느냐고 묻자 캐펄
이 "이곳에 있습니다."라고 짤막하게 대답할 때까지 나는 그들의 존재
를 까마득히 잊고 있었다. 캐펄은 모든 것을 혼자서 처리하면서 "사업
은 호황을 누리고 있고, 수입은 좋으며, 향후 전망 역시 마찬가지입니
다."라고 보고했고, AT&T는 '벽장 속에 숨겨둔 해골' 같은 게 전혀 없
기 때문에 연방통신위원회가 전화 요금 조사를 얼른 진행하길 학수고
대하고 있다고 말했다. 그러고 나서 '화상 전화'가 보편적인 것이 되고
빛이 메시지를 전달하게 될 전화 산업의 밝은 미래를 제시했다.

　캐펄 의장의 연설이 끝나고, 경영진이 미는 차기 이사 후보들이 적절
한 절차에 따라 지명되자, 소스 부인이 일어서서 정신분석 전문의인 프
랜시스 아킨 박사를 이사 후보로 추천했다. 추천 이유 설명에서 소스 부
인은 AT&T의 이사진 중에 여성도 한 명 포함되어야 한다고 생각하기 때
문이라고 밝히면서 게다가 일부 임원은 종종 정신분석 검사를 받는 혜택
도 누릴 수 있을 것이라고 덧붙였다. (이 발언은 불필요한 사족처럼 보였지만,
경영진과 주주 사이의 매너는 적어도 내가 보기에는 금방 균형을 되찾았다. 또 다
른 총회에서 캐펄 의장이 자기 회사의 주주들 중 일부는 정신과 의사를 찾아갈 필
요가 있다고 말했기 때문이다.) 길버트도 아킨 박사의 이사 지명을 재청했지
만, 두 자리 건너편에 앉아 있던 소스 부인이 팔을 뻗어 그의 옆구리를 세
게 쿡쿡 찌르고 나서야 그렇게 했다.

이번에는 이블린 데이비스라는 전문 주주가 총회 장소에 대해 항의하면서, 뉴욕에서 버스를 타고 이곳까지 와야 했다며 불만을 표시했다. 갈색 머리 여성인 데이비스는 내가 AT&T와 그 밖의 주주 총회에서 관찰한 것을 기준으로 판단할 때, 전문 주주들 중에서 가장 젊고 아마도 가장 세련된 사람으로 보이지만, 관련 정보에 정통하거나 성격이 차분하거나 생각이 깊거나 세상 물정에 밝은 것 같진 않았다. 그녀는 떠들썩한 야유를 받았고, 캐펄 의장이 "논점에서 벗어난 이야기 같군요. 쓸데없는 이야기 같습니다."라고 응수하자 박수갈채가 터져나왔다. 그제야 나는 회사가 총회 장소를 뉴욕에서 다른 곳으로 옮김으로써 얻는 이점의 본질을 이해했다. 귀찮은 총회꾼을 떼어내는 데에는 성공하지 못했지만, 그들을 미국인의 위대한 감정인 지역적 자존심이라는 분위기 속으로 몰아넣는 데에는 성공한 것이다. 꽃무늬 모자를 쓴 한 여성은 자신을 일리노이 주 데스플레인스에서 왔다고 소개하고 나서 "나는 이곳에 참석한 일부 사람들이 두 살짜리 아이처럼 행동하는 대신에 지적인 어른처럼 행동해주길 바랍니다."라고 발언하면서 그 점을 강조했는데, 박수가 한참 이어졌다.

그래도 동부에서 온 전문 주주들의 저격 활동은 계속 이어졌고, 회의가 2시간이나 진행된 3시 30분에 이르자 캐펄은 짜증이 난 게 분명해 보였다. 그는 조바심을 내며 연단 위에서 이리저리 걸어 다니기 시작했고, 대답은 갈수록 점점 짧아졌다. 그에게 독재적이라고 한 불만에 대해서는 "오케이, 오케이."라고 대답한 게 다였다. 클라이맥스는 소스 부인과 사실을 놓고 언쟁을 벌일 때 찾아왔다. 소스 부인은 AT&T가 이사 후보로 지명한 사람들의 소속 회사가 총회에서 나눠준 소책자에는 실려 있지만, 주주들에게 우편으로 발송한 책자에는 누락돼 있다면서, 주주들 중 절대 다수는 총회에 참석하지 않고 대리인에게 선출 권리를 위임했으므로 이 점은 문제가 있다고 지적했다. 다른 큰 회사들은 대부분 우편으로 발송한 위임장 권유 신고서에 그 정보를 기재하므로, AT&T는 왜 그러지 않았는지 설명을 들을 권리가 주주들에게 분명히 있는데, 그 설명이 빠졌다는 이야기였다. 설전이 진행되면서 소스 부인은 꾸짖는 듯한 어조로 변했고, 캐펄 의장의 목소리는 싸늘한 어조로 변했다. 군중은 기독교도에게 야유를 보내고 사자에게 환호를 보내며(만약 소스 부인이 기독교도를 대표하고 캐펄이 사자를 대표한다면) 즐거운 시간을 보냈다. 한번은 소스 부인이 "뭐라고 하는지 안 들려요."라고 말하자, 캐펄 의장은 "그러니까 자기 말만 하려고 하지 말고 남의 말도 좀 들으려고 노력해보세요. 그럼 들릴 겁니다."라고 응수했다. 그러자 소스 부인이 내가 미처 알아듣지 못한 무슨 말을 했는데, 틀림없이 의장의 화를 잔뜩 돋우었을 것이다. 왜냐하면, 캐펄 의장의 태도가 갑자기 얼음에서 불로 확 바뀌었기 때문이다. 그는 손가락을 흔들기 시작하면서 더 이상의 모욕은 참지 않겠다고 말했고, 소스 부인이 사용하던 장내 마이크가 돌연히 꺼졌다. 그러자 귀가 먹먹할 정도로 시끄러운 야유와 발 구르는 소리가 울려퍼지는 가운데 소스 부인이 통로를 걸어가(3~5m 뒤에는 경비원이 따라왔다.) 연단 앞으로 가더니 캐펄 의장을 마주 보고 섰다. 캐펄 의장은 소스 부인이 원하는 것은 자신이 그녀를 밖으로 쫓아내는 것이라는 사실을 잘 알고 있다면서 그렇게 하지 않겠다고 말했다.

결국 소스 부인은 자기 자리로 돌아갔고, 나머지 사람들도 조용해졌다. 그 후 총회는 대체로 전문 주주들보다는 아마추어 주주들이 제기한 질문과 발언으로 채워졌고, 조금 전보다 열기가 분명히 식었으며, 대화의 지적 수준도 그다지 높아지지 않았다. 그랜드래피즈, 디트로이트, 앤아버에서 온 주주들은 모두 이사들에게 회사 운영을 맡기는 게 최선이라는 의견을 표시했다. 다만, 그랜드래피즈에 온 남자는 자신이 사는 곳에서는 더 이상 '벨 텔레폰 아워'[3]가 나오지 않는다고 가볍게 항의를 했다. 미시간 주 플레전트리지에서 온 남자는 퇴직한 주주들에게 배당금을 더 많이 주도록 AT&T가 이익 중 사업 확장에 재투자하는 비율을 줄여야 한다는 발언을 했다. 루이지애나 주 농촌 지역에서 온 한 남자는 얼마 전에 전화를 걸었을 때, 전화 교환원이 5분 내지 10분 동안 대답을 하지 않았다고 불평했다. 그가 "이 문제에 관심을 좀 가졌으면 합니다."라고 말하자, 캐펄 의장은 사람을 시켜 그 문제를 조사하겠다고 약속했다.

데이비스 부인이 AT&T의 기부에 대해 불만을 제기하자, 캐펄 의장은 세상에 그녀보다 더 너그러운 사람들이 있어서 무척 다행스럽게 생각한다고 말했다. (이 말에 박수가 터져나왔다.) 디트로이트에서 온 남자는 "당신이 일부 불평분자에게 당한 모욕 때문에 위대한 중서부 지역에서 총회를 다시 열지 않겠다는 생각을 하지 않았으면 합니다."라고 말했다. 아킨 박사는 이사로 선임되지 못했다는 발표가 나왔다. 경영

---

3) Bell Telephone Hour. 1959년 10월부터 1968년 4월까지 NBC에서 방송한 음악 프로그램.

진이 추천한 이사 후보들이 대리 투표를 포함해 각자 약 4억 주의 지지를 받은 데 비해 그녀는 겨우 1만 9106주의 지지밖에 받지 못했기 때문이다. (위임을 받아 대리 투표를 하는 사람은 자신은 그 사실을 전혀 모른다 하더라도, 경영진이 추천한 이사 후보를 승인함으로써 사실상 일반 주주들이 지명한 후보를 반대하는 셈이 된다.) 세계 최대 기업의 1966년 정기 주주 총회는 그런 식으로 진행되었다. 적어도 수백 명의 주주만 남은 가운데 모두가 떠나고, 내가 뉴욕으로 돌아가는 비행기를 타기 위해 공항으로 떠난 5시 30분까지는 그렇게 흘러갔다.

제너럴일렉트릭의 여유

AT&T 주주 총회는 내게 생각할 거리를 많이 남겼다. 정기 주주 총회는 대의민주제 정부를 지지하는 사람의 마음을 시험하는 시간이 될 수 있다는 생각이 들었다. 특히 참석한 주주들에게 시달리는 의장을 양심의 가책을 느끼면서도 동정하는 자신을 발견할 때 그렇다. 아주 거칠게 날뛰는 전문 주주들은 경영진의 비밀 무기이다. 거칠게 몰아붙이는 소스 부인과 데이비스 부인 같은 사람은 실제로는 주주의 권리를 제대로 대변하지 못하더라도, 코넬리어스 밴더빌트(360쪽 참고)와 존 피어폰트 모건4)조차 상냥한 노신사로 보이게 만들고, 그보다 후세대인 캐

---

4) John Pierpont Morgan. J. P. 모건 회사를 설립한 미국의 은행가.

필 같은 실업계 거물을 드센 마누라에게 바가지를 긁히는 남편처럼 보이게 만들 수 있다. 현실적인 관점에서 본다면, 그런 순간에 전문 주주는 오히려 합리적인 반대 의견의 적이 된다. 반면에 나는 이들도 동정을 받을 가치가 있다고 생각하는데, 사람들이 이들에게 그럴 권리가 있다고 믿건 믿지 않건, 이들은 자기 의견을 표현하려고 하지 않는 주주들을 대표하는 위치에 있기 때문이다. 두둑한 배당금에 만족하는 주주만큼 자신의 민주적 권리를 주장하길 꺼리거나 자신을 대신해 그 권리를 주장하려는 사람을 의심하는 사람도 없다. 물론 요즘은 대부분의 주주가 두둑한 배당금에 만족하고 있다. 아돌프 벌리는 주식을 보유한 사람은 속성상 '관리와 창출'에 신경 쓰기보다는 '수동적 수용성' 상태로 변한다고 말한다. 내가 볼 때, 디트로이트에 모인 AT&T 주주들 중 대부분은 회사가 산타클로스라는 개념에 푹 빠져 있어 수동적 수용성 상태를 뛰어넘어 적극적인 타산적 사랑에 가까운 태도를 보였다. 그리고 전문 주주들은 체이스맨해튼은행의 젊은 중역들 사이에서 공산주의청년연맹 당원을 모집하려고 하는 것처럼 힘만 들고 보람은 없는 임무를 수행하려는 사람들로 보였다.

1965년에 스키넥터디에서 필리프 의장이 제너럴일렉트릭 주주들에게 한 경고, 그리고 회사의 특별 대책팀에 강경책 마련을 지시했다는 보도를 감안하면, 내가 제너럴일렉트릭 정기 주주 총회에 참석하려고 남쪽으로 향하는 열차에 올라탄 것은 중요한 문제를 집요하게 파헤친다는 느낌이 주는 만족감 때문이었을 것이다. 이번 총회는 애틀랜타의 멋진 뮤니시펄 강당에서 열렸는데, 이 건물 뒷부분은 나무와 잔디를 갖춘 내부 정원이 있어 생기가 넘친다. 이 총회는 나른하고 비 내리는 남부의 봄철 오전에 열렸는데도, 참석한 제너럴일렉트릭 주주는 1000명이 넘었다. 그중에서 내 눈에 띈 흑인은 3명이었는데, 얼마 지나지 않아 또 한 사람이 소스 부인이란 사실을 알아챘다.

작년에 스키넥터디에서는 얼마나 화가 났건, 이번 1966년 총회에서도 사회를 맡은 필리프 의장은 자기 자신과 상황을 완벽하게 통제했다. 제너럴일렉트릭의 경이로운 대차대조표와 연구실에서 일어난 발견에 대해 자세히 설명을 하거나 전문 주주들과 설전을 주고받으면서도, 그는 한결같이 억양이 없는 단조로운 말투를 유지하면서 참을성 있고 신중한 설명과 비꼼 사이에서 아슬아슬한 균형을 유지했다. 색슨은 《하버드비즈니스리뷰》에 쓴 글에서 "최고 경영진은 극소수 훼방꾼이 대다수 주주들에게 미치는 악영향을 줄이는 동시에 정기 주주 총회에서 일어나는 좋은 일들의 긍정적 효과를 높이는 방법을 배울 필요가 있다는 사실을 깨닫고 있다."라고 썼다. 그리고 그보다 앞서 색슨이 주주와의 관계에 관한 자문위원으로 일했다는 사실을 안 나는 총회에서 보여준 필리프 의장의 행동이 색슨의 원칙을 실행에 옮긴 것이 아닐까 하는 의심이 들었다. 전문 주주들은 그들대로 똑같이 애매모호한 태도를 견지하는 것으로 대응했고, 그 결과로 일어난 대화는 실컷 다투고 나서 진심은 아니더라도 화해하기로 한 두 사람 사이의 대화 같은 분위기였다. (전문 주주들은 제너럴일렉트릭이 자신들을 억제하기 위해 얼마나 많은 돈을 썼는지 알려달라고 요구했을 수도 있었겠지만, 그들은 그 기회를 놓쳤다.) 이 맥락에서 오간 대화 중 하나는 약간 위트가 넘쳤다. 소스 부인은 가

장 부드러운 말투로 이사 후보 중 한 명인 퍼듀 대학 총장이자 육군 과
학자문단 의장을 지낸 프레더릭 호브드가 제너럴일렉트릭 주식을 단
10주만 갖고 있다는 사실을 지적하면서 이사진은 주식을 좀 더 많이
소유한 사람들로 구성하는 게 좋다고 생각한다고 말했다. 이에 대해 필
리프 의장은 여전히 부드러운 목소리로 제너럴일렉트릭 주식을 10주
또는 그 미만을 소유한 사람이 수만 명이나 되며, 소스 부인 역시 그중
한 명이라면서 이 소주주들을 대표하는 사람이 한 명쯤 이사진에 있는
게 좋지 않겠느냐고 응수했다. 소스 부인은 의장의 훌륭한 대응 솜씨를
인정하지 않을 수 없었고, 그렇게 했다.

　또 다른 문제에서는 양측 다 최소한의 예의는 차리긴 했지만, 표면적
인 합의는 덜 완전하게 일어났다. 소스 부인을 포함해 여러 주주는 이
사 선거에 집중 투표 제도5)를 받아들일 것을 공식 제안했다. 그러면
주주가 행사할 수 있는 모든 표를 전체 이사 후보에게 분산하는 대신
에 한 후보에게 집중함으로써 소주주들이 자신들의 대표를 이사진에
진출시킬 기회가 생긴다. 집중 투표 제도는 대기업들 사이에서는 명백
한 이유 때문에 논란의 대상이 되지만, 충분히 존중할 만한 제도이다.
사실, 이 제도는 20개 주 이상에서 주식회사들에 의무적으로 따르게
하고 있으며, 뉴욕증권거래소에 상장된 회사들 중에서 400여 개가 이
제도를 채택하고 있다. 하지만 필리프 의장은 소스 부인의 집중 투표

---

5) cumulative voting. 이사 선임 투표에서 주식 1주당 선임하고자 하는 이사 수만큼
　의 의결권을 부여하는 제도. 이는 1주 1의결권 원칙에서 벗어나는 것이지만, 소주
　주들이 원하는 사람이 이사로 선임될 기회를 주는 제도이다.

제도 요구에 대답할 필요가 없다고 판단했다. 대신에 그는 이 문제에 관해 주주들에게 우편으로 이미 보낸 바 있는 회사 성명을 반복하는 쪽을 선택했다. 골자는 집중 투표 제도의 결과로 제너럴일렉트릭의 이사진에 특수 이익 집단의 대표가 포함된다면 "분열적이고 혼란스러운 효과"가 나타나리란 것이었다. 물론 필리프 의장은 그 제안을 부결시키기에 충분히 많은 표를 확보하고 있다는 사실을 (분명히 알고 있었겠지만) 알고 있다고는 말하지 않았다.

일부 회사에는 일부 동물과 마찬가지로 오직 그 회사만 괴롭히도록 고도로 전문화된 쇠파리 같은 존재가 있는데, 제너럴일렉트릭도 그런 회사 중 하나였다. 그리고 이 경우에 쇠파리는 시카고의 루이스 브루사티였다. 브루사티는 지난 13년 동안 제너럴일렉트릭의 주주 총회에 참석해 모두 31건의 안건을 제안했는데, 모두 최소한 97% 대 3%의 차이로 부결되었다. 백발에 미식축구 선수처럼 건장한 체격을 가진 브루사티는 애틀랜타에서 또 제너럴일렉트릭을 괴롭혔는데, 이번에는 안건을 제안하지는 않고 질문 공세를 펼쳤다. 한 예를 들면, 그는 왜 위임장 권유 신고서에서 필리프 의장이 개인적으로 소유한 제너럴일렉트릭 주식 수가 작년보다 423주 줄었느냐고 물었다. 필리프 의장은 줄어든 주식은 가족의 신탁 기금을 위해 썼다고 설명하고, 부드럽지만 강한 어조로 "이것은 당신이 상관할 문제가 아니라고 생각합니다. 저는 개인적 문제에 대한 프라이버시를 보호받을 권리가 있다고 믿습니다."라고 덧붙였다. 하지만 강하게 나가기보다는 부드러운 것이 더 나을 뻔했다. 브루사티가 전혀 감정이 실리지 않은 단조로운 어조로 그

허점을 놓치지 않고 지적했기 때문이다. 그는 필리프가 보유한 주식 중 상당수는 옵션을 통해 다른 사람들에게 허용되지 않는 유리한 가격으로 취득한 것이며, 게다가 필리프가 보유한 주식 수가 정확하게 위임장 권유 신고서에 기재돼 있다는 사실은, 증권거래위원회의 견해로는 필리프가 보유한 주식이 브루사티 자신의 문제임을 보여준다고 지적했다. 다음으로 브루사티는 이사들에게 지급하는 총회 참석 수당 문제로 옮겨가, 필리프 의장으로부터 지난 7년 동안 그 액수가 연간 2500달러에서 5000달러로, 다시 7500달러로 증가했다는 정보를 얻어냈다. 두 사람 사이의 대화는 다음과 같이 이어졌다.

"그런데 이 수당을 누가 정합니까?"

"이사회가 정합니다."

"이사회가 자신들의 수당을 스스로 정한다고요?"

"그렇습니다."

"고맙습니다."

"제가 고맙습니다, 브루사티 씨."

그 뒤 오전 중에 여러 주주가 나서 제너럴일렉트릭과 남부의 미덕을 칭송하는 길고 유창한 연설을 여러 차례 했지만, 브루사티와 필리프 사이에 다소 우아하게 오간 함축적인 설전이 내 마음에 깊이 남았다. 내게는 그것이 그 총회의 정신을 요약한 것처럼 보였기 때문이다. 반대표가 더 많이 나오지 않은 이사 후보들이 이사로 선임되었으며, 집중 투표 제도는 97.51% 대 2.49%로 부결되었다고 필리프 의장이 선언했다. 12시 30분에 휴회가 되고 나서야 나는 이번 총회에서는 디트

452

로이트에서처럼 발을 구르거나 야유를 하거나 고함을 지르는 일이 전혀 없었을 뿐만 아니라, 전문 주주들에게 대항하기 위해 지역적 자존심을 부추길 필요도 없었다는 사실을 깨달았다. 그것은 제너럴일렉트릭이 감춰둔 비장의 카드라고 나는 생각했지만, 제너럴일렉트릭은 그것을 꺼낼 필요도 없이 총회에서 승리를 거두었다.

화이자 주주 총회의 평온

내가 참석한 주주 총회들은 모두 각자 쉽게 구별되는 나름의 독특한 분위기가 있었는데, 제약 회사이자 화학 회사인 찰스 파이저[6]는 우호적인 분위기가 특징이었다. 화이자는 이전까지는 브루클린에 위치한 본사에서 정기 주주 총회를 여는 게 관례였지만, 올해에는 그런 추세에 변화를 주어 총회 장소를 시끄러운 훼방꾼들이 많은 맨해튼 중심부로 옮겼다. 하지만 나는 직접 보고 들은 모든 사실로 미루어보아 이런 결정을 내린 동기는 호랑이를 잡으려고 호랑이 굴로 직접 뛰어들어가기로 한 경솔함이 아니라, 주주 총회 참가자 수를 최대한 늘리고자 하는, 유행과는 동떨어진 소망 때문이라는 확신이 들었다. 화이자는 가드를 내린 채 주주들과 맞설 만큼 자신감이 충분히 있는 것 같았다. 예를 들면, 내가 참석했던 다른 총회들과는 대조적으로 총회 장소인 코

---

6) Charles Pfizer & Co. '파이저'가 올바른 표기이지만 우리나라에는 '화이자'로 알려져 있으므로 화이자로 쓴다.

모도어 호텔 그랜드볼룸 입구에서는 주주 입장권이나 초대장을 확인하는 절차가 전혀 없었다. 나는 그동안 전문 주주들의 발언을 들으면서 그들이 피델 카스트로의 연설 스타일을 모델로 삼은 게 아닐까 하는 느낌이 종종 들었는데, 피델 카스트로조차 총회 장소로 걸어 들어와 하고 싶은 말을 마음껏 할 수 있을 것 같았다. 약 1700명이 참석하여 볼룸을 거의 가득 채웠고, 화이자 이사진은 모두 처음부터 끝까지 연단 위에 앉아 개인적으로 제기되는 질문에 일일이 답했다.

존 매킨 의장은 브루클린 억양이 약간 섞인 목소리로 "친애하는 소중한 친구 여러분"이라고 부르며 주주들을 환영했다. (나는 캐펄이나 필리프가 주주들을 이런 식으로 부르는 장면을 상상해보려고 노력했지만 도저히 상상이 되지 않았다. 하기야 그들의 회사는 규모가 훨씬 크니까.) 그리고 참석한 모든 사람에게 바바솔, 데시틴, 암프레뷰 같은 화이자 제품 견본을 듬뿍 선물로 주겠다고 말했다. 주주들은 애정이 듬뿍 담긴 말과 선물의 구애를 받고, 존 파워스 주니어 사장의 (어느 모로 보나 기록적인) 실적 보고와 (더 많은 기록이 예상되는) 향후 전망 보고에 고무되었다. 이런 분위기의 특별한 총회에서는 가장 고집스러운 전문 주주조차도 반기를 드는 데 어려움이 많았을 것이다. 그리고 마침 이 총회에 참석한 유일한 전문 주주는 루이스의 형제인 존 길버트뿐인 것처럼 보였다. (나중에 나는 루이스 길버트와 데이비스 부인이 그날 US스틸 주주 총회에 참석하느라 클리블랜드에 있었다는 사실을 알았다.)

존 길버트는 화이자 경영진이 충분히 감당할 만하거나 혹은 감당할 수 있다고 생각하는 종류의 전문 주주이다. 느긋한 매너와 발언 도중에 간간이 자기 비하적인 웃음을 섞는 버릇이 있는 그는 상상 가능한 쇠파리 중에서 가장 (혹은 이 경우에만. 나는 그가 항상 그런 건 아니라는 이야기를 들었다.) 회사 경영진의 마음에 드는 쇠파리인데, 길버트 가족의 표준적인 레퍼토리처럼 보이는 질문들(회사 회계 감사관의 신뢰성, 임원들의 연봉, 이사들의 수당 등에 관한)을 늘어놓는 동안 그는 그런 질문을 하는 임무가 마침 자신에게 떨어지는 바람에 이러한 무례를 저지르게 되어 미안하게 생각하는 것처럼 보였다. 참석한 아마추어 주주들에 대해 말하자면, 내가 이전에 참석했던 다른 총회들에서 본 사람들과 거의 비슷한 질문과 발언을 했지만, 전문 주주들의 역할에 대한 이들의 태도는 눈에 띄게 달랐다. 이들은 전문 주주의 역할에 압도적으로 반대하는 것 같지는 않았다. 박수와 조심스러운 신음 소리로 판단할 때, 참석한 주주들 중 약 절반은 길버트를 귀찮은 존재로 여기는 반면, 나머지 절반은 도움이 된다고 여기는 것 같았다. 파워스는 자신이 어떻게 느끼는지에 대해 의문의 여지를 전혀 남기지 않았다. 휴회를 선포하기 전에 그는 조금의 비꼼도 없이 길버트의 질문들이 고마웠다고 말하면서 내년에도 그를 초대하겠다고 약속했다. 그리고 나중 단계에서 길버트는 마치 대화를 나누듯이 어떤 일에서는 회사를 칭찬하고 어떤 일에서는 비판했는데, 여러 이사들이 나서서 그에 못지않게 비공식적인 태도로 답변을 했다. 그것을 보고 나는 처음으로 주주와 경영진 사이에 진정한 의사소통이 일어나는 듯한 느낌을 일시적으로 받았다.

RCA의 신데렐라 맨

RCA는 지난 두 번의 정기 주주 총회를 뉴욕 본사에서 멀리 떨어진 곳 (1964년에는 로스앤젤레스에서, 1965년에는 시카고)에서 열었는데, 이번에는 카네기홀에서 열어 화이자보다 최근의 추세를 더 극적으로 이어갔다. 오케스트라석과 두 층 좌석 전부가 주주들로 완전히 채워졌는데, 약 2300명의 참석자 중에서 남성의 비율이 내가 이전에 참석한 어느 총회보다도 훨씬 높았다. 소스 부인과 데이비스 부인도 참석했고, 루이스 길버트와 내가 보지 못했던 일부 전문 주주들도 참석했으며, 화이자와 마찬가지로 전체 이사진이 연단 위에 자리를 잡고 앉았다.

RCA 주주 총회에서 관심의 초점은 데이비드 사노프 의장(75세)과 아들이자 연초부터 사장을 맡은 로버트 사노프(48세)에게 쏠렸다. 개인적으로 RCA 주주 총회는 두 가지 측면이 돋보였다. 유명한 의장에게 주주들이 숭배에 가까운 존경심을 가진 것이 하나였고, 또 하나는 다른 데서 잘 보지 못한 것으로, 아마추어 주주들이 거리낌 없이 자신의 생각을 말하는 성향이었다. 노익장을 과시하며 무슨 일이든지 할 준비가 돼 있는 것처럼 보이는 사노프 의장이 총회를 주재했고, 그와 여러 RCA 중역이 회사 실적과 전망에 대해 보고를 했는데, '기록record'과 '성장growth'이란 단어가 너무나도 단조롭게 반복되어 RCA 주주가 아닌 나는 듣다가 꾸벅꾸벅 졸기 시작했다. 그러다가 어느 순간 RCA의 자회사인 NBC의 월터 스콧 의장이 자기 회사의 텔레비전 프로그램 편성과 관련해 "창조적 자원이 항상 수요를 능가하고 있습니다."라고 하는 말을 들고 깜짝 놀라며 정신이 퍼뜩 들었다.

　이 발언은 물론이고 극찬 일색의 보고에서 언급된 그 밖의 어떤 말에도 아무도 이의를 제기하지 않았지만, 보고가 끝나자 주주들은 다른 문제들에 대해 발언을 했다. 길버트는 자신이 선호하는 회계 절차에 관해 몇 가지 질문을 던졌는데, RCA의 회계를 담당하는 회사인 아서 영의 대표가 나서서 답변하자 길버트는 그 답변에 만족한 것처럼 보였다. 디킨스의 소설에 나오는 인물로 어울릴 법한 나이 많은 여성은 자신을 마사 브랜드 부인이라고 소개하면서 RCA 주식을 "수천 주" 갖고 있다고 말한 뒤에 회사의 회계 절차에 대해서는 질문조차 해서는 안 된다고 주장했다. 그 후에 나는 브랜드 부인이 경영진의 관점으로 많이 기울어졌다는 점에서 그 집단 내에서는 특이한 전문 주주라는 사실을 확인했다. 그때 길버트가 제너럴일렉트릭 주주 총회 당시 소스 부인이 사용했던 것과 똑같은 논리로 집중 투표 제도를 채택하자고 제안했다. 사노프 의장은 이 제안에 반대했고, 브랜드 부인 역시 반대했는데, 현재의 이사들이 늘 회사의 안녕을 위해 불철주야로 일한다고 확신한다면서 이번에는 자신이 RCA 주식을 "수만 주" 가진 주주라고 말했다. 두세 명의 주주가 집중 투표 제도를 지지하는 발언을 했는데, 내가 그때까지 참석한 주주 총회에서 전문 주주로 쉽게 확인되지 않는 주주가 실질적인 문제에 이의를 제기하는 발언을 본 것은 이번이 처음이었다. (집중 투표 제도는 95.3% 대 4.7%로 부결되었다.)

　소스 부인은 애틀랜타에서처럼 온화한 분위기로 조제핀 영 케이스 부인이 RCA의 이사 중 한 명으로 연단에 앉아 있는 것을 보니 기쁘다고 말하고 나서, 케이스 부인의 직업이 위임장 권유 신고서에 '주부'로 적혀 있다는 사실을 지적하며 개탄했다. 스키드모어 대학 이사장을 지낸 여성이라면 적어도 '재택근무 이사'라고 적어야 마땅하지 않은가? 또 다른 여성 주주는 사노프 의장을 향한 찬사를 늘어놓음으로써 박수갈채를 이끌어냈다. 그녀는 사노프 의장을 "20세기의 경이로운 신데렐라 맨"이라고 불렀다.

데이비스 부인(그녀는 앞서 카네기홀이 RCA에게는 "너무 세련되지 못하다는" 이유로 총회 장소로 정한 것에 반대한 적이 있었는데, 나는 그 말을 듣고 어안이 벙벙했다.)은 "앞으로 75세 이상인 사람은 이사가 될 수 없도록" 촉구하는 안건을 내놓았다. 비록 많은 회사에 이와 비슷한 규정이 있지만, 그리고 비록 이 제안은 소급 적용되지 않아 사노프 의장의 지위에는 아무 영향이 없지만, 이것은 그를 겨냥한 것처럼 **보였고**, 따라서 데이비스 부인은 역으로 경영진을 도와주는 기묘한 재주를 또 한 번 보여주었다. 이 제안을 내놓을 때 그녀가 배트맨 가면(무엇을 상징하려는 의도인지 나로서는 도저히 알 수 없었다.)을 쓴 것도 전혀 도움이 되지 않았다. 어쨌든 이 제안에 대해 여러 사람이 나서서 사노프 의장을 열정적으로 옹호하는 발언을 했는데, 한 사람은 데이비스 부인이 이 자리에 참석한 모든 사람의 지성을 모욕한다고 신랄한 불만을 표시했다. 이에 대해 사려 깊은 길버트가 일어서서 "저는 데이비스 부인의 의상이 어리석다는 데 대해서는 전적으로 동의하지만, 그녀의 제안에는 충분한 일리가 있다고 생각합니다."라고 말했다. 크게 동요한 게 분명한 그의 상태를 감안한다면, 볼테르를 연상시키는 이 훌륭한 발언을 통해 길버트는 자신에게 많은 대가를 치르게 하던 성향을 이성으로 억누르는 데 성공했다. 데이비스 부인이 제안한 안건은 압도적인 차이로 부결되었다. 그 차이는 신데렐라 맨에 대한 열렬한 신임 투표로 총회를 마감하도록 도와주었다.

반대자의 역할

나의 정기 주주 총회 방문 일정에서 마지막을 장식한 커뮤니케이션스 새틀라이트 코퍼레이션(이하 콤샛Comsat) 주주 총회의 지배적인 분위기는 슬랩스틱 요소가 가미된 고전적인 소극滑稽劇이었다. 콤샛은 물론 매력적인 우주 시대 통신 회사로, 1963년에 정부가 설립했다가 1964년에 유명한 주식 매각을 통해 민간에 소유권을 넘겨준 회사이다. 총회 장소인 워싱턴의 쇼어햄 호텔에 도착한 나는 수천 명의 주주들 사이에서 데이비스 부인과 소스 부인, 루이스 길버트를 발견하고 조금도 놀라지 않았다. 데이비스 부인은 무대용 화장을 하고 오렌지색 피스 헬멧[7]을 썼으며 짧은 빨간색 스커트에 흰색 부츠를 신었는데, 검은색 스웨터에는 흰색 글씨로 "I Was Born to Raise Hell."(나는 지옥을 보여주기 위해 왔다.)라고 적혀 있었다. 그녀는 텔레비전 카메라들이 죽 늘어선 곳 바로 앞에 자리를 잡았다. 소스 부인은 총회장에서 데이비스 부인과 반대편에 자리를 잡았는데, 가능하면 텔레비전 카메라를 피하고 싶다는

---

7) pith helmet. 햇볕을 가리기 위해 쓰는, 가볍고 단단한 소재로 만든 흰색 모자.

뜻을 나타낸 것으로, 나도 그 무렵에는 그게 그녀의 관행이라는 걸 알아챘다. 소스 부인이 평소에는 사진 찍히는 것에 그다지 거부 반응을 보이지 않는다는 점을 감안하면, 자리를 그렇게 선택한 이유는 카네기 홀에서 길버트가 그런 것처럼 힘든 갈등 끝에 거둔 양심의 승리라고 볼 수 있다. 길버트는 소스 부인에게서 그리 멀리 떨어지지 않은 곳에 자리를 잡았으므로, 그 역시 데이비스 부인과는 멀찌감치 떨어져 있었다.

1965년에 콤샛 정기 주주 총회를 확고하게 통제하며 주재했던 레오 웰치는 제임스 매코맥 의장으로 교체되었다. 웨스트포인트를 졸업한 매코맥은 로즈 장학생을 지냈고, 흠 잡을 데 없이 세련된 매너를 지닌 공군 퇴역 장성 출신으로, 윈저 공[8]을 닮았는데, 이번 주주 총회 역시 그가 주재했다. 그는 서두에 가벼운 말을 몇 마디 던지면서 분위기를 부드럽게 만든 뒤, 주주가 회의 진행을 방해하는 행위에 대해 부드럽지만 강한 어투로 "적절성의 범위가 매우 좁다."라고 지적했다. 매코맥이 말을 마치자 소스 부인이 적절성의 범위 안에 들어갈 수도 있고 없을 수도 있는 연설을 짧게 했다. 나는 그 연설을 거의 알아듣지 못했는데, 그녀에게 제공된 장내 마이크가 제대로 작동하지 않았기 때문이다. 그러자 데이비스 부인이 발언권을 요청했는데, **그녀의** 마이크는 심하게 잘 작동됐다. 텔레비전 카메라들이 삐걱거리는 가운데 데이비스 부인은 고막을 찢는 듯한 큰 소리로 회사와 이사들을 장황하게 비난했다. '귀빈'을 위해 총회장에 들어오는 문을 특별히 따로 마련했다는 게 그 이유였다.

---

8) Duke of Windsor. 영국 국왕 에드워드 8세Edward VIII의 퇴위 후 칭호.

데이비스 부인은 그 밖에도 좋은 단어를 많이 썼지만, 이 절차가 비민주적이라고 생각한다고 말했다. 매코맥은 "죄송합니다. 나가실 때에는 원하는 아무 문으로나 나가도 좋습니다."라고 말했지만, 데이비스 부인은 그래도 분이 가라앉지 않은 듯 발언을 계속했다. 이제 소스 부인과 길버트 무리가 데이비스 부인과 대오를 같이하려는 노력을 포기하기로 한 게 분명해지면서 소극 분위기는 더욱 고조되었다. 데이비스 부인의 연설이 절정으로 치달을 무렵, 길버트는 규칙을 제대로 모르거나 경기 자체 따위에는 상관하지 않는 사람 때문에 공놀이를 망친 소년처럼 분노한 표정으로 일어서서 "의사 진행 규칙! 의사 진행 규칙!" 하고 고함을 지르기 시작했다. 하지만 매코맥 의장은 의사 진행에 도움을 요청하는 이 제의를 일축했다. 그는 길버트의 의사 진행 규칙 요구가 규칙에 어긋난다고 말하면서 데이비스 부인에게 발언을 계속하라고 촉구했다. 그가 왜 그런 행동을 취했는지 유추하기는 별로 어렵지 않았다. 매코맥은 내가 지금까지 보았던 다른 회사들의 의장과 달리 이 모든 순간을 즐기고 있음을 분명히 뒷받침하는 단서들이 있었다. 총회가 진행된 대부분의 시간 내내 그리고 특히 전문 주주들이 발언을 할 때, 매코맥 의장은 어리벙벙한 구경꾼처럼 꿈꾸는 듯한 미소를 지었기 때문이다.

결국 데이비스 부인의 연설은 콤샛의 개개 이사들에 대해 구체적인 혐의를 거론하며 비난하기 시작할 때 마이크 볼륨 면에서나 내용 면에서나 절정에 이르렀다. 바로 그때 경비원 세 사람(우람한 체격의 남성 두 명과 결연한 표정의 여성 한 명으로, 모두 〈펜잔스의 해적〉[9]에 어울릴 법한 야한 암녹색 제복을 입고 있었다.)이 뒤에서 나타나 중앙 통로를 따라 잰걸음으로, 하지만 위엄 있게 걸어가 데이비스 부인 앞에 팔만 뻗으면 닿을 수 있는 거리를 두고 열중쉬어 자세로 섰다. 그러자 데이비스 부인은 서둘러 결론을 맺고 자리에 앉았다. "좋아요." 매코맥이 여전히 활짝 웃음을 머금은 채 말했다. "이제 모든 것이 제대로 됐군요."

경비원들이 퇴장하고, 총회는 계속 진행되었다. 매코맥과 조지프 채릭 콤샛 사장은 이제 내 귀에 익숙해진 달콤한 회사 실적 보고를 했는데, 매코맥은 심지어 콤샛이 원래 예상했던 1969년이 아니라 당장 내년부터 이익이 나기 시작할 것이라고 말했다. (그리고 실제로 그랬다.) 길버트는 매코맥 의장이 정식 봉급 외에 이사회에 참석하는 대가로 받는 수당이 얼마나 되느냐고 물었다. 매코맥 의장이 그런 수당은 전혀 받지 않는다고 대답하자, 길버트는 "한 푼도 받지 않는다니 기쁘군요. 전 그것을 승인하겠습니다."라고 말했다. 그러자 장내에 웃음이 터졌으며, 매코맥도 전보다 더 크게 웃었다. (길버트는 자신이 진지한 문제라고 생각한 것을 강조하려고 노력한 게 분명했지만, 그날은 그런 공격이 잘 먹히지 않는 날이었다.) 소스 부인은 매코맥이 의장을 맡는 데 반대하는 사람은 "통찰력이 부족"하다고 비난하듯이 말함으로써 데이비스 부인의 가슴에 비수를 꽂았다. 하지만 소스 부인은 이사 후보로 나선 전 의장 웰치에게 찬성표를 던질 수는 없다고 말했다. 작년에 자신을 총회장 밖으로 쫓아내라고 명령했다는 것이 그 이유였다. 기운이 넘치는 한 노신사는 자신은 회사가 잘 굴러가고 있다고 생각한다면서 모두가 회사를 믿어야 한다고 말했

---

9) 영국의 극작가 윌리엄 슈웽크 길버트William Schwenck Gilbert의 대표작. 오페라로 만들어져 큰 인기를 얻었다.

다. 데이비스 부인은 길버트가 자신의 비위를 거스르는 말을 하자, 발언권이 채 주어지기도 전에 회의장 건너편에서 소리를 지르며 항의했고, 매코맥 의장은 참지 못하고 짧게 킥킥거렸다. 의장의 마이크를 통해 크게 증폭된 그 가성의 단음절이 바로 콤샛 주주 총회의 주제였다.

워싱턴에서 돌아오는 비행기 안에서 나는 참석했던 주주 총회들을 다시 곰곰이 생각하다가, 만약 전문 주주들이 한 명도 없었더라면 회사 사정에 대해서는 지금 내가 알아낸 것만큼은 알 수 있었겠지만, 최고경영진의 개성에 대해서는 그다지 많이 알지 못했을 것이라는 생각이 들었다. 사실, 어떤 의미에서 의장에게 바크라크[10]가 찍은 공식 초상화를 벗어던지고 인간관계로 내려오도록 강요함으로써 회사에 활기를 불어넣은 것은 바로 전문 주주들의 질문과 방해와 연설이었다. 이 인간관계는 대개 잔소리를 하는 사람과 그것을 듣는 사람으로 이루어져 결코 만족스럽진 않았지만, 중요한 기업의 일에서 인간성을 찾으려고 하는 사람은 까다롭게 선택할 여지가 별로 없다. 그래도 내게는 약간의 의문이 남아 있었다. 고도 9000m 상공에 있으면 시야가 무척 넓어지는데, 그렇게 필라델피아 상공을 지나가는 동안 나는 내가 보고 들은 것을 바탕으로 회사 경영진과 주주들이 리어 왕이 배운 교훈을 참고하는 게 좋겠다는 결론을 내렸다. 만약 반대자의 역할을 어리석은 사람에게 맡긴다면, 모든 사람에게 불행이 닥칠지 모른다는.

---

10) 유명 인사들의 초상 사진 촬영으로 유명한 미국의 사진작가 루이스 파비안 바크라크Louis Fabian Bachrach, Jr.

11

────── ⬩ ──────

개는 물기 전에는 모른다

기밀과 정보는 어디로든 흘러나간다

기업 비밀 보호법

도널드 올게무스는 1962년 가을 당시 미국 민간 회사의 연구 개발 분야에서 아주 훌륭하게 자기 업무를 수행하던 수천 명의 젊은 과학자 중한 명으로, 오하이오 주 애크런에 있는 B. F. 굿리치 컴퍼니에서 일했다. 그는 1954년에 미시간 대학교 화학공학과를 졸업한 뒤에 곧장 굿리치의 화학 연구실에 들어가 일했는데, 처음 받은 월급은 365달러였다. 그 후 육군에서 보낸 2년을 빼면 다양한 공학 및 연구 분야를 오가며 계속 굿리치에서 일했으며, 6년 반 동안 열다섯 차례나 봉급이 인상되었다. 1962년 11월에 서른한 번째 생일이 다가올 무렵, 그의 연봉은 1만 644달러에 이르렀다. 키가 크고 독립성이 강하고 진지해 보이는 독일계 남성 올게무스는 뿔테 안경을 쓰면 올빼미처럼 보였는데, 아내와 15개월 된 딸과 함께 애크런 교외 와즈워스에 있는 랜치하우스[1]에서 살았다. 대체로 그는 성공한 평균적인 미국인 젊은이로 보였다. 하지만 그에게는 평균적인 틀에서 결정적으로 벗어나는 점이 하나 있었는데, 그것은 바로 맡은 일의 성격이었다. 그는 굿리치의 우주복 공학부 관리자였고, 지난 몇 년 동안 그 자리까지 올라오는 과정에서 머큐리 우주선의 우주 비행사들이 궤도 비행과 준궤도 비행에 나설 때 입었던 우주복을 설계하고 제작하는 일에서 큰 역할을 했다.

그런데 11월 첫째 주에 올게무스는 뉴욕의 한 헤드헌터로부터 전화를 받았다. 그는 델라웨어 주 도버에 있는 큰 회사 중역들이 그들의 회사에서 일할 의향이 없는지 올게무스와 대화를 나누고 싶어 한다고 말했다. 헤드헌터는 회사 이름을 밝히지 않았지만(이는 헤드헌터들이 유망한 스카우트 대상에게 처음 접근할 때 보이는 보편적인 특성이다.), 올게무스는 그 큰 회사가 어디인지 금방 알아챘다. 인터내셔널 라텍스 코퍼레이션은 대중 사이에서는 거들과 브래지어를 만드는 회사로 널리 알려져 있지만, 올게무스는 이 회사가 우주복 개발 분야에서 굿리치의 주요 경쟁업체 세 곳 중 하나이며 도버에 본사가 있다는 사실을 알고 있었다. 게다가 라텍스가 얼마 전에 아폴로 계획, 즉 달에 인간을 보내는 계획에 사용할 우주복 연구와 개발을 위해 약 75만 달러에 이르는 하청 계약을 따냈다는 사실도 알고 있었다. 사실, 라텍스는 다른 회사들

---

1) ranch house. 목장주의 집을 모방한 직사각형 모양의 단층집.

중에서도 굿리치와 치열한 경쟁을 통해 이 계약을 따냈고, 따라서 지금 당장은 우주복 개발 분야에서 가장 잘나가는 회사였다. 사실, 올게무스는 굿리치에서 자신의 상황에 대해 다소 불만을 가지고 있었다. 무엇보다도 그의 봉급은 대다수 30대에게는 아주 많아 보일지 몰라도, 같은 직위에 있는 굿리치 직원들 평균보다 낮았고, 또 얼마 전 우주복 작업을 위해 배정된 공장 지역에 먼지 제거를 위한 에어컨이나 여과 장치를 요구했다가 퇴짜를 맞은 일도 있었다. 그래서 올게무스는 헤드 헌터가 언급한 중역들(그들은 정말로 라텍스 사람들이었다.)과 전화로 약속을 잡은 뒤에 그다음 주 일요일에 도버로 갔다.

월요일은 휴가를 내고 그곳에 하루 반 동안 머물렀는데, 그가 "그야말로 레드카펫 같은 대접"이라고 묘사한 환대를 받았다. 올게무스는 라텍스의 산업 제품 사업부 책임자인 레너드 셰퍼드의 안내를 받아 라텍스 우주복 개발 시설을 둘러보았다. 또, 라텍스 부사장인 맥스 펠러의 집에 초대를 받아 환대를 받았다. 또 다른 중역은 도버의 주택 공급 상황을 보여주었다. 마지막으로, 월요일 점심 시간 전에 올게무스는 라텍스의 세 중역과 함께 대화를 나누었다. 나중에 올게무스가 법정에서 진술한 바에 따르면, 그 직후에 세 사람은 "다른 방으로 가서 약 10분 동안 있다가" 돌아왔다. 그리고 그중 한 사람이 올게무스에게 산업 제품 사업부의 엔지니어링 관리자 자리를 제안했는데, 거기서 우주복 개발을 책임지는 일을 맡을 것이며, 연봉은 1만 3700달러로 12월 초부터 바로 적용될 것이라고 말했다. 올게무스는 전화로 아내의 허락을 받은 뒤에 그 제안을 수락했다. (아내의 허락을 받는 일은 어렵지 않았다.

아내는 원래 볼티모어 출신이어서 자신이 살던 지역으로 돌아가는 것을 기뻐했다.) 올게무스는 그날 밤에 비행기를 타고 애크런으로 돌아갔다. 화요일 오전에 출근해서 올게무스가 맨 먼저 한 일은 직속 상사인 칼 에플러에게 면담을 신청해 그 달 말에 회사를 그만두고 다른 곳으로 옮길 것이라고 통보한 것이었다.

"농담이지요?" 에플러가 물었다.

"아닙니다. 진담입니다." 올게무스가 대답했다.

나중에 올게무스가 법정에서 진술한 바와 같이 이렇게 짤막한 대화가 오간 뒤, 에플러는 부하 직원에게서 사직 통보를 받은 전형적인 상사의 반응을 보이면서 월말까지 능력 있는 후임을 찾는 어려움에 대해 불평을 늘어놓았다. 올게무스는 그날 나머지 시간을 부서의 문서를 정리하고 끝마치지 못한 업무를 인수인계에 지장이 없도록 처리하는 일을 하며 보냈고, 다음 날 오전에 그동안 긴밀한 관계에서 함께 일해왔고 오랫동안 아주 친하게 지낸 굿리치의 우주복 개발 부문 중역인 웨인 갤로웨이를 만나러 갔다. 그는 나중에 그 당시에 회사의 명령 계통상 자신은 갤로웨이의 지휘를 받는 위치에 있지 않았지만, 개인적으로 갤로웨이에게 "자신의 입장을 설명할" 필요가 있다고 느꼈다고 말했다. 올게무스는 갤로웨이에게 머큐리 우주선 캡슐 모양의 라펠핀을 건네주면서 다소 멜로드라마 같은 분위기를 연출하며 이 면담을 시작했다. 그 라펠핀은 머큐리 우주복에 대한 연구로 올게무스가 상으로 받은 것이었다. 올게무스는 이제 자신은 더 이상 그것을 달 자격이 없다고 생각한다고 말했다. 그러자 갤로웨이가 왜 회사를 떠나려 하느냐고 물었다. 올게무스는 간단한 이유 때문이라고 대답했다. 라텍스의 제안이 봉급과 책임 면에서 더 낫다고 생각한다고 말했다. 갤로웨이는 만약 라텍스로 옮겨간다면, 올게무스가 자신의 것이 아닌 회사 재산, 특히 굿리치가 우주복을 만드는 데 사용하는 과정에 대한 지식을 라텍스로 가져가게 된다고 말했다. 대화 도중에 올게무스는 갤로웨이에게 만약 자신이 받았던 것과 비슷한 제안을 받으면 어떻게 하겠느냐고 물어보았다. 갤로웨이는 모르겠다고 대답했다. 그 점에 대해서는, 완벽한 은행털이 계획을 가진 사람들이 접근해 오더라도 자신은 어떻게 할지 모를 것이라고 덧붙였다. 갤로웨이는 올게무스에게 충성심과 윤리를 바탕으로 결정을 내려야 한다고 말했다. 올게무스는 이 말을 배신행위를 비난하는 말로 받아들였다. 나중에 그는 그 말에 욱해 성급한 대답을 했다고 말했다. "충성심과 윤리에는 적절한 대가가 따라야 합니다. 인터내셔널 라텍스는 그것을 기꺼이 지불하려 하고요."

그 발언은 불에 기름을 끼얹은 격이 되고 말았다. 같은 날 오전에 에플러는 올게무스를 자기 방으로 불러 그에게 굿리치에서 최대한 빨리 떠나라는 결정이 내려졌다고 통보하면서 미결 프로젝트 목록을 작성하고 필요한 그 밖의 공식 절차를 처리할 동안만 회사에 머물 수 있다고 했다. 올게무스가 그 일들을 처리하고 있던 오후 중반에 갤로웨이가 전화를 걸어 굿리치 법무팀이 그를 보길 원한다고 알렸다. 법무팀 사람들은 그에게 굿리치의 비밀 정보를 라텍스를 위해 사용할 생각이냐고 물었다. 굿리치 변호사의 선서 진술서에 따르면, 올게무스는 이번에도 성급하게 "내가 그런다 하더라도, 그것을 어떻게 증명할 수 있습니까?"라고 대답했다. 그러자 법무팀은 법적으로는 그가 자유롭게 라텍스로 옮겨갈 수 없다고 이야기했다. 비록 올게무스는 직원이 회사를 그만둔 뒤 일정 기간은 경쟁 회사를 위해 비슷한 일을 하지 않기로 동의하는, 미국 산업계의 보편적인 계약을 통해 굿리치에 묶여 있진 않았지만, 병역을 마치고 돌아온 뒤에 "회사에서 일하면서 얻은 회사의 모든 정보와 기록, 문서에 대해 비밀을 지키겠다는" 데 동의하는, 그리고 굿리치의 변호사가 상기시키기 전까지 까마득히 잊고 있던 문서에 서명을 한 바 있었다. 설사 거기에 동의하지 않았다 하더라도, 변호사는 확립된 기업 비밀 보호법의 원칙에 따라 올게무스가 라텍스로 가서 우주복과 관련된 일을 할 수 없다고 말했다. 만약 고집을 굽히지 않고 굳이 라텍스로 옮긴다면, 굿리치가 그를 상대로 소송을 걸 것이라고 했다.

올게무스는 사무실로 돌아와 도버에서 만났던 라텍스의 펠러 부사장에게 전화를 걸었다. 전화가 연결되길 기다리는 동안 그를 보러 온 에플러와 대화를 나누었는데, 그의 배신을 대하는 에플러의 태도가 그동안 상당히 강경해진 것처럼 보였다. 올게무스는 자신의 운명이 굿리치의 처분에 달려 있는 것처럼 느껴진다고 불평했다. 그는 회사가 부당하게 행동의 자유를 봉쇄한다고 생각했는데, 에플러는 한 술 더 떠지난 48시간 동안 일어난 일은 결코 잊히지 않을 것이며, 당연히 굿리치와 그의 미래에 영향을 미칠 것이라고 말했다. 이제 올게무스는 회사를 떠나면 소송을 당할 것이고, 떠나지 않는다면 경멸을 받을 것처럼 보였다. 도버와 전화가 연결되자, 올게무스는 펠러에게 새로운 상황을 감안할 때 아무래도 라텍스로 옮겨갈 수 없을 것 같다고 말했다.

하지만 그날 저녁에 올게무스의 미래를 좀 밝아 보이게 하는 상황 변화가 일어났다. 와즈워스의 집으로 돌아오고 나서 그는 자기 가족을 담당하는 치과 의사에게 전화를 걸었는데, 치과 의사는 현지 변호사를 추천하며 상담해보라고 했다. 올게무스가 변호사에게 사정을 이야기했더니, 그는 전화로 또 다른 변호사에게 의견을 구했다. 두 변호사는 굿리치가 엄포를 놓는 게 분명하며, 올게무스가 라텍스로 가더라도 실제로 소송을 제기하지는 않을 것이라는 데 의견이 일치했다. 다음 날인 목요일 오전, 라텍스의 간부들이 전화를 걸어와 만약 소송이 제기되더라도 라텍스가 소송 비용을 모두 부담할 것이며, 게다가 이로 인해 올게무스의 봉급에 손해가 생기더라도 다 배상하겠다고 약속했다. 이에 용기를 얻은 올게무스는 두 시간 이내에 두 가지 메시지를 전달했는데, 하나는 직접 대면해서, 하나는 전화로 전달했다. 그는 에플러에게 두 변호사로부터 들은 말을 전했고, 법무팀에 전화를 걸어 이제 확실히 마음을 바꾸어 어떤 일이 있더라도 인터내셔널 라텍스로 옮겨가겠다고 말했다. 그날 늦게 사무실에서 정리 작업을 끝마친 후, 그는 굿리치를 영원히 떠났으며, 문서는 하나도 갖고 나오지 않았다.

다음 날인 금요일, 굿리치의 법무 자문위원인 지터가 라텍스의 노사관계 이사인 에머슨 배릿에게 전화를 걸어 올게무스가 그곳에서 일할 경우 기업 비밀 유출에 대한 굿리치의 우려를 전달했다. 배릿은 비록 "올게무스가 하게 될 일이 우주복 설계와 제작"이긴 하지만, 라텍스는 굿리치의 기업 비밀에 아무 관심이 없으며, "단지 올게무스의 일반적인 전문 능력에 관심이 있을 뿐"이라고 답했다. 지터와 굿리치가 이 대답에 만족하지 않았다는 사실은 다음 주 월요일에 분명하게 드러났다. 그날 저녁, 올게무스가 애크런의 브라운더비 레스토랑에서 40~50명의 친구가 베푼 환송 만찬을 즐기고 있을 때, 웨이트리스가 다가와 밖에 누가 찾아왔다고 전했다. 그 사람은 애크런이 속한 서밋 카운티의 보안관 대리였는데, 올게무스가 밖으로 나가자 문서 두 장을 건넸다. 하나는 일주일쯤 뒤에 민사 법원에 출두하라는 소환장이었고, 또 하나는 그날 같은 법원에 굿리치가 제출한 진정서였는데, 무엇보다도 굿리치 소유의 어떤 기업 비밀도 허가되지 않은 사람에게 유출하지 못하도록, 그리고 "원고 외 … 어떤 회사에서도 고고도^{高高度} 우주복이나 비슷한 보호 의복의 설계와 제작, 판매와 관련된 일을 하지 못하도록" 영구 금지 명령을 내려달라고 했다.

굿리치 대 올게무스 소송

기업 비밀 보호의 필요성은 중세 때 완전히 인정되었는데, 수공업 길드들은 자신들의 기업 비밀을 철저히 지키기 위해 길드에 속한 사람들이 다른 곳으로 일자리를 옮기지 못하도록 엄격하게 막았다. 자유방임주의 산업 사회는 각 개인이 자신에게 주어진 최선의 기회를 선택해 출세할 기회를 보장한다는 원칙을 강조하기 때문에 이직에 대해 이전보다 훨씬 관대해졌지만, 기업이 자신의 비밀을 지키는 권리는 계속 살아남았다. 미국 법에서 이 문제에 관한 기본 원칙은 1905년에 시카고의 한 소송 사건과 관련해 올리버 웬델 홈스 판사가 내린 판결이다. 홈스는 "원고는 그동안 해온 일이나 비용을 지급하고 시킨 일을 독점적으로 계속할 권리가 있다. 다른 사람들이 원하기만 하면 비슷한 일을 할 수 있다고 해서 원고의 일을 훔칠 권리는 없다." 그다지 정교하다곤 할 수 없어도 단호한 이 원칙은 그 후에 일어난 거의 모든 기업 비밀 소송 사건에서 인용되었지만, 세월이 지나면서 과학 연구와 산업 조직이 엄청나게 복잡해짐에 따라 기업 비밀이 정확하게 무엇이며, 그것을 훔치는 것은 또 정확하게 무엇인가 하는 질문 역시 매우 복잡해졌다.

미국법률협회가 1938년에 발행한 권위 있는 문헌 〈불법 행위법 수정 Restatement of the Law of Torts〉은 "기업 비밀은 어떤 기업에서 사용하는 제조법이나 패턴, 장비, 총체적 정보로, 그것을 모르거나 사용하지 않는 경쟁자에 비해 우위에 설 기회를 제공하는 것을 말한다."라고 규정하거나 재규정함으로써 첫 번째 질문을 대담하게 다루었다. 하지만 1952년에 열린 소송에서 오하이오 주의 한 법원은 아서 머리[2]가 춤을 가르치는 방법이 독특하고 경쟁자로부터 고객을 끌어오는 데 도움이 될 가능성이 있더라도 기업 비밀은 아니라고 판시했다. 법원은 "우리 모두는 머리를 빗는 나만의 방법, 구두를 닦는 나만의 방법, 잔디를 깎는 나만의 방법 등 100만 가지 일에 대해 각자 '나만의 방법'을 갖고 있다."라고 말한 뒤, 기업 비밀은 독특하고 상업적으로 도움이 되어야 할 뿐만 아

---

2) Arthur Murray. 미국의 유명한 춤 지도자. 그의 이름을 딴 프로그램과 스튜디오가 있다.

니라, 고유의 가치를 지닌 것이어야 한다고 결론지었다. 기업 비밀을 훔치는 것이 무엇인가 하는 질문에 대해서는, 1939년 미시간 주에서 더치 쿠키 머신 컴퍼니가 전[前] 종업원이 회사의 비밀 방법을 사용해 쿠키 머신을 만들겠다고 위협한다며 제기한 소송을 사례로 들었다. 당시 법원은 더치 쿠키 머신을 만드는 방법에는 적어도 세 가지 비밀 과정이 포함돼 있다면서 종업원이 그것을 어떤 식으로든 사용하지 못하도록 금지했다. 하지만 미시간 주 대법원은 항고 소송에서 피고는 비록 세 가지 비밀을 알고 있긴 하지만, 그것을 자신의 쿠키 머신 제작에 사용할 의도가 없었다고 판시했으며, 이에 따라 하급심의 결정을 뒤집고 앞서의 금지 명령을 무효화했다.

그리고 그와 비슷한 일이 계속 이어졌다. 분노한 댄스 강사들과 쿠키 머신 제조업체들과 그 밖의 사람들이 저마다 미국 법원에 소송을 제기했고, 그 후 기업 비밀 보호에 관한 법 원칙은 잘 확립되었다. 어려움은 대개 이 원칙을 각 사건에 적용할 때 일어난다. 그런 사건은 민간 산업에서 연구 개발 부문이 팽창함에 따라(이를 보여주는 한 가지 지표는 1962년에 이 부문에 쏟아부은 돈이 115억 달러로 1953년에 비해 3배 이상 증가한 것을 들 수 있다.) 크게 증가했다. 그토록 많은 돈을 쏟아부어 얻은 발견이 더 좋은 대우를 약속하는 회사로 이직하는 젊은 과학자들의 서류 가방이나 머리에 담긴 채 문 밖으로 사라지는 것을 가만히 바라보고 있을 회사는 없었다. 19세기에 미국에서는 더 나은 쥐덫을 만든 사람은 세상의 주목을 받을 것으로 기대되었다(물론 그 쥐덫이 적절한 특허를 받을 경우에). 비교적 간단한 기술을 사용하던 그 시절에는 특허가 기업의 거의 모든 소유권을 보장해주었고, 따라서 기업 비밀과 관련된 소송 사건도 매우 드물었다. 하지만 오늘날에는 더 나은 쥐덫을 만드는 방법을 발견한다 하더라도, 지구 궤도나 달로 여행하는 사람을 위해 우주복을 만드는 과정과 마찬가지로 특허를 얻을 수 없는 경우가 많다.

굿리치 대 올게무스 사건 재판 결과에 수천 명의 과학자와 수십억 달러의 돈이 큰 영향을 받을 수밖에 없었기 때문에, 이 사건에는 자연히 대중의 관심이 집중되었다. 이 소송 과정은 애크런 내의 지역 신문인 《비컨 저널》과 사람들의 대화에서 많이 거론되었다. 굿리치는 보수적인 회사로, 노사 관계에서 가부장적 성향이 강했으며, 기업 윤리에 대해서도 확고한 견해를 갖고 있었다. 굿리치에서 오래 근무한 한 중역은 이렇게 말했다. "우리는 올게무스가 저지른 일에 대해 이례적으로 기분이 상했습니다. 내 개인적 생각으로는, 이 일화는 지난 수십 년간 일어난 어떤 일보다도 회사에 큰 우려를 안겨주었습니다. 사실, 굿리치가 사업을 시작하고 나서 93년 동안 전직 직원이 기업 비밀을 유출하지 못하도록 하기 위해 소송을 건 적은 한 번도 없었어요. 물론 민감한 직책에서 일하다가 떠난 직원도 많았지요. 하지만 그들을 고용한 회사들은 자신의 책임을 잘 인식했습니다. 한번은 굿리치에서 화학자로 일하던 사람이 다른 회사로 옮겨간 일이 있었습니다. 우리가 보기에 그 직원은 그 회사에서 우리의 방법을 사용할 수밖에 없는 상황이었지요. 우리는 그 직원과 그를 고용한 회사 측과 이야기를 했습니다. 그 결과, 경쟁 회사는 그 직원에게 만들게 하려고 했던 제품을 결코 만

들지 않았습니다. 그것은 직원과 회사 모두 책임 있는 행동을 보여준 사례였습니다. 올게무스 사건의 경우, 지역 사회와 우리 직원들은 처음에는 회사에 다소 적대적이었지요. 큰 회사가 일개 개인을 상대로 소송을 걸었다는 이유 등으로요. 하지만 그들은 점차 우리의 견해에 동조하게 되었습니다."

애크런 밖에서도 이 사건에 대한 관심이 아주 컸는데(굿리치 법무팀에 쏟아지는 문의 편지들이 그 증거였다), 이것은 사람들이 굿리치 대 올게무스 사건을 하나의 기준으로 바라보고 있음을 말해주었다. 일부 문의 편지는 비슷한 문제를 안고 있거나 그런 문제가 생기리라고 예상하는 회사들에서 보낸 것이었고, 놀랍도록 많은 편지는 젊은 과학자들의 가족이나 친척들이 보낸 것으로, "이것은 현재의 직장을 평생 동안 다녀야 한다는 걸 뜻합니까?"라고 물었다. 사실, 여기에는 아주 중요한 문제가 달려 있었고, 이 사건을 다루는 판사는 어느 쪽으로 결론을 내리건 간에 곤욕을 치를 수밖에 없었다. 한쪽에는 기업 연구의 결과로 얻은 발견이 보호받지 못하게 될 위험이 있었는데, 이것은 결국 민간 연구 기금의 고갈을 초래할 수 있는 상황이었다. 반대쪽에는 수천 명의 과학자가 바로 그들의 뛰어난 능력과 독창성 때문에 불행하고 어쩌면 위헌적인 지적 노예 상태에 영원히 예속될 위험이 있었다.―이들은 단지 너무 많이 안다는 이유만으로 직업 선택의 자유에 제약을 받을 수 있었다.

프랭크 하비 판사의 주재로 애크런에서 열린 **재판**은 11월 26일에 시작되어 도중에 일주일의 휴회 기간을 거친 뒤에 12월 12일까지 계속

되었으며, 이런 종류의 소송이 모두 그렇듯이 배심원 없이 진행되었다. 12월 3일에 라텍스에서 일을 시작하기로 예정돼 있던 올게무스는 법원과 자발적 합의를 통해 애크런에 머물면서 자신을 변호하는 증언을 광범위하게 했다. 굿리치가 원하는 구제 형태이자 비밀을 도둑맞은 사람이라면 누구나 사용할 수 있는 주요 구제 형태인 '금지 명령injunction'은 로마법에서 유래한 구제 방법이다. 옛날에는 금지 명령을 'interdict'라고 불렀으며, 스코틀랜드에서는 지금도 그렇게 부른다. 굿리치가 요구하는 것은 사실상 올게무스에게 굿리치의 비밀을 누설하지 말라는 것뿐만 아니라, 다른 회사의 우주복 개발 부서에서도 일하지 말라는 명령을 내려달라는 것이었다. 그런 금지 명령을 위반하면 법정 모독에 해당하여 벌금형이나 구속형 또는 두 가지 처벌을 다 받을 수 있었다. 굿리치가 이 사건을 얼마나 심각하게 간주했는지는 지터가 직접 변호사팀을 이끌었다는 사실에서 분명히 알 수 있다. 부사장이자 총무이사, 특허법 · 일반법 · 고용 관계 · 노조 관계 · 노동자 보상에 관한 회사의 궁극적인 권위자이자 그 밖의 거의 모든 것의 최고 권위자인 지터는 지난 10년 동안 직접 법정에 출두해 소송 사건을 다룬 적이 한 번도 없었다. 피고 측의 주 변호사는 애크런의 법률회사인 버킹엄 둘리틀 앤드 버로스의 리처드 체너웨스였다. 라텍스는 이 소송 사건의 피고는 아니지만, 올게무스에게 한 약속을 지키기 위해 버킹엄 둘리틀 앤드 버로스에 이 사건을 의뢰했다.

처음부터 쌍방은 만약 굿리치가 이기려면 첫째, 굿리치가 기업 비밀을 소유하고 있으며, 둘째, 올게무스도 그것을 소유하고 있고 실질적인 유출 위험이 있으며, 셋째, 만약 금지 명령을 통한 구제를 허락하지 않으면 굿리치가 회복 불가능한 손해를 입게 된다는 것을 입증해야 한다는 사실을 잘 알고 있었다. 굿리치의 변호사들은 에플러와 갤로웨이와 또 한 사람의 굿리치 직원에 대한 심문을 통해 굿리치가 우주복에 관한 중요한 비밀을 다수 보유하고 있음을 확실히 하려고 했다. 그런 비밀 중에는 우주복 헬멧의 단단한 외피를 만드는 방법, 헬멧 바이저의 밀봉 부위를 만드는 방법, 장갑 안쪽 라이너 만드는 방법, 헬멧을 나머지 우주복과 결합하는 방법, 네오프렌이라는 내마모 물질을 양 방향으로 신축하는 천에 첨가하는 방법 등이 포함돼 있었다.

올게무스는 자기 측 변호사의 반대 심문을 통해 이들 과정 중 어느 것도 전혀 비밀이 아님을 보여주려고 노력했다. 예를 들면, 에플러가 굿리치의 '아주 중요한 기업 비밀'이라고 묘사한 네오프렌 과정의 경우, 피고 측 변호사는 비밀도 아니고 우주에서 입도록 만든 것도 아닌 '플레이텍스 골든 거들'이라는 라텍스 제품이 양 방향으로 신축하는 천에 네오프렌을 첨가해 만든 것이라는 증거를 내놓았고, 이 사실을 강조하기 위해 체너웨스는 모두가 볼 수 있도록 플레이텍스 골든 거들 제품을 가져와 보여주었다. 양측은 법정에 우주복을 가져와 직접 보여주기까지 했는데, 양측 다 직접 사람이 입고 등장하게 했다. 굿리치가 가져온 우주복은 1961년형 모델로, 굿리치가 연구(비밀 유출을 통해 손해를 입지 않길 원했던 연구)를 통해 이룬 성과가 무엇인지 보여주고자 했다. 같은 1961년형 모델인 라텍스의 우주복은 라텍스가 우주복 개발에서 이미 굿리치보다 앞서 있으며, 따라서 굿리치의 비밀을 훔치는 일 따위에는 아무 관심도 없다는 것을 보여주려고 했다. 라텍스의 우주복은 아주 기묘하게 생겼고, 법정에서 그것을 입고 등장한 라텍스 직원은 지구의 공기 혹은 애크런의 공기에 적응이 되지 않은 것처럼 아주 불편해 보였다. 다음 날,《비컨 저널》은 "우주복의 공기관이 제대로 연결되지 않아 그 안은 찜통처럼 더웠다."라고 설명했다. 어쨌든 그는 10~15분 동안 우주복 안에서 고통을 참으며 앉아 있었는데, 피고 측 변호사가 한 증인에게 그 우주복에 대해 질문을 할 때, 갑자기 고통스러운 몸짓으로 머리 쪽을 가리켰다. 그다음에 이어진 재판 기록은 아마도 법학 기록으로는 아주 독특한 것일 텐데, 다음과 같이 적혀 있다.

우주복을 입은 남자: 이것 좀 벗어도 될까요? (헬멧)…:

재판장: 그러세요.

굿리치 측에 입증 책임이 있는 두 번째 문제, 즉 올게무스가 굿리치의 비밀을 공유하고 있었다는 사실 문제는 상당히 빨리 처리되었다. 굿리치가 알고 있는 우주복에 관한 사실은 올게무스도 다 알고 있었다는 사실을 올게무스의 변호사들이 인정했기 때문이다. 대신에 그들은 첫째, 올게무스가 회사에서 어떤 문서도 가지고 나오지 않았고, 둘째, 복잡한 과학적 과정의 세부 사실을 완전히 기억할 가능성이 없다는 사실을 바탕으로 변호를 펼쳤다. 세 번째 문제(회복 불가능한 손해 문제)에 대해 지터는 1934년에 와일리 포스트[3]의 고고도 비행 실험을 통해 역사상 최초의 기밀 비행복을 만들었고, 그 후 우주복 연구와 개발에 막

대한 비용을 투자한 굿리치야말로 의문의 여지가 없는 개척자이며, 이 분야에서 선두 주자로 간주돼왔다고 지적했다. 그리고 1950년대 중엽 이후에야 비로소 기밀복을 만들기 시작한 라텍스를 올게무스를 돈으로 유혹해 고용함으로써 굿리치가 오랜 세월 동안 쏟아부은 연구 성과를 훔치려고 비도덕적 계획을 꾸민 벼락부자로 비치게 하려고 노력했다. 설사 라텍스와 올게무스가 세상에서 가장 좋은 의도로 그런 결정을 내렸다 하더라도, 그가 라텍스의 우주복 개발 부서에서 일하는 한 필연적으로 굿리치의 비밀을 누설할 수밖에 없을 것이라고 지터는 주장했다. 아무튼 지터는 선의를 인정하려 하지 않았다. 나쁜 의도가 있었다는 증거로는 라텍스가 의도적으로 올게무스에게 접근했다는 사실과, 올게무스가 갤로웨이에게 이야기했던 충성심과 윤리의 대가 발언을 제시했다. 피고 측 변호사는 비밀 유출이 필연적으로 일어날 것이라는 주장을 반박했고, 나쁜 의도가 있었다는 사실도 당연히 부정했다. 그리고 올게무스가 법정에서 선서할 때 "나는 내 머릿속에 있는 내용 중 B. F. 굿리치 컴퍼니의 기업 비밀로 간주되는 것은 그 어떤 것도 (인터내셔널 라텍스에) 알려주지 않을 것입니다."라고 한 발언을 들며 그 주장을 뒷받침했다. 물론 이 발언은 굿리치에는 전혀 위안이 되지 않는 이야기였다.

하비 판사는 제시된 증거와 변호사들의 최종 변론을 들은 뒤, 결정을 나중으로 미루면서 임시적으로 올게무스에게 문제의 비밀을 누설

---

3) Wiley Post. 미국의 비행기 조종사. 세계 최초로 비행기 세계 일주에 성공했다.

하거나 라텍스의 우주복 개발 부서에서 일하는 것을 금지하는 명령을 내렸다. 그는 라텍스에서 급여를 받으며 일을 할 수는 있지만, 법원의 결정이 나오기 전까지는 우주복과 관련된 일을 해서는 안 되었다. 12월 중순에 올게무스는 가족을 남겨둔 채 혼자 도버로 가 라텍스에서 다른 제품을 다루는 부서에서 일하기 시작했다. 1월 초에는 와즈워스의 집을 팔고 도버에 새 집을 구하는 데 성공하여 가족도 새 보금자리로 옮겨왔다.

아직 물지 않은 개

한편, 애크런에서는 변호사들은 준비 서면을 통해 하비 판사에게 영향을 미치려고 각자 노력했다. 법의 여러 가지 세부 사항을 놓고 전문적인 논쟁이 벌어졌지만 결론은 내려지지 않았다. 하지만 준비 서면을 통한 공방이 진행되면서 이 사건의 본질이 아주 간단하다는 사실이 점점 명백해졌다. 현실적으로 볼 때 어떤 측면에서도 사실에 대한 논란은 전혀 없었다. 남은 논란은 두 가지 질문에 대한 답이었다. 첫째, 아직 그런 행동을 하지도 않은 상태에서, 그리고 그럴 의도가 있는지 분명하지 않은 상태에서 어떤 사람에게 기업 비밀을 누설하지 못하도록 공식적으로 금지해야 하는가? 둘째, 단지 그 일자리 제의가 법을 위반하라는 특별한 유혹을 포함하고 있다고 해서 어떤 사람에게 직장을 옮기지 못하도록 해야 하는가? 피고 측 변호사는 법률 서적들을 샅샅이 뒤진 끝에 두 가지 질문에 대한 답이 모두 부정적이어야 한다는 주장을 뒷받침하는 자료를 찾아냈다. (다른 법정의 결정과 달리 법률 교과서 저자들이 책에서 기술한 일반적인 진술은 법정에서 공식적인 참고 자료가 되지 않지만, 변호사는 그것을 분별 있게 사용함으로써 자신의 의견을 권위 있는 다른 사람의 말을 통해 표현할 수 있고, 또한 문헌을 인용함으로써 자신의 의견에 힘을 실을 수 있다.) 그 인용 부분은 1953년에 리즈데일 엘리스라는 변호사가 쓴 《기업 비밀》이라는 책에 나오는데, "대개 (직장을 옮긴) 직원이 명시적이건 묵시적이건 비밀을 지키기로 한 계약을 어겼다는 증거가 있기 전까지는 이전 고용주가 조처를 취할 수 없다. 불법 행위법에는 '개는 물기 전에는 모른다.Every dog has one free bite.'라는 금언이 있다.[4] 사람을 직접 물어 공격성이 있음을 입증하기 전까지는 그 개를 공격성이 있다고 가정할 수 없다. 개와 마찬가지로 전 고용주도 전 직원이 명시적인 행동을 저지를 때까지 기다렸다가 조처를 취해야 할지 모른다." 묘사가 생생할 뿐만 아니라, 현재의 사건에 놀랍도록 딱 들어맞는 것처럼 보인 이 원칙을 반박하기 위해 굿리치의 변호사들은 같은 책에 나오는 자료를 인용했다. (그들이 준비 서면에서 "기업 비밀에 관한 엘리스의 견해"라고 언급한 표현은 양측 모두 상대를 서로 공격할 때 반복적으로 사용됐다. 이 책은 양측 모두 광범위한 조사를 진행한 서밋 카운티 법률 도서관에서 이 문제에 관해 참고할 수 있는 유일한 텍스트였기 때문이다.) 굿리치의 변호사는 자신들의 주장을 뒷받침할 만한 내용을 찾는 도중에, 다른 회사

---

4) 이 금언은 원래 '개는 한 번은 물어도 봐준다.'라는 뜻으로, 이전에 사람을 문 적이 없는 개가 사람을 물었을 경우에는 무조건적인 책임을 지울 수 없다는 말이다.

의 기업 비밀을 알고 있는 직원을 유혹한 혐의로 어느 회사가 피고로 법정에 섰던 기업 비밀 소송 사건과 관련해 엘리스가 다음과 같은 말을 했다는 사실을 발견했다. "비밀을 아는 직원이 그동안 다니던 회사를 떠나 피고의 회사에 들어갔다면, 이것은 그 직원의 채용이 원고의 비밀을 알아내고자 하는 피고의 욕망 때문에 일어났다는, 그 밖의 정황 증거를 보강하는 추론을 제공한다."

다시 말해서, 엘리스는 상황이 의심스러울 때에는 물 때까지 기다려야 한다는 원칙을 허용해서는 **안 된다**고 느낀 게 분명했다. 엘리스가 스스로 모순적인 말을 했을까 아니면 그저 자신의 견해를 수정한 것일까 하는 의문은 좋은 질문이다. 하지만 엘리스는 몇 해 전에 죽었기 때문에, 이 문제에 대한 그의 생각을 물어볼 수 없었다.

1963년 2월 20일, 하비 판사는 준비 서면을 검토하고 신중하게 생각한 뒤에 긴장감 넘치는 9쪽짜리 에세이의 형태로 결정을 내놓았다. 먼저 굿리치가 우주복에 관련된 기업 비밀을 갖고 있고, 올게무스는 그 중 일부를 기억하여 라텍스에 유출할 가능성이 있으며, 그 결과로 굿리치에 회복 불가능한 손해를 입힐 수 있다고 확신한다고 했다. 계속해서 "라텍스가 특별히 전문화된 이 분야에서 (올게무스의) 소중한 경험을 얻으려고 시도했다는 점은, 그들이 정부와 소위 '아폴로' 계약을 체결했다는 점과 연관 지어 볼 때 의심의 여지가 없다. 그리고 만약 올게무스가 라텍스의 우주복 개발 부서에서 일한다면 …B. F. 굿리치 컴퍼니의 비밀 정보를 누설할 기회가 생길 것이라는 사실도 의심의 여지가 없다."라고 선언했다. 게다가 하비 판사는 법정에 나온 대표들의 행동이 보여주듯이 라텍스의 태도를 통해 라텍스가 올게무스로부터 "그가 가진 모든 정보의 혜택"을 얻으려는 의도가 있다고 확신한다고 밝혔다. 여기까지는 피고 측의 전망이 매우 어두워 보였다. 하지만(이 '하지만'이란 단어는 6쪽까지 내려간 뒤에야 비로소 나왔다.) 변호사들 사이에 벌어진 '개는 물기 전에는 모른다' 논쟁을 검토한 뒤에 하비 판사는 피고가 나쁜 의도를 가졌다는 분명하고도 실질적인 증거가 없는 한, 그런 비밀 누설이 실제로 일어나기 전에는 기업 비밀 누설을 금지하는 명령을 내릴 수 없다고 결론지었다. 하비 판사는 이 소송 사건에서 피고는 올게무스라고 지적하면서, 만약 나쁜 의도가 개입되었다면, 그것은 올게무스가 아니라 라텍스에 있는 것으로 보인다고 말했다. 그리고 이런 이유와 일부 기술적인 이유로 "피고에 대한 금지 명령은 내릴 수 없다는 것이 이 법정의 견해이자 명령이다."라고 마무리 지었다.

굿리치는 즉각 결정에 불복해 항고했고, 서밋 카운티 항고 법원은 결정을 내리기 전에 또 다른 금지 명령을 내렸다. 올게무스가 라텍스에서 우주복에 관련된 일을 하도록 허용했다는 점에서 하비 판사의 금지 명령과 달랐지만, 굿리치의 기업 비밀을 누설하는 행위는 여전히 금지했다. 이에 따라 올게무스는 서전緖戰을 승리로 장식했지만, 그를 대신해 벌어질 새로운 소송이 예고된 가운데 라텍스의 달 여행 우주복 제작 공장으로 일하러 갔다.

지터와 그 동료들은 항고 법원에 제출한 준비 서면에서 하비 판사가 내린 결정은 일부 기술적 측면에서 잘못되었을 뿐만 아니라, 금지 명령을 내리기 전에 피고 측의 나쁜 의도를 입증하는 증거가 있어야 한다는 결론도 잘못이라고 분명하게 밝혔다. 굿리치가 제출한 준비 서면은 "결정을 내려야 할 문제는 의도가 좋았느냐 나빴느냐 하는 것이 아니라, 기업 비밀이 누설될 위험이나 가능성이 있느냐 하는 것입니다."라고 강력하게 주장했는데, 굿리치가 라텍스와 올게무스 모두에게 나쁜 의도가 있었다고 주장하는 데 쏟아부은 모든 시간과 노력을 감안하면 다소 모순되는 측면이 있었다. 물론 올게무스의 변호사들은 이러한 모순을 지적하는 걸 잊지 않았다. 그들은 준비 서면에서 "굿리치 측이 하비 판사의 결정이 잘못되었다고 비난하는 것은 아주 이상해 보입니다."라고 언급했다. 그들은 하비 판사를 보호하고 나설 정도로 그에게 호감을 느낀 게 분명했다.

항고 법원의 결정은 5월 22일에 나왔다. 아서 도일 판사가 두 동료 판사와 의견 일치를 통해 작성한 그 결정은 하비 판사의 결정 중 일부를 뒤집었다. "실제로 누설 행위가 없다 하더라도, 실질적인 비밀 누설 위험이 현재 존재하며, 금지 명령이 … 장래의 잘못을 예방할 수 있다."라고 하면서 올게무스에게 굿리치가 기업 비밀이라고 주장하는 과정과 정보를 라텍스에 누설하는 행위를 제한하는 금지 명령을 내렸다. 반면에 도일 판사는 "올게무스가 경쟁 기업에 취직할 권리가 있으며, (기업 비밀을 제외한) 자신의 지식과 경험을 새로운 고용주를 위해 사용할 권리가 있다는 사실은 의심의 여지가 없다."라고 썼다. 간단히 말해서, 올게무스는 굿리치의 비밀을 누설하지 않는다는 전제 하에 마침내 라텍스의 우주복 개발 부서에서 자유롭게 일할 수 있게 되었다.

금지 명령 이후

어느 쪽도 이 사건을 서밋 카운티 항고 법원 이상(오하이오 주 대법원과 그다음에는 연방 대법원)으로 끌고 가지는 않았기 때문에, 항고 법원의 결정으로 올게무스 사건은 일단락되었다. 재판이 끝나자 대중의 관심은 금방 식었지만, 전문가들의 관심은 계속 커졌고, 5월에 항고 법원의 결정이 나온 뒤에도 더 커져갔다. 3월에 뉴욕시법조협회는 미국법조협회와 함께 올게무스 사건을 초점으로 기업 비밀에 관한 심포지엄을 열었다. 그러고 나서 그해에 기업 비밀 유출을 염려한 고용주들은 올게무스 사건에 대한 결정을 선례로 삼아 전직 직원을 상대로 다수의 소송을 제기했다. 1년 뒤, 법원에 계류 중인 기업 비밀 소송은 20건이 넘었다. 가장 널리 알려진 것은 듀폰이 전직 연구 엔지니어가 아메리칸 포태시 앤드 케미컬 코퍼레이션에서 특정 희귀 염료 생산 일을 하지 못하도록 해달라고 제기한 소송이었다.

항고 법원의 명령이 과연 제대로 집행될지 지터가 염려하리라고 누구나 생각할 것이다. 올게무스가 라텍스 연구실의 잠긴 문 뒤에서 어쩌면 굿리치에 대한 원한 때문에 금지 명령에도 불구하고 들키지 않으리라 믿고서 한번 물어보기로 작정할 수도 있기 때문이다. 하지만 지터는 그렇게 생각하지 않았다. 그 사건이 종결된 뒤에 지터는 "다른 소식이 들려오기 전까지 우리는 올게무스와 인터내셔널 라텍스가 둘 다 법원의 명령을 잘 알고 있으며, 법을 따르리라고 생각할 것입니다."라고 말했다. "명령 집행을 감시하기 위해 굿리치가 특별히 취한 조처는

없으며, 그럴 생각도 없습니다. 하지만 만약 명령을 위반한다면, 우리
가 그것을 알아낼 방법은 여러 가지가 있습니다. 올게무스는 어쨌든
그곳에 드나드는 다른 사람들과 함께 일해야 할 것입니다. 그와 일상
적으로 접촉하는 약 25명의 사람들 중에서 한두 사람은 1~2년 안에
라텍스를 떠나겠지요. 게다가 라텍스와 굿리치 양측과 거래를 하는 공
급업자들에게서도 많은 정보를 얻을 수 있습니다. 하지만 나는 올게무
스가 명령을 위반하리라고 생각하지 않습니다. 올게무스는 이미 법정
소송을 한 차례 치렀지요. 그것은 그에게 큰 경험이 되었을 겁니다. 그
는 이제 자신의 법적 책임이 어떤 것인지 잘 알 것입니다. 아마 이전에
는 그것을 전혀 몰랐겠지요."

올게무스는 소송이 끝난 뒤인 1963년 후반에 산업계에서 일하는 과
학자들로부터 많은 질문을 받았다고 말했다. 그 질문의 핵심은 "당신
사건은 내가 현재의 일자리와 결혼했다는 걸 뜻하는가?"라는 것이었
다. 올게무스는 그들에게 스스로 결론을 내려야 한다고 말했다. 그리
고 법원의 명령은 자신이 라텍스의 우주복 개발 부서에서 일하는 데
아무 영향도 미치지 않았다고 말했다. "굿리치의 비밀이 정확하게 어
떤 것인지 명령에 명시되지 않았기 때문에, 나는 그들이 비밀이라고
주장하는 것은 모두 다 실제로 비밀인 것처럼 행동했습니다. 비밀 누설을
피하는 행동은 나의 효율성에 전혀 손상을 주지 않았습니다. 폴리우레
탄을 안감으로 사용하는 것을 예로 들어봅시다. 이것은 굿리치가 기업
비밀이라고 주장하는 과정이지요. 이것은 라텍스가 이전에 개발을 시
도했다가 만족스럽지 못하다고 결론 내린 과정입니다. 따라서 라텍스

는 이쪽 방향으로 연구를 계속할 계획이 없었고, 그것은 지금도 마찬가지이며, 나는 금지 명령을 전혀 받지 않은 것처럼 라텍스에서 효율적으로 일하고 있습니다. 하지만 이 점을 말하고 싶군요. 만약 지금 다른 회사에서 더 좋은 제의를 받는다면, 그 문제를 매우 신중하게 평가할 것입니다. 전에는 그러지 않았죠."

재판 이후의 새로운 올게무스는 말을 하는 도중에 가끔씩 생각을 위해 오랫동안 말을 멈추면서 눈에 띄게 느리고 긴장된 방식으로 말했다. 마치 잘못된 말을 했다간 머리에 벼락이라도 떨어질지 모른다고 두려워하는 것처럼. 그는 미래 세대의 인간이라는 느낌이 강했던 젊은이였고, 할 수만 있다면 사람을 달에 보내는 데 중요한 공헌을 하길 기대했다. 그와 동시에 지터가 옳았을 수도 있다. 그는 이번 일로 법률과 관련된 일에 거의 6개월을 쏟아부었고, 말실수가 벌금이나 구속 또는 직장에서의 파멸을 의미할 수도 있다는 사실을 잘 알고 일해왔으며, 앞으로도 계속 그렇게 일해갈 것이다.

12

파운드화 구출 작전

세계는 왜 파운드화를 구하기 위해 협력했나?

I

통화의 평가 절하가 미치는 영향

불도저로 싹 민 자리에 초고층 건물들이 빽빽하게 들어선 맨해튼 중심부에서 그 형태를 알아볼 수 있는 몇몇 작은 언덕 중 한 언덕 비탈에 자리 잡은 뉴욕 연방준비은행은 리버티 스트리트, 나소 스트리트, 윌리엄 스트리트, 메이든 레인으로 둘러싸인 블록에 있다. 입구는 리버티 스트리트를 향해 나 있으며, 그 풍채는 위풍당당하고 엄숙하다. 아치 모양의 1층 창문들은 피렌체의 피티 궁전과 리카르디 궁전의 창문을 모방한 것으로, 바깥쪽에는 어린아이 팔목만큼 굵은 철제 창살이 박혀 있으며, 그 위쪽에는 절벽 같은 14층의 사암과 석회암 벽에 작은 직사각형 창문들이 줄지어 늘어서 있다. 사암과 석회암 블록들은 한때 갈색이었다가 회색을 거쳐 파란색으로 변했지만, 오랜 세월 동안 들러 붙은 그을음 때문에 결국 칙칙한 회색으로 변했다. 정면의 소박함은 12층에 가서야 피렌체 양식의 로지아[1]를 통해 탈피한다. 정문 양옆에는 피렌체의 스트로치 궁전을 장식한 랜턴을 거의 그대로 복제한 듯 보이는 거대한 철제 랜턴 2개가 붙어 있지만, 문으로 들어오는 사람을 즐겁게 하거나 밝게 비추기보다는 오히려 겁을 주기 위해 존재하는 것 같다. 실내 장식 역시 기분을 환하게 하거나 방문객을 환대하는 분위기는 아니다. 1층에는 동굴 같은 교차 궁륭과 기하학 문양, 꽃 문양, 동물 문양으로 정교하게 디자인된 높은 철제 파티션이 있으며, 암청색 제복 때문에 경찰처럼 보이는 많은 경비원이 지키고 있다.

연방준비은행 건물은 비록 거대하고 음침하긴 하지만, 보는 사람들에게 다양한 느낌을 불러일으킨다. 리버티 스트리트 건너편에 서 있는 멋지고 당당한 새 체이스맨해튼은행 건물은 거대한 창문과 밝은 색 타일 벽, 우아한 추상표현주의 그림으로 유명한데, 이 건물을 찬미하는 사람들에게는 연방준비은행 건물이 비록 1924년에 완공된 것이긴 하지만 19세기의 둔중함과 딱딱함을 은행 건축에 구현한 본보기로 보일 것이다. 1927년에 경이로움에 사로잡혀 잡지 《아키텍처》에 글을 쓴 작가에게 이 건물은 "지브롤터 바위산처럼 불가침의 대상이자 숭배에 가까운 존경심을 자아내는" 것처럼 보였고, "더 나은 표현이 생각나지 않아 '서사시적 epic'이라고밖에 표현할 수 없는 속성"을 지니고 있었다. 그

---

1) loggia. 한 면 이상이 벽이 없이 트인 방이나 홀 또는 회랑.

곳에서 비서나 보조원으로 일하는 젊은 딸을 둔 어머니에게 이 건물은 특별히 불길한 종류의 감옥으로 보였다. 은행 강도들도 불가침의 영역으로 보이는 이 건물의 속성에 존경을 표한 것으로 보이는데, 지금까지 이 은행을 털려는 시도는 털끝만 한 조짐조차 없었다. 뉴욕시 미술협회는 지금은 이 건물을 완전한 랜드마크로 간주하지만, 1967년까지만 해도 이 건물은 '어떤 대가를 치르더라도 반드시 보존해야 할 국가적으로 중요한 구조물'인 범주 I 대신에 '지역적으로 아주 중요하며 반드시 보존해야 할 구조물'인 범주 II로 분류된 2급 랜드마크였다. 반면에 이 건물은 피티 궁전, 리카르디 궁전, 스트로치 궁전에 비해 논란의 여지가 없는 장점이 하나 있다. 이 건물은 이들 궁전보다 더 거대하다. 사실, 지금까지 피렌체에 세워진 그 어떤 궁전보다도 거대하다.

　뉴욕의 연방준비은행은 월스트리트의 다른 은행들과는 외관뿐만 아니라 목적과 기능 면에서도 차이가 있다. 지역 연방준비은행 12개(워싱턴에 있는 연방준비제도이사회와 그 회원인 620개 시중 은행과 함께 연방준비제도를 이루는) 가운데 가장 크고 중요한 뉴욕의 연방준비은행은 미국 중앙은행의 실무를 담당하는 기관 중 핵심 부문이다. 다른 나라들은 대부분 중앙은행이 은행들의 네트워크로 존재하지 않고 잉글랜드은행이나 프랑스은행처럼 단 하나만 존재하지만, 모든 나라의 중앙은행은 동일한 두 가지 목적을 갖고 있다. 하나는 통화 공급을 조절함으로써 자국 통화를 건강한 상태로 유지하는 것이고(돈을 빌리기 쉽거나 어려운 정도를 지렛대로 활용해), 또 하나는 필요한 경우 다른 나라의 통화에 대한 자국 통화의 가치를 방어하는 것이다. 첫 번째 목적을 달성하기 위해 뉴욕의 연방준비은행은 연방준비제도이사회와 11개 형제 연방준비은행들과 협력해 정기적으로 금융 부문의 여러 가지 스로틀 밸브를 조절한다. 그중에서 가장 눈에 띄는 것(비록 반드시 가장 중요한 것은 아니더라도)은 연방준비은행이 다른 은행들에 돈을 빌려줄 때 적용하는 이자율, 즉 기준 금리이다. 두 번째 목적의 경우, 전통뿐만이 아니라 미국과 세계 최대 금융 중심이라는 상황 때문에 뉴욕 연방준비은행은 연방준비제도와 미국 재무부가 다른 나라들과 거래를 할 때 유일하게 대신 나서서 실무를 처리하는 기관이다. 따라서 뉴욕 연방준비은행은 달러 방어라는 막중한 책임을 지고 있다. 1968년의 대형 금융 위기 때 이러한 책임감은 뉴욕 연방준비은행의 어깨를 아주 무겁게 짓눌렀다. (그리고 달러 방어는 가끔 다른 나라 통화들의 방어까지 포함하기 때문에 그 이전의 3년 반 동안에도 뉴욕 연방준비은행은 막중한 책임을 맡아야 했다.)

국가 이익을 위해 행동한다는(사실, 그 밖의 다른 목적은 없다.) 비난을 받는 뉴욕의 연방준비은행은 형제 은행들과 함께 명백히 정부의 산하 기관이다. 하지만 뉴욕의 연방준비은행은 자유 기업 진영에도 한쪽 발을 담그고 있는데, 일부 사람들이 전형적인 미국식이라 부를 만한 방식으로 정부와 민간 기업의 경계선에 자리를 잡고 있기 때문이다. 뉴욕의 연방준비은행은 정부 기관으로 기능하지만, 그 주식은 미국 내 회원 은행들이 개별적으로 소유하고 있으며, 그 대가로 법에 따라 매년 6% 이내의 제한된 배당금을 지급한다. 최고위급 간부들은 취임할 때 연방 정부 공무원과 같은 선서를 하지만, 미국 대통령이나 연방준비제도이사회가 임명하지 않고, 은행들의 자체 이사회에서 선출하며,

그 봉급은 연방 예산에서 지급하지 않고 연방준비은행의 자체 수입으로 지급한다. 하지만 수입(다행히도 항상 생겨나지만)은 연방준비은행의 목적에서 부수적인 것에 지나지 않으며, 만약 수입이 비용과 배당금을 넘어서면 초과분은 자동적으로 미국 재무부로 귀속된다. 수입을 부수적으로 간주하는 은행은 결코 월스트리트의 표준이라고 할 수 없는데, 이런 조건 때문에 연방준비은행 사람들은 사회적으로 특별히 유리한 위치에 있다. 이들의 은행도 결국 하나의 은행이고, 민간 소유이며, 수익성이 있기 때문에, 이들을 단순히 정부 관료로 분류할 수 없다. 반대로 이들은 항상 시선을 탐욕의 진흙탕에서 벗어나 그 위에 고정시켜야 하기 때문에, 월스트리트 금융계의 귀족까진 아니라 하더라도 지식인이라고 부를 수 있다.

그들 밑에는 금이 있다. 비록 최근에 발생한 여러 차례의 금융 지진 때문에 기반암이 불길하게 흔들리긴 했지만, 금은 아직도 명목상으로는 모든 통화를 떠받치는 기반암이다. 1968년 3월 현재 금액으로는 130억 달러가 넘고, 자유세계 정부들의 전체 금 보유량의 4분의 1 이상에 이르는 1만 3000톤 이상의 금이 리버티 스트리트 지면에서 23m 아래, 해수면에서는 15m 아래의 실제 기반암에 보관돼 있다. 원래 메이든 레인에는 하천이 구불구불 지나갔는데, 그 물길을 배수펌프 시스템을 통해 다른 데로 돌리지 않았더라면 이곳 금고는 침수되고 말았을 것이다. 19세기의 유명한 영국 경제학자 월터 배젓은 친구에게 기분이 울적할 때에는 은행 지하로 내려가 "금화더미를 손 위에 올려놓고 만지작거리면 기분이 좋아진다."라고 말한 적이 있다. 연방준비은행 지하로 내려가 금고에 보관된 금(금화의 형태가 아니라 크기와 모양이 벽돌과 같은 골드바의 형태로 쌓여 있는)을 **보는** 것은 최대한 줄여서 말하더라도 자극적인 경험이 되겠지만, 아무리 공신력이 높은 방문자라도 골드바를 손 위에 올려놓고 만지작거릴 수는 없다. 무엇보다도, 골드바는 하나당 무게가 12.7kg이나 나가기 때문에 손 위에 올려놓기가 어렵다. 게다가 이곳에 보관된 금은 연방준비은행이나 미국 정부의 소유가 아니다. 미국 정부의 금은 모두 포트녹스와 뉴욕 시금소를 비롯해 조폐국 산하의 여러 화폐 발행 장소에 보관돼 있다. 연방준비은행에 보관된 금은 70여 개국의 외국 정부가 맡긴 것인데, 금을 가장 많이 맡긴 나라는 유럽 국가들이다. 이들 정부는 금을 이곳에 보관하는 게 편리하다고 판단하여 계속 맡기고 있다. 원래는 대부분의 금은 제2차 세계 대전 때 안전을 위해 이곳에 맡겨두었다. 전쟁이 끝난 뒤, 프랑스를 제외한 유럽 국가들은 그 금을 뉴욕에 계속 남겨두었을 뿐만 아니라, 경제가 회복되면서 오히려 그 양을 더 늘렸다.

리버티 스트리트에 예치된 외국계 예금은 금뿐만이 아니다. 1968년 3월 현재 다양한 종류의 투자에 투입된 외국계 예금은 모두 280억 달러가 넘는다. 뉴욕의 연방준비은행은 비공산권 세계 중앙은행들의 은행이자 세계에서 가장 중요한 통화를 대표하는 중앙은행으로, 이론의 여지가 없는 세계 통화의 핵심 요새이다. 이런 위치 덕분에 연방준비은행은 국제 금융의 내면을 들여다볼 수 있는 일종의 투시 능력이 있어, 여기저기서 병에 걸릴 조짐을 보이는 통화나 비틀거리는 경제를 한눈에 간파할 수 있다. 예를 들어 영국이 외환 거래에서 적자를 보고 있다면, 이것은 즉시 연방준비은행의 회계 장부에 잉글랜드은행의 잔고 감소로 나타난다. 1964년 가을에 바로 그러한 잉글랜드은행의 잔고 감소가 나타났다. 이 사건은 많은 나라와 그 중앙은행들이 미국과 연방준비은행의 지휘 하에 가끔은 머리카락이 쭈뼛 서는 위기를 겪어 가면서 용감하게 펼쳤지만 결국은 패배하고 만 긴 투쟁의 시작을 알렸다. 그것은 파운드화의 가치를 지킴으로써 기존의 세계 금융 질서를 보호하기 위해 벌인 투쟁이었다. 웅장한 건물의 한 가지 문제점은 그곳에서 일하는 사람들과 일어나는 활동을 하찮게 보이게 만드는 경향인데, 실제로 별다른 사건이 없는 평소에는 연방준비은행은 따분함에 지친 사람들이 다른 은행들에서 사용하는 것과 아주 비슷한 쪽지를 서로 주고받으며 일하는 장소라고 생각해도 무방하다. 하지만 1964년 이후 그곳에서 일어난 사건 중에는 비록 숭배에 가까운 존경심을 자아내는 데에는 못 미친다 하더라도, 웅장한 서사시적 속성을 지닌 것도 있었다.

1964년 초가 되자, 몇 년 동안 국제 수지의 균형(즉, 매년 해외로 빠져나가는 돈이 해외에서 국내로 들어오는 돈과 엇비슷한 상황)을 대충 맞춰온 영국이 큰 적자를 보고 있다는 사실이 분명해졌다. 이것은 국내 경기의 불황 때문에 일어난 것이 아니라, 내수 경기가 지나치게 좋아서 생긴 결과였다. 내수 경기가 좋아지자 많은 돈을 번 영국인들은 값비싼 상품을 해외에서 마구 수입했지만, 영국 상품의 수출은 그만큼 증가하지 않았다. 요컨대, 영국인은 분수에 넘치는 생활을 했던 것이다. 큰 국제 수지 적자는 미국처럼 상대적인 자급자족 국가에게도 걱정거리이지만(사실, 미국은 그 당시에 바로 이 문제를 안고 있었는데, 이것은 그 후에도 계속 골칫거리가 되었다.), 전체 경제의 약 4분의 1을 무역에 의존하는 영국 같은 무역국에게는 아주 심각한 위험이다.

이 상황은 연방준비은행의 우려가 점점 커질 수밖에 없는 원인이 되었는데, 그 우려가 집중된 장소는 외환 거래를 책임지고 있는 10층의 찰스 쿰스 부총재 사무실이었다. 여름 내내 연방준비은행의 투시경은 병들어 상태가 점점 악화돼가는 파운드화를 보여주었다. 쿰스는 외환부 연구팀으로부터 매일 영국에서 많은 돈이 빠져나가고 있다는 보고를 받았다. 지하실에서는 영국의 금 보관실에서 골드바가 눈에 띄게 줄고 있다는 소문이 돌았다. 금고에서 부정한 일이 일어난 게 아니라, 영국이 외채를 갚느라 많은 금괴가 다른 국가의 금 보관실로 옮겨졌던 것이다. 7층에 있는 외환 거래실로부터는 거의 매일 오후마다 달러로 표시된 파운드화의 공개 시장 시세가 그날도 떨어졌다는 소식이 들어왔다. 7월과 8월에 파운드화 시세가 2.79달러에서 2.7890달러로, 그리고 거기서 다시 2.7875달러로 떨어지면서 리버티 스트리트가 이 상황을 아주 심각하게 받아들이자, 평소에는 위에다 통상적인 보고만 하고 외환 거래 문제를 직접 처리하던 쿰스가 자신의 상사인 앨프레드 헤이스 연방준비은행 총재와 이 문제에 대해 끊임없이 상의를 했다.

겉보기에는 혼란스러울 정도로 복잡해 보일지 몰라도, 국제 금융거래에서 실제로 일어나는 일은 개인 가정의 거래에서 일어나는 일과 본질적으로 동일하다. 국가의 돈 문제는 가정의 돈 문제와 마찬가지로 수입은 적은데 지출이 너무 많을 때 일어난다. 영국에 상품을 파는 외국 기업은 그 대가로 받은 파운드화를 자국에서 그대로 쓸 수 없으므로 자국 통화로 바꿔야 한다. 그래서 증권거래소에서 증권을 파는 것처럼 외환 시장에서 파운드화를 팔아 자국 통화로 바꾼다. 파운드화의 시장 가격은 공급과 수요에 따라 오르내리며, 나머지 국가들의 통화 역시 마찬가지다. (단, 통화 세계에서 태양계의 태양과 같은 지위를 누리는 달러만은 예외이다. 1934년부터 미국이 온스당 35달러라는 고정 가격으로 달러를 얼마든지 금으로 바꿔주겠다고 한 약속을 지키는 한은 그랬다.)

　매도 압력이 강하면, 파운드화 가격은 내려간다. 하지만 등락 폭은 엄격하게 제약돼 있다. 시장의 힘이 미치는 영향력은 파운드화 시세를 액면 가격보다 2센트 이상 오르거나 내리게 할 수 없다. 만약 그러한 급격한 변동이 아무런 제한 없이 일어난다면, 영국과 거래하는 모든 은행과 기업가는 자기도 모르게 일종의 룰렛 게임에 발을 들여놓았다는 사실을 깨닫고 영국과 거래를 중단하려 할 것이다. 그래서 1944년에 뉴햄프셔 주 브레턴우즈에서 합의되고 그 후 여러 곳에서 더 정교하게 다듬어진 국제 금융 규칙에 따라 1964년 당시 액면 가격이 2.80달러인 파운드화는 2.78달러와 2.82달러 사이에서만 오르내릴 수 있었다. 공급과 수요 법칙을 이렇게 제한한 법을 집행하는 기관은 잉글랜드은행이었다. 만사가 순탄하게 흘러갈 때 외환 시장에서 어느 날의 파운드화 시세는, 예컨대 전날 종가보다 0.0015달러 오른 2.7990달러에 거래될 수 있었다. (0.0015달러, 즉 0.15센트라고 하면 아주 미미한 액수 같지만, 국제 금융 거래에서 기본 단위로 쓰이는 100만 달러를 거래한다면 1500달러의 차이가 생긴다.) 그런 일이 일어날 경우, 잉글랜드은행은 아무 행동도 취할 필요가 없었다. 하지만 시장에서 파운드화가 강세를 보여 2.82달러로 오르면(1964년 당시에는 전혀 그런 기미를 보이지 않았지만), 잉글랜드은행은 바로 그 시세에 금이나 달러를 받고 파운드화를 팔기로(아마도 아주 기뻐하며) 약속돼 있었다. 그러면 파운드화 시세의 추가 상승을 막는 동시에 금과 달러 보유액을 늘림으로써 파운드화의 기반을 튼튼하게 할 수 있었다. 반면에 만약 파운드화가 약세를 보여 2.78달러로 하락한다면(이것이 더 현실적인 가정인데), 잉글랜드은행은 시장에 개입해 그 시세에 팔겠다는 파운드화를 모두 다 금이나 달러를 지불하고 사들이기로 돼 있었다. 설사 이 행동 때문에 영국의 금과 달러 보유액이 아무리 심각하게 줄어들더라도 그렇게 해야 했다. 따라서 낭비가 심한 국가의 중앙은행은 낭비가 심한 가정의 아버지처럼 결국에는 청구된 금액을 보유 자산으로 갚아야 한다. 하지만 통화가 심각한 약세를 보일 때, 중앙은행은 시장 심리학의 변덕으로 인해 예상했던 시나리오보다 보유 자산을 훨씬 많이 잃게 된다. 신중한 수입업자와 수출업자는 자신의 자산과 이익을 보호하기 위해 파운드화 보유액과 보유 기간을 최소한으로 줄이려고 할 것이다. 그리고 약한 통화를 파악하는 데 귀신같은 후각을 자랑하는 외환 투기자는 가치가 떨어지는 파운드화를 먹잇감으로 삼아 추가 하락에서 큰 이익을 얻을 걸 예상하고서 막대한 액수의 파운드화를 공매도한다. 그러면 잉글랜드은행은 시장에서 정상적으로 나오는 파운드화뿐만 아니라 투기자들이 마구 쏟아내는 이런 물량까지 흡수해야 한다.

통화 약세를 억제하지 않을 때 닥치는 궁극적 결과는 한 가정의 파산과는 비교할 수 없을 정도로 파국적인 재앙이 될 수 있다. 그것은 결국 그 통화의 평가 절하를 가져오는데, 파운드화 같은 주요 통화의 평가 절하는 런던, 뉴욕, 프랑크푸르트, 취리히, 도쿄를 비롯해 모든 중앙은행들이 반복적으로 겪는 악몽이다. 만약 언제라도 영국의 금이나 달러 보유액 감소가 너무나도 심각해져서 잉글랜드은행이 파운드화 가치를 2.78달러로 유지해야 할 의무를 지키지 못하거나 지키려 하지 않는다면, 평가 절하가 필연적인 결과로 나타날 것이다. 즉, 가격 변동 폭을 2.78~2.82달러로 묶어놓은 한계가 어느 순간 갑자기 무너지고 만다. 단순히 정부의 발표만으로 파운드화의 액면 가격은 그보다 더 낮은 가격으로 떨어지고, 새로운 패리티[2]를 중심으로 새로운 가격 변동 폭이 설정된다. 이 경우에 정말로 중대한 위험은 여기서 비롯된 혼란 사태가 단지 영국에만 국한되지 않을 가능성에 있다. 그러니 허약한 통화를 치료하기 위한 가장 영웅적이면서도 가장 위험한 방법인 평가 절하를 각국 중앙은행들이 두려워하는 것은 너무나도 당연하다. 평가 절하는 그 나라의 상품을 다른 나라 상품보다 싸게 만듦으로써 수출을 촉진하므로 국제 수지 적자를 줄이는 데 도움이 되지만, 그와 동시에 국내에서 수입품과 국산품 가격을 올림으로써 전체 국민의 생활 수준을 떨어뜨린다. 따라서 평가 절하는 환자의 체력과 안녕의 일부, 그리고 많은 경우에는 자존심과 위신도 함께 희생함으로써 질병을 치료하는 과격한 수술에 해당한다.

---

2) parity. 어느 나라의 통화와 다른 나라 통화의 비율 평가.

무엇보다 나쁜 것은 만약 평가 절하가 일어난 통화가 파운드화처럼 국제 거래에서 널리 사용되는 것이라면, 그 질병(혹은 더 정확하게는 치료법)이 전염될 가능성이 높다는 점이다. 평가 절하가 일어난 통화를 외화 보유 금고에 대량 보유한 나라들의 경우 그 효과는 금고를 털린 것과 똑같이 나타난다. 이런 나라들과 그 밖의 나라들은 그 통화의 평가 절하 결과로 무역에서 불리한 위치에 놓이기 때문에 경쟁적으로 자국 통화를 평가 절하하는 데 나설 수 있다. 그러면 일종의 하강 소용돌이가 생겨난다. 평가 절하가 추가로 일어날 것이라는 소문이 끊임없이 나돌고, 다른 나라 통화에 대한 신뢰가 떨어지면서 외국과 국제 거래를 하려는 의욕이 떨어지며, 전 세계 수십억 명의 식량과 주거에 큰 비중을 차지하는 국제 무역이 감소하게 된다. 역사상 가장 대표적인 평가 절하가 일어난 뒤에 바로 그와 같은 재앙이 잇따랐는데, 1931년에 파운드화가 전통적인 금 본위 제도를 포기한 사건이 바로 그것이다. 이 사건은 지금도 일반적으로 1930년대에 세계적인 대공황을 촉발한 하나의 주요 원인으로 꼽히고 있다.

그 과정은 브레턴우즈 협정의 결과로 생겨난 국제기구인 국제통화기금 회원국 100여 개 나라의 모든 통화에 대해 비슷하게 작용한다. 어떤 나라의 국제 수지가 흑자이면, 그 나라의 중앙은행에 직접적으로건 간접적으로건 언제든지 금으로 바꿀 수 있는 달러가 쌓이게 된다. 만약 그 통화에 대한 수요가 충분히 크다면, 그 나라는 1961년에 독일과 네덜란드가 그랬듯이 자국 통화의 가치를 절상할 수 있다. 이것은 평가 절하의 정반대에 해당한다. 반대로 국제 수지가 적자라면, 결국 평가 절하를 강요당하는 일련의 사건들이 일어난다. 어떤 통화의 평가 절하가 세계 무역에 초래하는 혼란의 정도는 그 통화의 국제적 비중에 따라 다르다. (1966년에 일어난 큰 폭의 인도 루피화 평가 절하는 비록 인도 에서는 심각한 문제였지만, 국제 시장에는 별다른 영향을 미치지 않았다.) 그리고 모든 곳의 모든 사람이 자신의 의지와 상관없이 발을 들여놓고 있는 이 복잡한 게임의 규칙을 조금 더 자세히 설명하자면, 국제 통화의 제왕인 달러조차도 국제 수지 적자나 투기의 영향에서 완전히 자유롭지는 않다. 달러화는 언제든지 금으로 바꿔주겠다고 한 약속 때문에 모든 통화의 기준 역할을 하며, 그 가격도 시장에서 요동치지 않는다. 하지만 비록 눈에 덜 띄긴 하지만, 다른 통화와 마찬가지로 달러화도 불길한 종류의 취약점이 있다. 미국으로 들어오는 돈보다 (수입 대금 지불이나 대외 원조, 투자, 대출, 여행 경비, 군사비 등으로) 빠져나가는 돈이 훨씬 많으면, 그 돈을 받은 사람은 달러화로 자국 통화를 자유롭게 살 테고, 그럼으로써 달러화에 대한 자국 통화의 가치를 높이게 된다. 자국 통화 가치가 상승하면 그 나라 중앙은행은 더 많은 달러를 살 수 있고, 그것을 미국에 팔아 금으로 바꿀 수 있다. 따라서 달러화가 약세이면, 미국은 금을 잃게 된다. 프랑스처럼 강세인 통화를 보유하고 있고, 공식적으로 달러화를 특별히 선호하지 않는 나라만 유일하게 1966년 가을까지 몇 년 동안 매달 정기적으로 미국에서 3000만 달러어치 이상의 금을 요구했다. 그리고 미국이 국제 수지에 심각한 적자를 기록하기 시작한 1958년부터 1968년 3월 중순까지 금 보유량은 228억 달러어치에서 114억 달러어치로 절반가량 줄었다. 만약 금 보유량이 용

납할 수 없는 수준으로 떨어진다면, 미국은 약속을 어기고 달러화의 금 가치를 낮출 수밖에 없게 될 것이고, 심지어는 달러화를 금으로 바꿔주는 정책을 전면 중단할지도 모른다. 어느 쪽이건 사실상 평가 절하에 해당하는 결과를 가져오게 되는데, 그렇게 되면 달러화가 지닌 절대적 위상 때문에 세계 통화 질서에 파운드화보다 훨씬 파괴적인 효과를 미칠 것이다.[3]

파운드화의 가치 하락

헤이스와 쿰스는 둘 다 1931년에 일어난 사건들을 직접 경험할 만큼 나이가 충분히 많지는 않았지만, 국제 금융을 아주 열심히 그리고 민감하게 공부하여 사실상 그 사건들을 경험한 거나 다름없다고 말할 수 있을 정도였는데, 1964년의 무더운 날들이 지나가는 동안 거의 매일 국제 전화를 통해 잉글랜드은행의 비슷한 지위에 있는 인물들, 즉 그 당시 잉글랜드은행 총재이던 크로머 백작과 총재의 외환 자문위원이던 로이 브리지와 접촉할 필요가 생겼다. 이 대화와 다른 정보원으로

---

3) 1960년대에 들어 미국의 국제 수지 적자가 계속 늘어나고 달러화 가치가 급락하자, 일부 국가들이 달러를 금으로 바꿔달라고 요구하면서 달러화 위기가 찾아왔다. 결국 닉슨 대통령은 달러화 위기에서 벗어나기 위해 1971년에 미국 달러를 금으로 바꿔주는 태환 제도를 종식시켰는데, 그와 함께 브레턴우즈 체제도 붕괴하고 말았다. 그리고 그 후 몇 년에 걸쳐 고정 환율제가 변동 환율제로 바뀌면서 각 통화의 상대 가격이 공개 시장에서 결정되는 체제가 자리를 잡았다.

부터 얻은 정보를 바탕으로 판단할 때, 문제는 영국의 국제 수지 불균형뿐만이 아니라는 사실이 분명해졌다. 파운드화의 건전성에 대한 신뢰 위기가 증폭되고 있었는데, 주요 원인은 영국 보수당 정부가 직면한 10월 15일 선거인 것처럼 보였다. 국제 금융 시장이 무엇보다 싫어하고 두려워하는 것은 바로 불확실성이다. 모든 선거는 불확실성을 내포하므로, 영국인이 투표를 하기 직전에는 파운드화가 항상 불안정해지만, 외환 거래를 하는 사람들에게 이번 선거가 특히 위협적으로 보인 이유는 집권할지도 모르는 노동당 정부의 성격에 대한 자신들의 평가 때문이었다. 유럽 대륙은 말할 것도 없고 런던의 보수적인 금융업자들은 노동당이 집권할 경우에 총리가 될 해럴드 윌슨을 거의 비합리적인 의심의 시선으로 바라보았다. 게다가 윌슨의 경제 고문 중 몇몇은 이전에 쓴 이론적 글에서 파운드화 평가 절하의 미덕을 공개적으로 칭송한 적이 있었다. 그리고 영국에서 1949년에 마지막으로 노동당이 집권했을 때 파운드화 가치가 4.03달러에서 2.80달러로 평가 절하된 적이 있었다는 사실도 이 상황에 딱 들어맞는 추측을 부추겼다.

이런 상황에서 정상적인 국제 금융 거래를 하는 사람이건 완전한 외환 투기꾼이건 전 세계 금융 시장의 외환 딜러들은 거의 모두 다, 적어도 선거가 끝나기 전까지 파운드화를 털어내려고 했다. 모든 투기적 공격이 그런 것처럼 이번 공격 역시 스스로 증폭시키는 특징이 있었다. 파운드화 가격이 조금 떨어질 때마다 그만큼 신뢰가 더 떨어졌다. 국제 금융 시장에서 파운드화 가치는 계속 하락했다. 이 거래는 어떤 중심 건물들에서 집중적으로 일어난 것이 아니라 전 세계 주요 도시

은행들의 외환 거래 부서들을 잇는 전화와 케이블을 통해 기묘하게 분산된 형태로 일어났다. 그와 동시에 잉글랜드은행이 파운드화를 떠받치려고 애쓰는 동안 영국의 금과 달러 보유액은 점점 줄어들었다.

9월 초에 헤이스는 IMF 회원국들의 연례 총회에 참석하기 위해 도쿄로 갔다. 참석자들이 모인 건물 복도에서 그는 유럽의 중앙은행들에서 온 사람들을 차례로 만났는데, 그들은 한결같이 영국의 경제 상태와 파운드화 전망에 대해 불안감을 표시했다. 그들은 또 영국 정부가 왜 지출을 점검하고 국제 수지를 개선하려는 조처를 취하지 않는지 모르겠다고 말했다. 왜 잉글랜드은행은 기준 금리를 현재의 5%에서 더 인상하지 않을까? 기준 금리를 올리면, 영국 전체 은행들의 이자율을 올리는 효과가 있어 국내 물가 상승률을 낮추는 동시에 해외의 금융 중심들로부터 런던으로 달러를 끌어들일 수 있어 파운드화 가치를 떠받치는 결과를 얻을 수 있는데도 말이다.

도쿄에 모인 유럽 대륙의 은행가들은 잉글랜드은행 사람들에게도 같은 질문을 분명히 했을 것이다. 아무튼 잉글랜드은행 사람들과 영국 재무부 사람들도 스스로에게 이런 질문을 했다. 하지만 제안된 조처는 긴축과 내핍을 예고하므로 영국 유권자들에게 인기를 얻지 못했을 게 분명하며, 보수당 정부는 이전의 많은 정부와 마찬가지로 목전에 다가온 선거의 두려움 때문에 모든 것이 마비된 것처럼 보였다. 그래서 보수당 정부는 아무것도 하지 않았다. 하지만 순수한 통화 정책 면에서는 9월에 방어적 조처를 취하기는 했다. 잉글랜드은행은 몇 년 전부터 연방준비은행과 사실상 아무런 형식적 절차 없이 언제든지 5억 달러를 단기간 상대방에게서 빌릴 수 있는 협정을 맺고 있었다. 잉글랜드은행은 이 비상 차관을 받아들였고, 유럽의 여러 중앙은행과 캐나다은행으로부터 단기 차관으로 5억 달러를 더 빌릴 수 있는 협정을 맺었다. 이렇게 마련한 10억 달러에다 금과 달러로 보유한 약 26억 달러의 외화 보유고를 합치면, 그래도 꽤 상당한 실탄이었다. 만약 파운드화에 대한 투기적 공격이 계속되거나 강화된다면, 자유 시장에서 벌어진 전투에 파운드화 투자의 형태로 잉글랜드은행이 개입할 것이고, 그러면 공격자들은 패주할 것이다.

10월 총선에서 노동당이 승리를 거두자 예상대로 공격이 더 가열되었다. 새 정부는 처음부터 중대한 위기를 맞이했다는 사실을 깨달았고, 즉각적이고 단호한 행동을 취해야 한다고 판단했다. 새로 선출된 총리, 그리고 경제부 장관 조지 브라운과 재무부 장관 제임스 캘러헌 같은 금융 부문 책임자들이 소폭의 파운드화 평가 절하를 진지하게 고려했다는 이야기가 그 후부터 꾸준히 흘러나왔다. 하지만 이 안은 폐기되었고, 10월과 11월 초에 그들은 영국에 수입되는 상품에 15%의 비상 수입 과징금을 부과하고(사실상 관세를 올리는 것이나 마찬가지), 연료세를 인상하고, 높은 세율의 자본 이득세와 법인세를 새로 도입하는 조처를 취했다. 이것들은 분명히 통화 수축을 유도하고 파운드화를 강화하는 조처였지만, 세계 시장에 확신을 주진 못했다. 새로운 세금들은 영국 국내외의 많은 금융업자들을 불안하게 하고 심지어는 분노하게 한 것으로 보이는데, 통화 수축 정책을 추구한다면 복지 혜택 비용을 줄이는 게 정상인데도 새로 짠 예산에서 영국 정부가 복지 혜택 지출을 줄이기는커녕 실제로는 오히려 늘렸다는 사실 때문에 더욱 그랬다. 이런저런 이유로 선거가 끝나고 나서 몇 주일 동안은 파운드화 매도자들, 시장 용어로는 곰들이 시장을 계속 주도했고, 잉글랜드은행은 10억 달러의 무기고에서 아까운 실탄을 꺼내와 그들을 향해 쏟아붓느라 바빴다. 10월 말에 이르자 약 5억 달러가 소진되었는데, 곰들은 여전히 파운드화를 향해 한 번에 0.01센트씩 사정없이 진격하고 있었다.

이런 상황을 점점 더 우려하며 지켜보고 있던 헤이스와 쿰스, 그리고 리버티 스트리트의 외환부 동료들은 곰들의 공격으로부터 자국 통화를 방어하는 중앙은행이 그 공격의 발원지조차 제대로 파악하지 못하고 있다는 사실에 짜증이 났다. 외환 거래는 본질적으로 투기적 요소를 포함하는데, 본질적으로 그것을 따로 가려내거나 확인하거나 심지어 정의하기조차 거의 불가능하다. 투기는 정도의 차이에 따라 여러 단계가 있다. 투기라는 단어 자체는 '이기심'이나 '탐욕'처럼 어떤 판단을 나타내지만, 모든 외환 거래는 매수하는 통화를 선호하고 매도하는 통화를 신뢰하지 않는 투기라고 부를 수 있다. 투기라는 전체 스펙트럼의 한쪽 끝에는 특정 투기 효과를 노린 완전히 합법적인 사업상의 거래가 자리 잡고 있다. 미국에서 상품을 주문하는 영국인 수입업자는 물품 인도 전에 합법적으로 대금을 파운드화로 지불할 수 있다. 만약 그렇게 한다면, 그는 파운드화 가치가 앞으로 더 떨어진다는 쪽에 투기를 한 셈이다. 영국의 상품에 대해 파운드화로 고정된 가격을 지불하기로 계약한 미국인 수입업자는 그 대금 지급에 필요한 파운드화 매입을 일정 기간 미루겠다고 합법적으로 주장할 수 있는데, 이 경우에 그 역시 파운드화 가치가 더 떨어진다는 쪽에 투기를 한 셈이다. (각각 '선도lead'와 '지연lag'이라 부르는 이러한 일반적 상거래 관행은 영국에 아주 충격적인 효과를 미칠 수 있다. 만약 평상시에 전 세계에서 영국 상품을 구매하던 수입업자들이 모두 대금 지급을 두 달 반 정도만 미룬다면, 잉글랜드은행이 보유한 금과 달러는 모두 바닥나고 말 것이기 때문이다.) 한편 투기 스펙트럼의 반대편 끝에는 파운드화를 빌려 달러화로 바꾸는 외환 딜러가 있다. 이런 딜러는 단순히 자신의 사업 이익을 보호하는 데 그치지 않고, 공매도라고 부르는 완전히 투기적인 행동을 한다. 그는 자신이 빚진 파운드화를 나중에 더 싸게 사서 갚길 기대하고서 파운드화 가치 하락에서 수익을 얻으려고 하는 것이다. 국제 금융 시장에서는 수수료가 아주 낮기 때문에 환투기는 세상에서 가장 매력적인 고위험 고수익 도박 중 하나이다.

이런 종류의 도박은 파운드화 가치 하락에 불안을 느낀 수입업자나 수출업자가 취하는 방어적 조처보다 파운드화 위기에 기여한 비중이 실제로는 훨씬 작지만, 1964년 10월과 11월에 발생한 파운드화 위기의 원흉으로 지목받으면서 큰 비난의 대상이 되었다. 특히 영국 의회에서는 분노하여 '취리히의 그놈'[4]이 벌인 투기 활동을 언급한 발언도 나왔다. 취리히를 지목한 이유는 스위스의 은행법이 예금자의 익명성을 엄격하게 보호한 덕분에 스위스가 국제 금융계의 주류 밀매소 역할을 했고, 이에 따라 원래는 세계 각지에서 일어난 환투기도 스위스를

---

4) gnome. 유럽 전설에서 땅 속에 살면서 광석이나 보석을 지킨다는 난쟁이.

경유하는 경우가 많았기 때문이다. 환투기는 낮은 수수료와 익명성 외에 또 다른 매력이 있다. 시차와 훌륭한 전화 서비스 덕분에 세계 금융 시장은 증권거래소나 경마장, 카지노와 달리 사실상 문을 닫는 일이 없다. 런던은 영국이 중앙유럽의 시간을 채택한 1968년 2월 이전까지는 유럽 대륙보다 1시간 늦게 문을 열고, 뉴욕은 그보다 5시간 늦게, 샌프란시스코는 그보다 3시간 늦게, 도쿄는 샌프란시스코가 문을 닫을 때쯤 문을 연다. 세계 어느 곳에서건 돌이킬 수 없이 중독된 환투기꾼은 잠을 자야 하거나 돈이 떨어졌을 때에만 투기 행위를 멈춘다.

취리히의 한 은행가는 취리히에 그놈이 한 명도 없다고 주장하진 않았지만 훗날 이렇게 주장했다. "파운드화 가격을 떨어뜨린 주범은 취리히의 그놈이 아니었다." 그럼에도 불구하고, '곰들의 습격'이라 부르는 조직적인 공매도가 분명히 일어났고, 런던에서 파운드화를 지키려고 애쓴 사람들과 뉴욕에서 그들을 동정한 사람들은 보이지 않는 적의 실체를 알아낼 수만 있다면 거액을 내걸었을 것이다.

전쟁을 알리는 불꽃

바로 이런 분위기 속에서 11월 7일부터 시작된 주말에 세계 주요 중앙 은행들의 대표들이 스위스 바젤에 모여 정기 월례 회의를 열었다. 제2차 세계 대전 기간을 제외하고 1930년대 이후 정기적으로 열린 이 모임은 국제결제은행 이사들의 월례 모임이었다. 국제결제은행은 제1차 세계 대전의 배상금 지불을 처리하기 위한 어음 교환소로 1930년에 바젤에서 설립되었지만, 국제 금융 협력 기구인 동시에 중앙은행 대표들의 클럽 역할도 했다. 그러다 보니 국제결제은행은 IMF보다 자원이나 회원 자격이 훨씬 제한돼 있었지만, 배타적인 다른 클럽들과 마찬가지로 종종 중요한 결정이 이루어지는 장소였다. 이사진에는 영국, 프랑스, 서독, 이탈리아, 벨기에, 네덜란드, 스웨덴, 스위스, 즉 서유럽의 경제 강국들이 포함돼 있었고, 미국은 정식 회원은 아니어도 매달 정기적으로 초청을 받아 늘 참석했고, 캐나다와 일본은 미국보다 참석 빈도가 좀 낮았다. 연방준비은행의 대표로는 쿰스가 거의 항상 참석했고, 가끔은 헤이스와 그 밖의 뉴욕 간부들도 함께 참석했다.

세상일이 대개 그렇듯이, 서로 다른 중앙은행들 간에는 이해관계가 충돌하게 마련이다. 그들은 마치 포커 게임을 하는 사람들과 같은 표정으로 서로를 대한다. 그렇다 하더라도, 돈과 관련된 국제적 문제는 본질적으로 개인들 사이에서 돈 때문에 발생하는 문제만큼 역사가 오래되었다는 사실을 감안할 때, 국제 금융 협력에서 무엇보다 놀라운 점은 이러한 협력 자체가 아주 새로운 현상이라는 사실이다. 제1차 세계대전 이전에는 그런 협력이 존재한 적이 아예 없었다고 말할 수 있다. 1920년대에는 그런 협력은 주로 중앙은행에서 일하는 사람들 간의 긴밀한 개인적 유대를 통해 일어났으며, 대개는 정부들의 무관심한 태도에도 불구하고 유지되었다. 공식적 차원에서는 금융 재앙을 방지하기 위해 공동 행동을 장려할 목적으로 설립된 국제연맹 금융위원회가 절뚝이면서 발걸음을 내디뎠다. 하지만 얼마 지나지 않아 더 좋은 시절이 왔다. 1944년에 브레턴우즈에서 열린 국제 금융 회의는 IMF뿐만 아니라 고정 환율제를 확립하고 유지하는 일을 돕기 위한 전후 금융 규칙의 전체 구조, 그리고 부자 나라의 돈이 가난한 나라나 전쟁 때문에 황폐화된 나라로 쉽게 흘러가도록 돕기 위한 세계은행을 탄생시켰다. 이는 정치 분야에서 국제연합의 탄생에 비견되는 경제 협력 분야의 획기적 사건이었다. 이 회의의 결실 중 하나만 언급한다면, 1956년의 수에즈 운하 사건 때 IMF가 영국에게 10억 달러 이상의 차관을 제공한 것으로, 이 조처는 그 당시 큰 국제 금융 위기를 예방하는 데 도움을 주었다.

그 후 경제적 변화는 다른 변화와 마찬가지로 점점 더 빨리 일어나는 경향을 보였다. 1958년 이후에 금융 위기는 사실상 하룻밤 사이에 나타나기 시작했고, IMF는 행동이 느린 조직이기 때문에 가끔 그러한 위기에 혼자 맞서기에 역부족임을 보여주었다. 이 난국을 타개하기 위해 새로운 협력 정신이 다시 등장했는데, 이번에는 가장 부유한 나라인 미국이 앞장섰다. 1961년부터 시작하여 연방준비은행이 연방준비제도 이사회와 재무부의 승인을 받아 다른 나라의 주요 중앙은행들과 함께 늘 준비된 상태의 회전 신용 제도[5]를 설립했는데, 이 제도는 곧 '스와프 네트워크swap network'라 부르게 되었다. 스와프 네트워크의 목적은 자국 통화를 방어하는 데 신속하고도 강력한 행동이 요구될 때 중앙은행들이 단기적으로 필요한 자금을 즉각 이용할 수 있게 함으로써 IMF의 장기

---

5) revolving credit. 미변제 융자 금액이 한도 이내이면 몇 번이고 융자해주는 제도.

차관을 보강하기 위한 것이었다. 그 효율성은 얼마 지나지 않아 시험대에 올랐다. 스와프 네트워크는 1961년에 설립된 뒤 1964년 가을까지 적어도 세 가지 통화, 즉 1961년 후반에는 파운드화, 1961년 6월에는 캐나다 달러화, 1964년 3월에는 이탈리아 리라화에서 일어난 갑작스럽고도 격렬한 투기적 공격에 맞서 승리를 거두는 데 중요한 역할을 했다. 1964년 가을에 이르자 스와프 협정(프랑스어로는 L'accord de swap, 독일어로는 die Swap-Verpflichtungen)은 국제 금융 협력의 굳건한 초석으로 자리 잡았다. 사실, 그해 11월 주말에 중앙은행들의 대표들이 바젤로 향하던 바로 그 무렵, 잉글랜드은행이 의지할 필요를 느꼈던 미국 차관 5억 달러는 초기의 비교적 소박한 출발에서 시작해 크게 확대된 스와프 네트워크를 통해 제공받을 수 있었다.

국제결제은행은 금융 기관으로서는 전체 조직에서 비교적 사소한 톱니에 지나지 않았지만, 클럽으로서는 오랜 세월 동안 중요한 역할을 했다. 월례 이사회 모임은 각국 중앙은행 대표들이 비공식적 분위기에서 대화를 나눌 수 있는 기회를 제공했다. 그 자리에서 그들은 편지나 국제 전화로는 편하게 나눌 수 없는 잡담과 견해와 직감을 서로 나눌 수 있었다. 라인 강변에 세워진 중세 도시로 12세기 고딕 양식 성당 첨탑들이 곳곳에 서 있는 바젤은 오래 전부터 화학 산업 중심지였고, 유럽 철도의 마디점이어서 처음부터 국제결제은행을 둘 장소로 선택되었다. 하지만 바젤의 지리적 이점은 이제 오히려 불리한 점으로 변하고 말았다. 지금은 대부분의 국제 은행가들이 주로 비행기를 이용하는데, 바젤까지 가는 장거리 항공 노선이 없기 때문이다. 그래서 중앙은행 대표들은 취리히까지 날아가서 거기서 열차나 자동차를 타고 바젤로 가야 한다. 반면에 바젤에는 일류 레스토랑이 여러 군데 있는데, 중앙은행 대표들은 이 이점이 여행의 불편을 상쇄하고도 남는다고 생각할지 모른다. 중앙은행들(혹은 적어도 유럽의 중앙은행들)은 호화로운 식사와 생활을 즐기는 문화에 익숙하기 때문이다. 벨기에 국립은행의 한 이사는 방문객에게 그 은행의 와인 저장실을 자신이 처음 왔을 때보다 더 훌륭하게 만들어놓고 떠나는 것을 자신의 의무 중 하나로 여긴다고 웃지도 않고 말한 적이 있다. 프랑스은행에 점심 초대를 받은 손님은 일반적으로 "은행의 전통에 따라 우리는 간단한 식사만 제공합니다."라고 사과하는 듯한 말을 듣는다. 하지만 실제로는 시시때때로 튀어나오는 빈티지 이야기 때문에 은행 일에 관한 대화는 불가능하지는 않더라도 어색하게 느껴질 정도이며, 간단한 식사의 전통은 코냑이 나오기 전에 와인이 한 병만 나오는 것으로 지키는 것처럼 보인다. 이탈리아은행의 식탁 역시 품격이 있으며(어떤 사람들은 로마에서 최고라고 말한다.), 식사 장소를 둘러싼 벽에는 값을 매길 수 없는 르네상스 시대의 그림들이 걸려 있는데, 이 그림들은 악성 대출에 대한 담보로 취득한 것들이다. 뉴욕의 연방준비은행 같은 경우에는 술은 어떤 형태로든 일절 나오지 않고, 식사 도중에는 은행 일에 대해 토의하는 것이 일상적이며, 음식에 대해 어떤 종류의 언급이라도 하면(설사 그것이 비판적인 것일지라도) 주방장이 나와서 측은할 정도로 감사를 표시한다. 하기야 리버티 스트리트가 유럽은 아니니까.

오늘날 민주주의 시대에 유럽의 중앙은행은 귀족적인 은행 전통의 마지막 보루로 간주된다. 이 전통에서는 위트와 우아함과 문화가 사업적 기민함, 심지어 냉혹함과도 쉽게 공존한다. 유럽에서 리버티 스트리트의 경비원에 대응하는 사람은 모닝코트를 입은 안내인일 때가 많다. 한 세대 전까지만 해도 중앙은행 사람들끼리는 공식 호칭을 사용하는 것이 관례였다. 어떤 사람들은 제2차 세계 대전 때 영국인이 그 관례를 맨 처음 깼다고 생각하는데, 그 당시에 영국 정부와 군 당국에 미국인 상대자를 이름first name으로 부르라는 비밀 명령이 하달되었다는 이야기가 있다. 어쨌거나 지금은 유럽과 미국의 중앙은행 사람들은 서로 이름을 부르는 경우가 많은데, 전후에 달러화의 영향력이 커진 것이 한 가지 이유라는 사실은 의심의 여지가 없다. (또 다른 이유는 협력이 증대하는 시대를 맞이해 중앙은행 사람들이 이전보다 더 자주 만나기 때문이다. 이제 비단 바젤에서뿐만 아니라, 워싱턴, 파리, 브뤼셀에서도 다양한 국제 조직의 특별한 금융위원회들이 정기적으로 개최하는 회의가 대여섯 개나 된다. 소수의 동일한 은행 대표들이 정기적으로 이 도시들의 호텔 로비를 자주 행진하기 때문에, 그들 중 한 사람은 자신들이 수백 명이나 되는 듯한 인상을 줄지도 모른다고 생각한다. 오페라 '아이다'의 승전 축하 장면에서 창을 든 병사들이 무대를 계속 반복해서 지나가는 것처럼 말이다.)

그리고 언어 역시 그것을 사용하는 매너와 함께 경제력에 비례하는 경향을 보인다. 유럽의 중앙은행 사람들은 서로 대화를 나눌 때 항상 프랑스어(어떤 사람들은 '서툰 프랑스어'라고 말했다.)를 사용해왔지만, 파운드화가 세계를 오랫동안 주도한 기간에는 영어가 대체로 중앙은행 사람들 사이에 통용되는 첫 번째 언어가 되었으며, 달러화가 지배하는 시대에 접어들어서도 같은 추세가 계속되고 있다. 프랑스은행을 제외한 모든 중앙은행의 최고 간부들은 유창하게 그리고 기꺼이 영어를 구사하며, 심지어 프랑스은행 간부들도 모국어 외에 다른 언어를 익히는 능력이 불가해하게 떨어지거나 굳이 익히려 하지 않는 대부분의 영국인과 미국인을 고려하여 통역자를 가까이 둔다. (크로머 경은 전통을 무식하고 완벽한 프랑스어를 쓴다.)

바젤에서는 화려함보다는 좋은 음식과 편의를 우선시한다. 많은 대표들은 주요 기차역에 있는 겉모습이 수수한 레스토랑을 선호한다. 그리고 국제결제은행은 소박하게 찻집과 미용실 사이에 자리 잡고 있다. 1964년 11월의 그 주말에 쿰스 부총재는 연방준비은행에서 온 유일한 대표였고, 점점 고조되고 있던 위기의 초중반에 미국의 연방준비은행을 대표하는 핵심 인물이 되었다. 쿰스는 다른 사람들과 함께 음식을 즐겁게 먹고 마셨지만(연방준비은행의 전통에 따라 그는 식도락가와는 거리가 멀었다.), 진짜 관심은 그 회의의 분위기와 참석자들의 개인적 느낌을 파악하는 데 있었다. 그는 모든 외국인 동료들의 신뢰와 존경을 받고 있었기 때문에 이 임무를 수행하기에 완벽한 사람이었다.

다른 중앙은행 사람들은 습관적으로 그를 이름으로 불렀는데, 그것은 변한 관습에 따라서 그런 게 아니라 깊은 호감과 존경심에서 우러나온 행동이었다. 그들은 자기들끼리 그를 언급할 때에도 이름을 사용했다. '찰리쿰스Charliecoombs'란 이름(오랫동안 습관이 되다 보니 이름과 성을 함께 붙여 불렀다.)은 중앙은행 대표들 사이에서는 아주 매력적인 이름이었다. 그들은 찰리쿰스가 비록 딱딱한 말투와 무미건조한 매너 때문에 냉정하고 무심한 듯 보여도 실제로는 따뜻하고 직관력이 뛰어난 뉴잉글랜드 사람(그는 매사추세츠 주 뉴턴 출신이다.)이라고 이야기할 것이다. 테가 반만 있는 안경을 걸친 찰리쿰스는 비록 하버드 대학 졸업생(1940년)이긴 하지만 잘난 체하지 않고 수수한 매너를 가진 백발의 남성으로, 세상에서 가장 복잡한 기술을 구사하는 은행을 지배하는 사람이라기보다는 미국의 소도시 은행에 근무하는 지점장 같다는 착각을 불러일으킨다. 스와프 네트워크를 탄생시킨 배후의 천재를 한 사람 꼽으라고 한다면, 일반적으로 거의 누구나 뉴잉글랜드 출신의 스와퍼 찰리쿰스를 지목했다.

바젤에서는 평소처럼 각각 나름의 안건에 대해 일련의 공식 회의들이 이어졌는데, 그것 외에도 언제나처럼 호텔 방과 사무실 그리고 일요일의 공식 만찬에서 열린 덜 중요한 회의들에서 비공식적인 잡담과 헛소리도 많이 나누었다. 덜 중요한 회의들에서는 정해진 안건은 없었지만, 대신에 쿰스가 훗날 "가장 중요한 현안 주제"라고 부른 것을 놓고 자유로운 토론이 일어났다. 그 주제가 무엇이었는지는 물을 필요도 없다. 그것은 바로 파운드화 문제였다. 사실, 쿰스는 주말 내내 다른 주제가 논의되는 것은 거의 들어보지 못했다. 그는 그 후로 줄곧 "내가 들은 이야기로 판단할 때, 파운드화에 대한 신뢰가 악화되고 있다는 사실은 명백했다."라고 말했다.

대다수 은행가들의 마음에는 두 가지 질문이 자리 잡고 있었다. 하나는 잉글랜드은행이 기준 금리를 올림으로써 파운드화에 가해지는 압력 일부를 줄이겠다고 제안할 것인가 말 것인가 하는 것이었다. 잉글랜드은행 사람들도 그곳에 참석했지만, 단순히 그들의 의도를 묻는 것만으로 그 답을 얻을 수는 없었다. 설사 그들은 그러겠다고 말하더라도 실제로는 그렇게 하지 못할 가능성이 있었는데, 잉글랜드은행은 영국 정부의 승인(실제로는 승인이라기보다는 지시인 경우가 많았다.)이 없이는 기준 금리를 바꿀 권한이 없었기 때문이다. 그리고 선출된 정부는 긴축 조처를 싫어하는 성향이 있다. 또 다른 질문은 만약 투기적 공격이 계속될 경우, 영국이 그 난관에 맞서 투입할 금과 달러를 충분히 보유하고 있느냐 하는 것이었다. 영국은 확대된 스와프 네트워크에서 빌린 10억 달러에서 남은 것과 IMF에서 인출할 권한이 있는 액수 중 남은 것 말고는 공식적인 외화 보유고밖에 없었는데, 그마저도 전주에 최근 몇 년 동안 최저 수준인 25억 달러 아래로 줄어들었다. 그보다 더욱 우려스러운 것은 외화 보유고가 빠르게 줄어드는 속도였다. 전문가들의 추정에 따르면, 전주에 상황이 가장 나빴던 날에는 단 하루 만에 외화 보유고가 8700만 달러나 줄어들었다고 했다. 그런 날이 한 달만 계속된다면, 외화 보유고는 완전히 바닥이 나고 말 것이다.

쿰스는 그래도 그 주말에 바젤에 온 사람들 중에서 파운드화에 가해진 압력이 잠시 후 같은 달에 그토록 심해지리라고 생각한 사람은 아무도 없었다고 말했다. 쿰스는 불안감은 있었지만 자신감을 갖고 뉴욕으로 돌아왔다. 하지만 바젤 회의 이후에 파운드화 전쟁의 불길이 치솟은 주요 전장은 뉴욕이 아니라 런던이었다. 목전에 닥친 큰 질문은 영국이 그 주에 기준 금리를 올릴 것인가 말 것인가 하는 것이었다. 그 답을 알 수 있는 날은 목요일인 11월 12일이었다. 영국은 기준 금리 문제를 많은 일들과 마찬가지로 일종의 의식을 따르며 처리하는 관행이 있었다. 만약 기준 금리를 변경하려고 한다면, 목요일 정오(오직 그때에만)에 잉글랜드은행 1층 로비에 새로운 기준 금리를 알리는 공고문이 나붙고, 그와 동시에 정부 브로커 Government Broker라 부르는 공무원이 핑크색 코트와 실크해트 차림으로 스로그모턴 스트리트를 허겁지겁 지나 런던증권거래소 연단 위에 올라 새로운 기준 금리를 선포한다. 하지만 11월 12일 목요일 정오는 아무 일 없이 지나갔다. 노동당 정부는 보수당 정부가 선거 전에 그랬던 것처럼 선거 직후에 기준 금리를 결정하는 데 대해 많은 고민을 하고 있는 게 분명했다. 세계 각지의 투기자들은 그런 소심함에 마치 한 사람인 것처럼 일사불란하게 반응했다. 금요일인 11월 13일, 투기자들이 그동안 기준 금리 인상을 예상하고 있었기 때문에 그주 동안 약간 상승하는 기미를 보였던 파운드화는 두려움을 불러일으킬 정도로 난타를 당했고, 그날 종가는 공식 하한가보다 겨우 0.25센트 높은 2.7829달러로 마감되었다. 잉글랜드은행은 그 수준에서라도 파운드화를 지키려고 자주 개입하면서 외화 보유고에서 2800만 달러를 소진했다. 다음 날, 《타임스》에서 '아워 시티 에디터 Our City Editor'라는 필명을 쓰는 금융 해설자는 자제력을 잃고 "파운드화는 기대한 것만큼 튼튼해 보이지 않는다."라고 썼다.

거의 다 비어버린 창고

그다음 주에도 같은 패턴이 반복되었지만, 그 패턴은 훨씬 확대된 형태로 나타났다. 월요일에 윌슨 총리는 윈스턴 처칠을 본받아 수사학을 무기로 사용하려고 시도했다. 윌슨 총리는 런던 시 가이드홀에서 거창하게 열린 의식에 참석해, 캔터베리 대주교와 대법관, 추밀원6) 의장, 국새 상서, 런던 시장, 그리고 그들의 부인들까지 포함된 청중 앞에서 "파운드화를 튼튼하게 지키고 그 가치를 높이려는 우리의 신념뿐만 아니라 결의"를 호소력 있게 선포하고, 정부는 이 목적을 위해 필요한 조처는 무엇이건 망설이지 않고 단호하게 취할 것이라고 주장했다. 여름 내내 모든 영국인 공직자들이 그랬던 것처럼 듣기조차 싫은 단어인 '평가 절하'를 애써 피하면서도 윌슨은 이제 정부는 그런 조처를 고려하는 것은 논외라는 사실을 분명히 전하려고 했다. 이 점을 강조하기 위해 그는 투기자에게 주는 경고 메시지를 연설에 집어넣었다. "만약 국내나 국외에서 [우리의] 단호한 결의를 의심하는 사람이 있다면, 그 사람은 영국을 신뢰하지 않는 데 대해 대가를 치를 준비를 해야 할 것입니다." 아마도 투기자들은 이 엄포 공세에 겁을 먹었거나, 아니면 목요일에 기준 금리 인상 발표가 나올 가능성 때문에 파운드화에 대한 공격을 또다시 잠깐 멈추었다. 어쨌든 화요일과 수요일에 파운드화 가치는 시장에서 상승하지는 않았지만, 전주 금요일보다는 하락 압력이

---

6) 영국 국왕의 개인적 자문 기관.

다소 줄어들었고, 잉글랜드은행의 개입 없이도 버텨나갔다.

　나중에 나온 보도에 따르면, 목요일까지 잉글랜드은행과 영국 정부 사이에 기준 금리 인상 문제를 놓고 날카로운 논쟁이 벌어졌다고 한다. 잉글랜드은행을 대표하는 크로머 경은 최소한 1%는 올려야 하고 어쩌면 2%를 올려야 할지도 모른다고 주장했고, 윌슨과 브라운과 캘러핸은 여전히 반대 의견을 내놓았다. 그 결과, 목요일에 기준 금리가 인상되지 않았고, 무대책의 효과는 즉각 위기의 증폭으로 나타났다. 금요일인 11월 20일은 런던의 블랙 데이였다. 투자자들이 파운드화 시세에 예민하게 반응하던 증권거래소에는 끔찍한 시간이 닥쳤다. 이제 잉글랜드은행은 최후의 파운드화 방어선을 하한가에서 겨우 0.25센트 위인 2.7825달러에서 사수하기로 했다. 금요일에 시장이 문을 열자마자 파운드화는 바로 그 가격에서 거래가 시작되어 하루 내내 매도자들의 물밀 듯한 공세에 밀려 그 가격에 계속 묶여 있었다.

　한편, 잉글랜드은행은 2.7825달러에 팔겠다는 매도 주문에 모두 응해야 했고, 그러면서 외화 보유고를 더 소진했다. 이제 매도 주문이 너무나도 빠른 속도로 밀려드는 바람에 근원지를 가리려는 시도조차 거의 하지 않았다. 매도 주문은 모든 곳에서 오는 게 분명했는데, 주로 유럽의 금융 중심지들에서 왔지만, 뉴욕에서도 왔고, 심지어 런던 안에서도 왔다. 평가 절하가 임박했다는 소문이 유럽 대륙의 증권거래소들 사이에 파다하게 나돌았다. 런던에서도 사기가 꺾이고 있음을 시사하는 불길한 징조가 나타났는데, 이곳에서도 이제 평가 절하가 공공연히 언급되고 있었다. 스웨덴의 경제학자이자 사회학자인 군나르 뮈르달은 목요일에 런던에서 오찬 연설을 하면서 현 상황에서 영국의 문제를 해결하려면 약간의 평가 절하가 유일한 방법일지 모른다고 주장했다. 외부인이 제시한 의견이 일단 금기를 깨뜨리자, 영국인들도 듣기 싫어하던 그 단어를 사용하기 시작했고, 다음 날 아침에 《타임스》에서 아워시티 에디터는 수비대에게 항복 가능성에 준비하라고 지시하는 사령관과 같은 어조로 "파운드화 평가 절하에 대한 무차별적인 잡담은 해로울 수 있다. 하지만 그 단어를 금기시하는 것은 더 해로울 것이다."라고 말했다.

마침내 밤이 찾아와 파운드화와 그것을 방어하는 사람들에게 주말 동안 잠깐 한숨을 돌릴 여유를 주자, 잉글랜드은행은 상황을 평가할 기회를 얻었다. 평가 결과는 전혀 안심할 수 없는 것으로 나왔다. 9월에 확대 스와프 협정에 따라 빌렸던 10억 달러는 극히 일부만 남고 모두 전투에서 소진되고 말았다. IMF에서 돈을 빌릴 수 있는 권리는 사실상 도움이 되지 않았다. 그 거래를 마무리 지으려면 몇 주일이나 걸릴 텐데, 위기 상황은 앞으로 며칠 혹은 몇 시간 안에 어떻게 될지 알 수 없었기 때문이다. 잉글랜드은행의 수중에 아직 남아 있는 것은 영국의 외화 보유고뿐이었고, 그날 하루에만 5600만 달러가 줄어들어 이제 20억 달러만 남아 있었다. 그 후 여러 해설자들은 이 상황에 대해 24년 전 영국 본토 항공전 당시 최악의 상황에 몰렸을 때 영국 측에 겨우 몇 개의 전투기 비행 중대만 남아 있던 상황에 비유할 수 있다고 말했다.

간략한 파운드화의 역사

그 비유는 좀 과장된 면이 있지만, 파운드화가 영국인에게 어떤 의미가 있는지 그리고 과거에 어떤 의미가 있었는지 감안한다면, 전혀 부적절한 비유는 아니다. 물질주의 시대에 파운드화는 한때 왕에게 부여되었던 것과 거의 맞먹는 상징적 중요성을 지닌다. 파운드화의 상태는 영국의 상태와 거의 같다. 파운드화는 오늘날 사용되는 통화 중 가장 오래된 것이다. '파운드 스털링pound sterling'이라는 용어는 노르만 정복[7] 이전에 색슨족 왕들이 은화를 발행하던 시절부터 유래한 것으로 보인다. 그 은화를 '스털링sterling' 또는 '스탈링starling'이라 불렀는데, 가끔 은화에 별을 새겨 넣었기 때문이다. 이 은화 240개는 순은 1파운드와 같았다. (12스털링 또는 20분의 1파운드에 해당하는 실링shilling은 노르만 정복 이후에야 나타났다.) 따라서 파운드라는 화폐 단위가 나타난 후 영국에서는 큰 액수를 지불할 때에는 모두 파운드로 계산했다.

하지만 처음 몇 세기 동안 파운드화는 결코 완벽한 통화가 아니었다. 고질적인 재정 위기를 극복하기 위해 그때마다 통화의 가치를 떨어뜨리는 왕들의 유감스러운 버릇이 주요 원인이었다. 책임감이 없는 왕은 많은 스털링을 녹이고 거기다가 은을 넣는 대신에 값싼 금속을 섞어 새로운 동전을 주조함으로써 마법과도 같이 예컨대 100파운드를 110파운드로 만들 수 있었다. 엘리자베스 1세는 1561년에 신중하게

---

7) 1066년에 노르망디 공 윌리엄 1세William I가 영국을 정복하고 노르만 왕조를 세운 사건.

계획한 기습 조처를 통해 그런 관행을 폐지하고 전임자들이 값싼 금속을 섞어 발행한 동전들을 모두 회수했다. 이 조처는 영국의 무역 성장과 결합하여 파운드화의 명성을 단기간에 크게 높이는 데 기여했고, 엘리자베스 1세의 이 조처가 있고 나서 1세기가 지나기 전에 '스털링'이란 단어는 '모든 시험을 통과할 수 있을 만큼 완벽하게 훌륭한'이란 뜻의 형용사로도 쓰이기 시작해 오늘날까지 이어지고 있다.

17세기 말에 정부의 재정을 다루기 위해 잉글랜드은행이 설립되었을 때 지폐가 일반적으로 사용되기 시작했는데, 은뿐만 아니라 금으로도 그 신용을 뒷받침했다. 시간이 지나면서 금은 통화로서의 명성이 은에 비해 꾸준히 높아져갔지만(현대 세계에서 은은 통화 준비 금속으로서는 아무런 지위도 인정받지 못하며, 대여섯 개 나라에서만 보조 통화의 주요 금속으로 쓰일 뿐이다.), 영국이 금 본위 제도를 채택한 것은 1816년이 되어서였다. 즉, 지폐의 액면가에 해당하는 금을 언제든지 금화나 골드바로 바꿔준다고 약속한 것이다. 배젓보다는 빅토리아 시대 사람들에게 더 안정과 부와 심지어 기쁨의 상징으로 받아들여진 소브린 금화^{gold sovereign}(1파운드에 해당)는 1817년에 처음 주조되었다.

영국의 번영은 모방을 낳았다. 다른 나라들은 영국의 번영을 지켜보면서 금 본위 제도가 적어도 일부 원인이 되었을 거라고 믿고서 차례로 그것을 채택했다. 독일은 1871년에, 스웨덴과 노르웨이와 덴마크는 1873년에, 프랑스와 벨기에, 스위스, 이탈리아, 그리스는 1874년에, 네덜란드는 1875년에, 미국은 1879년에 각각 금 본위 제도를 채택했다. 그 결과는 실망스러웠다. 이들 중 금방 부유해진 나라는 하나도 없었고, 영국만 세계 무역에서 이론의 여지가 없는 제왕으로 계속 군림했다. 이제 와서 돌이켜보면, 영국은 금 본위 제도 때문에 번영을 누렸다기보다는 금 본위 제도에도 불구하고 번영을 누린 것으로 보인다. 제1차 세계 대전 전까지 반세기 동안 런던은 국제 금융의 중개인 역할을 했고, 파운드화는 준공식적인 매개체였다. 훗날 데이비드 로이드 조지가 추억하듯이 쓴 것처럼, 1914년 이전에는 "런던이 보증한 신용장의 바스락거리는 소리", 즉 런던 은행의 서명이 있는 파운드화 표시 신용장은 "문명 세계의 모든 항구에서 금이 울리는 소리만큼 좋았다."

하지만 전쟁은 파운드화의 전성기를 가능케 한 힘들 사이의 미묘한 균형을 깨고, 파운드화의 지배를 무너뜨릴 강력한 도전자인 미국 달러화를 전면에 내세움으로써 이 목가적 풍경을 종식시켰다. 1914년, 영국은 전쟁 경비 조달에 쪼들린 나머지 파운드화 대신에 금을 요구하지 못하게 하는 조처를 취했고, 그럼으로써 금 본위 제도를 이름만 남긴 채 완전히 포기했다. 한편, 달러로 표시한 파운드화의 가치는 4.86달러에서 1920년에는 3.20달러까지 떨어졌다. 잃어버린 영광을 되찾으려는 노력으로 영국은 1925년에 완전한 금 본위 제도를 다시 시행해 파운드화를 금과 연계시킴으로써 옛날과 마찬가지로 파운드당 4.86달러의 비율을 회복시켰다. 하지만 이 용감한 평가 절상의 대가로 국내 경기는 만성적 불황을 겪었고, 그 조처를 지시한 재무부 장관이었던 윈스턴 처칠은 약 15년 동안 정치권에서 빛을 보지 못했다.

1930년대에 일어난 전반적인 통화 붕괴는 실제로는 런던에서 시작된 게 아니라, 1931년 여름에 유럽 대륙에서 시작되었는데, 오스트리아의 주요 은행인 크레디탄슈탈트 Creditanstalt가 갑자기 일어난 예금 인출 사태를 버티지 못하고 도산한 것이 그 시발점이 되었다. 그러자 은행 도산의 도미노 효과(만약 그런 것이 있다면)가 작용하기 시작했다. 비교적 규모가 작은 이 참사에서 독일이 입은 손실 때문에 독일 전역에서 은행 위기가 일어났고, 그러자 막대한 영국 자금이 유럽 대륙의 도산한 은행들에서 동결되는 바람에 공황 사태는 영국 해협을 건너 제국 파운드화의 본산까지 침범했다. 파운드화를 금으로 바꿔달라는 요구가 빗발치자, 잉글랜드은행은 프랑스와 미국에서 빌린 대출의 도움으로도 그 모든 요구에 다 응할 수 없었다. 영국은 자금을 런던에 묶어두고 금의 유출을 견제하기 위해 기준 금리를 8~10%로 고리 대금 수준으로 높이든가 금 본위 제도를 포기하든가 해야 하는 암울한 기로에 섰다. 첫 번째 안은 실업자 수가 250만 명 이상이나 되는 현재의 국내 경기를 더 침체시킬 우려가 있어서 양심상 도저히 선택할 수가 없었다. 그래서 1931년 9월 21일, 잉글랜드은행은 금을 판매해야 할 책임을 중단한다고 발표했다.

이 조처는 금융계에 청천벽력과도 같은 소식이었다. 그때까지 파운드화의 명성은 절대적이어서 영국의 유명한 경제학자 존 메이너드 케인스는 스털링이 금을 떠난 것이 아니라 금이 스털링을 떠난 것이라고 말했는데, 순전히 비꼬기 위해서 그렇게 말한 것은 아니었다. 어쨌든 낡은 제도의 계류장은 사라져버렸고, 그 결과로 혼돈만 남았다. 몇 주일 안에 그 당시 전 세계의 광대한 지역에서 영국의 경제적 또는 정치적 지배를 받고 있던 나라들은 모두 금 본위 제도를 포기했다. 다른 주요 통화들도 대부분 금 본위 제도를 포기하거나 큰 폭의 평가 절하가 일어났고, 자유 시장에서 파운드화의 가치는 4.86달러에서 약 3.50달러로 떨어졌다. 그다음에는 잠재적인 새 계류장으로 간주되던 달러화도 불안해졌다. 1933년, 미국은 역사상 최악의 불황을 못 견디고 금 본위 제도를 포기했다. 1년 뒤, 미국은 금환 본위 제도라는 변형된 형태로 그것을 다시 도입했다. 이 제도에 따라 미국은 금화 발행을 중단하고, 연방준비은행이 다른 중앙은행들에게만 달러화를 받는 대신에 금괴의 형태로 금을 팔겠다고, 그리고 이전 가격보다 41%나 평가 절하한 가격으로 팔겠다고 약속했다. 미국의 평가 절하로 파운드화는 이전의 달러 패리티를 회복했지만, 영국인은 이제 그 자체가 불안정한 계류장에 파운드화가 묶였다는 사실에 큰 위안을 얻을 수 없었다. 그렇긴 해도 그 후 5년 동안 비록 자기중심적 보호 정책이 국제 금융의 규칙이 되었지만, 파운드화는 다른 통화들에 대한 가치가 그다지 떨어지지 않았으며, 제2차 세계 대전이 일어나자 영국 정부는 과감하게도 파운드화의 가치를 4.03달러로 고정시킨 채 자유 시장을 무시하고 계속 그 시세를 유지하기 위한 규제 조처를 취했다. 그래서 파운드화의 가치는 10년 동안 그렇게 고정되었지만, 공식적으로만 그랬을 뿐이다. 중립국인 스위스의 자유 시장에서 파운드화는 전쟁 기간 내내 영국의 전황을 반영하여 요동쳤는데, 가장 암울한 시기에는 2달러까지 떨어졌다.

전쟁이 끝난 뒤 파운드화는 계속해서 어려움을 겪었다. 브레턴우즈에서 국제 금융의 새로운 게임 규칙이 합의되었는데, 이전의 금 본위 제도는 너무 엄격한 반면 1930년대의 사실상 지폐 본위 제도는 너무 불안정하다는 데 의견이 일치했다. 그래서 모든 통화의 새로운 제왕이 된 달러화는 그 타협책으로 금환 본위 제도에 따라 금과 연계시키는 대신에 파운드화와 그 밖의 모든 주요 통화는 금이 아니라 정해진 한도 내에서 고정된 환율로 달러에 연계시키기로 했다. 사실, 전후 시기는 비록 그 파급 효과가 훨씬 작긴 했지만, 사실상 1931년과 맞먹는 파운드화의 대폭적인 평가 절하로 시작되었다.

파운드화는 대부분의 유럽 통화와 마찬가지로 브레턴우즈에서 거덜 난 경제에 비해 지나치게 가치를 높게 평가받았으며, 오로지 정부의 엄격한 통제를 통해 그 수준을 계속 유지했다. 따라서 평가 절하 소문이 나돌고, 파운드화 암시장이 급성장하고, 금 손실로 영국의 외화 보유고가 위험한 수준으로 감소한 지 1년 반쯤 지난 1949년 가을에 파운드화는 4.03달러에서 2.80달러로 평가 절하되었다. 미국 달러화와 스위스 프랑화만 제외하고 나머지 모든 주요 비공산권 국가들의 통화도 즉각 파운드화의 선례를 따랐지만, 이번에는 무역이 위축되거나 다른 혼란이 발생하지 않았다. 왜냐하면 1949년의 평가 절하는 1931년과 그 이후에 일어난 평가 절하와는 달리 불황에 시달린 나라들이 어떤 대가를 치르더라도 경쟁에서 우위를 얻기 위해 벌인 무절제한 시도가 아니라, 전쟁에서 큰 피해를 입은 나라들이 인위적인 조처에 기대지 않고도 비교적 자유로운 국제 경쟁에서 살아남을 수 있을 정도로 회복했다는 인식에서 나온 것이었기 때문이다. 사실, 세계 무역은 위축되는 대신에 크게 늘어났다. 하지만 더 합리적인 새로운 평가 절하를 거치고 나서도 파운드화는 위기일발의 탈출을 경험해온 경력을 계속 이어갔다.

1952년과 1955년, 1957년, 1961년에 각각 그 정도가 다른 파운드화 위기가 닥쳤지만, 영국은 그 위기를 간신히 헤쳐나갔다. 과거에도 파운드화의 부침이 세계 최강대국으로서의 영국의 부침을 정확하게 보여주었듯이, 이제 계속 반복적으로 약세를 보이는 파운드화는 1949년에 영국이 단행했던 것과 같은 긴축 정책으로도 악화된 상황에 제대로 대응하기에 충분치 않음을 시사했다.

그리고 1964년 11월에 영국 국민은 이러한 징후뿐만 아니라 그것이 시사하는 굴욕적인 의미도 놓치지 않았다. 그 당시 많은 사람들이 파운드화에 대해 생각하던 감정적 표현들은 위기가 절정에 이르렀을 때 《타임스》의 유명한 독자 편지 광장에서 일어난 설전이 잘 보여준다. 리틀이란 독자는 파운드화 추락에 대해 비통해하는 행태, 특히 평가 절하에 대해 뒤에서 불안한 소문을 퍼뜨리는 행태를 개탄하는 글을 썼다. 그는 평가 절하는 도덕적 문제가 아니라 경제적 문제라고 선언했다. 그러자 즉각 해드필드라는 사람이 반박하는 글을 보내왔다. 해드필드는 지금이 무감각한 시대임을 보여주는 징후로 리틀의 편지보다 더한 것이 있느냐고 물었다. 평가 절하가 도덕적 문제가 아니라고? "채무 이행 거부—평가 절하는 그 이상도 그 이하도 아닌 바로 그것이다.—가 존경받을 만한 것이 되다니!"라고 해드필드는 영국에서는 파운드화만큼이나 그 역사가 오래된 분노한 애국자의 어조로 이렇게 외쳤다.

반전에 반전을 거듭하는 전투

바젤 회의 이후 열흘 동안 뉴욕 연방준비은행 사람들의 첫 번째 관심사는 파운드화가 아니라 달러화였다. 미국의 국제 수지 적자는 이제 연간 약 60억 달러라는 놀라운 수준으로 증가했는데, 영국이 기준 금리를 올리는 게 확실해진 이상 미국도 그에 상응하는 조처를 취하지 않는다면, 파운드화에 대한 투기적 공격 중 일부가 달러화로 옮겨올 위험이 있었다. 헤이스와 쿰스와 연방준비제도이사회 의장 윌리엄 맥체즈니 마틴, 재무부 장관 더글러스 딜런, 재무부 차관 로버트 루사 등 워싱턴의 금융 당국자들은 만약 영국이 기준 금리를 올린다면 연방준비은행도 자기방어 차원에서 기준 금리를 현재의 3.5%에서 더 올릴 수밖에 없다는 데 합의했다. 헤이스는 이 미묘한 문제를 놓고 런던의 협상 상대자인 크로머 경과 전화로 여러 차례 대화를 나눴다. 제1대 크로머 백작인 에블린 베어링 크로머(이집트 총영사로 영국을 대리해 이집트를 좌지우지했고, 1884~1885년에 찰스 조지 고든이 패전해 죽음을 맞이한 데 일부 책임이 있는)의 손자이자 영국 국왕이었던 조지 5세의 대자로, 뼛속까지 철저한 귀족인 크로머 경은 탁월한 은행가이기도 했는데, 43세 때 잉글랜드은행 총재가 됨으로써 역대 최연소 총재라는 기록을 세웠다. 그와 헤이스는 바젤과 여러 곳에서 자주 만나면서 가까운 친구 사이가 되었다.

어쨌든 11월 20일 금요일 오후에 연방준비은행은 파운드화를 위해 최전선에 나서 일부 전투를 벌임으로써 호의를 보여줄 기회를 얻었다. 런던 시장이 문을 닫으면 잠깐 휴식이 찾아오리란 생각은 착각이었다.

런던이 오후 5시일 때 뉴욕은 아직 정오였고, 성이 차지 않은 투기자들은 뉴욕 시장에서 몇 시간 동안 더 파운드화를 팔 수 있었다. 그 결과, 연방준비은행의 트레이딩 룸은 임시로 잉글랜드은행을 대신해 전투를 수행하는 지휘소 역할을 했다. 연방준비은행의 트레이더들은 영국의 달러, 더 정확하게는 스와프 협정에 따라 미국이 영국에게 빌려준 달러를 실탄으로 사용해 파운드화를 2.7825달러 또는 그 위에서 막느라 혼신의 힘을 다했다. 물론 그러는 동안 영국의 외화 보유고는 점점 줄어들었다. 다행히도 뉴욕 시장이 문을 닫자, 그 전투는 해를 따라 샌프란시스코와 도쿄로 옮겨가진 않았다. 공격자들은 적어도 당분간은 그 정도 공격에 만족한 것처럼 보였다.

그 후에 일어난 일은 가장 기묘한 현대의 주말 중 하나였다. 세계 각지의 다양한 장소에서 휴식을 취하는 사람들이 표면적으로는 빈둥거리는 듯이 보이면서 중대한 문제를 논의하고 중대한 결정을 내렸기 때문이다. 윌슨 총리와 브라운, 캘러핸은 영국 총리의 시골 별장인 체커스에서 원래는 국방 정책을 다루기로 예정돼 있던 회의에 참석했다. 크로머 경은 켄트 주 웨스터햄에 있는 시골 별장에 있었다. 마틴과 딜런과 루사는 워싱턴과 그 인근의 사무실이나 집에 있었다. 쿰스는 뉴저지 주 그린빌리지의 자기 집에 있었고, 헤이스는 뉴저지 주의 다른 곳에 있는 친구들을 방문했다.

체커스에서 윌슨 총리와 금융 부문의 두 장관은 군부 사람들은 자기들끼리 국방 정책에 관한 회의를 하도록 내버려두고 파운드화 위기에 대해 논의하기 위해 위층으로 자리를 옮겼다. 이 논의에 크로머 경을 참여시키기 위해 그들은 켄트 주에 머물고 있던 그와 전화 회선을 계속 열어두었다. 그러면서 보이지 않는 적인 투기자들이 자신들의 대화를 도청할 경우에 대비해 전화로 대화를 주고받을 때에는 비화기秘話機8)를 사용했다. 토요일 어느 시각에 영국인은 마침내 결정을 내렸다. 그들은 단지 기준 금리를 현재 수준보다 2%나 더 높게(7%로) 올리는 데 그치지 않고, 다음 주 목요일까지 기다리는 대신에 관행을 깨고 월요일 아침이 되자마자 맨 먼저 그것을 발표하기로 했다. 그렇게 결정한 한 가지 이유는 목요일까지 행동을 미루면 3.5영업일 동안 영국의 외화 보유고가 계속 더 줄어들 테고 어쩌면 그 추세가 더 가속될지도 모른다고 염려했기 때문이다. 또 한 가지 이유는 의도적으로 관행을 깬 행동이 정부의 의지를 극적으로 보여주는 데 도움이 되리라고 판단했기 때문이다. 이렇게 내린 결정은 워싱턴에 있는 영국인 중개자를 통해 미국의 금융 당국자들에게 전달되었고, 그 소식은 다시 뉴저지 주에 있던 헤이스와 쿰스에게 전달되었다. 두 사람은 사전에 합의한 대로 영국의 기준 금리 인상에 따라 뉴욕의 기준 금리 인상도 최대한 빨리 단행해야 한다고 생각하고서 월요일 오후에 연방준비은행 이사회를 소집하는 전화를 걸기 시작했다(이사회의 결정이 없이는 기준 금리를 변화시킬 수 없기 때문에). 정중한 예의를 중시하는 헤이스는 그 후 그 주말에 자신이 아내에게 큰 실망을 주지 않았는지 걱정된다고 상당히 유

---

8) scrambler. 원거리 통신에서 전하고자 하는 메시지를 암호화하거나 신호를 뒤섞어 메시지를 해독 불가능하게 만드는 장치.

감스럽다는 투로 말했다. 그는 대부분의 시간을 전화에 매달려 있었을 뿐만 아니라, 자신이 처한 상황 때문에 그러한 부적절한 행동에 대해 아무런 설명도 할 수 없었기 때문이다.

　영국이 취한, 혹은 곧 취할 조처는 국제 금융 시장을 뒤흔들기에 충분했다. 제1차 세계 대전이 발발한 이래 기준 금리는 7%를 넘은 적이 없었고, 7%까지 올라간 적도 아주 드물었다. 기준 금리 변화를 목요일이 아닌 다른 날에 발표한 적은 1931년이 마지막이었는데, 그때가 1931년이었다는 사실이 조금 불길한 느낌을 주었다. 뉴욕 시간으로 월요일 오전 5시 무렵에 런던 시장이 문을 열면 나타날 반응을 예상하면서 쿰스는 일요일 오후에 리버티 스트리트로 갔다. 대서양 건너편에서 중요한 일이 일어나는 순간에 사무실에서 대기하려고 은행에서 밤을 보내기 위해서였다. 밤을 함께 보낼 동료가 한 사람 있었는데, 그는 은행에서 잠을 자는 걸 편하게 생각해 사무실에 짐을 싼 여행 가방을 준비해두고 은행에서 자주 밤을 보냈다. 그 사람은 외환부 고위 간부인 토머스 로치였다. 로치는 직원용 숙소를 찾아온 상사를 반가이 맞이했다. 직원용 숙소는 11층에 모텔처럼 작은 방들이 죽 늘어선 곳으로, 각 방에는 단풍나무 가구들과 옛날 뉴욕 이미지가 담긴 사진들, 전화기, 시계가 달린 라디오, 목욕용 가운, 면도용품이 갖춰져 있었다. 두 사람은 주말의 상황에 대해 잠시 이야기를 나누다가 잠자리에 들었다. 아침 5시 직전에 울린 라디오 자명종 소리에 두 사람은 잠을 깼고, 야근 직원이 제공한 아침 식사를 한 뒤 7층의 외환 트레이딩 룸으로 가 투시경을 들여다보았다.

5시 10분에 그들은 잉글랜드은행과 전화 통화를 하며 소식을 들었다. 기준 금리 인상은 런던 시장이 개장되자마자 즉각 발표되어 큰 흥분을 불러일으켰다. 나중에 쿰스는 정부 브로커가 증권거래소로 들어서는 순간은 보통은 침묵 속에서 일어나지만, 이번에는 요란한 함성이 일어나는 바람에 자신이 갖고 온 소식을 전하는 데 어려움을 겪었다는 이야기를 전해 들었다. 파운드화에 대한 시장의 첫 번째 반응은 나중에 한 해설자가 한 표현을 빌리면 약물을 투여한 경주마와 같았다. 기준 금리 인상이 발표된 지 10분 만에 파운드화 시세는 금요일 종가보다 훨씬 높은 2.7869달러로 치솟았다. 몇 분 뒤, 뉴욕 사람들은 서독의 중앙은행인 프랑크푸르트의 독일연방은행과 취리히에 있는 스위스국립은행에 전화를 걸어 유럽 대륙의 반응을 타진했다. 그곳 반응 역시 좋았다. 그러고 나서 이번에는 다시 잉글랜드은행과 접촉했더니 상황이 점점 좋아지고 있었다. 파운드화 하락에 돈을 걸었던 투기자들은 패주하고 있었고, 이제 공매도의 손실을 만회하기 위해 애쓰고 있었다. 리버티 스트리트의 창문으로 첫 번째 햇살이 비치기 시작할 무렵, 쿰스는 런던에서 파운드화가 2.79달러에 거래되고 있다는 소식을 들었다. 그것은 위기가 시작된 7월 이래 가장 높은 시세였다.

그날은 온종일 그런 분위기에서 모든 일이 흘러갔다. 스위스의 한 은행가는 위대한 배젓의 말을 조금 바꾸어 "7%라면 달의 돈도 끌어올 것"이라고 평했는데, 배젓은 우주 시대가 아닌 빅토리아 시대에 어울리게 "7%라면 땅속의 금도 나오게 할 것"이라고 말했다. 런던에서는

532

사람들이 너무 안도한 나머지 평소처럼 정치적 언쟁이 재개되었다. 정권을 빼앗긴 보수당의 경제 분야 권위자인 레지널드 모들링은 의회에서 이 기회를 놓치지 않고 노동당 정부의 행동이 없었더라면 애초에 위기도 없었을 것이라고 말했다. 그러자 재무부 장관인 캘러핸은 극도의 정중함을 잃지 않은 채 "저는 존경하는 의원님께 [얼마 전에] 그분께서 우리가 그의 문제를 물려받았다고 발언한 사실을 상기시키고 싶군요."라고 응수했다. 모두가 숨통이 좀 트인 게 분명했다. 잉글랜드은행은 갑자기 파운드화를 사겠다는 주문이 빗발치는 바람에 고갈된 달러를 보충할 기회를 잡았고, 오후 한동안은 충분한 자신감이 생긴 나머지 방향을 전환하여 2.79달러 바로 아래에서 파운드화로 달러화를 사기도 했다. 뉴욕에서는 런던 시장이 문을 닫은 뒤에도 같은 분위기가 계속 이어졌다. 뉴욕의 연방준비은행 이사들은 이제 파운드화에 대해 아무런 죄책감도 느끼지 않고 기준 금리를 3.5%에서 4%로 인상하는 계획을 실행에 옮길 수 있었다. 그 후 쿰스는 "월요일 오후에 이곳의 느낌은 '그들이 해냈어. 그들이 또다시 위기를 헤쳐나왔어.'라는 것이었다. 전반적으로 안도의 한숨을 내쉬는 분위기였다. 파운드화 위기는 이제 끝난 것처럼 보였다."라고 말했다.

하지만 위기는 끝난 것이 아니었다. 헤이스는 나중에 "화요일인 24일에 상황이 아주 빠르게 바뀐 것으로 기억한다."라고 말했다. 그날 시장이 문을 열었을 때, 파운드화는 2.7875달러로 거래되면서 강세를 이어갈 것처럼 보였다. 이제 독일에서 파운드화 매수 주문이 상당량 들어오고 있었고, 그날의 상황은 낙관적으로 보였다. 뉴욕 시간으로 오전 6시 (유럽 대륙에서는 정오)까지는 그랬다. 바로 그 무렵에 파리와 프랑크푸르트 등 가장 중요한 곳들을 포함한 유럽의 여러 증권거래소는 각 통화에 대해 그날의 환율을 정하는 회의를 연다. 외환으로 사고파는 주식과 채권 거래를 체결하려면 정해진 환율이 있어야 하기 때문이다. 그리고 이러한 환율 결정 회의는 가장 큰 영향력을 지닌 유럽 대륙 시장이 각각의 통화를 어떻게 평가하는지 분명히 보여주므로 외환 시장에 영향을 미칠 수밖에 없다. 증권거래소들에서 결정한 그날의 파운드화 환율은 파운드화에 대한 신뢰 부족이 분명하게 다시 나타났음을 보여주었다. 그와 동시에 세계 각지의 외환 딜러들, 특히 유럽의 외환 딜러들이 전날의 기준 금리 인상 방식에 대해 다른 생각을 하고 있는 것처럼 보였다. 그들은 처음에는 뜻밖의 충격에 열광적인 반응을 보였지만, 하루가 지나고 나서 냉정을 찾은 그들은 영국이 관행을 깨고 월요일에 기준 금리 인상을 발표한 행동을 통제력을 잃고 있다는 반증이라고 해석했다. 유럽의 한 은행가는 동료에게 "만약 영국이 FA컵 결승전을 일요일에 연다면 그것은 무엇을 의미할까?"라고 말했다고 한다. 유일하게 가능한 답은 영국에 공황이 일어났음을 뜻한다는 것이다.

이렇게 사람들의 생각이 바뀌자, 시장의 행동에도 놀라운 반전이 일어났다. 쿰스는 8시에서 9시 사이에 뉴욕의 트레이딩 룸에서 평온을 유지하던 파운드화 시장이 붕괴하면서 궤멸 상태로 빠져드는 것을 억장이 무너지는 심정으로 지켜보았다. 일찍이 들어본 적이 없는 물량의 매도 주문이 사방에서 나오고 있었다. 잉글랜드은행은 필사적인 용기를 끌어모아 최후의 참호에서 기어나와 돌격전을 감행함으로써 파운드화를 2.7825달러에서 2.7860달러로 끌어올렸고, 끊임없는 개입을 통해 그 수준을 간신히 유지했다. 하지만 그 대가가 곧 너무 커지리란 건 명백했다. 뉴욕 시간으로 오전 9시에서 몇 분이 더 지났을 때, 쿰스의 계산에 따르면, 영국의 외화 보유고는 감당하기 어려운 분당 100만 달러라는 유례없는 속도로 줄어들고 있었다.

9시 직후에 은행에 도착한 헤이스는 책상 앞에 채 앉기도 전에 7층에서 전달된 이 불안한 소식을 들었다. 쿰스는 그에게 "우리는 허리케인 속으로 들어가고 있습니다."라고 말하고 나서, 파운드화에 대한 압력이 이제 너무나도 빠른 속도로 커지고 있어 영국이 평가 절하를 하거나 그 주가 끝나기 전에 포괄적인 외환 거래 통제 방법(하지만 많은 이유에서 받아들일 수 없는)을 내놓아야 할지 모른다고 말했다. 헤이스는 즉각 유럽의 주요 중앙은행 총재들에게 전화를 걸어(아직은 모든 나라의 국내 시장에 이 위기의 여파가 완전히 미친 것은 아니었기 때문에, 일부 중앙은행 총재들은 상황이 얼마나 심각한지 전해 듣고는 깜짝 놀랐다.) 기준 금리를 올림으로써 파운드화와 달러화에 가해지는 압력을 악화시키는 일이 없도록 해달라고 당부했다. (하지만 그 직전에 연방준비은행이 **기준 금리를** 올렸다는 사실을 털어놓아야 했기 때문에 이 설득 작업이 마냥 쉬운 것만은 아니었다.) 그러고 나서 그는 쿰스에게 자기 사무실로 올라오라고 했다. 두 사람은 이제 파운드화가 막다른 골목에 이르렀다는 데 의견이 일치했다. 영국의 기준 금리 인상은 그 목적을 달성하는 데 실패한 게 명백했고, 분당 100만 달러의 속도라면 영국의 외화 보유고는 불과 5영업일 만에 고갈되고 말 게 뻔했다. 이제 유일한 희망은 잉글랜드은행이 공격에서 살아남고 반격을 하도록 돕기 위해 몇 시간 안에 혹은 적어도 하루 안에 영국 밖에서 대규모 차관을 끌어모으는 것뿐이었다. 그러한 긴급 구제 자금은 과거에 몇 차례 조성된 적이 있었지만(1962년에는 캐나다를 위해, 1964년에는 이탈리아를 위해, 1961년에는 영국을 위해), 이번에는 이전보다 훨씬 큰 규모의 구조 자금이 필요할 것으로 보였다. 지금 전 세계의 주요 중앙은행들 앞에는 국제 금융 협력이라는 짧은 역사에서 획기적인 이정표를 세울 기회가 아니라, 어쩔 수 없이 협력을 해야 하는 길밖에 없었다.

또 다른 두 가지 사실이 분명해졌다. 첫째, 달러화가 처한 어려움을 감안할 때 미국은 다른 나라들의 도움을 받지 않고서는 파운드화를 구조할 희망을 품을 수 없었고, 둘째, 달러화가 처한 어려움에도 불구하고 미국은 자신의 모든 경제력을 동원해 잉글랜드은행이 펼치는 모든 구조 작전에 동참해야 한다는 것이었다. 첫 단계로 쿰스는 연방준비은행이 잉글랜드은행에 빌려줄 대기성 차관을 5억 달러에서 7억 5000만 달러로 증액해야 한다고 제안했다. 불행하게도 연방준비법에 따라 그런 조처는 연방준비제도의 한 위원회가 결정을 내려야만 가능한데, 그 위원들이 미국 내 곳곳에 흩어져 있어 이 제안은 신속하게 실행에 옮길 수 없었다. 헤이스는 장거리 전화로 워싱턴의 금융 부문을 대표하는 마틴과 딜런, 루사와 상의했는데, 아무도 쿰스의 제안에 반대하지 않았고, 그 결과 마틴의 사무실에서 공개시장위원회라는 그 위원회 위원들에게 전화 연락을 취해 그날 오후 3시에 회의를 소집했다. 재무부의 루사는 재무부가 소유하고 재정을 지원한 워싱턴의 금융 기관인 수출입은행에서 2억 5000만 달러를 대출받음으로써 미국의 기여분을 더 증액할 수 있을 것이라고 제안했다. 헤이스와 쿰스는 당연히 이 제안을 환영했고, 루스는 그 금고를 여는 데 필요한 관료적 절차를 해결하는 데 돌입했다. 그는 그 과정은 틀림없이 저녁까지 시간이 걸릴 것이라고 경고했다.

영국의 외화 보유고에서 매분 수백만 달러가 소진되면서 뉴욕에서 이른 오후가 지나가는 동안 헤이스와 쿰스는 워싱턴의 동료들과 함께 다음 단계를 계획하느라 바쁜 시간을 보냈다. 만약 스와프 한도 증액과 수출입은행 대출이 성사된다면, 미국이 제공하는 차관은 모두 합쳐서 10억 달러가 될 것이다. 이제 연방준비은행 사람들은 사면초가에 몰린 잉글랜드은행 사람들과 상의를 하면서 이 작전의 효과를 높이려면 나머지 주요 중앙은행들(여기에는 캐나다은행과 일본은행도 포함되지만, 중앙은행들 사이에서는 유럽 대륙이란 뜻의 '더 콘티넨트the Continent'란 약칭으로 불렀다.)에도 15억 달러 혹은 그 이상 규모의 추가 차관을 제공하라고 요구하는 게 좋겠다는 판단이 들었다. 그 액수라면 더 콘티넨트는 대의를 위해 미국보다 더 큰 기여를 하는 셈이었다. 하지만 헤이스와 쿰스는 이러한 설득이 더 콘티넨트의 은행가들과 그 정부들에게 잘 먹혀들지 않을 것이라는 생각이 들었다.

3시에 공개시장위원회는 뉴욕에서 샌프란시스코에 이르는 여섯 도시에서 12명이 자기 책상에 앉은 채 전화 회의를 열었다. 위원들은 쿰스가 무미건조하고 냉정한 목소리로 설명한 상황과 문제 해결을 위해 제시한 제안을 들었다. 그들은 금방 상황을 파악하고 사태 해결 방안에 동조했다. 15분도 안 돼 그들은 다른 중앙은행들에서 그에 상응하는 차관 지원을 받는다는 조건 하에 스와프 차관을 7억 5000만 달러로 증액하는 데 만장일치로 찬성했다.

오후 늦게 수출입은행 대출 전망이 밝으며 더 확실한 소식은 자정이 지나기 전에 나올 것이라는 잠정적인 소식이 워싱턴으로부터 왔다. 따라서 미국이 제공할 10억 달러의 차관은 사실상 확실하게 준비될 것처럼 보였다. 이제 더 콘티넨트를 설득할 일만 남았다. 그 무렵은 유럽에서는 밤이었으므로 연락을 취해 설득할 수 있는 사람이 아무도 없었다. 그렇다면 공격 개시 시간은 다음 날 오전에 유럽 대륙의 시장들이 문을 여는 시간으로 잡을 수밖에 없었고, 파운드화의 운명을 좌우하는 결정적 순간은 바로 그다음의 몇 시간에 달려 있었다.

헤이스는 코네티컷 주 뉴캐넌에 있는 자기 집으로 오전 4시에 은행 차를 보내라고 지시한 뒤, 5시 직후에 그랜드센트럴 역에서 평소처럼 통근 열차를 탔다. 그는 나중에 그토록 극적인 순간에 평상시의 습관을 따른 것에 대해 약간 후회를 표시했다. "나는 다소 주저하면서 은행을 떠났습니다. 돌이켜보면, 은행을 떠나지 말았어야 했다는 생각이 듭니다. 실질적인 문제 때문에 그런 것은 아닙니다. 나는 집에서도 제 역할을 충분히 했으니까요. 그날 저녁 시간 대부분은 은행에 남아 있던 쿰스와 전화를 하며 보냈습니다. 하지만 은행가의 삶에서 그와 같은 사건은 매일 일어나는 것이 아닙니다. 나는 습관의 동물인 것 같습니다. 게다가 개인 생활과 직장 생활 사이에서 적절한 균형을 이루려고 고집하는 신념이 좀 있었던 것 같아요." 비록 헤이스는 겉으로 표현하진 않았지만, 다른 것도 염두에 두었을지 모른다. 중앙은행 총재는 근무 장소에서 잠을 자지 않는 것이 일종의 원칙처럼 간주된다고 말해도 무방하다. 만약 그런 시기에 규칙적인 습관을 좋아하는 헤이스가 은행에서 밤을 보냈다는 말이라도 새어나간다면, 월요일에 영국이 기준 금리 인상을 발표한 것처럼 공황 상태를 보여주는 단서로 비칠지도 모른다고 그는 생각했을지 모른다.

한편, 쿰스는 리버티 스트리트에서 또 하룻밤을 보냈다. 전날 밤에는 최악의 상황이 일시적으로 끝난 것처럼 보였기 때문에 집으로 돌아갔지만, 오늘은 정상 근무 시간이 끝난 뒤에도 로치와 함께 머물렀다. 로치는 주말부터 집으로 돌아가지 않고 계속 회사에 머물렀다. 자정이 다 되어 쿰스는 워싱턴에서 약속대로 수출입은행이 2억 5000만 달러 차관을 제공하기로 했다는 연락을 받았다. 이젠 내일 아침에 할 일에 모든 노력을 쏟아부으면 되었다. 쿰스는 또다시 11층의 좁은 방으로 가 더 콘티넨트의 은행가들을 설득하는 데 필요한 것들을 최종 점검한 뒤에 자명종을 3시 30분에 맞추고 잠자리에 들었다.

문학적 취향과 낭만적 기질이 있는 연방준비은행의 한 직원은 훗날

이 일에 감동한 나머지 그날 밤에 연방준비은행과 영국 진영 사람들이 보인 행동을 셰익스피어가 묘사한 아쟁쿠르 전투 전날 밤의 일에 빗대어 비교했다. 셰익스피어의 희곡 〈헨리 5세〉에서 헨리 5세는 그날 밤에 한 연설에서 다가오는 전투에 참여하는 자는 아무리 신분이 비천한 병사라도 귀족이 될 것이고, 영국에 남아 편히 침대에 든 귀족들은 전투에 참여하지 못한 것을 땅을 치고 후회할 것이라고 말했다. 현실적인 사람인 쿰스는 자신의 상황을 전혀 그렇게 거창한 것으로 생각하진 않았다. 그렇더라도 유럽에 아침이 오길 기다리면서 잠을 설치며 밤을 보내는 동안 자신이 뛰어든 이 사건들이 금융계에서 일찍이 유례가 없는 일임을 잘 알고 있었다.

Ⅱ

새롭게 전개되는 상황

11월 24일 화요일 저녁, 헤이스는 언제나처럼 그랜드센트럴 역에서 5시 9분에 출발하는 열차를 타고 6시 30분 무렵에 코네티컷 주 뉴캐넌에 있는 자기 집에 도착했다. 키가 크고 호리호리한 54세의 헤이스는 올빼미처럼 둥근 안경 속에서 눈이 날카롭게 반짝였고, 조용조용 이야기하는 스타일로, 약간 교장과 비슷한 분위기를 풍겼으며, 결코 흔들림이 없다는 평판을 들었다. 그는 그 순간에도 평소와 다름없는 행동들을 습관적으로 함으로써 동료들에게 자신의 명성에 어긋나지 않는 모습을 다소 극적으로 보여주었을 것이라고 생각하니 다소 기분이 좋았다. 1840년 무렵에 지은 시골집을 사서 12년 전에 리모델링한 집에 도착하니, 언제나처럼 아름답고 활기가 넘치는 영국-이탈리아계 여성인 아내가 반갑게 맞아주었다. 원래 이름은 빌마Vilma이지만 늘 베바Bebba라고 불린 아내는 메트로폴리탄 오페라에서 바리톤 가수로 활동했던 토머스 차머스의 딸로, 여행을 좋아하고 은행 일에는 거의 아무 관심도 없었다. 헤이스가 집에 도착할 무렵에는 사방이 깜깜해지는 계절이었기 때문에, 헤이스는 평소에 긴장을 풀기 위해 집 옆에 난 풀밭 비탈을 따라 산책하는 초저녁 활동(꼭대기까지 걸어올라가면, 롱아일랜드 사운드 건너편의 롱아일랜드까지 바라보이는 아주 멋진 경치가 펼쳐졌다.)을 생략하기로 했다. 어쨌든 그날은 긴장을 풀 기분이 전혀 들지 않았다. 오히려 잔뜩 긴장한 상태가 가라앉지 않자, 어차피 자신을 은행으로 데려갈 차가 아침 일찍 도착하기로 돼 있으니 그냥 그 상태로 밤을 보내는 게 좋겠다고 판단했다.

저녁 식사 시간에 헤이스는 아내와 함께 하버드 대학교에서 마지막 학년을 보내는 아들 톰이 추수감사절 휴일을 보내기 위해 내일 집에 온다는 이야기를 비롯해 이런저런 대화를 나누었다. 그 후 헤이스는 안락의자에 앉아 잠시 독서를 했다. 은행가들 사이에서 그는 학구적인 지식인 타입으로 간주되었는데, 실제로 그는 대부분의 은행가들에 비해 학구적이고 지적이었다. 그렇다 해도 은행 일에 관련된 책을 제외한 그의 독서는 아내만큼 일정하거나 포괄적이지 못했고, 간헐적이고 변덕스럽고 집중적으로 일어났다. 예컨대 한동안은 나폴레옹에 관한 것이라면 뭐든지 읽다가 잠깐 쉰 뒤에 남북 전쟁에 관한 책들을 다시 파고드는 식이었다. 그 무렵에 헤이스는 그리스 서해안에 있는 코르푸 섬에 집중하고 있었는데, 아내와 함께 그곳에 가서 한동안 휴가를 보낼 계획이었다. 하지만 최근에 보기 시작한 코르푸 섬에 관한 책에 조금 깊이 몰두하기 전에 전화가 울렸다. 그 전화는 은행에서 온 것이었다. 새로운 상황이 전개되었는데, 쿰스는 헤이스 총재에게 그것을 알릴 필요가 있다고 생각했다.

그 내용을 간단히 요약하면 다음과 같다. 파운드화를 구하기 위해 (연방준비은행이 깊이 관여하고 있을 뿐만 아니라 사실상 주도하고 있는 일인) 다음 날 오전에 런던과 유럽 대륙의 금융 시장들이 뉴욕 시간으로 오전 4시에서 5시 사이에 문을 열자마자 비공산권 세계 주요 국가들의 정부 은행들(더 일반적인 이름으로는 중앙은행들)이 과감한 행동을 취할 것이다; 지난 몇 개월 동안 큰 국제 수지 적자로 인해 잉글랜드은행이 보유한 금과 달러에 큰 손실이 생겨 영국은 파산에 직면했다; 새로 들어선 노동당 정부가 이 상황을 타개하기 위해 파운드화 가치를 약 2.80달러에서 그보다 상당히 낮은 가격으로 평가 절하할지 모른다는, 혹은 그러도록 강요받을지 모른다는 전 세계의 두려움 때문에 외환 시장에서 헤저 hedger와 투기자가 파운드화를 대량 매도하는 사태가 일어났다; 잉글랜드은행은 파운드화의 자유 시장 가격을 2.78달러 이상으로 유지하기로 한 국제적 의무를 다하기 위해 외화 보유고에서 매일 수백만 달러를 잃는 바람에 현재 외화 보유고는 약 20억 달러만 남아 있는데, 이것은 수십 년 이래 최저 수준이다.

마지막 희망은 너무 늦기 전에 앞으로 몇 시간 안에 전 세계 부유한 나라들의 중앙은행들이 유례없이 많은 단기 달러 차관을 영국에 제공하는 데 달려 있었다. 대규모 차관을 확보한 잉글랜드은행은 파운드화를 공격적으로 사들임으로써 투기적 공격을 흡수하면서 억제해 마침내 패퇴시킬 수 있을 것이고, 영국은 경제 문제에서 질서를 되찾을 시간을 벌 수 있을 것이다. 구제에 필요한 액수를 얼마로 정하느냐 하는 것은 미결 문제였지만, 그날 일찍 미국과 영국의 금융 당국자들은 최소한 20억 달러는 되어야 하며, 어쩌면 그보다 더 필요할지도 모른다고 결론 내렸다. 미국은 뉴욕의 연방준비은행과 재무부 소유의 수출입은행을 통해 그날 10억 달러를 마련했다. 남은 과제는 추가로 10억 달러 이상을 빌려주도록 나머지 주요 중앙은행들을 설득하는 것이었다.

스와프 네트워크나 다른 방법을 통해 더 콘티넨트에 이와 같은 요청을 한 사례는 일찍이 없었다. 1964년 9월에 더 콘티넨트는 그 당시에도 치열한 전투가 벌어지고 있던 파운드화 공방전에서 파운드화 방어를 위해 그때까지 최대 규모의 공동 긴급 차관을 마련하여 잉글랜드은행에 5억 달러를 제공한 적이 있었다. 이제 이 5억 달러가 아직 회수되지 않은 상태에서 파운드화 상황이 더욱 궁지에 몰리자, 더 콘티넨트는 그것의 2배 이상(어쩌면 5배 이상) 되는 차관 제공을 요청받았다. 이것은 분명히 협력 정신에 금이 가게 할 만큼 큰 부담이 되는 요청이었다. 그날 저녁에 헤이스가 한 사색은 이런 식으로 흘러갔을지 모른다.

머릿속에 이렇게 불길한 생각들이 떠오르다 보니, 헤이스는 코르푸 섬에 집중하기가 어려웠다. 게다가 새벽 4시에 은행 차가 도착하기로 돼 있어서 잠자리에 일찍 들어야 할 것 같았다. 그러려고 준비하고 있는데, 밤중에 자다가 일어나야 할 그를 생각하면 불쌍하지만 그 시간에 일어나야 할 만큼 중요한 일이 무엇이건 그가 그것을 간절히 기대하고 있는 것 같아 오히려 부럽다고 아내가 말했다.

구조 요청

리버티 스트리트에서 쿰스는 잠을 설치며 자다가 뉴욕 시간으로 3시 30분(런던 시간으로 8시 30분, 좀 더 동쪽에 위치한 유럽 대륙 시간으로는 9시 30분)에 자명종 소리에 잠을 깼다. 유럽에서 발생한 일련의 외환 위기를 겪다 보니 그는 시차에 익숙해져 유럽 시간으로 생각하는 버릇이 생겼는데, 그래서 자기도 모르게 뉴욕의 오전 8시를 '점심시간'으로, 오전 9시를 '오후'라고 말하곤 했다. 따라서 리버티 스트리트 하늘에서 아직 별들이 반짝이고 있었지만, 그가 일어난 시간은 그가 평소에 쓰던 용어에 따르면 '아침'이었다. 쿰스는 옷을 챙겨 입고 10층의 자기 사무실로 가 야근을 하는 식당 직원이 준비한 아침 식사를 한 뒤에 비공산권 세계의 주요 중앙은행들에 전화를 걸기 시작했다. 모든 전화 통화는 근무 외 시간에 연방준비은행의 교환대를 담당하는 단 한 명의 전화 교환원이 연결했는데, 그 회선들은 모두 특별한 정부 비상 상황이 발생했을 때 은행 간부들이 우선적으로 이용할 권리가 있었다. 하지만 쿰스가 전화를 시작한 새벽 4시 15분에는 대서양 횡단 회선들이 거의 텅 비어 있었기 때문에 굳이 그 권리를 내세울 필요가 없었다.

　그 통화들은 본질적으로 앞으로 일어날 일들을 위한 사전 정지 작업이었다. 잉글랜드은행에서 온 오전 소식은 리버티 스트리트에서 건 최초의 통화 중 하나를 통해 들어왔는데, 상황이 전날과 변함이 없다는 것이었다. 파운드화에 대한 투기적 공격은 기세가 누그러지지 않고 계속되었고, 잉글랜드은행은 외화 보유고를 시장에 더 투입하여 파운드화 가격을 2.7860달러로 유지하고 있다고 했다. 쿰스는 5시간쯤 뒤에 뉴욕의 외환 거래 시장이 문을 열면, 대서양 건너편인 이곳에서도 추가로 막대한 액수의 파운드화 매도 물량이 쏟아져나와 영국의 달러와 금이 더 소진될 것이라고 믿을 만한 이유가 충분히 있었다. 그는 프랑크푸르트의 독일연방은행, 파리의 프랑스은행, 로마의 이탈리아은행, 도쿄의 일본은행 같은 기관에 근무하는 사람들에게 이 불안한 정보를 전했다. (일본은행의 경우에는 집에 있는 간부들에게 연락을 취해야 했다. 일본은 뉴욕과 시차가 14시간이나 나기 때문에 이미 오후 6시가 넘은 시간이었다.) 그러고 나서 문제의 핵심으로 들어가 쿰스는 다양한 중앙은행들의 대표들에게 곧 그들은 잉글랜드은행을 돕기 위해 이전에 요청받은 것보다 훨씬 큰 액수의 차관을 제공해달라는 요청을 받을 것이라고 알려주었다. 나중에 쿰스는 "나는 구체적인 액수를 말하지 않고 아주 중대한 위기라는 점을 강조하려고 노력했는데, 많은 사람들은 아직 그사실을 제대로 깨닫지 못하고 있었습니다."라고 말했다. 런던과 워싱턴과 뉴욕 밖에서 어느 누구보다도 위기의 규모를 잘 알고 있던 독일연방은행의 한 간부는 프랑크푸르트는 그들에게 닥칠 큰 충격에 "마음의 준비가 돼" 있지만, 쿰스가 전화를 걸 때까지 그들은 파운드화에 대한 투기적 공격이 저절로 가라앉길 기대하고 있었고, 전화를 받은 후에도 자신들이 얼마나 많은 액수를 요청받을지 모르겠다고 말했다. 어쨌든 쿰스가 전화를 끊자마자 독일연방은행 총재는 임원 회의를 소집했고, 그 회의는 온종일 계속되었다.

그래도 이 모든 것은 아직 예비적인 사전 작업에 지나지 않았다. 구체적인 액수를 명시한 실제 요청은 한 중앙은행 총재가 다른 중앙은행 총재에게 직접 해야 했다. 쿰스가 사전 정지 작업을 위한 전화를 걸고 있을 때, 연방준비은행 총재는 은행 리무진을 타고 뉴캐넌과 리버티 스트리트 중간의 어느 지점에 있었다. 은행 리무진에는 제임스 본드 스타일의 수준 높은 국제 거래가 벌어지는 극적 드라마에 어울리지 않게 전화가 없었다.

앨프레드 헤이스

모두가 기다리고 있던 인물인 헤이스는 뉴욕 연방준비은행 총재로 일한 지 8년이 조금 넘었다. 그가 이 자리에 임명되었을 때 그 자신뿐만 아니라 모든 사람이 어리둥절했는데, 거기에 상응하는 명망 있는 자리나 연방준비은행에서 일하던 사람을 뽑은 것이 아니라, 뉴욕의 수많은 시중 은행 부총재 중에서 데려온 사람이었기 때문이다. 그 당시에는 이 임명이 매우 파격적으로 보였지만, 이제 와서 돌이켜보면 천우신조의 선택이 아니었나 하는 생각마저 든다. 젊은 시절에 헤이스가 보낸 삶과 경력을 살펴보면, 훗날 이런 종류의 국제 금융 위기가 닥쳤을 때 적절히 대처할 수 있도록 그를 훈련시키고 준비시키려고 각본이 짜여 있었던 것 같은 인상을 받는다. 마치 가끔 어떤 작가나 화가의 삶이 단 한 편의 대작을 탄생시키기 위해 그렇게 흘러간 것처럼 보이듯이 말이다. 만약 신의 섭리나 천상의 금융부가 거대한 파운드화 위기가 닥쳤을 때, 이 위기에 대처할 헤이스의 능력을 평가할 필요가 있어 경영인 헤드헌터를 지상으로 파견하여 그를 조사해 보고하게 했다면, 그 보고서는 아마도 다음과 같이 작성되었을 것이다.

1910년 7월 4일 뉴욕 주 이타카에서 출생. 뉴욕 시에서 대부분의 어린 시절을 보냄. 아버지는 코넬 대학에서 헌법학 교수를 지낸 뒤 맨해튼에서 투자 자문위원으로 일함. 어머니는 전직 교사 출신으로 열정적인 여성 참정권 운동가이자 사회복지관 직원이며, 정치적으로는 진보주의자임. 부모는 모두 조류 관찰을 하는 취미가 있음. 가족의 분위기는 지적이고 자유주의 사상이 강하며 공공심이 투철함. 뉴욕 시와 매사추세츠 주에서 사립학교를 다녔으며, 늘 최상위권을 유지했음. 하버드 대학교(1학년 동안만)와 예일 대학교(3년 동안. 수학을 전공했고, 2학년 때에는 파이베타카파 회원이었으며, 학과의 조정 팀에서는 별로 쓸모없는 노잡이였고, 1930년에 학과 수석으로 졸업함)를 다녔음. 1931~1933년에는 로즈 장학생으로 옥스퍼드 대학의 뉴칼리지에서 공부함. 그곳에서 지내

는 동안 확고한 친영주의자가 되었고, 나중에 연방준비은행에서 일하리라고
는 꿈도 꾸지 않았지만 〈1923~1930년의 연방준비은행 정책과 금 본위 제도
의 운용〉이라는 제목의 논문을 썼음. 젊은 시절의 반짝이는 총기가 담겨 있을
지도 모르기 때문에 그 논문을 볼 수 있으면 좋겠지만, 그 자신도 뉴칼리지도
그것을 찾을 수 없음. 1933년에 뉴욕의 시중 은행에 들어가 천천히, 하지만
꾸준하게 승진함(1938년에 받은 연봉은 2700달러). 1942년에 뉴욕 트러스트 컴
퍼니에서 미미한 직위이지만 부총무라는 자리에 오름. 해군에서 잠시 복무한
뒤 1947년에 부사장보가 되었다가 2년 뒤에 외환 업무 경험이 전혀 없는데도
뉴욕 트러스트 컴퍼니의 외환부 책임자가 됨. 뭐든지 빨리 배우는 능력이 있
는 것 같음. 1949년에 파운드화 평가 절하가 단행되기 몇 주일 전에 평가 절
하 규모(4.03달러에서 2.80달러로)를 정확하게 예측함으로써 동료들과 상사들
을 놀라게 하고, 외환 부문의 마법사라는 명성을 얻음.

　1956년에 뉴욕의 연방준비은행 총재로 임명되면서 자신뿐만 아니라 수줍
음을 약간 타는 이 남자에 대한 이야기를 별로 들어본 적이 없었던 뉴욕의 금
융계 전체가 큰 충격을 받음. 본인은 가족과 함께 두 달 동안 유럽 여행을 떠
나는 것으로 이에 차분하게 반응함. 이제 와서는 달러화가 약세를 보이고 국
제 금융 협력이 절실히 필요한 시점에 외환 전문가를 영입한 연방준비은행
이사들에게 믿기 어려운 선견지명이나 운이 있었다는 데 전반적으로 의견이
일치함. 유럽의 중앙은행 사람들은 그를 좋아해 친근하게 알시(올세에 가깝게
발음될 때가 많지만)이라고 부름. 연봉은 7만 5000달러로, 연방 공무원 중에서
는 대통령 다음으로 많은 보수를 받음. 연방준비은행 직원의 보수는 공무원
세계보다는 은행업계에서 경쟁력이 있도록 매겨지기 때문임. 키가 아주 크고

매우 호리호리함. 원칙적으로 규칙적인 통근 시간을 지키고 사생활을 신성불가침의 영역으로 유지하려고 노력함. 사무실에서 정기적으로 야근하는 것을 '언어도단'이라고 여김. 아들이 사업을 낮게 평가한다고 불평하며, 그런 태도를 '역속물주의' 탓으로 여김. 그래도 차분함을 잃지 않음.

결론: 이 사람은 파운드화 위기에서 미국의 중앙은행을 대표하는 일을 맡기기에 매우 적임자임.

실제로 헤이스는 복잡한 특정 과제를 수행할 수 있도록 완벽하게 설계되고 완벽하게 만들어진 기계 부품의 그림에 딱 들어맞지만, 그에게는 다른 측면들도 있으며, 그의 성격에는 여느 사람과 마찬가지로 많은 역설이 포함돼 있다. 은행업계에서 일하는 사람들은 헤이스를 묘사할 때 '학구적' 또는 '지적'이란 단어를 빼놓는 일이 드물지만, 헤이스는 스스로를 무관심한 학자나 지식인이지만 효율적인 행동가로 여기는 경향이 있는데, 1964년 11월 25일에 일어난 사건들은 후자에 대한 그의 생각이 옳음을 증명했다. 어떤 면에서 그는 철저한 은행가이지만(그는 웰스H. G. Wells가 생각한 은행가 개념에 딱 들어맞는 인물로 "테리어9)가 쥐를 당연한 것으로 여기듯이 돈을 당연한 것으로 여기고" 돈에 대한 철학적 호기심이 전혀 없는 것처럼 보인다.) 그 밖의 거의 모든 것에 대해 전혀 은행가답지 않은 철학적 호기심을 갖고 있다. 어쩌다 그를 알게 된 사람들은 가끔 그를 따분하다고 이야기하지만, 가까운 친구들은 그가 즐거움을

---

9) 지금은 사냥용이나 애완용으로 기르지만, 원래는 농장에서 쥐를 잡기 위해 기른 개였다.

주는 데 비범한 재주가 있고, 많은 동료들의 삶을 파괴하는 긴장과 주의 분산에도 동요하지 않을 만큼 고요한 내면을 갖고 있다고 말한다.

하지만 헤이스가 탄 차가 리버티 스트리트를 향해 다가갈 때, 그 고요한 내면이 혹독한 시험을 겪었으리란 사실은 누구나 짐작할 수 있을 것이다. 5시 30분에 자기 자리에 도착하고 나서 헤이스가 맨 먼저 한 일은 사내 전화기에서 쿰스에게 연결되는 버튼을 눌러 외환부 책임자로부터 최신 상황 보고를 받은 것이었다. 예상대로 잉글랜드은행의 달러 소진은 누그러지지 않고 계속되고 있었다. 하지만 그보다 더 나쁜 소식이 있었다. 쿰스는 이른 새벽부터 비상근무를 하고 있던 은행가들(체이스맨해튼과 퍼스트내셔널시티 같은 대형 시중 은행의 외환부에서 일하는 사람들)과 접촉한 결과, 밤사이에 뉴욕 시장이 문을 열자마자 매도 물량으로 나올 파운드화가 산더미처럼 쌓였다는 정보를 얻었다고 보고했다. 이미 침수가 시작된 잉글랜드은행에 4시간 후면 뉴욕에서 촉발된 새로운 해일이 밀어닥칠 참이었다. 따라서 행동을 서둘러야 할 필요가 더 절실해졌다.

헤이스와 쿰스는 영국에 국제 차관을 제공하는 계획을 뉴욕 시장이 개장하고 난 뒤에 가능한 한 빨리(아마도 오전 10시쯤의 이른 시간에) 발표해야 한다는 데 의견이 일치했다. 연방준비은행에 외국의 모든 실무자들과 커뮤니케이션을 주고받는 단일 소통 센터를 설치하기 위해 헤이스는 멋진 패널 벽에 벽난로 주위로 안락한 의자들이 배치된 널찍한 자신의 사무실을 포기하고 훨씬 작고 소박하지만 더 효율적으로 배치된 쿰스의 사무실을 지휘소로 사용하기로 했다. 일단 그곳으로 간 그는 3대의 전화기 중 하나를 집어 들고 교환원에게 잉글랜드은행의 크로머 총재를 연결시켜 달라고 부탁했다. 전화가 연결되자, 제안된 파운드화 구조 작전의 핵심 인물인 두 사람은 각 중앙은행에 요청하기로 잠정 결정한 액수를 확인하고, 누가 누구에게 먼저 전화를 걸지 합의하면서 전체 계획을 최종 점검했다.

일부 사람들의 눈에 헤이스와 크로머 경은 전혀 어울리지 않는 짝처럼 보인다. 제3대 크로머 백작인 조지 롤랜드 스탠리 베어링은 철두철미한 귀족이라는 점 외에도 철두철미한 은행가였다. 런던의 유명한 머천트 뱅크[10]인 베어링 브러더스 가문의 자손으로 국왕의 대자이기도 한 그는 이튼과 케임브리지의 트리니티 칼리지를 다닌 뒤, 12년 동안 집안 은행에서 전무이사로 일하다가 1959년부터 1961년까지 2년 동안은 영국의 경제부 장관을 지내면서 워싱턴에서 영국 재무부를 대표하는 일을 했다. 헤이스가 끈질긴 공부를 통해 국제 금융의 비밀을 깨쳤다면, 학구적인 것과는 거리가 먼 크로머 경은 유전이나 본능 또는 실전을 통해 그것을 터득했다. 헤이스는 비정상적으로 큰 키에도 불구하고 군중 속에서 쉽게 묻히고 마는 반면, 크로머 경은 키는 보통이지만 멋지고 당당한 풍채로 어디를 가든지 쉽게 눈길을 끌었다. 헤이스는 어쩌다가 만난 사람과 친해지는 데 조금 주저하는 경향이 있는 반면, 크로머 경은 다정한 매너로 유명하며, 그의 작위에 경외감을 느낀 많은 미국인 은행가에게 금방 자신을 롤리^{Rowley}라고 불러달라고 권함으로써

---

10) merchant bank. 19세기부터 활동한 영국 특유의 금융 기관. 원래는 무역 어음 인수 사업을 주로 하였으나, 현재는 증권의 인수, 발행, 투자 관리, 리스, 기업 합병 및 매수 중개 등의 업무를 본다.

상대의 기분을 우쭐하게 하는 동시에 한편으로는 일말의 실망감을 안겨주었다. 한 미국인 은행가는 "롤리는 자신감이 넘치고 결단력이 있는 사람입니다. 그는 대화에 불쑥 끼어드는 걸 결코 두려워하지 않는데, 자신의 위치가 합리적이라고 확신하기 때문입니다. 하긴 그는 합리적인 사람입니다. 그는 위기가 닥쳤을 때 전화기를 붙잡고 위기 해결을 위해 뭔가 할 수 있는 그런 종류의 사람입니다."라고 말했다. 그리고 이 은행가는 1964년 11월 25일이 될 때까지는 헤이스 역시 그런 종류의 사람인 줄 몰랐다고 털어놓았다.

그날 오전 6시 무렵부터 헤이스는 크로머 경과 마찬가지로 전화기를 집어들고 전 세계의 주요 중앙은행 총재들에게 차례로 전화를 걸기 시작했다. 이들 중에는 독일 독일연방은행의 카를 블레싱 총재, 이탈리아은행의 기도 카를리 총재, 프랑스은행의 자크 브뤼네 총재, 스위스국립은행의 발터 슈베글러 총재, 스웨덴중앙은행의 페르 오스브링크 총재 등이 포함돼 있었다. 이들은 각자 전화를 받고서(일부 사람들은 굉장히 놀라면서) 파운드화 위기가 얼마나 심각한 지경에 이르렀으며, 또 미국이 10억 달러라는 단기 차관을 제공하기로 했고, 자신들도 파운드화 위기 극복을 돕기 위해 외화 보유액 중 일부를 지원해달라는 요청을 받고 있다는 사실을 알게 되었다. 이 소식을 헤이스에게서 먼저 들은 사람도 있었고, 크로머 경에게서 먼저 들은 사람도 있었다. 어느 쪽이건 그들은 어쩌다가 알게 된 사람이나 공식적인 관계에 있는 사람에게서 그 이야기를 들은 게 아니라, 바젤 클럽이라는 비밀스러운 친목 단체에 속한 동료 회원에게서 들었다.

이미 거액을 약속한 나라를 대표하는 사람이라는 위치 덕분에 자동적으로 이 작전을 이끄는 지도자가 된 거나 다름없는 헤이스는 전화를 할 때마다 이 절차에서 자신의 역할은 연방준비은행의 비중보다 잉글랜드은행의 공식 요청을 앞세우는 데 있다는 점을 분명히 밝혔다. 그는 평소의 차분한 태도로 각각의 중앙은행 총재에게 "파운드화 상황은 아주 위태로우며, 잉글랜드은행은 귀측에 2억 5000만 달러의 차관을 요청하는 것으로 알고 있습니다."라는 식으로 말했다. "우리가 모두 힘을 합쳐 맞서야 하는 상황임을 잘 이해하리라고 봅니다."(그와 쿰스는 물론 항상 영어로 말했다. 헤이스가 얼마 전부터 프랑스어 재교육을 받았고, 예일 대학교를 다닐 때 기억력이 필요한 과목에서 아주 인상적인 성적을 받긴 했지만, 그는 여전히 외국어에는 서툴고 자신이 없어 사업상 중요한 대화를 할 때에는 영어가 아닌 다른 언어로 할 생각을 하지 않았다.) 더 콘티넨트의 상대와 특별히 가까운 사이일 경우에는 통상적인 기본 숫자 단위가 100만 달러인 중앙은행 사람들의 용어를 사용해 격식에 크게 얽매이지 않고 이야기했다. 그런 경우에 헤이스는 "당신은 150 정도 제공할 수 있다고 생각하시나요?"라는 식으로 부드럽게 이야기했다.

헤이스는 그가 격식을 차린 정도와 상관없이 최초의 반응은 일반적으로 말을 삼가는 것이었으며, 충격을 받은 기색도 있었다고 말한다. "정말로 사정이 그토록 안 좋나요, 알? 우리는 아직도 파운드화가 저절로 회복되길 기대하고 있었는데요." 그는 이런 말을 여러 차례 들었다고 기억한다. 헤이스가 사정이 정말로 안 좋으며, 파운드화가 자력으로 회복될 가능성은 없다고 말하면, 통상적인 반응은 "우리가 어떻게 할 수 있는지 생각해보고 다시 전화 드리겠습니다."와 같은 것이었다고 한다. 유럽의 일부 중앙은행 사람들은 헤이스가 처음 걸어온 전화에서 가장 인상적이었던 것은 그 내용이 아니라 그 시간이었다고 말했다. 헤이스가 은행가의 시간(짧은 근무 시간이란 뜻으로 쓰임)에 얼마나 중독돼 있는지 잘 아는 그들은 전화에서 그의 목소리를 듣는 순간, 그때가 뉴욕에서는 아직 동트기 전이라는 사실을 깨닫고는 사태가 정말로 심각함을 직감했다. 헤이스가 각 중앙은행과 연락하여 일단 그 빗장을 열자, 그 뒤의 세부적인 내용은 쿰스가 나서서 자신의 상대와 조율해나갔다.

그렇게 모든 중앙은행에 한 차례 전화를 돌리고 나서 헤이스와 크로머 경 그리고 리버티 스트리트와 스레드니들 스트리트의 동료들은 비교적 희망적인 기대를 품게 되었다. 단호하게 거절한 은행은 단 한 군데도 없었다. 심지어 프랑스은행조차도 그러지 않았는데, 프랑스가 정책적으로 여러 부문과 함께 금융 부문에서 영국과 미국과 협력을 이미 중단하기 시작했다는 사실을 감안하면 무척 고무적인 일이었다. 게다가 여러 총재는 차관 제공액을 제안받은 것보다 더 늘릴 수도 있다고 제안함으로써 그들을 놀라게 했다. 이러한 반응에 고무되어 헤이스와 크로머 경은 목표액을 높이기로 했다. 처음에 그들은 25억 달러의 차관을 목표로 삼았는데, 이제 제반 상황을 재검토한 결과 30억 달러로 상향 조정할 수도 있을 것 같았다. 헤이스는 "우리는 여기저기서 분담금을 조금씩 올리기로 했습니다. 흐름을 바꾸는 데 필요한 최소한의 금액이 정확하게 얼마인지는 알 길이 없었습니다. 우리는 우리의 발표가 미칠 심리적 영향에 크게 의지해야 한다는 사실을 잘 알고 있었지요. 그런 발표를 할 수 있다는 가정 하에서요. 30억 달러라면 대략 아주 훌륭한 액수처럼 보였습니다."라고 말했다.

하지만 어려운 문제들이 앞에 놓여 있었는데, 가장 큰 문제는 여러 은행들에서 회답 전화들이 오면서 명백하게 드러났듯이, 이 일을 빨리 매듭짓기가 어렵다는 점이었다. 헤이스와 쿰스는 1분이 지날 때마다 영국의 외화 보유고에서 추가로 약 100만 달러씩이 사라지며, 만약 정상적인 절차를 다 밟아서 일을 처리한다면 차관이 너무 늦게 도착하여 파운드화의 평가 절하를 피하기가 어려워진다는 사실을 제대로 전달하기가 아주 어렵다는 걸 알아차렸다. 중앙은행이 그런 차관 제공을 결정할 때 정부와 상의하도록 법으로 정해진 나라들도 있었고, 그렇지 않은 나라들도 있었다. 하지만 법으로 정해져 있지 않은 나라의 중앙은행들도 원만한 관계를 위해 정부와 협의하는 절차를 거치려고 했다. 이 절차를 밟는 데에는 시간이 걸렸는데, 특히 즉시 거액의 차관 제공 승인을 받기 위해 중앙은행이 자신을 찾는다는 사실을 전혀 모르고 사라져 일시적으로 그 소재를 파악할 수 없는 재무부 장관이 한 명 이상 있었기 때문이다. (한 사람은 의회에서 논쟁을 벌이고 있었던 것으로 밝혀졌다.) 재무부 장관이 가까이 있는 경우에도 일을 급하게 처리하길 꺼리는 사람도 있었다. 정부는 중앙은행보다 돈 문제에서 더 신중하게 움직이는 경향이 있다. 일부 재무부 장관은 사실상 잉글랜드은행의 대차대조표를 공식적인 긴급 차관 요청서와 함께 제대로 제출해야 그 문제를 검토할 것이라고 말하기까지 했다. 게다가 일부 중앙은행은 모든 격식을 다 차리려고 해 사람을 미치게 만들었다. 한 중앙은행의 외환부 책임자는 차관 요청에 대해 "정말 때를 잘 만났군요! 마침 내일 이사회를 소집하기로 돼 있어요. 이사회에서 그 문제를 다룬 뒤에 연락드리겠습니다."라고 말했다. 마침 뉴욕에서 그 전화 통화를 하고 있던 쿰스가 이에 대해 뭐라고 말했는지는 기록으로 남아 있지 않지만, 그 태도는 평소와 달리 아주 격렬한 것이었다고 전한다. 심지어 흔들리지 않는 것으로 유명한 헤이스의 평정심마저 한두 번 흔들렸다. 적어도 그 자리에 있었던 사람들의 말로는 그렇다. 그의 어조는 평소와 다름없이 차분했지만, 그 목소리는 평소보다 훨씬 컸다.

이 위기 앞에서 더 콘티넨트의 중앙은행들이 맞닥뜨린 문제들은 그 중 가장 부유하고 영향력도 가장 컸던 독일연방은행이 처했던 상황이 잘 보여준다. 쿰스의 전화를 받고 나서 이사들이 긴급회의를 위해 모여 있을 때, 뉴욕에서 다시 걸려온 전화(이번에는 헤이스가 블레싱 총재에게)에서 독일연방은행에 원하는 액수가 처음으로 정확하게 제시되었다. 그날 오전에 각각의 중앙은행이 요청받은 액수는 그 후에도 공개된 적이 없지만, 알려진 정보를 바탕으로 판단할 때 독일연방은행이 요청받은 액수는 5억 달러(연방준비은행 다음으로 최대의 몫이자, 한 중앙은행이 몇 시간 만에 다른 중앙은행에 제공해달라고 요청받은 액수 중 연방준비은행을 제외하고는 그때까지 최대 액수에 해당하는)로 추정된다. 헤이스의 이 부담스러운 전화에 이어 블레싱은 런던의 크로머 경에게서 전화를 받았는데, 크로머 경은 위기의 심각성에 대해 헤이스가 한 이야기가 모두 옳다고 확인하면서 헤이스가 한 요청을 반복했다. 독일연방은행 이사들은 아마도 다소 움찔하고 놀라며 원칙적으로 차관 제공 요청에 응해야 한다는 데 동의했다. 그런데 바로 거기서 문제가 생겼다. 블레싱과 그 측근들은 정식 절차를 따라야 한다고 결정했다. 어떤 행동을 취하기 전에 그들은 유럽공동시장과 국제결제은행의 경제 파트너들과 협의를 해야 했는데, 협의를 해야 할 핵심 인물은 그 당시 국제결제은행 총재를 맡고 있던 네덜란드은행 총재 마리우스 홀트롭이었다. 물론 네덜란드은행 역시 차관 지원 요청을 받고 있었다. 프랑크푸르트에서 암스테르담으로 긴급 지명 통화를 했다. 그런데 홀트롭은 암스테르담에 없었다. 마침 그는 그날 아침에 다른 문제로 재무부 장관을 만나기 위해 헤이그행 열차를 타고 떠났다고 했다. 네덜란드은행은 총재의 재가 없이 그토록 중요한 차관 제공 문제를 결정할 수는 없었고, 벨기에은행도 벨기에의 통화 정책이 네덜란드와 긴밀하게 얽혀 있는 관계로 암스테르담이 오케이 신호를 보내기 전에 먼저 행동에 나서려 하지 않았다. 그래서 잉글랜드은행에서 수백만 달러가 계속 사라지면서 세계 통화 질서가 위기로 빠져드는 상황에서 전체 구조 작전은 홀트롭이 열차를 타고 네덜란드 저지대를 지나는 동안 혹은 이미 헤이그에 도착해 교통 체증에 발이 묶여 연락이 닿지 않는 동안 1시간 또는 그 이상 중단되었다.

헤이스와 쿰스의 구조 작전

물론 이 모든 일은 뉴욕에 고통스러운 좌절을 안겨주었다. 마침내 뉴욕에 아침이 찾아오자, 헤이스와 쿰스의 작전에 워싱턴도 지원하고 나섰다. 연방준비제도이사회의 마틴, 재무부의 딜런과 루사 등 정부의 주요 금융 당국자들은 모두 전날에 세운 구조 계획에 깊숙이 관여했다. 물론 그 계획 중 일부는 연방준비제도와 재무부의 산하 기관으로 국제 통화 거래를 담당하는 실무 기관인 뉴욕의 연방준비은행을 이 작전의 지휘 본부로 삼는다는 결정이었다. 헤이스로부터 당면한 문제들을 들은 마틴과 딜런과 루사는 각자 자신의 상대와 대서양 횡단 통화를 본격적으로 시도하면서 이 문제에 대한 미국의 우려를 강조했다. 하지만 아무리 그런 전화를 많이 한다고 해도 시간을 늦출 수는 없었고(혹은 당면 문제인 홀트롭을 찾는 일에는 진전이 없었고), 헤이스와 쿰스는 마침내 뉴욕에서 10시 무렵에 대규모 차관 지원을 발표한다는 생각을 포기해야 했다.

처음의 희망을 점점 사라지게 만드는 이유들은 그것 말고도 또 있었다. 뉴욕의 시장들이 문을 열자, 지난 밤 사이에 금융계에 퍼졌던 경보가 어느 수준인지 분명히 드러났다. 연방준비은행 7층에 있는 외환 거래실은 뉴욕 시장이 문을 열면서 재개된 파운드화에 대한 공격은 예상했던 것만큼 두려운 수준이며, 지역 외환 시장의 분위기는 공황에 가까운 상태에 이르렀다고 보고했다. 연방준비은행 증권부는 채권 거래자들 사이에서 달러화에 대한 신뢰 하락이 원인이 되어 미국 국채가 최근 몇 년 동안 가장 큰 압력을 받고 있다고 보고했다. 헤이스와 쿰스는 이 정보를 듣고서 이미 염려하고 있던 불길한 시나리오를 불쑥 떠올렸다. 즉, 달러화에 대한 파운드화의 가치 하락은 일종의 연쇄 반응을 통해 금에 대한 달러화의 평가 절하 강요로 이어지고, 이것은 전 세계에 일대 통화 혼란을 초래할 수 있었다. 만약 헤이스와 쿰스가 자신들을 착한 사마리아인으로 여기는 달콤한 몽상에 잠깐이라도 빠진 적이 있었다면, 이 소식은 그들을 다시 현실로 돌아오게 했다. 그때, 월스트리트에 떠돌던 꿈같은 이야기들이 모여 하나의 이야기로 구체화되는 조짐을 보이는데, 그 이야기는 너무나도 구체적이어서 아주 그럴듯하다는 소문이 들어왔다. 그것은 영국 정부가 뉴욕 시간으로 정오 무렵에 파운드화 평가 절하를 발표할 것이라는 소문이었다.

이 소문에는 분명히 논박할 수 있는 부분이 있었는데, 적어도 시간 측면에서는 그랬다. 영국은 차관 협상을 진행하는 동안은 평가 절하를 단행하지 않을 게 분명했기 때문이다. 파괴적인 소문을 가라앉히고 싶은 욕망과 최종 결론이 날 때까지 협상 과정을 비밀로 유지해야 할 필요 사이에서 갈등하다가 헤이스는 타협안을 받아들였다. 그는 한 동료에게 월스트리트의 일부 주요 은행가에게 전화를 걸어 최대한 단호하게 최근의 평가 절하 소문은 자신의 확실한 정보에 따르면 사실이 아니라고 말하게 했다. 상대방이 "좀 더 구체적으로 말해주시겠습니까?"라고 물으면, "아뇨, 그럴 수 없습니다."라고 대답했는데, 그 말 외에는 다른 말을 할 수 없었기 때문이다.

근거를 댈 수 없는 이 말은 약간 효과가 있었지만, 그것만으로는 충분하지 않았다. 외환 시장과 채권 시장은 일시적으로만 안심했을 뿐이었다. 이제 와서 헤이스와 쿰스도 인정하지만, 그날 오전에 두 사람이 쿰스의 사무실에서 전화기를 내려놓고 테이블 건너편에 있는 서로를 쳐다보면서 말없이 '아무래도 제시간에 하기는 힘들 것 같군요.'라는 생각을 교환한 적이 여러 번 있었다고 한다. 하지만 모든 것이 암담해 보이기만 하던 그때, 좋은 소식이 들어오기 시작했다. 헤이그의 한 레스토랑에서 홀트롭을 찾았다는 연락이 왔다. 그는 네덜란드 재무부 장관 비테벤과 함께 점심 식사를 하고 있었다. 게다가 홀트롭은 구조 작전을 승인했을 뿐만 아니라, 정부와 그 문제에 대해 협의하는 일도 그 자리에서 해결했다. 그 문제에 책임이 있는 정부 대표가 바로 테이블 건너편에 앉아 있었기 때문이다. 큰 난관이 이렇게 해결되고 나자, 이제 어려운 문제는 자정이 닥친 도쿄에 전화를 걸어 상대에게 한밤중에 잠을 깨운 데 대해 계속 사과를 해야 하는 불편 같은 것으로 좁혀졌다. 이제 흐름이 바뀌었다. 뉴욕에서 정오가 되기 전에 헤이스와 쿰스, 그리고 런던의 크로머 경과 그 측근들은 더 콘티넨트의 중앙은행 열 곳(서독, 이탈리아, 프랑스, 네덜란드, 벨기에, 스위스, 캐나다, 스웨덴, 오스트리아, 일본)과 국제결제은행으로부터 원칙적인 합의를 이끌어냈다는 사실을 알았다.

　하지만 각각의 중앙은행이 그 조처를 합법적이고 정당한 것으로 만들기 위해 공식 절차를 밟는 데 필요한 고통스럽도록 느린 과정을 다 마칠 때까지 기다려야 했다. 질서정연한 절차를 중시하는 독일연방은행은 이사회로부터 재가를 얻기 전에는 행동에 나설 수 없었는데, 이사들은 대부분 독일 전역의 외딴 지역에 흩어져 살고 있었다. 독일연방은행의 두 고위 인사는 이사회에 참석하지 않은 이사들에게 전화를 걸어 결정에 동의하도록 설득하는 일을 분담했다. 독일연방은행이 사실상 이미 결정한 일에 대해 불참한 이사들에게 동의를 구한다는 점에서 이 일은 좀 미묘한 성격을 띠고 있었다. 유럽 대륙 시간으로 오후 중반 무렵에 두 고위 인사가 앞뒤가 안 맞는 이 일을 해결하느라 분주히 애쓰고 있을 때, 런던에서 프랑크푸르트로 전화가 왔다. 전화를 건 사람은 크로머 경이었는데, 상황이 허락하는 한 노기를 띤 어조로 영국의 외화 보유고가 너무나도 빨리 줄어들고 있어 파운드화가 이제 하루도 더 버티기 힘들 것 같다고 말했다. 형식상의 절차야 어떻든, 지금 때를 놓치면 영영 돌이킬 수 없는 상황이 닥칠 형편이었다. (그날 잉글랜드은행이 외화 보유고에서 잃은 액수가 정확히 얼마였는지는 끝내 공표되지 않았다. 나중에 《이코노미스트》는 그 액수를 약 5억 달러로 추정했는데, 그것은 남아 있던 영국의 외화 보유고 중 약 4분의 1에 해당하는 액수였다.) 크로머 경의 전화를 받은 뒤, 독일연방은행 간부들은 절차를 간소화하는 요령을 발휘하여 이사들로부터 만장일치의 동의를 얻었고, 프랑크푸르트 시간으로 5시가 조금 넘었을 때 크로머 경과 헤이스에게 독일연방은행이 요청받은 5억 달러를 빌려줄 수 있게 되었다고 통보할 준비가 되었다.

다른 중앙은행들도 속속 소식을 전해오거나 이미 전한 뒤였다. 캐나다와 이탈리아는 각각 2억 달러씩 내놓았는데, 틀림없이 기쁜 마음으로 그렇게 했을 것이다. 두 나라의 통화도 훨씬 규모가 작긴 했어도 캐나다는 1962년에, 이탈리아는 1964년에 이와 비슷한 국제적 긴급 구조 작전을 통해 도움을 받은 적이 있었기 때문이다. 만약 《타임스》가 보도한 내용이 맞았다면, 차관 액수를 공표하지 않은 프랑스와 벨기에와 네덜란드는 각각 2억 달러씩 내놓았을 것이다. 스위스는 1억 6000만 달러, 스웨덴은 1억 달러를 내놓았고, 오스트리아와 일본, 국제결제은행은 알려지지 않은 액수를 내놓으며 대의에 동참했다. 뉴욕 시간으로 점심 시간 무렵에 공표만 빼고는 모든 일이 끝났으며, 이제 남은 마지막 과제는 공표의 효과를 최대한 높임으로써 시장에 최대한 신속하고도 강한 효과를 주는 것이었다.

이 임무는 연방준비은행의 공보 담당 부총재인 토머스 올라프 와이지에게 맡겨졌다. 와이지는 오전 내내 쿰스의 사무실에서 워싱턴과 연락하는 일을 맡고 전화에 매달려 일했다. 노르웨이 출신의 예인선 도선사이자 어선 선장의 아들로 뉴욕에서 태어나고 자란 와이지는 관심 분야가 아주 넓을 뿐만 아니라(그중에는 오페라, 셰익스피어, 트롤럽,[11] 조상의 유산 찾기, 요트 등이 포함돼 있었다.), 한 가지 일에 아주 강렬한 열정을 쏟아부었는데, 그것은 바로 의심스러운 눈이나 무관심한 눈으로 바라보는 대중에게 단순히 사실들만 전하는 데 그치지 않고, 중앙은행의 일이 얼마나 극적이고 긴장감과 흥분이 넘치는지 전하려고 노력하는 것이었다. 요컨대 그는 영락없는 낭만주의자 은행가였다. 그래서 헤이스가 구조 작전에 관한 이 소식을 세상에 최대한 강렬하게 알릴 보도자료를 준비하라는 일을 맡기자 와이지는 매우 기뻐했다. 헤이스와 쿰

11) Trollope. 영국의 소설가.

스가 차관 제공 계획에서 미진한 부분들을 마무리 짓는 일에 몰두하는 동안 와이지는 연방준비은행의 당사자와 미국의 성명 발표에 함께 동참할 워싱턴의 재무부 당사자들, 그리고 잉글랜드은행의 당사자들과 발표 시간을 조율하느라 바빴다. 사전에 헤이스와 크로머는 잉글랜드은행도 동시에 자체 성명을 발표하기로 합의했다.

와이지는 그때의 일을 다음과 같이 회상했다. "우리가 드디어 발표할 만한 성과가 가시권에 들어왔을 때, 발표하기로 합의한 시간은 뉴욕 시간으로 오후 2시였습니다. 물론 그것은 그날 유럽 대륙과 런던 시장에 영향을 미치기에는 너무 늦은 시간이었지만, 뉴욕 시장이 5시에 문을 닫기까지는 아직 한참 남아 있었지요. 만약 뉴욕에서 장이 마감되기 전에 파운드화 시장에 극적인 반전이 일어난다면, 다음 날 미국 시장이 추수감사절 때문에 문을 닫는 동안 유럽 대륙과 런던에서 회복세가 계속 이어질 가능성이 높았지요. 우리가 발표하기로 계획한 차관 총액은 여전히 30억 달러로 알려져 있었습니다. 그런데 마지막 순간에 당혹스러운 문제가 튀어나온 것으로 기억합니다. 이제 모든 게 다 준비되었다고 생각한 시점에 쿰스와 나는 만전을 기하기 위해 각 중앙은행들이 약속한 액수를 합산해 보았습니다. 그런데 총액이 28억 5000만 달러밖에 안 되었어요! 1억 5000만 달러를 어디선가 흘리고 온 것처럼 보였어요. 실제로 그랬어요. 우리가 계산을 잘못했던 거지요. 다시 계산한 결과, 아무 문제가 없었습니다."

공동 차관은 새로운 일정에 맞춰 제때 준비가 되었고, 연방준비은행과 재무부와 잉글랜드은행의 성명은 뉴욕 시간으로 오후 2시, 런던 시간으로 오후 7시에 동시에 언론 매체를 통해 발표되었다. 미국의 성명은 와이지 덕분에 비록 '뉘른베르크의 명가수들'[12]의 마지막 장면 분위기에는 다소 미치지 못해도 은행의 성명치고는 예외적으로 감동적이었는데, 유례없는 규모의 금액과 중앙은행들이 "파운드화의 투기적 매도에 대규모 반격을 동원하기 위해 신속하게 움직인 방식"을 절제된 미사여구를 구사해가며 이야기했다. 런던의 성명은 다른 종류의 특색이 눈길을 끌었는데, 위기가 고조된 순간을 위해 아껴둔 것처럼 보이는 영국인 특유의 기질이 잘 드러나 있었다. 그 성명은 간단하게 "잉글랜드은행은 파운드화 지원을 위해 30억 달러의 차관을 제공받기로 합의했습니다."라고 발표했다.

이 작전은 비밀이 아주 잘 유지된 것으로 보이며, 이 성명이 발표되자 뉴욕 외환 시장은 큰 충격을 받았는데, 그 반응이 너무나도 신속하고 강렬하게 나타났기 때문이다. 파운드화 공격에 나섰던 투기자들은 즉각 망설임 없이 게임이 끝났다고 판단했다. 발표 직후에 연방준비은행은 2.7868달러(온종일 잉글랜드은행이 사수하려고 애썼던 것보다 약간 높은 가격)에 파운드화 매수 주문을 냈다. 파운드화를 매수함으로써 투기 포지션에서 벗어나려는 투기자들의 주문이 너무나도 많았기 때문에, 연방준비은행이 제시한 가격에 매도 주문이 나온 파운드가 거의 없었다. 2시 15분 무렵에는 기묘하고도 희망을 북돋는 몇 분이 흘렀는데,

---

12) Die Meistersinger von Nürnberg. 바그너가 작곡하고 대본을 쓴 3막짜리 오페라.

그동안 뉴욕 시장에서는 파운드화를 어떤 가격에도 살 수 없었다. 결국 파운드화는 그보다 더 높은 가격에서 매도 주문이 나와 즉시 거래가 체결되었고, 오후 내내 가격은 계속 올라가 2.79달러를 조금 넘어선 가격에서 마감되었다.

완전한 승리였다! 파운드화는 임박한 위험에서 벗어났고, 구조 작전이 큰 성공을 거두었다. 사방에서 작전 성공에 대한 찬사가 쏟아져 들어오기 시작했다. 권위 있는 《이코노미스트》조차 짤막하게 "다른 모든 네트워크가 붕괴하더라도, 중앙은행들은 즉각적인 결과를 빚어내는 놀라운 능력이 [있는 것처럼] 보인다. 그리고 만약 그들의 메커니즘이 현상을 유지하기 위한 단기적 지원만 항상 제공하도록 설계돼 있어 가장 바람직한 메커니즘이 아니라 하더라도, 그래도 유일하게 제대로 작동하는 메커니즘이다."라고 평가했다.

이렇게 파운드화가 다시 적정 수준의 강세로 돌아서자, 연방준비은행은 추수감사절 동안 문을 닫았고, 은행 임직원들은 집으로 돌아갔다. 쿰스는 마티니를 평소와 달리 빨리 마셨다고 기억한다. 헤이스는 뉴캐넌의 집으로 돌아갔더니 아들 톰이 하버드 대학교에서 돌아와 있었다. 헤이스가 평소와 달리 몹시 흥분한 상태라는 걸 눈치 챈 아내와 아들이 그 이유를 묻자, 헤이스는 평생의 경력 중에서 가장 완벽하게 만족스러운 하루를 보내고 왔다고 대답했다. 좀 더 자세히 이야기해달라고 하자, 헤이스는 상대가 은행 일에는 아무 관심도 없는 아내와 사업을 우습게 여기는 아들이라는 사실을 감안해 파운드화 구조 작전을 압축해서 간략하게 설명했다. 설명을 마치고 나서 받은 반응은 와이지나 은행가의 용감한 일을 무심한 비전문가에게 진지하게 설명하는 사람에게는 아주 기뻐할 만한 종류의 것이었다. 아내는 "처음에는 약간 어리둥절했어요. 하지만 당신은 이야기를 끝마치기 전에 우리를 의자에서 몸을 앞으로 내밀게 만들었어요."라고 말했다.

와이지는 더글러스턴에 있는 집에 도착해 자신의 아내에게 그날 있었던 일을 특유의 방식으로 설명했다. 그는 대문을 열어젖히면서 "오늘은 성 크리스핀의 날이었어! 그리고 나는 해리와 함께 있었지!"라고 외쳤다.[13]

Ⅲ

연방준비은행의 대공습

나는 처음에는 파운드화와 1964년 위기 때 파운드화가 처했던 위험한 상황에 관심을 가졌다가 이 주제에 푹 빠져들게 되었다. 그 후 3년 반 동안 나는 미국과 영국 언론에서 파운드화의 부침을 추적했고, 간간이 연방준비은행을 방문해 그곳 간부들과 친분을 다시 쌓으면서 추가로 얻을 만한 교훈이 없는지 살펴보았다. 이 경험은 중앙은행의 일은 긴

---

13) 앞에서 소개한 헨리 5세의 연설을 '성 크리스핀의 날의 연설'이라 부르는데, 아쟁쿠르 전투가 성 크리스핀의 날에 일어났기 때문이다.

장감이 흘러넘칠 수 있다는 와이지의 주장이 옳음을 확실히 입증해주 었다.

하지만 파운드화는 구조된 상태에 계속 그대로 머물러 있지 않았다. 1964년의 대위기에서 한 달쯤 지났을 때, 투기자들은 공격을 재개했고, 연말까지 잉글랜드은행은 새로 공급받은 30억 달러의 차관 중 절반 이 상을 소진했다. 해가 바뀌고 나서도 공격은 그치지 않았다. 1965년이 되고 나서 파운드화는 1월 한 달 동안은 비교적 잘 굴러갔으나, 2월이 되자 다시 큰 압력을 받기 시작했다. 11월의 차관은 상환 기한이 3개 월이었는데, 그 기한이 지나자 채권국들은 영국이 경제를 수습할 시간 을 더 주기 위해 만기를 3개월 연장하기로 했다. 하지만 3월 말에도 영 국 경제는 여전히 불안했고, 파운드화는 다시 2.79달러 아래로 떨어졌 으며, 잉글랜드은행은 시장에 다시 개입했다. 4월에 영국이 허리띠를 훨씬 바짝 졸라맨 긴축 재정을 발표하자 파운드화가 반등했지만, 그것 은 오래 가지 않았다. 투기자들과의 전쟁을 천명한 잉글랜드은행은 초 여름까지 총 30억 달러의 차관 중 3분의 1 이상을 소진했다. 이에 용 기를 얻은 투기자들은 공격의 강도를 더욱 높였다.

6월 말에 영국의 고위 관리들은 이제 파운드화 위기가 끝난 것으로 생각한다고 밝혔지만, 애써 태연한 척하는 제스처에 지나지 않았다. 7월 에 영국은 내수 경제 부문에서 허리띠를 더 바짝 졸라맸는데도 파운드 화는 다시 하락했다. 7월이 끝날 무렵, 전 세계의 외환 시장들은 새로 운 위기가 나타나고 있다고 확신했다. 그 위기는 8월 말에 실제로 닥 쳤는데, 어떤 면에서 1964년 11월의 위기보다 훨씬 위험했다. 문제는 그 전투에 계속 돈을 쏟아붓는 데 지친 중앙은행들이 이제는 결과가 어떻게 되건 파운드화 하락을 방치할 것이라는 믿음이 시장에서 확산된 데 있었다. 그 무렵에 나는 개인적으로 잘 아는 외환 전문가에게 전화를 걸어 현 상황을 어떻게 생각하느냐고 물어보았다. 그는 "내가 알기로는 뉴욕 시장은 이번 가을에 파운드화 평가 절하가 일어날 것으로 100% 확신하고 있어요. 95%가 아니고 100%입니다."라고 말했다. 그러고 나서 9월 11일에 나는 신문에서 동일한 중앙은행들의 집단이 또다시 마지막 순간에 구제 금융을 제공하기로 했다는 기사를 읽었다. 이번에 프랑스는 이 집단행동에서 빠졌고, 제공 액수는 그 당시에 곧장 발표되지 않았다(얼마 후에 약 10억 달러라고 보도되었지만). 그다음 며칠 동안 파운드화의 시장 가격은 조금씩 올라가 9월 말에는 16개월 만에 처음으로 2.80달러를 넘어섰다.

중앙은행들은 이번에도 다시 전과 같은 행동에 나섰는데, 시간이 조금 지난 뒤 나는 연방준비은행을 방문하여 자세한 사정을 파악했다. 내가 만난 사람은 쿰스였는데, 그는 자신감이 넘쳤고 특별히 말을 많이 하고 싶은 기분인 것 같았다. "올해의 작전은 작년의 작전과는 완전히 달랐습니다. 수세에 몰려 마지막 보루를 사수하기 위한 방어적 행동이 아니라, 우리가 공세를 취한 작전이었지요. 9월 초에 우리는 파운드화가 지나치게 많이 팔려나갔다고 결론 내렸습니다. 즉, 파운드화를 끌어내리려는 투기적 공격이 경제적 사실과 과도하게 어긋날 정도로 심하게 일어났던 거지요. 실제로 올해 들어 처음 8개월 동안 영국의 수출액은 작년 같은 기간에 비해 5% 이상 증가했고, 올해의 국제 수지 적자도 작년에 비해 절반 이하로 떨어질 가능성이 높습니다. 경제 전망이 이렇게 좋은데, 곰들의 편에 선 투기자들은 이 점을 충분히 고려하지 않은 것 같습니다. 그들은 단순히 기술적 시장 요소들만 고려해서 파운드화 공매도에 나선 것입니다. 이제 노출된 위치에 놓인 것은 그들이었죠. 우리는 공식적인 반격을 할 때가 무르익었다고 판단했습니다." 쿰스는 계속해서 설명하길, 이번에 그 반격은 느긋한 방식으로 계획되었다고 했다. 전화통에 매달려 다급하게 연락을 취하면서 계획된 게 아니라, 9월 5일 주말 동안에 바젤에서 서로 직접 대면하면서 계획되었다고 했다. 언제나처럼 연방준비은행 대표로는 쿰스가 참석했는데, 헤이스도 오래 전부터 계획했던 코르푸 섬 휴가 일정을 줄이고 함께 참석했다. 그 반격 작전은 군사 작전처럼 정밀하게 계획되었다. 이번에는 적인 투기자들에게 혼란과 불안을 가중시키기 위해 차관 제공 액수를 발표하지 않기로 했다. 공격 개시 장소는 연방준비은행의 트레이딩 룸으로, 공격 시간은 뉴욕 시간으로 9월 10일 오전 9시(런던과 유럽 대륙이 아직 정상적인 영업을 하고 있을 만큼 충분히 이른 시간)로 정했다. 공격 개시 시간에 잉글랜드은행은 중앙은행들 간의 새로운 협약으로 곧 외환 시장에서 '적절한 행동'이 있을 것이라고 발표함으로써 예비적인 일제 사격을 퍼부었다.

이렇게 점잖은 위협 메시지에 담긴 의미를 이해하도록 15분의 시간을 준 뒤, 연방준비은행의 대공세가 시작되었다. 새로 마련한 국제 차관을 영국의 동의하에 실탄으로 사용하여 뉴욕 외환 시장에서 활동하는 모든 주요 은행들에 동시에 약 3000만 달러어치에 해당하는 파운드화를 그 당시의 시세인 2.7918달러로 매수하겠다는 주문을 냈다. 이렇게 큰 매수 압력에 떠밀려 시장에서 파운드화는 즉각 상승하기 시작했고, 연방준비은행은 매수 호가를 단계별로 높이면서 추격 매수를 계속했다. 그러다가 2.7934달러에 이르자, 연방준비은행은 일단 작전을 멈추었는데, 시장이 자체적으로 어떻게 흘러가나 관찰하기 위한 목적이 하나였고, 또 투기자들을 혼란에 빠뜨리기 위한 목적도 있었다. 시장은 안정을 유지했다. 이제 그 수준에서 파운드화를 매수하려는 사람들이 매도하려는 사람들만큼 많았고, 곰들(투기자들)은 이제 두려움에 빠지기 시작했다.

하지만 연방준비은행은 아직 만족하지 않았다. 다시 시장에 과감하게 뛰어들어 그날 하루 동안 호가를 높여가며 매수 주문을 계속 내 파운드화 시세를 2.7945달러까지 끌어올렸다. 그러자 이제 눈뭉치가 혼자서 저절로 굴러가기 시작했고, 내가 신문에서 읽은 결과를 낳았다. "그것은 곰들을 궁지로 몰아넣은 아주 성공적인 작전이었습니다." 쿰스는 엄숙한 어조이긴 하지만 그 일을 떠올리니 즐겁다는 듯이 이야기했는데, 쉽게 공감이 되었다. 나는 은행가가 개인이나 기관의 이익을 위해서가 아니라 공익을 위해 적들을 무찌르고 도륙하여 숨을 곳을 찾아 도망치게 만들면, 정말로 보기 드문 진정한 만족감을 얻을 수 있겠다는 생각이 들었다.

나중에 나는 다른 은행가로부터 곰들이 얼마나 고통스러운 압박을 받았는지 이야기를 들었다. 환투기의 신용 거래 한도가 아주 많기 때문에(예를 들면, 파운드화 공매도 물량을 100만 달러어치 계약하는 투기자는 현금을 3만~4만 달러만 내면 된다.) 대부분의 딜러들은 수천만 달러에 이르는 계약을 체결했다. 어떤 딜러의 계약 금액이 1000만 파운드(2800만 달러)라면, 파운드화 시세가 0.01센트만 변해도 그의 계좌 총액은 1000달러가 변한다. 파운드화 시세는 9월 10일에 2.7918달러였다가 9월 29일에 2.8010달러로 변했으므로, 파운드화를 공매도한 그 딜러는 9만 2000달러를 잃은 셈이 된다. 이만한 손실을 경험하고 나면, 다음에 파운드화 공매도에 나설 때에는 좀 더 신중하게 생각할 것이다.

그러고 나서 고요한 시기가 한동안 이어졌다. 전해 거의 내내 외환 시장을 휩쌌던 임박한 위기 분위기는 사라졌고, 6개월 이상 전 세계의 파운드화 시장은 최근 몇 년 동안 그 어느 때보다도 호조를 이어갔다. 11월에 1964년의 파운드화 구조 작전 1주년을 맞이해 영국의 고위 당국자들은 "파운드화를 놓고 벌어진 전투는 이제 끝났습니다."라고 선언했다(현명하게도 익명으로). 그 당국자들은 이제 "우리는 경제를 살리기 위해 전투를 벌이고 있습니다."라고 말했다. 겉으로 보기에는 이 전투에서도 그들은 승리를 거두는 것처럼 보였다. 영국의 1965년도 국제 수지를 계산한 결과가 나왔는데, 연말까지 예상하여 추정한 적자 폭은 절반으로 줄어드는 데 그치지 않고 절반보다 훨씬 아래로 줄어들었기 때문이다. 한편, 파운드화 강세 덕분에 잉글랜드은행은 다른 중앙은행들에서 빌린 단기 외채를 모두 갚았을 뿐만 아니라, 공개 시장에서 높은 가치를 인정받는 파운드화를 내다파는 대신에 약 10억 달러를 사들여 소중한 외화 보유고를 채울 수 있었다. 따라서 1965년 9월에서 1966년 3월 사이에 영국의 외화 보유고는 26억 달러에서 상당히 안전한 액수인 36억 달러로 늘어났다. 그리고 파운드화는 늘 통화에 격랑을 불러일으켰던 총선 기간에도 순항을 계속했다. 내가 1966년 봄에 쿰스를 만났을 때, 그는 과거의 뉴욕 양키스 팀 팬이 느낀 것처럼 파운드화에 대해 자부심을 느끼는 동시에 크게 신경 쓰지 않는 듯한 태도를 보였다.

내가 파운드화의 운명을 추적하는 일이 앞으로는 별로 재미가 없겠구나 하고 결론 내릴 무렵에 새로운 위기가 폭발했다. 선원들의 파업이 영국의 무역 수지 적자를 키우는 데 일조했고, 1966년 7월 초에 파운드화 시세는 2.79달러 아래로 내려갔으며, 잉글랜드은행은 파운드화 방어를 위해 다시 시장에 개입해 외화 보유고를 낭비하고 있다고 보도되었다. 6월 13일, 통상적인 화재 신고에 느긋하게 반응하는 베테랑 소방관처럼 중앙은행들이 새로운 단기 차관 선물을 들고 돌아왔다. 하지만 그 효과는 일시적인 것에 그쳤고, 7월 말 무렵에 파운드화의 문제를 근본적으로 치유하려는 목적으로 윌슨 총리는 영국에서 평화 시에 단행된 것 중 가장 엄격한 일련의 경제 긴축 조처(세금 인상, 신용 거래 대폭 축소, 임금과 물가 동결, 정부 복지 지출 삭감, 1인당 사용 가능한 연간 해외여행 경비 140달러 이내 제한 등)를 단행했다. 나중에 쿰스는 내게 연방준비은행은 영국이 긴축 계획을 발표하자마자 파운드화 시장에 개입해 도움을 주었고, 파운드화는 이 자극에 만족스러운 반응을 보였다고 말했다. 9월에 연방준비은행은 추가로 잉글랜드은행과의 스와프 한도를 7억 5000만 달러에서 13억 5000만 달러로 늘렸다. 나는 9월에 와이지를 만났는데, 그는 잉글랜드은행에 다시 쌓이고 있는 달러에 대

해 긍정적으로 이야기했다. 그 무렵에 《이코노미스트》는 "파운드화 위
기는 따분한 일상사가 되었다."라고 하면서 불안한 상황에서도 침착함
을 잃지 않는 영국인 특유의 기질을 보여주었다.

평온이 다시 찾아왔지만, 이번의 평온도 6개월을 조금 넘기는 것에
서 끝났다. 1967년 4월, 영국은 단기 외채를 다 갚고 외환 보유고가 넉
넉했다. 하지만 한 달여가 지날 무렵, 뼈저린 좌절을 연속적으로 안겨
준 일련의 사건 중 첫 번째 사건이 일어났다. 아랍 연맹과 이스라엘 사
이에 일어난 3차 중동 전쟁[14]의 여파로 아랍계 자금이 대규모로 파운
드화에서 다른 통화로 옮겨가고, 영국의 주요 통상로인 수에즈 운하가
폐쇄되면서 거의 하룻밤 사이에 새로운 위기가 닥치고 말았다. 6월에
잉글랜드은행(1966년에 크로머 경이 물러나고 새 총재가 된 레슬리 오브라이
언이 이끄는)은 연방준비은행과 맺은 스와프 협정에 과도하게 의존해야
했고, 7월에 영국 정부는 전년도의 고통스러운 경제 긴축 정책을 재개
할 수밖에 없었다. 그럼에도 불구하고 9월에 파운드화는 2.7830달러
까지 떨어졌는데, 1964년 위기 이래 가장 낮은 시세였다.

나는 잘 아는 외환 전문가에게 전화를 걸어 왜 파운드화가 절대적인
최저한도(평가 절하가 일어나지 않는 한)인 2.78달러 가까이까지 그토록

---

14) 1964년 5월에 결성된 팔레스타인해방기구PLO는 이집트와 시리아 등 아랍 국가의
지원 하에 무장 조직을 동원해 이스라엘에 무차별 테러 공격을 감행했다. 1967년 6월
5일, 이스라엘은 PLO의 테러에 대한 응징과 자위를 명분으로 대공세를 전개하면
서 3차 중동 전쟁이 일어났다. 전쟁은 시리아와 요르단으로 확대되었고, 이스라엘
은 개전 4일 만에 시나이 반도, 요르단 강 서안 지구, 골란 고원 등을 점령했다. 이
스라엘은 '6일 전쟁'이라고 부르기도 한다.

위험한 수준으로 떨어지도록 잉글랜드은행이 방치했는지 물어보았다. 잉글랜드은행은 1964년 11월에는 최후 저지선을 2.7860달러로 정하고 온 힘을 다해 방어에 나섰고, 최근의 발표에 따르면 외화 보유고가 25억 달러 이상이나 되었는데도 불구하고 이번에 파운드화 하락을 수수방관한 것이 이상했기 때문이다. 외환 전문가는 이렇게 이야기했다. "음, 이번 상황은 수치가 보여주는 것만큼 그렇게 위험하지 않았기 때문이지요. 지금까지 나타난 투기 압력은 1964년에 비하면 아주 약한 편입니다. 그리고 적어도 지금까지 올해의 기본적인 경제 상황은 그때보다 훨씬 좋아요. 중동 전쟁의 악영향에도 불구하고, 긴축 계획은 잘 시행되고 있어요. 1967년의 첫 8개월 동안 영국의 국제 수지는 대체로 균형을 유지했어요. 잉글랜드은행은 이번의 파운드화 약세는 굳이 개입하지 않더라도 저절로 지나갈 것이라고 예상하고 있는 게 분명합니다."

하지만 그 무렵에 나는 불길한 조짐이 감도는 것을 눈치 챘다. 영국인은 오랫동안 '평가 절하'라는 단어가 퍼지는 것을 금기시해왔는데, 갑자기 그런 태도가 싹 사라진 것처럼 보였기 때문이다. 다른 금기와 마찬가지로 이 금기 역시 그 바탕에는 실용 논리(평가 절하 이야기가 많이 나오면 투기를 부추겨 실제로 평가 절하 사태를 초래할 수 있다는)와 미신이 자리 잡고 있었다. 하지만 이젠 영국 언론에서 평가 절하가 자유롭게 그리고 자주 논의되는 것을 볼 수 있었고, 심지어 여러 주요 언론에서는 평가 절하를 옹호하기까지 했다. 그뿐만이 아니었다. 그동안 윌슨 총리는 영국 정부가 평가 절하를 삼갈 것이라고 여러 번 반복하여 맹세할 때조차도 그 단어를 애써 피하며 조심스럽게 발언하는 태도를 계속 유지해왔다. 한번은 역시 그 단어를 쓰지 않고 "대외 통화 문제"에 대해 "기존 정책에 아무 변화가 없을" 것이라고 조심스럽게 이야기한 적도 있었다. 그런데 7월 24일에 재무부 장관인 제임스 캘러핸은 하원에서 평가 절하에 대해 공개적으로 이야기했다. 평가 절하를 국가 정책으로 지지하는 것이 인기를 끌고 있는 현상을 불평하면서 그런 정책은 다른 나라들과 그 국민들과의 신뢰를 깨는 것이라고 선언하고, 영국 정부는 절대로 평가 절하를 단행하지 않을 것이라고 맹세했다. 그의 발언에 담긴 정서는 친숙하고 불안감을 덜어주는 것이었다. 하지만 그것을 노골적으로 표현한 방식은 정반대의 효과를 나타냈다. 1964년의 암울한 시기에도 의회에서 '평가 절하'라는 단어를 쓴 사람은 아무도 없었다.

가을 내내 나는 영국이 기묘하게도 잔인한 불운을 연이어 겪는다는 느낌이 강하게 들었다. 그중 어떤 것은 특별히 파운드화에 손상을 입혔고, 어떤 것은 그저 영국인의 사기를 떨어뜨리는 데 그쳤다. 봄에 난파한 유조선에서 흘러나온 기름이 콘월 주 해변을 크게 오염시켰다. 이번에는 전염병이 발생하여 소가 수만 마리 죽더니, 결국에는 수십만 마리가 죽어갔다. 영국이 1년 이상 입어온 경제적 구속복 때문에 실업률이 몇 년 사이에 최고 수준으로 증가했고, 그 바람에 노동당 정부는 전후 역대 정부 중 가장 인기 없는 정부로 추락했다. (6개월 뒤, 《선데이 타임스》가 실시한 여론 조사에서 영국인은 윌슨 총리를 20세기의 악당 중 히틀러와 드골, 스탈린 다음의 네 번째 악당으로 꼽았다.) 9월 중순에 런던과 리버풀에서 시작되어 두 달 이상 끈 항만 파업은 그렇지 않아도 비틀거리고 있던 수출 무역을 더욱 감소시켰고, 연말까지 연간 국제 수지의 균형을 맞출 수 있으리라는 기대를 물거품으로 만들었다.

1967년 11월 초에 파운드화 시세는 2.7822달러로, 최근 10년 사이에 최저를 기록했다. 그러고 나서 상황은 빠르게 나빠졌다. 11월 13일 월요일 저녁, 윌슨은 런던 시장이 연 만찬에 참석했다. 사실, 윌슨 총리는 매년 이 만찬에 참석했는데, 3년 전에 파운드화 위기를 맞이했을 때에는 파운드화 방어 의지를 강력하게 천명하는 자리로 활용한 바 있었다. 이번에는 국민과 세계 각국에 다음 날 발표될 예정인 최근의 무역 통계 자료는 일시적 요인으로 왜곡된 것이니 무시하라고 간청하는 연설을 했다. 14일 화요일에 발표된 영국의 무역 통계 수치에 따르면 10월 한 달 동안 1억 파운드가 넘는 적자를 기록했는데, 통계 수치를 발표한 이래 최악의 성적이었다. 16일 목요일에 내각 각료들이 점심때 회의를 했고, 그날 오후 하원에서 캘러핸 재무부 장관은 실업률을 더 높일 긴축 정책 단행 여부에 따라 중앙은행들로부터 막대한 규모의 새로운 차관을 받을 것이라는 소문을 확인하거나 부인해달라는 질문을 받고서 열을 내며 다음과 같이 답변했는데, 나중에 신중하지 못했다는 평을 받았다. "정부는 다른 나라의 필요가 아니라 영국 경제에 무엇이 필요한지 파악한 바를 바탕으로 적절한 결정을 내릴 것입니다. 그리고 현 단계에서는 추가로 실업자를 양산하는 정책은 거기에 포함되지 않습니다."

외환 시장들은 일제히 평가 절하가 결정되었으며, 캘러핸이 무심코 그 비밀을 누설했다고 판단했다. 17일 금요일은 외환 시장의 역사에서 가장 큰 광풍이 휘몰아친 날이자 파운드화 1000년 역사에서 가장 어두운 날이었다. 파운드화를 2.7825달러(이번에 최후 저지선으로 정한 가격)에서 유지하느라 잉글랜드은행은 외화 보유고에서 상당액의 달러를 소진했는데, 정확한 액수를 공개하는 건 좋지 않다고 판단해 결코 공개하지 않았다. 하지만 그것을 판단해야 할 이유가 있는 월스트리트의 시중 은행들은 그 액수를 약 10억 달러로 추정했는데, 그렇다면 하루 내내 분당 200만 달러 이상 외화 보유고가 줄어들었다는 이야기가 된다. 그 결과로 영국의 외화 보유고는 20억 달러 아래로, 어쩌면 그보다 더 아래로 떨어진 게 틀림없었다. 11월 18일 토요일 오후 늦은 시각, 혼란스러운 경보 신호가 도처에서 울리는 가운데 영국은 조건부 항복을 발표했다. 나는 그 소식을 와이지에게서 들었는데, 뉴욕 시간으로 오후 5시 30분에 내게 전화로 알려주었다. 그의 목소리는 약간 떨리고 있었다. "1시간 전에 파운드화는 2달러 40센트로 평가 절하되었고, 영국의 기준 금리는 8%로 인상되었습니다."

끝나지 않은 파운드화 투기 공격

토요일 밤에 나는 세계 금융 시장의 질서를 뒤집어엎는 사건으로 큰 전쟁 말고는 주요 통화의 평가 절하보다 더한 것은 없다는 사실을 유념하면서 분위기를 살피기 위해 세계 금융의 수도인 월스트리트로 갔다. 매서운 바람이 텅 빈 거리의 종이들을 흩날렸고, 그 파트타임 도시에는 평소의 근무 외 시간에 나타나는 다소 위협적인 고요함이 감돌고 있었다. 하지만 평소와 달리 특이한 점이 있었다. 평소에는 캄캄하던 건물들에 불이 켜진 창문들이 줄지어 늘어서 있었다. 대부분은 한 건물당 한 층씩만 불이 켜져 있었다. 나는 일부 건물들에서 불이 켜진 곳의 줄이 큰 은행들의 외환부임을 알아챘다. 은행들의 육중한 문은 잠기고 빗장이 걸려 있었다. 외환부에서 근무하는 사람들은 주말에 건물에 들어가기 위해 벨을 누르거나 보이지 않는 옆문이나 뒷문을 사용할 것이다. 나는 외투 깃을 세우고 연방준비은행을 살펴보기 위해 나소 스트리트를 따라 리버티 스트리트 쪽으로 걸어갔다. 연방준비은행은 불빛이 한 줄만 켜져 있지 않고, 피렌체 양식의 정면 전체에 걸쳐 불규칙한 패턴으로 불이 켜져 있었지만, 거리 쪽을 향한 정문은 굳게 닫혀 있었다. 내가 연방준비은행을 바라보고 있을 때, 확 불어온 한 줄기 돌풍에 이 상황에 어울리지 않는 오르간 음악이 실려 왔는데(아마도 몇 블록 떨어진 트리니티 교회로부터), 그제야 나는 10~15분 동안 아무도 보지 못했다는 사실을 깨달았다. 그 풍경은 내게 중앙은행의 두 얼굴 중 하나를 전형적으로 보여주는 것 같았다. 하나는 차갑고 적대적인 얼굴로, 오만한 비밀 속에서 나머지 모든 사람들에게 영향을 미치는 결정을 내리지만, 우리는 거기에 영향을 줄 수도 없고 그것을 이해할 수도 없는 결정을 내리는 사람들로 대표되는 얼굴이다. 또 하나는 바젤에서 송로와 와인을 즐기면서 비틀거리는 통화를 구하기로 자비로운 결정을 내리는, 우아하고 교양 있는 실무자들로 대표되는 더 상냥한 얼굴이다. 오늘 밤은 두 번째 얼굴을 보여주기에는 부적절한 밤이다.

일요일 오후에 와이지는 연방준비은행 10층의 한 방에서 기자 회견을 열었다. 나도 10여 명의 기자들과 함께 참석했는데, 대부분 연방준비은행이 담당 구역인 기자들이었다. 와이지는 일반적으로 평가 절하에 대해 이야기했고, 대답하고 싶지 않은 질문은 건너뛰었으며, 때로는 전직 교사 출신답게 선생님처럼 자신이 오히려 질문을 던지며 대답했다. 그는 파운드화 평가 절하가 '또 한 번의 1931년'을 초래할 위험이 얼마나 큰지 판단하기에는 아직 너무 이르다고 말했다. 그리고 거의 모든 예측은 전 세계 수백만 명의 사람들과 수천 개 은행들의 의중을 미리 알려고 노력하는 문제라고 말했다. 그 향방은 며칠 안에 드러날 것이다. 와이지는 낙담하기보다는 흥분한 것처럼 보였다. 그의 태도는 분명히 우려하는 것이었지만 단호한 결의도 엿보였다. 나오는 길에 나는 그에게 밤을 새웠느냐고 물었다. 그러자 그는 "아뇨. 어젯밤에는 '생일 파티'[15]를 보러 갔어요. 핀터의 세계는 지금 내가 살고 있는 세계보다 훨씬 더 이치에 닿는다고 말하고 싶군요."라고 답했다.

목요일과 금요일에 일어난 일이 다음 며칠 동안에 걸쳐 서서히 윤곽을 드러내기 시작했다. 해외에서 나돈 소문은 대부분 사실로 드러났다. 영국은 평가 절하를 피하기 위해 또 한 차례의 대규모 차관을 얻으려고 협상을 해왔다. 그 규모는 1964년의 30억 달러에 맞먹는 것으로, 이번에도 미국이 가장 많은 액수를 제공할 계획을 세우고 있었다. 영국이 평가 절하를 스스로 선택한 것인지 아니면 어쩔 수 없는 필요에서 결정한 것인지는 논란의 여지가 있다.

---

15) The Birthday Party. 극작가 해럴드 핀터Harold Pinter의 연극.

윌슨 총리는 텔레비전 연설에서 국민에게 평가 절하 결정을 설명하면서 "다른 중앙은행들과 정부들로부터 돈을 빌림으로써 파운드화에 대한 외국의 투기적 공격 파고를 피할 수도 있었겠지만," 이번에는 그런 조처가 "무책임한" 행동이 될 수도 있는데, 왜냐하면 "해외의 채권자들이 우리 국가 정책의 이런저런 측면에 대해 확실한 보장을 요구할지도 모르기 때문입니다."라고 말했다. 하지만 채권자들이 그런 요구를 했는지는 분명하게 밝히지 않았다. 어쨌든 영국 내각은 이미 그 전 주 주말에 평가 절하를 단행하기로 원칙적으로 결정했고, 목요일 정오에 열린 회의에서 정확한 평가 절하 규모를 결정했다. 그때, 내각은 국가적으로 새로운 긴축 조처를 단행함으로써 평가 절하의 효과를 높이도록 결정했는데, 그런 조처 중에는 법인세 인상, 국방비 삭감, 지난 50년 동안 가장 높은 기준 금리 등이 포함되었다. 평가 절하를 실제로 발표하기까지 이틀이 지연되면서 영국의 외화 보유고에 큰 손실을 초래한 이유에 대해 이제 와서 담당자들은 다른 주요 통화국들과 협의를 하는 데 시간이 필요했다고 설명했다. 국제 통화 규칙에 따르면 평가 절하를 단행하기 전에 그런 협의를 하도록 정해져 있으며, 또한 영국은 세계 무역의 주요 경쟁국들로부터 상응하는 조처를 통해 영국의 평가 절하 효과를 헛되게 하는 행동을 하지 않겠다는 약속을 받아내는 게 절실히 필요했다.

이제 금요일에 일어난 파운드화 공황 매도의 시발점도 밝혀졌다. 그것은 그 유명한(비록 보이지도 않고 어쩌면 존재하지 않을지도 모르지만) 취리히의 그놈이 벌인 악의적인 투기가 아니었다. 반대로 그 대부분은

국제적인 대기업들이 헤징 [16]이라 부르는 자구책을 취함으로써 일어났
는데, 미국 기업이 상당수 포함된 이들은 몇 주일 혹은 몇 개월 뒤에
지불받을 파운드화에 상응하는 금액을 공매도했다. 이 사실을 뒷받침
하는 증거는 기업들 스스로 내놓았는데, 그중 일부 기업은 선견지명을
바탕으로 발 빠른 대응을 함으로써 평가 절하에서 손해를 보는 일이
거의 또는 전혀 없을 것이라고 재빨리 통보함으로써 주주들을 안심시
켰다. 예를 들면, 국제전화전신회사 ITT는 일요일에 파운드화 평가 절하
가 ITT의 1967년 수입에 아무 영향도 미치지 않을 것이라고 발표하면
서 "얼마 전부터 경영진이 평가 절하 가능성을 예상했기 때문"이라고
그 이유를 설명했다. 인터내셔널 하비스터와 텍사스 인스트루먼츠는
파운드화 공매도에 해당하는 행동을 통해 자구책을 마련했다고 보고
했다. 싱어 컴퍼니는 심지어 그 거래에서 이익을 얻었을 수도 있다고
말했다. 다른 미국 회사들은 평가 절하의 충격을 무사히 피해갔다고
말하면서도 자세한 내용을 밝히길 거부했는데, 만약 그 방법을 공개했
다간 궁지에 몰린 영국의 처지를 이용해 이익을 챙겼다는 비난을 받을
지도 모른다는 이유에서였다. 한 회사의 대변인은 "그저 우리가 현명
했다고만 말하기로 하지요."라고 말했다. 비록 품위와 고상함은 부족
하다 하더라도, 그것은 충분히 정당화될 수 있을 것이다.

---

16) headging. 장래에 현물로 취할 포지션을 미리 또는 임시로 취하는 것. 가격 변동
위험에서 자신의 이익을 보호하기 위해 자신의 현물 포지션에 대응하는 동일한 수
량의 반대 포지션을 선물 시장에서 취하는 것이다. 따라서 장래에 매도하고자 하는
경우 미리 매도하고, 장래에 매수하고자 하는 경우 미리 매수함으로써 장래의 불확
실성을 해결하려는 시장 참가자의 자구적 행위이다.

국제 사업의 정글에서 약한 외국 통화에 대해 헤징을 하는 것은 자기 방어를 위해 합법적으로 발톱을 사용하는 것으로 간주된다. 하지만 투기 목적으로 공매도를 하는 행동은 그다지 좋은 이야기를 듣지 못하는데, 금요일에 파운드화를 투기 목적으로 공매도하고 나중에 그것에 대해 이야기한 사람들 중에는 취리히에서 아주 먼 곳에 있던 사람들도 있었다. 오하이오 주 영스타운에서 주식 시장의 베테랑 투자자이지만, 이전에 국제 통화 공매도를 한 적이 전혀 없는 한 무리의 전문가들은 금요일에 파운드화 평가 절하가 일어날 것이라고 판단하고서 7만 파운드를 공매도하여 주말 동안에 약 2만 5000달러의 이익을 챙겼다. 그들이 판 파운드화는 물론 결국 잉글랜드은행이 달러를 주고 사들여 영국의 외화 보유고에 아주 작은 손실을 더해주었다. 그 집단의 브로커가 필시 자부심을 느끼면서 보고했을 이 작은 공격에 대한 기사를 《월스트리트저널》에서 읽고서 나는 영스타운의 견습생 그놈들이 적어도 자신들이 한 일이 어떤 의미가 있는지 이해하길 바랐다.

일요일과 도덕적 투기에 대한 이야기는 그만하기로 하자. 월요일에 금융계 혹은 대부분의 금융계는 다시 일상 업무로 복귀했고, 평가 절하는 시험대에 올랐다. 그 시험대는 두 가지 질문으로 이루어져 있었다. 첫 번째 질문은 평가 절하가 영국을 위해 그 목적을 달성할 것인가 하는 것이었다. 즉, 수출 촉진과 수입 감소 효과가 충분히 나타나 국제 수지 적자를 치유하고 파운드화에 대한 투기적 공격을 종식시킬 것인가? 두 번째 질문은 1931년에 그랬던 것처럼 다른 통화들도 경쟁적으로 평가 절하에 나서 결국에는 금에 대한 달러의 가치 하락으로 이어지고, 전 세계적인 통화 혼돈과 어쩌면 세계 대공황을 초래하지는 않을까 하는 것이었다. 나는 그 답들이 점점 구체화되며 나타나는 것을 지켜보았다.

월요일에 런던의 은행들과 외환 시장들은 정부의 명령으로 문을 닫았고, 다른 곳에서도 일부 트레이더를 제외한 모든 사람들은 잉글랜드 은행이 시장에 없는 상황에서 파운드화에 대한 포지션을 취하길 피했다. 따라서 평가 절하 후 파운드화의 새로운 가치가 강세를 보일까 약세를 보일까 하는 질문에 대한 답은 나중으로 미루어야 했다. 스레드니들 스트리트와 스로그모턴 스트리트에서는 브로커와 증권 중개인과 금융계 직원 들이 서성거리며 열띤 대화를 나누었다(하지만 거래는 전혀 일어나지 않았다.). 이 도시는 마침 여왕의 결혼기념일을 맞아 모든 깃대에 유니언잭이 휘날리고 있었다. 뉴욕의 증권 시장에서는 파운드화가 아주 낮은 가격으로 거래를 시작했다가 얼마 후 회복되었다. (처음에 가격이 크게 떨어진 이유에 대해 합리적인 설명은 나오지 않았다. 증권회사의 전문가들은 평가 절하는 일반적으로 사기를 떨어뜨린다고 지적했다.)

월요일 밤에 11개국(에스파냐, 덴마크, 이스라엘, 홍콩, 몰타, 가이아나, 말라위, 자메이카, 피지, 버뮤다, 아일랜드)도 평가 절하를 단행했다는 소식이 들어왔다. 이것은 그렇게 나쁜 소식은 아니었다. 어떤 통화의 평가 절하가 미치는 부정적 효과는 세계 무역에서 그 통화가 차지하는 비중에 직접적으로 비례하는데, 이들 통화 중에서 비중이 큰 것은 하나도 없었기 때문이다. 그래도 그중에서 가장 염려스러운 것은 덴마크의 평가 절하였는데, 경제적으로 가까운 동맹 관계인 노르웨이와 스웨덴, 그리고 네덜란드가 여기에 동참할 위험이 있었기 때문이다. 만약 그런 일이 일어난다면, 상당히 심각한 상황이 발생할 수도 있었다. 평가 절하가 일어나면서 외화 보유고에 보관하고 있던 파운드화 때문에 즉각 3800만 달러의 손실을 본 이집트는 아무런 움직임도 보이지 않았고, 1800만 달러를 잃은 쿠웨이트도 마찬가지였다.

화요일이 되자 모든 곳의 시장들이 활짝 문을 열었다. 업무를 재개한 잉글랜드은행은 파운드화의 새로운 가격 변동 제한폭을 하한가 2.38달러, 상한가 2.42달러로 정했다. 그러자 파운드화는 아이의 손을 떠난 풍선처럼 곧장 천장까지 치솟아 온종일 거기에 머물렀다. 사실, 풍선 비유가 적용되지 않는 모호한 이유로 파운드화 시세는 상당 시간을 천장보다 약간 높은 가격에서 머물렀다. 잉글랜드은행은 이제 달러화를 지불하고 파운드화를 사들이는 대신에 파운드화를 내주고 달러화를 거둬들였고, 그럼으로써 외화 보유고를 다시 채우기 시작했다. 나는 의기양양해 있을 와이지에게 전화를 걸어 그의 기쁨을 나누려고 했지만, 의외로 그는 이 모든 것을 차분하게 받아들였다. 그는 파운드화 강세는 '기술적'인 것이라고 말했다. 즉, 지난주에 공매도를 한 사람들이 수익을 현금화하기 위해 파운드화를 도로 사기 때문에 일어나는 현상이라고 설명하면서 새로운 파운드화의 첫 번째 객관적 시험대는 금요일이 될 것이라고 말했다. 그날, 작은 나라 7개국이 추가로 평가 절하를 발표했다. 말레이시아는 영국 파운드화에 기초한 구화폐인 파운드화는 평가 절하했지만, 금에 기초한 신화폐인 달러화는 평가 절하하지 않는데, 이 상황이 초래한 부당함 때문에 폭동이 일어났고, 그 후 2주 동안 27명 이상이 사망했다. 이들은 평가 절하 때문에 발생한 최초의 사상자였다. 국제 금융이라는 치열한 게임판 위에서 움직이는 말들이 사람들의 생계일 뿐만 아니라 심지어 생명이기도 하다는 사실을 일깨워준 이 사건 말고는 아직까지는 모든 것이 별 탈 없이 잘 흘러갔다.

하지만 22일 수요일에 일부 지역에 국한된 것이 아닌 문제가 발생할 조짐이 나타났다. 오랫동안 파운드화를 난타하면서 마침내 붕괴시킨 투기적 공격이, 전부터 많은 사람이 그 가능성을 우려해온 대로, 이제 그 화살을 달러화로 돌렸다. 온스당 35달러라는 고정된 가격에 다른 나라 중앙은행에 무제한 금을 팔겠다고 약속한 유일한 나라인 미국은 세계 통화 아치를 떠받치는 쐐기돌이었고, 재무부가 보관한 금(그날 수요일에 130억 달러어치에 조금 못 미쳤던)은 그 기초였다. 연방준비제도이사회 의장인 마틴은 미국은 어떤 상황에서도 요구가 있으면 금을 팔 것이며, 필요하다면 마지막 골드바까지 팔 것이라고 반복해서 공언해왔다. 이러한 약속과 파운드화 평가 절하 직후에 존슨 대통령의 재천명에도 불구하고, 이제 투기자들은 공식적인 발언에 대해 거의 같은 무렵에 지하철 토큰을 사 모으기 시작한 뉴욕 시민들과 비슷한 종류의 의심을 보이면서 달러를 지불하고 금을 대량으로 사들이기 시작했다. 갑자기 파리와 취리히, 그리고 그 밖의 금융 중심지들에서 금 수요가 폭증했는데, 특히 세계의 금 시장을 주도하는 런던에서 가장 심하게 일어나 사람들은 곧 런던 골드러시에 대해 이야기하기 시작했다. 그날의 주문은 일부 당국자는 5000만 달러어치가 넘었다고 평가하는데, 법으로 화폐용 금을 사거나 소유할 수 없게 돼 있는 미국과 영국 시민을 빼고는 모든 곳에서 쏟아지는 것처럼 보였다. 그런데 이 보이지 않는 다수(그 역사가 아주 오래된, 금을 향한 욕망에 갑자기 사로잡힌 사람들)에게 금을 판 당사자는 누구였을까? 그것은 미국 재무부도 아니었고, 다른 중앙은행도 아니었다. 미국 재무부는 연방준비은행을 통해 다른 중앙은행에게만 금을 팔게 돼 있었고, 다른 중앙은행은 금을 절대로 팔지 않겠다고 약속했다. 이 공백을 메우기 위해 1961년에 또 다른 국제 기관인 런던 금풀London gold pool이 설립되었다. 금풀은 회원국들(미국, 영국, 이탈리아, 네덜란드, 스위스, 서독, 벨기에, 그리고 처음에는 프랑스)로부터 크로이소스[17]조차 황홀하게 만들 만큼 대량의 금괴를 공급받아 민간 구매자들에게 연방준비은행이 정한 것과 동일한 가격으로 얼마든지 금을 공급함으로써 통화 공황을 진정시키고, 그럼으로써 달러의 안정과 그 시스템을 보호할 목적으로 설립되었다.

수요일에 금풀은 바로 그런 일을 했다. 하지만 목요일에는 상황이 훨씬 악화되었다. 파리와 런던에서 금을 사겠다는 광풍이 몰아쳐 1962년의 쿠바 미사일 위기 때 세운 기록마저 깨졌는데, 영국과 미국의 고위직 공무원을 포함해 많은 사람들은 처음부터 의심했던 일이 사실이라고 확신하게 되었다. 즉, 이번 골드러시는 드골과 프랑스가 처음에는 파운드화를, 그리고 이번에는 달러화를 끌어내리기 위해 벌인 계획의 일부라는 주장이었다. 물론 그 증거는 모두 정황 증거뿐이지만, 이 주장은 상당히 설득력이 있었다. 드골과 그의 내각은 오래전부터 파운드

---

17) Kroisos. 엄청난 부로 유명했던 리디아의 마지막 왕.

화와 달러화가 차지하는 국제적 지위를 현재보다 훨씬 아래로 끌어내리길 원했다. 금을 매수한 근원지를 추적한 결과, 프랑스에서 의심을 살 만한 양의 금을 사들인 것으로 드러났다. 골드러시가 시작되기 36시간 전인 월요일 저녁, 프랑스 정부는 언론을 통해 프랑스가 금풀에서 탈퇴하려고 한다는 비밀을 흘려보냈으며(그 후에 확인된 정보에 따르면, 프랑스는 지난 6월부터 금풀에 기여한 게 하나도 없었다.), 또한 벨기에와 이탈리아도 곧 탈퇴할 것이라는 거짓 정보를 퍼뜨리는 데 관여했다는 혐의가 있다. 그리고 이제 와서 조금씩 진상이 밝혀졌는데, 평가 절하 직전의 며칠 동안 프랑스는 파운드화를 구제하기 위한 새로운 차관 제공 계획에 참여하길 가장 꺼린 국가였으며, 거기에 더해 프랑스는 영국이 평가 절하를 하더라도 자국의 환율을 그대로 유지하겠다는 확답을 마지막 순간까지 유보한 것으로 드러났다. 모든 걸 감안할 때, 드골과 프랑스가 악역을 담당했다고 볼 만한 근거가 충분히 있었다. 그것이 사실이건 아니건, 나는 드골과 프랑스에 대한 비난이 평가 절하 위기에 흥미로운 이야깃거리를 더해준다는 느낌을 지울 수 없었다. 이것은 몇 달 뒤에 프랑스 프랑화가 심각한 곤경에 처하고 미국이 어쩔 수 없이 구조에 나섰을 때 더욱 흥미로운 이야깃거리를 제공했다.

종잇조각에 쓴 약속

금요일에 런던에서 파운드화는 종일 상한가를 유지했고, 따라서 평가 절하 이후에 처음으로 맞이한 진정한 시험대를 깃발을 휘날리며 무사히 통과했다. 월요일 이후에 몇몇 작은 나라 정부들만 평가 절하를 발표했고, 이제 노르웨이와 스웨덴과 네덜란드는 기존의 환율을 고수하리란 게 확실해졌다. 하지만 달러화 전선은 이전보다 상황이 훨씬 심각해 보였다. 금요일에 런던과 파리에서 팔려나간 금은 전날의 기록을 훨씬 넘어섰고, 지난 3일 동안 모든 시장에서 팔린 금의 양은 10억 달러에 조금 못 미치는 것으로 추정되었다. 요하네스버그에서는 투기자들이 금 채굴 회사들의 주식을 사려고 달려드는 통에 하루 종일 대혼란에 가까운 상황이 벌어졌다. 그리고 유럽 전역에서는 사람들이 달러를 금으로 바꿀 뿐만 아니라 다른 통화로도 바꾸고 있었다. 설사 달러화가 일주일 전의 파운드화와 같은 위치에 있진 않다 하더라도, 적어도 불편한 유사점이 몇 가지 있었다. 얼마 후, 평가 절하가 단행되고 나서 처음 며칠 동안 그때까지 다른 통화에 도움의 손길을 제공하기만 했던 연방준비은행이 달러화를 방어하기 위해 약 20억 달러어치에 이르는 여러 나라의 통화를 **빌릴** 수밖에 없었다는 보도가 나왔다.

금요일 늦은 시각, 나는 와이지가 평소와 달리 초조해하며 익살을 떠는 기분을 보여 나까지 불안하게 만든 회의에 참석한 뒤에 주밀에 달러화 평가 절하가 발표되리라고 반쯤 믿고서 연방준비은행을 떠났다. 하지만 그런 일은 일어나지 않았다. 반대로 최악의 상황은 일시적으로 지나간 것 같았다. 일요일에 금풀 회원국의 중앙은행 대표들(헤이스와 쿰스도 포함된)이 프랑크푸르트에서 만나 그들의 통합 자산을 사용해 달러화를 현재의 금 교환 비율로 계속 유지하기로 공식 합의했다고 발표되었다. 이 발표는 단지 미국이 보유한 130억 달러어치의 금뿐만 아니라, 벨기에와 영국, 이탈리아, 네덜란드, 스위스, 서독의 금고에 보관된 140억 달러어치의 금까지 추가로 달러화를 떠받친다는 사실을 새삼 강조함으로써 달러화에 대한 의심을 불식시키는 것처럼 보였다. 투기자들은 이에 분명히 깊은 인상을 받은 것 같았다. 월요일에 파리에서만 기록적인 페이스를 계속 이어갔을 뿐, 런던과 취리히에서는 금 매수량이 크게 줄어들었는데, 그날 드골 자신이 기자 회견을 열어 여러 가지 문제에 대해 사람들을 어리둥절하게 만드는 의견과 함께, 지금 일어나는 사건들의 추세는 달러화의 국제적 지위가 하락 쪽을 향해 나아간다는 것을 보여준다고 섣부른 견해를 밝혔는데도 불구하고 그랬다. 화요일에는 금 판매량이 모든 곳에서 크게 감소했으며, 심지어 파리에서도 그랬다. 그날 오후에 와이지는 내게 전화를 걸어서 "오늘은 일진이 좋은 날이었어요. 내일은 더 좋은 날이 될 거라고 기대합니다."라고 말했다. 수요일에 금 시장은 정상으로 돌아왔지만, 그 주에 팔려나간 금 때문에 재무부는 금풀에 대한 의무를 이행하고 다른 중앙은행들의 요구에 응하느라 약 5억 달러어치에 해당하는 450톤의 금을 잃었다.

평가 절하가 일어나고 나서 열흘이 지나자, 모든 것이 진정되었다. 하지만 그것은 연속적으로 찾아오는 충격파 사이에 위치한 하나의 골에 지나지 않았다. 12월 8일부터 18일까지 새로운 달러화 공격 투기 광풍이 불어 금풀에서 또다시 400여 톤의 금이 빠져나갔다. 이번 충격파는 전번 충격파처럼 미국과 금풀 회원국들이 현상을 유지하겠다는 결의를 반복함으로써 결국 진정되었다. 연말에 재무부는 파운드화 평가 절하 이후에 약 10억 달러어치의 금을 잃어 금 보유량이 1937년 이래 처음으로 120억 달러어치 아래로 내려갔다. 1968년 1월 1일에 발표한 존슨 대통령의 국제 수지 균형 계획은 주로 미국 은행의 해외 대출과 해외 산업 투자를 제한하는 데 중점을 둔 것이었는데, 이것은 두 달 동안 투기를 억제하는 데 도움을 주었다. 하지만 골드러시는 그렇게 간단하게 가라앉지 않았다. 그 모든 약속에도 불구하고, 골드러시 뒤에는 강력한 경제적, 심리적 힘들이 자리 잡고 있었다. 더 넓은 시각에서 보면, 그것은 위기 상황에서 모든 종이 통화를 신뢰하지 않으려는, 그 역사가 오랜 경향이 표출된 것이었지만, 더 구체적으로는 오랫동안 두려워해온 파운드화 평가 절하의 속편이었고, (어쩌면 가장 구체적으로는) 끝이 보이지 않는 전쟁을 수행하기 위해 해외에 점점 더 많은 돈을 쏟아붓는 시점에 지나친 민간 소비 수준을 특별히 언급하면서 경제 질서를 유지하겠다는 미국의 결의에 대한 불신임 투표였다. 온 세상이 신뢰해야 할 바로 그 통화가 금 투기자들에게는 가장 무분별하고 앞날을 생각하지 않고 흥청망청 돈을 낭비하는 주인공으로 보였다.

투기자들이 2월 29일에 공격을 재개했을 때, 그 공격이 하도 격렬하여 상황은 금방 통제 불능 상태에 빠졌다. 2월 29일을 선택한 것은 특별한 이유가 있어서가 아니라, 그저 미국 상원의원 제이컵 재비츠가 아주 진지하게 혹은 지나가는 말로 경솔하게 자신은 미국이 일시적으로 외국에 모든 금 지불을 중단하는 게 좋다고 생각한다고 발언했기 때문이었다. 3월 1일, 런던의 금풀에서 40~50톤(평상시에는 하루에 3~4톤)

의 금이 빠져나갔고, 3월 5일과 6일에는 하루에 40톤씩, 3월 8일에는 75톤 이상, 3월 13일에는 정확하게 알 수는 없지만 100톤 이상이 빠져나갔다. 한편, 만약 금에 대한 달러화 가치가 떨어진다면 추가 평가절하가 불가피한 파운드화는 처음으로 액면가인 2.40달러 아래로 내려갔다. 그러자 이제는 너무나도 익숙해진 약속들이 다시 반복되었는데, 이번에는 3월 10일에 바젤에서 모인 중앙은행가들의 클럽에서 발표되었지만, 아무 효과가 없는 것처럼 보였다. 시장은 전형적인 혼돈 상태에 빠졌으며, 모든 공개 약속도 백약이 무효였고, 지나가는 소문에도 심하게 출렁거렸다. 스위스의 한 유명한 은행가는 엄숙하게 "1931년 이래 가장 위험한" 상황이라고 묘사했다. 바젤 클럽의 한 회원은 절망을 자비심으로 누그러뜨리면서 금 투기자들은 자신들의 행동이 세계의 통화를 위태롭게 만든다는 사실을 모르는 것 같다고 말했다. 《뉴욕타임스》는 사설에서 "국제 지급 시스템이 … 망가지고 있다는 사실은 아주 명백하다."라고 말했다.

3월 14일 목요일, 혼돈에 공황까지 가세했다. 런던의 금 딜러들은 그날의 행동을 묘사하면서 전혀 영국인답지 않은 단어들인 '우르르 몰려감stampede', '파국catastrophe', '악몽nightmare' 등을 사용했다. 그날 팔린 금의 정확한 양은 언제나처럼 발표되지 않았지만(어쨌든 정확하게 셀 수도 없었을 것이다), 역대 최고 기록이었다는 사실에는 모두가 동의했다. 대부분의 추정치는 약 200톤, 즉 2억 2000만 달러어치 언저리에 집중되었지만, 《월스트리트저널》은 그보다 2배 많은 추정치를 제시했다. 만약 200톤이 맞다면, 그날 단 하루의 거래일 동안 미국 재무부는 금풀의 자

기 몫에서 3분 42초마다 100만 달러어치의 금을 내준 셈이다. 만약《월
스트리트저널》의 추정치가 맞다면(나중에 재무부가 발표한 내용을 참고하
면 실제로 그런 것으로 보이는데), **1분 51초**마다 100만 달러어치의 금을 내
준 셈이다. 이런 상태가 계속되도록 내버려둘 수 없다는 것은 명백했
다. 1964년에 영국이 그랬던 것처럼 이런 속도라면 미국의 금 저장고
는 며칠 안에 텅 빌 게 뻔했다. 그날 오후, 연방준비제도는 기준 금리
를 4.5%에서 5%로 올렸다. 이것은 아주 어리석고 부적절한 방어 조처
여서 뉴욕의 한 은행가는 그것을 장난감 총에 비유했고, 연방준비제도
에서 외환 부문을 담당하는 뉴욕의 연방준비은행은 시늉에 불과한 금
리 인상을 거부함으로써 항의를 표시했다. 그날 뉴욕에서는 오후 늦은
시각에, 그리고 런던에서는 자정이 다 되었을 무렵에 미국은 영국에 추
가적인 파국을 막고 서로 얼굴을 맞댄 국제 협의가 일어날 주말까지 장
애물을 치우기 위해 다음 날인 금요일에 금 시장을 닫으라고 요청했다.
대부분 금풀의 존재조차 모른 채 당혹감에 빠져 있던 미국 시민들은 아
마도 엘리자베스 2세 여왕이 위기에 대해 상의하기 위해 자정과 오전
1시 사이에 각료들과 만났다는 소식을 들은 금요일 오전에 일이 어떻
게 흘러가고 있는지 대략적인 윤곽을 처음 파악했을 것이다.

불안하게 기다리던 날인 금요일에 런던 시장들은 문을 닫았고, 그
밖의 거의 모든 곳에서도 외환 시장이 문을 닫았지만, 파리 시장(미국
의 관점에서 보면 일종의 암시장과 같은)에서는 금이 높은 프리미엄이 붙
어 거래되었고, 뉴욕에서는 문을 닫은 잉글랜드은행의 지원이 없는 상
태에서 파운드화가 잠깐 공식 하한가인 2.38달러 아래로 떨어졌다가

반등했다. 주말 동안에 금풀 회원국들(미국, 영국, 서독, 스위스, 이탈리아, 네덜란드, 벨기에. 프랑스가 빠진 게 눈길을 끌었는데, 이번에는 초청을 하지 않았다.)의 중앙은행 대표들이 워싱턴에서 만났다. 쿰스는 연방준비은행 대표로 마틴 의장과 함께 참석했다. 금융계 전체가 숨을 죽이고 기다리고 있는 가운데 꼬박 이틀 동안 엄격한 비밀리에 진행된 회의 끝에 그들은 일요일 오후 늦은 시각에 결정된 사항을 발표했다. 온스당 35달러라는 금의 공식 가격은 중앙은행들 사이의 모든 거래에서 계속 유지하기로 했다. 금풀은 해체하고, 중앙은행들은 런던 시장에 금을 더 이상 공급하지 않기로 했다. 런던 시장에서 사적으로 거래되는 금은 알아서 제값을 찾아가게 했다. 중앙은행의 가격과 자유 시장의 가격 차액에서 이익을 추구하려는 중앙은행에는 제재를 가하기로 했다. 런던 금 시장은 혼란이 가라앉을 때까지 2주일 동안 문을 닫기로 했다. 새로운 조처가 시행되고 나서 처음 며칠 동안 파운드화는 강세를 보였고, 자유 시장에서 금 가격은 중앙은행 가격보다 2~5달러 높게 형성되었는데, 많은 사람들이 예상한 것보다 현저히 작은 차이였다.

위기는 지나갔다. 적어도 이번 위기는 지나갔다. 달러화는 평가 절하를 피했고, 국제 통화 메커니즘은 온전히 살아남았다. 해결책이 특별히 과격한 것도 아니었다. 어쨌든 금은 금풀이 설립되기 전인 1960년에는 두 가지 가격 기준으로 거래되었다. 하지만 해결책은 일시적인 미봉책이었고, 드라마의 막은 아직 내리지 않았다. 〈햄릿〉에 나오는 유령처럼 처음에 드라마를 시작하게 한 파운드화는 이제 무대에서 사라졌다. 여름이 다가올 때 무대에 남아 있던 주역들은 모든 것을 안정시키기 위해 기술적 방법으로 할 수 있는 일을 다 하려고 노력한 연방 준비은행과 미국 재무부, 눈앞의 번영에 만족하고 다음 선거에 정신이 팔려 세금 인상과 그 밖의 불편한 긴축 조처에 저항감을 보이는 의회 (런던 공황이 발생한 날 오후에 상원재정위원회는 부가 소득세 법안을 부결시켰다.), 그리고 마지막으로 달러화 방어를 위해 '국가 긴축 계획'을 요구하면서 그와 동시에 점점 비용이 늘어나 많은 사람들의 눈에 미국의 영혼뿐만 아니라 미국 통화의 건강을 위협하는 것으로 보이는 베트남 전쟁을 계속 수행하는 대통령이었다. 결국 미국 앞에는 경제적으로 선택할 수 있는 길이 단 세 가지밖에 없는 것으로 보였다. 지급 문제의 근원이자 따라서 모든 문제의 핵심인 베트남 전쟁을 어떻게든 끝내거나, 고율의 세금 부과와 임금과 가격 통제 그리고 어쩌면 배급제까지 실시하는 전시 경제 체제를 채택하거나, 강요된 달러화 평가 절하와 어쩌면 대공황을 초래할 세계적인 금융 혼란을 받아들이는 수밖에 없었다.

중앙은행가들은 베트남 전쟁이 세계 금융에 미치는 광범위한 영향을 넘어선 지점까지 멀리 내다보면서 열심히 노력했다. 달러화 위기를 해결하기 위한 미봉책이 나오고 나서 2주일 후, 10대 선진국 대표들이 스톡홀름에 모여 모든 통화의 기반으로 금을 보완할 새로운 국제 통화 단위를 점진적으로 만들기로 합의했다(프랑스만 유일하게 반대). 새로운 국제 통화는 IMF에 부여한 특별 인출권[18]으로 이루어질 것이고, 각 나라는 기존의 보유고 비율에 따라 특별 인출권을 사용할 수 있다. 은

---

18) special drawing right. IMF 가맹국이 국제 수지 악화 때 담보 없이 필요한 만큼의 외화를 인출할 수 있는 권리 또는 통화.

행가들의 전문 용어로는 특별 인출권을 SDR이라고 부른다. 일반인들 사이에서는 한때 종이금paper gold이라 불렸다. 이 계획이 달러화 평가 절하를 피하고, 세계적인 화폐용 금 부족을 극복하고, 그럼으로써 대혼란의 위협을 무기한 연기하는 등의 목적을 달성하는 데 성공할지 여부는 사람들과 나라들이 종이돈을 사용해온 지난 400여 년 동안 실패한 것을 마침내 이성의 승리를 통해 이룰 수 있느냐 없느냐에 달려 있다. 즉, 역사가 가장 오래되었으면서 가장 비이성적인 인간의 성향 중 하나인 금 자체를 보고 만지고 싶은 욕망을 극복하고, 종잇조각에 쓴 약속에 완전히 동일한 가치를 부여할 수 있느냐 하는 것이다. 이 질문에 대한 답은 마지막 막에 나올 텐데, 해피엔딩의 전망은 그다지 밝지 않다.

잃어버린 이상, 추락한 우상

마지막 막이 막 펼쳐질 때(파운드화 평가 절하가 단행된 후이지만 금 공황이 시작되기 전) 나는 리버티 스트리트로 가 쿰스와 헤이스를 만났다. 쿰스는 몹시 피곤해 보였지만, 대체로 지는 편이었던 대의를 위해 쏟아부은 3년의 세월에 대해 낙담한 것처럼 보이진 않았다. 그는 이렇게 말했다. "나는 파운드화를 구하기 위한 싸움이 모두 헛된 것이었다고 생각하진 않습니다. 우리는 그 3년이라는 시간을 얻었고, 그동안에 영국은 대내적으로 많은 조처를 취해 기초를 튼튼하게 했습니다. 만약 1964년에 어쩔 수 없이 평가 절하를 했더라면, 임금과 물가 인플레이션이 그 이득을 모두 집어삼키고 그들을 똑같은 궁지로 돌려보냈을 가능성이 아주 높아요. 게다가 그 3년 동안에 국제 금융 협력에도 추가로 이득이 있었습니다. 만약 1964년에 평가 절하가 일어났더라면, 전체 시스템에 무슨 일이 일어났을지는 아무도 알 수 없어요. 당신은 승산 없는 싸움이었다고 말할지도 모르겠지만 3년간의 국제적 노력이 없었더라면, 파운드화는 더 심한 무질서 속에서 붕괴했을지도 모르고, 우리가 지금까지 본 것보다 훨씬 파괴적인 반향을 가져왔을지 모릅니다. 어쨌든 우리의 노력과 다른 중앙은행들의 노력이 파운드화 자체만 떠받치기 위한 것이 아니라는 사실을 명심해야 합니다. 파운드화를 떠받친 이유는 바로 전체 시스템을 보전하기 위해서였지요. 그리고 그 시스템은 살아남았습니다."

헤이스는 표면적으로는 1년 반 전인 지난번에 보았을 때와 정확하게 똑같아 보였다. 그동안의 모든 시간을 코르푸 섬에서 공부하면서 보낸 것처럼 차분하고 평온해 보였다. 아직도 은행가의 시간을 지키는 원칙을 고수하느냐고 물어보았더니, 그는 살짝 웃으면서 그 원칙은 편의주의에 밀려난 지 오래되었다고 대답했다. 시간을 많이 쏟아부어야 한다는 점에서 1967년 파운드화 위기는 1964년 파운드화 위기를 새 발의 피처럼 보이게 했으며, 그 직후에 닥친 달러화 위기 역시 마찬가지였다. 3년 반 동안의 노력이 가져다준 부수적 이익도 있었다고 했는데, 몹시 고통스러운 멜로드라마가 자주 펼쳐진 덕에 부인이 은행 일에 관심을 가지게 되었고, 대단한 것은 아니지만 톰의 가치관에서 사업이 차지하는 비중에도 약간 변화가 일어났다고 했다.

하지만 헤이스가 평가 절하에 대해 이야기할 때, 나는 그의 평온한 표정이 가면임을 알아챘다. 그는 조용한 목소리로 이렇게 말했다. "오, 맞아요. 나는 실망했어요. 어쨌든 우리는 그것을 막으려고 필사적으로 노력했지요. 그리고 거의 성공할 뻔했어요. 내 생각으로는 영국은 평가 절하를 피할 만큼 해외에서 충분한 지원을 받을 수 있었어요. 프랑스의 도움이 없더라도 그럴 수 있었을 겁니다. 하지만 영국은 평가 절하를 선택했지요. 나는 평가 절하가 결국 성공할 가능성이 높다고 생각합니다. 그리고 국제 협력에도 이득이 된다는 건 의심의 여지가 없지요. 찰리 쿰스와 나는 11월에 금풀 회의가 열린 프랑크푸르트에서 느낄 수 있었습니다. 그곳에 모인 사람들은 모두 느꼈던 것인데, 지금이 서로 팔짱을 낄 때라는 느낌이었지요. 하지만 아직도……" 거기서 헤이스는 말을 멈추었다. 그리고 다시 말을 시작했을 때, 그의 목소리는 너무나도 힘이 없어져서 나는 그의 눈을 통해 평가 절하 이야기를 보았다. 그것은 단순히 전문가의 심한 좌절뿐 아니라, 잃어버린 이상과 추락한 우상을 보여주었다. "11월의 그날, 연방준비은행 이곳에서 배달원이 내게 영국에서 온 일급 기밀문서를 전했지요. 그것은 평가 절하 결정을 우리에게 알리는 것이었는데, 나는 그것을 보고서 몸이 다 아팠어요. 파운드화는 이제 다시는 예전으로 돌아가지 못하게 되었지요. 이제 다시는 전 세계에서 이전과 같은 신뢰를 받지 못할 것입니다."

599

─인명 찾아보기─

경영의 모험

2015년 3월 16일 초판 1쇄 | 2023년 8월 16일 10쇄 발행

지은이 존 브룩스 **옮긴이** 이충호 **감수** 이동기
펴낸이 박시형, 최세현

마케팅 양근모, 권금숙, 양봉호, 이주형 **온라인홍보팀** 신하은, 현나래
디지털콘텐츠 김명래, 최은정, 김혜정 **해외기획** 우정민, 배혜림
경영지원 홍성택, 김현우, 강신우 **제작** 이진영
펴낸곳 (주)쌤앤파커스 **출판신고** 2006년 9월 25일 제406-2006-000210호
주소 서울시 마포구 월드컵북로 396 누리꿈스퀘어 비즈니스타워 18층
전화 02-6712-9800 **팩스** 02-6712-9810 **이메일** info@smpk.kr

쌤앤파커스(Sam&Parkers)는 독자 여러분의 책에 관한 아이디어와 원고 투고를 설레는 마음으로 기다리
고 있습니다. 책으로 엮기를 원하는 아이디어가 있으신 분은 이메일 book@smpk.kr로 간단한 개요와 취
지, 연락처 등을 보내주세요. 머뭇거리지 말고 문을 두드리세요. 길이 열립니다.